阅读之前 没有真相

午夜文库

阿加莎·克里斯蒂
作品

阿加莎·克里斯蒂
Agatha Christie (1890—1976)

无可争议的侦探小说女王，侦探文学史上最伟大的作家之一。

阿加莎·克里斯蒂原名为阿加莎·玛丽·克拉丽莎·米勒，一八九〇年九月十五日生于英国德文郡托基的阿什菲尔德宅邸。她几乎没有接受过正规的教育，但酷爱阅读，尤其痴迷于歇洛克·福尔摩斯的故事。

第一次世界大战期间，阿加莎·克里斯蒂成了一名志愿者。战争结束后，她创作了自己的第一部侦探小说《斯泰尔斯庄园奇案》。几经周折，作品于一九二〇年正式出版，由此开启了克里斯蒂辉煌的创作生涯。一九二六年，《罗杰疑案》由哈珀柯林斯出版公司出版。这部作品一举奠定了阿加莎·克里斯蒂在侦探文学领域不可撼动的地位。之后，她又陆续出版了《东方快车谋杀案》、《ABC谋杀案》、《尼罗河上的惨案》、《无人生还》、《阳光下的罪恶》等脍炙人口的作品。时至今日，这些作品依然是世界侦探文学宝库里最宝贵的财富。根据她的小说改编而成的舞台剧《捕鼠器》，已经成为世界上公演场次最多的剧目；而在影视改编方面，《东方快车谋杀案》为英格丽·褒曼斩获奥斯卡大奖，《尼罗河上的惨案》更是成为几代人心目中的经典。

阿加莎·克里斯蒂的创作生涯持续了五十余年，总共创作了八十余部侦探小说。她的作品畅销全世界一百多个国家和地区，累计销量已经突破二十亿册。她创造的小胡子侦探波洛和老处女侦探马普尔小姐为读者津津乐道。阿加莎·克里斯蒂是柯南·道尔之后最伟大的侦探小说作家，是侦探文学黄金时代的开创者和集大成者。一九七一年，英国女王授予克里斯蒂爵士称号，以表彰其不朽的贡献。

一九七六年一月十二日，阿加莎·克里斯蒂逝世于英国牛津郡沃灵福德家中，被安葬于牛津郡的圣玛丽教堂墓园，享年八十五岁。

阿加莎·克里斯蒂 侦探作品年表

波洛系列

1920　The Mysterious Affair at Styles《斯泰尔斯庄园奇案》
1923　Murder on the Links《高尔夫球场命案》
1924　Poirot Investigates《首相绑架案》
1926　The Murder of Roger Ackroyd《罗杰疑案》
1927　The Big Four《四魔头》
1928　The Mystery of the Blue Train《蓝色列车之谜》
1932　Peril at End House《悬崖山庄奇案》
1933　Lord Edgware Dies《人性记录》
1934　Murder on the Orient Express《东方快车谋杀案》
1935　Three—Act Tragedy《三幕悲剧》
1935　Death in the Clouds《云中命案》
1936　The ABC Murders《ABC谋杀案》
1936　Murder in Mesopotamia《古墓之谜》
1936　Cards on the Table《底牌》
1937　Dumb Witness《沉默的证人》
1937　Death on the Nile《尼罗河上的惨案》
1937　Murder in the Mews《幽巷谋杀案》
1938　Appointment with Death《死亡约会》
1938　Hercule Poirot's Christmas《波洛圣诞探案记》
1940　Sad Cypress《H庄园的午餐》
1940　One, Two, Buckle My Shoe《牙医谋杀案》
1941　Evil Under the Sun《阳光下的罪恶》
1943　Five Little Pigs《五只小猪》
1946　The Hollow《空幻之屋》
1947　The Labours of Hercules《赫尔克里·波洛的丰功伟绩》
1948　Taken at the Flood《致命遗产》
1952　Mrs. McGinty's Dead《清洁女工之死》
1953　After the Funeral《葬礼之后》
1955　Hickory Dickory Dock《山核桃大街谋杀案》
1956　Dead Man's Folly《弄假成真》
1959　Cat Among the Pigeons《鸽群中的猫》
1960　The Adventure of the Christmas Pudding《雪地上的女尸》

阿加莎·克里斯蒂 侦探作品年表

1963　The Clocks《怪钟疑案》
1966　Third Girl《第三个女郎》
1969　Hallowe'en Party《万圣节前夜的谋杀》
1972　Elephants Can Remember《大象的证词》
1974　Poirot's Early Stories《蒙面女人》
1975　Curtain—Poirot's Last Case《帷幕》

马普尔小姐系列

1930　The Murder at the Vicarage《寓所谜案》
1932　The Thirteen Problems《死亡草》
1942　The Body in the Library《藏书室女尸之谜》
1943　The Moving Finger《魔手》
1950　A Murder Is Announced《谋杀启事》
1952　They Do It with Mirrors《借镜杀人》
1953　A Pocket Full of Rye《黑麦奇案》
1957　4.50 from Paddington《命案目睹记》
1962　The Mirror Crack'd from Side to side《破镜谋杀案》
1964　A Caribbean Mystery《加勒比海之谜》
1965　At Bertram's Hotel《伯特伦旅馆》
1971　Nemesis《复仇女神》
1976　Sleeping Murder《沉睡谋杀案》
1979　Miss Marple's Final Cases《马普尔小姐最后的案件》

其他系列及非系列

1922　The Secret Adversary《暗藏杀机》
1924　The Man in the Brown Suit《褐衣男子》
1925　The Secret of Chimneys《烟囱别墅之谜》
1929　Partners in Crime《犯罪团伙》
1929　The Seven Dials Mystery《七面钟之谜》
1930　The Mysterious Mr. Quin《神秘的奎因先生》
1931　The Sittaford Mystery《斯塔福特疑案》
1933　The Witness for the Prosecution《控方证人》
1934　Why Didn't They Ask Evans?《悬崖上的谋杀》
1934　The Listerdale Mystery《金色的机遇》

阿加莎·克里斯蒂 侦探作品年表

1934	Parker Pyne Investigates《惊险的浪漫》
1939	Murder Is Easy《逆我者亡》
1939	And Then There Were None《无人生还》
1941	N or M?《桑苏西来客》
1944	Towards Zero《零点》
1945	Sparkling Cyanide《闪光的氰化物》
1945	Death Comes as the End《死亡终局》
1949	Crooked House《怪屋》
1950	Three Blind Mice and Other Stories《三只瞎老鼠》
1951	They Came to Baghdad《他们来到巴格达》
1954	Destination Unknown《地狱之旅》
1958	Ordeal by Innocence《奉命谋杀》
1961	The Pale Horse《灰马酒店》
1967	Endless Night《长夜》
1968	By the Pricking of My Thumbs《煦阳岭的疑云》
1970	Passenger to Frankfurt《天涯过客》
1973	Postern of Fate《命运之门》
1997	While the Light Lasts《灯火阑珊》

出版前言

纵观世界侦探文学一百七十余年的历史，如果说有谁已经超脱了这一类型文学的类型化束缚，恐怕我们只能想起两个名字——一个是虚构的人物歇洛克·福尔摩斯，而另一个便是真实的作家阿加莎·克里斯蒂。

阿加莎·克里斯蒂以她个人独特的魅力创造了侦探文学史上无数的传奇：她的创作生涯长达五十余年，一生撰写了八十余部侦探小说，她开创了侦探小说史上最著名的"黄金时代"；她让阅读从贵族走入家庭，渗透到每个人的生活中，她的作品被翻译成一百多种文字，畅销全球一百五十余个国家，作品销量与《圣经》《莎士比亚戏剧集》同列世界畅销书前三名；她的《罗杰疑案》《无人生还》《东方快车谋杀案》《尼罗河上的惨案》都是侦探小说史上的经典；她是侦探小说女王，因在侦探小说领域的独特贡献而被册封为爵士；她是侦探小说的符号和象征。她本身就是传奇。沏一杯红茶，配一张躺椅，在暖暖的阳光下读阿加莎的小说是一种生活方式，是惬意的享受，也是一种态度。

午夜文库成立之初就试图引进阿加莎的作品，但几次都与版权擦肩而过。随着午夜文库的专业化和影响力日益增强，阿加莎·克里斯蒂的版权继承人和哈珀柯林斯出版公司主动要求将版权独家授予新星出版社，并将阿加莎系列侦探小说并入午夜文库。这是对我们长期以来执着于侦探小说出版的褒奖，是对我们的信任与鼓励，更是一种压力和责任。

新版阿加莎·克里斯蒂作品由专业的侦探小说翻译家以最权威的英文版本为底本，全新翻译，并加入双语作品年表和阿加莎·克里斯蒂家族独家授权的照片、手稿等资料，力求全景展现"侦探女王"的风采与魅力。使读者不仅欣赏到作家的巧妙构思、离奇桥段和睿智语言，而且能体味到浓郁的英伦风情。

阿加莎作品的出版是一项系统工程，规模庞大，我们将努力使之臻于完美。或存在疏漏之处，欢迎方家指正。

新星出版社

午夜文库编辑部

Agatha Christie

Over the next few years, we plan to celebrate two very important Agatha Christie anniversaries. In 2015, it is the 125th anniversary of her birth in Torquay, South Devon, England, and in 2020 it will be 100 years after her first book, THE MYSTERIOUS AFFAIR AT STYLES, featuring her famous detective, Hercule Poirot, was published. This is therefore a very appropriate moment to publish a new edition of her works, and I am delighted that HarperCollins has chosen to work with New Star on these new editions. New Star is China's top crime publisher, and has a strong and dedicated editorial staff and a continued passion for Agatha Christie, making them the ideal partner. It is the right time to make these classic books available in modern translations and so to bring Agatha Christie's books anew to her many fans in China, giving them a new reason to re-read these much-loved stories, as well as introducing them to a whole new audience. How delighted Agatha Christie would have been that her stories (as she called them) are still giving so much pleasure to so many people all over the world!

I think there are two very remarkable things about Agatha Christie's stories. The first is that they are so adaptable. It doesn't really matter which language they appear in, the stories and the plots still give the same thrill, still provide the same puzzles, and the characters still have the same attraction. Readers in China will I am sure enjoy Hercule Poirot and Miss Marple just as much as we do in England, and readers in China will still be transfixed by the surprises and horrors of AND THEN THERE WERE NONE, one of the great classics of 20th century detective fiction, as we are here.

Agatha Christie

The second is that the stories give a wonderful picture of England, particularly rural England, at the time Agatha Christie lived. She wrote books from 1920 until 1970 but it is sometimes hard to tell which part of her life each book was written in. Her characters and the life they lived were very much the same. The life we all live is changing very quickly these days but "the Agatha Christie world" stays the same. Perhaps the Miss Marple stories provide the best example of this, and in some ways, THE BODY IN THE LIBRARY and NEMESIS are quite similar, despite the fact that thirty years elapsed between the time they were written.

Perhaps I might end by mentioning three Agatha Christies (other than the ones mentioned above) which I think demonstrate why she is so popular, even in the twenty-first century. The first is MURDER ON THE ORIENT EXPRESS, one of the most famous with one of the most ingenious and human plots. Read this on one of your long train journeys in China! Next is A MURDER IS ANNOUNCED, a Miss Marple which was her 50th book. It has my favourite murderer in it! And last is ENDLESS NIGHT a story about evil and how it affects three young people, written at the time when I knew her best, and understood how deeply she cared and sympathised with young people and the world they lived in.

Whichever are your favourites I hope you enjoy these stories that New Star are introducing to you again. I think it is a great publishing event.

Mathew Prichard
Grandson of Agatha Christie
Chairman of Agatha Christie Ltd

致中国读者
(午夜文库版阿加莎·克里斯蒂作品集序)

在接下来的几年中,我们将要筹备两个非常重要的关于阿加莎·克里斯蒂的纪念日。二〇一五年是她的一百二十五岁生日——她于一八九〇年出生于英国的托基市,二〇二〇年则是她的处女作《斯泰尔斯庄园奇案》问世一百周年的日子,她笔下最著名的侦探赫尔克里·波洛就是在这本书中首次登场。因此新星出版社为中国读者们推出全新版本的克里斯蒂作品正是恰逢其时,而且我很高兴哈珀柯林斯选择了新星来出版这一全新版本。新星出版社是中国最好的侦探小说出版机构,拥有强大而且专业的编辑团队,并且对阿加莎·克里斯蒂的作品极有热情,这使得他们成为我们最理想的合作伙伴。如今正是一个良机,可以将这些经典作品重新翻译为更现代、更权威的版本,带给她的中国书迷,让大家有理由重温这些备受喜爱的故事,同时也可以将它们介绍给新的读者。如果阿加莎·克里斯蒂知道她的小故事们(她这样称呼自己的这些作品)仍然能给世界上这么多人带来如此巨大的阅读享受,该有多么高兴啊!

我认为阿加莎·克里斯蒂的作品有两个非常重要的特征。首先它们是非常易于理解的。无论以哪种语言呈现,故事和情节都同样惊险刺激,呈现给读者的谜团都同样精彩,而书中人物的魅力也丝毫不受影响。我完全可以肯定,中国的读者能够像我们英国人一样充分享受赫尔克里·波洛和马普尔小姐带来的乐趣，中国读者也会和我们一样，读到二十世纪最伟大的侦探经典作品——比如《无人生还》——的时候，被震惊和恐惧牢牢钉在原地。

第二个特征是这些故事给我们展开了一幅英国的精彩画卷，特别是阿加莎·克里斯蒂那个年代的英国乡村。她的作品写于二十世纪二十年代至七十年代间，不过有时候很难说清楚每一本书是在她人生中的哪一段日子里写下的。她笔下的人物，以及他们的生活，多多少少都有些相似。如今，我们的生活瞬息万变，但"阿加莎·克里斯蒂的世界"依旧永恒。也许马普尔小姐的故事提供了最好的范例：《藏书室女尸之谜》与《复仇女神》看起来颇为相似，但实际上它们的创作年代竟然相差了三十年。

最后，我想提三本书，在我心目中（除了上面提过的几本之外）这几本最能说明克里斯蒂为什么能够一直受到大家的喜爱。首先是《东方快车谋杀案》，最著名，也是最机智巧妙、最有人性的一本。当你在中国乘火车长途旅行时，不妨拿出来读读吧！第二本是《谋杀启事》，一个马普尔小姐系列的故事，也是克里斯蒂的第五十本著作。这本书里的诡计是我个人最喜欢的。最后是《长夜》，一个关于邪恶如何影响三个年轻人生活的故事。这本书的写作时间正是我最了解她的时候。我能体会到她对年轻人以及他们生活的世界关心至深。

现在新星出版社重新将这些故事奉献给了读者。无论你最爱的是哪一本，我都希望你能感受到这份快乐。我相信这是出版界的一件盛事。

阿加莎·克里斯蒂外孙

阿加莎·克里斯蒂有限责任公司董事长

马修·普理查德

二〇一三年二月二十日

序言

我的外祖母经常对我们说,她把写自传当成一种爱好。我认为特别是这本书的第一部分,完全如此。阿加莎有一个十分幸福且令人难忘的童年,她非常愿意把它写下来,并且文思如泉涌。然而,她每年都要被出版商催稿,直到完成"克里斯蒂的圣诞礼物"(出版商对她的所有小说的代指)之前,她都没有时间去做其他事情。

二十世纪五十年代,我的外祖母创作她的自传。同时,这也是她极其忙碌、著作颇丰的年代。她从来没有真正被当时的一些大事件分过心。那些年,《控方证人》在伦敦被搬上戏剧舞台,还有一些她的日渐著名的故事的宣传活动——比如于一九五〇年出版的她的第十五本书,《谋杀启示》。所有的事情照样进行,但她仍然愿意每年为她的传记写几万字,并且她可能并不愿意因为她口中的"真正的工作"而搁置传记的写作。这是一个长期的事情。我认识的很多人都认为这部传记非常引人入胜,让人手不释卷。他们可能用了几个星期阅读它,而我的外祖母却花了十五年的时间写就它。

说是"写"自传,但我猜其实多半是口述,不过究竟是如何进行的,我也不太清楚。在我母亲去世后不久、我们清理外祖母在德文郡格林威的家的时候,发现几乎所有的书籍和手稿都存放在楼梯顶端、那个我们称之为"传真室"的房间里。我还在那里发现了一个装在旧纸箱里的老式根德牌磁带收录机和收在小纸箱里的许多盘磁带,磁带明显曾往来于我的外祖母和她的秘书之间。一开始我觉得它们没什么用，因为至少过了五十到六十年了，也许这台机器都动不起来了。

然而我又深深地意识到，记录在磁带上的阿加莎·克里斯蒂的声音实属罕见。仅有那几段已广为知晓的——包括英国广播公司一九五五年的采访，以及帝国战争博物馆收藏的一九七四年她讲述第一次世界大战期间在药房的经历，在那里她学到了许多毒药知识，日后都体现在了她的书中。我承认自己不精通机械，我也不相信能有人复活这些旧磁带中的精彩内容。幸运的是我有一个朋友，欧瑞恩·布朗，是电子技术方面的天才。他拿走了所有磁带，并找到了播放和转换它们的方法。几个星期的杳无音讯之后，一个星期五的早上，他打电话给我说："我想我找到方法了！"然后我冲回了家乡考布里奇，穿越了五六十年的时光，再一次听到了外祖母的声音。

我无法描述那一刻是怎样唤起我的回忆的。我非常喜爱她，她的声音听起来近乎怪异。她有一种独特的说话方式，就是在句子中间有非常轻微的咳嗽声，我几乎忘记这一点了，毕竟她已经离开我们三十多年了。而所有这一切向我涌来，唤起了我对她的记忆。在这些磁带中你还会听到她的狗在叫"汪"，就像回到了沃灵福德一样。在某种程度上来说，唯一遗憾的是，我的外祖母没有保留所有的磁带。她是一个节约的人，我认为有一些磁带是她的打字员记下内容并寄回她之后她又重新使用了，因此早先的章节都被抹掉了，我们也就只有这本书后四分之一内容的录音。

对这些磁带的修复激励了我们重新出版外祖母自传的决心，并补充了一些只在第一版中出现过的照片。就像生命中的许多事情一样，这本书会历久弥新。

马修·普里查德
Pwllywrach
二〇〇九年十二月

阿加莎·克里斯蒂侦探作品集㊼

阿加莎·克里斯蒂自传
An Autobiography

[英] 阿加莎·克里斯蒂 著
王霖 译

新 星 出 版 社　NEW STAR PRESS

目录

1	英国版出版前言
3	自序
7	第一章　故居阿什菲尔德
62	第二章　"孩子们，出来玩"
111	第三章　成熟
163	第四章　缔姻与期待
225	第五章　战争
290	第六章　周游世界
323	第七章　失去意义的领地
365	第八章　第二春
427	第九章　与马克斯共同生活
489	第十章　第二次世界大战
515	第十一章　垂暮之年
539	后记

英国版出版前言

  阿加莎·克里斯蒂于一九五〇年四月开始撰写本书，大约十五年后，在她七十五岁时完稿。如此经年累月才写成的书，难免会出现重复与矛盾之处，但我们已进行删减整理。所有重要之处皆未遗漏。于是，这部自传完全如她所期望的那般呈现在公众面前。

  她在七十五岁时结束了这本书的写作，正如她所说的那样："是时候搁笔了，因为就生活本身而言，再无须赘言什么了。"在她生命中的最后十年，她的显赫成就人所共知——《东方快车谋杀案》的同名电影问世；话剧《捕鼠器》久演不衰；作品销量在全球年复一年地大幅增长，在美国占据了畅销书排行榜的榜首，这是她在英国和英联邦早已取得的位置；一九七一年，她被封为大英帝国女爵士。然而在她的心目中，这些额外的荣誉只不过是对她过往成就的嘉奖。一九六五年，她真诚地写道："我感到满意，我想做的事都做过了。"

  尽管这是一部自传，有如通常所见的自传一样的开头，但阿加莎·克里斯蒂从最初动笔直至完稿，都没有被年代束缚住。阅读本书的趣味，有相当一部分在于她写作时的兴之所至：有时她会停笔沉思女仆们难以理解的习惯或"上了年纪的回报"；有时她会跳写，因为她性格中孩子气的特质令她不由得联想起她的外孙。同时，她也感觉没有必要把每一件事都写进去。有些看起来重要的插曲——例如那次著名的失踪事件——并没有被提及，尽管在书中别处提及"失忆症的前兆"，为这起事件的真实面貌给出了提示。至于其他的，"我想我已经回忆了我想回忆的事情"，她以生动而不失尊严的态度叙述了她与第一任丈夫离异时的情形，因为她总是想记住生活中那些快乐和有趣的部分。很少有人能够从生活中萃取那么多强烈且多样的乐趣,这本书首先就是一首歌颂欢乐人生的赞美诗。

　　如果她能看到这本印刷出版的自传,毫无疑问,她会对那些为她的人生带来欢乐的人们表达感激之情。当然首先是她的丈夫马克斯和她的家人们。也许作为她的出版商,借此机会向她表达敬意并不为过。五十年来,她一直令我们欣喜。她坚持在出版发行的每一个方面都确保最高水准,这是一个持续不断的挑战;她的好心态和对生命的热情为我们的生活带来暖意。她从写作中所得到的愉悦都体现在这些字里行间之中。而书页中没有告诉我们的是,她是如何做到把这份愉悦传递给所有参与她的工作的人们,把出版她的作品变成让我们不断享受快乐的事业与职责。可以肯定的是,无论是作为一个作家还是一个人,阿加莎·克里斯蒂都将长久地拥有她的读者们独一无二的挚爱。

哈珀柯林斯出版公司

自序

尼姆鲁德[①]，**伊拉克**

一九五〇年四月二日

尼姆鲁德（Nimrud）是古城卡拉（Calah）现今的名字，也是亚述（Assyrians）的军事首都。我们考古队的房子是用土砖砌成的。它平卧在土丘的东侧，包括一间厨房、一间起居室兼餐室、一间小办公室、一间工作室、一间绘图室、一间大的古物及陶器储藏室和一间冲印暗室。（我们都睡在帐篷里。）不过今年，我们的考古营地里又新添了一个大约三平方米的房间。灰泥地板上铺着草垫和几块色彩鲜艳的粗布毯子，墙上挂着一幅年轻伊拉克艺术家的画作，描绘了两头正在穿越集市的驴子，全由明艳的色块拼嵌而成。从朝东的窗户望去，可以看到库尔德斯坦（Kurdistan）境内顶着白雪的群山。房门外钉着一块四方的卡片，用楔形字体写着：BEIT AGATHA（阿加莎之屋）。

这就是我的"屋子"，我可以完全不受干扰地在里面认真地经营我的写作事业。不过考古发掘开始以后，可能不会有这样的时间。物品需要清理和修复，还要拍照、贴标签、编写目录清单、装箱。不过在最初的一周或十天内，还是比较空闲的。

实话实说，想要集中精力面临很多障碍：在头顶上方的屋顶上，阿拉伯工人们欢快地互相喊叫着，蹦来蹦去，变换着那不牢靠的梯子

[①] 指亚述古城遗址，位于底格里斯河河畔，是伊拉克最著名的考古地点之一，位列联合国教育、科学及文化组织世界遗址候选名单。

3

的位置；狗在吠，火鸡在叫，警察的马晃着叮叮当当的链子；窗户和房门拒绝老老实实地关着，总会出其不意地突然打开。我坐在那张非常牢固的木桌前，身边放着一只阿拉伯人远行时带的那种漆得色彩缤纷的铁皮箱子，打算将我的稿件按进度放在里面。

我本该写一部侦探小说。可是，一个作家总会按他本能的欲望写作，而不是写他应该写的东西。我渴望写的，完全在意料之外，是我的自传。有人曾经告诉我，写一部自传的冲动，每个人或早或晚都会冒出来。它已经猝不及防地出现了。

转念一想，"自传"是一个如此宏大的名词。它意味着要确切地探究一个人完整的一生，将人名、日期和地点都按顺序整齐地排列出来。而我却只想伸手一探，碰运气抓出一把各式各样的记忆。

对我而言，人生是由三部分组成的：乐在其中又时时充满享受的现在，总是以飞快的速度转瞬即逝；模糊而不确定的将来，可以为它做很多有趣的计划，越不着边际越好，因为既然必定事与愿违，不妨就享受一下计划的乐趣；第三部分是过去：记忆和现实是一个人当前生活的基石。一种气味，一座山丘的形状，一首老歌，都会在突然间把你带回从前——这些琐事会让人带着难以名状的快乐脱口而出："我记得……"

这是对上了年纪的人的一种回报，当然是令人愉悦的那种——这就是回忆。

不幸的是，你往往不只想回忆，还想谈论你想起的事情。你不得不反复地告诉自己，这对其他人来说是乏味的。他们怎么会对这些感兴趣呢？毕竟这是你的人生，而不是他们的，对吗？年轻人有时的确会顺从地对你表现出一种对于陈年往事的好奇心。

"我想，"一个受过良好教育的年轻女孩子饶有兴致地问我，"您对克里米亚战争（Crimean War）还记得很清楚吧？"

我深深地感受到了伤害，我回答说我还没那么大岁数。我也拒绝承认参加过印度兵变（Indian Mutiny），可是我承认我记得布尔战争

(Boer War)[①]——我应该记得,我的哥哥参战过。

首先跃入我脑海的是这样一幅清晰的画面:集市日,我随母亲走在法国迪纳尔(Dinard)的大街上,一个男孩携着一只装得满满的篮子猛地朝我撞来,擦伤了我的手臂并几乎把我撞翻在地。很痛,我开始哭。我想我那时大约七岁。

一向希望在公众场合保持坚忍克制的母亲规劝我。

"想一想,"她说,"想想我们在南非的那些勇敢的士兵。"

而我当时是这样号啕大哭,叫嚷着:"我不想做一名勇敢的士兵,我要做一个胆小鬼!"

是什么力量令我们的记忆有所选择?人生就像是坐在一个电影院里,刷地一闪!这就是我,一个在自己的生日宴会上吃着奶油蛋糕的小孩子。又刷地一闪!两年过去了,我正坐在姨婆的膝盖上,假装是刚从维特利先生的店里被买回来的小鸡,一本正经地反剪着双手,并为这机智的玩笑笑到近乎歇斯底里。

只有一个个瞬间——中间长久的经年累月都是空白。那时的我们都上哪儿去了?这也引出了培尔·金特[②]的一个问题:"我自己,那个真正的我、完整的我、真实的我到哪儿去了?"

我们永远无法了解完整的自己,虽然有时候可以在转瞬之间了解一个真实的自己。我想,就我而言,记忆中的一个个瞬间看起来或许都无关紧要,却无疑描绘出一个内在的自我和最接近真实的自我。

今天的我,和那个一头浅黄色香肠式发卷、面容严肃的小女孩是同一个人。在同一个屋檐下,灵魂存在并且不断成长着,滋生着本能、情趣、感情和智慧;而我自己,这个真实的阿加莎,还是同一个人。我不了解这个完整的阿加莎,这个完整的阿加莎,我相信只有上帝才了解。

[①] 阿加莎生于一八九〇年,文中提到的克里米亚战争始于一八五三年,一八五六年结束;印度兵变发生于一八五七至一八五九年间,第二次布尔战争于一八九九年至一九〇二年发生在南非。
[②] 培尔·金特是挪威戏剧家易卜生的诗剧《培尔·金特》(*Peer Gynt*)里的同名主人公。

于是我们全在这儿，小阿加莎·米勒、大阿加莎·米勒、阿加莎·克里斯蒂、阿加莎·马洛温，就要开始上路了——要到哪里去，没有人知道，却无疑使人生变得激动人心。我一直认为人生是激动人心的，而且还会继续这样认为。

因为我们对人生所知甚少，只了解属于自己的很细微的那一小部分——就像一个在舞台剧的第一幕有几句台词的演员，拿着他的分剧本打印稿，这就是他所知道的一切。他没有通读过完整的剧本，有什么必要读呢？他只不过是说一句"夫人，电话坏了"然后默默退场。

然而当大幕拉开，公演的日子到来之时，他就会倾听到全剧的进展，然后和其他的演员们排着队上台谢幕。

我想，一个人能参与到自己毫不知情的某些事之中，正是人生最吸引人的因素之一。

我喜欢活着，我有时会痛苦难耐，会绝望无比，会饱受忧愁的折磨。可是当一切过去之后，我仍然能很清楚地认识到，好好活着就是最了不起的事情。

所以我打算做的就是去享受回忆的快乐，不要逼迫自己，时不时地写下几页。这个任务也许会持续很多年。可我何必把它当成一个任务呀，这是一件令人着迷的事情。我曾经看到过一幅我很喜爱的古老的中国画卷，画上有一个老人，坐在树下，正在玩翻绳游戏。画的名字叫《老叟闲趣》，这幅画我一直记忆犹新。

所以在做出决定后，我就要开始享受这番乐趣了，也许我最好现在就开始。虽然我并不期望自己能够按照时间顺序写下去，但我至少可以试着从头写起。

第一章 故居阿什菲尔德①

> 哦！我亲爱的家园，我的安乐窝，我的住所
> 我的故居……哦！我亲爱的家园

1

我认为，人生最大的幸运莫过于拥有一个幸福的童年。我的童年幸福快乐。我有一个我喜爱的家庭和宅院，一位聪颖耐心的保姆，父母伉俪情深，是一对恩爱的夫妻，也是一对称职的家长。

回首过去，我感到家庭里充满了欢乐。这要归功于父亲，他为人随和。如今，人们不大看重随和这一品性，注重的大多是某个男人是否机智聪慧、刻苦勤奋，是否对社会做出了贡献，是否在事情的规划中"举足轻重"。查尔斯·狄更斯在《大卫·科波菲尔》中把这个问题说得很有意思：

"你的哥哥是个大好人吗，皮果提？"我谨慎地问道。

"哦，他是个多么好的人啊！"皮果提喊着说。

如果针对你的朋友和老熟人，试问自己同样的问题，你会惊讶地发现你很少能给出与皮果提相同的回答。

按现代的观点来看，父亲也许不会受到人们的推崇，他生性懒散。那是个有固定收入的时代，不少人不必工作，收入也足以维持生活，

---

① 阿什菲尔德（Ashfield）是位于英格兰中部，诺丁汉郡的一个区。

因此无须为生计而操劳，社会也不指望他们做什么事。我想，假如真的要父亲工作，他也未必能干得出色。

父亲每天上午离开我们在托基（Torquay）的家去俱乐部，中午乘马车回家吃午饭，午后又去俱乐部。整个下午都打惠斯特牌，傍晚准时回家，换衣服用晚餐。在打板球的季节，他整日消磨在他担任会长的板球俱乐部里。他偶尔也会组织安排几场业余舞台剧演出。他交游甚广，乐于款待客人，家里每周举行一次大型晚宴。除此之外，他和我的母亲每周有两三个晚上还会外出赴宴。

直到后来我才意识到他是一个多么惹人喜爱的人。他去世后，家里收到了来自世界各地的信件。而在本地，无论是商人、马车夫，还是老职员，老人们一次又一次地过来说："啊，我对米勒先生印象很深，我永远忘不了他。现如今像他这样的人可不多了。"

然而父亲并没有什么突出的特质，也没有特别的智慧。在我看来他有一颗质朴慈爱的心，很体贴同伴。他极富幽默感，能轻而易举地逗得人开怀大笑。他没有坏心眼，从不妒忌别人，出奇地慷慨大方，天性开朗温良。

母亲的性格则截然相反：她神秘莫测、引人注目，比父亲要倔强得多。她见解独到、腼腆害羞，我认为从根本上说，她是个生性抑郁的人。

家里的孩子和用人都对她死心塌地，她一开口，别人都会肃然听命，她完全有可能成为第一流的教育家。任何事情一经她的口，就会变得饶有趣味且意味深长。她讨厌谈话内容单调乏味，说话时总是从一个主题忽然跳到另一个主题，有时让人感到如堕五里雾中。正如父亲曾经对她说的那样，她完全缺乏幽默感。对于这样的罪名，她以委屈的语气辩解道："这只是因为我觉得你的那些故事很乏味，弗雷德。"我的父亲为之放声大笑。

母亲大约比父亲小十岁。从十岁起，她就死心塌地地爱着他。那时候，父亲还是个放荡不羁的小伙子，往来于纽约和法国南部之间，母亲当时是个娴静、羞涩的小姑娘，坐在家中思念着他，在她的"小册子"中写几句小诗或随感，为他绣制钱包。顺便提一句，这只钱包后来一直被父亲随身携带。

真是典型的维多利亚式的爱情故事，但是其中也蕴含着深情厚谊。

我对我的父母很感兴趣，不仅仅是因为他们是我的父母，而是因为他们完成了一项罕见的成就——一桩幸福美满的婚姻。迄今为止，我只见过四桩完全成功的婚姻。有没有什么成功的公式呢？我觉得应该没有。那四个例子的其中之一，是一个十七岁的女孩与一个比她年长十五岁的男人。他断言她自己都不知道是怎么想的，她则回答说她知道得很清楚，并在大约三年前就已经决心要嫁给他。由于婆婆和岳母先后搬来与他们同住，他们的婚姻生活变得相当复杂——大多数伴侣足以因此被拆散。这位妻子是个沉着的人，性格非常坚韧。我觉得她身上有我母亲的影子，虽然她没有我母亲的才华和机智。他们有三个孩子，如今都长期在外。他们已经相伴了三十多年，仍然彼此深爱。另一个例子是一位年轻的男子与比他年长十五岁的女人——一个寡妇。她拒绝了很多年，最后还是接受了他，他们幸福地生活了三十五年，直至她离开人世。

我的母亲克拉拉·贝默的童年并不如意。她的父亲是阿盖尔高地（Argyll Highlanders）联队的一位军官，从马背上摔了下来，受了致命伤，不久便离开了人世，撇下我年轻漂亮的外祖母和四个孩子。当时外祖母才二十七岁，只能依靠为数不多的抚恤金生活。正是困难时期，她的姐姐嫁给一位美国富翁做续弦。她写信给外祖母，主动提出收养一个孩子，愿意将之视如己出、抚养成人。

在一个整日忧愁度日、拼命地做针线活来维持生计和孩子教育的寡妇看来，这样的救助是无法拒绝的。在三个男孩和一个女孩中，她选择了女儿，因为她似乎觉得男孩子将来可以靠自己找到出路，女孩子却需要在安逸的生活环境中长大。也可能这只是母亲一厢情愿的想法，其实是外祖母更喜欢男孩子。母亲离开泽西（Jersey）后，来到英格兰北部的一个陌生家庭。我想正是那种怨恨，那种深感被遗弃的心灵创伤，给她的人生观蒙上了灰暗的色调，使她缺乏自信，怀疑别人的爱。她的姨妈和蔼宽容，富有幽默感，却不会体察孩子的情感。

可以说母亲享受到了一个舒适的家庭所能提供的一切，受到了良好的教育。她唯一失去而又无法弥补的，是在自己的家里、与亲兄弟们在一起逍遥自在的生活。我经常在报上的读者来信栏中看到那些焦虑的父母的提问，想知道是否应该让孩子住到别人家里去，因为他们"能为她提供我们提供不了的优越条件，比如良好的教育"。我总是渴望大声疾呼："别让孩子走！"她自己的家、亲人、爱和归属带来的安全感，没有这些，即使接受世界上最好的教育又算得了什么？

我的母亲在这个新的环境中感到非常痛苦，每晚都是哭着入睡的。她面色苍白，日渐消瘦，终于一病不起。姨婆请来了一位经验丰富的老大夫，大夫跟这个小女孩交谈之后，便对姨婆说："这孩子很想家。"姨婆大吃一惊。"哦，不，"她说，"这不可能。克拉拉是个安静的乖孩子，从不调皮，她生活得很快乐。"大夫坐到小女孩跟前，又跟她聊了起来。"你有兄弟吗？有几个？都叫什么名字？"不一会儿，她就失声痛哭起来，吐露出内心的忧郁。

尽管道出了苦闷的原因，紧绷着的神经松弛了下来，但那种"不被需要"的悲凉感却一直留在她的心底，我认为这种对外祖母的不满至死未消。她渐渐地喜欢上了她的"美国姨父"，他也喜欢文静的小克拉拉。当时他已患病，小克拉拉经常给他读一本名叫《金河之王》(The King of the Golden River) 的书，她非常喜欢书中的故事。不过，生活中真正使她感到慰藉的是姨父前妻的儿子弗雷德·米勒的定期来访，她称他为"弗雷德表哥"，那时他已是一个二十岁的小伙子，对自己的"表妹"格外亲厚。她大约十一岁的时候，有一天，他对他的继母说："克拉拉有一双多么可爱的眼睛啊！"

一向认为自己相貌平平的克拉拉，听了这话以后郑重地跑上楼去，在姨妈的大梳妆镜前端详自己的模样。或许自己的眼睛真的很好看……她高兴得不能自已。从此以后，她的心就无可挽回地许给了弗雷德。

在美国，一位老世交对这个风流的年轻人说："弗雷迪[①]，总有一

[①]弗雷德的昵称。

天你会娶你那个英国小表妹的。"

他很惊讶地答道:"克拉拉？她还只是个孩子呢。"

然而他对这个可爱的崇拜者总怀有一种特殊的感情，一直保存着她写给他的那些充满稚气的书信和小诗。尽管他过去曾跟纽约的许多名媛和才女有过轻浮的罗曼史（其中包括詹妮·杰罗姆，即后来的伦道夫·丘吉尔勋爵夫人[①]），但最后终于回到家乡，向安静的小表妹求婚了。

母亲以她典型的风格表示了坚定的拒绝。

"为什么呢？"有一次我问她。

"因为我又矮又胖。"她答道。

这是一个特别的回答，然而对她而言却是一个很正当的理由。

我的父亲不甘被拒，他再次求婚。而这一次母亲克服了她的忧虑，相当踌躇地同意嫁给他，尽管仍满怀他会"对她失望"的忧虑。

就这样，两人结婚了。我一直珍藏着一幅母亲身着结婚礼服的肖像画，从画上可以看到，一头乌发下她那张严肃得可爱的脸庞和一对浅褐色的大眼睛。

在我的姐姐出生之前，我们举家搬到了托基，住进一幢陈设齐全的别墅。在当时，托基是上流社会的冬季疗养胜地，就像后来的里维埃拉（Riviera）[②]一样出名。父亲迷上了这个地方，他喜欢大海。他的朋友中有几位是本地人，其余都是来过冬避寒的美国人。我的姐姐玛吉就诞生在托基，她出生后不久，父亲和母亲就到美国去了，打算在那里长住下来。父亲的外祖父和外祖母当时还健在，自从他的生母在佛罗里达去世后，他就住在新英格兰僻静的乡下，由外祖父和外祖母抚养成人。他很依恋两位老人，两位老人也渴望见到孙媳和小曾孙女。我的哥哥就出生在美国。后来，父亲决定回英国。可刚一到英国，生意上的麻烦事就又把他召回纽约。他建议母亲在托基租一套带家具

[①] 伦道夫·丘吉尔勋爵夫人，即英国前首相温斯顿·丘吉尔的母亲。
[②] 指从法国东南的尼斯一直到意大利西北的拉斯拜扎的地中海沿岸地带，为世界著名的避寒旅游胜地。

的公寓，先住下来再说。

于是我的母亲和她的姨妈（也就是父亲的继母，我称她为姨婆），就在托基找寻带家具的房子。母亲回来时以胜利者的口吻宣布："弗雷德，我买下了一幢房子！"

我的父亲听说后，几乎向后栽倒，他仍期望在美国定居。

"你为什么要这样做？"他问。

"因为我喜欢那幢房子。"母亲解释道。

她看过大约三十五幢房子，只发现了这么一幢令她喜爱的，而这幢房子仅供出售——房主不想出租。母亲拥有姨父留给她的两千英镑，她向受托保管这笔钱的姨婆提出请求，于是她们毫不犹豫地买下了这幢房子。

"可我们只在这儿待一年，"父亲嘟囔道，"最多一年。"

我的母亲，我们一直认为她有先见之明，她回答说他们随时可以再把房子转卖掉。也许她已经模糊地预见到，她的全家将在这幢房子中生活很多年。

"一走进这幢房子，我就爱上了它。"她强调，"这里有绝佳的宁静气氛。"

这幢房子原先的拥有者是布朗一家，都是基督教教友会的教徒。布朗太太全家不得不离开生活了那么多年的宅子，当我母亲支吾着安慰她时，那位老妇人温和地说："想及汝与汝子女将安居于此，我便以之为乐，我亲爱的。"

正如我母亲说的，就像是祈福。

我真的相信这幢房子是被赐福过的。这是一幢十分普通的别墅，远离托基的时尚区域，诸如沃拜瑞（Warberrys）和林柯穆（Lincombes），地处市区的另一端，在老城区托莫亨（Tor Mohum）。当时房子前面的道路几乎直通富饶的德文郡郊野。这幢房子的名字叫阿什菲尔德，我的一生，虽时断时续，但几乎一直住在那里。

父亲后来终究没有在美国安家。他非常喜欢托基，决定在这儿安顿下来。他安下心来到俱乐部打惠斯特牌，交朋友。母亲本来不喜欢住在海边，讨厌参加各种社交聚会，也不会玩牌。可是她在阿什菲尔德却过得很称心，举办大型晚宴，参加社交活动，甚至于当某天晚上没有活动待在家里时，她会急不可耐地向父亲打听本地的戏剧和当天俱乐部里的所见所闻。

"没什么特别的。"父亲乐呵呵地答道。

"可是，弗雷德，一定有谁说了什么有趣的事吧？"

父亲开始搜肠刮肚，却一无所获。他说 M 先生仍然吝啬得不肯买一份晨报，而要到俱乐部来看报，还坚持要将看到的新闻讲给其他的会员们。"我说，你们都看到西北边境发生的事了吧……"云云。每个人都对此极其反感，因为 M 先生是会员中最富有的人之一。

我的母亲早就听过这些了，自然并不满意。父亲则恢复了闲适满足的状态，斜靠在他的扶手椅上，把双腿伸近炉火，轻轻地挠着头（这是一种被禁止的消遣）。

"你在想什么，弗雷德？"母亲发问了。

"什么都没想。"父亲实话实说地答道。

"你不可能什么都没想吧。"

这种说法令母亲陷入困惑。对她而言这是不可思议的，她自己的思维总是敏捷如飞燕，非但不会什么都没想，往往还是同时想着三件事情。

很多年以后我才认识到，母亲的看法总是与事实有着些许差异。她眼中的世界，色彩要强烈得多，人们的好与坏都被放大。或许是因为她在孩提时代过于平静、拘谨，感情都深埋于心底，这使她倾向于用戏剧性的眼光看待世界，有时甚至接近于一出正剧。她颇具创造性的想象力实在太丰富，使她所看到的事物从不会单调、平凡。她拥有灵光乍现的直觉，总能出其不意地看透人们心中所想。我哥哥在军中服役时，曾陷入财政危机却不想让父母知道。某天晚上，母亲看到他愁眉苦脸地坐着。"怎么了，蒙蒂？"她说，"你借高利贷了。你是不是靠你祖父的遗嘱举债了？你不该这么做。你最好先去跟你父亲说说。"这令蒙蒂十分震惊。

她的这种才能总是令家人们惊讶不已。我姐姐曾经说过:"如果我有什么不想让母亲知道的事情,只要和她共处一室,我甚至不敢去想那件事。"

2

一个人很难知道自己最初的记忆是什么。我还清楚地记得我三岁的生日,就在那天,我开始意识到自己的重要性。当时,全家人聚在院子里喝茶,所在的位置就是后来在两棵树间挂了一个吊床的地方。

院子里摆着一张茶桌,上面放着许多点心,中间是我的生日蛋糕,上面覆盖着一层糖霜,中间插着蜡烛,一共三根。忽然,一件令人振奋的事件发生了——一只红色的小蜘蛛从洁白的桌布上爬了过去。那只蜘蛛小得难以察觉。我的母亲说:"这是幸运的蜘蛛,阿加莎,吉祥的蜘蛛来庆贺你的生日了……"那之后发生的事情在记忆中淡薄了,我只隐约地记得哥哥为多得几块奶油巧克力小蛋糕而吵闹不休,回忆支离破碎。

童年世界是那样美好、安宁而又激动人心。最使我着迷的要算庭院了。年复一年,院子对我来说越来越重要。我熟悉院中的一草一木。每棵树都有特殊的意义。从很早的时候开始,我就把院子划分为三个截然不同的部分。

首先是菜园,它的外围是毗邻公路的高墙。这片菜园除了可以供给我享用不尽的覆盆子和青苹果之外,激不起我更多的兴致。它就是个菜园而已,没有其他令我着迷之处。

接着就是庭院本身:一直延伸至小山坡下面的草坪,其中点缀着一些有趣的树木。有圣栎、雪松、惠灵顿树(非常高)和两棵不知什么原因分别与我的哥哥和姐姐对应起来的冷杉。蒙蒂的那棵可以攀爬(更确切地说是可以小心翼翼地爬到三根大树杈以上)。玛吉的那棵,如果探寻其间,可以找到一个座位——一段诱人的弯曲树干,可以坐在那里瞭望外面的世界而不被发现。还有我所称的松脂树，会流出气味强烈的黏黏的树脂，我会把它当作"珍贵的香膏"，小心地收集在树叶中。最后是鹤立鸡群的山毛榉——庭院里最高的树，会落下讨人喜欢的坚果，让我吃得津津有味。其实还有一棵紫叶山毛榉，但不知为何，在我的树木王国，它是微不足道的。

第三部分是小树林。时至今日，在我的想象中，它似乎还是大得像新森林①。林中生长的大多是白杨树，其中蜿蜒着一条小径。它能使人联想到真正的大森林，阴森神秘，恐怖，广阔得漫无边际，让人有隐秘的快感。

顺着林中小径走可以到达网球场和门球场，就在饭厅窗户外面的高坡上。来到这里，树林的魔力就消失了，你会感到又回到了现实世界中。绿茵场上的姑娘们一手将裙摆撩起，一手挥动着门球杆，或者头戴硬草帽，打着网球。

每当"院中游戏"玩得尽兴之后，我就会回到幼儿室，奶妈总在那里，从不例外。屋子里陈设总是一成不变。也许是因为她上了年纪又身患风湿病，我并不很依赖她，更多情况下只是在她周围自己玩游戏。这些游戏都是我自创的，从开始记事的时候起，我就有了各种各样的玩伴。对于最早的一批玩伴，我只记得他们是猫咪②一家，但不记得他们谁是谁，也并不记得我自己是否也是其中的一员。不过我还记得他们的名字：克洛弗，布莱基，另外还有三个，他们的母亲是班森太太。

奶妈很聪明，从不和我谈及他们，也不在我在她脚边低声讲话时插嘴。或许她很庆幸我能那么自在地自娱自乐。

然而有一天，当我从花园回来，上楼去用茶之际，一个可怕的打击来了。我听到女佣苏珊说："她好像不太在乎玩具，是吗？她玩什么呢？"

---

①新森林（New Forest），位于英国南部南安普敦城西，占地五百七十一平方公里，曾为中古时期的皇家猎鹿场。
②这里的猫咪一词原文为Kitten，即这家人的姓氏，本文取意译为猫咪，贵州版取音译为基顿。

然后是奶妈的回答声:"哦,她假装自己是一只猫咪,在和其他猫咪一起玩。"

一个孩子心中为什么会先天存在有如此强烈的保守秘密的欲望?得悉有人知道猫咪一家的事——即便是奶妈——也令我心烦意乱。从那天起,我要求自己再也不能在玩游戏的时候低声细语。猫咪一家就是我的猫咪一家,别人不必知道。

我当然也有玩具,事实上,由于在家里倍受宠爱,我有各式各样的玩具,不过大多数已经记不得了。只隐约记得有一盒色彩斑斓的珠子,我把它们串起来做成项链。我还记得我的一个无聊的表姐——已经成年,坚持逗我说我的那些蓝珠子是绿的,绿珠子是蓝的。我的感觉和当年的欧几里得一样:"而这是荒谬的。"① 但是出于礼貌我没有反驳她,她的这个玩笑就完全失败了。

记得我有一些娃娃:菲比,我不太喜欢她;还有一个叫罗莎琳德,又叫罗西,她有一头长长的金发,让我非常羡慕,但我很少跟她玩。我喜欢猫咪一家:班森太太相当穷困,让人同情。孩子的父亲班森船长,撇下一家人出海去了,难怪家里一贫如洗,猫咪一家的故事大概也就是如此结局。不过,我的脑子里还隐约有另一个更美好的结局,班森船长没有死,就在一家人陷入绝境的时候,他满载财富而归。

从猫咪一家我又想到了格林太太。格林太太养了很多孩子,最惹人爱的是小狮狗、小松鼠和小树,他们跟随我在院子里探险。他们一半像人,一半像狗,是介于人狗之间的一种难以定性的种群。

像所有教养良好的孩子一样,我每天都要"散一次步"。我特别讨厌散步,尤其是必须扣好靴子——那是必要的出门动作。我会落在后面,拖沓着脚步,唯一可以让我挨过这段时间的是奶妈的故事。她有六个经典故事,都是围绕她生活过的几个家庭和那些性格各异的孩子的。现在我一个也不记得了,只知道其中一个和印度的老虎有关,有一个是关于猴子的,还有一个关于蛇。都是令人兴奋的故事,我可以

---

① "而这是荒谬的",是古希腊数学家欧几里得的著作《几何原本》中阐述反证题时经常用的句子。

选择要听哪一个，奶妈总是不厌其烦地反复给我讲。

有时候，作为一种很高的待遇，我会被允许取下奶妈那顶带有雪白褶边的帽子。这时的她就好像恢复到了私人生活中，而不再处于履行职责的状态。然后我会万分小心地将一条宽大的蓝色缎带扎在她的头上——难度巨大，我得屏住呼吸，因为打蝴蝶结对一个四岁的孩子而言并不是件容易的事。完成后我会倒退几步，陶醉地大叫："哦，奶妈，你真美！"

她会微笑着用温和的声音说："是吗，亲爱的？"

用过茶后，她便给我换上浆过的细棉布衣服，让我下楼到客厅里跟母亲一块儿玩。

如果说奶妈的故事的吸引力在于它们始终如一，以至于奶妈在我的生命中就代表了稳固，那么母亲的吸引力就在于她讲的故事总是丰富多彩，我们玩的游戏也变化多样，从未重复过。记得有一个关于一只叫"亮眼睛"的老鼠的故事，"亮眼睛"经历了各式各样的奇遇。可是有一天，母亲宣布"亮眼睛"的故事讲完了，我感到怅然若失，几乎要哭起来。于是我的母亲忙说道："我再给你讲一个'奇怪的蜡烛'的故事。"那个"奇怪的蜡烛"的故事讲了两段，我想那是一个侦探故事。但是很不巧，那时家里来了几位客人住了些日子，我们的游戏和故事被迫中断。客人走后，我向母亲询问故事的结局。先前，那故事讲到那个坏人慢慢地将毒药搓进蜡烛里面，正是最紧张的时候。而我母亲表情茫然，显然已将故事情节忘得一干二净。这个没有结局的故事因此一直萦绕在我的脑际。另一个令人愉快的游戏叫"屋子"，我们要把家里所有的毛巾都收集起来，铺搭在桌子和椅子上，建成我们的屋子。离开这一区域我们就要四肢着地。

我对哥哥和姐姐的记忆不深，大概是因为他们都住校。哥哥就读于哈罗公学(Harrow)，姐姐在布赖顿(Brighton)的劳伦斯女校(Miss Lawrences' School)，这所学校后来更名为罗丁女校(Roedean)。人们都说母亲很前卫，竟然把女儿送进了寄宿学校。父亲开明大度，认可了这种标新立异的做法。母亲则乐于做各种各样的尝试。

那些新的尝试大多是宗教方面的，我觉得她生来就有一种神秘主义的倾向。她有祷告和冥想的才能，可是她的满腔热情和虔诚之心很难找到一种合适的崇拜方式。我的父亲因此受了不少折腾，被她带着去了一所又一所教堂与神殿。

母亲的信仰曾几次改弦易辙，都发生在我出生以前。她差点儿被罗马天主教吸收，却又转而改入唯一神教派（这就是哥哥未曾受过洗礼的原因）。后来她又成为一名初级通神论者，可是在听了贝赞特太太[①]的讲座后又对其产生反感。在对拜火教有过一段短暂却热情的投入后，她回归了英国国教，这使我父亲颇感欣慰，尽管她仍怀有对"激进"教派的偏爱。她的床边有一幅圣法兰西斯[②]的画像，她夜以继日地阅读《效法基督》[③]。我的床边也总是放着这本书。

我的父亲是单纯、虔诚的基督徒，每天晚上都做祷告，礼拜天去教堂。他的信仰是平淡的，而不是深入内心的——不过他也不介意我的母亲常在她的信仰中增添一些花样。正如我说过的，他是一个随和的人。

我想父亲很欣慰于母亲皈依了英国国教，这样我降生的时候就可以在教区的教堂里受洗礼了。我随祖母得名玛丽，又随母亲得名克拉丽莎。阿加莎这个名字是在去教堂受洗礼的路上，母亲的一位朋友起的，她说这名字很好听。

我自己的宗教观念主要承袭自奶妈，她是个只读《圣经》的基督徒。她不去教堂，而是自己在家读《圣经》。我认为守安息日头等重要，忙于尘世间琐事是对万能的上帝最大的不敬。我确信自己是得到"拯救"的信徒，对此感到沾沾自喜。我拒绝在礼拜天做游戏、唱歌、

[①] 贝赞特太太，指安妮·贝赞特（Annie Besant, 1847—1933），英国激进人士、社会改革家、印度独立支持者、著名通神论者、妇女节育的最早倡导者。
[②] 圣法兰西斯（San Francesco, 1181—1226），意大利阿西西的圣者，基督教领袖，坚持和平与贫穷的理念。
[③] 《效法基督》（*The Imitation of Christ*），相传为中世纪后期，德国坎普滕的作家、哲人托马斯·厄·肯培（Thomas à Kempis, 约1380—1471）所著的基督教典籍。

弹钢琴,并且非常担心父亲的灵魂最后不能得到拯救,因为他礼拜天下午竟兴致勃勃地打板球,还取笑牧师,有一次甚至还取笑主教。

我的母亲曾一度热衷于对儿女们的教育,可是后来走向另一个极端——孩子不满八岁不能读书,这样对他的眼睛比较好,对他的大脑也比较好。

然而,事情的发展并不像她所希望的那样。每当别人给我读了一个我喜爱的故事后,我就会要来那本书研究。一开始我看不懂书中的内容,但渐渐地就弄懂了。每当跟奶妈外出时,我总是缠着她问商店的门牌或招贴板上写的是什么字。结果有一天,我发现自己可以毫不费力地读一本名叫《爱的天使》(*The Angel of Love*)的书了,继而给奶妈大声朗读起来。

"太太,"奶妈第二天歉疚地告诉母亲,"恐怕阿加莎小姐已经会看书了。"

母亲异常苦恼,但这已是事实。还不到五岁,书就向我展示了故事的世界。从那以后,每逢圣诞节和生日,我要的礼物都是书。

父亲认为,既然我能看书了,就最好开始学写字。这倒不是一件那么令人愉快的事情,至今还能在抽屉里找到笔画歪歪斜斜,或是写满凌乱的B和R的破练习本。因为读书时我只注意整个词而没注意到单个的字母,因此区别B和R成了一大困难。

后来,父亲又说我最好也开始学点算术。就这样,每天早饭后,我会伏在餐室的窗台上做算术题。比起那些难以驾驭的字母来,数字要有趣得多。

对我的进步,父亲颇感振奋和自豪。我升了一级,可以做一本褐色的《习题集》了。我非常喜欢这本小集子,尽管内容不过是加减法,但它趣味无穷,很有吸引力。"约翰有五个苹果,乔治有六个,如果约翰拿走了两个乔治的苹果,乔治那天最终有几个苹果?"云云。如今想到这个问题,我很想这么回答:"这取决于乔治有多喜爱苹果。"不过当时我写下了四个,觉得自己解决了一个大难题似的,还自告奋勇地加上一笔:"约翰有七个。"我喜好算术,母亲似乎感到意外,正像她自己也承认的那样,她讨厌数学,家里的来往账目总是让她手足无措,一概由父亲包揽。

童年生活中另一件令我激动不已的事情是:有一次我收到了一份礼物——一只金丝雀。它叫戈尔迪,非常温顺,在幼儿室里蹦来蹦去。它有时站在奶妈的帽子上,只要我一招呼,就马上飞过来落在我的手指上。它不仅是伴我嬉戏的小鸟,还是又一段神奇故事的开端,故事中的主要人物有两个:迪基(小鸟)和迪基女士。他们骑着战马遍游了全国(实际上是我们的庭院),历尽千难万险,数次从强盗的手下死里逃生。

有一天,发生了一场大灾难:戈尔迪不见了。窗户开着,笼子没有锁,看来多半是飞走了。我仍然记得那漫长得可怕的一天,时间分分秒秒地过去,总没个完,我哭了又哭也没个完。笼子被移到窗外,在里面的木条上放了一块糖。母亲和我走遍了庭院,呼喊着"迪基,迪基,迪基"。一个女佣兴高采烈地说道:"它可能被猫抓到了,很有可能是这样。"这让我立刻又泪如泉涌,我母亲威吓说要立即辞退她。

当我被送到床上躺下时,仍然止不住抽泣着握着母亲的手。此时一声欢快的叽喳声传来,迪基少爷从窗帘杆的顶端一跃而下,在幼儿室里飞了一圈,然后飞回了笼子。哦,多么令人难以置信的喜悦啊!整整一天——漫长而痛苦的一天——迪基一直在窗帘杆上!

我的母亲立刻抓住这个机会,以那个时代的方式开导我。

"瞧,"她说,"你多傻呀,浪费时间哭了那么久。还没有确定的一件事情,就绝不要为它哭。"

我向她保证我再也不会了。

除了迪基的归来带来的愉悦,我还得到了别的。我意识到发生问题时母亲的爱和理解所带来的力量。在黑暗的痛苦深渊中,紧紧地握住她的手就会得到安慰。她的安抚有着奇妙的吸引力和治愈的功效。生病的时候没有人能像她那样,给予你属于她的力量与生气。

3

在我的童年生活中,占有最重要地位的人是奶妈,幼儿室是只属于我们俩的天地。

我至今仍清楚地记得房间里的壁纸——淡紫色的鸢尾花爬满四壁,构成一幅漫无边界的彩图。夜里,我常常躺在床上,借着壁炉的火光或奶妈桌上那盏黯淡的油灯望着墙壁,图案显得格外动人。是的,我一生都热爱淡紫色。

奶妈坐在桌子旁缝衣服或修改衣服。在我的床铺四周围着一道屏风,我本应乖乖入睡,可我通常是醒着的,看着那一朵朵鸢尾花,试图弄明白它们是怎样交织在一起的,或者构思猫咪一家的历险故事。九点半,女仆苏珊送来奶妈的晚餐盘。苏珊是个大块头女孩,冒失又笨拙,经常撞翻东西。她会和奶妈低声细语。等她走了,奶妈就会过来,朝屏风后面看看。

"就知道你还不想睡,我猜你想尝尝吧?"

"哦,请让我尝尝,奶妈。"

于是,一小块美味多汁的牛排被放进我的口中。我实在很难相信奶妈每天晚上都吃牛排当作晚餐,可是在我的记忆中,总是牛排。

家中的另一位重要人物是我们的厨师简,她像高高在上的女皇一样从容地管理着厨房。她从十九岁起就跟着母亲,当时还是一位窈窕的姑娘。她由厨房里的女仆升为厨师,一直跟了我们四十年,离开我们家的时候体重至少也有二百一十磅了。在此期间,她从未表露过她的情感。然而,她的弟弟再三催促,要她去管理他在康沃尔的房子。临别时,泪水从她的脸颊上无声地滑落。她只带走了一个箱子——可能就是她来的时候带来的那只。那么多年里,她没有为自己积存一点财产。以今天的标准来看,她是一个很出色的厨子,不过我母亲偶尔会抱怨她缺乏想象力。

"哎哟,今晚我们吃什么布丁呀?简,给个建议吧。"

"很不错的石头布丁好吗,夫人?"

简给予的建议总是石头布丁。不知为什么我母亲对这个建议毫无兴趣,她说我们不吃那个,吃点别的吧。至今我仍不知道石头布丁是什么样子——母亲也不知道,她只是觉得这个东西听上去很乏味。

在我的记忆里,简的块头一开始就很大——她是我生平见过的最胖的女人。她有着稳重的面孔,头发中分,漂亮的黑发自然地卷成波浪,在颈后挽成一个髻。她的下巴没有一刻不在有节奏地动着,因为她总是在吃东西。一小块糕点,一块刚出炉的烤饼或者岩皮饼,就像一头温和的大母牛,在不停地反刍。

厨房里的食物总是很丰盛。吃过丰富的早餐后,十一点左右又有可可,一盘刚烤制的岩皮饼和小甜面包,或者是热乎乎的果酱馅饼。我们用过午餐之后,用人们开始用餐。按照家规,钟敲三点以前,厨房是不许旁人进去的禁地。母亲教导我,在用人的午餐时间内绝不能随便闯进厨房。"他们有自己的习惯,不要打扰他们。"

如果偶然有意料之外的事件发生,例如取消宴客,必须立即通知厨房,我母亲会为打扰了他们而道歉。并且,按照不成文的规矩,如果她进去时仆人们正坐在桌边进餐,他们不必站起来。

仆人们要干的工作多得令人难以置信。简要为七到八个人做五道菜的正餐,这是每天例行的工作。每逢十二人以上的大型宴会,每道菜还要提供两种选择,两种汤或两种鱼,等等。女仆要擦洗大约四十个银质相框和厕所里的银质用具;把"坐浴浴盆"端进屋,再端出去倒掉(我家有一个浴室,但是母亲很讨厌在别人用过的浴室里洗澡);每天四次,把热水送进卧室;冬天要到卧室生火;每天下午还要做缝补床单之类的针线活。客厅女佣除了要在餐桌旁提供尽善尽美的服务外,还要清洗不计其数的银器,并在混凝纸质的盆子里小心翼翼地洗玻璃杯。

尽管工作如此繁重,但我觉得这些仆人还是很愉快的,主要是因为他们知道自己受到赏识——被视为专业人士,做的是专业人士的工作。于是,他们就拥有了那种神秘的东西:威望。他们对店员一类的工作总是不屑一顾。

如果我还是个孩子的话，我最怀念的大概莫过于如今已没有的这些仆人了。对一个孩子而言，他们是日常生活中最多彩多姿的一部分。奶妈奉献的是老生常谈，仆人们展现的是戏剧性、娱乐性，以及各种不确定但很有趣的知识。他们非但不是仆从，很多时候反而像是暴君。他们很清楚"自己的地位"，正如人们常说的那样，但他们也知道自己的地位并不意味着从属，而是意味着尊严，属于专业人士的尊严。十九世纪的用人们都具有超高的技艺，客厅女仆必须身材高大，看上去聪明机敏，受过良好的训练，能以正常的音调小声说："白葡萄酒还是雪莉酒？"她们就像贴身男仆一般出色。

我很怀疑如今是否还有真正意义上的仆人。可能还有一些七八十岁、跟跟跄跄的吧。剩下的就只有朝至夜归的女佣，"迫于无奈"才干的家庭帮佣，管理员，以及那些既想赚取一点额外收入以满足生活高压的需要，又想为自己和孩子留有更多时间的迷人少妇。由于不是专业人士，他们只好走这条最漫长艰苦的道路。他们都是和蔼可亲的业余从业者，有时候会成为朋友，却极少能赢得我们对家里的仆人们所怀有的那种敬畏。

拥有仆人在那时并不是什么奢侈的事情，不是只有富翁才雇仆人。唯一的区别在于富翁雇的仆人更多，他们有男管家、男仆、女仆、客厅女佣、助理女佣和厨房女佣，等等。若你顺着财富的阶梯每况愈下，最终就会落得只剩"一个女孩"，就像巴里·佩恩（Barry Pain）那些令人愉悦的书，例如《伊莱扎》（*Eliza*）和《伊莱扎的丈夫》（*Eliza's Husband*）里面所描述的那样。

对我来说，家中的用人比起我母亲的友人和远方的亲戚来要可亲得多。我只要一闭上双眼，就能看到简的形象。在我们家的厨房里，她威风凛凛地走来走去：宽厚的胸脯，肥大的臀部，腰间紧束着一根浆过的束带。肥胖的形体似乎并未给她招来烦恼，她的双脚、双膝和脚踝从未感到过不适，即使有高血压，她也根本感觉不到。在我的记忆中，她从未得过病。她像个运动员。即便她有感情，也从不表露出来，她绝不浪费感情在表达爱意或愤怒上。只有在忙于准备大型宴会的那些日子里,她那超强的镇定中才会显露出我所谓的"微波泛起"——脸颊泛红,双唇紧闭,眉毛微颦。在那些日子里,我会被坚决地拒于厨房之外。"阿加莎小姐,我今天可没时间,我手上的活儿很多。我给你一把葡萄干,然后你得马上到庭院里去,别再来烦我。"我马上就离开了,简的话总是对我很有威慑力。

简的主要特点是沉默和超然。我们知道她有个弟弟,除此之外对她的家庭所知甚少,她从来没提过。她来自康沃尔,大家都称她为"罗太太",可这只是个敬称。和所有其他好仆人一样,她知道自己的地位。那是一种支配的地位,她让每个在这个家里工作的人都明白,是她在掌管一切。

简一定很骄傲于自己做得一手好菜,不过她从没炫耀或得意过。宴会次日的早上接受众人的称赞时,她也从未显示出过一丝自满。不过我认为,父亲跑到厨房向她表示祝贺时,她肯定是很高兴的。

接下来是芭克,我们的女仆之一,她为我展现了人生的另一番景象。芭克的父亲是一名非常严格的普里茅斯兄弟会会员。而芭克很清楚自己的罪行,以及在有些事情上无疑违背了教义。"毫无疑问,我的灵魂将受到惩罚,永世不得翻身,"她有些快意地说,"我不知道父亲知道了会怎么说,星期天我到英国国教教堂做礼拜了,而且我还很乐于此道。我喜欢上个礼拜天牧师的布道,我也喜欢那些赞美歌。"

有一天,我母亲听到一个来我们家做客的小女孩很轻蔑地对客厅女佣说:"哦!你只不过是个用人!"此话当即受到训斥。

"再也别让我听到你这么对仆人说话,对待仆人必须尽可能地礼貌。他们做的是技巧纯熟的工作,如果没有接受长期的训练,肯定做不到。而且你得记住,他们是不能还嘴的。对于那些因所处地位的关系而无权对你无礼的人,你必须永远以礼相待。如果你不礼貌,他们就会鄙视你,这合情合理,因为你表现得不像一位淑女。"

"要像一位淑女",这句话在那个年代被反复地叮咛,其中包含一些古怪的条款:

刚才已经说了,要对处于依从地位的人以礼相待,再接下来就是：出于小姐的矜持，总要在餐盘里剩一点残肴。"口中满满的时候不可以喝东西。""记住，除非是给商人寄票据，否则绝不能在信上贴两张半便士的邮票。"当然，还有"坐火车旅行时要穿干净的内衣，因为可能会发生意外事故"。

下午茶时间厨房里经常有社交聚会。简有数不清的朋友，有一两个几乎每天都来。一盘盘热乎乎的岩皮饼被端出来。后来我再也没尝到过像简烤得那么好吃的岩皮饼，很脆，平平的，撒满葡萄干，趁热吃真是一大享受。简以温和与耐心成就了她纪律严明的形象。如果某个人起身离座，一个声音就会响起："我还没吃完呢，弗洛伦丝。"弗洛伦丝会很窘迫地坐回去，低声说："请原谅，罗太太。"

资深的厨子都被称为"太太"，而女仆和客厅女佣总要被冠以"合适的"名字，例如简、玛丽、伊迪丝，等等。维奥莱特、穆瑞尔、罗莎琳德等则被认为是不合适的名字，那些女孩会被坚决地告知："你在这里工作的时候得叫'玛丽'。"对于有足够资历的客厅女佣往往以姓氏相称。我总觉得客厅女佣具有些许男性气息，像是某种"未学成的男管家"，她们服侍先生们，对酒也很在行。

"幼儿室"和"厨房"之间的摩擦是很常见的事情。不过，奶妈一方面会维护她的权利，另一方面也是一个和气的人，年轻女仆都尊敬她、向她请教。

亲爱的奶妈，我在德文郡的家里挂着一幅她的肖像。我们全家人的画像也都出自这幅画的作者手笔，他是当时一个很出名的画家：N.H.J. 贝尔德。我母亲对贝尔德先生的画颇有微词。"他把每个人都画得脏兮兮的，"她抱怨说，"你们看上去全都像是几个礼拜没洗过脸似的。"

她说的多少有些道理。画中我哥哥脸部的肤色间掺杂了浓重的蓝色和绿色的阴影，像是不肯使用水和肥皂洗脸的结果。而我十六岁时的画像上暗示我会长出小胡子，我可从来没有这样的缺陷。不过我父亲的画像又粉又白又亮，倒活像是香皂的广告。我怀疑这位画家并不喜欢这种画法，可是我母亲用她绝对的人格力量击溃了可怜的贝尔德先生。我哥哥和姐姐的画像根本不像本人,我父亲却在画中栩栩如生,只是作为一幅肖像画并没有什么特色。

我确信奶妈的画像是贝尔德先生的一幅爱心力作:她的褶边帽和围裙透明的麻纱都很可爱,睿智而布满皱纹的脸庞轮廓完美,双眼深陷,不禁让人联想起某些佛兰德大师(Flemish Old Master)[①]的作品。

我不知道奶妈刚来我家时有多大年纪,也不明白母亲为何选中这样一位老妪。不过母亲总是说:"自从奶妈来到这里,我就再也没有为你操过心,因为我把你托付给了一个可靠的人。"奶妈不知照看过多少孩子——我是最后一个。

到了人口普查的时候,我父亲自然得把家里每一个人的姓名和年龄登记上去。

"这可真难办,"他可怜巴巴地说,"仆人们不喜欢你去问她们的年龄。还有奶妈该怎么办?"

于是奶妈被召唤过来,站在父亲面前。她的双手交叠在雪白的围裙上,以温和老练的目光探询地注视着父亲。

"所以你看,"父亲在简单地介绍了人口普查是怎么回事之后,解释道,"我不得不填上每个人的年龄。呃……我该怎么填你的呢?"

"您喜欢怎么填都可以,先生。"奶妈客客气气地答道。

"是啊,可是……呃……我得搞清楚。"

"您觉得怎么填好就怎么填吧,先生。"奶妈毫不慌乱。

照父亲估计,奶妈至少有七十五岁了,他紧张地试了试运气。

"呃……呃……五十九?差不多吧?"

一丝痛苦的表情掠过奶妈布满皱纹的脸。

"我看起来真的有那么老吗,先生?"奶妈忧郁地问道。

"不,不!那我……到底该怎么写呀?"

奶妈又恢复了她的策略。

[①] 泛指佛兰德地区(现在的荷兰及比利时荷兰语区的旧称)十五至十八世纪间的优秀画家,代表人物为鲁本斯、凡·代克、老勃鲁盖尔等。

"您觉得怎么写合适就怎么写吧，先生。"她庄严地说。

于是父亲就写上了六十四岁。

奶妈的态度如今还有追随者。二战期间，我的丈夫马克斯在同波兰和南斯拉夫的飞行员打交道的时候，遭遇了同样的反应。

"年龄？"那个飞行员和气地摆了摆手，"随你喜欢就怎么写。二十，三十，四十……这都无关紧要。"

"那你的出生地呢？"

"随你便，克拉科，华沙，贝尔格莱德，萨格勒布，随你喜欢就怎么写。"

这些人对于细枝末节的不屑由此可见一斑。

阿拉伯人也如出一辙。

"你父亲还好吧？"

"哦，是的，不过他很老了。"

"有多老？"

"哦，非常老。九十，九十五了吧？"

结果被证实他父亲还不到五十岁。

但这就是人们对生命的看法。当你年幼的时候，你就是年幼的；当你充满活力，你就是个"很强健的人"；当你的活力开始衰竭，你就是老了。如果你"老了"，那有多老都无关紧要了。

五岁生日那天，我得到了一只小狗。这真使我喜出望外，兴奋得手舞足蹈，高兴得一句话都说不出来。我认为人们常说的"吃惊得说不出话来"是完全可能发生的状况。而我当时就是那种状态：兴奋得连句谢谢都不会说了。我甚至没敢看一眼那只漂亮的小狗，就躲开了。我需要立即躲起来静一下，独自消化这让我难以置信的幸福（在我的一生中，我常常这样做。人为什么会那么傻呢），记得当时我一下子钻进了卫生间，这是一个能让人静思的好地方，谁也不会跟着你进去。在那个时代，卫生间干净、舒适，几乎可以住人。我放下了沉重的红木坐架，坐在上面，失神地注视着挂在墙上的托基地图，一心一意地确认这突如其来的幸福。

"我有一只狗了，一只狗，它是我自己的狗，我自己的。一只约克夏，我的狗，归我所有！"

后来母亲告诉我，父亲对我收到礼物时的态度很失望。

"我以为那孩子会喜欢它，"他说，"可她看起来根本无动于衷。"

而我母亲总是那么善解人意，说我还需要一点时间。"她还无法完全接受这个事实。"

与此同时，那只才四个月大的约克夏小狗闷闷不乐地溜达着，跑到院子里，投靠了我们家的园丁，一个叫戴维的脾气暴躁的男人。这只小狗曾由某个打零工的园丁喂养，所以它一见到插在土里的铁锹，就以为那是它的落脚之地。它坐在院子里的小道上，神情专注地观看园丁挖土。

我及时地找到了它，跟它正式见了面。起初双方都有些腼腆，只是试探着相互接近，可是不到一星期，我们就形影不离了。它的正式名字是父亲给取的，叫"乔治·华盛顿"，小名"托尼"是我贡献的意见。对孩子来说，托尼是只极好的小狗，它温顺，热情，顺从地扮演我指派给它的幻想角色。奶奶也因此少受了一些折磨，那一堆缎带和装饰品不再被我强加在她的身上，而是赠给了托尼。它对这些东西来者不拒，认为那是一种赞赏，并且偶尔会咬上几口，作为拖鞋的佐餐。我还特许它进入我的故事世界中，托尼以勋爵的身份加入了迪基（也就是那只叫戈尔迪的金丝雀）和迪基女士（也就是我）的行列。

在我童年的记忆里，对姐姐的记忆不如对哥哥的记忆深刻。姐姐待我极好，哥哥却很高傲，他管我叫"孩子"。尽管如此，只要有可能，我就喜欢跟他待在一起。我记忆最深的是他养过一窝小白鼠，他向我介绍了他的"威斯克先生和太太"以及它们全家。奶妈不同意我接近那些小动物，说它们身上有怪味，它们散发的气味的确难闻。

我们家本来已经有一条狗了，是一条叫斯考迪的老年矮脚狄文梗犬，是我哥哥的。我哥哥的名字来自我父亲在美国最好的朋友，叫路易斯·蒙坦特，我们总习惯叫他蒙蒂。他和斯考迪亲密无间。母亲的唠叨都快成为条件反射了。"别把脸凑到狗身上让它舔，蒙蒂。"蒙蒂趴在斯考迪的篮子旁边，亲昵地搂着它的脖子，对母亲的话置若罔闻。我父亲说："那条狗的气味太难闻了。"斯考迪当时十五岁，只有狂热的爱狗者才会否认这种指控。"玫瑰的香味！"蒙蒂会怜爱地低声说，"玫瑰的香味！它闻起来就像……玫瑰！"

哎，悲剧降临到斯考迪身上了。它走不动路，眼睛又瞎。有一天，它跟奶妈和我一起散步，穿过马路时，一个商人推着手推车从拐角猛冲过来，从它身上碾过。我们雇了一辆马车把它带回家，叫来了兽医，可斯考迪几小时后还是死了。蒙蒂和几个朋友去玩帆船了，母亲一想到要把这个坏消息告诉他就坐立不安。她把它的尸体放在洗衣房，焦虑地等待着蒙蒂归来。很不幸，蒙蒂没有像往常一样直接进屋，而是绕到院子里，去洗衣房找一些需要的工具。他在那里发现了斯考迪的尸体，然后直接跑了出去，想必在外面徘徊了好几个小时。直到午夜，他才回来。我的父母非常善解人意，没有提斯考迪的死。蒙蒂亲手为斯考迪挖了一个墓穴，就在庭院角落的"爱犬墓地"，我们家的每一条狗最终都会在这里拥有一块刻着名字的墓石。

我说过，我哥哥喜欢毫不留情地戏弄人，他总叫我"瘦小鸡"，而我每次都会大哭，因此让他受罚。我也不知道为什么这个绰号让我如此愤慨。正如大多数爱哭的孩子那样，我总跟在母亲身后，哽咽着说："我不是瘦小鸡，对吗，妈咪？"我母亲只会泰然自若地回答："既然你不想被蒙蒂戏弄，又为什么老跟在他后面呢？"

这个问题我没法回答，因为哥哥对我来说那么富有吸引力，我很难和他保持距离。他当时正处于睥睨小妹妹的年龄，觉得我特别讨厌。有时他会大发慈悲，允许我走进他的"工作室"。那里有一架车床，他会让我抱起许多小木块和工具递到他手里。可是过不了多久，这只"瘦小鸡"就会被赶出来。

有一次他对我格外开恩，自告奋勇说要带我上他的小船。他有一条小游艇，可以在托贝湾航行。每个人都惊讶于我竟能得到这样的邀请。奶妈当时还和我们在一起,她竭力反对这次探险,认为我会搞得又湿又脏,会撕破外衣,夹痛手指,而且十有八九会淹死!"年轻的绅士不懂得怎么照看一个小女孩。"

我母亲说她认为我有足够的常识,不会从船边掉出去,而且这有助于增长我的阅历。我认为她很希望对蒙蒂不寻常的慷慨行为表示赞赏。于是我们走进城里,到了码头。蒙蒂把船驶到阶梯下,奶妈把我交给了他。在最后一刻,母亲不安起来。

"你得小心,蒙蒂,非常小心,别出去太久了。你会照看她的,对吗?"

我猜想那时候我哥哥已经非常后悔他善意的提议了,他简短地说:"她会好好的。"然后对我说,"坐在那儿,一动也别动,并且看在上帝的分上,什么也不要碰。"

然后,他开始拉那些绳索。小船的倾斜使我实际上不可能遵照命令坐在那儿一动也不动,这把我吓坏了。不过当小船飞驰在水面上时,我又恢复了精神,高兴得心花怒放。

母亲和奶妈站在码头上,像希腊戏剧中的人物一样目不转睛地望着我们远去。奶妈几乎已经预见到了厄运,我母亲正尝试着减轻她的疑惧。也许是想到了自己的晕船经历,她最后补充道:"我想她一定不会再想有下一次了,海上风浪很大。"

她的判断很准确,很快我就脸色发青地回来了,我哥哥说我曾有三度就要"喂鱼"。他很嫌恶地把我放回地面,说女人们都一个样。

4

第一次受到惊吓是在我不到五岁的时候。春日里,奶妈带我去采报春花。我们穿越铁路,走上希普巷(Shiphay lane),从篱笆上摘取报春花,那上面长满了这种花朵。

我们从一扇敞开的院门走进去,继续采撷,篮子渐渐满了起来。

突然一个粗暴的声音冲着我们吼道:"喂,你们跑到这儿来干吗?"

那大汉对我来说就像一个巨人,怒气冲冲,面孔红红的。

奶妈说我们不想找麻烦,只是来采点报春花。

"侵入了别人的园地还不知错?快滚开,给你们一分钟从我的门口消失!要不然我活煮了你们!听见没有?"

往外走的时候,我死死地扯着奶妈的手。奶妈走不快,实际上也不想走快,我越发害怕起来。当我们平安地回到小路上时,我几乎瘫下来,面色苍白,四肢无力。奶妈马上注意到了我的惊恐。

"哦,宝贝,"她轻声地问,"你是不是真的以为他会那么做?要把你给活煮了什么的?"

我木然地点了点头。那可怕的场面已经浮现在我的眼前:火上架着一口冒着热气的大锅,我被扔进了滚烫的水中,极其痛苦地尖声叫着……这一切都活灵活现。

奶妈说的话令我安心,她说有的人就喜欢这样说话,咋咋呼呼的。可那只是一个玩笑。他虽然脾气不怎么好,是个粗鲁、讨人嫌的家伙,但他绝不会真的那么干,只是吓唬吓唬你而已。

我却当真了,即使在今天,走在田间还总有些毛骨悚然的惶恐。在我的一生中,还从未受到过如此大的惊吓。

然而,在我的噩梦中,倒是没有再现这个特别的经历。每个孩子都会做噩梦,我怀疑是不是因为保姆或者其他人"吓唬"过他们,或是因为现实生活中发生的什么事。我自己做过的比较特别的噩梦,是以一个我称为"枪手"的人为主的梦境。我从来没有读过这一类的故事。我叫他"枪手"是因为他有一支枪,我并不是害怕他向我开枪,也不是其他和枪有关的原因。枪只是他的形象的一部分。现在想起来我觉得他像个法国人,穿着灰蓝色的制服,洒了发粉的头发扎成一束,戴一顶三角帽,那把枪是某种老式步枪。恐惧仅仅是因为他的存在。梦里的场景很普通:一场下午茶会,或是和什么人一起散步,通常是比较愉快的场合。然后突然就会有一种不安的感觉袭来,有个人在场,一个不应该出现的人——可怕的恐惧感。然后我就会看到他,他就坐在茶桌旁，在海滩上散步，或者正和我们玩游戏。他那双灰蓝色的眼睛注视着我，然后我就尖叫着醒来。"枪手！枪手！"

"阿加莎小姐昨晚又梦到她那个枪手了。"奶妈以平静的语气向母亲报告。

"你为什么那么怕他，亲爱的？"我母亲会问，"你觉得他会对你怎么样？"

可我不知道为什么那么怕他。后来梦又变了，他不再是那副一成不变的打扮。有时候我们坐在茶桌旁，我望着对面的一个朋友，或者一个家里人，突然间我意识到那并不是多萝西，或者菲利斯，或者蒙蒂，或者我的母亲，或者随便别的什么人。熟悉的面孔上有一双灰蓝色的眼睛，正看着我——藏在熟悉的形象之下的实际上是那个枪手。

我四岁的时候坠入情网了。那是一次怯懦而甜美的怀春，我爱上了达特茅斯（Dartmouth）皇家海军学校的一位学员，他是我哥哥的朋友。他那金黄色的头发、蓝蓝的眼睛，撩拨起我浪漫的天性。他本人对他所激起的情爱肯定一无所知，他的朋友蒙蒂的这个"小妹妹"全然没有引起他更多的注意。如果有人向他提及我，他也许会说"她不喜欢我"。过于强烈的情感使我走向了另一个极端，一看到他迎面走来，或者在餐桌旁落座，我就会立即将脸固执地扭向一边。母亲温和地责备道："我知道你害羞，亲爱的，可还是得讲点儿礼节。一瞧见菲利普就把脸扭过去是不礼貌的。他跟你说话时你总是爱理不理的，即使讨厌他，也不能失礼呀。"

我讨厌他！哎，他们对我的了解是多么少啊！如今想起这件事来，我感到幼年的爱是多么容易得到满足。没有一点过多的奢求，甚至不需要一个眼神或一句话，仅仅是悄然的爱慕就心满意足了，就足以让人飘飘然，在想象的王国里创造出英雄史诗般壮美的场景：为自己的心上人勇敢献身，或闯入瘟疫横行的兵营去照顾他！或从大火中把他拯救出来！或用身体挡住致命的子弹！一切想象得到的情景都被编织进去，这些想象没有一个是大团圆结局的：你不是被烈火化为灰烬，就是中弹身亡，或是被瘟疫夺去了生命。而你钟情的人对你的崇高牺牲一无所知。我坐在幼儿室的地板上与托尼玩耍,表情平静而矜持,脑海中神奇的幻想却奔腾不息。几个月之后,菲利普当上海军候补军官,被调离了布列坦尼亚号。他的形象存留在我的脑海里一段时间,后来渐渐地淡了。爱情就这样悄然逝去。三年之后,我又无望地爱上了一位年轻的陆军上尉。他高高的个子,深色的皮肤,当时他正在追求我的姐姐。

阿什菲尔德是我的故乡,伊灵①则是一个激动人心的地方,充满异域风情。最富于传奇色彩的地方就是房子里的卫生间,里面有一个富丽堂皇的红木坐便器,坐在上面就如同女皇端坐在宝座上一般。迪基女士摇身变成了玛格丽特女皇(Queen Marguerite),迪基成了女皇的儿子戈尔迪王子(Prince Goldie),未来的王位继承人。他就坐在女皇右面那个精致的彩陶扶手上。我每天一大早就躲在这里,坐在宝座上向朝拜者频频点头,听他们念奏折,伸出手来让他们亲吻,直到外面的人等得不耐烦了,气愤地把我叫出来!墙上挂有一幅纽约市的彩色地图,这也是很吸引我的东西。屋子里还有一些美国的画片。在客用卧室,有一套我非常偏爱的彩色招贴画。其中一幅题为"冬季运动",画着一个看上去非常冷漠的男人身处一片冰天雪地之中,从一个很小的洞里拽鱼出来。我觉得这是一种很伤感的运动。与此相反,那匹名为"灰色埃迪"的飞驰骏马,它的勇往直前令我着迷。

由于父亲娶的是继母(他的美籍父亲的英籍填房)的外甥女,又因为他称继母为母亲,而妻子却称她为姨妈,所以我们都叫她姨婆。我的祖父晚年时常来往于纽约与曼彻斯特之间,曼彻斯特有他的分公司。他曾是美国的一个"传奇故事",原本是一个身无分文的穷孩子,背井离乡,从马萨诸塞州来到纽约,当上了某办公室的勤杂员,后来发迹成了公司的股东之一。"在三代之内,从汗衫阶级升到坐旋转椅阶级"正是我们家族的真实写照。祖父挣得了巨额财富,而父亲过于相

---

① 伊灵(Ealing)是英格兰东南部的一座城市。

信手下们，导致财富一点一点地消耗，等到了我哥哥手中，就被闪电般地挥霍殆尽。

祖父去世前不久，在柴郡（Cheshire）购置了一幢房子，当时他已病入膏肓。不久后姨婆就守寡了，她那时还算年轻。在柴郡住了一段时间，受了一两次盗贼的光顾之后，她就在伊灵买下一幢房子住了下来。当时那儿还算是乡下，正像她说的，当时房子四周都是农田。可是等到我去看她的时候，却有点难以相信：一切都变了，到处是一排排新建的房子。

姨婆住的房子和庭院对我来说有无尽的魅力。我把幼儿室分割为几块"领地"，靠前的部分是一扇向外凸出的窗户，地上铺着一条艳丽的条纹毯子，我把这个地方命名为"穆瑞尔室"（也许是因为我很着迷于那扇凸出的窗户）。靠后的部分是餐室，地上铺着布鲁塞尔地毯。我把各式各样的蒲席和一块块亚麻地毯分配到各个"领地"，神情庄重地在各"领地"巡视，口中念念有词地嘟囔着。奶妈安详地坐在一旁打毛线。

姨婆的大床是另一个让人着迷的东西，床的四角镶嵌着四根粗大的红木床柱，四周是大红色的锦缎床围，上面铺着羽绒被褥。每天清早，我还没穿好衣服就跑过来，爬上姨婆的床。姨婆早晨六点钟就醒了，总是高兴地把我拥进她的被窝。客厅在楼下，摆满了镶嵌着五光十色装饰品的家具和德累斯顿瓷器。由于窗外就是花房，屋子里总是光线昏暗。客厅仅用于社交聚会。隔壁是起居室，里面总有一个女裁缝坐在那儿。现在回想起来，我发现每户人家都会有一个女裁缝。她们几乎是同一类人，通常都举止优雅，但是境遇不幸，都被房子的女主人或家庭的女主人小心翼翼地以礼相待，但是仆人们对她们不买账，每餐都是用餐盘给她们送来吃的。而且，至少在我的印象中，她们从来做不出合身的衣物。所有的衣物不是太紧，就是松松垮垮地挂在身上。你只要一抱怨就会得到这样的答复："啊，没错，可是詹姆斯小姐的生活是那么不幸。"

于是，詹姆斯小姐仍然坐在晨间起居室里做缝纫活儿，身旁是各种图样，面前是一架缝纫机。

姨婆在饭厅里心满意足地过着维多利亚时代的生活。全套家具都是笨重的红木制品，屋子正中是一张餐桌，四周摆着靠背椅，窗户被厚重的诺丁汉蕾丝窗帘虚掩。姨婆有时坐在桌前那把皮背雕木椅上写信，有时坐在壁炉旁的一张天鹅绒软椅上烤火。桌子、沙发及几把椅子上都堆满了书，有专门放在那里的书，也有从绑好的包裹中挣脱、掉出来的。姨婆买书从不间断，有些是留着自己读，有些是赠送他人的。后来书籍越来越多，以至于连她都搞不清哪些书是准备送给哪些人的了。有时甚至发现"班尼特先生那个惹人喜爱的小男孩"转眼已经十八岁了，而她准备的《圣人古尔德雷德的孩子们》(The Boys of St. Guldred's) 和《蒂莫西老虎历险记》(The Adventures of Timothy Tiger) 这两本小人书显然不合时宜了。

姨婆是个喜欢纵容小孩的玩伴。她常常搁下手头还未写完的、字迹潦草的长信（涂改很多，因为要"节约信纸"），兴致勃勃地跟我一起玩"维特利先生和小鸡"的游戏。不用说，每次都由我充当小鸡。姨婆到商店里买小鸡，挑中了我，询问售货员这只小鸡的肉是否细嫩，然后回家把小鸡捆绑好，穿起来（这时我总会忍不住大笑），放到炉灶上烤，翻个个儿再烤另一面，然后端上餐桌。就在餐刀闪闪的一刹那，小鸡突然复活了，欢蹦乱跳地说"是我呀！"——这是游戏的高潮。我和姨婆不厌其烦地重复这个游戏。

通常姨婆每天上午的大事之一就是去视察食品贮藏柜，它位于庭院侧门的旁边。我会立即现身，姨婆就说："小女孩跑到这儿来想要什么呀？"小女孩会满怀希望地等待着，凝视着那排有趣的壁橱。一排排的罐装果酱和蜜饯，一盒盒的枣子、水果蜜饯、无花果、法国李子、樱桃和白芷，一包包的葡萄干和黑醋栗，一磅磅的黄油，以及一袋袋的白糖、茶叶和面粉。家里所有的食品都在这里，姨婆每天都要郑重其事地把当天所需要的食物拿出来，还要查询前一天分配的食物的使用情况。姨婆绝不吝啬，不过她总是非常怀疑存在浪费行为。今天需要的食物都准备好了，昨天的食物处置也令人满意，这时姨婆就会打开一个装法国李子的罐子,让我满满地捧上一把,开开心心地走进庭院。

多奇怪啊,回想早年的那些日子,总感觉在某些地方,天气是一成不变的。在托基的幼儿室总是秋天或冬天的下午,壁炉里生着火,衣服挂在高高的火炉栏上烘干,屋外树叶旋转、飘落,有时候会下起令人兴奋的雪。在伊灵的庭院总是夏天,而且是特别炎热的夏天。我能够很轻易地再现那种感觉:从侧门走出去,燥热的空气扑面而来,我闻到了玫瑰的香气。那一小块四方的草坪,围绕着非常齐整的玫瑰丛。在我看来,草坪一点也不小,那是另一片天地,其中最重要的就是玫瑰丛。每天都要把凋谢的花剪掉,再剪下一些好的玫瑰花,拿进屋,插在一些小花瓶里。姨婆非常骄傲于她的玫瑰,它们能长得这么大、这么美,都归功于"卧室里的排泄物"。"亲爱的,这是液体肥料,什么都比不上它,没有谁的玫瑰能像我的这么好。"

每逢星期天,外祖母常常带着两位舅舅一块儿到伊灵来吃午饭。这是维多利亚时代多姿多彩的一日。贝默外祖母是我母亲的生母,被称为B外婆。她通常在十一点钟到达。由于身材比姨婆还要矮胖,一路走来难免有点气喘吁吁。从伦敦到这里,一路上要转几次火车和公共汽车,因此她到达后的第一件事就是脱掉脚上的系扣靴。她的女佣海丽特通常跟着她一块儿来,跪在她面前帮她把靴子脱掉,换上一双舒适的羊毛拖鞋。外祖母会深深地舒一口气,坐到餐桌旁的靠背椅上。接着,姐妹俩就开始讨论起周日上午的公事,谈论一长串纷乱复杂的账目。外祖母在维多利亚大街上的军用物品商店为姨婆置买了大量的生活用品。对姐妹俩来说,军用物品商店就是她们心目中的宇宙中心。两人饶有兴致地研究着一串串数字、一条条账目、一张张清单,讨论着所购物品的质量。"你不会喜欢它的,玛格丽特,面料质地不好,很粗糙,完全不像上次那个李子色的天鹅绒。"然后,姨婆会拿出她鼓鼓囊囊的大钱包。我总是对这个钱包心怀敬畏,将它视为巨额财富实实在在的标志,它中间的夹层里有好多索维林金币,其余夹层里塞满了半克朗、六便士的硬币,偶尔也会有五先令的。军用物品商店的账目当然实行定期付款制，零碎的小账和维修费用都当面结清。我猜姨婆每次会多付给B外婆一些钱，作为辛苦的酬谢。姐妹俩关系很亲，但相互间也小有妒忌，时而拌嘴，一有机会就互相抬杠、打趣。B外婆自认为是她们家长得最漂亮的姑娘，姨婆总是不服气。"玛丽（或波丽，她这么叫她）有一张漂亮脸蛋儿，没错，"她说，"但她当然没有我这种好身材，先生们喜欢好身材。"

波丽虽然没有好身材（我得说，后来她这个缺陷完全得以改善——我从没见过那么丰满的胸部），但年仅十六岁时就被苏格兰高地警卫团的一位上尉爱上了。尽管家里认为她还年轻，不到结婚的年龄，可上尉说他所在的团就要移防国外，要在那儿驻扎很长一段时间，希望两人能马上完婚。就这样，波丽十六岁就出嫁了。我想这也是姐妹俩相互嫉妒的开端。小两口是完美的一对，波丽年轻妩媚，丈夫是团队里公认的美男子。

波丽很快就有了五个孩子，其中一个夭折了。她二十七岁开始守寡——丈夫从马背上摔下来去世了。姨婆结婚很晚，她曾与一位年轻的海军军官发生过恋情，可惜两人都很穷，无法成家。后来，军官找了一个有钱的遗孀，她嫁给了已有一个孩子的美国富翁。我想，姨婆在某些方面有些不顺，但她从未失去判断力和对生活的热爱。她没有生过孩子，但是从另一方面来说，她成了一个非常富有的寡妇。波丽则在丈夫死后用尽一切努力为她的家庭赚取衣食，除了微薄的抚恤金之外，她一无所有。我记得她终日坐在她房间里的窗前做针线活，做花哨的针线包，绣图画和屏风。她的针线功夫很好，而且不停地做，我想每天至少要做八小时以上。所以她们俩都因为对方拥有的、自己所没有的东西而彼此嫉妒。我觉得她们很喜欢这种热烈的争论，你来我往如泉涌般不绝于耳。

"胡说八道，玛格丽特，我一辈子都没听过这种胡说八道！""真的吗，玛丽，让我来告诉你……"云云。波丽丈夫生前所在团队里的几位军官曾向她求爱，想要娶她为妻，都被她坚定地拒绝了。她不愿别的男人取代丈夫的位置，申言死后要葬在他的墓旁。

姐妹俩了结了周日的账目，明确了下一周的采购任务后，舅舅们就该到了。欧内斯特舅舅在英国内政部任职，哈里舅舅是军用物品商店的秘书，大舅舅弗雷德在驻防印度的一个团里服役。餐桌摆好后，大家就开始用午餐。

有一大块猪腿肉，通常还有樱桃馅饼、奶油和一块硕大的奶酪。最后，甜点会用星期天才使用的餐盘端上来——这套餐盘至今仍然很漂亮，我还保留着它们。我想本来有二十四个，现在还剩十八个，整整过去六十年了，这已经很不错了。我不知道它们是科尔波特还是法国瓷器。盘子的边缘是明亮的绿色，勾有金边，每个盘子中央都画着一个不同的水果。我最喜欢的是那个无花果的，一个看起来美味多汁的紫色无花果。我女儿罗莎琳德最喜欢那个有醋栗果的，一个又大又甜的醋栗果。还有漂亮的桃子、白加仑子、红加仑子、覆盆子、草莓和许多别的水果。一餐的高潮就是这些盖着网纱的餐盘和洗手碗端上桌的时候，每个人轮流猜自己的餐盘上画的是什么水果。我不知道这为什么会给人带来那么大的满足感，但确实是一个激动人心的时刻。而如果你猜对了，你会觉得做了一件值得尊敬的事。

丰盛的午餐后，是午睡时间。姨婆退守到壁炉旁那张"第二选择"的软椅上——相当低的一把大椅子。B外婆栖身在沙发上，那是一张深紫红色的皮质沙发，表面布满扣饰，她会在凹凸起伏的身子上盖一条阿富汗毛毯。我不知道舅舅们到哪儿去了，也许是出门散步，也许是退到客厅里去了，不过客厅通常很少启用。肯定不会在晨间起居室，因为那是格兰特小姐的神圣领地，她是女裁缝职位的现任执掌者。"啊呀，真是可悲哦，"姨婆会压低声音对她的朋友们说，"多可怜的小东西，畸形啊，只有一条走廊，就像一只鸟。"那个措辞总让我很迷惑，我不明白是什么意思：这是条通往哪里的走廊呢？

除我之外，全家人都要去小睡至少一个小时——这段时间我就躺在扶手摇椅里悠闲自得地摇晃着。午睡后，大家开始玩"考校长"的游戏。哈里舅舅和欧内斯特舅舅都是能说会道的"校长"。大家坐成一排，荣任"校长"的人手里拿一卷报纸在前面走来走去，煞有介事地大声提问："针是什么时候发明的？""亨利八世的第三个夫人是谁？""威廉·鲁弗斯是怎么死的？""小麦的病害有哪些？"谁要是能回答上来，就可以往前挪，说错了就要往后退。如今人们都喜欢的广播电台里的猜谜节目大概就是由维多利亚时代的这种游戏演变而来的。游戏结束后，两位舅舅算是完成了对母亲和姑妈的敬意，可以先走一步。B外婆留下来喝过下午茶、用过马德拉蛋糕后才离去。然后，当那双系扣靴子放到她面前时，可怕的时刻又到来了。海丽特开始这项艰巨的任务，要再次把它们套到她的脚上。那景象真是惨不忍睹，而且绝对是非常痛苦的折磨。可怜的B外婆的脚踝在整整一天后已经肿得像布丁一样，为了把靴子上的纽扣扣上，得使用纽扣钩，还得用巨大的力量施以痛苦的挤压，疼得B外婆尖叫起来。哦！那些系扣靴啊，为什么会有人穿呢？难道是医生建议的？这是否也是做时尚的奴隶要付出的代价呢？据说靴子对孩子们的脚踝有益，能够让脚踝强健，但是对七十岁的老太太来说绝非如此。不管多么痛苦，靴子终于还是套上去了，B外婆总是痛得脸色发白。她们踏上归途，先坐火车，再转公共汽车，返回她在贝斯沃特（Bayswater）的住所。

伊灵在当时具有与切尔滕纳姆（Cheltenham）和雷明顿（Lemington）相似的温泉浴场。大批退休的陆军和海军军官都来到这里"呼吸新鲜空气"，因为这地方离伦敦近，很方便。姨婆过着充实的社交生活——她一直是一个善于交际的人。她的房子里总是挤满了年老的将军和校官，她为他们绣背心、织袜子。"我希望您的夫人不会抗议。我可不想惹麻烦！"军官们会大献殷勤地否认，他们走的时候趾高气扬，对于自己的男性魅力沾沾自喜。但是他们的殷勤总让我感到害羞。他们为了逗我而开的玩笑似乎一点也不好笑，而且那种调笑和玩闹的态度让我非常不安。

"我们的小小姐想吃什么餐后甜点啊？小甜甜吃小甜甜嘛，小小姐，吃桃子好不好？或者一只黄金梅？这才配得上你的金黄色发卷啊。"

我窘得满脸通红，便小声地说请给我一只桃子。

"要哪一只呢？来挑一只吧。"

"麻烦你,"我轻声说,"请给我那只最大最好的。"

一阵哄堂大笑。看起来我在无意中说了个笑话。

"你不应该说要最大的,永远不能这么说。"奶妈后来说,"太贪心了。"

我承认是我太贪心了,可这又有什么好笑的呢?

充当社交方面的训导,奶妈也算是内行。

"吃晚饭的速度要再快一些。不然等你长大了,受邀去公爵家赴宴可怎么办?"

没有比这更不靠谱的事了,可我却当真了。

"席前会站着一位庄重的管家和几个仆人,只要时间一到,他就会把你的盘子撤走,不管你吃完没有。"

想到这种情景,我的脸都吓白了,于是暗下决心,埋头于我的炖羊肉。

奶妈常把贵族们的逸事挂在嘴边。这方面的教诲引起了我的奢望,幻想将来有一天能成为阿加莎女勋爵,这成了我一生最美好的愿望。可是奶妈的社会知识是很冷酷的。

"你永远也当不上女勋爵。"她说。

"真的吗?"我感到极其诧异。

"真的。"奶妈是一个坚定的现实主义者,"要想当女勋爵,必须生来就是公爵、侯爵或伯爵的女儿。如果你嫁给了公爵,就是公爵夫人,但那是借了丈夫头衔的光,不是与生俱来的。"

这是我第一次意识到世间有许多事情是不可得的。在童年时代就意识到这一点是必要的,对你有益无害。许多事情可望而不可即——譬如自然卷曲的秀发,乌黑的双眸(假如你天生是蓝眼睛),甚至于女勋爵的尊称。

总体而言,我认为童年时代对于出身的势利心,要比在财富和才智上攀比好得多。对才智的攀比会滋生一种特别的妒忌和怨恨。父母都坚定地望子成龙。"我们为了让你得到良好的教育做出了最大的牺牲。"他们说。如果孩子没能满足他们的愿望,就要承受负罪感。人人都认定这只是纯粹的机遇问题，与天生的才智无关。

我想维多利亚时代后期的父母更现实，更能切实地体谅自己的孩子，会思量着如何为他们创造快乐而成功的人生，与左邻右舍互相攀比的情况也要少得多。如今我经常感到，人们想要自己的孩子成功是为了自己的名声。维多利亚时代的人则以平常心看待后代，并接受他们的现实能力。A以后显然会是个"漂亮的人"，B是个"聪明的人"，C会相貌平平且肯定不聪明。认真地工作应该是C最好的选择，等等。当然他们有时候也会看错，但是总体而言这样对孩子更好。这大大地减轻了你的压力，不用被期待着创造出一些你不具备的东西。

与大多数朋友相比，我们算不上富裕。由于父亲是美国人，别人就都以为他很有钱，似乎所有的美国人都应该是富翁，但其实他只是生活无忧而已。我们既没有雇管家，也没有雇男仆；既没有马车，也没有车夫。家里只有三个女用人，在当时算是最少的了。要是时逢雨天去朋友家喝茶，就不得不披上雨衣、穿着套鞋，在雨中步行一英里半。除了个别场合穿上好一点的衣服去参加重要的社交聚会以外，父母是不会专门为孩子叫马车的。

另一方面，与如今相比，当时在家中款待宾客的菜肴却又异常地奢侈，必须得请一位厨师和几位助手来准备！前些天我偶然翻出一张菜单，是早年我们家某一次十人晚宴的菜单。首先是一道浓汤或清汤，可任选一样，接着是煮比目鱼或鳝鱼片，然后是一杯果汁冰糕，下一道是羊脊肉，再就是相当出人意料的龙虾蛋黄酱，最后的甜点是外交式布丁或俄式奶油蛋糕。所有这些都是简一手包办的。

当然，现今社会里，同样收入的家庭肯定会有一辆小汽车，也许会有两个每天来帮忙的人，而重要的聚会可能会安排在饭店，或者由太太在家里准备。

姐姐很早就被认为是家里"最聪明"的孩子。布赖顿的女校长劝她进格顿学院[①]深造，父亲却生气地说："不能叫玛吉去当女学者，还

[①] 剑桥大学格顿学院（Girton College, Cambridge）是剑桥大学三十一个学院成员之一，成立于一八六九年，也是英国第一所寄宿制女子学院。

是送她去巴黎修完剩下的学业。"姐姐欣然去了巴黎，因为她自己从未打算到格顿学院深造。她聪明、风趣、机敏善辩，干什么事都能成功。哥哥比姐姐小一岁，颇具男性魅力，喜欢文学，但在其他方面缺乏才气。父亲和母亲大概已经意识到他会是个"麻烦"的孩子。他酷爱实用工程学。父亲原本希望他将来进入金融界，却发现他缺乏这方面的才干。于是他选学工程学，可他在这方面也出息不大，他的数学太差。

尽管家里人对我都很好，却认为我"反应慢半拍"。母亲和姐姐反应快得惊人，我总是跟不上她们。我也不善于言辞，要把想说的话说出来总是力不从心。"阿加莎的反应太慢了。"家里人常这么说。这是事实，我了解这一点，也从未否认。这并没有使我感到忧虑和苦恼，我已经接受了。直到二十岁的时候，我才意识到我的家人的反应能力都高于一般人的水平，因此并非我反应迟钝，而是家里人的水准太高了。我始终不善辞令，这也许是促使我从事写作的原因之一。

我第一次真正伤心，是与奶妈的分别。谁也不晓得她当时有多大年纪，也许已经有八十岁高龄了吧。一位她从前照看过的孩子在萨默塞特（Somerset）有一处地产，一直劝她退休。他在那儿为她准备了一幢舒适的小别墅，供她和她的妹妹共度晚年之用。最后她终于做出了决定，该是退休的时候了。

我非常非常思念她，每天给她写一封信——通篇尽是拼写错误。书写和拼写一直是我最伤脑筋的事。信的内容都差不多："亲爱的奶妈，我非常非常地想念您，但愿您一切都好。托尼身上长了一只跳蚤。我非常非常地爱您。许多许多的爱和吻。您的阿加莎。"

母亲起初一直为我提供邮票。不久，她提出温和的抗议了。

"我想你没有必要每天写信，一周写两次总够了吧？"

我感到愕然。

"可是我每天都在想念她呀。我不能不写。"

母亲叹了口气，不再反对了。但她继续向我提出温和的建议。几个月后，我将通信减至每周两封。奶妈写东西也很吃力，而且她很明智，不想鼓励我这种执着的眷恋。她每个月给我写两封信，信的内容温和却无聊。母亲对我如此依恋奶妈感到不安。后来她告诉我，她曾经和我父亲讨论过这件事，而父亲回答时两眼闪着意想不到的光芒。"哦，你小时候，当我去美国时，你不是也如此痴痴地思念我吗。"我母亲说那可不一样。

"你当时认为等你长大之后，有一天我会跑回来娶你吗？"

我的母亲说"说实话，我没想过"，然后又犹豫地承认她当时做过白日梦。那是维多利亚时代典型的多愁善感的幻想：父亲将会拥有一段轰轰烈烈的婚姻，但是很不幸。妻子死后他猛然醒悟，回来寻找他娴静的表妹克拉拉。哎，克拉拉却已经病入膏肓，躺在一张长沙发上动弹不得，在弥留之际为他祝福。她告诉他这一切的时候哈哈大笑。"你知道的。"她说，"我想象自己躺在沙发上，用一块很软的羊毛毯盖住全身，这样看起来就不会那么又矮又胖的了。"

早逝和伤病是当时爱情小说的传统题材，就像如今的主要题材是强悍的个性一样。那时候，年轻的女子都希望让人觉得自己脆弱。姨婆总是自鸣得意地告诉我，她小的时候多么地弱不禁风。"我从没想过能够长大"，在玩耍时被轻轻地碰一下手她都会晕倒。B外婆却说："玛格丽特一直很健壮，我倒是家里极弱的一个。"

姨婆活到九十二岁，B外婆活了八十六年，我个人很怀疑她们根本就不孱弱。不过，多愁善感、不时地晕厥和早逝在当时都是非常流行的。姨婆对此深以为然。我长大后，她经常煞有介事地悄悄告诉与我接触的青年男子，说我多么多么地羸弱，一定不会长寿。我十八岁的时候，情郎们就常常忧心忡忡地问我："你不会着凉吧？你的姨婆告诉我说你弱不禁风！"我总是愤愤地回答说我的身体一直很健康，他们脸上的忧虑便顿然消失。"那你姨婆为什么说你的体质很差呢？"我不得不解释说，她是想让我更具吸引力。在她那个时代，年轻女子在有男人出席的晚宴上只能吃上一点点，多一口也不吃。到了夜里，用人再把真正的晚餐送到她的卧室里。

就连当时的儿童故事书里也充斥着疾病和早夭的情节。我最喜爱读一本名叫《纯洁的紫罗兰》（*Our White Violet*）的小书。从第一页开始，那个名叫紫罗兰的小姑娘就忍受着病痛的折磨，直到最后一页富有寓意地早逝，全家人围着她哭得泣不成声。不过悲剧气氛被她两个淘气的兄弟冲淡了，潘尼和费尔金从来没停止过调皮捣蛋。《小妇人》（*Little Women*）是一本带有喜剧色彩的小书，但作者还是让脸色红润的小贝思离开了人世。《老古玩店》（*The Old Curiosity Shop*）中小耐尔的死让我觉得心寒和恶心，不过狄更斯那个时代的人自然要对如此哀婉的结局悲痛不已。

如今，家里的沙发或睡椅总会让人联想到心理医生——而在维多利亚时代，它们却是早逝、疾病和最罗曼蒂克的爱情故事的象征。我倾向于相信维多利亚时代的妻子和母亲是利用这种家具的高手，帮她们躲避家务苦差。她们四十出头就开始沉溺其间，安享天年，什么事都要人来伺候，得到丈夫最深情的体谅、女儿们最欣然的服侍。朋友们成群结伴来探望，赞赏她们在苦难中表现出来的忍耐力和亲切可人。她们真的有什么病痛吗？可能没有。无疑她们会背痛，双脚也会不舒服，可是年纪大了，我们多半都会如此。沙发就是最好的解决办法。

另一本我爱读的书是关于一位德国小姑娘（自然是个病人，先天残疾）的故事。她整日躺在床上，凝视着窗外。照料她的是一个喜爱享乐的自私的女人。有一天，她跑出去观看节日游行，小姑娘探出窗子，掉下来摔死了。那个自私的女人追悔莫及，抱怨终生。这些情调忧郁的书我看得很过瘾。

《圣经·旧约》也是我最喜爱读的书之一。还很小的时候，我就被书中的故事迷住了。去教堂是一周中的大事。托莫亨教区教堂是托基最古老的教堂。托基是一个现代化的海滨胜地，而托莫亨是最初的村庄所在地。老教堂很小，根据教区的需要，决定再兴建一个大一些的教堂。建造的时间差不多就是我出生的时候，我父亲以我这个婴儿的名义资助了一笔钱，于是我成为奠基人之一。后来他把这件事说给我听，我感到自己举足轻重。"我什么时候可以去教堂呀？"我不断地要求，终于，这个伟大的日子到来了。我坐在父亲身旁，在教堂前排的长椅上，跟着他看那本大大的祷告书做礼拜。他事先告诉过我，在布道前，只要我想出去随时可以出去，当那一刻到来的时候，他轻声问我："你想出去吗？"我使劲儿地摇摇头，于是留了下来。他握着我的手，我心满意足地坐着，很努力地让自己不要乱动。

我很喜欢礼拜天到教堂去做礼拜。从前家里有些故事书，只允许孩子在礼拜天读（于是这就成为一件赏心乐事），有一些是圣经故事选。对孩子们来说，《旧约》里充满了奇妙的故事，故事情节入情入理，适合孩子们的口味。在"约瑟和他的兄弟们"中，约瑟身着彩衣，他后来成了埃及的主宰，宽恕了那几位邪恶的兄弟。"摩西和燃烧的荆棘"也是我很喜爱读的故事。"大卫和巨人歌利亚"则非常引人入胜。

就在一两年前，我站在尼姆鲁德的土丘上，望着当地的驱鸟人。一个阿拉伯老人拿着弹弓和一把石子，保卫着作物不被成群的鸟儿侵扰。看到他那可怕的武器以及精湛的射光，我突然意识到那些石子打击的目标就是圣经故事中的歌利亚。小个子大卫始终占尽优势，他拥有长距离武器，来打击一个无法在远距离还击的人。与其说是弱小对抗强大，不如说是智力对抗体力。

小的时候，有许多有趣的人来我家做客。但很可惜，我一个都想不起来了。对于亨利·詹姆斯（Henry James），我只记得母亲抱怨说他总是把一块方糖一切为二放进他的茶里——那实在有点矫揉造作，小小一块整个儿放进去还不是一样？鲁德亚德·吉卜林（Rudyard Kipling）也来过，我还是只记得一件事，就是我母亲和一个朋友讨论他为什么娶了吉卜林太太。我母亲的朋友最后说："我知道原因，因为他们完全互补。"我当时以为她是在"恭维"，所以觉得这句话很费解。然而有一天奶妈解释说：一位绅士请求一个小姐嫁给他，就是他对她最大的恭维，我这才明白了这句话的含义。

尽管我记得我穿着白色薄纱裙，腰束黄色缎带，走下楼来跟客人们一道喝茶，但我基本记不得他们的模样了。我想象中的人物远比在现实生活中邂逅的人们要生动得多。我记得我母亲的一个密友，陶尔小姐，主要是因为我尽了最大的努力躲着她。她眉毛浓黑，一口大白牙，我暗自觉得她看起来就像一匹狼。她习惯突然扑过来热烈地亲吻我，叫道："我可以吃了你！"我总是怕她真会这么干。我一生都在很小心地劝阻自己向小孩子冲过去，或者不管不顾地亲吻他们。多可怜的小东西啊，他们有什么能力自卫呢？亲爱的陶尔小姐对小孩子那么好、那么和善，而且那么喜欢他们，却对他们的感受所知甚少。

麦克格雷戈夫人是托基社交界的领袖人物，她和我相处甚欢，常常互开玩笑。当我还坐在童车上外出的时候，有一次她跑过来问我知不知道她是谁，我老实说我不知道。"告诉你妈妈，"她说，"今天你在外面遇到不值一提太太了。"她一走奶妈就责怪我说："这是麦克格雷戈夫人，你应该认识她。"不过从此以后，我跟她打招呼的时候就叫她"不值一提太太"，这是我们俩私下开玩笑时的称呼。

我的教父利弗德男爵，当时还是休伊特上尉，是个很快乐的人。有一天他到我们家来，听说米勒先生和太太都出去了，就高高兴兴地说："哦，没关系，我进去等他们吧。"他说着，试图推开客厅女佣把守的房门。尽责的客厅女佣砰的一声给他吃了个闭门羹，然后她冲上楼梯，在一个位置比较便利的盥洗室窗口叫他。不过这也帮他让她相信，他是这个家庭的朋友——主要是因为他说："我知道你在哪个窗口说话，那是盥洗室。"地点的考验让女佣确信无疑，放他进了门，但非常羞愧于让他知道她在厕所里跟他说话。

在那个年代，我们对待厕所非常敏感。除了家里的熟人外，被人看到进出厕所是不可想象的。在我们家这很困难，因为厕所在楼梯中间，在大厅里完全可以看见。当然，最糟糕的是待在里面的时候听到有人在下面说话，那就不可能出去了，你要待在里面直到外面的声音消失。

儿时的朋友，我能记起的没有几位。其中有多萝西和达尔西。他们都比我小，患了腺体肿大，呆头呆脑的，我觉得他们很乏味。我们一块儿在院子里喝茶，围着冬青树奔跑追逐，一起吃"硬饼"（本地的一种甜面包），上面涂满德文郡奶油。现在我想象不出为什么这让我们欣喜不已。他们的父亲 B 先生与我的父亲是至交。我们在托基安家后不久，B先生告诉我父亲他要结婚了，他把未婚妻描述为一个极好的女人。"我很害怕，乔。"我父亲总被他的朋友们称为乔，"她爱我的劲头真让我害怕！"

不久后我母亲的朋友过来小住，她非常不安。她在北德文郡的一家饭店里给人做伴游时遇到了一个长相清秀的大个子年轻女人，听到她在酒店大堂与朋友大声地对话。

"我的笼中鸟已经到手啦，多拉。"她耀武扬威地大声宣告，"已经把他带入正题了，他现在完全听命于我。"

多拉恭喜她，开始畅谈关于婚事的安排。然后她们提到了B先生的名字，就是那个已经到手的新郎。

我的母亲和父亲详细地讨论了这个问题：究竟该怎么办呢？他们能让可怜的B先生丢人地娶一个为了他的钱跟他结婚的人吗？是不是已经太迟了？如果他们把那些无意中听到的话告诉他，他会相信吗？

我父亲最后下定了决心，不告诉B先生任何事。搬弄是非是很卑劣的，而且B先生不是无知少年，他是睁大眼睛自己选择的。

不管B太太是不是为了钱嫁给她的丈夫的，她都成了一名出色的妻子，而且这对爱情鸟看起来非常恩爱。他们有三个孩子，真是互相不可或缺，是世上难觅的幸福家庭。可怜的B先生最后死于舌癌，在漫长痛苦的忍受折磨的过程中，他的妻子一直一心一意地照料他。这是个教训，有一次我母亲说道，别自以为你知道什么是对别人最好的。

如果和B先生一家一起去用午餐或者下午茶，话题就会全都是有关食物的。

"珀西瓦尔，亲爱的。"B太太会大声说，"再来一点这好吃的羊肉吧，真是鲜嫩极了。"

"好的，伊迪丝，亲爱的。再来一片，给你刺山果酱，做得太棒了。多萝西，亲爱的，还要一点羊肉吗？"

"不要了，谢谢，爸爸。"

"达尔西，再来一小片羊膝肉好吗？多嫩啊。"

"不要了，谢谢，妈妈。"

我还有个朋友,叫玛格丽特。不过我们只能算半个朋友,因为谁都不去对方家里玩(玛格丽特的母亲有一头橙黄色的头发,粉红的脸颊。我怀疑父亲认为她过于"放荡",因而不允许母亲去拜访)。但是我和玛格丽特常常一起去外面散步,大概因为我们两人的保姆是朋友。玛格丽特是个健谈的小姑娘,为此曾使我非常尴尬。有一次,她刚刚掉了门牙,说起话来含混不清,常人无法听懂她说了些什么。我担心向她道出实情未免太唐突,所以就随便地跟她搭着腔。可我越是这样,就越感到失望。后来,玛格丽特又主动提出要给我讲个故事。她说的是一个关于"吐姆(汤姆)特(的)兔(毒)糖果"的故事。其内容我全然没有听懂。故事很长,我糊里糊涂地听着。玛格丽特终于眉飞色舞地讲完了故事,她问我:"怎么样,彻(这)个裤子(故事)挺有趣吧?"我赞同地点点头。"你认为特们(他们)沉(真)的要……"我发现她再这样追问下去我就会露出马脚,于是决定岔开话题。"我来给你讲个故事吧,玛格丽特。"她感到费解,茫然地望着我。她显然是打算与我探讨毒糖果故事中的疑点的,可我实在忍受不下去了。

"这是一个……一个……嗯……石桃的故事。"我信口胡编起来,"从前有一位仙女,住在石桃中……"

"说下去呀。"玛格丽特催促我讲下去。

我边想边说,编造着故事,一直编到玛格丽特家的院子门口。

"这个故事真够精彩的。"玛格丽特居然被故事打动了,"你是在哪本神话书中读到的?"

哪本书上也没有写这个故事,是我自己现编的。我觉得那个故事并不十分有趣,但它毕竟使我从尴尬之中解脱出来,避免了因为她口齿不清而让她难堪。我告诉她我不太记得它是哪本神话书里的了。

我五岁那年,姐姐从巴黎"学成"归来。我还记得在伊灵看到她走下四轮马车时那激动人心的场面。她头戴一顶装饰华丽的小草帽,面部罩着一方白底黑点的面纱。我觉得她与以前完全判若两人了。姐姐待我很好,常给我讲故事。她也参与了对我的教育,用一本《袖珍家庭教师手册》教我法语。她不太懂得教学艺术，我也憎恶那本手册，曾经两次巧妙地将它藏在书架上其他书的后面，可是不久就被找了出来。

我觉得应该把它藏在更难找见的地方。房间的一个角落里摆着一个大玻璃罩，里面放着一只秃头鹰的标本，那是父亲的光荣和骄傲。我巧妙地将《袖珍家庭教师手册》塞到秃鹰后面一个不易被人看见的角落里。这一次干得很成功，几天过去了，尽管大家搜遍了全屋，还是没有找到我那本遗失的书。

可是不久，母亲就轻而易举地使我前功尽弃。她宣布，谁要是能找到那本手册，就赏给他一大块美味的巧克力。我坠入了母亲的圈套。我装模作样地在屋子里四处搜寻一番，然后爬上一张椅子，查看秃鹰的后面，故作惊讶地大声喊道："哦，原来在这儿呀！"然而，继之而来的却是惩罚，一顿斥责之后，我被强迫躺在床上，一天不许下地玩耍。当时我并不觉得受了委屈。受到惩罚是理所当然的，因为全家人都知道这是我藏起来的。但是不赏给我那块巧克力是不公正的，因为事先已经说好了，谁找到书就奖给谁，而我发现了却没有赏给我。

姐姐常跟我玩一种叫"大姐姐"的游戏。这个游戏既吸引人，又让人心惊肉跳。游戏的大意是我们家有一位大姐姐，比我和姐姐都年长，栖身于科尔宾角（Corbin's Head）的一个岩洞里，偶尔回娘家来。她的长相和打扮与姐姐毫无二致，只是嗓音完全不同，阴阳怪气的，相当可怖。

"难道你不认识我了吗？我是姐姐玛吉呀，你可别真的以为我是陌生人呀，你真的这么认为吗？"

我常常感到难以名状的惊恐，尽管我心里也明白那是玛吉装扮的——可难道那就不会是真的吗？这声音，狡狯的眼神，她就是大姐姐！

我的母亲为此很生气。"玛吉，不许用这个愚蠢的把戏吓唬妹妹！"

玛吉往往理直气壮地回答道："是她自己要玩的。"

是我自己要玩的。我会对她说："大姐姐快要来了吗？"

"我不知道。你要她来吗？"

"是的……是的,我要。"

真的要吗?我想是的。

我的要求不会立刻被满足。也许两天后,幼儿室外会响起敲门声,还有一个声音说道:"亲爱的,我可以进来吗?我是你的大姐姐……"

很多很多年以后,只要玛吉用大姐姐的声音说话,我仍然会吓得背脊发冷。

为什么我喜欢被吓唬呢?是何种本能需要以恐惧来满足?真的,为什么孩子们都喜欢关于大熊、恶狼和女巫的故事?这是对过于安全的生活产生的一种逆反心理吗?是否一个人在一生中对危险也有特定数量的需求?当今层出不穷的青少年犯罪是否也可以归咎于安全感过剩?你是否本能地需要什么东西去抗击、去征服,以便证明自己的力量?如果把小红帽故事里的大灰狼去掉,还会有哪个孩子喜欢这个故事呢?无论如何,就像生命中的其他东西一样,你需要受到一点惊吓——但不要太多。

我姐姐颇具讲故事的天赋。在她小的时候,哥哥就总缠着她不放。"再给我讲一遍吧。"

"不讲了!"

"再讲一遍嘛。"

"不讲了,我不想再讲了。"

"求求你,再讲一遍,你让我干什么都可以。"

"那我咬你的手指行不行?"

"行。"

"我会咬得很重,说不定会把它咬下来!"

"我不在乎。"

于是玛吉又讲了一遍那个故事,然后拎起他的手指头咬了一口。这下蒙蒂大叫起来。母亲来了,玛吉受了罚。

"可这是我们说好了的。"她毫无悔意地说。

我还清楚地记得我写的第一个故事。它有点像一出闹剧,很短,因为书写和拼写让我感到头痛。故事中有两个人物:品德高尚的玛吉夫人（好人）和凶狠残暴的阿加莎夫人（坏蛋），情节是有关一座城堡的继承权之争。

我先拿给姐姐看，提议两人一起表演。姐姐立刻提出她情愿扮演残暴的玛吉夫人，让我来扮演高尚的阿加莎夫人。

"难道你不喜欢当好人吗？"我有些吃惊。姐姐回答说，当一个邪恶的家伙更有意思。我自然也很高兴，我本来就是出于礼貌才把好人的角色让给姐姐的。

记得父亲看了我的作品后笑得前仰后合，母亲则很委婉地建议我最好不要用"残暴"这个词。"可她的确非常残暴。"我解释道，"她跟那个把许多人绑在火刑柱上烧死的暴君玛丽一样，杀了好多好多人。"

神话故事在我的生活中占有相当重要的位置。每逢生日和圣诞节，姨婆总要送我诸如《黄色的神话故事》（*The Yellow Fairy Book*）、《蓝色的神话故事》（*The Blue Fairy Book*）一类的小书。我统统都喜欢。我看这些书非常入迷，读了一遍又一遍。后来，我有了一本安德鲁·兰格（Andrew Lang）的动物故事集，里面有一个关于安德鲁克里斯与雄狮的故事，我特别爱读。

大概从那时起，我开始读默尔斯伍斯太太（Mrs Molesworth）的书，她是当时著名的儿童小说家。她的书我读了许多年，今天读来仍感到趣味盎然。当然，如今的孩子们可能会觉得这些书太老派了，不过书中的故事仍有可取之处，人物刻画也很出色。书中有为幼儿写的《胡萝卜，只是一个男孩》（*CARROTS-Just a Little Boy*）、《小男孩》（*Herr Baby*），以及各种神话故事。我现在还想再读一遍《布谷鸟钟》（*The Cuckoo Clock*）和《有挂毯的房间》（*The Tapestry Room*）。我当时爱读的是《四风农场》（*Four Winds Farm*），现在读来颇感乏味，不知当年为什么那么喜欢它。

看小说在当时被当作一种消遣，不算是修身养性的事，要到午餐后才允许看。在这段时间里必须干点"正经事"。即使是现在，要是早餐后就捧起小说来，我仍会有一种负罪感。星期天打牌也是不被允许的。奶妈把扑克斥为"魔鬼的连环画"。我并不把此话当真，但星期天不许打牌却是家规。许多年后，要是碰巧在星期天打桥牌，我还是免不了产生一种犯罪感。

奶妈离开之前，母亲和父亲曾离家一段时间，到美国去了。奶妈和我就去伊灵住。我在那里待了几个月，非常愉快地适应了那里的生活。姨婆宅子里的顶梁柱是年长的、满脸皱纹的厨子汉娜。她的瘦弱就好比简的肥硕，她骨瘦如柴，脸上有深深的皱纹，肩膀瘦削。和我记忆中当年的其他厨子一样，汉娜厨艺高超。每周有三次她会在家里烘烤面包，我被允许进入厨房协助她，我会做我自己的农家面包和麻花形面包。我和她只有过一次冲突，当时我问她"杂碎"（giblets）是什么意思。很显然"杂碎"这种东西是年轻小姐们不宜多问的，可我存心要惹恼她，就在厨房里跑进跑出地叫："汉娜，杂碎是什么东西呀？汉娜，再问你一遍，杂碎是什么呀？"我乐此不疲。最后我被奶妈拉走了，说教了一顿。汉娜整整两天不肯跟我说话，从此以后我就小心地不敢违反她的规矩。

那一次待在伊灵的时候我一定被带去看过维多利亚女王登基六十周年钻石庆典[①]，因为后来我偶然翻出一封当年父亲从美国发来的信。信完全是当年的书写风格，跟我父亲的口头用语——信中充斥着语气肯定、故作虔诚的调调，而我父亲说起话来通常是欢快而带些不敬字眼的。

"你必须对亲爱的姨婆非常非常好，阿加莎。因为你得想想姨婆对你有多好，还有她对你的款待。我听说你要参加这个激动人心的盛会，这样的事情一个人一生也只碰得到一次。你必须告诉姨婆你是多么感激她，这对你是多么难得，我希望我也能在那儿，你母亲也是。我相信你是永远不会忘记这次经历的。"

我父亲没有预见的天赋，因为现在我已经忘记了，我对这起事件没有丝毫的记忆。小孩子是多么让人气恼啊！当我回头看那些往事时

[①] 指一八九七年举行的登基六十周年钻石庆典。

我都记得些什么？尽是些无聊的小事：本地的女裁缝，我在厨房做的麻花形面包，F上校呼出的难闻气味。而我忘记了什么呢？人家为我花了重金，带我去看、指望我能记住的盛景。我对自己很失望，多么讨厌、忘恩负义的孩子啊！

这让我想起了一件令人惊讶的巧合，肯定有人会说这是不可能发生的。当时应该是维多利亚女王的葬礼。姨婆和B外婆都要去看，她们搞到了帕丁顿附近一栋房子的窗口座位，准备在那个大日子到那里见面。为了不迟到，当天早上五点姨婆就从伊灵的家里起床了，及时地赶到了帕丁顿火车站。她掐指一算，她有三个小时赶去那个优越的位置。她带了一些刺绣活儿，一些吃的和其他的一些必需品，准备到了以后可以消磨那几个小时的等候时间。哎，可是她留给自己的时间根本不够。街上水泄不通，离开帕丁顿火车站没多久她就完全没法往前走了。两个救护车上的人把她从人群里营救出来，向她保证再往前走是不可能的。"我一定要去，我一定要去！"姨婆泪流满面地哭喊道，"我有位置的，我有座位，两个头等座位，在二楼的第二个窗边，我可以俯瞰到下面的一切。我一定要去！""这不可能，夫人，街上水泄不通，已经有半个小时没人能过得去了。"姨婆哭得更厉害了。救护车上的人善意地说："我恐怕您什么也看不到的，夫人，不过我能带您沿着这条街到救护车那儿去。您可以坐在那儿，他们会给您一杯茶。"姨婆哭着跟他们去了。救护车旁边坐着一个人，和她一样在痛哭，壮硕的身躯上套着缀有玻璃珠子的黑色天鹅绒衣服。当这个人抬起头来——两个人都惊叫起来。"玛丽！""玛格丽特！"两个缀有玻璃珠子的巨大胸脯撞在一起。

5

回想起来，童年时代给我带来最多乐趣的玩具非铁环莫属。当然，这东西再简单不过了，值不了几个钱——六便士，或者一先令，不会更贵了。

但它给父母、保姆和仆人们带来的恩惠简直无法估量。天气晴朗的日子，阿加莎会带上铁环到院子里玩耍，直到吃饭的时候才回到屋子里，更确切地说，是直到她觉得饥肠辘辘的时候才知道回来，不会给任何人添麻烦。

对我而言，那只铁环就是我的战马、海怪、火车。我俨然一位披挂齐整的骑士，策动着我的坐骑，在征途上飞奔；有时又像一位公主，优雅地骑在温驯的白驹上，悠闲自在，还大度地赦免了克洛弗（猫咪家族成员之一）的牢狱之灾。或者想得不要这么罗曼蒂克，当一位火车司机、乘警或乘客，坐在火车上，在自己设计的三条铁路干线上行驶。

那是三条独立的运输系统：环形铁路干线有八个车站，环绕四分之三个庭院；水桶铁路干线的线路很短，局限于菜园范围内，起点是一棵松树下的水桶和水龙头；回廊铁路干线围绕着整个宅院。最近，我从一个旧柜子里翻出一张六十年前的硬纸片，上面是我画的草图，描绘了这些铁路干线的走向和交叉站点等。

我现在实在想不明白，为什么当时会那么喜欢这个游戏。我拍打着铁环，走走停停，口中念念有词："百合花峡谷到了，请在此换乘环形铁路干线……水桶铁路干线……终点站，请全体下车换乘。"我能玩好几个小时，这也算是很不错的锻炼。我还孜孜不倦地反复练习把铁环掷出去，让它自己滚回来。这个小把戏是一个来我们家做客的海军军官朋友教我的。开始时我根本做不到，经过漫长而艰辛的练习我才掌握了诀窍，此后就很能自得其乐了。

下雨天还有马蒂尔德。马蒂尔德是一个美国制的大摇摆木马，是我姐姐和哥哥小时候还在美国时人家送的。它被带回了英国，已经破烂不堪、不复往日的光彩：鬃毛没了，油漆掉了，尾巴什么的也都不见了。它被安置在屋子一侧的小温室里——不是那种温室植物园，有很多夸张的植物，很多盆秋海棠、天竺葵，一层层的架子上放着各种蕨类植物，还有几棵大棕榈树。这个小温室被称作ＫＫ（也可能是开开？），我不知道其中的缘由。里面没有植物，只有打包好的门球杆、铁环、弹珠、坏掉的庭园椅子、旧的上了漆的铁桌、一副破烂的网球球网，还有马蒂尔德。

马蒂尔德的动作很棒——比我所知的任何英国摇摆木马都要好得多。它既能前后跃动，又能上下跳动，骑在上面会时刻有要摔下去的危险。它的弹簧需要上油，运转起来会发出可怕的嘎吱声，这更增加了乐趣和危险性。这又是一项不错的身体锻炼，怪不得我小时候总是那么瘦。

在"开开"里与马蒂尔德做伴的是特鲁洛芙——同样来自大西洋彼岸，是一辆上了漆的、带踏板的小马车。也许是许久不用，踏板早就不管用了，多上点油也许可以解决问题，不过还有更好的办法能让特鲁洛芙变得好用。就像德文郡所有的庭院一样，我们家的庭院也在一个斜坡上。我的办法就是把特鲁洛芙放在斜坡顶部的草地上，小心地坐进去，发出激励的喊叫声，策马前行。起先比较慢，然后会越来越快，我靠脚来刹车。就这样，我们最终会冲到庭院底部的智利南洋杉脚下。然后，我会把特鲁洛芙拉到坡顶，再往下骑。

过了几年，我发现，我未来的姐夫把观看我这样玩的过程当作一种很有意思的消遣，一看就是一小时，还很郑重其事的样子。

妈妈一走，我失去了一位玩伴，整日郁郁寡欢地在园中漫步，直到铁环救了我。像所有的孩子一样，我跑来跑去，劝别人陪我玩。先是找母亲，后来又纠缠用人。但是在那个时候，除非被分派去陪孩子，一般人是不会主动跟孩子玩的，你只好独自玩耍。仆人们都很和善，可是她们有活儿要干——大量的活儿——所以往往是这样："现在请走开，阿加莎小姐，我得继续做事。"简总是好心地给我一把葡萄干，或者一片奶酪，但总是坚决地要我到庭院里去吃。

于是，我只好创造自己的小天地，杜撰自己的玩伴。我觉得这样还算不错，我一生中还从来没有为"无事可做"而苦恼过。不少女人都深受其苦，感到孤寂和烦闷。多余的时间就像噩梦，而不是乐趣。人都会希望有娱乐生活，没有的话，就会很失望。

我猜想，这是因为现在几乎所有的孩子都要上学，一切事情都有人帮他们安排得好好的，他们才会看起来那么无助，不知道如何自己想办法在假期里消遣。看到孩子们跑过来对我说："求你了，我没事可做。"我总是很惊讶。每每此时，我都会绝望地指出："可是你有很多玩具啊，不是吗？"

"也不算多啦。"

"可是你有两辆火车，还有卡车，一套颜料，还有积木，你还不能玩点儿什么吗？"

"可是我自己玩不了呀。"

"为什么玩不了？我有主意了，你画一只小鸟，然后把它剪下来，用积木做一只鸟笼，把小鸟放进去。"

就这样，他们闷闷不乐的脸上露出了笑容，这样我大概会有十分钟的宁静。

每每回顾往事，我就愈发深信我的兴趣始终如一：儿时喜欢的东西，成年后仍然喜欢。

比如说，房子。

我小的时候应该有很多玩具，有铺着床单和毛毯的娃娃床，有哥哥姐姐留给我玩过家家的积木，更有许多玩具是即兴制作的。从旧的画报杂志上剪下几幅画，贴在牛皮纸订成的剪集簿中；把墙纸剪下来贴在盒子上，这样的游戏能打发不少悠闲的时间。

不过在室内，我玩得最多的还是娃娃屋。刚开始只是一个普通的小房子，前门可以敞开，看得到底层的厨房、客厅、门厅和楼上的两间卧室和浴室。家具是一件一件搜集起来的。商店里可以买到形形色色的娃娃屋家具，非常便宜。我的零用钱在当时算是相当多的，取决于父亲每天早上恰好拥有的铜币数量。我到他的更衣室向他问早安，然后转向梳妆台，看看命运女神在那天判给我些什么。两便士？五便士？有一次整整有十一便士！有时候一枚铜币也没有。这种不确定性非常刺激。

我买的总是同样的东西。糖果——高温熬制的硬糖，我母亲认为那是唯一有益健康的糖果——都是从怀利先生在托基的店里买来的。糖果全是在那里制作的，一走进商店的大门，你就能知道当天做的是什么糖：煮沸的太妃糖香味浓郁，薄荷糖气味刺鼻，菠萝糖的气味难以捉摸，麦芽糖（无趣）实际上没有什么气味，还有梨形糖在制作过程中会散发出令人难以抗拒的香味。

每种糖果都是八便士一磅，我每星期大约花四便士——一便士可以买四种。然后我会捐一便士给流浪汉基金会（大厅的桌上有个募捐箱）。从九月份开始，还要存几个便士以备购买圣诞礼物之用。剩下的钱全都用在为我的娃娃屋添置家具和物品上了。

我还记得那些想要买的东西是多么令人动心。比如食物：放在小纸板盘子里的烤鸡、鸡蛋和培根、婚礼蛋糕、羊腿、苹果和橘子、鱼、蛋糕、李子布丁；装着刀叉和汤匙的餐具篮；整套的小玻璃杯。然后还有家具：我的客厅里有一套蓝色绸缎椅子，我又逐渐增加了一个沙发和一把相当豪华的镀金扶手椅。有带镜子的梳妆台，锃亮的圆形餐桌，还有一套难看的橙色锦缎餐室家具，包括灯具、分屋饰盘和花束。然后还有全部的家务工具：刷子和簸箕，扫帚和提桶，以及厨房炖锅。

很快，我的娃娃屋看上去更像是一个家具仓库了。

我是否可以——我是否有可能——再拥有一个娃娃屋？

母亲认为一个小女孩不应该拥有两个娃娃屋。不过，她灵感突发地建议道，为什么不用一个柜子呢？于是我得到了一个柜子，真是太棒了。顶层有个大房间，本来是父亲加盖出来装成两个备用卧室的。由于里面空空如也，姐姐和哥哥喜欢把它当作游戏室，就这样保留了下来。墙边多少放了一些书和橱柜，房间中间则空空如也，相当适宜。我得到了一个有四层架子的柜子，是墙边的家具之一。母亲找来各种各样的漂亮壁纸贴在架子搁板上，当作娃娃屋的地毯。原来的那个娃娃屋放在柜子顶上，这样一来，我就拥有了一栋六层楼的"房子"。

当然了，我的房子需要一个家庭住进来。我加了一个父亲、一个母亲、两个孩子和一个女仆，这些娃娃的头和胸部是瓷质的，四肢是用锯末压成、可以活动的。母亲用碎布料为他们缝制了一些衣服。她甚至用胶水在那个父亲的脸上粘上了小小的黑色八字胡。父亲、母亲、两个孩子和一个女仆,真是十全十美。我不记得他们有什么特别的性格——他们从来没有成为我心目中真正的人,他们的存在只是为了占据那幢房子。不过让这个家庭围坐在餐桌边的时候,还真像那么回事,第一次开饭时桌子上有盘子、杯子,有烤鸡和相当特别的粉色布丁。

另一个乐趣就是搬家。拿一个结实的大硬纸箱充当家具搬运车,把家具满满地装在里面,用绳子拉着在房间里转上几圈,然后再"抵达新居"(一个礼拜至少搬一次)。

如今我可以清楚地认识到,我后来也一直在玩房子的游戏:我住过数不清的房子,买房子,换房子,布置房子,装修房子,改建房子。房子啊!上帝保佑房子!

抚今追昔。神奇的是,人若系统地回想一下一生中的琐事,的确可以记起一些事。可以记得幸福欢乐的时刻,也可以记得——而且我认为是生动地记得——恐怖的情景;奇怪的是,痛苦和令人不快的经历却难以在脑海中再现。我并不是说我记不得后者的情形,而是说体味不到其中的感受,一提起来,我只能说:"阿加莎当时情绪低落,阿加莎牙痛。"但是现在回想的时候并不觉得情绪低落或者疼痛。与此相反,也许某一天突然飘来的一缕酸橙树的清香,就会将我带回往日的记忆中,使我忽然想起曾经在酸橙树下度过的快乐的一天。我当时高兴地躺在地上,呼吸着青草散发出的温馨的芳香,体会着夏日的快乐。身旁有一棵雪松,不远处河水在潺潺流淌……一时间我又回到了过去,不仅能回想起往事,还能体验到往日的情趣。

我清晰地记得一片金凤花田野。我那时肯定还没到五岁,因为我是和奶妈一起散步去的。那时我们在伊灵,和姨婆住在一起。我们走过圣史蒂芬教堂,爬上一座小山。四处都是旷野,我们走进了一片与众不同的田野,密密匝匝地遍布着金凤花。我们走到那里——我记得我们经常去那里,虽然我不记得记忆中的那一次究竟是我们第一次去时的情景，还是后来哪一次的，但是我还能记起那个地方的魅力，也能够感觉到。似乎这么多年来我再也没看到过那样一整片的金凤花。我见过田野中散布的一些金凤花，仅此而已。初夏的日子里，看到一大片金黄色的金凤花，这真是奇妙啊，这是我当时的感觉，现在仍然能够感觉到。

人一生中什么时候最愉快？不同的人会有不同的回答。回首往事，我认为最愉快的时刻往往是平日里宁静的片刻。默默地端详着奶妈戴着蓝色头饰的银发；与托尼玩耍，用梳子为它梳理脊背上的长毛；想象在庭院里骑着高头大马，跨过遐想中的河流；跟在铁环后面，经过环形铁路干线上的一个个车站。跟母亲一起做游戏，后来我长大了些，母亲给我读狄更斯的作品，读着读着就打起盹儿来，眼镜从鼻梁上滑了下来，脑袋耷拉着。我急切地喊醒她："妈妈，你都快要睡着了！"母亲严肃地辩解道："没有的事，亲爱的，我一点都不想睡！"过不了几分钟，她就真的睡着了。我至今还记得她当时那副滑稽可笑的神态：低着头，眼镜从鼻梁上耷拉下来。我仍然记得在那一刻我多么爱她。

这听起来很奇怪，但是只有当看到熟悉的人滑稽可笑的那一刻，你才会意识到自己对他们的热爱。谁都可以对某人的漂亮、有趣或可爱而推崇备至，但一个小小的滑稽举动会使他露出本来面目。对于每一个即将结婚的女孩子，我都想给她我的建议："现在，你想象一下：他得了重感冒，说起话来带着浓重的鼻音，打喷嚏，流眼泪，你对他的感觉会是怎样的？"这是个不错的测试，真的。我认为一个女人对丈夫的感情应该包含柔情与爱慕，从而能对重感冒和一些可笑的怪僻泰然处之。激情则是理所当然的。

但是婚姻的意义不仅仅是拥有一个爱人，我持有一种老式的观点：尊重是必要的。尊重——不能和赞赏混为一谈。我觉得，在婚姻生活中自始至终地赞赏一个男人会过于乏味，你会觉得束手束脚。而尊重，是你不需要去想的，你知道它就在那儿。就像有一位爱尔兰老妇人谈及她的丈夫时所说的:"他就是我的脑袋瓜儿。"我想,那就是一个女人所需要的,需要感到她的伴侣是靠得住的,她可以依靠他,尊重他的判断。每当有难以决断的事,都可以放心地交给他来处理。

回想往事是很奇妙的,各种各样的偶发事件和情景——有些奇奇怪怪,有些无疾而终。这所有事情当中,哪些是值得记住的?记忆又做了哪些修改?是什么促使我们记住了这样一些事情?这就像一个人走向一个装满了零零碎碎旧物的大箱子,将手伸进去,边捡边说:"我想要这个、这个,还有这个。"

找三四个不同的人问问,比方对于一次出国旅行,他们都记得些什么,你会很意外地得到五花八门的回答。我记得有一个朋友的儿子,一个十五岁的男孩,春假期间被带到巴黎玩了几天。等他回来以后,他们家一些自作聪明的朋友用通常对年轻人打趣的那种口吻说:"喂,小伙子,你对巴黎印象最深的是什么?你记得些什么?"他不假思索地答道:"那些烟囱,它们和英国房子上的烟囱很不一样。"

对他而言这是个很切实际的评论。几年之后他开始学习艺术。可见,一个视觉上的琐碎印象确实让他印象深刻,使巴黎显得与伦敦很不一样。

另一段记忆如出一辙。我哥哥因伤从东非回到家,带回一个土著仆人舍巴尼。哥哥急于让这个没见过世面的非洲人领略伦敦的繁荣景象,便租了一辆小汽车,和舍巴尼一起坐着游遍了伦敦城。他向舍巴尼展示了威斯敏斯特大教堂、白金汉宫、国会大厦、市政厅、海德公园等处。最后,当他们回到家,他问舍巴尼:"你觉得伦敦怎么样?"舍巴尼滴溜溜地转着眼珠说:"太奇妙了,主人,一个神奇的地方,我从没见过这样的地方。"哥哥满意地点点头。"你印象最深的是什么?"他问。舍巴尼不假思索就答道:"哦,主人,是那挂满肉的商店。多棒的商店啊,大块的肉挂在那里,没人偷没人抢,没有人抓起来就往外冲,那些人就这么秩序井然地从旁边走过。肉就这样挂在街边的商店里,这样的国家该是多么富裕、多么伟大。是啊,没错,英国是个多么伟大的地方,伦敦是个多么了不起的城市。"

视角,孩子的视角,我们都曾经有过,但是已经渐行渐远很难再找回来了。我记得有一次,我看到我的外孙马修时的情景。我想当时他大约两岁半,并不知道我在楼梯顶上看着他。他小心翼翼地走下楼梯——这是一项令他自豪的新成就,不过还是有点害怕。他自言自语地嘟囔着:"这是马修在下楼梯。这是马修。马修正在下楼梯。这是正在下楼梯的马修。"

我想,一个人的独立是从有自我意识开始的,通过自我审视把自己看作一个独立的人。我有没有对自己说过"这是戴着方肩带的阿加莎,正在下楼去餐厅"?一开始,我们会觉得栖身于体内的意识非常陌生。一个现实存在的个体,我们知道它的名字,我们与它相处甚欢,但是还没有完全融入。我们是正在散步的阿加莎,正在下楼梯的马修,与其说是我们感觉到了自己,不如说是察觉到了自己。

再然后,人生的下一个阶段到来了,突然间不再有"这是马修在下楼梯",而变成"这是我在下楼梯"。达到"我"的境界,就是迈出了个人生活的第一步。

第二章 "孩子们，出来玩"

1

只有在回首与自身有关的往事的时候，人们才能意识到儿童眼中的世界是多么特别。孩子们观察事物的角度完全不同于成人，世间的一切都不成比例。

孩子们对身边发生的一切都有敏锐的见解，对人对物有很强的鉴别力，但是他们对于"怎么样"和"为什么"毫无兴趣。

大概在我五岁那年，父亲开始为家中的经济问题而烦恼。他出身富裕，总是理所当然地认为收入将永不匮乏。祖父去世前设立了一系列复杂的死后生效的信托项目，家里曾有四位受托人。后来，一位因年事已高退出了商业活动，另一位不久后进了精神病院，其余两位与父亲年龄相仿，但没多久就离开了人世。其中一位的儿子继承了父业。到底是真的经营不善还是有人借机从中渔利，我不清楚，我只知道家境每况愈下。

父亲感到惆怅和沮丧，他不会经商，对此只能束手无策。他曾写信给亲爱的某某某和尊敬的谁谁谁，可是这些人在回信中要么安抚他一番，要么就埋怨市场萧条，贬值，等等。此时父亲从一位年老的姑婆那儿继承了一笔遗产，家里的经济因此宽裕了一两年。可是在此期间，他的固定收入却迟迟没有寄来。

就在这时，父亲的身体日渐衰弱。有几次他被诊断为突发性心脏病，不过那时几乎所有疾病都被笼统地称为心脏病。我相信对经济上的积郁损害了他的健康，暂时可行的解决办法只有节省开销，而最明智的做法是旅居国外一段时间。这倒不是为了逃避所得税——可以想象那时候的所得税比现在要少得多，大概是每英镑只纳一先令的税——而是因为在国外生活花销要小得多。具体办法是，将房子连同用人一块儿以高价出租，全家人去法国南部，住进一家经济型酒店。

我记得移居国外是我六岁那年的事。阿什菲尔德正式出租了——租给了美国人，他们出了很高的租金。一家人打点行装做着临行前的准备，打算去的地方是法国南部的波城(Pau)。我憧憬着未来的生活，内心感到相当兴奋。临行前母亲告诉我说，全家人要搬到能看到大山的地方。我问了一连串有关山的问题：大山非常、非常高吗？比圣玛丽教堂的尖顶还高？我很感兴趣，那座教堂的尖顶是我所看到过的最高的东西。大山居然比它高出好多好多，有几百、几千米高。我牵着托尼来到院子里，嘴里嚼着从厨子简那儿讨来的一大块干面包片，开始尽力想象大山的雄姿。我抬起头来，仰望着苍天，大山也许就是这样吧——很高很高，高得直上云霄。想象出的画面令我敬畏。母亲喜欢大山，她对我们说，她对海没有什么感情。我深信，大山将是我心目中最宏伟的事物之一。

有一件伤心的事，要出国就意味着我得和托尼分别了。托尼当然不会和房子一起租给别人，它要寄养在我们以前的一位客厅女佣芙若蒂家里。芙若蒂嫁给了一个木匠，住得不远，也很乐意接纳托尼。我吻遍它的全身，作为回应它也疯狂地舔舐我的脸颊、脖子、胳膊和双手。

现在回想起来，出国旅行真是简单。那时候不用护照，也不必填写什么表，买了车票，订好了卧铺，就算办妥了一切。可是"收拾行李"却不同了（得用引号来表示那有多么不简单），家里其他人的行李有多少我记不得了，只记得光母亲一个人的东西就有一大堆：首先是三个圆顶行李箱，最大的一只高四英尺，里面有两个隔底匣；还有帽盒、大方皮箱；三个可归类为扁式硬皮箱的行李箱；还有那些在当时的饭店走廊里经常可以看到的美式行李箱。都很大，我猜想一定也很重。

在启程前至少一周，我母亲的卧室被这些行李箱占满了。由于我们家当时不算富裕，没有贴身女仆，母亲得自己收拾行李。第一步是所谓的"分类"。大衣橱和五斗橱都打开了，母亲把那些人造花和零零碎碎的所谓"我的缎带""我的珠宝"之类的东西都分门别类。显然要花好几个小时分类，然后才能放进各种箱子的隔底匣里。

那时女士的珠宝可不像现在，只有少数几件"真的珠宝"，大多是人造珠宝。仿真的珠宝会被人认为"品位低劣"，除非是少见的年代久远的人造宝石胸针。我母亲的贵重珠宝包括："我的钻石扣饰""我的钻石月牙""我的钻石订婚戒指"。她的其他首饰虽然也是"真货"，却没有那么贵重，不过也一样能激起我们浓厚的兴趣。有"我的印度项链""我的佛罗伦萨首饰组""我的威尼斯项链""我的宝石浮雕饰"，等等。有六枚胸针是姐姐和我都非常偏爱的："鱼群"，由五条小鱼组成一个菱形；"槲寄生"，一颗小钻石和一颗珍珠；"我的帕尔马紫罗兰"，帕尔马玫瑰形的珐琅胸针；"我的野玫瑰"，也是一枚花形胸针，粉红色的珐琅质玫瑰，周围衬以丛生的钻石叶片；还有最受钟爱的"我的驴子"，一颗奇形怪状的珍珠，嵌在几颗钻石中间，构成驴头。这些珠宝，母亲都已经确定了遗赠的对象，玛吉将得到帕尔马紫罗兰（她最喜欢的）、钻石月牙和驴子，我将得到野玫瑰、钻石扣饰和槲寄生。在我们家，是可以完全毫无顾忌地讨论遗赠的，不会引发对死亡的忧伤，只会唤起对未来得益的温暖感激。

阿什菲尔德的家里挂满了父亲买来的油画。那时候，在墙上尽可能紧密地挂满油画是一种风尚。有一幅标明了是给我的：画幅很大，画着大海，一个傻笑着的年轻女人用渔网捕获了一个男孩。那是在我孩提时代的观念中认为最美的一幅画。令人伤心的是，后来我把这些画挑选出来卖掉的时候，发现这幅画并不怎么样。虽然考虑了感情因素，我还是一幅没留。我不得不承认，父亲对画的品位一贯是比较庸俗的，但他买的每一件家具都是精品。他有收藏古董家具的爱好，他买的英国谢拉顿细木工书桌和英国奇彭代尔椅子，多是在竹制品风靡一时的时候以低廉的价格收购的。能够拥有它们，并与之朝夕相处，是一大乐事。而且它们价值不菲，父亲去世后，我母亲靠卖掉许多最好的家具得以支撑门面。

父亲、母亲和祖母都酷爱收藏瓷器。后来姨婆搬过来跟我们同住的时候，把她收藏的德国德累斯顿瓷器和意大利卡波迪蒙蒂瓷器都带来了，塞满了阿什菲尔德数不清的橱柜，实际上为了容纳它们还做了新的橱柜。毫无疑问我们是个收藏之家，我也继承了这种品质。不过唯一有点惋惜的是，已经从家族中继承了很好的瓷器和家具收藏品，你就只能转而发掘其他的收藏种类。然而收藏家的热情还是需要满足的，对我而言，我积攒了不少父母的藏品中所没有的混凝纸家具和小物件。

等到动身的那一天到来时，我兴奋得甚至有些不舒服，一句话也说不出。每当我非常兴奋的时候，都会失去说话的力量。对于这次出国，我所记得的第一件事是在福克斯通（Folkestone）登上轮船。母亲和玛吉把横渡英吉利海峡看作非常严肃的事情。她们都晕船，所以一上船就躲进供妇女用的客舱，紧闭双眼平躺着，期望安安稳稳地渡过这段水域，顺利抵达法国。我曾在哥哥的小艇上证明自己可以，父亲也为我鼓气，于是我跟他一起待在甲板上。我记得那段航行十分平稳，但我不将其归因于海面平静，而是我用顽强战胜了海浪。船到了布洛涅（Boulogne），我欣喜地听到父亲宣布："阿加莎一点也不晕船。"

第二段令人难忘的经历是在列车上过夜。我和母亲睡在同一个包厢里。我被安顿在上铺。母亲离不开新鲜空气，她受不了卧铺车厢里讨厌的蒸汽暖气。整个晚上，几乎每次醒来我都看见她把头探出窗外，贪婪地呼吸着夜晚的新鲜空气。

第二天一早，火车到达波城。酒店的汽车等候着，我们一家人上了车，十八件行李也陆续送来了。我们按计划赶到博塞茹尔饭店（The Hotel Beausejour），酒店外面有一个宽大的阳台，朝着比利牛斯山脉（Pyrenees）。

"就在那儿！"父亲对我说，"看到了吗？那儿就是比利牛斯山脉，是座雪山。"

我极目远眺。这是我人生中一次极其幻灭的体验，我永生难忘。我心目中那座很高很高、高入云端、雄伟得难以形容、不可思议的大山在哪儿呢？我只看到远处地平线上立着一排牙齿状的东西，看起来也就比下方的平原高出一两英寸，就是那个吗？那个就是大山？我默然无语，时至今日，我还能感受到那种极端失望的心情。

2

我们在波城住了大约六个月，对我来说是全新的生活。父亲、母亲和玛吉很快就陷入社交活动之中。父亲有几位美国老朋友住在那里，在饭店里他又结识了不少新朋友。我们还带着许多朋友写的引荐信，去拜访住在各家饭店和膳宿公寓里的人们。

为了照顾我，母亲雇了一位保育员——她是位英国姑娘，但从出生起就一直住在波城，她的法语说得跟英语一样流利，甚至比英语说得更好。母亲想让我跟她学习法语，但效果并不像她所期望的那么理想。马卡姆小姐每天早晨来找我，带着我出去散步，这是照顾小女孩的例行工作。一路上，她会指着各种东西，一遍又一遍地念出它们的法语名称："一只狗""一幢房子""一个警察""一位面包师傅"。我顺从地重复着，可当我提问的时候就只能用英语，而她也用英语回答。我当时觉得日子好无聊，在马卡姆小姐的陪伴下，散步仿佛永无止境。她人很好，和蔼可亲，责任心也很强，就是太无趣。

母亲不久就决定不再让我跟着马卡姆小姐学法语了，而是由一位法国女人每天下午定时来给我上法语课。这位新老师叫莫豪拉特小姐。她身材高大，体态丰腴，棕色皮肤，有许多各式各样的小披肩。

那段日子里，我们所住的房间都十分拥挤，里面放置了太多的家具和太多的装饰品。莫豪拉特小姐是个喜欢手舞足蹈的人，她在房间里走来走去、晃动肩膀，不停地挥舞手臂，时不时地把桌上的某个装饰品撞落、打碎。这差不多成了我们家的一个笑话。父亲说："阿加莎，她让我想起你养过的那只叫达芙妮的鸟，个子大又笨拙，总是碰翻它那个放种子的饲料盘。"

莫豪拉特小姐说起话来滔滔不绝，这让我无所适从。我越来越不知道应该如何回应她拖着长腔的提问。"哦，亲爱的宝贝！多乖呀，我的宝贝！哦，小宝贝，让我们一起来读几篇有趣的课文吧，好不好？"我客客气气地冷眼看着她。母亲在一旁狠狠地瞪了我一眼，我便喃喃地应了一句："好的，谢谢您。"我当时的法语水平也就只够表达一些有限的意思。

法语课的气氛还算融洽。我一直很听话，但显然根本没有开窍。母亲很希望看到立竿见影的成效，她对我的学习进展大为不满。

"她应该学得再快一点儿的，弗雷德。"她对父亲抱怨道。

父亲总是那么宽厚，他答道："哦，她需要时间，克拉拉，需要一定的时间。那个女人才来了不到十天。"

可母亲不喜欢给人时间。我生了一场小病，让这个故事达到了高潮。我想起初是当地的流行性感冒引起了鼻黏膜炎，我发烧了，闷闷不乐，正在康复但是还有一点发热，此时的我忍受不了莫豪拉特小姐了。

"求你了。"我乞求道，"今天下午别让我上课了，我不想上。"

有充足的理由时，母亲总是通情达理的，她同意了。时候一到，莫豪拉特小姐披着披肩一切如常地来了。母亲解释说我在发烧，正在房里休息，或许今天不上课比较好。莫豪拉特小姐马上起身，飞也似的扑向了我，肘部挥动着，披肩起伏着，呼气向下，吹到我的脖子上。"哦，可怜的宝贝，可怜的小宝贝。"她说她要给我念书，给我讲故事，她要逗乐"可怜的小家伙"。

我向母亲投以最痛苦的目光，我忍受不了，我一刻也忍受不了了！莫豪拉特小姐尖锐短促的声音仍在叽叽喳喳地响着——这是我最不喜欢的声音。我用目光哀求道：把她带走吧，请把她带走吧。最终母亲坚决地把莫豪拉特小姐拉向门口。

"我想阿加莎今天下午最好能非常安静地休息。"她一边说一边把莫豪拉特小姐带了出去。然后她回到我身边，冲我直摇头。"别的倒没什么。"她说，"只是你不该做那些讨厌的鬼脸。"

"鬼脸？"我说。

"是啊，那么愁眉苦脸的，还望着我。莫豪拉特小姐完全看得出来你想让她走。"

我很不安，我不是有意失礼的。

"可是，妈咪。"我说，"我做的不是法国鬼脸，是英国鬼脸呀。"

母亲哑然失笑，然后解释给我听，做鬼脸是一种国际语言，什么国家的人都能看懂。尽管如此，她还是告诉父亲，莫豪拉特小姐教得并不成功，她要另觅人选。父亲说如果我们不用再损失太多的瓷器装饰品，那也很好。他补充道："我要是阿加莎，也会觉得那个女人难以忍受，因为确实如此。"

从马卡姆小姐和莫豪拉特小姐的桎梏中解脱出来以后，我开始享受属于自己的乐趣。饭店里住着一位寡妇塞尔温太太，她好像是塞尔温主教的遗孀或弟媳。她带着她的两个女儿，多萝西（达尔）和玛莉。达尔比我大一岁，玛莉比我小一岁，没过多久我们就形影不离了。

我一人独处时，是个温顺听话、循规蹈矩的孩子，可一跟别的小孩子凑到一块儿，就迫不及待地想搞些恶作剧。我们三个人尤其喜欢去找餐厅里那些倒霉的侍者的麻烦。有一天晚上，我们把餐桌上所有调味瓶中的盐都换成了糖。还有一次，我们趁着餐厅就餐铃响之前，把桔子皮剪成小猪的形状，摆在每个人的盘子里。

那些法国侍者是我所见过的此类人中最和善的。尤其是那位负责服侍我们的维克多，他身材敦实，鼻子尖长，在我的记忆中，他的身上总是散发着一股难闻的怪味（那是我头一次知道大蒜这种东西）。不管我们怎么戏弄他，他都不生气，而且待我们格外殷勤。他常用胡萝卜给我们刻出活灵活现的小老鼠。我们之所以能够做了恶作剧又逍遥法外，全仰仗这位忠厚的维克多，他从未向饭店总管或我们的父母告过状。

跟从前的那些伙伴相比，我对与达尔和玛莉姐妹的友谊更加珍视。

也许到了那个年龄，结伴玩耍要比独自一人更具吸引力。我们合伙做了许多恶作剧，整个冬季都玩得非常痛快。当然了，我们也常常因为调皮捣蛋而受罚。不过只有一次，我们对所受的责罚义愤填膺。

那天，我母亲和塞尔温太太坐在塞尔温太太的起居室里聊得正欢，一个女服务员捎来口信："住在饭店另一栋楼的比利时女士带来问候，不知道塞尔温太太和米勒太太是否知道，她们的孩子正在五楼的围墙上走来走去？"

想象一下：两位母亲走到院子里，抬头看到三个欢快的身影排成一条纵队，在大约一米宽的围墙上前进着，晃晃悠悠地维持着平衡，她们该做何感想！我们根本不觉得这有什么危险的。我们把一个女服务员作弄得太过分了，于是她想办法把我们诱骗到一个放扫帚的橱子里，然后得意洋洋地从外面关上了门，用钥匙把我们锁在里面。我们非常愤慨。该怎么办呢？那儿有一个小窗口，达尔探出头去，觉得我们可以钻出去，沿着围墙走，转过拐角，从那边某个房间的窗户爬进去。于是说做就做，达尔第一个挤了出去，接着是我，然后是玛莉。我们很高兴地发现，在围墙上前行很容易。我不知道我们有没有从五楼向下看，不过我猜想，即使看了，也不会头晕或者摔下去。我总会惊恐于孩子们站在悬崖边的景象：脚趾踩在悬崖边缘向下看，不会头晕，也不会有其他成年人会有的不适感。

我们并没走多远。我记得头三扇窗户锁住了，再接下来的窗户通往公共浴室，是开着的。我们爬了进去，惊讶地听到了不期而至的呼唤："马上下楼，到塞尔温太太的起居室里去。"两位母亲都非常生气，我们却不明白是为什么。我们都被罚待在床上，一天不许出去。我们的辩解完全不被接受，可那都是实话。

"可是你们从来没说过，"我们挨个儿地说，"你们从来没说过我们不可以在围墙上走。"

说完大家又愤愤不平地回到床上去了。

在此期间，母亲一直在思考我的教育问题。她和姐姐当时正在城里的一家裁缝店定做衣服。一天，母亲注意到店里的一位助理试衣员。

她是一位年轻女工,为负责试衣样的师傅打下手,主要协助顾客穿试衣样和为师傅递别针。她的师傅是个脾气暴躁的中年妇女。母亲发现这名年轻女工秉性温顺,颇有耐心,决定进一步考察她。第二次和第三次试衣样时,母亲一直留神观察她的言行,后来又拉住她聊了起来。她叫玛丽·塞耶,二十二岁,父亲是一家小咖啡店的老板。她有一个姐姐、两个弟弟和一个小妹妹。姐姐也在裁缝店工作。母亲漫不经心地问她,是否愿意跟她去英国。姑娘听了喜出望外,兴奋得有些语无伦次。

"我必须和你的母亲谈一谈。"母亲说,"她可能不希望你到那么远的地方去。"

母亲约好时间拜访了塞耶太太,两人仔细地商量了这件事。而直到这时,她才跟父亲谈起自己的打算。

"可是,克拉拉,"父亲反对道,"这个姑娘不是家庭教师,在这方面完全是外行。"

母亲却认为玛丽正是我们所需要的那种人。"她不懂英语,一句也不会说,阿加莎就不得不跟她学说法语。这个女孩温文尔雅,脾气也好,而且是好人家的孩子。她愿意随我们去英国,她还能为我们做衣服,做各种针线活。"

"可是你确定吗,克拉拉?"父亲满腹狐疑地问。

母亲总是很有把握,一旦她拿定了主意,就绝不会疑惑。

"这是最好的办法。"她说。

同以往一样,母亲的异想天开又被证明是切实可行的。时至今日,只要我一闭上双眼,玛丽那可爱的样子就会浮现在我的眼前:红润的圆脸,翘鼻子,乌黑的头发盘成一个发髻。后来她告诉我,第一天早上她提心吊胆地走进我的卧室,用头天晚上费了九牛二虎之力学会的两句英语跟我打招呼。"早上好,小姐!祝你身体健康!"遗憾的是,由于她的法语口音很重,我一个字也没听懂,只是疑惑地注视着她。整整一天,我们就像两只不会说话的狗,刚刚认识。两个人几乎都没怎么说话,只是忧心忡忡地互相打量。玛丽给我梳头发——金黄色的头发，总是烫成香肠卷——她非常害怕弄疼我，梳子只是很浅地划过头发。我想告诉她应该更用力些，但我不知道该怎么说，根本无法沟通。

不到一个星期，我就能和玛丽交谈了，这究竟是怎么回事，我也不知道。我说着法语，东一个词，西一个词，凑起来竟然也能表达自己的思想。到了那个周末，我们竟已成了朋友。跟玛丽一道外出散步是件乐事，跟她在一起干什么都有趣，这预示着一段令人愉快的友情。

初夏的波城，天气渐渐炎热起来，我们离开那里，到阿格勒斯(Argeles)消磨了一周，又去卢尔德(Lourdes)住了七天，尔后就在比利牛斯山脉中的高特莱(Cauterets)住了下来。这个地方景色宜人，就在大山脚下。（我对大山的失望此时已烟消云散，不过高特莱所处的地理位置要是能有更广阔的视野就更令人满意了。）每天早晨，我们都沿着山间小道散步，走到泉边一杯接一杯地喝那讨厌、肮脏的矿泉水。这样增进了我们的健康以后，再买上一条麦芽糖。母亲最喜欢的是茴香味的，我对它却很反感。我很快就在旅馆旁的弯曲小道上发现了一项十分有趣的运动：从小松树上坐滑梯似的滑下来。玛丽不赞成这么做，但很遗憾她从一开始就没能管束住我。我把她当作朋友和玩伴，从未产生过要听她的话的念头。

威严是一种非比寻常的东西，我的母亲就拥有足够的威严。她很少发脾气，几乎从不提高嗓门，但她只要温和地一声令下，对方就会立刻服从。她总是奇怪于别人为何没有这样的天赋。后来，在我第一次婚后且已经有了孩子的时候，她和我们住在一起，我向她诉苦说隔壁有几个烦人的小男孩总是翻越篱笆跑过来，叫他们走开他们也不走。

"多么奇怪啊。"母亲说，"你怎么不叫他们走开呢？"

我说："好，你试试看吧。"就在这时，两个小男孩来了，准备照常说"哼！呸！就不走就不走！"然后把碎石块扔进草地里。有一个已经开始往一棵树上扔石头了，并趾高气扬地喊叫着。我母亲把头转了过去。

"罗纳德，"她说，"你是叫这个名字吧？"

罗纳德说是的。

"玩的时候请不要靠这里那么近,我不喜欢受到打扰。"母亲说,"请去远一点的地方玩好了。"

罗纳德看着她,冲他弟弟吹了声口哨,马上就离开了。

"你看,亲爱的。"母亲说,"这很简单。"

对她来说确实很简单,我真的相信我母亲可以毫不费力地管教一班不良少年。

在高特莱的饭店里,有一个大一些的女孩,叫西比尔·帕特森,她母亲是塞尔温家的朋友。还有一个叫珍妮杜·米埃的法国女孩。西比尔是我崇拜的对象,我觉得她很美,而我最羡慕的是她发育中的身材。那时候,胸脯是相当时兴的,每个人都多少有一点。我的外祖母和姨婆身上突出的部分非常巨大,在她们互致问候、来一个姐妹间的拥吻时,很难不让胸脯先亲密接触。我认为大人们有胸脯是理所应当的,但西比尔也拥有丰满的胸部就激发了我的羡慕之情。她十四岁,我什么时候也能有这么令人称羡的东西呢?八年?继续瘦弱八年?我渴望拥有这些女性成熟的标志。啊,好吧,只能耐心点,我必须耐心。八年以后,幸运的话也许七年,两个球体就会奇迹般地在我瘦削的骨架上冒出来。我只需等待。

塞尔温母女在高特莱住的时间没有我们长,她们没多久就离开了。后来,我又有了两位朋友供选择:一个是美国小姑娘,叫玛格丽特·普里斯利,一个是英国小姑娘玛格莉特·荷姆。这时我的父母已与玛格莉特的父母成了好朋友,自然希望我跟玛格莉特结伴玩耍。和以往一样,我没有顺从父母的意愿,我特别喜欢跟玛格丽特·普里斯利一起玩。她爱用一些我从未听过的稀奇古怪的语句和字眼,我们俩互相讲了许多故事,玛格丽特讲的一个故事里描述了面对一只"斯卡拉品"(scarrapin)时所遭遇的危险,这让我觉得很刺激。

"但是斯卡拉品是什么呀?"我不停地问。

玛格丽特有一个叫范妮的保姆,她慢吞吞拉长调子的美国南方腔很重,我很难听懂她说的话。她给我简单地描述了这个可怕的生物是什么。我去问玛丽,可玛丽也没听说过什么斯卡拉品。最后我问我的父亲,他开始也有点费解,不过最终恍然大悟,说:"我想你指的是'蝎子(scorpion)'吧。"

不知何故,那种东西的神秘性消失了。一只蝎子似乎并没有想象中的斯卡拉品那么可怕。

玛格丽特和我曾为一个问题争论不休。争论的焦点是小孩子是怎么出生的。我认为小孩子是由天使带来的,这是奶妈亲口对我说的。玛格丽特却提出异议,认为小孩子是医生的存货,是医生用一个黑口袋背来的。正当两人争论得面红耳赤的时候,范妮巧妙地为我们打了圆场。

"对呀,你们说得都对,亲爱的。"她说,"美国小娃娃是医生用黑口袋背来的;英国小娃娃是天使们送来的,这不是明摆着的嘛。"

于是我们心满意足地言归于好了。

父亲和玛吉骑马出游过好多次。由于我的恳求,有一天我被告知明天可以和他们一块儿去。我激动不已。母亲有些担忧,不过很快就被父亲打消了不安。

"我们有一个导游陪着。"他说,"他经常陪小孩子,会看好不让他们掉下来的。"

第二天一早三匹马就到了,我们启程出发,沿着曲折而陡峭的山路向上行进。马对我来说是个庞然大物,我置身于马背的最高处,沉浸在莫大的喜悦之中。导游领着它向上走,时而采一小束花递给我,让我插在帽檐上。至此一切顺利。但是当我们抵达山顶,准备就地用午餐时,那个导游却弄巧成拙了。他拿着一只刚捕获的美丽蝴蝶向我们跑来。"送给小姐。"他说,从翻领上取下一个别针,刺穿那只蝴蝶,把它别在了我的帽子上!哦,那一刻多么可怕!想想那只可怜的蝴蝶扇动着翅膀、挣扎着要脱离别针时的感受,我也像它一样苦不堪言。可是我当然不能说什么,我脑袋里有太多互相冲突的想法。从导游的角度而言,他是善意的,他把它拿给我,是当作一份特殊的礼物,我又怎么能说我不喜欢而伤害他的感情呢?但我多么希望他能把它拿走!而那只蝴蝶一直鼓动着翅膀,垂死挣扎着,可怕地拍打着我的帽子。在这种情况下,一个小孩子能做的只有一件事。我哭了。

越是有人问我,我越是答不上话来。

"怎么了?"父亲询问道,"你哪里不舒服吗?"

姐姐说:"也许她怕骑马。"

我说不是不是,我不怕,也没什么病痛。

"那就是累了。"父亲说。

"不是。"我说。

"好,那么究竟是怎么了?"

可是我不能说。当然不能,那个导游就站在那儿,带着关切而不解的神情望着我。父亲没好气地说:"她太小了,我们不该带她出来玩的。"

我变本加厉地哭起来。我一定把他和姐姐的一天都毁了,我很清楚,可我就是停不下来。我所希望和祈愿的,就是当下父亲或者姐姐,能够猜出究竟是怎么一回事。他们当然可以看到那只蝴蝶,他们可以看看它,然后说:"也许她不喜欢她帽子上的蝴蝶。"如果他们这么说,那就没事了。可是我不能告诉他们。那是可怕的一天。午餐时我什么都吃不下,就坐在那里哭。蝴蝶拍动着翅膀,最后也不动了。这应该能让我好受些,可那时我已经难过到了极点,什么都不能让我好受些了。

我们再次骑上马,下了山。父亲肯定气坏了,姐姐也很不高兴,那位导游仍然亲切和善,还颇为不解。很幸运,他没想再弄一只蝴蝶来逗我高兴。我们这忧愁无比的一行人回到家里,走进起居室,母亲正在那儿。

"啊,亲爱的。"她说,"怎么了?阿加莎受伤了吗?"

"我不知道。"父亲气呼呼地说,"我不知道这孩子是怎么了。我想她是哪里痛,或者有什么别的事。从午餐开始她就一直在哭,什么也不肯吃。"

"怎么了,阿加莎?"母亲问。

我不能告诉她,我只是无言地望着她,眼泪忍不住从脸颊上滚落。

母亲若有所思地打量了我几分钟,然后说:"是谁把这只蝴蝶放在她的帽子上的?"

姐姐解释说是那个导游放的。

"我明白了。"母亲说,"你不喜欢这样,对吗?它是有生命的,你觉得它受到了伤害,对吗?"

哦,多么快慰的解脱啊!当你无法避免地长时间陷入有苦难言的境地时,有人知道你心里想什么并说了出来,那是多么美妙的解脱啊!我疯狂地扑到母亲的怀里,搂着她的脖子说:"对!对!对!它在拍动,不停地拍动。可他是好心,他是善意的,我不能说。"

她完全能够理解,她轻轻地拍拍我,突然间,整件事情似乎远去了。

"我完全了解你的感受。"她说,"我知道。可现在事情已经过去了,不要再提了。"

也就是从那个时候开始,我发觉姐姐对她周围的青年男子有一种特殊的吸引力。尽管她没有花容月貌,却十分有魅力。她承袭了父亲的机智,谈吐文雅有趣,而且颇具女性魅力。年轻的小伙子们齐齐拜倒在她的石榴裙下。没过多久,我和玛丽开始私下里以登记赛马簿的方式,将她的仰慕者排定座次,判断他们的成功概率。

"我认为是帕默先生,你说呢,玛丽?"

"有可能,可是他太年轻了。"

我说他大概跟玛吉同龄,但是玛丽坚持说他"太年轻了"。

"依我看,"玛丽说,"安鲁斯勋爵倒是很有希望。"

我反对道:"他比姐姐要大好多岁呢,玛丽。"她说也许是大不少,可是只有丈夫比妻子年龄大些,家庭的基础才建得牢固。她还说,安鲁斯勋爵一定会成为一位好丈夫,任何家长都不会拒绝这样的男人跟自己的女儿结为伉俪。

"昨天,"我说,"玛吉把一枝小花插在伯纳德上衣的纽扣眼里了。"玛丽对他很不以为然,她觉得伯纳德是个轻浮的小伙子。

我听说了不少玛丽家里的事,知道他们家那只猫喜欢在咖啡店的玻璃杯间穿梭,蜷缩在杯子中间熟睡,却一只都没打碎过。我知道她姐姐贝特是个严肃的女孩,而她的小妹妹安吉拉是全家人最心爱的宝贝。我知道那两个男孩的所有恶作剧,以及他们是怎么被责罚的。玛丽还向我吐露了他们家值得骄傲的秘密,他们以前姓希耶而不是塞耶,虽然我不明白这有什么值得骄傲的——说真的我至今也不明白,但我还是附和玛丽的说法,并祝贺她有如此令人满意的祖先。

玛丽也跟母亲一样,偶尔会给我读读法语书。有一天,我拿起一本叫《一头驴子的回忆录》(*Mémoires d'un âne*)的书,一页页地翻看,忽然欣喜地发现我已经能顺利地读下来了。大家都向我说了不少祝贺的话,尤其母亲。经过艰苦的磨难,我终于学会了法语,可以阅读书籍了,尽管遇到较难的段落还需要有人给我讲解,但我毕竟做到了自主阅读。

八月底,我们离开高特莱去了巴黎。在那里,我度过了一生中最快乐的一个夏天。对一个我那么大的孩子来说,那里什么都有。新奇事物让我十分兴奋;树木——这是我一生中不断回想的美好事物(我想象中最初的伴侣就叫"树",这是不是预示着什么);一个令人愉快的新伙伴,我亲爱的翘鼻子的玛丽;骑着骡子出游;在陡峭的山路上探险;同家人朝夕与共的乐趣;我的美国朋友玛格丽特;身处异国的激动。"一些罕有的、陌生的事物……"[①]莎士比亚了解得多么透彻啊。可是,留在我心中的并不是这一项一项集合在一起的混合物,而只是高特莱本身——就是那个地方,那狭长的山谷,山谷间的小铁路,树木繁茂的土坡,还有那些高山。

我再也没有故地重游,这让我很高兴。一两年前,我们本来打算在那里度过一个暑假的。我想也没想就说:"我很乐意重返那里。"这个说法并没有错。然而,后来我意识到我不能回去。一个人不可能,永远都不可能重返记忆中的地方。你不会再用同样的眼光看它,即使那里依旧如故。你曾经有过的,已经过去了。

[①] 引自莎士比亚的戏剧《暴风雨》(*The Tempest*)中第一幕第二场唱词。

"分明快乐的来时路,我如今再不能回还……"[1]

不要重返你欢度过快乐时光的地方,在你旧地重游之前,它永远活在你的记忆里,而一旦故地重游,就会破坏殆尽。

还有其他我不愿意故地重游的地方。其中之一是伊拉克北部沙克阿迪的神殿(the shrine of Sheikh Adi),那是我第一次游览摩苏尔(Mosul)的时候去的。要去那里相当不容易,你必须得到一张通行证,然后拜访马克布尔山(Jebl Maclub)脚下的艾因锡夫尼(Ain Sifni)警察局。

由一名警察陪着,我们从那里走上迂回的山路。那是个春天,满目新绿,一路上野花遍地,还有一条山间小溪。山羊群和孩子不时从我们身边走过,然后到达了叶兹迪神殿(the Yezidi shrine)。我常记起那里的宁静:铺着石板的院落,神殿的墙上雕刻着黑蛇。接着,我们小心地迈过——而不是踏上——门槛,进入小而昏暗的圣所。我们坐在院子里一棵隐约沙沙作响的树下,一个叶兹迪人(Yezidees)给我们端来了咖啡,事先小心地铺上一张肮脏的桌布(这是骄傲地向我们显示他们了解欧洲人的需要)。我们坐了很久,没有人来给我们讲解任何信息。我模模糊糊地知道叶兹迪人是崇拜魔鬼的,他们崇拜的对象是那个孔雀王路西法(Peacock Angel)。在那个地方,在那些纷繁复杂的各种宗教中,魔鬼撒旦的膜拜者竟然是最宁静平和的。我们在日薄西山时离开了。真是一场绝对宁静的体验。

我相信他们现在带旅游团去游览那个地方时,"春节"是个对旅行者很有吸引力的节日。而我所经历的,是它最单纯的年代,我永远不会忘记。

---

[1] 引自英国诗人A.E.豪斯曼(A. E. Housman,1859-1936)的诗作《Into My Heart on Air That Kills》,收录于其著名诗集《西罗普郡少年》(译文选自周煦良,湖南人民出版社,1983.11版)。

3

我们从比利牛斯山脉来到巴黎,后来又去了迪纳尔①。令人气恼的是,我对于巴黎的印象仅限于我们所住饭店的卧室。卧室的墙壁漆成了深褐色,使人很难看到室内的蚊子。

房间里蚊子成群,夜里嗡嗡叫个不停,叮咬着我们的脸和手臂(这对我的姐姐玛吉来说是异乎寻常的羞辱,因为在她那个年纪,是最注意自己的仪容的)。我们只在巴黎住了一个星期,几乎把所有时间都耗费在了驱赶蚊子、往身上涂抹各种气味奇特的油、在床边点蚊香、抓痒并把蜡烛油滴在上面了。向饭店经理提出强烈的抗议(他坚持说饭店里没有蚊子)之后,我们只好睡在蚊帐里,那可是一种新奇的体验。当时是酷热的八月,待在蚊帐里无疑会更热。

我想家里人一定带着我去游览了巴黎的名胜,可惜它们在我的记忆中没留下什么印象。只记得家里人特意带我参观了埃菲尔铁塔,就像我第一次看见大山时那样,它也让我大失所望。这次巴黎之行给我留下的唯一纪念,就是大约在那时,我得了一个新的绰号,"蚊子"。无疑,我很讨人嫌。

不,我说错了。就是那次巴黎之行,我第一次见识了工业革命的先驱者们——巴黎的街头到处都是被称作"汽车"的新式交通工具。它们在街上穿梭往来,喧嚣着飞驰而过(按现在的标准,这些汽车的速度自然很慢,但在当时来看,它们比马车要快多了)。车子呜呜叫,冒出汽油味,驾车的人都戴着防风镜和帽子,以及其他一些装备,看上去让人眼花缭乱。父亲说这种玩意儿不久后就会遍及各地,我们都不相信。我漠然地望着眼前的一切,兴趣仍然停留在各式各样的火车上。

母亲沮丧地说道:"可惜蒙蒂不在这儿,他肯定会喜欢这些东西的。"

---

①迪纳尔(Dinard)是法国的一个小渔港,渐渐发展为旅游胜地。

现在，回想起这一段生活，我感到有些蹊跷，哥哥的身影仿佛完全消失了。虽然哈罗公学放假的时候他也会回家来，却似乎不再是我心目中的重要人物了。也许是因为这一时期他根本就没注意过我。后来我才知道，当时父亲很为他担忧。他因为考试没有及格而从哈罗退学了，大概先去了达特（Dart）的造船厂，后来又北上到了林肯郡（Lincolnshire）。他在学业上的进展总让人失望。父亲得到了相关人士直白的忠告："他绝不会成功的。你瞧，他不懂数学。如果你让他干什么实际的工作，那没问题，他会是个不错的做实际工作的工人，可是在工程方面，他也就只能如此而已。"

每个家庭中往往都会有一个让父母操心和担忧的孩子。在我们家里，哥哥蒙蒂就是这样的人。他这一辈子都让人感到头痛。现在回想起来，我总在想，是否有蒙蒂可以适得其所的人生。如果他生来就是巴伐利亚的路德维希二世[①]，那当然最好了。我可以想象他坐在空空荡荡的剧场里，欣赏只为他一个人上演的歌剧。他很有音乐才华，是个不错的男低音，可以不看谱演奏多种乐器，如六孔哨笛、短笛和长笛。尽管如此，他绝不会下苦功去成为那种专业人士，我想他也从来没有过这种想法。他彬彬有礼，风度翩翩，极具吸引力。他一生中，身边始终围绕着渴望为他排忧解难的人。总有人乐意借钱给他，帮他打理一切杂务。这样的事情可以追溯到他六岁的时候。他和姐姐拿到了零用钱，蒙蒂第一天就花光了。等到那个星期后半，他会突然把姐姐推进一家商店，迅速地拿下三便士他最喜欢的糖果，然后望着姐姐，看她敢不敢不付钱。玛吉非常看重公众舆论，只好乖乖就范。她自然为此怒气冲冲，事后总要找他激辩。蒙蒂只会从容地对她微笑着，给她一块糖果。

他这一生都在采取这种态度。他似乎有天助，能让人为他做牛做马。不知多少次，不同的女人对我说："你知道，你并不真正理解你的哥哥蒙蒂。他需要的是体谅。"事实上我们太了解他了。注意，他总能

[①] 维特尔斯巴赫王朝的巴伐利亚国王，以对艺术的狂热追求著称，兴建了包括新天鹅堡在内的数座城堡。

获得同情。他极其坦然地承认自己的缺点，而且总是认定有朝一日一切都会改变。我相信他是哈罗公学唯一被允许留养小白鼠的男孩。他的舍监这样对我父亲解释说："你知道，他看起来对自然史如此热爱，我认为应该允许他享有这种特权。"我们家里人的观点是，蒙蒂根本不爱自然史，他只是想养小白鼠而已！

现在回想起来，我认为蒙蒂是一个非常有趣的人。基因排列略微不同，他就可能成为一个伟人。他只是缺少些什么。判断力？平衡能力？综合能力？我不知道。

后来，他择业的问题迎刃而解了。布尔战争爆发，几乎所有我们认识的年轻人都自愿参军了——蒙蒂自然也是其中之一（他曾经偶尔屈尊来玩我的一些玩具士兵，把它们排成战斗队列，将它们的指挥官命名为达什伍德上尉。后来他换了个花样，以通敌为由砍掉了达什伍德上尉的头，把我弄哭了）。在某种意义上，我父亲一定感到宽慰，从军也许就是他的事业，尤其在他的工程界前途如此可虑的时候。

我想，布尔战争是最后一场可以被形容为"老式战争"的战争。这种战争并不会真正影响到一个国家或其居民的生活，它们都是故事书里的英雄事件，都是勇敢的战士和英勇的年轻人进行战斗。他们如果死去，就是光荣地死在战斗中。更通常地，他们会佩戴着表彰英勇战功的奖章，凯旋归来。他们与帝国的前哨、吉卜林的诗，以及世界地图上英国的粉红色版图紧密联系在一起。如今想来似乎很怪异，当时的人们——尤其是女孩子们——会把白羽毛发给那些被认为畏惧为国捐躯的年轻男子。

对于南非战争我没什么记忆，人们普遍并未把它看作一场重要的战争，它有"给克留格尔一个教训"的意味。以英国人通常的乐观主义，它应该"几个星期就会结束"。一九一四年，我们又听到了同样的说法，"最迟圣诞节前就会结束"。一九四〇年，"放樟脑丸储藏地毯没有多大意义。"这是海军部征用我的房子的时候说的，"不会拖过今年冬天。"

所以，关于当时，我记得的是一种快乐的气氛，到处都播放那首旋律不错的歌——《心不在焉的乞丐》①，街上满是从普里茅斯来度几天假的愉快的年轻士兵们。我还记得家里的一个场景，那是皇家威尔士团第三营乘船越过南非之前几天，蒙蒂从当时的驻扎地普里茅斯带回一个朋友。那个朋友叫欧内斯特·麦金托什，由于某种原因我们总是叫他比利。他后来成为我一生的朋友，比我的亲哥哥更像哥哥。他是一个很有情趣和吸引力的年轻人。和周围其他的年轻人一样，他也爱上了我的姐姐。那时两个男孩刚领到军装，从来没见过的布绑腿激起了他们浓厚的兴趣。他们把布绑腿绕在脖子上，绑在头上，耍各种把戏。我有一张他们坐在我们的温室里、脖子上绕着布绑腿的照片。我将我少女式的英雄崇拜献给了比利·麦金托什。他的一张照片就放在我的床畔，嵌在贴有勿忘我的相架里。

我们由巴黎来到布列塔尼半岛（Brittany）的迪纳尔。

关于迪纳尔，我所记得的最重要的一件事是，这里是我初学游泳的地方。当我发觉自己噼噼啪啪地向前划了六下水，居然没有下沉的时候，我感到一种难以置信的得意与快乐。这件事我至今还记得。

我记得的另一样东西是黑莓——从未见过那么肥大多汁的黑莓。玛丽和我经常跑出去一篮一篮地采，同时也吃了很多。如此取之不尽的原因是当地乡下人认为它们是有致命毒性的。"他们不吃黑莓。"玛丽疑惑地说，"他们对我说：'你们是在毒害自己。'"玛丽和我可没有这样的禁忌，每天下午都高高兴兴地"毒害自己"。

就在迪纳尔，我开始了戏剧生活。当时父母住的双人大卧室里有一扇很大的凸窗，就像一个凹室，前面有窗帘——理想的表演舞台。我从前一年圣诞节看过的一幕哑剧中得到启示，硬拉着玛丽每天晚上配合我，为家人表演各种神话故事。我选扮自己中意的角色，玛丽则一人包揽故事中其余的所有角色。

---

① 《心不在焉的乞丐》(*The Absent-Minded Beggar*) 原本是英国著名诗人吉卜林的一首诗，后被配上曲调。

回想起父母亲为我们热心捧场，我至今仍满怀感激。不难想象，每天晚餐过后来卧室里坐上半个小时，观看我和玛丽身穿自己拼凑起来的戏装在那里手舞足蹈，是多么令人兴味索然的事。我们演出了《睡美人》《灰姑娘》《美女与野兽》等剧目。我特别喜欢扮演剧中的男主角。我借来姐姐的长筒袜，当作紧身裤套在腿上，在台上踱着步子。我们的表演当然都是用法语，因为玛丽不会说英语。她是个脾气多么好的女孩啊。她只罢演过一次，还是出于一个我揣测不出的理由。那天她准备扮演的是灰姑娘，我坚持要她把头发披下来。灰姑娘怎么能盘着发髻呢！玛丽曾经毫无怨言地扮演过野兽，扮演过小红帽的外婆，扮演过好仙女、坏仙女，以及邪恶的老女人，为表现街头场景她还曾假装向阴沟里吐口水、以最逼真的腔调用黑话说："打劫！把'米'交出来！"逗得我父亲笑得前仰后合。可是玛丽却突然哭着拒绝扮演灰姑娘。

"可是，为什么不行呢，玛丽？"我问道，"这是个好角色，是女主角，整出戏都是围绕灰姑娘的。"

不可能，玛丽说她没法演这样一个角色。要在先生面前把头发披下来，把头发散在肩膀上！这就是症结所在。在先生面前把头发披下来，这对玛丽来说简直不可思议，骇人听闻。我迷惑不解地让步了。我们想办法在灰姑娘的发髻外面蒙上一条头巾，一切顺利进行。

然而禁忌是多么因人而异啊！我记得我一个朋友的孩子——一个乖巧可爱的四岁小女孩，琼。一位法国家教玛德琳过来照顾她，父母照例担心孩子能否与她愉快相处，幸而事事都显得非常顺利。琼与她散步、聊天，把自己的玩具拿给她看，看起来一切都很好。直到就寝的时候，眼泪迸发了，琼坚决拒绝让玛德琳给她洗澡。小女孩的母亲很困惑，但是第一天让步了，因为她可以理解孩子和陌生人还没有完全熟悉。可第二天、第三天也依然如故：事事太平，事事愉快，事事友好，直到洗澡就寝的时候为止。第四天，琼把头偎依在母亲的脖子上，凄惨地哭诉道："你不明白，妈咪。你好像不明白。我怎么能让一个外国人看到我的身体呢？"

玛丽的情形也是如此。她可以穿着长裤大摇大摆地走来走去，在演很多角色时露出一大截腿，但她不可以在先生面前把头发披下来。

我认为我们的戏剧表演起初也许极为滑稽有趣，至少是博得了父亲的欢心的，但后来肯定越来越让人腻烦！父母对我太仁慈了，不忍心坦率地告诉我每天晚上都来观看我们拙劣的表演实在是活受罪。他们偶尔也会以朋友正在用餐为借口留在楼下，但多数情况下，他们都很豁达——而我，起码我自己，是多么尽兴于在他们面前表演。

九月，在迪纳尔逗留期间，父亲很高兴，因为他在那里遇到了老朋友——马丁·皮里夫妇和他们的两个儿子当时也在那里度假。马丁·皮里跟我父亲在韦维（Vevey）念书时是同窗，两人一直交往甚密。马丁的妻子莉莲·皮里，我至今仍然认为她是我所见过的个性最杰出的人之一。萨克维尔·韦斯特（Sackville West）在《激情耗尽》(All Passion Spent) 中描绘的美丽人物总让我想起皮里太太。她有一丝令人畏惧，一点点冷淡。她有悦耳清澈的声音、精致的容貌和湛蓝的眼睛。她双手的一举一动都很优美。我想，在迪纳尔是我第一次见到她，不过从此以后就经常见面，直到她在八十岁高龄辞世，我们的关系始终很热络。其间我对她的钦佩和尊敬与日俱增。

她是一个头脑中真正充满趣味的人，我认识几个这样的人物。她的每幢房子都装修得令人惊叹不已，极其新颖别致；她做的刺绣画片最美丽；没有哪本书她没读过，没有哪出戏她没看过，而且她总能给出生动的评价。要是换作现在这个时代，我想她可能会从事某种职业，不过我怀疑如果那样的话，是否会对她如此杰出的个性产生影响。

年轻人都喜欢聚集在她家里，愉快地和她聊天。即使她已过七十高龄，与她共同消磨一个下午仍然是美妙的享受。我想她掌握了完美的休闲艺术，是我所知的任何其他人都不具备的。你会发现她在漂亮的房间里，坐在一张高背扶手椅上，通常正忙于自己设计的针线活儿，身边放着一本有趣的书或是别的什么。她是那样气定神闲，仿佛她有时间和你整天整夜地聊天，连续几个月都不用停歇。她思维清晰，言辞犀利。不过虽然她可以谈论天下间的任何话题，却很少随意评价人。

最吸引我的是她美妙的嗓音,那实在是不可多得。我对嗓音总是很敏感,难听的声音会使我反感,难看的脸孔却不会。

我父亲对于与马丁重逢感到万分高兴。母亲和皮里太太也有不少共同语言,如果我没有记错的话,两人很快就热烈地讨论起日本艺术。他家的两个儿子也在那儿——哈罗德在伊顿读书,威弗莱德大概是在达特茅斯皇家海军学校学习,即将参加海军。威弗莱德后来成了我最亲密的朋友之一,但在迪纳尔时,我只记得当时大家说他一看见香蕉就会咯咯地笑个不停,为此我还仔细地打量了他一番。那时候,这两个小伙子自然不会把我放在眼里。一个是伊顿的学生,一个是海军学员,不可能纡尊降贵去注意一个七岁的小女孩。

我们一家又从迪纳尔去了根西岛(Guernsey),冬天的大部分时间是在那里度过的。生日那天,我惊喜地收到了三只小鸟。它们的羽毛和颜色都带有异域情调,分别叫凯凯、都都和贝贝。凯凯是一只娇弱的小鸟,我们来到根西没多久它就死了。我喂养它的时间很短,所以它的死并没带给我太大的悲痛。贝贝这只迷人的小鸟才是我最心爱的。尽管如此,我还是兴致勃勃地为凯凯举办了过分铺张的葬礼。它的遗体被精心地放在用母亲提供的缎料花边做衬里的纸盒中。经过长途跋涉,我们来到圣彼得港(St. Peter Port)外的高地上,选好一块墓地,举行了葬礼,小盒被掩埋起来,上面还覆盖着一大束鲜花。

一切都安排得非常妥帖,但事情并未到此了结,前去祭扫凯凯的墓增添了我对散步的兴致。

圣彼得港最让人兴奋的是花市。那里有各色各样的花,而且非常便宜。玛丽每天都会问:"今天去哪儿散步,小姐?"而她说我总是在最冷、风最大的日子,兴致勃勃地回答:"我们去祭扫凯凯的墓。"玛丽会唉声叹气,因为我们得顶着凛冽的寒风徒步两英里!尽管如此,我还是执拗地拽着她先到花市买些山茶花或者其他的花,然后走上两英里,寒风刺骨,还经常伴着雨。我们在凯凯的墓前举行例行的仪式——将鲜花摆在那里。人也许生来就喜欢丧葬或相关习俗。人类若是没有这一天性,那么考古学家也许就不存在了。在我小时候，如果由奶妈之外的人——比如某个仆人——带着出去散步，就一定会去墓地。

去巴黎的拉雪兹神父公墓（Pére Lachaise）是多么愉快的事！全家人齐聚在家族墓地，为迎接万灵节而将墓地装点的场面是多么温馨。祭奠死者确实是一项神圣的仪式。对仪式和典礼兴致盎然，哪怕几乎忘记了亲爱的死者，是否出于逃避悲伤的本能？我知道，无论一个家庭多么穷困，首先要存的都是为自己的葬礼准备的钱。一个曾经为我工作的可爱老人有一次对我说："啊，世事艰难啊，亲爱的，真是世事艰难。不过，无论我们多么困窘，我还是存够了埋葬自己的钱，从来不会动。是啊，就是挨几天的饿都不会动！"

4

有时我觉得，假如轮回理论成立的话，我前世一定是条狗。我有许多狗的习性：无论谁干什么事，到哪儿去，我都想尾随其后，跟着去做。同样，当长期旅居国外的生活结束，回到家里时，我的所作所为也完全像条狗。狗会在房子里转来转去，四处查看，这里闻闻，那里嗅嗅，用鼻子去发现这段时间房子里有什么异样，而且肯定要去看看那些它最喜欢的地方。我正是这样的，看遍了整幢房子后来到庭院，看自己的领地：我的铁路干线，跷跷板，以及围墙高处的一个秘密瞭望点，从那里我可以窥探墙外的公路。我找到了那只铁环，试了试它是否还好用。然后用了大约一个小时的时间，把从前玩过的游戏一个不漏地重玩了一遍，真是过瘾。

变化最大的是我的小狗托尼。我们走时托尼还是一只小巧的约克夏狗。现在，归功于芙若蒂的爱心呵护和无节制的喂养，它已经胖得像一只气球了。芙若蒂完全成为托尼的奴隶，在母亲和我去接托尼的时候，她滔滔不绝地向我们描述它有多么喜欢睡觉、它在篮子里盖什么、喜欢吃什么、喜欢什么时候出去散步。与我们对话时她还时不时停下来和托尼说话。"妈妈的小可爱。"她说,"妈妈的小帅哥。"托尼看上去非常欣赏这样的评价,并认为这是理所应当的。"而且除非你用手喂它。"芙若蒂自豪地说,"否则它一口也不会吃。哦,不会吃的。我必须亲手、一口一口地喂它。"

我注意到母亲脸上的神情,可以想见托尼在家里将不会受到同等待遇。为了把它带回家,我们雇了一辆马车,带上了它的铺盖和其他物品。当然,托尼看到我们很高兴,把我舔了个遍。当它的晚餐准备好时,芙若蒂的警告应验了:托尼看看餐盘,看看我的母亲和我,走开几步坐了下来,像一个贵族似的等待着有人一口一口地喂它。我给了它一块,它乖乖地接受了,可是母亲阻止了我。

"这样不行。"她说,"它得学会像以前一样好好吃饭。把它的晚餐放在那儿吧,它很快就会过去吃的。"

可托尼没有过去吃,它坐在那儿。我从没见过一只狗这样理直气壮。它忧伤的棕色大眼睛望着聚集过来的全家人,然后又回头望望它的餐盘。显然它在说:"我要吃,你们没看见吗?我要吃晚餐,给我吃啊。"然而,母亲态度很坚定。

"就算它今天不吃,"她说,"明天也会吃。"

"它不会饿坏了吗?"我问。

母亲若有所思地望着托尼极其肥硕的背部。

"稍微饿一下,"她说,"对它有天大的好处。"

直到第二天晚上,托尼才投降了。它为了保全自尊,在屋里没人的时候吃了它的晚餐。此后它再也没有故态复萌。被奉为贵族的日子结束了,托尼显然接受了这个现实。可是它没有忘记,在整整一年时间里,它曾经是另一个家里的心肝宝贝。一旦遭到责难,或者闯祸受罚,它就会马上偷偷地潜逃到芙若蒂家里,显然是要告诉她它没有得到应得的尊重。这个习惯持续了很长一段时间。

玛丽此时在原有职责之外,还成为托尼的奶妈兼侍女。到了黄昏时分,当我们在楼下玩耍的时候,会看到很有趣的景象:腰间系着围裙的玛丽跑过来,很客气地说:"托尼先生,去洗澡吧。"托尼先生会马上趴在地上，滑到沙发底下去，因为它并不主张一星期洗一次澡。它会被拖出来带走，耷拉着尾巴和耳朵。稍后玛丽会很得意地汇报浮在消毒水上的跳蚤数量。

我得说，现在的狗身上的跳蚤似乎比我小时候见的少多了。那时不管怎么洗澡、刷毛、梳理、使用大量的消毒水，所有的狗似乎依旧一身跳蚤。也许因为它们比现在的狗更经常出入马厩，更经常地和其他长满跳蚤的狗一起玩。从另一方面来说，它们更少被溺爱，不像如今的狗那么经常地出入兽医院。我记忆中托尼从来没有生过大病，它的皮毛看起来始终很好，它的饭食都是我们吃剩下的东西。你不会大惊小怪地特别注意它的健康。

如今对小孩子的健康也比那时大惊小怪多了。当时，体温很少会被留意，除非热度很高。如果高烧102°（38.9℃）持续二十四个小时，也许会请医生来看看；如果低于那个温度，就不会很在意。偶尔吃了太多青苹果，可能会发生所谓胆汁逆流的情况。卧床休息，饿上一整天，就会自然康复。那时候食物很丰盛，我觉得当时有一种形成已久的倾向，就是只给小孩子吃牛奶和面糊之类的东西。不过我很小的时候就品尝过奶妈当作晚餐的牛排了。半生不熟的烤牛排是我最爱吃的食物之一。德文郡的冻奶油也是，我吃得很多。母亲总说：这比鱼肝油好多了。我们有时候涂在面包上吃，有时候用勺子舀着吃。唉，现在的德文郡，再也见不到真正的德文郡冻奶油了——现在有的和以前的不一样。从烫热的牛奶里捞出来，包着黄色的膜，一层层地放在瓷碗里。毫无疑问，我最爱吃的东西曾经是、现在是、或许永远都是奶油。

和对待其他事物一样，母亲在食物上也经常改弦易辙，总是时不时地冒出新的点子。有一段时间，据说她狂热地相信"鸡蛋更有营养"。因为这个口号，我们几乎顿顿都吃鸡蛋，直到父亲奋起反抗。还有一段食鱼时期，我们靠比目鱼和鳕鱼维生，以求增长智力。然而，绕了一圈以后，在饮食上母亲大抵还是回到了正常的情形。正如她在历经了通神论、唯一神教派、差一点成为罗马天主教徒，并对佛教有过短暂的频送秋波之后,最终还是回归了英国国教,好不容易让我父亲松了一口气。

回到家,看到一切如故,真是令我心满意足。唯一的变化也是锦上添花:现在我有了忠心耿耿的玛丽。

我想,在伸手探入记忆之囊以前,事实上我从未思考过关于玛丽的事。玛丽就是玛丽,是我生活中的一部分。对一个孩子来说,世界只是发生在他或她身上的事,以及相关的人——喜欢的人,讨厌的人;高兴的事,不高兴的事。玛丽清新可人、笑容可掬,总是那么随和,是我们家非常受欢迎的一员。

现在我不明白的是,这一切对她有什么意义?我们在那年秋天和冬天游历了法国和海峡群岛,我想她是很高兴的。她见识了一些地方,住在饭店里的生活也很舒适,而且,说来也奇怪,她很喜欢孩子。我当然乐于认为她喜欢我是因为那是我,可实际上玛丽是真心地喜欢小孩子。无论照看哪个小孩子她都会喜欢,除了我们碰到过的一两个小怪物以外。我确实不算特别听话,我觉得法国人都没有强迫小孩子服从的能力。在许多方面我都有可耻的行为。我特别讨厌上床睡觉,为此发明了一种颇为壮观的游戏,在家里间跳来跳去,爬上衣柜,再跳到五斗橱顶部,在房间里兜一圈却能脚不沾地。玛丽站在门口,悲叹道:"小姐,小姐!你的母亲大人会不高兴的!"当然,母亲大人不知道发生了什么。如果她出乎意料地出现了,她会皱起眉毛说:"阿加莎!你为什么不上床!"三分钟内我就会躺到床上,再不需要半句警告。然而,玛丽从来没有告发我的恶习。她苦苦哀求,唉声叹气,却从来不告发我。另一方面,虽说我不听话,但我给了她爱。我非常爱她。

我记得只有一次,我惹恼了她,而那完全是无心之失。那是在我们回到英国以后发生的事情。起先,我们正友好地谈论着某个话题,可最后我急了,一心想证明我的观点,我说:"可是,我可怜的姑娘哟,你怎么不明白,铁路……"这时玛丽突然迸发出泪水,使我大为惊愕。我瞪大了眼睛,完全不知道出了什么问题。她呜咽着说,是的,她确实是个"可怜的(法语单词pauvre意同英语单词poor,可表示贫穷）姑娘"，她说她的父母很穷，不像小姐们的父母那么有钱。他们开了一家小咖啡店，儿子女儿都在那儿干活。可亲爱的小姐以她的贫穷来责难她，这可不礼貌，而且这不是有教养的人该说的话。

"可是，玛丽，"我劝她说，"玛丽，我根本不是那个意思啊。"很难向她解释清楚我心里没有一点关于贫穷的想法，"我可怜的姑娘"仅仅是表示不耐烦而已。可怜的玛丽心灵受到了伤害，至少半个小时的声明、抚慰，以及翻来覆去的对爱的保证才让她平复了下来。此后我们和好如初。我从此特别小心，再也不用那种措辞了。

我猜想，玛丽在托基我们家里安顿下来以后，第一次感到了孤独和想家。毫无疑问，在我们住过的饭店里有其他女仆、保姆、家庭教师，等等，大家都来自五湖四海，使她没有感到与家人的分离。可是在英国的这个地方，她几乎接触不到同龄的，或者比她大不了几岁的女孩子。我想我们当时有一个很年轻的女仆和一个大约三十岁的客厅女佣，可是她们的观点与玛丽的观点如此不同，一定使她感到自己是个完全不同的外国人。她们对她朴素的衣服说三道四，说她从来不花钱买华丽的衣服、缎带、手套和所有这一类的东西。

玛丽得到的工资对她而言是非常不错的，她每个月都会问先生是否可以把几乎全部的工资汇给她在波城的母亲，自己只保留一小笔现金。这对她来说很自然，也很理所应当：她是在为自己储存嫁妆。当时所有的法国女孩（也许现在也是，我不知道）都会这样，积蓄一笔宝贵的钱做嫁妆——这是未来的必需品，缺少这笔钱就很有可能嫁不出去。我觉得这就相当于我们英国人所谓的"我的底层抽屉"，只是她们要重视得多。这是个很聪明的办法，我想现在在英国也流行这么做了，因为年轻人想要买房子，无论男女都要为此存钱。可是在我所说的那个年代，女孩子并不需要为结婚存钱——那是男人的事。男人必须提供一所家宅，以及足够的财富供妻子吃穿，并且照顾她。因此，"在上等人家里服务的女孩"和档次较低的女店员们，都认为她们应该把所挣的钱花在自己身上，去买些生活中的琐碎物品。她们买新帽子、鲜艳的上衣，偶尔买一条项链或一枚胸针。我想，可以说她们把工资用在求偶上了——以吸引一个合适的男人。可是玛丽呢,她穿着整洁的黑色小外套和裙子,戴着无边女帽,套着单色的宽大短外套,从来不添置衣物,从来不买任何不必要的东西。我觉得其他人并非心存恶意,可她们笑话她、轻视她,这使她非常不愉快。

她能够度过最初四五个月,实在是多亏我母亲的洞察力和慈爱。她想家,要回去,母亲就和她谈心,安慰她,告诉她说她是个聪明的女孩,做得很对,英国女孩没有法国女孩那么有远见、那么明智。我想母亲也亲自找仆人们和简谈过话,说她们把这个法国女孩搞得很不愉快。她背井离乡,她们应该想想,如果自己身处异国又会有怎样的感受。这样,又过了一两个月以后,玛丽就快乐起来了。

我想,如果你真的耐心地读到这里,一定忍不住想问:"难道你都没什么功课要做吗?"

我的回答是:"没有。"

我这时大概已经九岁了。像我这么大的孩子大多都有家庭教师——不过当时雇家庭教师主要还是为了让她们照管孩子,训育并看护他们。她们开设的所谓"课程"完全取决于她们个人的兴趣爱好。

我模糊地记得朋友家中的一两个家庭教师。有一个完全信赖布鲁尔博士的《儿童知识引导》——类似于现在的"智力测验"。我的记忆中零星地保留了一些从这本书里获取的知识——比如"小麦主要有哪三种病害?""锈病、霉病和黑穗病。"——这些知识我一辈子都记得,尽管没有实用价值。"里德迪驰市主要出产什么产品?""针。""黑斯廷斯战役是什么时候发生的?""一〇六六年。"

我记得另一个家庭教师让她的学生学习自然史,却很少教别的。他们采了许许多多叶子、果实和野花,还要一一地解剖它们,真是难以想象的无聊透顶。"我很讨厌这样把东西弄得粉碎。"那个朋友向我诉苦。我完全表示赞同,而且说实话,我这一生中,一听到"植物学"这个词,就会像一匹受到惊吓的马一样恐惧。

我的母亲幼年时曾在柴郡读过书。她曾送我姐姐玛吉去寄宿学校,但现在她的观念完全改变了。她此时坚信抚育女孩子的最佳方式是尽可能放任她们，多呼吸新鲜空气，吃得好，不要强迫她们做任何事情。（对男孩子自然就不同了，男孩子必须接受严格正统的教育。）

我在前面曾提到过，她有一个原则就是小孩子不到八岁不应该读书。由于这种管束对我没能奏效，她索性听其自然。我抓住一切机会读我喜欢的书籍。被称作教室的那个大房间设在顶层，里面摆满了各类书籍，其中还专门设有儿童读物书架，满满当当的书架上有《爱丽丝漫游仙境》（Alice in Wonderland）、《镜中世界》（Through the Looking Glass），以及我前面提到过的充满了维多利亚时代早期情趣的故事集，比如《纯洁的紫罗兰》，夏洛特·容琪（Charlotte Yonge）的书，包括《雏菊花环》（The Daisy Chain）。我想大概还有全套的亨提[①]的作品，除此以外还有各种课本、长篇小说和其他书。我随意地挑选我感兴趣的东西读，读了大量的书。真正能读懂的不多，不过它们引起了我读书的兴趣。

在翻阅书籍的时候，我看到了一本法国剧本。父亲发现我在读这个剧本，一把夺了过去，吃惊地问我："你是怎么弄到这本书的？"这是法国小说戏剧集中的一部，被锁在只供大人们悉心研读的吸烟室内。

"这是我在教室里找到的书。"我答道。

"它不应该放在那儿。"父亲自言自语道，"应该锁在我的书柜里。"

我爽快地放弃了这本书，说实在的，我发现它很难懂。我又兴致勃勃地埋头于《一头驴子的回忆录》、《苦儿流浪记》（Sans Famille）等不会惹是生非的法国儿童读物中。

当时我大概也在上一些课，不过没有请家庭教师。我继续跟着父亲学习算术，洋洋自得地由分数学到小数，后来终于升入更高的水平，开始学"多少只奶牛吃掉了多少青草，多少小时能把几个水箱灌满"——我对这门课简直入了迷。

这时候我姐姐已经正式地"出来参加社交活动"了。这表示她要

[①] 乔治·阿尔弗雷德·亨提（George Alfred Henty, 1832–1902），英国小说家，以历史冒险小说闻名于世。

参加各种聚会、添置衣物、去伦敦游玩，等等。母亲跟着她忙碌起来，无暇顾及我了。有时候我会有点嫉妒，因为大家都把注意力集中在她的身上。我母亲的少女时代很单调。虽然她的姨妈很富有，并带着她经常往来于大西洋两岸，却没看出有什么必要为她举行初入社交界的聚会。我想母亲对社交是无所谓的，但是和所有女孩子一样，她也渴望有更漂亮的衣服和裙子。姨婆在巴黎最好的裁缝那里为自己定制非常昂贵的时髦衣服，可她总认为克拉拉是个小孩子，也把她打扮得像一个小孩子。而且又是出自那些可怕的家庭女裁缝之手！母亲下定决心，要让她的女儿拥有她不曾拥有过的所有漂亮东西和人生乐趣，因此她十分关心玛吉的衣服，以及后来我的衣服。

请注意，在那个年代，衣服就是衣服！那个时代的衣服，在用料和做工上毫不吝啬。褶边、镶边、荷叶边、蕾丝花边，复杂的接缝和剪裁。衣服要拖到地上，走路时必须用一只手优雅地提起，但是披肩、外套或羽毛围巾都很小。

还有做头发。同样的，在那个年代做头发就是做头发，不是用梳子梳一下就了事的。卷发都分好多种，要用卷发夹夹上一整夜，再用火钳烫成波浪。如果一个女孩要去参加舞会，至少要提前两个小时开始准备。做头发大约要一个半小时，还要留给她半个小时换衣服、袜子、鞋子，等等。

这当然不是我的世界，这是大人的世界，和我保持着距离。然而我还是受到它的影响，玛丽和我时常讨论小姐们的装扮，以及我们自己的喜好。

在我们住的那条马路上，恰好没有近邻家里有我这个年纪的孩子。所以，我只好又像幼年时代那样，臆造出一系列亲朋好友，继承之前的小狮狗、小松鼠、小树，以及后来著名的猫咪一家。这一次，我在想象中创办了一所小学校。这并不是因为我渴望上学读书，而是因为只有学校这个背景才能够容纳七个年龄不同、相貌各异、不同背景的女孩子。一个家庭也可以，但我不想那么做。学校没有校名，就叫学校。

首先入学的是埃塞尔·史密斯和安妮·格雷这两个女孩子。埃塞尔十一岁,安妮九岁。埃塞尔皮肤黝黑,头发浓密,她很聪颖,擅长做游戏,声音低沉,看上去有些男孩的气质。她的密友安妮恰好与她相反。安妮浅黄色头发,蓝蓝的眼睛,羞涩且神经质,动不动就哭鼻子。她依赖着埃塞尔,每次都是埃塞尔出面保护她。这两个我都喜欢,但是我更偏爱大胆且精神旺盛的埃塞尔。

继埃塞尔和安妮之后,我又收了两个学生。一个叫伊莎贝拉·莎利文,十一岁,金黄色的头发,褐色的眼睛,富有且漂亮。但我不喜欢伊莎贝拉——可以说十分讨厌她。她很"俗气"("俗气"在当时的故事书里是一个重要字眼:《雏菊花环》就着力于描写弗洛拉的俗气给梅家族带来的烦恼),伊莎贝拉简直庸俗到了极点。她装腔作势地炫耀自己的富有,她穿着华贵,与她的年龄极不相称。另一个叫埃尔西·格林,是伊莎贝拉的表妹。她有点像爱尔兰人,黑色的卷发,蓝色的眼睛,性情活泼,总是咯咯笑个不停。她与伊莎贝拉相处得很好,但时而也会被她惹恼。格林家境贫寒,穿伊莎贝拉穿过的衣服。她有时也对此表示怨恨,但不是很厉害,因为格林为人随和。

我跟这四个女孩子相处甚欢地过了一段日子。那段日子里,她们乘火车旅行、骑马、修整庭院、打门球。我还举办了几次竞赛和专项比赛,我最大的期望就是伊莎贝拉能败下阵来。除了作弊,我使尽了浑身解数不让她赢。我漫不经心地帮她拿球杆,不加瞄准地胡乱打。可是我越是对她漫不经心,她似乎就越走运。她的球竟穿过了本来不可能穿过的球门,击中草地远处的球,最后总是摘金夺银。我恼火极了。

后来,我觉得再有两位年龄小一些的学生会更好些。这样,学校里又添了两个六岁的孩子:埃拉·怀特和苏·德·弗特。埃拉认真勤奋,却很迟钝。她头发浓密、成绩优秀,把布鲁尔博士的《儿童知识引导》学得很好,门球打得也很不错。苏·德·弗特却平庸得出奇,不仅相貌平平——皮肤白皙,有双浅蓝色的眼睛——而且缺乏个性。在某种程度上,我看不见也感觉不到苏的存在。她与埃拉是亲密的一对。我对埃拉像对自己的手背一样熟悉,而对苏却把握不住。也许是因为苏就是我的化身,当我跟其他同学说话时,总是苏在代言,而不是阿加莎。苏和阿加莎融为一体,构成了一个双重人物。苏更像是一位旁观者,而不是剧中的人物。最后一位加入这个集体的,是苏同父异母的姐姐弗拉·德·弗特。弗拉年龄最大,十三岁,当时长得不算漂亮,但不久后就将出落成一个妩媚动人的大姑娘。她的出身也很神秘,我初步为她设想了好几种极其罗曼蒂克的前途。她有一头淡黄色的长发和一双让人忘不掉的蓝眼睛。

姨婆在伊灵家里有一套限定版英国皇家艺术学院的作品画册,这对于"女孩子们"有特别的帮助。姨婆许诺以后把那些画传给我。在雨天我会花上好几个小时仔细翻看,并不是为了艺术上的满足,而是为给"女孩子们"找相配的画。圣诞节时我收到了一本书作为礼物,《花神的盛会》(*The Feast of Flora*),沃尔特·克雷恩(Walter Crane)画的插图,将各种花拟人化。其中有一幅特别可爱,是勿忘我绕在一个人身上,那个人俨然就是弗拉·德·弗特。乔叟推崇的雏菊是埃拉,迈着大步的帝王贝母是埃塞尔。

"女孩子们"陪伴了我许多年。随着我日趋成熟,她们的性格也在自然而然地发生着变化。她们参加音乐会、表演歌剧、在戏剧和音乐剧中扮演角色。即使在长大之后,我还会不时与她们分享我的想法,给她们分发我衣柜里的各种衣服。我在脑子里为她们设计礼服的款式。我至今仍记得,埃塞尔穿着一侧肩上织有白色马蹄莲的深蓝色薄纱礼服时非常端庄。可怜的安妮却很少有好衣服穿。我对伊莎贝拉是公正的,让她穿最漂亮的刺绣织锦礼服,或是绸缎。即使在今天,有时我把一件衣服放进衣柜时还会喃喃自语:"这件埃尔西穿准好看,她穿绿色的最合适。埃拉要是穿上那件三色的针织紧身运动衫一定很不错。"此时我自己也会觉得好笑,可是"女孩子们"的的确确活在我的心里。只是不像我,她们没有变老。在我的想象中,她们中最大的也不过二十三岁。

过了一段时间,我又添加了四个人物。安德莱德是她们当中年龄最大的,身材颀长优美,有些清高;比阿特丽斯年龄最小,喜欢跳舞,是个快乐的小仙女;还有罗斯和艾里斯·里德两姐妹,我为她们编织了许多浪漫的故事。艾里斯有个小男朋友，常给她写诗，把她叫作"沼泽中的仙女"。罗斯很调皮，谁都敢戏弄，跟所有的小伙子调情。当然，到了一定的年龄，她们都陆续出嫁了。也有的一直未结婚：埃塞尔一辈子独身，跟温柔娴静的安妮一起住在一幢小别墅里——她们是天生的一对，即使在现实生活中，她们俩也很有可能相依为命。

我们从国外回来后不久，弗罗茵·尤德就为我打开了音乐世界之门。弗罗茵·尤德是一个瘦小结实、神情可畏的德国女人。我不知道她为什么要到托基来教音乐，也从未听说过她的隐私。有一天，母亲来到教室，她的身边站着弗罗茵·尤德。母亲说她打算让我开始学钢琴。

"是的！"弗罗茵·尤德英语说得虽然流利，却带着浓重的德国口音，"那么我们现在就到钢琴那儿去。"于是，我们就走到钢琴那里了——当然是教室里的钢琴，而不是客厅里的那个大钢琴。

"站在这儿。"她命令道。我奉命站到钢琴左面。"这个。"说着她重重地在琴键上敲了一下，我担心钢琴是否承受得住。"是C大调，明白吗？这是C键，这是C大调音阶。"她弹出音阶来，"现在我们回过头来，弹C键的和音。现在再来一遍音阶。音阶C、D、E、F、G、A、B、C，你们明白了吗？"

我说明白了，其实她刚才说的我已经都会了。

"现在，"弗罗茵·尤德说，"你站到看不见琴键的地方，我会先弹一个C键，然后弹另一个键，你要告诉我第二个是什么键。"

她敲击了C键，然后用同样的力量敲击了另一个琴键。

"是什么键？告诉我。"

"E键。"我说。

"对。好的。现在我们再试试看。"

她又一次重击了C键，然后是另一个琴键。"是什么键？"

"A键。"我碰碰运气。

"啊，这是第一课。很好，这孩子有音乐细胞，你的耳朵辨音很准确，没错。哦，我们的进展会很顺利。"

我确实有了一个不错的开始。说实话，我觉得我对她弹奏的后一个键都没有多少感觉，我想我一定是灵机一动猜出来的。不过无论如何，基于这样的开端，我们双方都怀着很美好的愿望向前迈进。不久，整幢房子里就回荡起练习音阶和和音的琴声，然后是《快乐的农夫》(The Merry Peasant) 的曲调。我对音乐课非常痴迷，父亲和母亲都会弹钢琴。母亲常弹奏门德尔松 (Mendelssohn) 的《无词曲》(Songs Without Words) 和其他一些她年轻时学过的作品。她技巧娴熟，但对音乐并无强烈的喜好。父亲却颇有音乐天赋，无论弹奏什么曲子都可以不看乐谱。他常常弹奏很好听的美国歌曲和黑人圣歌，还有其他一些作品。除了《快乐的农夫》，弗罗茵·尤德又给我加了舒曼 (Schumann) 的《梦幻曲》(Traumerei) 和一些优雅的小夜曲。我每天都会满怀激情地练上一两个小时，从舒曼又进阶到我最崇尚的作曲家格里格[①]的作品——《情欲》(Erotique) 和《致春天》(First Rustle of Spring) 是我最喜欢的。当我最后进步到能够弹奏《培尔·金特》中的《晨景》(Morgen) 时，我狂喜不已。像大多数德国人一样，弗罗茵是一位优秀的教师。她没有让我一直弹奏欢快的曲子，而是还得弹大量的我并不怎么热衷的车尔尼[②]的练习曲。弗罗茵·尤德不喜欢干徒劳无功的事，她对我说："你必须打下坚实的基础，这些练习很实用，很有必要。曲子是一朵朵瑰丽的小花，它们开放又凋谢，你必须要有根基，坚实的根基还要有绿叶。"就这样，我在根基和绿叶上下了大量的功夫，偶尔也插进一两朵小花。其结果，可能我是家中最快活的人，因为其他人听到那么多练琴的声音，都有点受不了了。

还有舞蹈班，每周上一次课。教室设在一家甜品店楼上，被尊称为"雅典娜神庙"。我好像很早就开始上舞蹈课了——一定是在五六

[①] 爱德华·格里格 (Edvard Grieg, 1843-1907)，挪威作曲家，他的作品都极富挪威民族特色，多为钢琴独奏小品或抒情独唱歌曲。后文提到的《培尔·金特》是他为易卜生的同名戏剧创作的配乐，《晨景》是第一组曲中的第一段。
[②] 卡尔·车尔尼 (Carl Czerny, 1791-1857)，奥地利作曲家、钢琴家、音乐教育家。他是贝多芬最得意的弟子，作为一名钢琴教育家，他培养了弗兰兹·李斯特这样的学生。他一生写了无数钢琴练习曲，是学习钢琴的学生练习的基础教材。

岁的时候，因为当时奶奶还在我们家，每周由她送我去学习。年龄小的学员先从波尔卡舞（Polka）学起，方法是跺三下脚：右，左，右；左，右，左。砰砰砰，砰砰砰。听到这样的跺脚声，在楼下甜品店里喝茶的人一定会感到心烦意乱。回到家里，玛吉的讥讽多少让我有些不快。她说波尔卡根本不是那样跳的，"应该先向前滑一步，另一步跟上，然后再起第一步，就像这样……"我感到困惑，原来这是那位教跳舞的老师希基小姐发明的教学方法，学舞步之前要先以此来熟悉波尔卡的节奏。

我记忆中的希基小姐虽然令人生畏，却是个非常好的人。她高大、严肃，灰白的头发向后梳成漂亮的高卷式，长裙飘飘。和她一起跳华尔兹——这是过了好长一段时间以后的事情——真是不同寻常的体验。她有一个大约十八岁的小助教，还有一个十三岁的，名叫艾琳。艾琳是个很可人的女孩，很勤奋，我们都很喜欢她。那个年龄大一点的叫海伦，有点吓人，她只关注真正跳得好的人。

舞蹈课的流程如下：先用一种叫"拉力器"的东西锻炼胸部和手臂。那是个两头有柄的蓝色橡皮带，你得用力地拉上半个小时，然后才能开始跳波尔卡舞。所有会砰砰砰地跺脚的人都要练习，年龄大的女孩和年龄小的女孩一起跳。"看见我跳波尔卡舞了吗？看见我的燕尾服后摆飞舞起来了吗？"跳波尔卡舞很愉快，但是不好看。然后是列队行进，一对一对地走到房间中央，贴着墙边走，变换不同的八人队列，年龄大的带头，年龄小的跟着。行进时要自己选择舞伴，因此会引发很多嫉妒。自然每个人都希望做海伦或艾琳的舞伴，可是希基小姐很注意避免出现垄断者。列队行进之后，年龄小的转移到初级排练房，在那里学习舞步。有时是波尔卡，或者稍后教的华尔兹，或者是她们特别不熟练的花式舞蹈。年龄大的到大排练房，在希基小姐的监督下跳花式舞蹈，包括手鼓舞，西班牙响板舞和扇子舞。

说到扇子舞，我有一次跟我女儿罗莎琳德和她的朋友苏珊提起过，她们当时十八九岁。我说我年轻的时候跳过扇子舞，她们爆发出粗鄙的大笑，令我大惑不解。

"不是真的吧,母亲?扇子舞!苏珊,她跳过扇子舞!"①

"哦。"苏珊说,"我还以为维多利亚时代的人都很谨小慎微呢。"

不过不久后我们就弄明白了,我们所说的扇子舞根本不是一回事。

年长的学生练过那种舞之后就坐到外面,年龄小的继续跳水手角笛舞(Sailor's Hornpipe)或者某些短小欢快的民族舞蹈,都不太难。最后我们开始跳复杂的枪骑兵方块舞(The Lancers)。我还学过瑞士乡村舞蹈(Swedish Country Dance)和柯弗利舞(Sir Roger de Coverley)。后者尤其有用,因为学会之后你参加聚会时就不会因对社交活动一窍不通而羞愧了。

在托基,舞蹈班里几乎全是女孩子。后来我在伊灵的舞蹈班学习时,班里有许多男生。那时我九岁左右,非常腼腆,舞步也不是很熟练。一个比我大两岁、长相标致的少年走到我面前,邀请我跟他跳枪骑兵方块舞。我窘迫地垂下了头,告诉他我不会跳枪骑兵方块舞。当时我心里特别难过,我还从未见过这么漂亮的男孩子。他有乌黑的头发,一双大眼睛炯炯有神。我即刻预感到我们将成为一对情投意合的爱侣。枪骑兵方块舞开始了,我黯然神伤地坐在一边。这时沃兹沃思太太的助手走上前来,说:"阿加莎,谁都不许呆坐着不跳。"

"我不会跳枪骑兵方块舞,沃兹沃思太太。"

"不,亲爱的,你很快就能学会的,我给你找一个舞伴。"

她将一位塌鼻子、沙色头发、一脸雀斑的少年拽到我面前,这家伙说起话来还瓮声瓮气的。"这儿有一位,他叫威廉。"就在枪骑兵方块舞相互换位时,我与那个使人眷恋的少年相遇了。他愤愤地对我低语道:"你拒绝了跟我跳舞,却又跟别人跳,太不友好了吧。"我试图向他作些解释,说我以为自己不会跳枪骑兵方块舞,是迫不得已才跳的,可惜在换位的瞬间是来不及作太多解释的。他依然嗔怪地注视着我,直到下课。我真希望下周上课时能遇到他,遗憾的是,从那以后

---

①阿加莎所学的扇子舞是一种起源于西班牙的传统舞蹈;罗莎琳德指的是约一九三三年,在美国开始兴起的一种色情舞蹈,一般由裸体或穿肉色紧身衣的女演员怀抱巨大的羽毛扇进行表演,因美国女艺人萨莉·兰德而闻名于世。

我就再也没有见过他。这是我的人生中一个可悲的爱情故事。

我所学的舞步中，唯有华尔兹是一生都用得上的，可我却始终不大爱跳这种舞。我不喜欢它的节奏，常常转得我头晕眼花，尤其是跟希基小姐跳的时候。她的旋转动作轻盈优美，我被她带得双脚几乎离了地，一首曲子下来就觉得天旋地转，几乎站不稳。不过我不得不承认，她跳舞实在是太好看了。

弗罗茵·尤德从我的生活中悄然逝去了。不知道她是什么时候离开的，也不知道她去了哪里，也许是回德国了。不久后，一位叫特洛特的年轻人替代了她，他是某个教堂的风琴手。他的教学风格令我十分沮丧。几乎是坐在地上，高举起双手，完全依靠手腕的力量在琴键上弹奏。而原来弗罗茵·尤德的训练方法是让我坐得高一些，用小臂的力量弹奏。只有双臂高悬于琴键上方，才能给琴键有力的敲击，达到令人满意的效果。

5

我们从海峡群岛回来后不久，父亲病重的阴霾开始向全家人袭来。在国外期间，他的健康状况就一直不佳，曾两次就医。第二次就诊时，医生做出了危言耸听的诊断：他认为父亲得的是肾病。回到英国后，我们自己的医生又给父亲检查了一次，他不同意前一位医生的诊断，让父亲去见一位专家。从此，这片阴霾就一直笼罩着全家人。儿时的我只能朦胧地觉察出这种心理上的抑郁气氛，精神世界的这种改变，正如物质世界风雨欲来时所感觉到的生理上的憋闷一样。

医学似乎没有多大用处。父亲去过两三位医学专家处就诊，第一位认为父亲心脏状况不好，具体情况我记不得了，只记得听到母亲跟姐姐说是"心肌炎"，我顿时感到非常可怕。另一位专家则认为完全是胃病。

父亲夜里常常感到阵痛和气闷，发病的周期越来越短。母亲起来陪护他，帮他翻身，服侍他吃下最后一位医生开的药。

我们把信心放在最后一位医生身上，因为他采用的是最新的治疗方案。信念可以起到很大的作用——信念，新疗法，信心满满的医生都会起作用。可到了最后还是不能解决根本上的器官病变。

平日里，父亲还像以往那样情绪乐观，可是家里的气氛已经不那么轻松了。父亲照常去俱乐部，夏日里把时间都消磨在板球场上，回来后讲一些有趣的见闻。总之，他还是那么慈祥，从不发脾气或烦躁不安。可是忧郁的影子迟迟不肯离去——当然母亲也感觉得到。母亲强打精神宽慰父亲，说他看起来好多了，感觉上好多了，确实是好多了。

与此同时，我们还面临着经济拮据的窘境。祖父留下的遗产都投资在了纽约的房产上，但只有这些房产的租赁权，并没有所有权。放在现在，那块位于城区的地产显然价值连城，但当时却值不了多少钱。房子的所有者很不合作——是一位七十多岁的怪老太太。她处处设置障碍，反对任何开发和修缮工作。定期收入则常常被房屋维修费用和税款吞噬得所剩无几。

有一次，我听见某次谈话的片段，在我看来似乎是富有戏剧性的重要事件，便赶忙跑上楼，以维多利亚时代的小说中最完美的方式向玛丽宣布：我们破产了。玛丽的表现不如我所预期。她没有那么难过，不过她一定尝试着向我的母亲表示了宽慰，结果母亲有点恼怒地来找我。

"真是的，阿加莎，你不应该添油加醋地向他人转述事情。我们没有破产，我们只是暂时境况不好，必须节省。"

"没有破产？"我深感沮丧地说。

"没有破产。"母亲坚定地回答。

我必须承认我非常失望。在我读过的很多书里，破产的情节频繁发生，而且作者通常都把这种事情描写得很严重，有试图吞枪自尽的，也有女主角衣衫褴褛地离开豪宅的，等等。

"我忘了你在房间里。"母亲说，"可是你要明白，不应该向人转述无意中偷听到的话。"

我说我不会了，可又觉得很委屈，因为就在不久以前，我正是因为没有把无意中偷听到的话讲出来而受到了批评。

那天晚上,在晚餐开饭前,托尼和我坐在餐厅的桌子下面。那是我们喜欢的地方之一,很适合玩地窖、地牢之类的冒险游戏。我们几乎不敢呼吸,这样监禁我们的强盗就不会听到——其实又胖又喘的托尼很难做到。这时,协助客厅女佣准备上晚餐的女仆芭特走了进来,把端来的汤盆放在边桌的小电炉上。她掀开盖子,把大汤勺放进去,满满舀出一勺,喝了好几大口。客厅女佣露易丝走进来说:"我准备打铃开饭了——"她的话突然中断,惊叫道,"啊呀,芭特,你在干什么呀?"

"只是让自己提提神。"芭特咯咯大笑着说,"唔,不错的汤。"然后又喝了一大口。

"现在,把汤勺放回去,把盖子盖上。"露易丝震怒地说,"真过分!"

芭特继续发出她那种胖人所特有的咯咯大笑声,把汤勺放回去,盖上了盖子。她正准备到厨房去拿汤盘时,托尼和我现身了。

"这汤好喝吗?"我兴致勃勃地问,准备走开。

"啊呀,我没想到你在这儿!阿加莎小姐,你吓了我一大跳,真的。"

我感到略微有点惊讶,但是直到几年以后才提及。那时我的母亲和玛吉正聊到我们以前的女仆芭特。我突然打断了她们的对话,说:"我记得芭特,她曾经在你们所有人来吃晚餐前喝汤盆里的汤。"

这引起了母亲和玛吉极大的关注。"可是你为什么从来没告诉我呢?"母亲问,我瞪大眼睛,不明白她的用意。

"呃。"我说,"好像……是因为……"我犹豫不决,鼓起所有的信心,宣布道,"我不喜欢传闲话。"

从此以后,我的这句话便成为笑谈。"阿加莎不喜欢传闲话。"这是实实在在的,我确实不喜欢。我会保守我得到的任何零碎消息,守口如瓶,锁在我头脑中的文件夹里,除非我觉得这消息是适合传播的,或是有趣的。这对我的家里人来说很不可思议,他们都是外向健谈的人。即便请他们保守秘密,他们也可能忘记!别人会觉得与他们相处比与我谈话要有趣得多。

如果玛吉去参加一个舞会或者游园会,回来以后总会告诉我们很多有趣的事情。我姐姐从任何方面讲都是一个有趣的人——不管她到哪里去,总会发生些什么事。即便在晚年,到村里去买点东西,她也能带回一些特别的见闻。那些事也都不是凭空捏造,至少是有事实根据的,只是经过玛吉的加工,成了一个更好的故事。

我正好相反,在这方面大概更像父亲。要是有人问我是否有什么有趣的事发生,我会立即说:"什么也没有。""某某太太在聚会上穿什么?""我不记得了。""我听说 S 太太重新装修了客厅,现在是什么颜色了?""我没注意。""哦,阿加莎,你实在是无可救药,你从来不注意任何事情。"

大体上我一直遵守着这一原则。我想我不是有意要守口如瓶,只是对我来说似乎大多数事情都无关紧要,又为什么要说来说去呢?要不就是因为我忙着设计"女孩子们"的对话或争吵,为托尼和我创造新的冒险,以至于无暇顾及身边的那些小事。只有类似于破产的谣传才能真正吸引我的注意力。毫无疑问,我是个迟钝乏味的孩子,将来长大后,必然会变成社交聚会上最难以与人融洽相处的人。

我在社交聚会上从来没有过好的表现——也从不喜欢。我小时候有儿童社交聚会,不过应该不像现在这么多。我记得我会去朋友那里喝茶,朋友们也会到我家喝茶。我很喜欢这个活动,至今依旧如此。至于举办聚会,我想在我小时候,只有圣诞节前后才会有。我隐约记得一个化装舞会,还有一次请了魔术师。

我猜测母亲是个社交聚会的反对者,她的观点是孩子们会太热,太激动,吃得太多,往往回到家就会感到不舒服。她也许是对的。在我去过的规模各异的儿童社交聚会上,我认为至少三分之一的孩子玩得并不开心。

一场聚会的人数最多二十才好控制,若是超过这个数字了,我得说,就会被厕所控制了!想上厕所的孩子并不愿意说他们想上厕所,总是等到最后一分钟才离席前去,有种种类似这样的问题。如果厕所数量不够,而一时间想去的孩子又很多,就会引发一片混乱,出现某些令人遗憾的事情。我记得一个只有两岁的小女孩,她的母亲不顾富有经验的保姆劝阻,把她带去参加一个社交聚会。"安妮特这么可爱,她一定要来,我敢肯定她会尽兴,我们都会好好照顾她。"她们一到聚会地点,保险起见,那位母亲就让她坐上便盆。安妮特异常兴奋,一时很难完成任务。"哦,好的,也许她不太想上。"那位母亲满怀希望地说。她们下楼时,一个魔术师正从耳朵和鼻子里变出各种东西,使孩子们哈哈大笑。大家全都围着他又喊叫又拍手的时候,最糟糕的事情发生了。

"亲爱的。"一位年长的姨妈把这件事讲给我母亲听,"你真的从没见过这样的事——可怜的孩子,就拉在地板中央,就像一匹马,真的!"

玛丽在我父亲去世前就离开了我们家——大概一两年之前。她到英国来的合同为期两年,她又多待了至少一年。她思乡心切,而且我觉得她很明智,也讲究实际,意识到该是按照法国传统考虑婚姻大事的时候了。她把薪水储存起来,已经攒了一笔相当可观的嫁妆。就这样,她眼里噙着泪花,紧紧地拥抱了她"可爱的小姐",告别了我们,剩下我孤独一人。

不过,在玛丽走之前,我们俩终于在姐姐未来的丈夫人选上取得了一致的见解。对此我们一直在推测,而玛丽始终坚信会是那位"金发碧眼、肤色白皙的先生"。

我母亲小的时候跟姨婆住在柴郡,她在学校里结交了一位朋友叫安妮·布朗,两个人亲密无间。后来安妮·布朗跟詹姆斯·瓦茨结了婚,我母亲嫁给了自己的表兄弗雷德里克·米勒,两位姑娘一致表示永远也不能忘记对方,要始终保持联系。尽管姨婆后来离开柴郡搬到了伦敦,但两人的联系从未中断。安妮·瓦茨有五个孩子——四个男孩,一个女孩;我母亲有三个孩子。她们互相交换子女成长的各个阶段的照片,每逢圣诞节就送对方的孩子礼物。

有一次,为了决定是否要与一个一心追求她的男子定下终身,姐姐准备去爱尔兰旅行。母亲向安妮·瓦茨提及了玛吉的此次旅行,安妮便再三邀请玛吉由霍利黑德(Holyhead)返回途中在柴郡的艾本尼堡(Abney Hall)逗留。她渴望见到挚友的孩子。

玛吉的爱尔兰之行非常愉快,也确定了她终究不想嫁给查理·P.。归途中,她在瓦茨家小住。瓦茨家的大儿子詹姆斯当时二十一二岁,就读于牛津大学。他有一头漂亮的金发,声音温柔低沉,但不大讲话。他跟大多数小伙子不同,对姐姐玛吉表现得不是很热情。姐姐发现他很特别,引起了她的好奇心。她在詹姆斯身上下了一番功夫,却不知道这么做效果如何。不管怎样,她刚回到家,两人就开始了断断续续的通信往来。

其实,姐姐第一次出现在他面前的时候,他就已经为之神魂颠倒了。只是他生性腼腆、矜持,不善于表露自己的感情。第二年夏天他来我们这里住,我一下子就被他迷住了。他对我也很亲热,态度诚恳,从不戏弄我或者像对小孩子那样对我说话,而是把我看作一个大人。我很喜欢他,玛丽对他的评价也很高,称他为"金发碧眼、肤色白皙的先生",我们俩经常在缝纫室里谈论他。

"我觉得他们俩好像并不太在意对方,玛丽。"

"哦,不是的呀,他很爱她,当她不注意的时候,他总是深情地望着她。他们的婚姻一定会很美满,而且很实际。听说他会有很好的前途,生活作风又严谨,会成为一位顶好的丈夫。大小姐性格乐天、机智、风趣、喜欢笑,找一位斯文稳重的男人做丈夫再合适没有了。他也会喜欢她这种与他不同的性格的。"

只有我的父亲不太喜欢詹姆斯。但我想,这对一位可爱而开朗的姑娘的父亲来说几乎是不可避免的——父亲总是期望自己的女婿是一个比十全十美还要好的人物。做母亲的对自己的儿媳往往也会有类似的苛求。不过由于我哥哥尚未结婚,母亲还不曾受到过这种情绪的影响。

母亲从未对她的女婿们感到满意,但她也承认,这并不是女婿们的过错，而是怪她自己。她曾说："我想象不出什么样的男人能配得上我的两个女儿。"

我们生活中的一大乐事，便是去本地的戏院看戏。我们家的人都是戏剧爱好者。玛吉和蒙蒂几乎每星期都去，通常我也会被允许同往，随着我渐渐长大，也去得越来越频繁。我们总是坐后排前座——虽然后排被认为是"粗俗的"。后排票价为一先令，后排前座指的是后排的前两排，在前十排之后，这就是米勒一家坐的地方，在此，他们享受着戏剧所带来的一切乐趣。

我不知道《红心是王牌》(Hearts are Trumps)是不是我看的第一出戏，不过一定是我最开始看的几出戏之一。那是一部十分喧闹的剧情剧：里面有一个恶棍，有一个叫威尼弗雷德夫人的坏女人，还有一个美丽的女孩，被他们搞得倾家荡产。有开枪的情节，我还模模糊糊地记得，最后一场是一个年轻男子挂在一根绳索上，贴着阿尔卑斯山，为了挽救他所爱的女孩或是他所爱的女孩所爱的男子，最终他割断了绳索，壮烈殉身。我记得自己仔仔细细地回味这个故事。"我想，"我说，"真正的坏人是黑桃。"父亲是一个惠斯特牌高手，我总是听他们谈及纸牌。"不那么坏的人是梅花，我想威尼弗雷德夫人就是梅花，因为她悔悟了。在山上割断绳子的男子也是。而方块……"我想了想，"就是俗不可耐的人。"我用维多利亚式的鄙夷口气说道。

一年一度的大事中，有一件就是托基赛舟会(Torquay Regatta)，在八月的最后一个星期一和星期二举行。我从五月初就开始为此存钱。我期待的赛舟会并不是游艇比赛，而是同时举办的游园会。当然，玛吉会和父亲到豪尔顿码头(Haldon Pier)看比赛。我们通常会举办一个家庭聚会，以便于等到晚上去参加赛舟会舞会。父亲、母亲和玛吉多半会去参加赛舟会游艇俱乐部的下午茶会，以及各种与下海航行有关的活动。玛吉历来尽可能躲开赛舟，因为她一辈子划船都不太在行。然而她对朋友们的游艇却有强烈的兴趣，还有野餐和聚会，但这些都是赛舟会的社交活动，我太小了，不能参加。

生活中，我最期盼的乐事就是游园会。那儿有旋转木马，坐在有鬃毛的木马上转啊转啊转啊；还有在上下斜坡的同时急转弯的轨道飞车。这两部机器都放音乐，当你坐在木马上转圈或是坐在飞车上急转时，两种音乐就会合在一起，变成可怕的、不和谐的声音。还有各种表演——肥胖的女人；算命的阿连斯基太太；蜘蛛人，看看就够吓人的。在射击场，玛吉和蒙蒂会花很多时间和钱。还有投掷椰子的游戏，蒙蒂在那儿赢得了大量的椰子，都带回去给我了。我非常喜欢椰子，有时候也会得到几次投掷的机会，投掷摊老板还大方地允许我往前走近好多，让我有时候居然也能击中一只。当时的投掷椰子游戏是很公道的。如今这个游戏项目依然存在，可是椰子都被码放在一种托盘里，只有运气和力量的惊人结合才能弄倒一只。而在我们那个年代，机会很大，通常投六只总能投倒一只，蒙蒂有一次投倒了五只。

投环套物，丘比特娃娃，投篮游戏，这些玩意儿当时都还没有问世。游园会上有很多卖东西的杂货摊，我特别热衷的是一种俗称"便士猴"（penny monkeys）的东西。一便士一个，能买到小小的带绒毛的小猴子，后面有别针，可以别到衣服上。每年我都会买六到八个，增加到我的收藏中：有粉红色的、绿色的、棕色的、红色的和黄色的。过了几年以后，我越来越难以找到新的颜色或款式了。

还有著名的牛轧糖，只在游园会上才有售。一个人站在一张桌子后面，面前摆着一方粉色与白色相间的巨大的牛轧糖。他大声吆喝着，摆出一块块糖边切边拍卖。"来啊，朋友们，特大一块，就卖六便士！行，亲爱的，切一半。好嘞，四便士怎么样？"等等，等等。有一些已经包装好的，两便士就可以买到，然而乐趣就在于拍卖。"那儿，那位小小姐，没错，两便士半，归你了。"

直到我大约十二岁的时候，金鱼才作为一种新奇事物出现在赛舟会上。它们的出现真是激动人心。整个货摊里摆满了金鱼缸，每个缸里都有一条鱼，想得到它们，你得扔乒乓球，扔进哪个缸哪条金鱼就是你的。和投掷椰子游戏一样，起先非常容易。它们第一次出现在赛舟会上时我们得到了十一条。大家大胜而归，把它们养在浴盆里。可是价钱很快就从一便士一个球涨到六便士一个球了。

晚上有烟火表演。因为从家里看不到——只看得到射得很高的火箭炮——我们通常会在一些住在海港边的朋友家里度过这个晚上。聚会九点钟开始，柠檬水、冰淇淋和饼干四处传递着，这也是那个时代里另一种我非常怀念的乐趣，至今仍怀念不已。没有酒精，而是游园聚会。

一九一四年之前的游园会令人难忘。每个人都打扮得花枝招展，高跟鞋、配有蓝色腰带的棉布连衣裙，大大的意大利麦秆辫草帽上缀着发蔫的玫瑰花。有很可口的冷饮——草莓味、香草味、开心果味，以及常规的桔子水和覆盆子水——还有各种奶油蛋糕、三明治、闪电泡芙、桃子、玫瑰香葡萄和油桃。由此我推断游园会基本上总是在八月份举行的。因为我不记得有草莓和奶油。

当然，要去游园会会场确实很辛苦。如果家里没有马车，年长和体弱的人就得雇马车前去，年轻人则要从托基各个不同的地方步行一英里半到两英里前往。有些幸运的人住得很近，可大部分人住得很远，因为托基是建在七座山丘上的。穿着高跟鞋，左手提着长裙、右手撑着阳伞步行上山，无疑是一种严酷的考验。但不管怎样，为了参加游园会，这还是值得的。

我十一岁那年，父亲离开了人世。他的健康状况越来越糟，病因却始终未能确诊。长期为经济问题忧虑，无疑也削弱了他对病魔的抵抗力。

他去伊灵他的继母家里住了近一个星期，拜访在伦敦的那些有可能帮助他找到一份工作的朋友。当时，找工作并非一件易事。只有律师、医生、房产经纪人、法律顾问或者在军队服役等职业可供选择。而举足轻重的商业界，并不像如今我们所看到的那样，能够提供什么职位。还有大型金融银行，比如皮尔蓬·摩根集团（Pierpont Morgan's），我父亲倒是有些熟人在这类行业里面，可当然每一个都是专业人士。除非你从年轻时起就在银行里，成为其中的一员，否则根本进不去。父亲与他同时代的多数人一样，从未受过任何职业训练。他做了不少慈善工作之类的事情，如今这对找一份有薪水的工作很有帮助，可在当时却很不一样。

父亲生前就对自己的财产情况颇为困扰。他去世后，他的遗嘱执行人也觉得这是一个解不开的谜。谁也不知道祖父留下的那笔遗产都跑到哪儿去了。父亲的生活并不奢侈，开支总是限制在预计的固定收入范围之内。账簿上都写得一清二楚，可事实上却是两回事，所有进账缺口都似乎只是暂时的，同时都有合理的理由，比如用在某项必要的维修上了。毫无疑问，原来的经纪人以及后来接替他们的经纪人都不得力。可我们发现这一点时已经为时太晚，无可挽回。

父亲整日焦虑忧愁。天气寒冷，他受了寒，染上了肺炎。母亲闻讯赶到伊灵，我和玛吉随后也去了那里。那时候他病情很严重，母亲日夜守护在他的身旁。家里从医院请来了两位护士。我心情沉重，整日走来走去，又烦恼、又害怕，虔诚地祈祷父亲能早日康复。

有一个画面，至今仍深深刻在我的脑海里。那是午后，我站在楼梯半腰的平台上。突然，父亲和母亲住的卧室门被推开，母亲双手捂着脸冲了出来，跑进隔壁房间，砰的一声关上了门。医院里的一位护士走出来，对正赶上楼来的姨婆说："结束了。"于是我知道，父亲死了。

大人们当然不会带着孩子参加葬礼，我烦躁不安地在屋子里徘徊。可怕的事情发生了，我从来也没有想象过会有这样的事。房子里的窗帘都拉上了，点上了灯。姨婆坐在餐室里的大扶手椅上，用她那特有的格式写着没完没了的长信，时而悲伤地摇摇头。

除了去参加葬礼，母亲一直躺在她的房间里。她整整两天没吃什么东西，这我是听汉娜说的。我满怀感激地回忆起汉娜，回忆起我亲爱的老汉娜和她那饱经风霜、皱纹密布的脸。她把我招呼到厨房里，对我说她需要人帮她搅面粉。"他们爱得很深。"汉娜反复地说，"这是一段很好的姻缘。"

是啊，那的确是一段很好的姻缘。我在家里的遗物中发现了一封父亲去世前三四天写给母亲的信。信中写道，他多么想回托基，回到她的身旁。在伦敦的事情丝毫没有令人满意的进展，他觉得一旦回到他最亲爱的克拉拉身旁，一切烦恼都会烟消云散。信中还说，他想再次对她说：她对他来说有多么重要，尽管这话他从前已说过无数次。"你让我的生活完全不同，你是天下最好的妻子。光阴荏苒更加深了我对你的爱。你给我的温柔、你的爱和你的体贴让我感激不尽。愿上帝保佑你，我最亲爱的你，我们不久就会重逢了。"

我是在一只绣花钱包里找到这封信的。钱包是母亲少女时代亲手为父亲绣制的，寄给了当时正在美国的父亲。父亲一直珍藏着它，里面还保存着母亲写给他的两首诗，后来母亲又把这封信夹在里面。

为父亲服丧的日子里，伊灵有些可怖。屋子里挤满了窃窃私语的亲友——B外婆、几位舅舅、舅母、恭谦有礼的阿姨，以及姨婆那些上了年纪的老朋友。他们喃喃低语，叹息着，摇着头。每个人都穿着黑色的衣服，我也是重孝在身。我得承认，那时，能给我带来慰藉的只有这身孝服。当我穿上这身黑色的衣裤，就能感受到自己的重要、认识到自己的价值，我不再是个局外人了。

之后窃窃私语更多了。"真的，必须让克拉拉振作起来。"姨婆不时说一遍，"你想看看B先生寄给我的信吗？或者C太太的信？那封悼念信写得真好，我觉得你看了肯定会感动。"

母亲会厌烦地回答："我不想看。"她只拆开寄给她自己的信，但几乎马上就丢到一边。只有一封她别对待。"是卡西寄来的吗？"姨婆问。"是的，姨妈，是卡西寄来的。"她把它折起来，放进自己的包里。"她理解我。"她说着走出了房间。

卡西是我的美国教母，沙利文太太。我还很小的时候也许见过她，不过我只记得父亲去世大约一年后来伦敦的她。她是个特别好的人，一个小个子女人，白发苍苍，有一张无比欢快、无比可爱的脸，拥有蓬勃的生命力和一种似乎不同寻常的快乐气质。然而，她的人生却悲惨得无以复加。她深爱的丈夫很年轻的时候就去世了，她的两个儿子也都瘫痪、而后身亡了。"一定是有些保姆女佣让他们坐在潮湿的草地上了。"姨婆说。而我觉得实际上肯定是小儿麻痹症，只是当时这种病还未能确认,总被叫作风湿热。归咎于潮湿,结果就是彻底瘫痪。总之,她的两个孩子夭折了。之后她与一个已经成年的侄子一家住在一起,他也患有瘫痪,终身残疾。然而,不管失去多少,不管一切怎样,卡西阿姨依旧愉悦、灿烂,比我认识的所有人都更富有同情心。她是母亲当时唯一渴望见到的人。"她理解我。那些安慰人的话没有什么用处。"

我记得我被家里人当作传达慰问的使者,会有人——也许是姨婆,也许是哪一位舅妈——把我拉到一边,低声说我得做我妈妈的小慰问者。我要到母亲躺着的房间里去,对她说父亲现在在天堂里很快乐,他很安宁。我非常愿意这么做,那也是我所相信的,的确是人人都相信的。我有点怯生生地走进去,隐隐约约有一种感觉:小孩子在做别人告诉他是对的事情时,明知道这是对的,可是出于某种未知的原因,又总觉得好像哪里不对,就是这种感觉。我怯生生地走到母亲身旁,抚慰她。"妈妈,父亲现在很安宁,很快乐。你不会想要他回来吧,对不对?"

母亲突然从床上跳起来,突如其来的架势吓得我跳到了一旁。"不,我想要他回来。"她低声哭道,"我想要他回来。我愿意做任何事情,只要他能回来……任何事情,不论什么事情。只要我能做到,我会逼他回来。我要他,我要他回来,就现在,和我一起在这个世界上……"

我吓坏了,退缩着。母亲连忙说:"没事,亲爱的。没事。只是我现在不大……不大舒服。谢谢你过来。"她吻了我,我欣慰地走开了。

第三章 成熟

1

父亲去世后,生活就变成一种完全不同的面貌。我走出了那个安宁的、无忧无虑的儿童王国,跨入现实的世界。毋庸置疑,男人能给家庭带来稳定。"你父亲最清楚了",每当听到这句话,我们都会大笑,可这句话确实清楚地展现了维多利亚时代后期的生活状态:父亲就是家庭生活的基石。父亲喜欢按时开饭;父亲不喜欢在晚饭后被打扰;父亲想要和你演奏一段二重奏,你会欣然接受。父亲是我们衣食的保障;父亲留心管理着家务并使之井然有序;父亲还掏钱供我上音乐课。

玛吉长大后,她的陪伴带给父亲自豪与欢愉。他喜欢她的才智和魅力,他们俩成了极好的同伴。我想,父亲能从玛吉身上找到母亲大概比较欠缺的活泼和幽默,而他也在心中为他的小女儿保留了无限的温情与慈爱——为那个终究会让他想起来的小阿加莎。我们有一首最喜爱的童谣:

> 阿加莎·帕加莎,我的黑母鸡,
> 先生们的生蛋鸡,
> 生了六个又生七,
> 还有一天生十一!

父亲和我都很喜欢这个特别的笑话。

不过我觉得,蒙蒂才是他真正最喜欢的孩子。他对儿子的爱比对女儿更甚。蒙蒂感情丰富，深深地爱着他的父亲。然而以个人成就而言，哎，他令人失望，父亲始终为此担心。我想在某种意义上，父亲最快乐的时光是在南非战争后，蒙蒂被派到一支叫作东萨里编队的常规编队任职，随队伍一起直接从南非奔赴印度。他似乎干得不错，已在军中安定下来。尽管父亲有财务上的困扰，但至少蒙蒂的问题是暂时解决了。

玛吉在父亲去世大约九个月后与詹姆斯·瓦茨结了婚。她不大情愿离开母亲，母亲却急于促成这桩婚事，不愿意他们再拖下去了。我清楚地记得她说过：随着时间的推移，母女俩会越来越难舍难分。詹姆斯的父亲也急于让他早些完婚。詹姆斯刚从牛津大学毕业，将直接进入商界。他渴望与玛吉结为伉俪，建立自己的小家庭。瓦茨先生计划在自己的地产上为儿子建一幢房子，这对年轻夫妇可以住在那里，一切就这样安排妥当了。

父亲在美国的遗嘱执行人奥古斯特·蒙坦特先生从纽约来到我家，住了一个星期。他身材魁梧，待人和蔼，非常讨人喜欢，待我母亲亲切无比。他坦率地告诉母亲，父亲的生意糟透了，那些律师和假装为他着想的人曾经给他出了很多馊主意。大量的钱财耗费在补偿亏本的生意和维修纽约的房产上，其实根本不解决实际问题。他建议放弃大部分房产，以免去繁重的赋税。能剩下的大概不多了，祖父留下的大宗遗产已经化为乌有。祖父曾经是 H.B. 查弗林公司的合股人，公司愿意继续为合伙人的遗孀、我们的姨婆提供一笔资助，也愿意定期为母亲提供一笔为数不多的收入。根据祖父的遗嘱，我们三个孩子每年每人可以得到一百英镑。其他大笔的美金都投在房产业，当时这些房产已每况愈下，要么乏人问津，要么就是以极其低廉的价格被出售了。

当时我们所面临的问题是，母亲能否负担得起居住在阿什菲尔德的这笔费用。我觉得母亲的判断是很切实际的，她确信我们继续住在那里很不明智：将来房子需要维修，以有限的收入在此继续住下去将会很难应付——是有可能的，但会很艰难。最好是将现有的宅子卖掉，在德文郡的某处，也许在埃克塞特（Exeter）附近，买下一栋小一些的房子，这样就能减少开支，而且买卖房子的差额也算是一笔收入。尽管母亲从未受过职业训练，不懂得经商，但她有足够的常识。

然而，她的主张却遭到了儿女们的反对。玛吉和我，还有哥哥蒙蒂从印度来信，一致强烈反对卖掉阿什菲尔德，恳求她保留这幢房子。我们说阿什菲尔德是我们的家，我们不舍得卖掉它。姐夫许诺他可以长期寄给母亲一小笔款子作为补贴。夏季他和玛吉会到阿什菲尔德来住，也可以帮助我们负担一定的开销。母亲终于被我们对阿什菲尔德强烈的眷恋之情所打动，放弃了自己的主张。她表示不管怎样也要尽力保住这所宅子。

我现在怀疑，母亲本人可能从未真正喜欢托基。她非常热爱有大教堂的市镇，她喜欢埃克塞特。她和我父亲有时会到各个有大教堂的市镇度假游历——我想多半是父亲为了哄她开心，并非自己想去。我也相信她很乐于住在埃克塞特附近一栋小一点的房子里。然而，她不是一个自私的人，况且她也喜欢现在这所房子本身。就这样，阿什菲尔德依旧是我们的家，在我们心中还是那么神圣。

保住这所宅子是很不明智的事，我现在明白了。我们可以把它卖掉，再买一栋容易打理的房子。母亲虽然在当时就认清了这个道理，而且后来一定越来越清楚，但她还是心甘情愿地留下了它。因为多少年来，阿什菲尔德对我来说都具有重要的意义。它就是我的人生根基，是我的避风港，是我的归宿，我因此而不会觉得没有根。念旧也许是愚蠢的，但它却给了我一些我很珍视的东西：回忆的宝藏。它也给我带来不少烦恼、忧愁、负担和难题——对于你所爱的事物，当然必须付出代价。

父亲是十一月离开人世的。第二年九月，姐姐出嫁了。由于是在居丧期间，所以婚礼很冷清，没有举办盛大的婚宴。但婚礼安排得很妥帖，结婚仪式在古老的托基教堂里举行。我作为首席伴娘，感到莫大的荣耀。所有的伴娘都身着白色衣裙，头戴雪白的花冠。

婚礼定在上午十一时开始，此前我们在阿什菲尔德举办了喜宴。这对新人高兴地收到了许多祝贺他们新婚之喜的礼品，不过也饱受我的表哥吉拉尔德、我,还有瓦茨一家的小孩子们想出来的变化多端的折磨。在整个蜜月期间,他们从手提箱里每取出一件衣服都会洒出米来;缎面鞋被绑在他们坐的马车上;他们虽然仔细检查确认马车上没有类似的问题了,但其实马车背后还是用粉笔写了"吉米·瓦茨太太是个第一等的名字",他们就这样驱车前往意大利度蜜月了。

他们走后,母亲筋疲力尽、泣不成声地回到她的床上。瓦茨夫妇回到他们的饭店,瓦茨太太无疑也哭了。这似乎就是婚礼对母亲的作用。瓦茨家的小孩子们、我的表哥吉拉尔德和我,被晾在一边,像陌生的狗一样互相猜疑地打量着,判断着是否会彼此喜欢。起初楠·瓦茨和我彼此深深地怀有一种天然的敌意。很不幸,那是那个时代的风尚。我们都被各自的父母以对方为榜样批评过。楠很活跃,像男孩子一样调皮,被告知阿加莎的举止一向多么得体,"多么安静,有礼貌"。与此同时,我也被以楠为例加以训诫,说她"从来不羞答答的,总是有问必答。从不会红着脸,含糊其辞,或者一语不发"。于是,我们都怀着很多敌意互相打量着。

接着是半个小时的尴尬局面,然后就有了转机。我们举办了一场在教室里绕圈子跑的障碍赛,从堆叠的椅子上疯狂地跳过去,总是落在那张有点旧的大睡椅上。我们都大笑、大喊、大叫,玩得非常高兴。楠扭转了对我的看法——这个人说什么也不是安静的,光在那儿大喊大叫。我也改变了对楠的看法,她并不是个自高自大、说个不停、深得大人欢心的孩子。我们玩得非常好,都互相喜欢,那个沙发的弹簧被我们彻底弄坏了。接下来,我们吃了一顿快餐,然后去戏院,观看《潘赞斯的海盗》(*The Pirates of Penzance*)。从那时起,我们的友谊就再也没有走过回头路,而是时断时续地持续着,贯穿了我们的一生。我们有时会中断联系,然后又再继续,有机会重聚时仍是一如往昔。楠是我现在最想念的朋友之一,同别人很少能像同她那样,一起谈论艾本尼(Abney)、阿什菲尔德和那些逝去的日子,那些狗,我们的那些胡闹,我们的男朋友,以及我们筹备过、演过的戏剧。

玛吉的离去可以说标志着我生命中第二阶段的开始。我仍是个孩子，却已告别了童年的第一阶段。欢乐的光辉，痛苦的失望，对于每一天都非常看重，这些特征都是童年的标记。随着这些特征一起消失的，还有安全感和对未来生活的无忧无虑。我们不再是米勒一家了，如今只剩下母女二人相依为命：一个是中年妇女，一个是涉世未深、天真单纯的小姑娘。一切似乎还跟过去一样，但是家庭里的气氛却迥然不同了。

自从父亲去世以后，母亲的心脏病多次发作。每次都是突如其来、毫无征兆，医生为她开的药也无济于事。我一生中头一次体会到为他人担忧的滋味，我那时毕竟还是个孩子，自然会把事态想得更严重些。我常常深夜醒来，心怦怦直跳，确信母亲已经故去。十二三岁的孩子正是最容易忧虑的年龄。我自知有些荒唐，却不由自主地夸大了这些担忧。我翻身下床，蹑手蹑脚地穿过走廊，来到母亲的卧室外，跪在门前，将耳朵贴在门轴处，凝神倾听母亲卧室里是否有呼吸声。多数情况下，我的焦虑很快就能得到宽慰——热情的鼾声是对我最好的回报。母亲有个特别的打鼾习惯，起先优雅而微弱，逐渐升级为可怕的爆发。然后，通常她会翻个身，至少过三刻钟，再重复一遍。

如果我听到鼾声，就会高兴地回到床上睡觉。可是如果没听到，我就会等在那儿，痛苦又担心地蹲着。我可以打开门走进去，让自己安下心来，这样也许明智得多，然而不知何故我似乎从没这样做过，或许是因为母亲晚上总是锁着门。

我从未将这些忧虑告诉过母亲，我想她也不可能料得到。还有，每当她出门上街的时候，我总会感到一阵阵恐惧，害怕她被车子撞倒。现在想起来实在有点荒唐可笑、杞人忧天。这些情感纠缠了我大概足足有一两年，以后就渐渐消逝了。后来我搬进了父亲的更衣室，就在母亲卧室的隔壁。我会把房门开一条缝，这样，一旦母亲夜里犯病，我就可以直接进去，把母亲的头垫高一些，给她递送白兰地和嗅盐提神。当我感到自己有些用时，便不再受到令人痛苦不堪的忧虑的折磨。我发觉自己一生都背负着想象的重负，它虽然对我大有裨益——想象力的确是小说家们必备的基本能力,但在其他方面却会使人精神上饱受困扰。

父亲去世后,家里的生活水平急剧下降。社交活动几乎完全停摆,除了去拜访少数老朋友以外,母亲不再跟任何人来往。我们手头拮据,不得不处处节俭,这也是我们唯一能为保住阿什菲尔德做的。家里不再举行午宴和晚宴,母亲身边的用人由三个减至两个。母亲尝试告诉简我们现在境况很糟,她只能将就着用两个便宜的年轻女仆。但是她强调说,简厨艺高超,可以获得丰厚的报酬,且理应如此。母亲打算探听一下,为简找一个地方,最好薪水优厚,还有一个厨房女佣供她使唤。"这是你应得的。"母亲说。

简没有表露出任何情绪,一如往常地吃着东西。她缓缓地点点头,继续咀嚼着,说:"好的,夫人。正如您说的,您知道怎样最好。"

然而第二天早上,她又出现了。"我有话要对您说,夫人。我仔细考虑过了,我更愿意留在这里。我很理解您说的,但我愿意少拿一点薪水,毕竟我在这里已经很久了。而且我弟弟一直催促我去帮他照看房子,我答应在他退休以后就去,那可能还要四五年呢,在此之前我更愿意待在这里。"

"你真是太好太好了。"母亲感动地说。害怕表露感情的简说:"这样比较方便。"然后面露庄严之色,离开了房间。

这样的安排只有一个缺点。已经按照一种方式下厨多年的简,无法改变她一贯的下厨作风。如果我们吃烤羊腿,总是有巨大的一块,还有硕大的牛肉派、巨大的水果馅饼和庞大的蒸布丁被端上桌来。母亲会说:"只做两个人的份就够了,记住,简。"或者"只要四人份的就够了"。可是简从来不明白。而简的好客也使得我们家的开销很大。每天她都有七八个朋友照常过来喝茶,吃酥皮点心、小圆面包、烤饼、岩皮饼和果酱馅饼。最后,当母亲绝望地看到家庭账簿上的数字不断上升时,终于委婉地对她说现在不同以往了,也许她可以每星期招待一次朋友,这样也可以避免准备了吃的但是人家没来,减少一些浪费。从此以后,简就在每星期三接受她朋友的"晋见"。

我们自己的饮食,也和能经常享用三四道菜的以往迥然不同了。正餐取消了,母亲和我傍晚时只吃奶酪通心粉或者米饭布丁之类的。我想简对此一定大为伤心。母亲还逐渐从简手里接过订购食品的工作。我父亲的一个朋友住在我们家的时候,非常喜欢听简打电话订购东西时浓重的德文郡腔调。"我要六只龙虾,雌的,还有对虾,不能少于……"这也变成我们家很喜欢的用语。"不能少于"不光是简的口头语,还成为我们后来的一位厨子波特太太的常用语。当时那些商贩的日子多么好过过啊!

"可是我一直订购十二片龙脷鱼,夫人。"简痛苦地说。事实上我们没有足够的嘴巴来吃掉十二片龙脷鱼,即使加上厨房里那几张嘴,可是她的脑袋从未想到这一点。

这些变化对我而言并不特别显而易见。当你年轻时,奢侈或节约对你来说意义不大。不买巧克力而买硬糖的区别并不显著,而且相对于龙脷鱼,我一直更喜欢鲭鱼。至于把尾巴放进自己嘴巴里的牙鳕鱼,我觉得是样子最可笑的一种鱼。

我的个人生活改变不大。我读了大量的书。先读完了亨提的作品,然后根据介绍读了斯坦利·威曼(Stanley Weyman)的作品。多么精彩的历史小说啊!就在前几天我还读了《城堡客栈》(*The Castle Inn*),觉得非常好。

《曾达的囚徒》(*The Prisoner of Zenda*)为我开启了浪漫幻想之门,对很多别的孩子也一样。我读了一遍又一遍,竟深深坠入情网——不是那个深受喜爱的鲁道夫·拉森狄尔(Rudolf Rassendyll),而是被监禁在自己的地牢里悲叹的真正的国王。我渴望拯救他,向他施以援手,让他确信我爱的是他——当然,我是弗蕾维亚(Flavia)——而不是鲁道夫·拉森狄尔。我还读了儒勒·凡尔纳(Jules Verne)的全部法语书,《地心游记》(*Le Voyage au Centre de la Terre*)是好几个月里我的最爱。我喜欢谨慎的侄子和独断的叔叔之间的对比。真正喜欢的书,我隔几个月会重读一遍。过了大约一年,我就会喜新厌旧地选择一本新的最爱。

还有L.T.梅德（L.T.Meade）为女孩子写的书。母亲很不喜欢，她说书里面的女孩子都很俗气，一心只想着发财和要漂亮衣服。但我相当喜欢她们，却也为自己的庸俗品位颇感愧疚。母亲会为我大声地朗读一些亨提的作品，尽管她有些恼怒于冗长的描写。她还读过一本《布鲁斯的最后的日子》（*The Last Days of Bruce*），我们俩都对这本书赞不绝口。作为功课，我得读一本叫作《历史上的伟大事件》（*Great Events of History*）的书，每读完一章都要马上回答结尾附录里的问题。这是一本很好的书，介绍了很多发生在欧洲和其他地方的重大事件，让人可以把历史上从亚瑟王开始的英格兰国王全都排个序。看到其中断言某某是昏君是多么过瘾啊，这是一种圣经式的盖棺论定。我知道英格兰国王们的重要日期和他们妻子的名字，虽然这些资料从未对我有过多大的用处。

我每天都要学习拼写几页的单词。我想这种练习对我颇有益处，可是我仍然非常不善于拼写，直到现在也是如此。

我的主要乐趣是和姓赫胥黎的一家人一起参加音乐会和其他活动。赫胥黎医生有一位糊涂却又聪明的妻子，还有五个女儿——米尔德莉德、西比尔、穆瑞尔、菲莉丝和伊妮德。我的年龄在穆瑞尔和菲莉丝之间，穆瑞尔成了我最要好的朋友。她的脸很长，浅浅的金黄头发，她非常爱笑，一笑会露出酒窝。我最初加入的是她们每周一次的声乐课，大约有十个女孩参加，在声乐老师克劳先生的指导下练习合唱曲和圣歌。还有"管弦乐队"：穆瑞尔和我演奏曼陀林琴，西比尔和一个叫康妮·史蒂文斯的女孩演奏小提琴，米尔德莉德演奏大提琴。

回想起管弦乐队的那些日子，我认为赫胥黎一家是个很有魄力的家庭。托基的老居民中有一些故步自封的人，总是有点斜着眼看"赫胥黎家的姑娘们"，主要是因为她们习惯于在午后十二点至一点，徘徊于市镇商业中心的滨海大道上。起先是三个女孩手挽着手，然后是两个女孩和家庭教师。她们摆动着手臂，走来走去，开着玩笑。还有一个主要的罪证：她们不戴手套。在那个年代，这种事情属于社交过失。然而，赫胥黎医生显然是托基最受欢迎的医生，而赫胥黎太太是众所周知的"社会关系优越"的人,因此姑娘们还是在社交圈中颇受欢迎。

回想起来,这真是古怪的社交模式。其实是很势利的,但如果你过于势利又会受人鄙视。在谈话中过于频繁地提起贵族会遭到别人不以为然的耻笑。我的一生中经历了三个阶段,第一个阶段,问话会是:"可她是谁啊,亲爱的?""她家里人是谁?她是约克郡特维德多家的人吗?当然,他们很穷,非常穷,可她娘家是威尔莫特家族。"接下来的一个阶段是:"哦,是的,他们当然很讨厌,可是他们太有钱了。""买下拉尔彻宅子的人有钱吗?""哦,那我们最好去拜访他们。"第三个阶段又有所不同:"哦,亲爱的,可是他们有趣吗?""是啊,他们当然没什么钱,没人知道他们是从哪儿来的,不过他们非常非常有趣。"扯到社会价值取向的题外话了,接下来我最好还是言归正传,回到管弦乐队的话题。

我很怀疑我们是否制造了讨厌的噪声?也许吧。但至少曼陀林琴是无伤大雅的。不管怎么说,参加乐队给我们带来了很多乐趣,也增长了乐理知识。还把我们引向更令人兴奋的事,那就是组织演出了吉尔伯特和沙利文的作品。

在我加入她们的乐队之前,赫胥黎姐妹和她们的朋友们已经演过《耐心》(Patience)了。下一个备选曲目是《王室侍卫队》(The Yeomen of the Guard)——一项很有野心的任务。事实上我很惊讶于她们的父母从不阻碍她们。赫胥黎太太是一个极为开明的典型,我很钦佩她,因为当时的父母极少这么开明。她鼓励她的孩子们从事她们喜欢做的任何事,如果她们请求帮助,她就提供帮助,如果不需要,那就让她们自己去干。《王室侍卫队》里的角色都分配妥当了。我有很好的女高音,差不多是这些人中唯一的女高音,于是我自然被选为扮演菲尔法斯上校,这让我仿佛飘上了九重天。

在母亲那儿,我们遇到了一点小困难。对于女孩子在公众场合露面的时候腿上可以穿什么而不可以穿什么,她的见解是很守旧的。腿就是腿,肯定是不雅致的。如果我穿着紧身裤或者类似的东西示众,母亲会认为是最最不文雅的。我想当时我十三四岁,身高已有五英尺七英寸（约一米七），哎，但还没有我在高特莱时所盼望的丰满胸部。王室侍卫队的制服被判为"过关"，尽管配的是宽松得异乎寻常的灯笼裤，但伊丽莎白一世时代的绅士形象就很成问题了。现在看来似乎很傻，可在当时，这就是个严重的问题。无论如何，母亲说如果我在一侧肩膀上披一副斗篷加以掩饰就可以了，从而克服了这个问题。于是，她从姨婆的"衣料"中找出一块蓝绿色的天鹅绒，权当作斗篷（姨婆的衣料保存在各个箱子和抽屉里，包括各种各样昂贵、美丽的织物、边角料，都是她二十五年来从各个地方买来的，差不多都被忘却了）。披着一件斗篷表演可不那么容易，它从一侧肩膀垂下，搭在另一侧肩膀上，但这样腿部的不雅多多少少就被隐藏起来了，观众不会看见。

就我记忆所及，我没有怯场。真够奇怪的，作为一个特别怕羞的人，一个经常不敢自己走进商店的人，一个去大型聚会场所前要咬紧牙关的人，我只在参加一种活动时从未感觉紧张，那就是演唱。后来，我在巴黎学习钢琴和声乐，在学校音乐会上弹奏钢琴时我也勇气全无。可是如果要我演唱，我就完全不会紧张。这也许是因为早年我上台演唱过《生命是恩惠吗》（*Is life a boon?*）以及菲尔法斯上校（Colonel Fairfax）的唱段。无疑，《王室侍卫队》是我人生中的重头戏之一。另一方面我又觉得，我们没有再演更多的歌剧也好——一次真正尽兴的体验是永远无法复制的。

回想起来，有一件奇怪的事，那就是你记得事情是怎么开始或怎么发生的，却不知道它们是怎么消失或怎么终止的。那以后，我参与过的赫胥黎一家的活动我都想不起来了，不过我很肯定我们的友谊没有中断。有一段时间我们天天见面，后来我发现我曾经写信给住在苏格兰的鲁丽。也许赫胥黎医生离开了，去别处行医，或者是退休了？我不记得任何有关告别的对话，我记得鲁丽把友谊界定得非常清楚。"你不可能成为我最好的朋友。"她解释说，"因为我们最好的朋友是苏格兰麦克科拉肯家的女孩们，她们永远是我们最好的朋友。布伦达是我最好的朋友，珍妮特是菲莉丝最好的朋友。不过你可以做我第二好的朋友。"我对于做鲁丽的第二好的朋友非常满足。这样的安排很好，因为我想赫胥黎姐妹只是差不多每隔两年才见一次"最好的朋友"麦克科拉肯一家。

2

大概是三月的某一天,母亲说玛吉快要有小宝宝了。"玛吉要有小宝宝了?"我惊讶得目瞪口呆。我不明白为什么我会惊讶,此类事情在我们周围时有发生,但这样的事情发生在自己的家人身上,总是令人惊讶的。我接受了詹姆斯做我姐夫的这个事实,平日里亲热地称他为吉米,很喜欢他。可这一新的事实却完全是另一码事。

像以往一样,我过了一会儿才完全接受了这个事实。我可能张大嘴坐了两分钟,或者更久,然后我说:"啊——那真令人兴奋。什么时候?下个礼拜吗?"

"不会那么快的。"母亲说大概是十月份的某一天。

"十月?"我相当郁闷,想想还要等那么久。我记不清当时我对于性的看法——那时我应该十二三岁——但我肯定不再相信小娃娃是医生用黑口袋背来的或是天使们送来的理论了。当时我已经认识到这是一种肉体上的变化过程,不过并没有很强烈的好奇心或者真正的兴趣。然而,我做了一点小小的、无伤大雅的推论。婴儿起先是在体内的,然后适时地出来了;我思考了这一过程的机制,把问题的关键聚焦在肚脐眼上。我看不出来肚皮上这个圆圆的小洞是做什么的,它似乎没有任何别的用处,那么很显然,它一定和生孩子有关。

我姐姐在几年后告诉我,她曾经有过很明确的想法。她认为肚脐眼是一个钥匙孔,有一把专门对应的钥匙,由你的母亲保管,然后交给你的丈夫,让他在新婚之夜去开锁。她说得那么头头是道,也难怪她当时对自己的理论如此深信不疑。

我带着这个念头来到庭院里,想了又想。玛吉要生孩子了,这真是美妙的想象,我越想就越欢喜。我要做姨妈了——这一称呼使你感到自己已经长大了,很重要。我要给他买玩具,让他玩我的娃娃屋,但我要小心,别让我的小猫克里斯多夫用爪子误伤了他。大约一个星期以后,我就不再想了,这件事就此淹没在日常琐事之中。还有一段漫长的日子才到十月呢。

八月间的什么时候,一封电报把母亲召唤走了。她说她要去柴郡,住到我姐姐那儿去。姨婆当时和我们住在一起。母亲的突然离开并没有让我很惊讶,我也没有去猜测什么,因为母亲做任何事情都是突如其来的,从来没有明显的预期或准备。我记得那天我正在庭院中的网球场上,满怀希望地望着梨树,看能否找到一只成熟的梨子。爱丽丝就在这里找到了我。"午饭时间就要到了,进去吧,阿加莎小姐,有个消息正等着你呢。"

"是吗?什么消息?"

"你有一个小外甥了。"爱丽丝说。

一个外甥?

"可是还没到十月,我不会有外甥的!"我反驳道。

"嗯,可是事情往往不像你想的那样。"爱丽丝说,"现在进去吧。"

我走进屋子,发现姨婆在厨房,手里拿着一封电报。我连珠炮似的问了她许多问题:小宝宝什么样子?为什么现在就出来了而不是十月份?姨婆以维多利亚时代广为人知的闪避方式一一回答了这些问题。我想在我进来的时候,她正在与简谈论分娩的问题,因为她们压低了声音,似乎低声说道:"另一个医生说先等阵痛来吧,可是那位专家非常坚决。"听起来很神秘、很有趣。我的心思全都聚焦在新生的外甥身上。姨婆正切羊腿肉时,我说:"他长什么样子呀?他的头发是什么颜色的?"

"他可能还是个光头,不会一开始就有头发的。"

"光头。"我失望地说,"他的脸是不是很红?"

"也许吧。"

"他有多大?"

姨婆想了一下,不再切了,在切肉刀上比画了一个大小。

"这么大吧。"她说。她说起来那么确定，就像个内行似的。对我来说那真小啊，那种丈量方法也给我留下了同样深刻的印象。我确信如果有一个心理医生让我做联想测试，给我一个关键字"婴儿"，我会不假思索地回答"切肉刀"。我很想知道他会把我的答案归入弗洛伊德学说中的什么情结。

我很高兴有了个外甥。后来，一个月之后，玛吉带他来到阿什菲尔德。他两个月大时，在古老的托基教堂受洗。由于他的教母诺拉·海伊特不能赶来，便委托我代表她抱着小外甥。我神情庄重地肃立于前排，姐姐提心吊胆地在我周围转悠，生怕我把孩子掉在地上。我们的牧师雅各布先生，我跟他很熟，因为他正在为我准备坚信礼[①]，他用一只手熟练地托起婴儿，另一只手巧妙地前后翻转，将水倾洒在婴孩的额头上，然后施以轻轻的摇摆，这通常能止住婴儿的啼哭。他被命名为詹姆斯·瓦茨，跟他的父亲与祖父同名。家里人皆以杰克称呼他。他那时大部分时间都在睡觉，我则简直急不可待，期望他立刻长大，能跟我一块儿玩耍。

我非常高兴玛吉能够回到家里来长住。我缠着她给我讲故事，她给我的生活平添了许多乐趣。我头一次听到福尔摩斯的故事就是玛吉给我讲的，名字叫《蓝宝石谜案》(The Blue Carbuncle)。从那以后，我总是央求她再为我讲些故事。《蓝宝石谜案》、《红发会》(The Red-Headed League)、《五粒橘核》(The Five Orange Pipe)，都是我最爱听的。我很喜欢听她讲故事，她是个很会讲故事的人。

玛吉结婚前就在写短篇小说，曾在文学杂志《名利场》(Vanity Fair)上发表过许多篇。在当时，能在《名利场》的小说专栏发表作品的人都被认为是很有文学造诣的。父亲为有这样的女儿而感到莫大的骄傲。她写了一系列以体育运动为主题的短篇小说：《第六个额外进球》《绿茵场上的摩擦》《凯蒂打门球》，以及其他类型的小说。那些小说很有趣，也很机智。二十多年前，我重读这些小说，仍然认为

[①] 坚信礼是基督教的七圣礼之一，接受过洗礼的孩子一般在十三岁左右接受坚信礼，成为正式教徒。

写得十分精彩。我不知道她要是没有结婚的话是否会继续写下去。她从未认真考虑过要当一名作家，她也许更希望成为一名画家。她属于那种只要想干，基本上什么都能干出成绩的有才气的人。据我所知，婚后她就不再写小说了，但是十到十五年之后开始从事戏剧创作。她写的《债权人》(The Claimant) 一剧曾由巴兹尔·丁导演，由利昂·夸特梅恩和费伊·康普顿担纲主演，在皇家剧院上演。除此之外，她还写过一两个剧本，不过没能在伦敦公演。她还是一位优秀的业余演员，参加过曼彻斯特业余剧团的演出。玛吉是我们家里公认的才女。

我当时胸无大志，且知道我一无所长。有一度我很喜欢打网球和门球，但一直打得不好。假如我说我自幼便渴望成为一名作家，并坚信将来总有一天会实现自己的夙愿，那会多么有趣啊。可是说老实话，我的头脑中从未闪现过这样的奢望。

然而，我在十一岁那年却也发表了作品。事情是这样的：伊灵出现了有轨电车，立刻引起轩然大波。这对伊灵来说是一件可怕的事情。如此宁静的居民区，宽阔的街道，美丽的房屋，却被叮叮当当的电车所破坏。有人说这是进步，却立刻被反对声淹没。每个人都给报馆写信，给议员写信，给所有相关人士写信。电车并无先进之处，它噪音很大，危害市民的健康。当时已经有了身漆"伊灵"字样的朱红色公共汽车，从伊灵大街到谢泼兹布什 (Shepherds Bush)。还有一条非常好的公共汽车路线，从汉威尔 (Hanwell) 到艾克顿 (Acton)，尽管车辆外观要逊色很多。伊灵还有旧式的大西部铁路，地区铁路更是不在话下了。

这里根本不需要有轨电车，可是它却出现了，无情地出现在伊灵。有人忧伤落泪，有人咬牙切齿，阿加莎则首度发表了文学作品，一首写于电车运行第一天的诗。这首诗由四小节构成，姨婆恳请一位常去她家作客的老绅士，曾任将军、陆军上校和海军上将保镖，去一趟当地报社，向编辑推荐这首诗。我还能记起第一节，是这样的：

> 电车通行头一遭
> 招摇过市多荣耀
> 太平一日都不到
> 就已传来新情报

这一节以后，我转而嘲弄"鞋子夹脚"。（"鞋子"^①里面发生了电气故障，导致电车运行了几小时之后就停运了。）当我从报纸上读到自己写的诗时，感到欢欣鼓舞。但这并没有促使我考虑将来走上文学写作这条道路。

我考虑的事情仅有一桩——拥有幸福美满的婚姻。我和我的朋友们一样，对此深信不疑。我们都知道幸福就在前方等着：我们渴望爱情，希望得到关怀、珍爱和赞扬，希望可以尽情地做我们想做的事情，同时也把丈夫的生活、事业及成功作为我们引以为豪的职责，摆在生活的首位。我们不需要什么兴奋剂或者镇静剂，对于生活我们信心十足，而且乐在其中。我们也会偶感失望，有不愉快的日子，然而纵观人生，仍是其乐无穷。也许对如今的姑娘来说，生活同样充满了乐趣，只是看起来不快乐。我忽然想到，她们大概很享受忧郁，有些人就属于这种类型，她们好像更偏爱沉溺于情感危机。她们甚至喜欢焦虑，没错，现在的时代我们有的是焦虑。当年我们这一代人常常会遇到家境没落，想要的东西连四分之一都难以得到满足。那么我们又为什么能如此热爱生活呢？难道是我们的心中有一种如今已不再出现的活力吗？是不是因为教育，或者更糟，因为过度教育导致焦虑，为怎样的生活更适合自己而焦虑？

我们则更像野花——也常常像野草。尽管如此，我们却生机勃勃，奋力穿过铺路石和石板间的缝隙，哪怕植根在不毛之地，也立志张开生命的风帆，享受生活的乐趣，在阳光下成长，直至有人走来，踩在我们身上。即使遭到暂时的摧残，我们也很快就会重新昂首挺胸。如

---

① "鞋子"原文为 shoe，指集电靴，电车上用来把电从第三轨接过来的滑动触盘。

今，哎，生命像是被施了除草剂（选择性地！）——我们不再有第二次抬头的机会，我指那些被说成是"不适合生存的人"。在我们那个时代，从来没有人会被告知是不适合生存的。就算有，也没人会相信。只有谋杀犯才是不适合生存的。而如今，对一名谋杀犯你恰恰不能说他是不适合生存的。

身为一个女孩子——我是说，身为一个未成年的女人——最令人激动的是，你会觉得人生是一场很奇妙的赌局。你无从预料将要降临到你头上的是什么，这使得成为一个女人的过程是如此激动人心。不必操心未来应该怎么做，不必担心未来会如何——生物学自然会做出抉择。你在期盼着那个男人，一旦他出现在你面前，就会彻底改变你的生活。在生命的开始阶段，你可以尽情表露心迹。"我应该嫁给一个外交官……我会很开心，出国到世界各地观光……"或者"我不想嫁给一个水手，不愿意大部分时间都住在沿海地区。"或者"我要嫁给一位桥梁建筑师或探险家。"整个世界都向你敞开，但是并不能由你选择，你只能听凭命运的决断。你也许会遇到各种人，也许他是个酒鬼，你的婚姻并不美满，然而这种未知性令你更加激动。而且你所嫁的并不是某人的职业，而是有血有肉的人。用老一辈保姆、奶妈、厨子和女佣的话来说："迟早有一天，如意郎君就会闯入你的生活。"

我记得在我很小的时候，看到母亲一个很漂亮的朋友在参加舞会前让姨婆的厨子老汉娜帮她穿衣服。她准备系上一根胸衣的带子，胸衣很紧。"现在，菲莉丝小姐。"汉娜说，"一只脚撑住床边，人往后仰——我要拉紧了，屏住呼吸。"

"哦，汉娜，我受不了了，真的受不了，我都喘不上气了。"

"别着急，我的宝贝，你可以好好呼吸。晚餐你可能吃不下太多，那是好事，因为年轻小姐不应该在人前吃得太多，那是不雅致的。你的一举一动必须表现得像一位真正的淑女。好了，我这就拿软尺量一下——十九英寸半。我可以让你变成十九英寸[①]。"

[①]相当于腰围一尺四。

"十九英寸半就很好了。"受难者气喘吁吁地说。

"你到了那儿一定会高兴起来的。假设如意郎君今晚就会到来呢?你不想腰身粗大地跑过去让他看到吧?"

如意郎君,有时也被更优雅的字眼称作"你的真命天子"。

"我实在不知道该不该去参加这个舞会。"

"哦,当然,你应该参加,亲爱的。想一想,你也许会遇到你的真命天子。"

当然啦,这种事在生活中确实会发生。女孩子去参加她们想参加的聚会,或者她们不想参加的聚会,这无关紧要——因为那里会有她们的真命天子。

当然,总有些女孩宣称她们不打算结婚,通常是为了某些高尚的理由。可能她们想做修女,或者护理麻风病人,做一些伟大而重要的事,建立在自我牺牲之上,我觉得差不多是一个必然阶段。信基督教的女孩做修女的热情似乎比信天主教的女孩持久得多。信天主教的女孩更多的是出于职业上的考虑——把这视为人生的一种方式——与此相反,一个基督教徒却是因某种神秘的宗教气氛而心驰神往。当医院的护士也被认为是勇敢的生活方式,背后还有南丁格尔小姐的声望在支撑。可结婚仍是主流,嫁给谁是人生中的一大课题。

到了十三四岁,我察觉出自己在生理和经验上都有了很大的成长,感到自己已不再需要栖身于他人的羽翼之下,我已经能够保卫自己了,甚至觉得自己有责任照顾母亲。我也开始努力了解自己属于哪种类型的人,做什么事会有所造诣,什么事会一事无成,因此不能浪费光阴。我知道自己缺乏敏捷的机智,遇事需要有充分的认真思考的时间,方能决定对策。

我开始重视时间。人的生命中没有什么比拥有时间更奇妙了。我相信如今的人们都没有足够的时间。我小时候和年轻时极其幸运,就因为我有那么多时间。你早上醒来,可能还没完全清醒时就对自己说:"那么,今天我要做什么呢?"你可以选择,选择都摆在你面前,你可以随心所欲地计划。我不是说我没有多少事做(我们有所谓的责任)——当然也有。在家里有很多事要做：有些天要擦洗银质相框，有些天要补袜子，有些天要学一章《历史上的伟大事件》，还有一天要到市里去付所有商店的账单。要写信和短笺，要练琴，要刺绣——但这些事都任我选择，随我的喜好安排。我可以计划自己的一天，我可以说："我想下午再补袜子，上午要到市里去，回来的时候走另一条路，看看那棵树是不是已经开花了。"

每天醒来时我都会有一种感觉，我相信大家都有：一种活着的喜悦感。我不是说你有意识地去感觉，用不着，因为你就在那儿，你就是活生生的，睁开眼睛，又是新的一天，未知旅程中新的一步，这令人激动不已的旅程就是你的生活。生活本身也许并不趣味横生，可它会令你兴奋，因为那是你的生活。这就是生存的秘诀之一：享受生命的恩赐。

不是每天都必然愉快。在最初感到"又是新的一天，多美好啊"之后，你想起十点半要去看牙医，那可不是什么好玩的事。可是最初的感觉还在那里，那就是一种很好的动力。当然，这与性情密切相关。你可能是个快乐的人，也可能性情忧郁，我想这是你无力改变的。但我觉得人是这样的——要么你一直快乐，有时也会发生让你不快乐的事；或者你总是很忧郁，可有些事情也会让你忘记忧郁。很自然，生来快乐的人可能不快乐，生来忧郁的人也可能过得很快乐。可是如果让我在一个孩子的洗礼上给他一份礼物，我会选择天生的乐天。

有一种想法在我看来很奇怪，那就是工作是光荣的。为什么呢？远古时代的人出去狩猎是为了果腹，以求生存。后来人们辛勤耕种，也是为了同样的原因。如今，早早起床，赶上八点一刻的车，在办公室里端坐一天，仍旧是为了同样的原因。这么做是为了果腹，为了能有一个遮风避雨的地方。如果你技艺纯熟且很走运，就能够更进一步过得舒适些，并且有娱乐生活。

去工作是基于经济上的需要。可这为什么是光荣的呢？有一句很老的童谚说："撒旦会为闲着的手找点坏事干。"想一下，小乔治·史蒂芬森①在闲着无事时观察到母亲的茶壶盖起起落落，因为没事可做，他开始琢磨起来……

我不认为需要是发明之母。我的想法是，发明产生于闲暇，可能还产生于懒惰，为了省却麻烦。从敲碎打火石到打开洗衣机，无不如此，这是千百年来人类的一大秘密。

这些年来，妇女的地位无疑变糟了。我们妇女的一举一动，表现得像笨蛋一样。我们吵着要被允许和男人一样工作。男人可不傻，乐得好心地接受这个想法。为什么要养老婆？让老婆自己养活自己有什么不好！她想要做，神啊，让她继续做吧！

好像很可悲，我们多么聪明地建立起"弱势性别"的地位，现在却差不多等同于原始部落的女人，整天在地里辛勤劳作，步行几英里捡拾刺槐做柴火，头上还要顶着锅碗瓢盆等家用物品。而装饰华丽的男性身上除了保护女人的致命武器外一点累赘都没有，大可以心无旁骛地快步开路。

还得看看维多利亚时代的女人，她们需要的时候男人就会在身边。她们建立了脆弱、纤细、敏感的形象——她们永远需要被保护、被珍爱。她们是否就此走向了悲惨、卑屈的人生，被踩躏、被压迫了呢？在我的记忆中，那个时代的妇女不是这样的。回顾我姨婆的朋友们，似乎每一个都异乎寻常地开朗，几乎总能随心所欲。她们坚韧、有主见、饱览群书、见多识广。

请注意，她们对她们的男人都极尽赞美，她们真诚地认为男人们十分杰出——精力充沛，但也有邪恶倾向，容易误入歧途。在日常生活中，女人按照自己的方法行事，同时考虑到男人的优越感而说些好听的话，使她们的丈夫不会感到丢脸。

"你父亲知道怎么做最好，亲爱的。"这是公用的客套话。真正的提议会在私下里出现："我相信你说得很对，约翰，不过我不知道你是否考虑到……"

---

①乔治·史蒂芬森（George Stephenson，1781-1848），第一位成功造出蒸汽机车的发明家。

有一点非常重要，男人是一家之主。一个女人在结婚以后，就要接受他在社会上的地位和他生活的方式，将此视作自己的命运。在我看来，这很有道理，这是幸福的基石。如果你不能面对丈夫的生活方式，就不要接受这个任务——换句话说，就不要嫁给那个男人。比方说有一个布料批发商，是个罗马天主教信徒，他乐于住在市郊，他打高尔夫球，喜欢到海滨度假。如果他是你的真命天子，那么就拿定主意接受他，喜欢他，这并非难事。

你会惊讶地发现，自己甚至可以享受这一切。很少有什么事比做一个接受者和欣赏者更令人向往的了。你可以喜欢并欣赏几乎一切食物和生活方式。你可以欣赏乡村生活、狗、泥泞的人行道；也可以习惯城镇、噪音、人群和喧闹。一方面，在乡村，会有宁静、精神上的安逸、读书的闲暇，编织、刺绣，以及种植的乐趣；另一方面，在城镇则会有戏院、画廊、好的音乐会，以及在乡下根本见不到的朋友。我可以很高兴地说，我几乎可以欣赏任何事情。

有一次我坐火车前往叙利亚（Syria），一个同行者关于胃的观点让我觉得非常有趣。

"亲爱的。"她说，"绝不要向你的胃屈服，如果吃了什么东西让你觉得不对劲，就对自己说：'谁才是主人，是我，还是我的胃？'"

"具体说来你是怎么做的呢？"我好奇地问她。

"所有的胃都可以训练。起先要吃得很少，不管什么都行。以前鸡蛋让我恶心，烤奶酪也会让我特别难受。于是我每个星期吃两三次煮鸡蛋，每次一两勺，然后加一点炒鸡蛋，一步步来，现在我可以随便吃多少鸡蛋了。烤奶酪也一样。记住，你的胃是个好仆人，却是个坏主人。"

这件事令我印象深刻，我答应遵循她的建议，并且照办了——虽然这没多大难度，我的胃历来是个好仆人。

3

父亲去世后,母亲在玛吉的陪同下去了法国南部。我一个人留在阿什菲尔德,由简照顾了三个星期。就在那时,我迷上了一项运动,结识了新的朋友。

在码头上滑旱冰是当时流行的消遣。码头的地面粗糙不平,会使人频频摔倒,但也给人以无尽的乐趣。码头的尽头有一幢类似音乐厅的大房子,冬天闲置,便成了室内滑冰场。滑旱冰还可以去巴思大厅,那里也被称为大会场,就是举行大型舞会的地方。那个地方可高级多了,但是我们更喜欢码头。自备旱冰鞋,花上两便士买一张门票,你就可以进去滑了!赫胥黎家的女孩无法跟我一起参加这项运动,因为她们每天上午要忙着听家庭教师讲课,奥德丽也是如此。我在滑冰场经常遇到的是露西一家。他们都已成年,待我很好,因为他们知道我的母亲遵医嘱去国外休养,只剩我一个人留在家里。

虽然我觉得自己独自待在家非常了不起,可渐渐地也厌倦了。我喜欢点菜——或者说我自以为在点菜。实际上,午餐都是简事先想好的,但她确实表现得好像在考虑我不着边际的意见。"我们吃烤鸭和蛋白酥卷好吗?"我问。简说好的,不过她不确定是否能订到鸭子,至于蛋白酥卷,正好没有蛋白,我们得等到哪天正巧用掉了蛋黄时再说。于是我们最终还是吃贮藏室里现有的东西。亲爱的简实在是非常圆滑,她总是叫我阿加莎小姐,让我感觉地位尊贵。

后来露西一家建议我和他们一起去码头滑旱冰。他们教我学会了穿着旱冰鞋时如何站稳,我迷上了这项运动。我觉得他们是我认识的最好的一家人之一。他们来自华威郡(Warwickshire),美丽的家族宅邸查勒科特属于伯克利·露西先生的叔叔。露西先生一直以为这幢房子会传给他,结果却传给了他叔叔的女儿,她的丈夫改姓为菲尔法斯·露西。我想这一家人都很伤心于查勒科特的旁落,尽管他们从未对外说过什么。大女儿布兰奇是一个清秀的女孩,她比她姐姐大一点,也比她早结婚。大儿子里吉从军了,二儿子在家,他和我哥哥差不多大。然后是两个女儿玛格丽特和穆瑞尔,被称为玛吉和鲁尼,也都成年了。他们有一种非常吸引我的慵懒而又含糊不清的声音。时间在他们看来毫无意义。

滑了一段时间后,鲁尼会看看表,说:"啊,你们看过表吗?看看吧,都一点半了。"

"天啊。"我说,"我步行回家至少还要二十分钟。"

"哦,你还是不要回家了吧,阿琪。跟我们回去吃午饭吧。我们可以打个电话到阿什菲尔德说一声。"

于是我跟他们回家了,大约两点半我们到达时,那只叫萨姆的狗就跑来问候我们——"身材像酒桶,气息像排水管",鲁尼这样形容它——午饭一直放在什么地方保温,于是我们马上进餐。然后他们会说:阿琪,你现在回去太可惜了。我就跟着他们去教室弹钢琴、唱歌。有时我们去沼地探险,约好在托基火车站赶某班火车。露西一家永远迟到,我们总是错过火车。他们错过火车,错过电车,错过一切,却从不慌乱,什么事都不会使他们乱了阵脚。"哦,好吧。"他们会说,"有什么要紧的,一辆接一辆,还多着呢。烦恼也没有用,对不对?"气氛总是轻松愉快。

我生活中最愉快的时段是玛吉回家小住的时候。她每年八月回来。吉米跟她一道来,住上几天就回去工作了。玛吉会带着杰克在家里住到九月底。

杰克对我来说是永不枯竭的快乐源泉。他是个脸颊红润、头发金黄的小家伙,看上去让人很有食欲,我们有时叫他"奶油鸡蛋小面包"。他挺吵闹的,嘴总是闲不住,要想使他开口说话非常容易,但要让他闭上嘴可就难了。他脾气暴躁,常常会像我们说的那样大发雷霆:开始是满脸涨红,继而变紫,憋足了气,直到看起来真的要爆炸了,就是一阵雷霆!

他接二连三地换了好几个保姆,各有各的怪癖。我记得有一个脾气特别坏的,年纪很大,一头蓬乱的灰发。她经验丰富,杰克大发脾气的时候,只有她才能让他不敢出声。有一天他闹得厉害,无缘无故地大叫："你这白痴，你这白痴，你这白痴！"依次跑到每个人面前这么喊。最后保姆责备了他，告诉他如果再这么说就要受罚。"我告诉你我要做什么。"杰克说，"等我死的时候，我会上天堂，我要跑到上帝那里，对他说：'你这白痴，你这白痴，你这白痴！'"他气喘吁吁地停下来，看看他的亵渎会招致什么反应。保姆放下手上的活儿，从眼镜片上面瞥了他一眼，意兴阑珊地说："你以为万能的上帝会理睬你这样的淘气鬼说的话吗？"杰克完全泄气了。

接替这位保姆的是一个叫伊莎贝尔的年轻女孩，她不知为何喜欢把东西扔出窗户。"哦，该死的剪刀。"她会突然低声抱怨，把东西扔到外面的草坪上。杰克在场时也会尝试帮助她。"我帮你扔出去好吗，伊莎贝尔？"他兴致勃勃地问。跟所有的孩子一样，杰克喜欢我的母亲。他总是一大早就跑过去，钻进我母亲的被窝，隔着墙壁我也可以听到他们的谈话。有时候他们谈论人生，有时候母亲会给他讲个故事——一系列的故事，源源不断，人物都是母亲用大拇指扮的：一个叫贝特西·简，另一个叫萨莉·安。一个很乖，一个很淘气，她们的言行逗得杰克不停地哈哈大笑。他总会尝试插嘴别人的对话。有一天有个牧师来共进午餐，有瞬间的沉寂，杰克突然尖叫道："我有一个关于主教的有趣故事。"亲戚们迅速地制止了他，谁知道他会说出什么道听途说的话。

圣诞节期间，我们常去柴郡跟瓦茨一家一起过节。吉米每年这时候休假，他和玛吉会去圣茅利茨（St. Moritz）住三周。他滑冰滑得很好，这是他最理想的度假方式。母亲和我会去齐多（Cheadle），因为他们的新居"庄园小屋"还没有建好。我们在艾本尼堡与老瓦茨夫妇以及他们的四个孩子，还有杰克一道欢度圣诞。对于孩子来说，在这座宅子里过圣诞节是再好不过的了。那是一幢宏伟的维多利亚时代哥特式风格的建筑，有许多房间、走廊、台阶、前后楼梯、阳台和壁龛——有孩子们喜欢的一切——还有三架不同型号的钢琴和一架风琴。那里唯一缺少的就是阳光，除了那间贴着绿色墙纸、有大窗的大客厅之外，到处都非常昏暗。

楠·瓦茨和我现在是密友了。我们不仅是朋友，还是饮伴——我们都喜欢同一种饮品：奶油，什么都不掺的普通纯奶油。尽管我在德文郡的时候吃了大量的德文郡冻奶油，可生奶油带来的快感还是有过之而无不及。楠和我一起住在托基时，我们会去市区的奶品店喝一杯一半牛奶一半奶油的饮品。我和她一起住在艾本尼时，我们就去家庭农场喝半品脱的奶油。我们这一生都持续着这样的你来我往。我还记得在森尼代尔（Sunningdale）时，我们买好纸盒装的奶油，走到高尔夫球场，坐在高尔夫俱乐部室外，等待着我们各自的丈夫打完他们的比赛，每人喝上半品脱的奶油。

艾本尼是贪吃者的天堂。门厅的一侧，有一间瓦茨太太的贮藏室。它与姨婆的贮藏室不同，没有像金库那样紧锁着，而是允许家人自由出入，各取所需。里面靠墙摆满了架子，上面存放着各种美味佳肴。有一面架子上放的全是巧克力，一盒一盒的，上面贴有各色商标，还有巧克力奶油。室内还有饼干、姜饼、各种水果罐头、果酱，等等。

圣诞节是至高无上的节日，是不会被忘记的。圣诞袜挂在床上，早餐时每个人都另有一张堆满了礼物的椅子。饭后大家匆匆赶去教堂，然后回来拆礼物。两点钟圣诞大餐时，窗帘全都拉下来，装饰物和灯光灿烂夺目。首先上牡蛎汤（我不喜欢这个）、大比目鱼，然后是煮火鸡、烤火鸡和一大块烤牛腰肉。接下来是李子布丁、肉馅饼，还有一个松糕[1]，里面塞满了六便士硬币、小猪、戒指、"单身汉的纽扣"小饼干之类的东西。在此之后又是种类繁多的甜点。我曾经写过一个短篇叫《雪地上的女尸》(The Adventure of the Christmas Pudding)[2]，里面就描述了一场这样的盛宴。这也是我确信如今的年轻一代不会再经历的事情之一，我真的很怀疑，如今还有没有人的消化力能承受这样的盛宴。反正当时我们的消化力确实完全能够承受。

我总要跟汉弗莱·瓦茨比谁更能吃。他是瓦茨家的次子、吉米的弟

---

[1] Trifle，一种英国传统甜品，主要配料有水果、奶油、饼干、干果等，有些做法还加入酒精。
[2] 原书名直译为"圣诞布丁的冒险"。

弟，我想他当时应该二十一二岁，而我十二三岁。他是个非常英俊的年轻男子，也是一个好演员，一个很棒的表演者和讲故事的人。尽管我经常爱上什么人，但我觉得我并没有爱上过他，这很令人惊讶。我猜当时我的爱慕还停留在不切实际的浪漫阶段——我关心的都是公众人物，例如伦敦主教，西班牙的阿方索国王，当然还有各种类型的演员。我记得我在看了《奴隶》(The Bondman)后深深地爱上了亨利·艾因利，并且刚好赶上"热衷华勒热"，和当时所有的姑娘一样，我一心一意地爱上了《博凯尔先生》(Monsieur Beaucaire)中的路易斯·华勒。

汉弗莱和我在圣诞大餐上都是一刻不停嘴。他牡蛎汤喝得比我多，但在其他方面我们并驾齐驱。我们都先吃烤火鸡，后吃煮火鸡，再吃四到五大片牛腰肉。长辈们一般只吃一种火鸡，不过我记得瓦茨先生吃了牛肉也吃了火鸡。然后我们继续吃李子布丁、肉馅饼和松糕。我会对松糕手下留情，因为我不喜欢葡萄酒的味道。此后还有咸饼干、葡萄、桔子、埃尔瓦斯李子、卡尔斯巴德李子和水果蜜饯。最后，在下午，又会从贮藏室里拿出品种各异的巧克力给我们解馋。在我的记忆中，有没有第二天不舒服的？有没有反胃？没有，从来没有。我记得的唯一引起胆汁逆流的，是在九月份吃了不熟的苹果。我几乎每天都吃不熟的苹果，不过有时吃得太多了。

我很清楚地记得，我在六七岁的时候吃了蘑菇，然后晚上大约十一点钟时醒来，很难过，便冲下楼去，跑到客厅里。母亲和父亲正在招待一众客人，我戏剧性地宣告："我要死了！我要被蘑菇毒死了！"母亲急忙安慰我，给我喝了一剂吐根酒——那时候每户人家的药柜里都有这种药酒——让我确信自己还没到死的时候。

至少我不记得曾在圣诞节生过病。楠·瓦茨和我一样，她的胃口也非常好。真的，实际上就我所知，那时似乎每个人都有很好的胃口。我想，当年患有胃溃疡或十二指肠溃疡的人也必须注意饮食，不过我不记得有谁只靠吃鱼和牛奶过活。那是一个粗俗的、贪吃的时代？算是吧，不过也是尽情享乐的时代。想想我年轻时的巨大食量（因为我总是会饿），简直无法想象我是如何保持那么瘦的——一只真正的瘦小鸡。

圣诞节的午后，长辈们会舒适地休息一会儿。年轻人们则读书、拆礼物、吃更多的巧克力等。接下来会有非常棒的下午茶，有一个大大的冰淇淋圣诞蛋糕，以及其他好吃的。最后是晚餐，吃冷火鸡肉和热的肉馅饼。大约九点，圣诞树出场，上面挂着更多的礼物。绝妙的一天，一直到下一年，又一个圣诞节来临，谁都不会忘记。

一年之中，除了圣诞节之外，平时我和母亲也会来艾本尼小住。这座宅邸让我留恋。在院子里的车道底下有一条地道，我发觉那是我表演各种历史故事和戏剧的好地方。我常常大模大样地走着，一面口中念念有词，喃喃自语，一面双手比画挥舞。我敢肯定，园丁们准以为我精神失常了，但我只是进入了角色。我没想过要把构思的东西写下来，对园丁们的想法也不屑一顾。即便在今天，我也时常一边散步，一边自言自语，思考如何把不合适的一章改得恰当。

我的创造力还表现在绣制沙发坐垫上。当时坐垫很流行，尤其是绣花坐垫，备受欢迎。我绣得不亦乐乎，开始是买各种绣花图案，用熨斗压在一方方缎子上，再用丝线绣制。后来我对那些千篇一律的图案厌倦了，就自己动手将瓷器上的花样描下来。家里有一些柏林和德累斯顿产的瓷花瓶，上面有精美的花卉图案。我把它们临摹下来，尽量再现它们的色彩。B外婆听说我在绣花，颇为高兴。她大半生都在刺绣，想到外孙女会继承自己的事业，她万分欣喜。然而我却没能达到她那样高超的技艺，没有像她那样，能够绣制山水风景和人物肖像。我现在还有两块她的壁炉屏风，一块绣的是牧羊女，另一块绣的是一棵树下的牧羊人和牧羊女，正在树皮上写字或画了一颗心，手工非常精致。在那漫漫冬日里，那些伟大的夫人们在绣制贝叶挂毯[①]时是多么心满意足啊。

在吉米的父亲瓦茨先生面前，我总会感到难以名状的羞涩。他总叫我"小梦想家"，使我窘迫不已。他时常问我："又在幻想什么呀，

[①]贝叶挂毯（Bayeux Tapestry）不仅是杰出的刺绣艺术品，还记录下了整个黑斯廷斯战役的前后过程，是极其珍贵的文化艺术品。现存于法国贝叶挂毯博物馆。

我们的小梦想家？"弄得我满面绯红。他还常要我为他弹奏或演唱充满感伤情调的歌曲。我识谱能力极强，他动不动就拉我到钢琴旁，为他演唱他心爱的歌曲。我不太喜欢那些歌，但唱歌总比跟他聊天要轻松一点。瓦茨先生是个艺术家，擅长画荒野和日落等风景画。他还是很有名望的收藏家，专事收藏古老的橡木家具。除此之外，他和他的朋友弗莱彻·莫斯还从事艺术摄影，出版过几部著名建筑的摄影集。我真希望自己当时在他面前不那么羞答答的，可我当时正处于女孩子最怕羞的年纪。

我非常喜欢瓦茨太太。她活泼、欢快，非常非常实在。楠比我大两岁，沉溺于做一个令人望而生畏的孩子，特别喜欢大喊大叫，言行粗鲁，还喜欢骂人。每当她的"该死"和"讨厌"声不绝于耳之时，瓦茨太太就会心烦意乱。她也不喜欢楠对她说："哦，别这么傻，妈妈！"她接受不了女儿这样对她说话，可是这个世界恰恰已经进入了一个讲粗话的时代。乐在其中，尽管事实上我深信她非常喜欢她的母亲。哦，当然了，绝大多数母亲都会有一个时期在某个方面备受自己女儿的折磨。

节礼日[①]那天，大人们会带着我们坐火车去曼彻斯特观看童话剧——都是一些优秀的剧目。我们坐火车回来，唱着剧中的每一首歌，瓦茨一家用夸张的兰开夏郡口音演唱那些戏剧歌曲。我记得我们全体大声唱出："我出生在星期五，我出生在星期五，我出生在星期五，正巧（声音渐强）母亲不在家！"还有："看着火车进站，看着火车出站；我们看见了，火车全都进了站，我们看见了，火车全都熄了火。"最受欢迎的是汉弗莱忧郁的独唱："窗啊，窗啊，我把它推出窗啊；我不痛啊，亲爱的妈妈；我把它推出窗啊。"

童话剧最早不是他们带我去曼彻斯特看的。我平生第一次观看童话剧是在特鲁里街，由姨婆带着去的，看的是丹·莱诺（Dan Leno）的《鹅妈妈》（*Mother Goose*）。这部童话剧的剧情我至今仍记忆犹

[①]圣诞节次日，英国法定节假日。

新。一连几个星期，我都梦见了丹·莱诺——我觉得我生平从未见过那么了不起的人。就在观看演出的那天晚上，发生了一件激动人心的事情：两位小王子就坐在皇家包厢里看戏，那位人称爱迪的王子[①]不慎将自己的节目单和看戏用的小望远镜落到包厢下方正厅前排我们座位的近旁。令人振奋的是，爱迪王子没有指使侍从，而是亲自走下包厢，拾起节目单和小望远镜，彬彬有礼地向我们道歉，说但愿这些东西没有碰伤我们。

那天夜里我躺在床上想入非非，幻想着有一天，我会嫁给爱迪王子。也许他落水遇难，被我救了上来，由此引出一段罗曼史……王后恩准了我们的婚事。或者是一场车祸，王子流血过多，奄奄一息，我为他输了血。像托比伯爵夫人[②]那样，我也有了封号，与王子结为伉俪。然而，就算是只有六岁的孩子，也明白这样的幻想太过荒谬，不会持续很久。

我的外甥杰克大约四岁时曾为自己安排了一段美满的王室联姻。"妈咪。"他说，"如果你嫁的是爱德华国王[③]，我应该会变成王室成员。"姐姐说别忘了还有王后呢，还有杰克的父亲也是个问题。于是杰克重新安排了一下："假如王后死了，再假如爹地……"他巧妙地停顿了一下，"假如爹地，呃，不在那儿，再假如爱德华国王……只看到了你……"他就此打住，留待大家想象。很明显，爱德华国王昏了头，接着杰克很快就会变成国王的继子。

"我在听布道的时候查了祷告书。"大约一年之后，杰克对我说，"我本来想等我长大以后娶你为妻，安琪，可是我查了祷告书，中间有一张表，我看到主不让我这么做。"他叹了一口气。我对他说他能这样想我很受宠若惊。

[①]两位王子分别指未来的英国国王爱德华八世（1894-1972）和乔治六世（1895-1952）。"人称爱迪的王子"指爱德华八世。
[②]指沙皇大公夫人索菲亚·托比，二人跨越阶级的婚姻不被当时的俄国社会所接受，无奈迁往英国。幸好二人在英国受到维多利亚女王的爱戴，赐予索菲亚伯爵夫人的称号。
[③]指爱德华七世。

4

游泳是我人生中的一大乐趣,直到今天仍然如此。但是因为风湿,我下水很困难,更不要说出水了,否则的话我会继续享受游泳。

在我大约十三岁的时候,社会发生了巨大的变化。记得从前的海滨浴场是男女严格分开的,设有女士专用浴场。那是一处多石的小海湾,在巴思大厅左侧。海滩的坡度很大,有八辆更衣车①停候在那里,由一位脾气暴躁的老头儿照看,他的职责就是不停地把更衣车降至水中或者升上来。你跨进漆着华丽条纹的更衣车里,关好两边的车门,开始更衣。你要格外当心,因为不一定什么时候,那位老头儿会突然决定该你下水了。这时,机车就会颤颤巍巍地碾过松散的石子,颠簸得厉害,就像如今的吉普车或者越野车穿越沙漠中乱石密布的地带。

更衣车的急停就和启动一样突然。此时你已经换下衣服,穿上游泳衣。这是一种毫无美感的衣服,通常由蓝色和黑色的羊驼毛织成,缀着无数的裙边、荷叶边、褶边,下面遮没到膝盖,上面遮没到肘部。等穿好了,就打开朝着水面那一侧的门。如果管事的老头儿对你好的话,车会恰好停在海水浸到的最高一层阶梯上。你走出车子,迈进刚好齐腰深的水中,开始游泳。不远处有一只小筏子,可以游到那里爬上去休息。落潮的时候小筏子离得很近;涨潮时,就得游一段很长的距离才能到达。到了那儿,你就基本上可以独自享用这只小筏子了。在水里你随便游多长时间都可以。我每次游的时间都大大超过了陪我来的大人们所规定的钟点。他们远远地向我招手,示意我上岸。可我一旦登上小筏,他们的声音便很难传得那么远,很难把我叫回去了,我会继续朝着相反的方向游去,总能随心所欲地拖延时间。

当时可绝对没有什么日光浴,出水后,谁都是立刻就钻进更衣车。车子还是会突然启动,将游泳者载上岸来。最后走出来的时候你会脸色发青,浑身颤抖,手和脸僵硬麻痹。我得说这对我毫无损害,大约

---

① Bathing machine,流行于十八至十九世纪的英国,用于人们更换泳衣并直接入水,以防被他人看到身着泳衣的不雅形象。

三刻钟后,我的身上就非常暖和了。然后我就会坐在海滩上,吃一只小圆面包,同时听着对我不早点回来这种恶劣行径的训诫。姨婆总有一系列的训诫实例,她会解释给我听弗克斯太太的小男孩("多可爱的小家伙呀")是如何因肺炎而死,完全是因为不听大人的话在海里待得太久了。我享用着我的葡萄干小圆面包,或者别的什么吃的,恭恭敬敬地答道:"不会了,姨婆,下次我不会在海里待那么久了。可是姨婆,其实水里很暖和。"

"很暖和,真的吗?那你为什么从头到脚都在发抖?为什么你的手指都发青了?"

有大人陪伴,尤其是姨婆,好处就是我们可以从滨海大道坐马车回去,而不用步行一个半英里走回去。托贝湾游艇俱乐部位于灯塔台上,就在女士专用浴场上面。虽然从俱乐部的窗户完全看不到海滩,但小筏子附近的海面是能看见的。按照父亲的说法,有很多先生都把时间花在用看戏的望远镜观看近似全裸的女人们展现身材上,并以此为乐!但我觉得,穿着这种不成形的泳衣根本谈不上性感。

男子海滨浴场在离海岸更远一些的地方。男人们只穿一条三角裤,在水中尽情地畅游,远离女人们的视线。然而,时代渐渐变了,男女混合浴场逐渐遍布了整个英国。

男女混合游泳带来的变化首先就是比以前穿得更多。即使是法国女人,也总会穿上长筒袜游泳,这样,才不会被人注意到罪恶的裸腿。我毫不怀疑,天生丽质的法国女人把自己从脖子到手腕都包起来,却用可爱的薄丝长筒袜勾勒出美腿的轮廓,比她们去穿英国式带裙边的羊驼毛游泳衣要迷人多了,也诱人多了。我真不明白为什么腿会被认为是如此不雅的。想想在狄更斯的小说里,小姐们要是认为自己的脚踝被人看到了都会尖叫。"腿"这个词都被认为是粗鲁的。我小时候,如果你提到了身上的某些部位,总会听到这样的警告:"记住,西班牙王后是没有腿的。""那她有的是什么,奶妈?""肢体,亲爱的,我们就这么叫,手臂和腿都是肢体。"

我仍然觉得这么说很怪。"我的肢体上长了个斑,就在膝盖下面。"

这让我想起我外甥的一个朋友的事。她描述了她小时候的一段经历。当时，她听说她的教父要来看她，她从来没有听说过有这么一个人，因此激动不已。那天晚上，大约凌晨一点，醒来的她想了一会儿这件事，在黑暗中开口道："奶妈，我有一个教父啦。"

"嗯。"一个含混不清的声音答复她。

"奶妈。"声音高了一点，"我有教父啦。"

"是啊，亲爱的，是啊，很好。"

"可是，奶妈，我有……"声音又高了一点，"教父啦。"

"是啊，是啊，翻个身，亲爱的，继续睡吧。"

"可是，奶妈，"声音再高一点，"我有教父啦！"

"啊。快揉揉，亲爱的，揉揉。"（"我有教父啦"I've got a godfather；与"我身上有斑"I've got a spot 发音相近，奶妈正睡得糊里糊涂，听错了才说"快揉揉"。）

实际上直到我第一次结婚以前，游泳衣都还保持着传统风格。虽然当时男女混泳已经被接受了，但那些老妇人和更守旧的家庭仍然持怀疑态度。然而，社会进步的潮流太汹涌了，让人无法抗拒，即使我母亲也不例外。我们经常去允许男女混泳的那些海滩。最初被允许的是托基教堂海滩（Tor Abbey Sands）和科尔宾之首海滩（Corbin's Head Beach），多少算是市内的主要海滩。但我们没去那里游泳——这几处海滩都太拥挤了。接下来被允许男女混泳的是贵族化的梅德福特海滩（Meadfoot Beach）。去这个地方还要多走二十几分钟的路程，得步行两英里多。然而梅德福特海滩比女士专用浴场吸引力大多了：更大，更宽，如果你体力好，可以游到较远处一块可以爬上去的大石头那里。女士专用浴场仍然保持着神圣的与世隔绝，男士们可以在男子浴场穿着时髦的三角裤继续享受他们的宁静。就我记忆所及，男士们并不急于享受男女混泳的乐趣，他们坚守着他们的私有禁区。如果去梅德福特海滩，就有可能以近乎全裸的样子遇到姐妹的朋友，他们也会非常难为情。

起先，我被要求在游泳时必须穿长筒袜。我不知道法国女孩是怎么保住她们的长筒袜的,反正我是没办法做到。游泳时用力蹬几下腿,我的长筒袜就会长长地拖曳在脚趾头上,之后不是被完全卷走,就是在我出水时像脚镣一样绕在脚踝上。我想,那些时装大片上游泳的法国女孩之所以那么潇洒,是因为她们根本没有真的游泳吧。她们只是缓步走进水中,然后再走出来,在海滩上搔首弄姿。

有一个发生在市镇议会上的悲惨故事。会上要终审关于允许男女混泳的议案,一位非常老的议员本来激烈反对,但最后失败了。他颤抖着提出最后的恳求:

"我只想说,市长先生,如果这个男女混泳的议案通过,更衣车里必须设置适当的隔板,不论多低都可以。"

玛吉每年夏天都带着杰克来托基,我们几乎天天都去游泳。即使刮风下雨,也打消不了我们的兴致,事实上,我更喜欢在那样的天气在海上活动。

很快,伟大的新事物——有轨电车出现了,可以从巴顿路搭有轨电车坐到海港,再步行二十分钟,就到梅德福特了。杰克大约五岁的时候,他开始抱怨:"我们下了电车,再坐马车去海滩怎么样?""当然不行。"姐姐惊骇地说,"我们都坐电车坐了这么远了,不是吗?接下来要步行到海滩去。"

外甥叹了一口气,屏息说:"妈咪又抠门了!"

步行上山的路两边都是意大利式的别墅。我那小小年纪的外甥开始寻机报复,他一刻不停地说着话,唱着他自己编的格里高利教皇的圣歌,主要内容是反复念叨我们经过的宅邸的名字:"兰卡、潘特雷夫、埃尔姆、玛格丽塔别墅、哈特里·圣乔治。"慢慢地,他又加上他认得出来的居住者的姓名:"兰卡,G.瑞弗德·兰卡博士;潘特雷夫,奎克·潘特雷夫博士;玛格丽塔别墅,卡瓦莱恩夫人;桂宅,不认得。"最后,狂怒的玛吉或我会叫他闭嘴。

"为什么?"

"因为我们俩要聊天,你老是说个不停就会打断我们,我们没法谈话了。"

"哦，那好吧。"杰克不再出声，然而他的嘴唇仍在动，呼吸间仍能听到微弱的声音，"兰卡，潘特雷夫，小教堂，托贝湾大厅……"玛吉和我面面相觑，竭力找点话说。

有一年夏天杰克和我差点儿淹死。那天风浪很大，我们没去梅德福特那么远，而是去了女士专用浴场，杰克还没到会因女性的胸部而兴奋的年纪。他当时还不会游泳，只会扒两下，因此我习惯于背着他游向小筏子。那天早上我们照例出发，可是那天的海水有点古怪——大浪和一连串不规则的小浪混合而出——加上背上的额外负担，我发现几乎不可能让嘴和鼻子保持在水面以上。我在游，可是没法呼吸。潮水还不高，所以小筏子离我并不远，可是我进展甚微，每划三下水只能呼吸一次。

突然，我意识到我不行了，随时都会窒息。"杰克。"我上气不接下气地说，"快下来，游到小筏子那里，你离小筏子比离岸近。""为什么？"杰克说，"我不要。""请——下——"我吐了个泡泡，头沉下去。很幸运，虽然杰克开始时还紧贴着我，但还是脱离开来，得以靠自己的力量往前游。我们当时已经非常接近小筏子了，他没费多大劲就游到了那儿。那时候我已经没法注意别人都在干什么了，脑子里唯一强烈的感觉就是愤怒。我总听人家说，溺水的时候，往事会一时间全部涌现在你眼前。还听人家说，垂死时会听到美妙的音乐。但根本没有什么美妙的音乐，也想不起任何人生经历，实际上，除了想怎么才能多呼吸一点空气到肺里之外，我什么也想不了。一切都暗下来，暗下来，暗下来……接下来我所知道的就是被粗暴地扔到了船上，感受到猛烈的撞击和疼痛。老海马，那个一直被我们认为古怪、无用的老头儿，却拥有足够的判断力。当他注意到有人溺水，就立刻登上了专用的小船，划过来救我。把我扔到船上以后，他又多划了几下，来到小筏子那里，不顾他的喊叫，把试图抵抗的杰克抓了进来。"我还不想走呢，我刚到这儿，我要在小筏子上玩。我不要上船！"载满各式各样货物的小船到达了海边，姐姐乐呵呵地从海滩上跑过来说："你们在做什么呢？怎么这么大惊小怪的？"

"你妹妹差点儿淹死。"老头儿没好气地说,"来啊,把你的孩子抱过去。我们要把她放平,看看是不是需要捶几下。"

我想他们捶了我几下,尽管我觉得自己当时并没有完全失去意识。

"我真不明白你是怎么看出她溺水了的,她怎么不呼救呢?"

"我留意着呢,一旦溺水,你是不可能喊得出来的——水会呛进去。"

从那以后,我们都对老海马非常敬重。

如今我们与外界的来往比父亲在世时少多了。我有自己幻想中的朋友,母亲则只与一两位知己交往,几乎没有什么社交活动。这都是因为家里经济拮据,母亲手头没有多余的钱来交际应酬,也付不起去赴宴的马车费。母亲历来适应不了走远路,又患有心脏病,因此她极少出门访友。在托基,无论去哪儿,出门都要上坡下坡。我夏季游泳,冬季滑旱冰,有大量的书籍阅读,从书中获得了无尽的乐趣。这一时期,母亲常为我朗读狄更斯的作品,我们俩都喜欢他的著作。

朗读起初从沃尔特·司各特爵士(Sir Walter Scott)的作品开始,我最喜欢的作品之一是他的《护符》(The Talisman)。我还读了他的长诗《玛米恩》(Marmion)和《湖上夫人》(The Lady of the Lake)。后来,我和母亲又都把兴致转向狄更斯的小说。母亲素来缺乏耐性,阅读时总会随意跳过一些段落。朗读沃尔特·司各特爵士的作品时,她常常读着读着就忽然冒出一句:"下面是大段的描写,文笔倒是优美流畅,不过看太多会厌烦。"我想她一定也将狄更斯作品中一些忧郁伤感的段落悄悄地略去了,尤其是描写小耐尔的那些段落。

我们最先读的狄更斯的作品是《尼古拉斯·尼克贝》(Nicholas Nickleby),我特别喜欢的人物是那位老绅士,他把西葫芦扔过墙向尼克贝太太献殷勤。这是不是我让赫尔克里·波洛退休去种西葫芦的原因之一?谁知道呢。在狄更斯的所有作品中,我最喜欢的是《荒凉山庄》(Bleak House),至今仍爱不释手。

偶尔我们也试着阅读萨克雷(William Makepeace Thackeray)

的作品换换口味。我们顺利地通读了《名利场》(*Vanity Fair*)，但在读《纽克姆一家》(*The Newcombes*)时却读不下去了。"我们应该喜欢这部作品。"母亲说，"大家都说这是萨克雷最优秀的一部小说。"姐姐最喜欢的萨克雷的作品是《埃斯蒙德》(*Esmond*)，但这部作品也让我们感到晦涩和冗赘。我虽然应该欣赏萨克雷，但事实上我从来不曾喜欢过他。

在我自己阅读的书籍中，这一时期让我入迷的是法文版大仲马(Alexandre Dumas)的《三个火枪手》(*The Three Musketeers*)、《二十年后》(*Twenty Years After*)和《基督山伯爵》(*The Count of Monte Christo*)，尤其是《基督山伯爵》的第一卷《伊芙堡》(*Le Château d'If*)。尽管后面五卷对我来说偶有困惑之处，但整部著作气势宏大，波澜壮阔，令我心醉神迷。我当时对莫里斯·休利特(Maurice Hewlett)的作品也有一种罗曼蒂克式的爱，像《林中情侣》(*The Forest Lovers*)、《王后篇章》(*The Queen's Quair*)和《理查德的是与非》(*Richard Yea-and-Nay*)，这些都是优秀的历史小说。

有时我母亲会突然冒出个念头。我记得有一天我正在苹果树下挑选合适的苹果，她像一阵旋风似的从房里跑过来。"快。"她说，"我们去埃克塞特。"

"去埃克塞特？"我惊讶地问，"干什么？"

"因为亨利·欧文爵士在那里演出《贝克特》(*Becket*)，他也许活不了多久了，你得看看他，他是个伟大的演员。我们正好能赶上那班火车，我已经在饭店订了一个房间。"

我们及时赶到了埃克塞特，《贝克特》真是一场非常精彩的演出，我至今都难以忘怀。

戏院始终是我生活中必不可少的一部分。住在伊灵的时候，姨婆每星期至少带我上一次剧院，有时两次。音乐喜剧我们一场不落，散场时她还会购买剧中音乐的乐谱。我太喜欢弹奏那些曲子了！伊灵的姨婆家中，钢琴摆在客厅里，我可以一连弹上几个小时而不会打扰任何人。

伊灵的客厅很古色古香，可是几乎没有踱步的空间。地上铺着一块上等的土耳其厚地毯，还有各种类型的锦缎面的扶手椅，每张坐起来都不舒服。有两个或三个镶花的瓷器橱、一个大大的枝状主烛台、标准油灯、很多小架子和备用桌子，以及法国帝国风格的家具。阳光多少被暖房挡住，那是声望的必要象征，所有注重地位的维多利亚时代的房子都这样。房间总是很冷，壁炉只有在举行聚会的时候才生火。通常除了我谁都不会进去，我会点亮钢琴前那个支架上的蜡烛，调整琴凳，对着手不停哈气，然后弹起《乡下姑娘》(*The Country Girls*)或《我们的布吉斯小姐》(*Our Miss Gibbs*)。有时候我会给"女孩子们"分配角色，有时候自己把每个角色的歌都唱出来，做一个默默无闻的小明星。

我把那些乐谱带回了阿什菲尔德，晚上在教室（冬天这里也非常寒冷）里弹唱。母亲晚上经常在吃点清淡的东西以后，大约八点就早早地上床休息了。我则在她卧室上方的房间里一边弹钢琴一边高声唱歌。大约两个半小时，母亲实在忍受不了了，就会用一根拉窗帘的长杆急促地捅捅天花板。而我就会不胜惋惜地离开钢琴。

我也曾构思过一出独幕小歌剧，剧名叫《玛乔里》(*Marjorie*)。我并未把它全部写出来，倒是在庭院里试唱过一些片断。我隐约感觉到将来有一天，自己会真的谱曲。我甚至试着写过一部剧本，但后来又搁置一边了。整个剧情已经记不清了，只记得它具有悲剧气质。一位优秀的男高音歌唱家不顾一切地爱上了一位叫玛乔里的姑娘，而玛乔里并不爱这位年轻的歌唱家。后来，歌唱家与另一位姑娘结了婚，可是就在举行婚礼的当天，他收到玛乔里从遥远的乡下寄来的一封信，说她即将离开人世，而她意识到自己是爱他的。年轻的歌唱家离开了新娘，风尘仆仆地赶到玛乔里的身边。当他到达的时候，玛乔里已处于弥留之际。但她居然还用一只胳膊肘支撑着身体，唱了一支动人的情歌。新娘的父亲发誓要为被抛弃的女儿复仇，也随之而来。但是，这对情人的不幸深深地感动了他。最后，他以男中音加入了这对情人的演唱，这成为歌剧史上最著名的三重唱唱段之一。

我还曾有个感觉，认为我也许可以写一部叫《艾格妮丝》(*Agnes*) 的长篇小说。我已经记不清我所构思的故事情节了，书中好像有姐妹四人：大姐奎因妮，一头金发，长得妩媚动人；老二和老三是孪生姐妹，深色皮肤，文雅端庄；最小的艾格妮丝容貌一般，腼腆且体弱多病（这是必然的），常常静卧在沙发上。故事很长，大多我都忘了，只记得艾格妮丝的魅力后来终于被一位留着唇髭的名人发现，许多年来艾格妮丝一直悄悄地爱着他。

　　此时我的母亲再次突发奇想，忽然感到我受的教育不够，应该到学校里读一段时间书。托基有一所盖耶小姐办的女子学校，母亲为我办好了手续，每周去学校听课两天，学几门必需的课程。我记得有算术、语法和作文。我对算术的兴趣始终未减，大概就是在这所学校里，我学习了代数。令我头痛的是语法课，我想不通为什么一些词被称作介词，为什么某些动词只能采用某些固定的用法，这些语法对我来说简直像外语一样难懂。我曾满腔热情地学习作文，却没有什么大的成就。老师的评语总是说我的文章太过于空想了，严厉地批评我写作文容易偏题。我还记得我的一篇以《秋》为题的作文，文章开头写得还不错，描写了金色和褐色的秋叶，可是，鬼使神差地突然笔锋一转，写起一头猪来了。也许是因为写到这头猪在林间的土地上拱出一些橡树果，接着就大写特写起来，完全忘却了《秋》的题目。我写了这头猪许多奇异的历险，文章最后以它为朋友们举行盛大的山毛榉坚果宴会结束。

　　我记得那里的一位老师，但想不起她的名字了。她又瘦又小，我还记得她那显示出热忱的突出下巴。有一天（我想应该是一堂数学课上到一半的时候），她突然开始发表一通关于人生和宗教的演说。"你们所有人，"她说，"你们每一个人，都会经历一段面临绝望的时候。如果不曾面临绝望，你就永远不会理解基督徒、不会成为一个基督徒，或者经历一个基督徒的生活。要做一个基督徒，你就必须面对并接受耶稣基督所面对和经历过的那种生活。你必须欣赏他欣赏过的事物，在迦南婚礼①上像他一样高兴,明白和上帝的意愿一致意味着的安宁与幸福。和他一样,你也必须知道独自待在客西马尼花园②意味着什么,感受被所有的朋友抛弃,那些你爱着的、信任着的人们都离你而去的滋味,以及上帝本人也抛弃了你的滋味。坚持你的信念,这不是终结。如果你爱,你就要受苦;而如果你不爱,你就不懂得基督徒生涯的真谛。"

然后她言归正传,又像平常一样神采奕奕地讲授复利的计算。不过很奇怪,这比我听过的任何布道都要难忘,多年以后,那短短几句话还是历历在目,总在我绝望时涌现心头,给我希望。我觉得她是一个精力充沛的人,也是一个好老师。我想,她如果能教我更久一些该多好。

有时候我会想,假如我当年继续在学校接受教育,情况又会怎样?我想我会有所长进的。可能会彻底与数学结下不解之缘——那是一门始终让我痴迷的学科。要真是那样的话,我的一生将会全然是另一个样子。我也许会成为一名三流或者四流的数学家,一生幸福如意。我不必写什么小说,数学和音乐足以满足我的需要。它们会牢牢地吸引我的注意,从而关上我想象的大门。

然而,经过几番思考,我发现人的一生总是朝着一个既定的方向发展的。人们常常会想:要不是发生了某件事,我就会怎样怎样,或者要是我跟另一个人结婚,我的一生就完全会是另一番景象。但我觉得,人总是在固有的模式内探索生活之路,因为人总会遵从一种模式,这就是生活中你个人的模式。你可以为之增光添彩,或者草率行事,它却总是属于你的。只要你遵循着你自己的模式,就能获得生活上的和谐和心灵上的慰藉。

我在盖耶小姐的学校最多待了一年半,后来母亲又有了另外的主意。有一天,她突然说希望我去巴黎。她想在冬季把阿什菲尔德租出

---

①迦南婚礼,据《圣经·新约·约翰福音》第二章记述,耶稣出席迦南(迦拿)一个犹太人的婚筵,把水变成美酒。
②客西马尼花园,据《圣经·新约·马太福音》第二十六章、《圣经·新约·马可福音》第十四章记述,这里是耶稣受难前等候被捕的地方。

去，我们一起去巴黎。我可以在姐姐曾经就读过的寄宿学校学习，看看我是否喜欢。

一切都得按她的计划行事。母亲把所有的事情都安排妥当了。她办这些事情时效率极高，迫使每个人都顺从她的意志。房子出租给一个出价高的人。我和母亲整理好行装（我不知道那些圆顶行李箱怪物是不是和我们去法国南部时一样多，只知道相当多），没多久就在巴黎耶纳大街的取纳饭店安顿了下来。

母亲随身携带了许多介绍信，以及寄宿学校、教师、能出主意的人的地址。很快，她就把这些都整理了出来。她听说玛吉原来就读的学校已经大不如前了，学校每况愈下，创办人 T 太太也已经心灰意懒。于是母亲让我暂时试读一段时间再说。这种对待教育的态度在如今是难以让人苟同的，可在母亲看来，去一所学校试读就如同光顾某家新餐馆一样。对一家餐馆，只是到里面望一眼是无法做出评判的，得亲自品尝一下它的菜肴。要是不喜欢，就尽快离开那里。在当时，人们也不必为毕业证书发愁。没人介意毕业证书上的成绩是优秀还是一般，也很少考虑它对未来前途的影响。

我在 T 太太的学校里待了差不多两个月，学期结束时我十五岁。我姐姐一到这里就显得与众不同。有几个女孩子激她，问她敢不敢从窗户跳出去。她马上跳了出去，啪的一声落在一张茶几中央，T 太太和高贵的家长们正围坐在桌边。"这些英国女孩多么调皮啊！"T 太太很不高兴地惊叫道。那些煽动她的女孩幸灾乐祸地暗自欢喜，不过也非常佩服她的胆魄。

我入学的时候一点也不轰动，只是一只安静的小老鼠。从第三天起，我就开始思乡心切。在过去的四到五年里，我与母亲形影不离，极少离开她，我第一次这样与她分离，会想家也没什么不合情理的。奇怪的是，我并不知道自己是怎么了。我只是不想吃东西，每次想到母亲就会泪流满面。我记得我看到一件母亲做的衣服，是她亲手做的，做工非常糟糕，就因为它做工糟糕，不合身，褶边不均匀，我哭得更厉害了。我尽量对外界隐藏这种情绪，只在晚上埋到枕头里哭。母亲在下一个星期天来接我时,我一如往常地欢迎她,可是等回到饭店,我就搂着她的脖子大哭一场。我很高兴至少我没有要求她带我回英国,我很明白应该适可而止。而且,看到母亲也让我不那么想家了。我知道我究竟是什么地方不对劲了。

我的思乡之情没有复发,开始享受在T太太学校里的日子。那儿有法国女孩、美国女孩和很多西班牙、意大利女孩,却没有多少英国人。我尤其喜欢同美国女孩在一起。她们讲起话来轻松活泼、趣味盎然,这让我想起我在高特莱时的好朋友玛格丽特·普里斯利。

我不记得课业方面的情形——大概算不上有趣。历史课好像在讲"福隆德运动"①,这段历史我早已通过历史小说熟知了。地理课学的也是福隆德运动时期的地理,我被那些旧时的法国各省概况搞得晕头转向。课堂上还讲了法国大革命时期各个月份的名称。我的法语听写糟糕透了,大大出乎任课教师的意料,她简直难以相信。"这真是难以置信。你的法语说得这么好,听写中竟出现了二十五个错误,二十五个呀!"

班里其他同学的听写错误没有超出五处的,我因此而引人注目。如果想想我个人的成长环境,这是很自然的现象,因为我是完全通过会话学习法语的。我讲得很口语化,都是听人家怎么说,我就怎么说。在我听来"été"和"était"这两个单词(分别为助动词"être"的过去式和未完成过去式,意为"是""有""存在"等)是一样的,我有时候这样拼,有时候那样拼,总希望能撞对了。在法语课的其他方面,如文学、背诵等,我是班里的优等生;但在法语语法、拼写方面,我几乎是班里成绩最差的学生。这使可怜的老师们觉得我的问题很棘手,为我感到羞愧,我自己对此却不以为意。

教授我钢琴的,是一位叫莱格朗德太太的老夫人,她在那所学校执教多年。她最喜欢运用的教学方式是与她的学生一起双手联弹。她坚持要求学生学会认乐谱。我的识谱能力还算不错,可是与莱格朗德

---

① 福隆德运动又称投石党运动,是一六四八到一六五三年法国反专制制度的政治运动。

太太一起弹奏却是一件苦差事。我们俩并排坐在一条长凳上，莱格朗德太太肥胖的身体就占去了一大半的位置，靠琴中部的那只胳膊把我顶得很远。她弹奏起来激情满怀，臂肘大幅度移动，叉腰似的向外撑着，结果使坐在身旁学琴的学生在合奏时不得不紧紧地夹着手臂弹奏。

凭借着某些天赋，我几乎总能对付着弹奏二重奏的低音部分。莱格朗德太太也乐于这样，因为她非常欣赏自己的演奏，高音又最能直抒胸臆。有时，由于她的满腔激情和专心致志，会没有注意到我的低音部分已经好长时间没出声音了。稍一犹豫就会错过一小节，我试着跟上她的弹奏，却又不知道进行到什么地方了，只能依照她的音乐节奏信手弹出一些旋律，力图跟她同步。可是，因为我们是看着谱弹奏的，不可能每次都预先找到该弹的地方，会突然弹出一个极不合谐音，使莱格朗德太太从对音乐的陶醉中惊醒。她会戛然停止，高举的双手悬在空中，厉声说道："喂，你刚才为什么这么弹，小家伙？难听死了！"她的斥责毫不过分，的确太难听了。我们接着重新弹起。当然了，假如我负责的是高音部分，稍有差错就会即刻被发觉。但总的来说，我们配合得还不错。莱格朗德太太在弹奏的整个过程中不住地喘息，胸部起伏不定，不时地发出一声声呻吟，这些举动有点吓人而又令人着迷。不过她身上散发出的强烈气味就不那么令人着迷了。

学期末要举行一个音乐会，我被安排演奏两首乐曲，一首是贝多芬的《悲怆奏鸣曲》(Sonata Pathétique) 第三章，另一首是《阿拉格纳小夜曲》(Serenad d'Aragona) 或者类似的什么曲子。我突然对《阿拉格纳小夜曲》起了反感。不知道是为什么，我觉得它特别不好弹。按理来说，它应该远比贝多芬的作品容易。我排练贝多芬的作品时进步很大，可《阿拉格纳小夜曲》却始终弹得很差，毫无进步。我越是全力以赴地练习，越感到心慌意乱。我在夜里的睡梦中也在琢磨怎样演奏，还会梦见可能发生的各种意外状况，吓得骤然惊醒——琴键突然坏了，或者是我在弹风琴而不是钢琴，要不就是我迟到了，或者音乐会已经在前一天晚上举行过了……现在想来，这些梦实在是愚蠢。

就在音乐会将要举行的前两天,我发了严重的高烧,以至于学校不得不派人把我的母亲找了过来。医生找不出发烧的起因,但他提议取消我在音乐会上的演奏,搬到校外休养两三天,等开过音乐会后再回来,情况会好很多。我无法表达对他的无尽感激之情,尽管同时我也尝到一个人决心完成一件事后来却不能如愿的滋味。

我还记得在盖耶小姐的学校里,虽然平日我的算术是班里拔尖的,却在一次考试中考了全班最后一名。读考卷上的题目时,不知怎么搞的,我的大脑中止了运转,根本不能思考。有些人平时学习不怎么样,考试的时候竟能通过,而且得分很高。有些人在平日弹奏得很差,可一旦到了观众面前却能发挥得比平日好。也有一些人则恰恰相反,我就属于后者。我显然正确地选择了职业,作为一名作家,最幸运的就是可以独处,自由支配自己的时间,专心写作。虽然也会令人焦虑、烦恼,让人头痛,安排故事情节时明知能安排得好,却也会因为一时很难理出头绪而近乎疯狂,但至少作为作家,不至于在公众面前出丑。

我如释重负地回到了学校,兴致勃勃。我赶忙试着弹了一下《阿拉格纳小夜曲》。这一次效果比以往任何一次都好,但仍旧不甚理想。我继续跟着莱格朗德太太学习贝多芬奏鸣曲的剩余部分。她对我感到失望,因为我本应该为她赢得一些赞誉,不过她仍旧待我和善,勉励我,说我对音乐的感受力强。

病愈后,我在巴黎度过的两个冬天和一个夏天给了我从未有过的快乐。各种各样有趣的事情时有发生。祖父的一位美国旧友的女儿也住在那儿,她是一位歌剧演员,我去看了由她扮演玛格丽特的《浮士德》(*Faust*)。寄宿学校是不会组织学生看《浮士德》的——这出剧目被认为"不适宜少女"观看。我倒觉得人们过高地估计这些易受腐蚀的少女了。要想看懂玛格丽特的窗口发生了什么不正当的事,需要比当时的少女们具备多得多的知识。在巴黎观看演出时,我一直对玛格丽特为何突然入狱感到困惑。是因为偷了珠宝吗?我从未想到她是怀了孕,孩子又夭折了。

学校组织我们看的大都是喜剧,《泰伊思》(*Thaïs*)、《维特》

(*Werther*)、《卡门》(*Carmen*)、《波西米亚生活》(*La Vie Bohème*)、《曼侬》(*Manon*)。《维特》是我最喜欢的一部。除了《浮士德》，我还在大歌剧院看过《汤豪舍》(*Tannhäuser*)。

母亲带我去了裁缝店，我才初次懂得欣赏服装。我高高兴兴地在那里做了一件浅灰色的绉纱简便晚礼服。在此之前，我还从未打扮得像个成年人。很不幸，我的胸部仍然很不合作，我只得将许多绉纱草草地塞进胸衣。不过还是希望有一天，我可以拥有一对又大又圆、坚实且富于女性美的乳房。多幸运啊，我们无法预见未来。我绝对想不到在我三十五岁的时候，拥有了一对颇具女人味的圆圆的胸部。可是，唉，那时候别人都已改成胸部平平地走来走去，即使很不幸地拥有大胸脯，也会束紧，把它们弄得仿佛并不存在似的。

我们凭借母亲带来的那些介绍信，进入了法国的社交界。在当时，美国姑娘很受欢迎。住在圣日耳曼郊区的公子们都愿意与美国富翁的千金缔姻。我虽远算不上富家小姐，但父亲是公认的美国人，而所有的美国人又都被认为是有钱的。这是一个奇特的、高雅的旧式社会。我接触到的法国人都是那么彬彬有礼，一举一动符合礼数。在一个少女的眼里，再没有比这更乏味的了。尽管如此，我还是学会了最礼貌的法式辞令，还跟一位叫华盛顿·劳伯的先生（虽然听起来不像个名字，但已经比我记忆中的特维卓普这个名字像样多了）学会了跳舞和得体的举止。我学会了华盛顿邮报舞、波士顿舞及其他一些舞蹈。我也了解了世界各大都市的社交礼节。

"现在，假设你要坐在一位年长的已婚女士身边，你会怎么坐？"

我茫然地望着华盛顿·劳伯先生。"我应该，呃，好好坐。"我疑惑地说。

"坐给我看。"他身边有几把金漆椅子，我坐在其中一把上，试图将我的腿尽可能地藏在椅子下面。

"不不，不可以，这样绝对是不行的。"华盛顿·劳伯先生说，"你要稍微侧着身子——够了，别过头。你坐下时要略微向右倾斜，微屈你的左膝，这样坐下时就会像一把小弓。"这样的坐法我必须练习好久。

我唯独厌恶素描和绘画课。母亲的态度牢不可破，执意不许我放弃这门课程。"女孩子应该学会画水粉画。"

就这样，每个星期两次，会有一位忠厚的年轻女子过来，陪着我乘地铁或公共汽车去花市附近的一个画室（当时在巴黎，少女是不能单独出行的）。我和一群姑娘一起学习绘画，学画水杯中的紫罗兰、小罐中的百合花，以及黑色花瓶中的水仙。那位教绘画的女士走到我这里时总是失望地大叹其气。"你什么都没看出来。"她对我说，"首先你要从阴影开始，看不出来吗？这里，这里，还有，还有那里，都是阴影。"

可我从来看不出什么阴影，我只看出紫罗兰插在放了水的玻璃杯里。紫罗兰是紫色的，我会在调色板里调出阴影呈现的紫色，然后蘸着紫色的颜料画紫罗兰。我承认我画得根本不像插在水杯里的一束紫罗兰，可我就是看不出来，从来看不出来，阴影怎么就能让插在水杯里的一束紫罗兰栩栩如生。有时候，为了缓和我的沮丧情绪，我会按照透视法来画桌子的四条腿，或者画一把单人扶手椅，这会让我振奋些，可是并不符合老师的要求。

虽然我遇到了很多迷人的法国人，可真奇怪，我从未爱上过哪个。不过，我对饭店里的一位职员斯特里先生怀有幻想。他高高瘦瘦，很像绦虫，浅金黄色的头发，脸上有些雀斑。我实在不明白我喜欢上他哪一点。我从未鼓起勇气跟他说过话，他偶尔会在我经过大厅的时候说一声"早安，小姐"。以斯特里先生为主角组织幻想有些困难。我有时想象自己在法属印度支那看护罹患黑死病的他，但这个幻想中的景象很难有所进展。他最后会用仅剩的一口气低声道："小姐，在饭店里的那些日子里，我一直爱着你。"——到此为止还算过得去。不过第二天，当我注意到斯特里先生坐在桌子后面勤勉地书写着时，我觉得他是不可能说出那种话的，即便在奄奄一息的时候。

复活节期间，我们参观游览了凡尔赛（Versailles）、枫丹白露（Fontainebleau）和其他一些名胜。回来后，母亲像以往一样突然告诉我，说她决定不再让我去T太太的学校了。

"我有些看不上那所学校。"她说，"教授的课程无法激发学生的兴趣，完全不同于玛吉上学的时候了。我打算回英国，已经为你安排好去霍格小姐办的栗子树学校就读，在奥特伊①。"

除了微觉惊奇之外，我不记得还有什么感想。在T太太的学校里我生活得很愉快，不过也不是特别想要回去。实际上，换一个新地方的主意似乎更吸引人。我总是喜欢新鲜，不知道这是愚蠢的表现还是我随和——当然了，我自己希望是后者。但是，我总是期待着紧接而来的变化。

就这样，我来到了栗子树学校。这是一所很好的学校，只是非常英式。我喜欢这里，但也觉得有些单调。我有一位优秀的音乐教师，不过不及跟莱格朗德太太学琴时那么有趣。尽管校方严禁学生说英语，可大家始终用英语交谈，所以谁也没有学会多少法语。

在栗子树学校，校外活动是不鼓励的，甚至可以说是不被允许的。这倒使我摆脱了外出上绘画与素描课的烦扰。我唯一想念的是每天经过花市时的乐趣，那里真是天堂。而就在暑假结束的时候，在阿什菲尔德母亲突然对我说，我不必再回栗子树学校上课了。她对我的教育又有了新的打算。

5

姨婆的医生巴伍德大夫有一位嫂子，在巴黎办了一个专门"训练"女孩子进入社交圈的学校。每期只招收十二到十五名学员，都要选修音乐，去艺术学校或者索邦大学听课。"你觉得去那儿学习怎么样？"母亲征询我的意见。正像我说过的那样，我喜欢新鲜，事实上这时我的人生格言似乎已经确定了，那就是"去尝试任何新事物"。就这样，那年秋天，我进入凯旋门附近、杜波依斯大道上的德赖登夫人的学校。

德赖登夫人学校里的一切都令我满意，我头一次感觉所有事情都

---

①奥特伊（Auteuil），法国旧城镇，如今属于巴黎。

非常有趣。班里一共有十二名学生。德赖登女士个子很高,脾气暴躁,一头白发梳理得整齐美观。她体态优雅,有个红鼻头,生气的时候总喜欢揉搓她的红鼻子。她说话时语气冷淡,略带讥讽,让人害怕却又兴奋。她的助手是个法国女人,帕蒂太太。帕蒂太太是个典型的法国人,喜怒无常,多愁善感,特别容易偏激。我们却非常喜欢她,并且不像惧怕德赖登女士那么怕她。

这里的生活多少有点大家庭的意味,但在学习上,人人都一丝不苟。老师们特别注重音乐课,但也开设了各种有趣的其他课程。他们从法兰西喜剧院聘请了一些人来为我们讲授莫里哀(Molière)、拉辛(Racine)和高乃依(Corneille),还从音乐学院邀请歌唱家为我们演唱吕里(Lully)和格鲁克(Glück)的歌曲。还开设了戏剧课,我们都要上台表演。幸好这里没有很多听写练习,我在拼写方面的不足也就不那么惹人注目。而由于我的法语说得比别的同学都流畅,便能完全沉浸在《安德罗玛克》①的台词中,仿佛自己就是剧中那位悲剧的女主人公。我站在讲台前,高声朗诵道:"大人,恐怕这一切荣华富贵都不会让我动心。"

我想大家都喜欢上戏剧课。我们被带到法兰西喜剧院,观摩古典戏剧和一些现代戏剧。我看了罗斯唐(Rostand)的《钱德勒》(Chantecler),莎拉·贝恩哈特(Sarah Bernhardt)扮演其中的"金雉鸡"(golden pheasant),这很可能是她演艺生涯中最后的角色。她老了,摇摇晃晃,很虚弱,她的金嗓子也嘶哑了,但她无疑是一个伟大的演员,能把你引入她热情洋溢的情绪之中。比这更激动人心的是,我发现了瑞然(Gabrielle Réjane),看了她演出的现代剧《弗兰布斯之旅》(La Course Du Flambeau)。她有一种奇妙的力量,能让你感受到一种被苦苦地压抑着的感性与情绪的波涛,而她却永远不会让它倾泻出来。直到现在,只要闭上眼睛静静地坐一两分钟,我的耳畔仍能回响起她的声音,我的眼前仍会浮现出全剧最后一句念白时

---

① 《安德罗玛克》(Andromaque),法国剧作家拉辛(Jean Racine, 1639–1699)笔下的一部五幕歌剧。

她的表情。"为了救我的女儿，我杀死了我的母亲。"让人战栗不已，直到落幕。

我认为，只有能激起学生反应的教学才称得上成功。单纯的信息介绍是没有意义的，学生并不能学到什么新知识。请演员谈谈她所主演的戏剧，跟着她重复台词或演讲词；请真正的歌唱家来演唱《茂密的森林》(Bois Epais)或者格鲁克的《奥菲欧与尤里狄西》(Orfeo and Orphée)中的片断，这样才能激起学生心中对艺术的热情。这样的教学向我展示了一个崭新的世界，一个使我终身受益的艺术天地。

我个人的主修课是音乐，当然包括钢琴和声乐。钢琴老师是一位名叫查尔斯·菲施特尔的奥地利人。他偶尔会去伦敦举办钢琴独奏会，是个好老师，只是有些令人畏惧。学生弹奏时，他就在屋子里来回踱步，望望窗外，闻闻鲜花，好像并没有用心听。可是一旦你弹错了某个音符，或者某个段落弹得不准，他会像一只捕食的老虎一样蓦地转过身子，咆哮道："喂，你弹的这是什么，小家伙，嗯？难听极了！"起初这一举动令人心惊肉跳，慢慢地也就习惯了。他酷爱肖邦(Chopin)的作品，因此我学习了大量的肖邦的练习曲、圆舞曲、幻想即兴曲，以及一首叙事曲。我意识到自己在他的指导下有了长足的进步，心里很高兴。我还学习了贝多芬的奏鸣曲、几支被他称为"客厅小品"的轻快曲子、一首福莱(Fauré)的浪漫曲、柴可夫斯基的船歌(the Barcarolle of Tchaikowski)以及其他作品。我勤学苦练，经常每天弹琴七个小时。一种强烈的渴望在我心中升腾——我不知道自己是否意识到了这一奢望，可它确实埋藏在我的心灵深处——我幻想成为一名钢琴家，能在音乐会上表演。要达到这个目标，必须经过长时间的苦练，但我知道自己进步神速。

我的声乐课开始得比钢琴课更早，指导老师是布耶先生。他与让·德·赫兹克两人被公认为当时巴黎最有影响力的声乐教师。赫兹克曾经是著名的男高音歌唱家，布耶是著名的男中音。他住在一栋公寓的五楼，没有电梯。爬到五楼时我总是气喘吁吁，这也很自然。这栋公寓里的每一户住家都一模一样，我总会忘记爬了几层了。不过布耶先生家很好认，因为楼梯间的壁纸的关系：楼梯转弯处的壁纸上有一块巨大的油渍，乍一看有点像凯恩犬的头。

一进门就是一顿责骂：你喘成这样是什么意思？为什么你总是上气不接下气的？像你这个年纪的人应该蹦蹦跳跳地上楼，绝对不会喘个不停。呼吸就是一切。"呼吸是声乐的全部，你现在就得明白这一点。"然后他会拿起卷尺——通常就在手边——围着我横膈膜的位置绕一圈，让我深吸一口气，屏住，然后尽可能地呼气。他会计算两个测量值之差，偶尔会点着头说："很好，很好，有进步，你有个不错的胸腔，很好的胸腔。舒张很好，而且我要告诉你，你不会得肺病。有些歌唱家很可怜，他们会积劳成疾，可是你不会。只要你好好练习呼吸，就会很健康。你喜欢吃牛排吗？"我说喜欢，特别喜欢吃牛排。"这也很好，牛排是一个歌唱家最好的食物。你一顿不能吃太多，也不能吃太多顿，但是我总对歌剧演员们说，下午三点钟，你要吃一大块牛排，喝一杯烈性啤酒，然后到晚上九点演唱以前，就什么都不要吃了。"

这时我们才正式开始上声乐课。布耶先生认为我的高音很好，几近完美，发音自然、恰到好处。胸腔音也不错。不过中音区非常无力。因此我得从练习演唱次女高音歌曲开始，以发展中音区。他时常为我的英国面孔——他就是这么叫的——而恼火。"又是英国面孔，一点表情都没有！太呆板了。嘴角周围动也不动，你的声音、吐字，都是从喉咙里面发出来的，这怎么行？法语发音要从上颚发出来，从你的口腔上部。上颚和鼻梁才是中音区发声的正确位置。你法语说得很漂亮，非常流畅，尽管不带英国口音，而是法国南方口音。你是从哪儿学来南方口音的？"

我想了一下，然后说这也许是因为我的法语是跟一位来自波城的女佣学习的缘故。

"哦，这就对了。"他说，"就是这样的，你说话时有南部口音。就像我说的，你的法语说得很流利，但用的是说英语时的发声习惯，声音从喉咙里发出来。你必须动嘴巴，保持上下牙咬合，但要动嘴唇。哦，我知道该怎么办了。"

他让我在嘴角含一支铅笔，唱的时候要尽量吐字清晰，还不能让笔掉下来。起初这一点极难做到，不过后来我终于过了这一关。我能够用牙齿紧咬着铅笔，同时双唇大开大合，发出音来。

有一天布耶彻底发怒了。那天我突然问他能否学习《参孙与达丽拉》(*Samson et Delilah*) 中《你的话语打开我的心扉》(*Mon cœur s'ouvre à ta voix*) 唱段，因为我很喜欢这出歌剧。

"可你拿来的这是什么？"他望着曲谱说，"这是什么？这是什么调的？这是变调的。"

我说我买的是适合女高音唱的曲谱。

他愤怒地吼道："达丽拉可不是女高音部的，而是女中音部的。你知不知道要唱一个歌剧里的唱段，就必须按照它写定的调来唱？你不可以把写给女中音的曲子变成女高音来唱，这样重点就完全错了。拿走。如果你拿来正确的女中音乐谱，那可以学。"

从此我再也不敢唱变调的歌了。

我学会了大量的法国歌曲，还有一首很可爱的凯鲁比尼 (Luigi Cherubini) 的《圣母颂》(*Ave Maria*)。我们就拉丁语的发音方式争论了一番。"英国人是按照意大利语的发音方式来说拉丁语的，而法国人的拉丁语发音自成一派。我觉得，既然你是英国人，最好用意大利语发音来唱。"

我还学会用德语演唱许多舒伯特的歌曲。尽管我不懂德语，但学会这些歌并不很困难。当然了，我也学了很多意大利歌曲。总的说来，老师不允许我太贪心，不过在经过六个月左右的学习之后，他允许我唱《波西米亚人》(*La Bohème*) 中著名的咏叹调《冰凉的小手》(*Che Gelida Manina*)，和《托斯卡》(*Tosca*) 中的咏叹调《为艺术，为爱情》(*Vissi D'arte*)。

这真是一段快乐的时光。有时，我们从卢浮宫出来，会一起到兰波梅尔的甜品店[①]喝茶。对一个贪嘴的姑娘来说，没有比这更开心的

[①]法国老牌甜品店，由奥地利糖果制造商安东尼·兰波梅尔 (Antoine Rumpelmayer) 创办，以他妻子的名字 (Angelina) 命名。

事情了。我最喜欢吃那种有许多奶油和栗子糖浆制成的造型华丽的蛋糕，看起来就好吃得无与伦比。

当然，我们也会被带去森林公园散步，那是个迷人的地方。我记得有一天，我们正两人一排沿着幽深的林间小道前行，一个男人突然从树丛后钻出，一个典型的露阴癖。我想大家一定都看见了，但是我们都表现得端庄稳重，仿佛没有注意到任何不寻常的事——可能我们也不太确定所看到的到底是怎么回事。那天德赖登女士本人带队，她像一艘钢铁筑成的善战的军舰，我们就跟在她后面。我想那个人的上半身没什么问题，黑头发，长胡子，还扎着漂亮的领结。那人想必常在森林公园的幽暗处晃来荡去，伺机突袭一下寄宿学校里那些高雅端庄、排着队散步的年轻小姐，为她们在巴黎的生活增添一点见识。我得补充一下，就我所知，我们这些女孩没人再提这件事，更没有人以此取乐。在那个年代，我们都极为庄重。

我们偶尔会在德赖登女士的家里举办派对。有一次，她以前的学生——一个嫁给一位法国子爵的美国女人——带着儿子来了。她的儿子鲁迪也算得上是一名男爵，看起来却像个彻头彻尾的美国大学生。发现自己被十二位接近适婚年龄的姑娘饶有兴趣、充满欣赏、甚至有可能含情脉脉地注视着的时候，他一定有点怯懦了。

"我已经准备好同大家一一握手了。"他欢快地宣告。第二天我们又在冰宫见到了鲁迪——我们要么在溜冰，要么在学溜冰。鲁迪再次果断地决定英勇上阵，一心希望不要让他母亲失望。他和我们之中能够站稳的几个一起，在溜冰场里滑了几圈。对于这类事情，我还和以前一样不走运。我还是初学者，第一天下午就成功地把溜冰教练摔了出去。我得说这可把他给气坏了，害他被同事们嘲笑了一番。他曾经骄傲于能够把持住任何人，即便是壮硕的美国女士，而现在却被一个又高又瘦的女孩子摔倒在地，这着实激怒了他。此后他尽可能地把我排除在外。不管怎样，我可不敢冒险让鲁迪带我绕圈——我可能也会把他摔出去，惹他生气。

与鲁迪相识后，我发现自己发生了一些变化。虽然我们仅仅见过几次面，却标志着转变的开始。从这一刻起，我走出了英雄崇拜的阶段，我对于真实与非真实人物的情爱——书里的人物，公众人物，来过我家的客人——在这一刹那都烟消云散了。我不再有那种无私的爱情，渴望为自己的心上人无偿地做出牺牲。从此以后，青年男子在我眼里就是实实在在的人，一些与之相处能给我带来快乐的人。总有一天，我会在他们之中选择我的丈夫（或者说真命天子）。我并没有爱上鲁迪——假如我们经常见面，或许会——但我的确意识到突然的巨变。我已经成为女性世界中的一员！从这一刻起，我心中的最后一位偶像，伦敦大主教的形象也隐去了。我想认识有血有肉的小伙子，想认识许多小伙子，实际上，是越多越好。

我已经记不清楚自己在德赖登女士那儿待了多久了——也许是一年，也许是十八个月，我想不会超过两年。我那变化无常的母亲没有再提出更改教育计划的建议，也许因为没有听到什么更让她动心的消息。不过我觉得很可能是她凭直觉认定，这里让我满意。我在学习有价值的东西，它们将成为我的一部分，有趣的一部分。

就在我离开巴黎前不久，一个梦想消逝了。德赖登女士从前的一位学生要来，利默里克伯爵夫人，她是一名优秀的钢琴家，是查尔斯·菲施特尔（Charles Furster）的学生。每逢这种场合，总要挑两三名正在学习钢琴的学生做一次非正式的表演。我便是其中之一，其结果是灾难性的。上台之前我十分紧张，不同于往常的紧张。当我在琴凳上落座时，一种无力的感觉像潮水一样吞噬了我。我弹错了音，节奏也乱了，分段处理得生硬笨拙——简直是一团糟。

没有比利默里克太太更和蔼可亲的人了。演出之后她找我谈心，安抚我说她看得出来我当时心里很紧张，而一个人会怯场这是在所难免的。也许等我有了多一些的当众演奏的经验后，怯场的心理就会被克服。她的一席话使我感激不尽，但我也意识到自己不仅仅是缺乏演出经验的问题。

我继续学习音乐。毕业前夕，我坦率地问查尔斯·菲施特尔，刻苦学习和实践能否让我成为一名职业钢琴家。他是个好人，但也没有对我说假话，他说他认为我缺乏在众人面前表演的天赋，我知道他是对的。我感谢他的直言不讳，我曾一度为此痛苦，但还是努力从中走了出来。

假如你所追求的东西是不可企及的，那就最好接受这一点并另辟新路，不要纠缠在懊恼和妄想之中。这早来的挫折有助于我未来的选择，它使我认识到自己不具备在任何公开场合表现自己的资质。用我自己的话来说，就是缺乏自我控制的能力。

第四章　缔姻与期待

调情，求爱，订婚，缔姻
（维多利亚时代流行的游戏）

1

我从巴黎回家后不久，母亲得了重病。同以往一样，几位医生各执一词：盲肠炎、副伤寒、胆结石，还有其他几种诊断。有好几次都快要用车子推她上手术台了。治疗对她没有效果，病情频频发作，各种手术方案悬而未决。母亲自己就是个业余医生。当她的哥哥欧内斯特还是一名医科实习生时，她曾抱着与日俱增的热情帮助他。她要做医生的话肯定比哥哥优秀。最后欧内斯特放弃了，因为他晕血。那时母亲已经接受了几乎和他差不多的训练，而且她看见血、伤口和人体上的其他惨状都没事。每当我们一起去牙医诊所时，母亲对《女王》(Queen)或者《闲谈者》(The Tatler)都视若无睹，但只要桌上有《柳叶刀》(The Lancet)或者《英国医学杂志》(British Medical Journal)，她就会马上抓起来看。

她终于对为她诊病的医生助手失去了耐心，她说："他们根本不知道我到底得了什么病——我自己也不知道。我想最好还是摆脱这些医生的摆布。"

她设法找到一名俗话说很会顺水推舟的医生，随后宣布那位医生建议她去阳光充沛、气候温暖干燥的地区疗养。"我们今年去埃及过冬。"母亲通知我说。

我们再次将宅邸出租了。幸亏那时去国外旅行的费用相当低廉，仅阿什菲尔德的高额租金就足以支付旅居国外的开销了。当然，托基在这个时期仍然是冬季疗养胜地。夏天没有人会来，而住在这里的人总会在夏天离开，躲避"酷暑"（我想象不出怎么会是酷暑，如今我住在南德文郡总觉得夏天非常冷）。游客们通常都到沼地去租房子。父亲和母亲去过一次，可他们发现沼地那儿太热了，于是父亲雇了一辆双轮马车又回到了托基，几乎每天下午都在自家的庭院里坐着。总之，当时的托基就是英格兰的里维埃拉，人们到这里来，付很高的租金租一套有家具的别墅，度过一个欢乐的冬季：享受午后音乐会、演讲，偶尔会有舞会，以及很多其他的社交活动。

此时我已经准备步入社交界了。我将头发"挽起"，在那个年代，发髻高高地盘在脑后，并用发网罩住的希腊式发型意味着女子已成年。这样的打扮很得体，尤其是配上晚礼服。我的头发很长，长得过了臀部。不知为何，这在当时对一个女子来说是一种荣耀，虽然长发总会散落下来，叫人无能为力。为此，发型师设计出一种名为"波斯蒂"的卷发假发罩，要先将自己的头发紧紧地盘起来、固定住，然后把"波斯蒂"套在上面。

对一个姑娘来说，进入社交界是一生中非常重要的事情。如果家境富裕的话，母亲一般会为女儿举办一个舞会，并且要在社交忙季[①]去伦敦住上一段时间。当然绝不是最近二三十年来出现的商业味十足、费尽心机策划的那种社交季。邀请来舞会跳舞的都是亲朋好友，受邀去参加的舞会也都是朋友举办的。想邀请到足够的男舞伴通常会有点困难，不过这毕竟是一些非正式的家庭舞会，你还可以邀上很多朋友去参加慈善募捐舞会。

然而，我这一生是不可能有这样的经历的。玛吉初涉社交界时去了趟纽约，参加那里的宴会和舞会。但当年父亲的经济能力出不起让

---

①指每年初夏，伦敦社交活动最频繁的季节。

她参加伦敦社交忙季的钱，如今对我来说就更不可能了。母亲为此焦虑不安，她认为我该享受生来就应享有的权利，也就是说，我已由一名女学生成长为一位妙龄女子，就该像蝴蝶一样破茧而出，认识其他姑娘和小伙子。更直接点说，就是该拥有寻找如意郎君的机会。

人人都觉得该对年轻女孩亲切一些。邀请她们去参加家庭聚会，或者安排一个美好的戏剧之夜。你可以依靠朋友们，这和法国人完全不同，他们对女儿的庇护是只允许她们结识极少数精挑细选出来的理想对象，每一个都可以成为合适的丈夫，他们年轻时也曾放荡不羁、四处留情，却拥有足够的财富去供养一个妻子。我觉得这种庇护还算不错，的确能够成就很高比例的美满姻缘。英国人有一种偏见，认为年轻的法国女孩都是被迫嫁给那些富有的大龄男子的，其实并非如此。法国女孩可以自由选择，可是，只能在有限的圈子里选择：那些不太可靠、放浪形骸的年轻男孩，那些她们一定会爱上的迷人的坏蛋们，根本无法进入那个圈子。

在英国就不是这样。女孩们去参加舞会，结识各种各样的年轻男子。她们的母亲也会在场，疲惫地坐在一边，虽作为监护人却基本上没什么用。当然，父母会很有分寸地留意与女儿交往的年轻人是否般配。但尽管如此，选择的范围依然很广。而女孩子总是喜欢那些不良青年，甚至与他们订婚，或是建立起所谓的"相互了解"的关系。"相互了解"是一个很有用的措辞，父母可以利用它，避免在拒绝女儿的选择时引发摩擦。"你还很年轻，亲爱的，依我看那个休的确很迷人。可是他也太年轻了，还没有安定下来。你为何不和他多相互了解一下，偶尔见见面，但是不要通信，也不要正式订婚。"然后他们会暗地里尝试着再找一个合适的年轻人，吸引女儿改变心意。这样的情形常常发生。直接的反对当然会使女孩子疯狂地坚持己见，可一旦得到了认可，反倒会打消某种魔力，多数女孩子往往能很快理性地改变心意。

由于家境不好，母亲心里明白，让我按照常规步入社交界是有困难的。她之所以选择开罗作为疗养地，我认为主要也是为我着想。我生性腼腆，不擅于交际，应该先积累一些这方面的经验，渐渐熟悉舞会，习惯与青年男子交谈，把社交当作一件平常的事情。

在一个姑娘眼中，开罗是一个美妙的梦。我们在那里逗留了三个月，我每周参加五次舞会，舞会在几家大饭店里轮流举行。开罗驻有三四个团的军队，每天都有马球比赛。住在中等水平的饭店里你就可以尽情地享受所有娱乐。冬季里游人纷至沓来，多是母女同行。我起初很害羞，后来在许多方面还一直很羞怯，但我发现了跳舞的乐趣，而且跳得不错。我也喜欢跟年轻男子相处，不久后发现他们也喜欢我，所以一切一帆风顺。此时我年方十七，开罗本身对我毫无意义。而对十八岁到二十一岁的女子来说，脑子里只有年轻男子是多么合乎情理、无可厚非啊！

如今调情的艺术已经失传，可在当时正值鼎盛，正如一位行吟诗人所说的，那是"温柔乡"。人生从这里开始多么美妙：充斥着感情用事与浪漫幻想的爱慕之情在女孩和男孩之间滋生——以我现在的高龄自然会这么称呼他们。教给他们一些关于人生、关于彼此的事，不用付出太沉重或太令人失望的代价。我不记得我有朋友或他们的家族里有谁有过私生子。不对，我错了。有一个很不光彩的故事：某个我们认识的女孩到她同学家里去度假，被同学的父亲、一个声名狼藉的老男人诱奸了。

当年的恋爱中很少出现性爱的色彩，因为年轻男子都很看重女孩子的名声，公众的负面评价对他们的影响和对女孩一样大。男人开黄色玩笑的对象通常是比他们大得多的已婚妇女，或者是他们不为人知的伦敦的"小朋友们"。我还记得我住在爱尔兰时，一次家庭聚会上发生的事。除了我，在场的还有两三个女孩，以及很多年轻男子，大部分是军人。有一天早上，其中一名军人突然走了，说是收到一封来自英格兰的电报。这显然是假话。没有人知道原因，除了一个上了岁数的女人，他和她很熟，认为她会理解他的尴尬，便把秘密告诉了她。似乎是这样的：他邀请我们中的一个女孩子去参加附近的一个舞会，而我们其他人都未受邀。他开车带她前去，可是路上，那个女孩暗示说他们应该找家酒店开一间房。"我们会晚一点到。"她说，"但不会有人注意到的——我经常这么干。"那个年轻人被吓坏了,拒绝之后他觉得无法在第二天再面对她,只得突然离去。

"我简直不敢相信自己的耳朵,她看起来是个很有教养的女孩,相当年轻,父母正派,任何方面都很好。就是那种人人都会想娶的女孩。"

那是一个伟大的时代,年轻女孩都纯洁无瑕,我觉得我们不曾有过一点压抑的感觉。充满浪漫幻想的友谊的确会与性爱或性爱的可能性相连,可这就能完全令我们心满意足了。毕竟求爱已被公认为所有动物都会有的一个必然阶段:雄性昂首阔步地求爱,雌性假装视若无睹,却暗地里感到满足。你明白此时还不能当真,这只是一段实习期。行吟诗人唱的关于温柔乡的歌非常正确。我时常重读《奥卡西恩和妮克蕾蒂》(Aucassin and Nicolette),因为它有趣、自然且真挚。当你走过青春,就再也不会有那种特别的感受了:那种和一个男人建立起友谊的兴奋之情;发现双方有共同的喜好,对方说出自己所想时那种相互吸引的感觉。当然有不少是错觉,却是美好的错觉,而且我觉得,这应该是每个女人的人生中都会有的一部分。时过境迁,你可以微笑着说:"我那时真是个小傻瓜。"

不过在开罗时,我始终没能坠入情网。要做的事情太多,应接不暇,有许多讨人喜欢、风度翩翩的小伙子。但能使我动情的,都是些四十岁左右的男人。他们会友善地邀请我跳舞,像对待小姑娘那样逗我,但也仅此而已。根据社交习惯,你不能同一个晚上和同一个男子跳两次以上的舞,偶尔可以宽限到三次,否则陪伴你来的人就会特别注意你了。

当然,得到平生第一件晚礼服,是一种莫大的喜悦。我有一件浅绿色雪纺的,饰以小蕾丝花边;一件白色丝绸的,设计非常简洁;还有一件的用料是相当华丽的深土耳其绿色塔夫绸,是从姨婆神秘的衣料箱子里发掘出来的。真是一块非常华丽的衣料,可是,唉,被放了那么多年,已经无法承受埃及的气候。一天晚上,我正在跳舞,裙摆处突然裂开来,一直裂到袖子和脖子周围,我不得不赶紧退到女用衣帽间。

第二天,我们去逛地中海东部的裁缝店,店里的东西很贵,而我在英国买的那些衣服都很便宜。尽管如此,我还是买了一条可爱的裙子,是浅粉色的亮面绸缎做的,一侧肩上有一束粉红色的玫瑰花。当然,我最想要的还是一件黑色晚礼服,所有女孩都想要黑色晚礼服,能显得成熟。而所有的母亲都不愿意。

一位叫特里劳尼的康沃尔郡年轻人和他的好友是我的主要舞伴,他们都在第六十步兵团服役。有位年龄稍大一些的上尉,克雷克,他已与一位可爱的美国姑娘订了婚。一天晚上,我跟他跳完一支舞后,他把我送到母亲面前,对我母亲说:"这是您的女儿吧,她学会了跳舞,而且跳得非常好,不过您还得教会她说话。"我跳舞的时候一言不发,难怪他会责备我。

我长得不错。虽说每当我说我曾是个可爱的女孩时,全家人都会哈哈大笑。尤其是我女儿和她的朋友们。有一次她说:"可是妈妈,那是不可能的,看看那些可怕的老照片!"那时候有些照片真的很可怕,但我觉得主要责任在装扮上,不够时髦又称不上复古。当时我们都戴着巨大的草帽,几乎有一码宽,还有缎带、装饰花和大大的面纱。照相馆里拍的照片都戴着这种帽子,有时候还在下巴下面系上带子;或者你顶着一头卷发,手持很大一束玫瑰花放在耳边,仿佛拿的是电话听筒。翻看我早年的照片,有一张我步入社交界之前照的。梳着两根长长的辫子,天晓得为何坐在一架手纺车前,看起来还蛮有吸引力的。有一次一个年轻人对我说:"我非常喜欢你那张扮玛格丽特的照片。"我觉得我确实很像《浮士德》中的玛格丽特。我有一张照片照得不错,是在开罗拍的,戴着一顶比较朴素的帽子——一顶大大的黑蓝色草帽,别着一朵粉红色的玫瑰花。它显得我的脸部轮廓很动人,而且不像别的帽子,有过于繁复的缎带装饰。总体而言,当时的衣服都装饰过度,非常累赘。

我很快就成了马球迷,每天下午都去看比赛。为了开拓我的视野,母亲偶尔会带我去博物馆参观。她还提议我们该顺尼罗河而上,领略卢克索（Luxor）的荣光。我满眼泪花，激烈地反对。"不要，妈妈，不要，不要现在去。星期一有一场化装舞会，我还答应人家星期二去卡纳克野餐……"拉拉杂杂一大堆。当时，古代奇观是我最不想看的东西，我很高兴母亲没有硬拽着我去。卢克索、卡纳克（Karnak）等埃及名胜，大约在二十年后才引起我的强烈兴趣。要是当时我带着兴味索然的眼光去游览这些名胜，得是多大的浪费。

人生中最大的错误莫过于所见所闻不得其时。大多数人是在学校里学习莎士比亚的，生生把名著给毁了。莎士比亚的作品应该看舞台上的演出，这样你才能在懂得欣赏华丽的辞藻和动人的诗意之前就领略到它的好。我外孙马修十一二岁的时候，我带他到斯特拉福德[①]去看《麦克白》（Macbeth）和《温莎的风流娘们儿》（The merry wives of windsor）。他都非常喜欢，虽然他的评论很出人意料。《麦克白》散场时，他用敬畏的语气对我说："如果我事先不知道这是莎士比亚的戏，我绝对不会相信它是莎士比亚的。"我认为这明显是对莎士比亚的赞扬。

《麦克白》在马修身上取得了成功，我们就接着看《温莎的风流娘们儿》。在那个年代，它被演绎为一出老式的英国闹剧——我确信这就是原著的本意，并无太多深意。我最后一次看这出戏是在一九六五年，过于附庸风雅，让你觉得已经远离了老温莎苑里的那一缕冬日暖阳。连洗衣篮都不再是放满脏衣服的真正的洗衣篮，只是一个用棕榈树枝编织的象征物！闹剧被符号化，人们就无法享受其中的乐趣了。默剧中经典的奶油蛋糕把戏永远能激发爆笑的原因是，必须真的把奶油糊到人脸上！如果只拿一只写着"鸟牌奶油蛋糕"的纸盒子，轻拍在脸颊上，这样象征性也许做到了，可闹剧的效果荡然无存。《温莎的风流娘们儿》同样被马修欣然接受，这让我很高兴——特别是那个威尔士男老师把他给逗乐了。

把我们习以为常的东西，并且已经形成了思维定式的东西引荐给

[①]斯特拉福德（Stratford）位于英国中部沃里郡艾冯（Avon）河畔，是莎士比亚的故乡。

年轻人，我觉得没什么比这更有趣的了。有一次，马克斯和我开车去卢瓦尔河畔的古堡群游历，带着我女儿罗莎琳德和她的一个朋友。每到一座古堡，那个朋友都会经验丰富地环顾四周，说："他们当年一定是在这里饮酒作乐，是不是？"我此前从来没将卢瓦尔河畔的古堡与饮酒作乐联系起来，这位朋友的观察十分敏锐。古时候的法国国王和贵族们确实是来城堡里饮酒作乐的。这件事的寓意在于，（我从小到大都被灌输，要学会发现寓意）应该活到老学到老。总会有新观点出其不意地展现在你面前。

我似乎从埃及扯到了很远的地方，一件事确实会引到另一件事，这有什么好奇怪的呢？现在看来，住在埃及的那个冬天解决了我们生活中的一大堆问题。母亲当时正面对无力支付女儿参加社交活动费用的窘境，她借此得到了解决的办法。我则克服了容易尴尬的毛病。用当时的话说，"我懂得怎么做人了"。如今的生活方式与从前大不相同，很难用三言两语解释清楚。

问题在于，如今的女孩子对调情的艺术一无所知。正如我前面说过的，调情是我们这一代的女孩精心培养出来的一种艺术，其规则我们从头到尾都很明白。在法国，年轻女孩绝对不能与年轻男子独处，但在英国情况就不一样了。你可以和男人去散步，去骑马——但你不可以独自与一个年轻男子去跳舞。要么你的母亲会坐在旁边，要么是一位无聊的老年贵妇，最起码也会有一位年轻的已婚女子。严守规则，翩翩起舞之后，你可以和年轻男子漫步在月光下，或者徘徊至暖房，躲开众人挑剔的目光，进行醉人的促膝长谈。

安排计划表是一种难度颇高的艺术，我尤其不擅此道。假定你要参加一个舞会，有A、B、C三个女孩子，D、E、F三个男孩子，你必须和每个男孩都至少跳两支舞——可能还会和其中一个共赴晚宴，除非某一方故意避开。计划表上的其余节目可以完全按你的心意安排。会有很多男孩子排着队等候，马上就会有人——通常是你并不特别想见的人——走到你面前。此时小把戏就要开始了。你得试着不让他们看到你的计划表还没填满，然后含糊地说你可以想办法安排他到第十四轮。这件事的难度在于驾驭平衡。你想与之共舞的男孩也在这些人里，可如果他来得太晚，那时你的计划表可能已经填满了。另一方面，如果你对太多先到的男孩说了谎，你的计划表就有可能有很多空白，却没有合适的男孩来填补，那么有几支舞你就只得坐着，当"壁花"。哦，得知你暗自等待的男孩也在四处找你，只是屡屡扑空。他终于突然出现的时候你却只能悲哀地告诉他："我只剩第二轮的第十支舞了。"这是多么令人痛苦的啊！

"哦，你能想想办法的，对吗？"他恳求道。

你看着计划表，苦苦思索。取消约定并不是个好选择，不光女主人和母亲不会高兴，还会惹恼那些男孩。他们有时会以牙还牙。也许你可以看看计划表，发现一个男孩的名字，他对你态度恶劣，要么姗姗来迟，要么在进餐时总和别的女孩说话。如果是这样，你可以理所应当地牺牲他。偶然情况下，你也可能不得不牺牲某个男孩，仅仅因为他跳得太糟糕，总让你的脚遭罪。我从来不愿意这么做，因为我心软，如此恶劣地对待一个可怜的男孩太不厚道，可以想见，他肯定总被人这么对待。整个过程和舞步一样复杂。从某方面来说也是一种乐趣，但更多的是伤脑筋。不管怎样，多多练习能提升你的礼仪。

埃及之行使我获益匪浅。我想不出还有什么别的办法能如此迅速地改掉我天生的笨拙。这三个月对一个姑娘来说自然是绝妙无比的。我自然而然地结识了至少二三十名年轻男子，想必参加了五六十场舞会，而且幸运的是，由于我年龄还小，并且只顾着尽情享乐，因此没有爱上任何人。我虽然也曾向两位古铜色肤色的中年上校递送秋波，但他们都迷恋着漂亮的已婚妇女——别人的太太——对我们这些平淡无味的姑娘毫无兴趣。我曾饱受一位过分正经的奥地利伯爵的困扰，他总是盯住我不放。我尽量躲着他，但他总能在人群中找到我，邀请我跳华尔兹。我说过我不喜欢华尔兹，而这位伯爵恰恰跳的是难度最大的那一种——有大量的高速旋转舞步，转得我晕头转向，总担心自己会跌倒在地。在希基小姐的舞蹈班里，旋转并不太受欢迎，因此我训练得不够。

然后伯爵说,他希望能有幸与我的母亲谈谈,我想这是想显示他对我的关注是受到认可的。当然,我只好把他带到我母亲面前。母亲正靠墙坐着,忍受着一晚上的酷刑——对她而言自然是酷刑。据我估计,那位伯爵坐在她身旁,郑重其事地取悦了她至少二十分钟。之后我们回到家,母亲很不高兴地对我说:"你究竟是怎么回事,为什么把那个小奥地利人带来跟我说话?我甩都甩不掉他。"我向她保证我也是实在没办法,他太执着了。"哦,阿加莎,下一次你必须学着聪明些。"母亲说,"不能随便把年轻男人带过来跟我说话,他们那么说只是想表示礼貌,想给人留下一个好印象。"我说他是个讨厌的人。"他长得不错,很有教养,舞跳得也好。"母亲说,"可是我得说,他真是无聊透顶。"

我结识了很多位年轻的下级军官,我们相处愉快,却都不太认真。我观看他们打马球,受挫时为他们加油,得胜时为他们欢呼喝彩。他们也争先恐后地在我面前一显身手。我发觉要想跟年龄稍大一些的男人搭上话有些困难。他们的名字如今大多已被我遗忘,只记得有一位海勃德上尉,他常邀请我跳舞。在从开罗到威尼斯的船上,母亲态度冷漠地对我说:"我想你大概知道,海勃德上尉想跟你结婚。"这着实吓了我一跳。

"什么?"我万分惊讶,"他从未向我求过婚,也没说过什么呀。"

"是的,可他对我说了。"母亲答道。

"对你说了?"我诧异地问。

"是的,他说他非常爱你,问我是否觉得你还太年轻。他说他觉得不该直接向你提起这件事情。"

"那你是怎么答复他的呢?"我问。

"我告诉他我很肯定你不爱他,他继续抱着这个念头是没什么好处的。"

"哎呀,妈妈!"我愤愤地嚷道,"你不该这样做!"

母亲非常吃惊地望着我,问:"你的意思是说你爱他吗?你会考虑嫁给他吗?"

"不，当然不是了。"我说，"我压根就没想要嫁给他，而且我不爱他。可是我想，妈妈，您该让我自己来答复。"

母亲很吃惊，接着她爽快地承认自己错了。"你看，我当姑娘的时候已经是很久以前的事了。我明白你的意思。是的，人们喜欢亲自被求婚。"

我为这件事怄了好长一段时间气。我渴望体验别人向我求婚时的滋味。海勃德上尉是个英俊的男子，不讨人嫌，舞跳得不错，而且富有——可惜我没想过要嫁给他。我觉得事情往往是这样的：如果一个小伙子爱上了你，而你并不喜欢他，他马上就会变得乖顺可笑，男人坠入情网时总是像一只生病的绵羊。假如姑娘喜欢这个小伙子，看见他这样就会受宠若惊，但不会反感；要是她不喜欢他，就不会容他在自己的心里有片刻停留。生活就是如此不公。女人坠入情网时看上去比以往好看十倍：两眼炯炯有神，双颊泛着红晕，连头发都放出异样的光彩。她们的谈吐也变得机智幽默。哪怕以前从没注意过她们的男人，也会多看她两眼。

这就是我所经历的第一次，也是最失望的一次求婚。第二次来自于一位六英尺五英寸①高的年轻人。我十分喜欢他，我们曾是好朋友。他要明智一些，没有通过母亲向我求婚，这让我很高兴。他设法与我们乘同一班船由亚历山大港（Alexandria）到威尼斯。很遗憾，当时我不太喜欢他。我们曾在短期内通信来往，后来他被派往印度。假如我认识他的时候年纪再大一点，也许会考虑他。

说到求婚这个话题，我不知道在我年轻的时候，男人们是不是都特别沉溺于求婚。我总觉得我和我的朋友们所遭遇的求婚很多完全不切实际。我怀疑如果我接受了，他们会不会感到惊恐。一位海军中尉曾在这点上被我逮了个正着。我们一起从托基的一场聚会离开，步行回家，路上他突然向我求婚。我感谢了他，然后拒绝了，并补充道："我并不相信你是真的想要和我结婚。"

---

①约一米九六。

"哦,真的、是真的。"

"我不相信。"我说,"我们才认识十天左右,而且,无论如何我都看不出你为什么要这么早结婚,这对你的事业非常不利。"

"是啊,呃……当然,这么说也有道理。"

"所以,就这样向一个女孩子求婚真的非常傻,你得承认。为什么要向我求婚呢?"

"突然想到的。"年轻人说,"我看着你,然后就突然冒出了这个念头。"

"那么,"我说,"我想你最好别再这么做了。你应该更谨慎些。"

我们和和气气、平平淡淡地分手了。

2

我这样描述自己的生活,会让人觉得我和我周围的人都相当富有吧。如今,如果想过这样的生活,你的确要很富有才行。但其实我的朋友们都出身于中等收入的家庭,家中大多没有马车或马,更不会有当时刚问世不久的汽车或摩托车,这些只有富翁家里才配备得起。

年轻女子的晚礼服通常不会超过三件,而且往往一穿就是好几年。每一季度花上一先令买一瓶帽漆,把帽子刷一遍。我们步行去参加社交聚会、游园会或打网球。但若去乡下参加晚上举行的舞会,就只能租一辆车了。在托基,除了圣诞节和复活节,很少有家庭舞会。八月间,人们总喜欢留客人住下,一起去参加赛舟会或当地的大户人家在家里举行的舞会。六月和七月我曾去伦敦参加了几场舞会,不多,因为我们在伦敦并不认识很多人。偶尔也会凑足六个人,去参加他们所谓的募捐舞会。这些活动都不需要很大的开销。

还有乡下宅邸里的聚会。我曾心情忐忑地去华威郡(Warwickshire)的几位朋友家做过客,他们是很有名的猎户。康斯坦斯·罗尔斯顿·帕特里克太太不打猎,只是赶着一辆小马车往来于各个集合地点,我便陪她同行。母亲严格禁止我骑马。"你的骑术不高,"她说,"万一把人家珍贵的马弄伤了,后果将是不堪设想的。"然而并没有人邀请我乘他们的坐骑——也许这样也好。

我骑马和打猎的经历都只限于德文郡内,这就意味着要像爱尔兰人打猎一样奋力爬过高高的山坡。我总是向马房租同一匹马,它已经习惯了不熟练的骑手。我的坐骑叫克劳迪,是一匹无精打采的杂色马,它的确比我懂得多,我惬意地把一切交给它打理,让它带我成功地翻越德文郡的山坡。当然,我是偏坐式骑马——当时几乎没有女人跨骑。偏坐时你会感觉非常安全,双腿并拢紧靠在马鞍上。我第一次尝试跨骑时,感觉比我料想中的还不安全。

罗尔斯顿·帕特里克一家待我十分友善,不知为何他们总叫我"小粉红"——也许是因为我总爱穿一件粉红色的晚礼服。罗宾动不动就逗逗"小粉红",这时康斯坦斯太太就会向我眨眨眼,为我出主意。他们有一个活泼可爱的小女儿,我第一次去他们家的时候她才三四岁,我在那儿的大部分时间都在跟她一起玩耍。康斯坦斯太太生来就爱为人做媒,我现在才意识到,在我那几次拜访期间,她给我介绍了好几位适龄的小伙子。我偶尔也会随便出去骑骑马。记得有一天,我跟罗宾的两个朋友在野外驰骋,由于是一时兴起,我没有穿骑马的装束,身上仍是粉色的长裙,头发也没有扎紧,而是像当时所有的女孩一样戴着"波斯蒂"。回程骑着马穿过街道时,我的头发已完全散开了,假发不时掉下来,我不得不一次又一次地从马上跳下来,走回去捡。没想到这竟然带来对我相当有利的反响。罗宾后来告诉我,华威郡狩猎会里的一位重要人物赞许地对他说:"和你们在一起的那个女孩很不错。我喜欢她假发掉下来以后满不在乎的样子。她一边走回去拾起来,一边还哈哈大笑。真是个大方的姑娘!"使人产生良好印象的事都非常奇怪。

住在罗尔斯顿·帕特里克家的另一件乐事是他们有一辆汽车。我很难描述在一九○九年,这件事有多么令人兴奋。它是罗宾的玩具和宝贝,而它的喜怒无常和持续抛锚更增添了他的热情。我记得有一天,我们去班伯里（Banbury）玩。出发时的行装搞得像要去北极探险。我们带着大毛毯、包头用的特大披肩、好几篮子食物，等等。康斯坦斯太太的兄弟比尔、罗宾和我组成了这支探险队。我们动情地向康斯坦斯太太告别，她吻了每个人，叮嘱我们一定要小心，还说如果我们平安归来，她会准备大量的热汤让我们享受家庭的温暖。班伯里离他们住的地方不过二十五英里远，此时却像天涯海角。

前七英里，我们保持着大约二十五英里的时速，轻松愉悦，毫无麻烦。然而这只是开端。此后我们换了一次轮胎，又到处找修车厂——当时修车厂极少，又相隔甚远——才好不容易抵达班伯里。那天晚上七点，我们终于回到了家，精疲力竭、冷入骨髓，而且非常饿，带的食物早就吃光了。我至今都认为那是我这辈子最冒险的一天！我在路边的小土坡上坐了好久，寒风刺骨，我只得催促罗宾和比尔。他们正把说明书摊在身旁，与轮胎、备用胎、千斤顶和各种各样手边的机械零件搏斗着。直到现在，他们仍对这些东西一窍不通。

有一天，我和母亲到苏塞克斯郡巴特洛家赴午宴。巴特洛夫人的弟弟安卡特先生也在场。他有一辆巨大的马力强劲的汽车，在我的记忆中仿佛有一百英尺长，外面到处悬挂着巨型的管子。他是一个狂热的汽车爱好者，提议开车送我们回伦敦。"没必要坐火车，火车很让人生厌，我开车送你们回去。"我乐得要飞起来了。巴特洛夫人借给我一顶新款兜风帽——一顶平平的、介于游艇帽和德国皇家军官帽之间的东西，还配有兜风面纱。我们进入那个怪物，陷进柔软的座椅，然后就风驰电掣地出发了。当时所有的汽车都是敞篷的，要享受其乐趣你必须非常耐冻。不过当然，那时候的人都耐冻，在冬天没有生火的房间里练钢琴，足以让你对寒风习以为常。

安卡特先生不会把自己局限在二十英里的"安全"时速内，我相信我们在苏塞克斯郡境内的时速应该有四五十英里。有一刻，他忽然从驾驶座上一跃而起，大喊道："往后看！往后看！看那道篱笆后面！看见躲在那儿的那个家伙了吗？啊，那个小人！那个恶棍！警察的圈套。没错，就是那些恶棍，他们都这么干，躲在篱笆后面跑出来测速。"我们的时速迅速从五十英里降到十英里,安卡特先生窃笑不已。"这下够他们难堪的了!"

我觉得安卡特先生有点吓人,不过我喜欢他的汽车。亮红色的、令人畏惧又兴奋的怪物。

后来,为了看古德伍德赛马(Qatar Goodwood Festival),我又去巴特洛家小住。我觉得那是我唯一一次在乡村别墅做客却感到不尽兴。住在那里的全是参加赛马的人,而赛马的行话和术语我都一窍不通。对我来说,赛马就意味着站在那里,戴着插满鲜花、极不听话的帽子,一有风吹来就要拉紧六个帽针。脚上穿着很紧的黑漆皮高跟鞋,在白天的高温下,双脚和脚踝都肿得可怕。时不时地,我还得学着其他人那样,狂热地大叫:"开跑了!"同时踮起脚,张望那些早已跑得不见踪影的四足动物。

有个男人善意地问我,是否需要他帮我下几注?我神色骇然,身为女主人的安卡特先生的姐姐立即斥责他。"别那么无聊。"她说,"这个女孩不是来赌钱的。"然后她和善地对我说:"听我的,不管我下哪匹,你都只跟五先令,别听其他人的。"当我发现他们每次都赌二十或二十五英镑时,吓得汗毛倒竖! 不过女主人在钱方面总是对女孩子们很宽容。他们知道,极少有女孩子有钱乱花,即使是有身家的小姐或者富家小姐,也只有每年五十或一百英镑的服装费。因此女主人会很小心地照顾这些女孩子,有时会鼓励她们去打桥牌,不过总会安排人"赞助"她们,如果她们输了就帮她们清账。这使她们不会有局外人的感觉,同时也确保她们不会输掉输不起的钱。

我的赛马初次体验并未让我入迷。回到家后我对母亲说我再也不想听到"开跑了"这种字眼了。然而一年之后,我成了一个颇为狂热的赛马迷,对参赛马匹也有所了解。后来我到康斯坦斯·罗尔斯顿·帕特里克在苏格兰的家里小住,她父亲在那儿有一个小型赛马训练场,我在那里完全融入这项运动。被带去观摩了好几场小型赛马会后,我很快便觉得这很好玩了。

古德伍德赛马会更像游园会,一个时间太久的游园会。那里的人很喜欢开玩笑,我一直不太习惯他们的玩笑。人们闯入其他人的房间,把东西扔出窗户,大叫大笑。没有姑娘来这里,大部分是参加比赛的少妇。一位大约六十岁的老上校闯进我的房间,喊道:"现在,让我们来和小宝贝玩玩!"然后从衣柜里扯出我的一件晚礼服——粉红色、有缎带、确实有些孩子气的一件——把它扔出了窗外,说:"接住,接住,这是从派对最年轻的参加者这里得来的战利品!"我难过极了。晚礼服是我生活中很重要的东西,我总是悉心地护理、保存、清洗、缝补,却被当成足球似的扔出窗外。安卡特先生的姐姐和另一位妇女过来解围,告诉他不可以这样戏弄一个可怜的孩子。谢天谢地我离开了这场派对,这无疑让我松了一口气。

那么多家庭聚会中,我还记得帕克-莱利夫妇在他们租的一幢乡下别墅里举办的那次。帕克-莱利先生被人们称作"甘蔗大王",我们在开罗的时候曾见过帕克-莱利太太,我想她当时有五六十岁了,但如果离得稍远一点,她就像一个二十五岁的美丽少妇。此前我从没见过在生活中化妆化得那么浓的。帕克-莱利太太在她那头漂亮的黑发上下了很大的功夫,脸上的妆容十分精致,几乎可以媲美亚历山德拉王后(Queen Alexandra),配以粉色和浅蓝色调的服饰——整体看来,她就是艺术战胜自然的实例。她非常亲切,乐于在家里招待众多年轻人。

在那里,我对一个男孩子有点着迷——后来他在一九一四年到一九一八年的战争中牺牲了。尽管他只是礼貌性地关注我,我却曾经企望能与他进一步地相互了解。这边受挫,另一边我也被一名士兵烦扰。他是一名炮兵,似乎总是伴随在我的身前身后,打网球、打门球等所有活动中他都坚持要我跟他一起。日复一日,我越来越烦他。我有时候会对他非常无理,可他似乎并未意识到,依旧不断地问我是否读过某某书,并主动提出给我寄一些书。问我去不去伦敦,想不想去看马球比赛,我那一连串否定的回答对他丝毫不起作用。离开帕克莱利别墅那天,我不得不赶早班火车,因为要在伦敦换乘某班去德文郡的火车。吃过早餐,帕克-莱利太太对我说:"S先生(我记不起他的名字了）准备开他的车送你去火车站。"

幸亏去火车站的路不长，我真希望能坐帕克－莱利家的车去火车站——他们家的车能组成一个车队。我猜想一定是 S 先生主动向女主人提出送我的，她也许认为我也喜欢这样。她什么都不知道！总之，我们来到车站，去伦敦的快车进站了，S 先生把我安顿在一个没人的二等车厢的角落座位。我友好地向他道别，心中如释重负。可就在列车启动的瞬间，他突然抓住扶手，拉开车门跳上车来，把门关上了。"我也打算去伦敦。"他说。我目瞪口呆地看着他。

"可你没带行李呀。"

"是的、是的，这没关系。"他在我对面落座，上身前倾，双手搭在膝上，眼神狂热地盯着我，"我本想等在伦敦再次见到你时再告诉你的，可我等不下去了。必须现在就告诉你。我爱你爱得发疯，你一定得跟我结婚。从那次你从楼上下来用餐，我第一眼瞧见你，我就意识到你正是这个世界上我所要追求的女孩。"

我等了老半天，才终于有机会打断他滔滔不绝的表白。我冷冰冰地对他说："感谢你的好意，S 先生。我很感激你对我的一片真心，但是恐怕我的答复是，不行。"

他又坚持了大约五分钟，最后提出暂且不谈结婚一事，仍然做朋友，没事见见面。我说我认为我们最好不要再见面了，我是不会改变决定的。我的话说得非常肯定，他不得不接受这一事实。他靠在长椅上，脸上流露出惆怅沮丧的神情。还有更差劲的向姑娘求婚的场合吗？我们就这样，在车子抵达伦敦之前，在这空荡荡的车厢里坐了至少两个小时。当时的火车车厢里没有走廊，而刚刚经历了那场毁灭式的谈话，我们俩谁都不想再开口。而且，我们都没带任何读物。直到现在，想起 S 先生时我仍然不太高兴，不过我也没能做到"始终要对一个爱慕你的好人心怀感激"（姨婆的箴言）。我确信他是一个好人——也许这就是他那么无趣的原因。

我另一次在乡下别墅做客也是看赛马，是与姨婆的一些老朋友住在约克郡的马修斯家里。马修斯太太是个健谈的人，有点语不惊人死不休的派头。那次聚会是为了邀请大家参加圣莱杰赛马锦标赛（St. Leger），那时我对参加赛马更加习惯了，事实上已经开始喜欢。而且——想起来傻乎乎的，不过也可以理解——我还专门为此添置了一套裙装。穿上这一身时我高兴极了，是用褐绿色的花呢做的，在一家不错的裁缝店。母亲说这是值得花钱的东西，因为一套裙装可以穿好多年。的确如此，我至少穿了六年。外衣很长，领口是天鹅绒的。我用一顶漂亮的褐绿色天鹅绒无边女帽配它，上面绣着羽翼装饰。我没有穿这身衣服照过相，如果照了，现在看一定会觉得非常可笑，但我记忆中的自己很时髦、充满活力、衣着考究！

在某个火车站转车（我想应该是从柴郡我姐姐那儿回家的路上）的时候，我的快乐达到了最高峰。当时刮着刺骨的寒风，火车站长走过来问我要不要去他的办公室里等车。他说："也许你的贴身女仆可以把你的首饰盒和其他贵重物品带过来。"我这辈子当然从来没有过贴身女仆，永远都不会有，我也没有首饰盒，可我为这种待遇感到满足，并将其归功于我漂亮的天鹅绒小帽。我说我的贴身女仆这次没来——可不能让他看扁了，因此必须要说"这次"——不过我欣然接受了他的提议，坐到了熊熊燃烧的壁炉旁，愉快地与他交流着关于天气的陈词滥调。很快，火车进站了，我被很隆重地送上火车。我深信会受到如此礼遇都要感谢我这身裙装和帽子。因为我坐的是二等车厢而不是头等车厢，几乎不可能被当成有钱有势的人。

马修斯夫妇住在一幢名为索普拱礼堂（Thorpe Arch Hall）的邸宅。马修斯先生比他的妻子老很多，他肯定有七十岁了，是个和蔼可亲的人，有一头浓密的白发，非常热爱赛马，年轻时也爱打猎。虽然他非常喜欢他的妻子，却有被他的妻子搞得手忙脚乱的倾向。的确，关于他，我记得最清楚的就是他常常焦急地说："要死了，亲爱的，别催我。要死了，别催我，别催我啦，爱迪！"

马修斯太太生来是个急性子，而且总是大惊小怪。她从早到晚喋喋不休、大呼小叫。她很和善，但有时候也实在让人受不了。她把可怜的老汤姆催得没法子了，最后只好请来一个朋友与他们同住，那就是华伦斯坦上校，郡里郡外都把他叫作"马修斯太太的二房丈夫"。我深信没有什么"第二个男人"或者"妻子的情人"之类的事，华伦斯坦上校确实对爱迪·马修斯忠心耿耿，我想是那种一生不变的感情，但马修斯太太很清楚该把他置于何种位置——一个怀有柏拉图式的爱恋、可以随时为她所用的朋友。不管怎样，爱迪·马修斯在两个深情的男人的陪伴下过着非常幸福的生活。他们纵容她、奉承她，总是把她所需要的东西样样都安排好。

我住在这里的期间，遇到了查尔斯·科克伦[①]的妻子伊夫琳·科克伦。她是个小可爱，像个德累斯顿牧羊女[②]，有一双大大的蓝眼睛，金黄色的头发。她穿了一双很考究，但是与乡村不大相称的鞋子，爱迪可不会让她忘了这件事，时刻都要责难她一下。"真的，亲爱的伊夫琳，你为什么不能带来一双适宜的鞋子呢！看看这厚鞋底，只能在伦敦穿。"伊夫琳睁着大大的蓝眼睛难过地望着她。她这一生主要都是在伦敦度过的，和戏剧界有着密切的关系。她告诉我她是爬出窗户与查尔斯·科克伦私奔的，因为她的家里人不赞成。她对他的那种爱慕非常罕见。如果离开家，她每天都要给他写信。我想，虽然查尔斯·科克伦还有很多浪漫的奇遇，但他也始终爱着她。她与他共度一生，受了很多煎熬。她怀着那么深的爱，随之而生的嫉妒也必然难以忍受。不过我相信她认为这很值得：能用一生的时间去深爱一个人，这是一种特权，与忍受的苦痛无关。

华伦斯坦上校是她叔叔，她很不喜欢他，也不喜欢爱迪·马修斯，却很喜欢老汤姆·马修斯。"我从没喜欢过我叔叔。"她说，"他是个无聊透顶的人，而爱迪是我见过的最令人气恼、最愚蠢的女人。她不放过任何人，总是斥责别人、指挥别人，她就是不能安静下来。"

[①] 查尔斯·科克伦（Charles Cochran, 1872-1951），英国知名剧场经理、戏剧经纪人，二十世纪二十年代到三十年代期间成功制作了多部戏剧和音乐剧。
[②] 德累斯顿（Dresden）是德国萨克森州首府和第一大城市，总让人联想到易北河畔的牧羊女。

3

从索普拱礼堂回来以后，伊夫琳·科克伦请我到伦敦看他们。我怯生生地去了，听了许多戏剧界的飞短流长，感到很刺激。我还第一次体验画作的魅力。查尔斯·科克伦酷爱绘画，头一次看到德加（Edgar Degas）画的跳芭蕾舞的少女时，我的心中激起一阵前所未有的波澜。在女孩子还太年轻时就不由分说地把她们拉去看画展，这种做法真的非常不可取，这么做不会产生预期的效果，除非她们天生具备艺术审美。而且，以未经训练或者没有艺术感觉的眼光看来，大师们的作品全都一样，带有一种久经风雨的黄绿色的阴沉感，让人压抑。我就是那样被迫接受绘画艺术的。起先是被大人们逼迫着去学素描和水彩画，我很不喜欢，后来又不得不把欣赏绘画当成一种道义上的责任去完成。

我们有一位叫梅的美国朋友，会定期到伦敦来。她酷爱绘画、音乐等各种艺术形式。梅是我的教母沙利文太太的侄女，也是皮尔庞特·摩根[①]的侄女。她长期患有甲状腺肿大，饱受病痛的折磨。她年轻的时候——我第一次见她时她就差不多四十岁了——甲状腺肿大这种病是无药可医的，做手术又太危险。有一次梅来伦敦时告诉我母亲，说她要去瑞士的一个诊所做手术。

她已安排好了一切。一位专攻此症的著名外科医生对她说："小姐，我不会向任何男病人建议这项手术，因为术中只能采取局部麻醉，患者必须不停地说话，男人的神经不足以忍耐这种痛苦，只有坚韧的女人能做到。这个手术需要花一点时间，也许要一个小时，也许更久，在此期间你必须一直说话。你觉得自己足够坚强吗？"

梅说她望着他，想了一两分钟，然后坚定地说，是的，她觉得自己足够坚强。

"我想，你去试试是对的，梅。"我母亲说，"这将是一次严酷的考验，但是如果成功了，就会使你的生活焕然一新，你所受的所有苦痛

[①] 约翰·皮尔庞特·摩根（John Pierpont Morgan Sr., 1837–1913），美国银行家，"世界债主"摩根财团的创始人，也是一位艺术收藏家。

都将是值得的。"

后来,梅从瑞士传来消息,说手术成功了,她已经离开诊所,现在在意大利,住在佛罗伦萨附近的费埃索勒(Fiesole)。她要在那儿待大约一个月,然后再回瑞士复查。信中她问母亲能否让我去她那儿小住,欣赏佛罗伦萨的艺术品和建筑。母亲欣然同意,安排了我的行程。我当然非常兴奋,当时我大约十六岁。

有一对母女准备和我搭乘同一班火车前去。于是,由维多利亚火车站的库克旅行社引荐,母亲将我托付给了她们,我们一同上路了。我很走运,母女俩背向车头坐会晕车,而我无所谓,因此隔间里那一边的座位都是我的,我可以平躺下来。我们都没有意识到有一个小时的时差,因此凌晨时分抵达边境需要换车时,我还睡得很熟。列车长急不可耐地把我推到月台上,母女俩大声地和我告别。我收拾好行李,上了另一列火车,马上开始了穿越意大利山区的旅程。

梅的女佣斯坦葛尔赶到佛罗伦萨车站接我,然后我们一起乘电车到达了费埃索勒。那一天的天气非常好,时值杏花和桃花蓓蕾初绽,片片白云和粉霞挂满了枝头。梅住在一幢独栋公寓里,她满面笑容地迎了出来。我从未见过如此快乐的女人。现在她的下巴底下没有了那个可怕的肉球,刚开始时我还有点不适应。她一定付出了巨大的勇气,正如医生事先警告过她的。她告诉我,那一小时二十分钟里,她就躺在那里,双脚被一个绞盘高举过头,外科医生切割她的喉咙时她要与他们对话、回答问题、不停说话,或是应他们的要求做鬼脸。后来医生恭喜她,说她是他见过的最勇敢的女人之一。

"可是我得告诉你,医生先生,"她说,"就在结束之前,我觉得我就要歇斯底里地尖叫了,就要喊出来说我再也忍受不了了。"

"啊。"卢克斯医生说,"可是你并没有,我说过,你是个勇敢的女人。"

梅万分高兴,她想方设法地让我在意大利过得舒适愉快。我每日都去佛罗伦萨参观游览,有时是斯坦葛尔陪我去,但更多的时候是梅约好的一个意大利姑娘到费埃索勒来,由她陪我游览。在意大利,年轻女子外出时要比在法国更需要有人小心地陪护，在电车上，我也确实受尽了热情奔放的小伙子们在我身上偷捏一下的痛苦——那实在是非常痛苦。我去了许许多多座美术馆和博物馆。我还像从前那样贪嘴，每日都在期待乘电车回费埃索勒之前，在法式蛋糕店里享用一顿美餐。

后来的几天里，梅也曾几度亲自陪我参观那些艺术殿堂。我还清楚地记得，就在我要回英国的前一天，梅执意拉我去观赏一幅刚清理出来的锡耶纳的圣凯瑟琳[①]像佳作。我不记得是在乌菲兹美术馆（The Uffizi Gallery）还是哪个美术馆了，梅和我心急火燎地挨个儿在各个陈列室里寻找着，却都是徒劳。我早就看够了圣凯瑟琳题材的作品，也很厌烦那些圣塞巴斯蒂安[②]被万箭穿心的画像——这些圣像、它们的象征意义以及令人不快的死法，都让我打从心底里感到腻烦。我也看腻了自鸣得意的圣母像，尤其是拉斐尔（Raphael）的作品。写到这里我真觉得羞愧，在这一方面我真是个野蛮人。不过话说回来，要想欣赏大师的作品，是需要慢慢培养的。一边东跑西蹿地寻找圣凯瑟琳画像，我心里的焦虑也在一点点加重。生伯没有足够的时间去法式蛋糕店最后一次享用巧克力和生奶油了。我不住地说："看不到没有关系，梅，真的，我不在乎。不必再麻烦了，我已经看过不少圣凯瑟琳的画像了。"

"可是这一幅，亲爱的阿加莎，这一幅是精品。你一会儿看到它时就会了解到，错过这个机会该是多么的遗憾。"

我知道自己是不会感到遗憾的，却耻于对梅这样讲！不过，运气是偏向我的——有人告诉我们那幅杰作还要再等几个星期才会展出。我们刚好还有时间在赶火车之前去饱餐一顿巧克力和蛋糕。梅详细深入地介绍一幅幅名画，我一边热诚地附和，一边大口大口地吞咽着奶

[①] 指在意大利锡耶纳（Siena）出生的圣凯瑟琳（St. Catharines，1347-1380），她很小的时候就成了虔诚的天主教徒，能看到一些不同寻常的视觉景象，之后不断得到关于天堂、地狱的视像。凯瑟琳乐于帮助弱者，最大的成就是促成了教皇和罗马共和国的和解。凯瑟琳被奉为圣人，有许多描绘她的画作。
[②] 圣塞巴斯蒂安（St. Sebastian，256-288），天主教圣徒。在文艺作品中，他常以被缚后乱箭穿心的形象出现。

油和冰咖啡。此时的我看上去一定像一只猪，眯眼鼓腮，一反平日里温文尔雅、纤瘦柔弱，瞪着一双迷离的大眼睛的样子。看到我平时的样子，你肯定会担心我会早夭，就像维多利亚时代小说中的孩子。不过，我也为没能认真倾听梅的艺术教诲而羞愧。我喜欢费埃索勒，不过最喜欢的是那里的杏花。我也从嘟嘟那里得到了不少乐趣，嘟嘟是一只小博美犬，梅和斯坦葛尔无论去哪儿都带着它。嘟嘟又小又聪明，梅经常带它到英国来。它总是待在她的暖手筒里，从未被海关官员发觉。

梅在回美国的路上来了一趟伦敦，展示她雅致的新脖子。母亲和姨婆都哭了，再三地吻她。梅也哭了，因为这就像一个不可能的梦成了真。她刚一动身前往纽约，母亲就对姨婆说："尽管如此，还是非常悲哀啊，想想看，十五年前她就可以动手术了，她一定是听了纽约医生那些靠不住的诊断。"

"而现在，我想已经太晚了。"姨婆若有所思地说，"她不会再结婚了。"

但是在这一点上，我要很高兴地说，姨婆错了。

发现婚姻与己无缘，我想梅一定非常伤心，而且我觉得她这个年纪，对姻缘已经完全不抱期望了。但是几年以后，她带着某一著名美国圣公会教区的教区长来到英国。一个非常真诚、人品很好的人，但医生说他只有一年的寿命了，梅，作为教区中最热心的居民，坚持募集了一笔款项，带他到伦敦来寻医问药。她对姨婆说："你知道，我相信他一定会康复。他是个非常重要的人，绝对必不可少。他在纽约的工作非常出色，让赌徒和恶匪都改过自新，亲自出入最可怕的妓院和各种地方，对公众的鄙视和是否会挨打都无所畏惧，许多极端的人都被他感化了。"梅还把他带到伊灵赴午宴。后来她又赶去道别时，姨婆对她说："梅，那个男人爱上你了。"

"哎呀，阿姨。"梅大叫道，"您怎么能说这么可怕的话呢？他从来没想过要结婚，他是个忠贞的独身主义者。"

"以前可能是，"姨婆说，"但我想他现在不是了。为什么要独身呢？他又不是罗马天主教徒。他看上你了，梅。"

梅显得非常震惊。

一年后,梅写信告诉我们,安德鲁已经恢复健康,他们准备结婚了。这是一桩非常美满的婚姻,没有人比安德鲁对梅更亲切、更温柔、更体贴了。"她确实需要幸福。"他曾对姨婆说,"她这一生中的大部分时间都被幸福拒之门外,使她对幸福产生畏惧,几乎成为一个清教徒。"安德鲁一直体弱多病,但并未停止他的工作。亲爱的梅,幸福终于降临到她身上了,我真高兴。

4

一九一一年那一年,发生了一件我认为非常奇妙的事:我坐飞机上天了。飞机,在当时自然是被猜测、怀疑、争论的事物之一。我在巴黎的学校学习期间,曾被带到布洛涅森林公园去观看桑托斯·杜蒙[①]离地升空。在我的记忆里,飞机离地了,飞了几码远,然后就坠毁了。尽管如此,我们仍然印象深刻。接着就是莱特兄弟(Wright brothers),我热心地阅读了关于他们的报道。

出租车刚进入伦敦的时候,有一个用口哨召唤出租车的方法。站在门外的台阶上,吹一声哨能叫来一辆"咆哮者"(四轮马车);吹两声哨会叫来一辆双座马车,在路上行进的"贡多拉";吹三声哨(如果运气非常好的话),会叫来一辆新式的汽车出租车。某个星期的《笨拙》(*Punch*)杂志上有一幅漫画,画了一个小孩,对一位站在富丽堂皇的台阶上、手持口哨的男管家说:"吹四声试试看,先生,您也许会叫来一架飞机!"

此时,那幅漫画突然不再那么荒诞、那么异想天开了,这可能很快就会变成现实。

那个时候,母亲和我正住在乡下的什么地方。有一天我们去看一

[①] 阿尔贝托·桑托斯·杜蒙(Alberto Santos-Dumont, 1873–1932年),巴西飞行家、飞机设计师,世界上第一个飞行纪录创造者。

个飞行展览——那是一种商业活动。我们看到飞机嗡嗡地飞上天空,环绕一圈,再滑翔着返回到地面。然后一个告示牌挂了出来:飞行一次五英镑。我望着母亲,眼睛睁得大大的,露出恳求的神情。"我可以去吗?哦,母亲,我可不可以去试试?会很棒的!"很棒的其实是我母亲。她就那样站在那里,看着她心爱的孩子坐在飞机里飞上天空!要知道,当时每天都有飞机坠毁。她说:"如果你真的想去,阿加莎,去吧。"

五英镑在我们的生活中是一大笔钱,但是花得很值得。我们走到栅栏前,飞行员看着我说:"帽子戴牢了吗?好的,进来。"飞行只持续了五分钟,我们飞上天空,绕了几圈——真是太美妙了!然后又转回来,下降,滑翔着返回地面。销魂的五分钟。我们又多花了半克朗买下一张照片,一张我至今仍保存着的褪色老照片,空中有一个黑点,那就是一九一一年五月十日坐在飞机里的我。

人一生中的朋友可以分为两类:一类出现在你的生活中,与你一起做某些事。他们就像旧时的丝带舞那样,在你的周围形成一个旋转的圈子。有人进入,也有人离开,你也不断进出不同的圈子,有些人你能记住,有些则忘记了。另一类是经过精心挑选的朋友——为数不多——共同的志趣把双方维系在一起,如果条件允许的话,这种友谊会终生不衰。这样的挚友我结交了七八个,绝大部分是男性。我的女性朋友通常都是在生活中结识的。

我不太明白男女间的友谊是怎么产生的——男人生来并不想把女人当作朋友。这是偶然产生的,往往是因为男人被另一个女子迷倒,想找人谈论关于她的事情。女人则往往乐于与男人建立友谊,也很愿意在兴致勃勃地了解了对方的恋情后获得这样的友谊。于是,一种稳定而持久的关系就形成了,彼此都感兴趣,当然也存在一些异性的吸引力,只是一点点,类似于调味的盐。

按我一个年长的医生朋友所说,男人每遇到一个女人都会想象与她上床会是怎样的,可能还会继续想如果他请求的话,她是否愿意与他上床。"直接且粗鲁,这就是男人。"他评论道,他们不会考虑这个女人是否适合当妻子。

我觉得女人就比较单纯,她们遇到每个男人都会揣摩他是否适合当丈夫。我不相信有什么隔了一个房间,远远地望了一眼就一见钟情地爱上一个男人的事。但很多男人却会这样爱上一个女人。

我们曾经有个家庭游戏,是我姐姐和她的一个朋友发明的,叫作"阿加莎的丈夫们"。主题就是在一个房间里找出两个、最多三个面目可憎的陌生男人,然后我必须选择其中之一做我的丈夫,否则就要接受东方式的酷刑或者痛苦的死刑。

"现在,阿加莎,你选哪个?那个胖胖的长粉刺的年轻人,那个满头头皮屑的男人,还是那个长得像大猩猩一样、黑黑的、两眼鼓出的男人?"

"哦,我没法选,他们都那么可怕。"

"你必须选,就在他们之中选一个。要不就要用烧红的针扎你,还要用水刑。"

"哦,天哪,那就选大猩猩吧。"

最后,她们养成了习惯,把任何外表丑陋的人都定义为"阿加莎的丈夫"。"哦,看啊!真是个丑男人,一个真正的阿加莎的丈夫。"

闺密中与我关系最密切的是艾琳·莫里斯,她与我们家是世交。我在很小的时候就与她相识了,但她比我年长几岁,直到十九岁我才真正了解她,真正跟她"情投意合"。她与五位未婚的姑姑一起住在海滨的一幢大房子里。她有个当校长的哥哥,两个人很像。她拥有像男人一样清晰的思维,不像个女人。她的父亲是个亲切、温和、木讷的人——我母亲告诉我,他过世的妻子是她见过的最快乐、最美丽的女人。艾琳相貌平平,但才思过人,博闻强记。她是我遇见的第一位能与之交流思想的密友,也是我认识的少数几个能客观地、不带入个人感情看待问题的人之一。我认识她许多年了,却对她个人的生活了解甚少。我们从不聊各自的私事,但每次见面总有事情探讨,能开怀畅谈很长时间。她擅长写诗,音乐知识也相当丰富。记得有一首歌我非常喜欢，但仅仅欣赏它的曲子，歌词则相当荒唐可笑。当我和艾琳谈及此歌时，她表示愿意试着为这首歌重新填词。我觉得她填的词让这首歌大放异彩。

我也写诗——我年轻时，人人都写诗。我早期的诗歌作品水平低劣得令人难以置信，缺乏才气。记得有一首我十一岁时写的诗：

> 我知小小一株野樱草和一朵美丽的花
> 她想变成蓝铃花，蓝蓝长袍身上挂

你可以猜想下面是什么：她得到了蓝蓝长袍，变成了蓝铃花，却又不喜欢。还有比这更能体现作者完全缺乏文学天赋的东西吗？十七八岁时，我的诗艺有所长进。我以"丑角传奇"为题材写了一组诗歌，其中有《哈利奎因之歌》《柯伦巴因之歌》《皮耶罗》《皮埃雷特》，等等。我把一两首寄到《诗评》(The Poetry Review)杂志，得到了一几尼的奖金，我真是欣喜万分。后来我又几度得到奖金，并在《诗评》上发表了几首诗作。成功让我颇为骄傲。我断断续续地写了许多诗，每每产生创作冲动，就即刻把萦绕在脑际的感受写下来。我当时并没有雄心壮志，能偶尔在《诗评》上获奖就是我最大的奢求。有一首后来我重读了，觉得还不错，至少表达了一些我想表达的东西。为此我把它再现在这里：

> 林荫深处
>
> 褐色秃枝映衬苍天微碧
> （林间一片沉寂）
> 倦怠的树叶散落脚底
> 褐色树干粗壮有力，静候佳期
> （林间一片沉寂）
> 春的娇美洋溢着勃勃生机

夏的厚爱叫人意乱神迷

秋将炽热转成悲戚

花叶飘摇，激情渐熄

美丽——林间只剩光秃秃的美丽！

褐色秃枝映衬月影迷离

（林间什么在泛起）

树叶沙沙作响，从灭亡中起立

枝条在光影中召唤，秋波频递

（林间什么在游移）

呼啸飞旋，树叶重拾活力

为死神驱使，施展魔鬼的舞技

受惊的树丛尖叫声声，摇摆不已

风儿呜咽颤抖，四处游历……

惊栗——林间飞出赤裸裸的惊栗

我有时也试着为自己的诗谱曲，但所做的曲子质量都不高，只有相对简单的叙事曲写得还算不错。我还写过一支旋律平平的华尔兹舞曲，起了个很奇特的名字叫《相伴一小时》——我也不知道我是怎么想到的。

后来有几个舞伴对我说，一个小时太久了，一支华尔兹不会持续那么久。这时我才发现这个题目太含糊了。不过我依旧很自豪，因为经常为舞会伴奏的乔伊斯乐队偶尔会把它列为演奏曲目之一。如今听来，我觉得这支华尔兹舞曲写得极为拙劣。我本来就不喜欢华尔兹，搞不懂为什么要尝试写它。

探戈就另当别论了。沃兹沃思太太的一个助教在牛顿艾伯特（Newton Abbot）发起了一个面向成年人的舞蹈之夜，我和一些人经常跑去接受指导。我在那里结识了一个年轻人,我称其为"我的探戈朋友"。他的教名是罗纳尔德,但他姓什么我忘了。我们很少说话,对彼此也不太感兴趣——注意力都贯注在脚上。我们很早就开始搭档做舞伴了,发现双方对探戈都很热心,而且一起跳得很好。我们成为场内展示探戈舞步的主要范例。只要是我们俩都在的舞会,那探戈毫无疑问都会留着和对方共舞。

还有一件令人兴奋的事情,是莉莉·埃尔希(Lily Elsie)的著名舞蹈,我记不清是在《风流寡妇》(The Merry Widow)还是《卢森堡伯爵》(The Count of Luxembourg)中了,莉莉和她的舞伴双双旋转着上楼,又旋转着下来。我曾与邻居家的小伙子麦克斯·麦勒练习这种舞。后来得知麦克斯当时是伊顿公学的学生,比我小三岁。他的父亲患有严重的肺结核,整日躺在院子里,晚上也睡在那儿。麦克斯是家里的独生子。他像爱一位成年女子那样深深地爱上了我,常在我面前炫耀自己。要不就是他母亲告诉我,他身着打猎装、足蹬猎人靴,用气枪打麻雀。他也开始爱干净了(这对他来说真是破天荒的事,他的母亲可为他的脏手、黑脖子操心了好几年),买了几条豆沙色和薰衣草色的领带,事实上,方方面面都在显示他长大了。我们在一起时主要就是跳舞。我会到他家去,在他家的楼梯上练习,因为他家的楼梯台阶又矮又宽,比我家的更合适。是否取得了很大的进步我不知道,只记得重重地摔了不少跤,但仍然刻苦练习。他有一个很好的家庭教师,我想是一个叫肖先生的年轻人。玛格丽特·露西评价他说:"很不错的小家伙,可惜他的腿生得太普通了。"

我得说,自此以后,我总会下意识地用这个标准去评价陌生男人:长得很好看,也许吧,可他的腿是不是生得太普通了?

5

一个令人不快的冬日,我患流行性感冒刚好,但仍卧床休息。我百无聊赖，已经读了许多书，试着玩了十三遍"魔鬼"纸牌游戏，成功地救出了米利根小姐。正打算自己和自己打桥牌时，母亲进来探望我。

"你干吗不写小说？"她建议道。

"写小说？"我有点吃惊。

"是的。"母亲说，"像玛吉那样。"

"我恐怕不行。"

"为什么不行？"她问。

我似乎想不出什么理由，只是……

"你并不知道自己行不行，你还没有试过。"母亲说道。

她说得没错。母亲像以往一样忽然走了出去，五分钟后手里拿着一本练习簿进来了。"这个本子的开头几页上记着要洗的衣服的清单，后面还没有使用过，你现在可以用它写你的小说了。"

要是母亲建议做什么事情，别人几乎总得照办。我坐在床上，开始构思怎样写小说。无论如何，这比玩米利根小姐的纸牌游戏要好。

我记不清用了多长时间——好像时间不长，大概是在第二天傍晚就写完了。最初我在主题遴选上举棋不定，一一否定后终于兴致勃勃地动起笔来，写的速度极快。写作非常耗费精力，虽然对我的康复毫无助益，却振奋了精神。

"我去把玛吉那台旧打字机找出来，你就可以把它打出来了。"母亲说。

我的第一篇作品叫《丽人之屋》（The House of Beauty），称不上杰作，但我认为总体来说还算不错。这是我写出的第一篇透露出些许潜力的作品。写作技巧自然还很不成熟，并且能看出我在前一星期里所读过的书的痕迹。这是人们初次写作时在所难免的。我当时显然在读劳伦斯（D.H.Lawrence）的书，他的《羽蛇》（The Plumed Serpent）、《儿子与情人》（Sons and Lovers）、《白孔雀》（The White Peacock）等几部作品都是我那时最爱读的。我还读了某位叫埃弗拉德·科茨夫人（Mr. Everard Cotes）的书，对她的写作风格推崇备至。我的第一部作品还是十分可贵的，虽然读后难以确切地了解作者的写作意图,但至少作品的风格和故事本身展现出了一些想象力。

随后我又写了几个故事:《翅膀的呼唤》(The Call of Wings)(不错);《孤独的神祇》(The Lonely God),受《美丽的废话之城》(The City of Beautiful Nonsense) 的影响,饱含悔恨之情;还写了一段一位聋夫人和一个紧张的男人之间的对白,以及一个关于降神会的恐怖故事(许多年后我重写了这个故事)。我用玛吉的帝国牌打字机把这些故事全部打了出来,抱着一线希望分别寄给了几家杂志社。我绞尽脑汁臆造了几个笔名。玛吉用过莫斯廷·米勒,我就用麦克·米勒,后又改为纳撒尼尔·米勒(Nathaniel Miller)(这是我祖父的名字)。我当时并不抱有成功的奢望,事实上也没能取得成功。所有投出的稿件都被退了回来,里面照例夹着一张字条:"特此致歉……"我把稿子重新包好,又寄往其他杂志社。

我还决定在长篇小说方面试一试手,并无所顾忌地动了笔。故事以开罗为背景。我构思了两条情节线,开始时确定不了该选用哪一个,后来随意选了一个写。在开罗的时候,我们常在旅馆的餐厅里遇见三位常客,他们为我提供了一条线索。三人中一个是娇媚的姑娘——其实在我眼里她已经算不上姑娘了,肯定年近三十——每天晚上,舞会结束后,她都会跟两名男子一起到餐厅来吃夜宵。两位男子中一个膀大腰圆、头发乌黑,是第六十步兵团的上尉;另一个是高个子的英俊小伙子,在冷溪近卫步兵团,大概比那名女子小一两岁。他们分坐在她两旁,她不时跟他们打情骂俏。我只知道他们的名字,并不了解他们,只是听到有人说"她迟早要在这两个人中做出抉择"。这些话足以激发我的想象力。假如我对他们了解得更多些,也许就不愿意写他们了。我根据想象编造出了一个美妙的故事,也许故事中人物的性格、言谈举止,以及其他方面都与现实生活中的原型大相径庭。写了一段时间后,我感到不满意,就改用另一条故事线。它的基调要比前一个轻松些,有一组有趣的人物形象。可是,我犯了一个致命的错误——把故事中的女主人公写成了聋哑人。我不知道自己为什么这样做。盲人的趣闻很好写,而写聋哑人却并非易事了。不久后我就发现,在描述她的心理活动以及人们对她的看法和品评时,无法让她用言语反馈。书中的这位梅兰妮变得平淡乏味,结果写作半途而废。

我又转回到第一条线索上,却发觉它不够写一部长篇。最后我决定,将两条线索合二为一。既然两个故事都是以开罗为背景的,为什么不能捏合到一起呢?我结合这两条线索,终于写出了一部足够长的小说。书中的情节太复杂,我不得不唐突地从一组人物猝然跳到另一组人物,有时还把本不应该混在一起的人物撮合到了一块。我给这部小说取名为——我也不知道为什么要这么取名——《荒漠之上的雪》(*Snow Upon the Desert*)。

母亲相当犹豫地建议我去请教伊登·菲尔波茨(Eden Philpotts),也许他能给我些指点和帮助。当时伊登·菲尔波茨的名声正如日中天,他创作的以达特穆尔(Dartmoor)为背景的一系列小说颇受欢迎。他碰巧住在我们旁边,是我们家的朋友。开始时我有些不好意思,后来还是同意去了。伊登·菲尔波茨相貌不凡,不同于常人,他有一双细长的眼睛,眼角上挑,倒更像半人半羊的农牧神。他患有严重的痛风,我们去他那儿时常看见他坐在那里,一只脚被许多道绷带固定在一只板凳上。他厌恶社交活动,极少出门。事实上他是不喜欢见人。他的妻子则与他截然相反,极擅社交,她的相貌妩媚动人,有许多朋友。伊登·菲利波茨很喜欢我的父母,因为他们很少用社交邀请来打扰他,只是时常来观赏他庭院中的稀有植物和灌木。他答应看看阿加莎的第一次文学尝试。

我无法表达对他的感激之情。他完全可以信口胡诌一些公正的批评,这很有可能使我灰心丧气,一辈子再也不想提笔写作。可他并没有那么做,而是打算给我一些指点。他敏锐地意识到我生性顺腆,不擅长口头表达,便写了一封信,向我提出了一些中肯的建议:

你的作品有些部分写得很不错。你很会写对话,但对话的语言应保持自然、流畅。略去小说中所有道德说教的文字——你太喜欢说教了,没有比冗赘的说教读来更枯燥乏味的了。让你笔下的人物自己去表现自己，不要指点他们该说什么，或者向读者解释他们这么说话的用意，读者可以自行作出判断。你的这篇小说有两条线索，而不是一条，这是初学者易犯的错误。以后你就会知道，不能这样随意浪费线索。我写了一封信，把你介绍给我的出版代理人休斯·梅西，他会给出更多评论，并告诉你这部小说的出版可能性有多大。恐怕处女作就能发表不那么容易，你不必为此而沮丧失望。我愿向你推荐些阅读书目，也许会对你有所助益。请读：德·昆西 (De Quincey) 的《一个英国瘾君子的自白》(Confessions of an English Opium Eater)，书中运用了许多有趣的词汇，可以大大增加你的词汇量。你还可以读读杰佛利 (Jefferys) 的《我的故事》(The Story of my Life)，借以锻炼描写的方法，并培养对自然的爱好。

我现在不记得他还介绍了别的什么书了。记得有一部短篇小说集，其中有一篇叫《皮里的骄傲》(The Pirrie Pride)，写的是一把茶壶的故事。还有一部是我极不喜欢读的罗斯金 (John Ruskin) 的作品，以及另外一两本书。我不知道读了这些书籍后我的写作水平有了多大的长进，不过我确实十分欣赏德·昆西的作品和那些短篇小说。

后来我去伦敦拜访了休斯·梅西。那时老休斯·梅西还健在，他接待了我。他身材魁伟，肤色黝黑，吓了我一跳。"嗯。"他瞧了一眼手稿封面上《荒漠上的雪》几个字，说道，"嗯，很有深意的书名，能使人联想到在压抑中燃起的火焰。"

我更紧张了，心想他的想象和我所写的内容相去甚远。除了可能是受我当时正在读的欧玛尔·哈亚姆[①] 作品的影响外，我想不出自己为什么选择这个书名。也许我的用意是，生活中的所有事情，都像落在荒漠表面的雪一样，浅薄，会悄然逝去而不留痕迹。不过我也承认，写到结尾处时这一主题已面目全非了，不过这的确是我创作这部小说的初衷。

休斯·梅西把手稿留了下来，稿子几个月后被退了回来，附言他

[①] 欧玛尔·哈亚姆 (Omar Khayyam, 1048—1131)，波斯诗人、数学家、天文学家、哲学家，代表作有《鲁拜集》，并编纂《代数学》。

认为出版这部小说的可能性不大。他建议我打消对它所抱的希望，着手再写一部。

我生来就不是个胸怀大志的人，于是接受现状，没再做进一步的努力。我仍然写诗，从中获得些乐趣。我大概又写了一两篇短篇小说，寄给了几家杂志社，做好了被退稿的思想准备，并且确实无一例外都被退了回来。

此时，我已经不再认真刻苦地学习音乐了，每天只练习几个小时钢琴，以求维持原有的水平，也没去上什么音乐课。只要在伦敦，一有时间我就去弗朗西斯·科贝那里学习演唱。他是一位匈牙利作曲家，给我上声乐课，教会我一些由他谱曲的美妙动听的匈牙利歌曲。他是一位优秀的教师，十分风趣。同时我还从另一位老师那里学习英国民歌的演唱技法。她住在雷根特运河（Regent Canal）附近，人称小威尼斯的地方，那块土地一直令我神往。我经常在地方音乐会上演唱，并且按照那时的习惯，每次应邀赴晚宴我总要带着"节目"去。那时候当然还没有"罐装"音乐——没有广播，没有录音机，没有立体声电唱机。要听音乐，完全依靠真人表演。表演者有的水平很高，有的一般，有的则相当糟糕。我很会伴奏，且识谱，因此经常担当演唱者的钢琴伴奏。

我曾在伦敦欣赏里希特（Hans Richter）指挥的瓦格纳（Wagner）的歌剧《尼伯龙根的指环》（The Ring），那是一次美好的体验。我姐姐玛吉突然对瓦格纳的音乐非常感兴趣，于是安排了一行四人去看，并帮我付了钱。我要永远感谢她，并且记住那次体验。范·鲁依演唱沃坦，格特鲁德·凯珀尔演唱瓦格纳歌剧中的主女高音。她是个有分量的大块头女人，长了个朝天鼻，不是个好演员，却有一副高亢有力的金嗓子。有一个叫萨尔茨曼·史蒂文斯的美国人，演唱过齐格弗里德、伊索尔德和伊丽莎白[①]。我觉得我永远也忘不了萨尔茨曼·史蒂文斯，她是个一举一动都无比动人的女演员，她修长的手臂

[①] 这里提到的齐格弗里德、伊索尔德和伊丽莎白，依次出自瓦格纳的歌剧《尼伯龙根的指环》(The Ring)、《特里斯坦和伊索尔德》(Tristan and Iseult) 和《汤豪舍》(Tannhäuser)。

从瓦格纳歌剧女主角们统一穿着的肥大的白色戏服中优美地伸出，她扮演的伊索尔德堪称完美。虽然她的嗓音比不上格特鲁德·凯珀尔，但是她的演技如此高超，令人沉醉。比如她在《特里斯坦和伊索尔德》(Tristan and Iseult) 第一幕中表现的愤怒与绝望，在第二幕中抒情美妙的歌喉。然后是令我难以忘怀的第三幕中最伟大的一刻，在库维纳尔那段长长的音乐中，特里斯坦与他一起痛苦地等待着，望着海面，找寻着那艘船。最后，从台下传出摄人心魄的女高音："特里斯坦！"

萨尔茨曼·史蒂文斯就是伊索尔德，她急匆匆地——是的，我们感觉得到她是急匆匆地冲上山顶，出现在舞台上。白皙的双臂伸出，想抓住触手可及的特里斯坦。接着就是一声悲痛欲绝、鸿雁哀鸣般的哭喊。

她完全是作为一个女人在演唱《爱之死》(Liebestod/Love Death)，而不是作为一个女神的姿态。她跪在特里斯坦的遗体旁边唱着，低头望着他的面孔，以她的意念和想象的力量看到他的复活。最后，她伏下身去，越来越低，将她的唇贴上他的唇，唱出歌剧的最后三个字"用热吻"，然后突然仆倒在他的遗体上。

每天晚上入睡之前，一种强烈的渴望总是萦绕在我的心头，我辗转反侧地梦想着有一天能在真正的舞台上演唱伊索尔德。我告诉自己，不管怎样，头脑中浮现出这样的幻想并没有害处。我将来有可能成为一名歌剧演员吗？答案当然是否定的。一天，梅·斯特奇斯的一位美国朋友来到伦敦，她与纽约的大都会歌剧院有些关系，非常友善地来听我唱歌。我在她面前演唱了各种咏叹调，她又让我唱了一些音阶、琶音和练习曲。然后她对我说："我对你唱的歌曲没有什么特别的感觉，反倒是练习曲很不错。你会成为一名优秀的歌唱家，会唱得很好，有所作为。但你的嗓子还不足以唱歌剧，这很难改变了。"

因此，这件事就到此为止。我深藏于心底的、渴望在音乐方面有所成就的幻想就此破灭了。我没有野心成为一名歌唱家，那毕竟也不是一件容易的事。年轻女子投身于音乐事业，在当时是不受鼓励的。倘若真的有从事歌剧演唱的机会，我一定会全力以赴，但这样的殊荣只被赐予极少数天生就有一副好嗓子的人。明知自己充其量也就是个二流歌者，却依旧在此领域拼尽全力，我想没有这更能毁灭生活热情的了。就这样，我把这一愿望放了下来，直截了当地告诉母亲不必再为我的音乐课破费了。我可以想怎么唱就怎么唱，但没有继续学习声乐的必要。我从未对梦想会成真抱持确信无疑的态度，但胸怀理想，并享受其乐趣，就是一件好事，千万不要过于急切。

大概就是在这个时候，我开始阅读梅·辛克莱（May Sinclair）的作品，她的小说对我影响很深——现在读起来仍旧能深深地打动我。我认为她是英国最杰出的作家之一。我不禁预感到将来有一天会再度出现梅·辛克莱热，她的作品也将会再版。我至今仍认为，她那部描写小职员和他的女孩的传统小说《迷宫》（*The Combined Maze*）是最优秀的作品之一。我也很爱读《神火》（*The Divine Fire*），而《塔斯克·杰万斯》（*Tasker Fevons*）是一部杰作。她的短篇小说《水晶中的瑕疵》（*The Flaw in the Crystal*）给我留下了不可泯灭的印象，也许因为我当时正热衷于写通灵方面的小说，它启发我写了一篇手法类似的作品，我取名为《幻景》（*Vision*）（这篇小说在许多年后与其他一些短篇合为一本出版）。现在偶尔回头看，我依然很喜欢它。

这时我已经养成了写小说的习惯，创作取代了绣制坐垫和临摹德累斯顿瓷器上的花卉图案。也许有人认为把两者联系起来有辱文学创作的价值，但我持不同意见。创作的欲望可以通过各种方式表现出来：刺绣、烹制美味的菜肴、彩绘、素描、雕刻、作曲，以及著书立传。它们的区别仅仅在于在某些领域，你能看到更广阔的前景。我同意说绣制一只维多利亚式的坐垫和参与绣制贝叶挂毯不可相提并论，但其中包含的强烈的欲望是一致的。早期威廉宫廷内的夫人们制作的那件作品需要思考、灵感和不知疲倦的绣制，有些部分难免单调乏味，而有些部分又让人高度兴奋。也许你会说，把在一块锦缎上绣两朵铁线莲和一只蝴蝶与其相比是可笑荒谬的，但创作者内心的满足感或许是一样的。

我不会因为自己创作的华尔兹舞曲而自豪，却会为一两件刺绣作品得意，它们也算得上精品。至于写小说，我不敢说对自己很满意，不过创作都是要在完成之后隔一段时间，你才能估量出它的价值。

被灵感之光激发，你开始动笔，满怀希望，充满自信（这是我一生中最为自信的时刻）。如果还保持谦卑，你将永远也写不出东西来。所以必须有这样一个美妙的时刻，你酝酿出一个想法，并且知道如何表现出来，于是匆匆抓起笔，被亢奋的情绪驱使，在本子上写起来。你会遇到困难，不知如何是好，但即便常常丧失信心，你还是会遵循原定计划完成它。终于写完了，你觉得它极其糟糕。几个月之后，你又会觉得或许这部小说写得也没那么差。

6

在这段时间里，我有两次成功躲避了婚姻。之所以要说"躲避"，是因为如今想来，我深信不管这两桩婚事成了哪一桩，都将是一场灾难。

第一桩你可以说成是"一个女孩子最大的爱情幻想"。我当时住在罗尔斯顿·帕特里克家，和康斯坦斯在凛冽的寒风中骑马时遇到了一个骑着栗色马的男子，他过来与康斯坦斯说话。康斯坦斯介绍他跟我认识。我记得查尔斯当时差不多三十五岁，是第十七枪骑兵队的少校，他每年都到华威郡来狩猎。我在当天晚上的化装舞会上又见到了他，我当时扮的是伊莱恩①。那套装束很漂亮，我到现在还保留着（只是很疑惑当时我是怎么穿进去的），放在大厅的柜子里，那个柜子里放满了"化装行头"。这是我相当喜欢的一套衣服，是白色锦缎的，还有一顶珍珠帽。那次逗留期间我又见了查尔斯几次，我回家时，双方都礼貌地表示希望后会有期，他提到再过些时候可能会来德文郡。

我回到家三四天后收到了一个包裹，里面有一只小小的镀银匣子，盖子上写着"埃斯普"和一个日期，下面写着"致伊莱恩"。埃斯普就

---

①伊莱恩出自中世纪的《亚瑟王传奇》，是一个爱上了亚瑟王第一骑士兰斯洛特的少女。

是我们相遇的地方，日期就是我们相遇的日期。我还收到一封他寄来的信，说他希望下个星期来德文郡时能见见我们。

一场闪电求婚就此开始：一盒一盒的鲜花陆续送来，偶尔有几本书，还有无数盒外国巧克力。信上没有一句显示出非分之想的话，可我还是兴奋极了。他来我家拜访了三次，第三次便要求我嫁给他，他说他初次见到我时就爱上了我。如果把我所经历过的求婚按完美程度排序的话，我想这一次应该能轻松地排名榜首。我被他的高明手段搞得神魂颠倒，他是一个对女人经验丰富的男人，总能信手拈来地举出一堆理由来说服我。我平生第一次认定这将是我的真命天子，我的如意郎君。虽说如此，可是……当查尔斯在我面前，对我说我有多好，说他有多爱我，我是个多么完美的伊莱恩，是个多么可爱的生灵，他会用他的一生来让我幸福云云时，他的手在发抖、声音在发颤——哦，是的，我快乐得像飞离枝头的小鸟。然而——然而，当他不在身边时，我想起他的时候却什么感觉都没有。我并不渴望再次见到他，只是觉得他……非常不错。两种状态的交替令我感到迷惑：你怎样才能知道自己爱上了一个人？如果那个人不在的时候对你毫无意义，在场时又让你神魂颠倒，哪种感觉才是真实的？

当时我那可怜的、亲爱的母亲一定备受煎熬。她后来告诉我，那段日子里她总是在祷告，希望我不久后就会有一个丈夫：善良、亲切，拥有世上一切美好的东西。查尔斯的出现很像是应验了祷告，可是不知为何，她并不高兴。她总能看透人们的想法，她一定已经看清了连我自己都尚未察觉的感受。她仍然抱有母亲通常会有的那种观点：世界上没有哪个男人配得上她的阿加莎。即使意识到了这一点，她仍然觉得他不是一个合适的人选。她写信给罗尔斯顿·帕特里克夫妇，尽可能地调查他的背景。父亲不在人世使她遇到了不少困难，我也没有兄弟在身边，可以按照那个时代的通常做法，为我调查某个男人的情史、他确切的经济状况、他的家庭背景，等等。现在看起来这种做法非常老套，可是我得说，这避免了很多悲剧。

查尔斯是符合标准的。他有很多段情史，可我母亲并不在意，当时人们普遍接受男人在婚前四处留情。他大约比我大十五岁，而父亲比母亲大十岁，因此母亲对这样的年龄差距有信心。她对查尔斯说："阿加莎还非常年轻，不能让她草率地做决定。"她建议我们在接下来的一两个月里偶尔见见面，不要逼着我做出决定。

这个方法并未奏效，因为查尔斯和我在一起的时候，除了他爱我这件事以外，完全无话可说。而他必须在这一点上向后退一步，这样我们之间就只剩下尴尬的相对无言了。于是他会离开，我则坐在那里苦苦思索，我想怎么做，想嫁给他吗？接着我收到一封他的来信，那种每个女人都渴望得到的情书，我目不转睛地看、反复地看，保存起来，最终得出结论：这就是爱。然后查尔斯又来了，我很兴奋，高兴得神魂颠倒。然而与此同时，我的心中还隐藏着一种冷冷的感觉：这是错的。最后，母亲建议我们六个月不要见面，然后我要明确地做个决断。我们都坚守承诺，在此期间也没有通信——这是好事，否则我会陷到那些信里的。

等到六个月期满，我收到了一份电报。"再难忍受此番犹豫，嫁我否？速覆。"当时我有点发烧，正卧床休息。母亲把电报拿给我，我看了看电报和已付款的回执，拿起铅笔写了个"否"。我立即感到巨大的解脱，我决定了一件事，不用再忍受忐忑不安的感觉了。

"你确定吗？"母亲问。

"是的。"我说。我翻了个身，马上就睡着了。于是这件事就这样结束了。

此后的四五个月我一直情绪低沉。我第一次觉得一切都很无趣，并认为自己犯了一个大错。接着，威弗莱德·皮里闯入了我的生活。

我提到过马丁·皮里和莉莲·皮里夫妇，他们是我父亲的好朋友，我们曾在国外相遇，在迪纳尔。之后我们又见过几面，但都没再见到他们的儿子。上次见面时哈罗德在伊顿公学就读，威弗莱德是海军学校的学生。而现在，威弗莱德已是一名羽翼丰满的皇家海军中尉——我想当时他是在潜艇上服役，经常随舰队来托基。他马上就成了我的好朋友，也是我一生中最喜欢的人之一。没过几个月，我们就非正式地订婚了。

在查尔斯之后，能与威弗莱德相处真是一种解脱。和他在一起时我不会特别兴奋，但也不会怀疑和苦恼。他是一个亲密的朋友，一个我很了解的人。我们读书，然后一起讨论，总有聊不完的话题。和他在一起我非常自在，我从未意识到自己从思想到行动都把他当成一位兄长。母亲非常高兴，皮里太太也很高兴。马丁·皮里几年前去世了，任谁看来这都是一桩完美的姻缘。威弗莱德在海军前途无量，我们的父亲是最亲密的朋友，我们的母亲互相欣赏。我母亲喜欢威弗莱德，皮里太太喜欢我。但最终我没有嫁给他，至今我仍认为自己是一个忘恩负义的人。

那时，我的人生看似已有了规划，再过一两年，在适当的时候（年轻少尉和中尉都不被鼓励早婚），我们就会结婚。嫁给海员这个主意很合我意，我会住在南海城、普里茅斯之类的地方，威弗莱德被派往国外时我就回阿什菲尔德与母亲同住。说实在的，这样再好不过了。

我觉得人的性格中有一种可怕的情结，就是总想抗拒任何过于正确或是过于完美的事物。我一直不承认这一点，但嫁给威弗莱德的前景确实使我感到沉闷无聊。我喜欢他，和他共处一室过日子会很开心。可是不知为何我并不为此激动，甚至完全无动于衷！

当你和一个男人互相吸引时，首先出现的是一种特别的错觉，让你觉得似乎你说的每件事都恰恰是对方所想的，反之亦然。你们喜欢同样的书，同样的音乐，多么奇妙啊！即使他以前很少去听音乐会或者很少听音乐，此时也无关紧要了——他其实一直喜欢音乐，只不过以前你不知道而已。同样的，即使你以前对他喜欢的书毫无兴趣、碰也不碰，如今你也会发自内心地想读了。这就是自然界最伟大的错觉之一。我们都喜欢狗而讨厌猫，多么奇妙啊。我们都喜欢猫而讨厌狗，也是一样的奇妙。

于是，生活波澜不惊地继续着。每隔两三个星期，威弗莱德就会过来过个周末。他有一辆汽车，经常开车带我到各处玩。他有一条狗，我们都很喜欢它。他开始对招魂术感兴趣，于是我也开始对招魂术感兴趣，至此一切顺利。但是威弗莱德开始拿书给我，热切地盼望我能读完并加以评论。都是些大部头，多半是关于通神论的。这时，欣赏你的男人所欣赏的一切，这种错觉不管用了。不管用也很自然，因为我并没有真正地爱上他。我发现通神论的书都冗长乏味；不光冗长乏味，我觉得书里的内容是错的；比这还要糟，我觉得好多都是胡扯！我也很厌倦听威弗莱德描述他认识的那些灵媒：有两个朴次茅斯(Portsmouth)的女孩，她们看到的事情你绝对不会相信：她们几乎每走进一幢房子都会屏住呼吸、张开双臂、捂住胸口、心烦意乱，因为有一个可怕的幽灵站在一个同伴的后面。"有一天，"威弗莱德说，"玛丽——两个女孩里大一点的那个，她走进一幢房子，上楼去盥洗室洗手，你知道怎么了吗？她根本走不进去。里面有两个人影，其中一个正拿着一把剃刀放在另一个的脖子上，你相信吗？"

我差点儿脱口而出"不，我不相信"，但是及时控制住了自己。"很有趣。"我说，"是以前真有人在那里拿着剃刀放在什么人的脖子上吗？"

"一定有。"威弗莱德说，"那幢房子以前租给好几个人住过，所以类似的事一定发生过。你觉得呢？你也这么看，是不是？"

我可不这么看，然而我天性随和，因此我高高兴兴地说"当然了，应该就是这样的"。

后来有一天，威弗莱德从朴次茅斯打电话来说有一个很好的机会，他们组了一个团，要去南美洲寻宝。而且他正好有一些假日，可以随那个探险队同往。他问我，如果他去了，我会不会不开心？这是个令人兴奋的机会，可能再也不会有了。我推测他是被那两个灵媒说服的，跟他说去了一定会发现某个自印加帝国消亡后便不为人知的城市。当然这证明不了什么，可也很不寻常，不是吗？我会不会怨他，因为他本来可以和我一起欢度假期的？

我没有一丝犹豫，表现得一点也不自私。我对他说：我觉得这是个大好的机会，你当然要去，我衷心希望你能找到印加宝藏。威弗莱德说我真了不起，非常了不起，千里挑一的女孩子都不一定能做到。

他挂了电话，寄给我一封情书，就出发了。

可我不是千里挑一的女孩子，我只是一个发现了自己的真实想法，并为此自觉惭愧的女孩子。他走后的第二天早上，我醒来时发现心中的千斤重担已经卸下了。威弗莱德去寻宝了，我很高兴，因为我把他当成兄长一样爱戴，我想让他做他想做的事情。我觉得寻宝这主意很愚蠢，几乎可以肯定是骗人的。而即使这样我还是很高兴，这正是因为我不爱他。如果我爱他，会从他的眼睛里看出来真假。另外，高兴，真高兴！我再也不用读通神论的书了！

"什么事这么高兴？"母亲疑惑地问。

"母亲，听我说，"我说，"我知道这很糟糕，可是威弗莱德走了我实在很高兴。"

可怜的母亲沉下了脸。我从未觉得自己如此卑鄙、如此忘恩负义。看到我和威弗莱德在一起，母亲很快乐。有那么一刻，我觉得我必须和他交往下去，只为了让母亲高兴。但幸运的是，我没有陷入感情用事的深渊。

我没有写信给威弗莱德告诉他我的决定，因为我觉得这可能会对他在湿润的丛林里寻找印加宝藏产生不利的影响。他也许会发烧，或者在心烦意乱时被什么可怕的动物扑到身上——反正无论如何都会扫了他的兴。不过我还是写了一封信，准备等他回来后再给他。我在信上告诉他我是多么抱歉，我有多么喜欢他，可是我觉得我们之间的感觉并不是真正能够长相厮守的那种。他当然不赞成我的看法，但还是真心接受了这个决定。他说他觉得受不了再经常见到我，但我们还是要保持友好的关系。我不知道此时他是不是也感到如释重负，也许不会，不过他也没有真的很伤心。我想他是幸运的，他会是个好丈夫，可能会一直喜欢我，而我会以平淡的方式让他感到幸福，但他完全可以拥有更美好的生活。大约三个月后，他做到了。他狂热地爱上了另一个女孩，她也狂热地爱上了他。他们结婚了，有了六个孩子。没有比这更称心如意的了。

至于查尔斯，大约三年后，他娶了一个十八岁的美丽女郎。

真的，对这两个男人来说，我真是一个大恩人呢。

我遇见的下一个人是里吉·露西，他刚从香港休假回来。我虽与露西姐妹结识多年，却从未见过她们的大哥里吉。他是一名炮兵少校，军旅生涯中的大部分时间在国外度过。他生性腼腆，喜欢独处，深居简出，爱打高尔夫球，不喜欢跳舞和社交聚会。他不像他们家的人那样长着黄头发、蓝眼睛，而是黑色的头发、棕色的眼睛。他们一家很和睦，兄弟姐妹之间感情深厚。我们相约去达特穆尔，正如露西一家出游的模式，错过了电车、张望着根本不存在的火车，在牛顿艾伯特转车时又因为没能赶上火车只好改变原计划去了别的地方，等等。

里吉主动提出帮我提高高尔夫球球艺。我打得极差，许多年轻男子都在我身上尽了最大的努力，遗憾的是，我没有体育方面的天赋。更让人气恼的是，我不论玩什么，初学的时候都显得很有前途：射箭、台球、高尔夫、网球，还有门球，开始时我都表现得很有希望，后来却都不成器。为此，我常常觉得难为情。我意识到，一个人要是天生没有打球的意识，就永远也打不好球。我曾经和玛吉一起打门球赛，我享有规则范围内最大限度的让分优势。

"你有那么多让分。"打得很好的玛吉说，"我们应该能赢得很轻松。"

我的让分有所帮助，但是最终还是没赢。我很擅长纸上谈兵，却总是在非常容易的一击上可笑地失手。打网球时我的正手很有力，有时会给我的搭档留下深刻的印象。可是我的反手无可救药，而你不可能只用正手打球。打高尔夫时我的开杆很疯狂，铁杆击球很糟糕，近距离击球很漂亮，推杆入洞则完全别指望。

尽管我如此笨拙，里吉却颇有耐心，他是那种不论你进步与否他都不在乎的老师。我们在高尔夫球场上漫步，想打到什么时候就打到什么时候。认真打高尔夫球的人都坐火车去彻斯顿的高尔夫球场，托基的球场每年三次要用于赛马，因此没有多少人光顾，维护得也不怎么好。里吉和我会慢慢地在场内转一圈，然后回去与露西一家汇合，享用茶点,一边唱歌一边等着新烤的面包出炉。那是一段慵懒却愉快的时光。大家都怡然自得,从不吝惜时间。没有忧愁,没有惊慌。我觉得露西一家从来没人得过十二指肠溃疡、冠心病或者高血压,但也可能我错了。

一天,我和里吉冒着酷暑打四洞高尔夫,中途他建议到树篱下纳凉。他取出烟斗,悠闲地抽着。我们像往常一样闲聊起来,只是谈论某事或某人,各自讲一两句话,然后停下来,一阵缄默之后再转换话题。我喜欢这样的聊天方式。跟里吉在一起聊天时我从不会觉得自己反应迟钝或者无话可说。

他吸了几口烟之后,若有所思地对我说:"阿加莎,你已经回绝过不少求婚者了吧?你也可以拒绝我,什么时候都行。"

我疑惑地望着他,不十分确定他是什么意思。

"我不知道你是否知道,我想跟你结婚。"他说,"大概你已经觉察出来了,但我还是讲出来好。我不会强人所难的,我的意思是说,我并不着急。"他很自然地脱口而出露西家的口头禅,"你还很年轻,现在就让婚姻来束缚你的手脚是不对的。"

我愤愤地反驳他,说我并不像他所说的那么年轻。

"不,阿琪,跟我比起来,你还年轻。"我曾告诫过他不要称呼我的小名,可他常常忘记这一点。对露西一家来说,兄弟姐妹之间称玛吉、侬妮、艾迪、阿琪等小名是很自然的事。"不过,你考虑一下吧。"里吉继续说道,"只要把我放在心里就行,假如以后碰不到更合适的男人,那就嫁给我吧。我等着你。"

我立刻说我无须考虑,心甘情愿跟他结婚。

"我想你还没有想清楚,阿琪。"

"我当然想清楚了,这样的事我只要片刻工夫思考就行了。"

"是啊,可是贸然做决定并不好,不是吗?你瞧,像你这样的女孩……可以嫁给任何人。"

"我想我不会嫁给任何人,我要嫁给你。"

"是啊,但你知道,你得实际一点,在这个世界上你必须实际一点。你肯定想嫁给一个有很多钱、规规矩矩的小伙子,一个你喜欢的人,他可以让你愉快,能无微不至地照顾你,给予你所有你该拥有的东西。"

"我只想嫁给我想嫁的人,我不在乎别的。"

"是啊,可是那些也很重要,大小姐,在这个世界上,那些都很重要。太多罗曼蒂克的想法没有好处。"他继续说,"我的假期还有十天就结束了,我想我最好在离开之前对你表白,在此之前我本不想……我本来想等的。可是我觉得你……呃,我只想让你知道我的心意。等到两年后我回来的时候,如果没有别人的话——"

"不会有别人的。"我斩钉截铁地说。

就这样,我跟里吉订下了终身。这不是什么正式的订婚,而是一种心照不宣。双方家长都心中有数,但并未大肆声张或登报声明,我们也没有告知亲朋好友,虽说大多数朋友都已知道了。

"我想不通,"我埋怨里吉道,"为什么我们不现在就结婚,你为何不早点对我说,那样我们就有时间准备一切了。"

"是的,一定要有一场有伴娘陪伴、十分隆重的结婚典礼,你应该享受这样的待遇。可是,我做梦也没奢望过你会马上跟我结婚。我应该给予你择偶的机会。"

我曾对此愤愤不已,差一点跟他吵翻了。我对他说,他拒绝了我马上跟他结婚的提议,这是很令人不快的。里吉却坚持己见,认为自己所爱的人必须得到她应有的权益。他始终在钻牛角尖,主张我应该嫁给有钱、有地位的人,享有世间的一切。尽管我们之间免不了有些口角,但见面仍很欢喜。露西姐妹也为我们高兴,她们说:"我们觉察到里吉一直对你有好感,他从未这样深情地注视过别的女孩子。不过,你也不必着急,最好还是有充分的时间仔细地考虑一下。"

我曾一度颇为欣赏露西一家这种做任何事都从容不迫的态度,可是在这件事上,我却感到不快。依照浪漫的天性,我渴望听到里吉激情澎湃地说他无法等到两年之后,一定要立即结婚。遗憾的是,这是里吉这辈子最不可能说出的话。他是一个没有自私自利之心的人,对于自己和自己的祈求都缺乏信心。

我们俩的订婚使母亲感到欣慰。她说:"我一直很喜欢里吉,他是我见过的最好的人之一,他一定会使你幸福的。他温柔、善良,永远不会催促你或给你添麻烦。你们将来虽然不会特别富有,但也够得上衣食无忧,他起码也是个少校,你们俩会生活得很美满。你不是那种很在乎钱财的人,对交际应酬和享乐的生活又不大感兴趣。所以,这会是一桩美满的姻缘。"

然后,她稍微停顿了一下又说:"我想他要是早一点对你说就好了,你们就可以立刻结婚了。"

这么说,母亲和我的感觉是一样的。十天后,里吉动身返回部队,我则安顿下来,等待他。

让我补充几件求爱时期的事情。

我描述过我的求婚者们了,可这很不公平,我还没说过我自己是怎么为别人失魂落魄的。首先是我住在约克郡时结识的一个个子很高的年轻军人。如果他要我嫁给他,很可能他还没有开口我就同意了!幸好他没有这么做,对他而言这是很明智的,他是一个贫穷的中尉,正要随着队伍去印度。尽管如此,我觉得他多少也有点爱我。他有一张绵羊般温顺的脸庞。我也只好接受现实,之后他去了印度,我至少苦苦思念了他六个月。

后来,在一两年后,我在参演托基一个朋友组织的一出音乐剧时又丢了魂。那出戏是他们自己用方言改编的《蓝胡子》[①]。我演安娜姐姐,我爱慕的对象后来成了皇家空军少将。不过他当时还很年轻,事业刚刚起步。当时我有一个不好的习惯,总喜欢羞答答地对着一只泰迪熊唱歌:

---

① 《蓝胡子》(*Bluebeard*):相传为法国作家佩罗根据十五世纪法国元帅、圣女贞德的副官吉尔男爵屡次侵犯并杀害少男的史实而创作的童话故事,而后世人将主题改为恶汉连环杀妻,衍生了很多文艺作品。

> 想要一只泰迪熊
> 坐在我的膝盖上
> 走到哪里都带着
> 紧紧抱在我怀中

对此我只能说,当时所有的女孩子都这么做,反响也不错。

晚年时,我好几次差一点遇到他——因为他是我一个朋友的表兄,但我总是设法避免了。我有自己的虚荣心。

我相信他记忆中的我仍是那个在安斯蒂湾(Anstey's Cove)的月光下野餐的可爱小女孩。就在他离开的前夜,我们远离众人,坐在海边一块突出的石头上,两人都没有说话,只是手牵着手坐在那里。

他离开以后寄给我一枚小小的金色泰迪熊胸针。

我想让他记住我当时的样子——而不是惊讶地看到一个一百八十磅的壮硕身躯,和一张只能被形容为"慈祥"的面孔。

"艾米亚斯总问起你,"我的朋友说,"他很想再见见你。"

见见六十高龄的我?门儿都没有,我更希望他保留幻想呢。

7

人们是不是常说,快乐的人是没有过去的?这段时期,我就是一个快乐的人。基本上我还和以前一样,和朋友见面,偶尔外出小住。但我很在意母亲越来越糟的视力。此时她已经很难阅读了,在太亮的地方看东西也有困难,戴眼镜也无济于事。仍然住在伊灵的姨婆处于半失明的状态,得眯着眼睛看东西。另外,她也和许多老人一样,疑心病越来越重,对用人、管道工、调琴师,她都怀疑。我至今仍然记得姨婆从餐桌的另一边探过身子来,对我或者对我姐姐低低地长"嘘"一声,说:"小声点,你的手提包呢?"

"在我的房间里,姨婆。"

"你把它放在那儿了？不该放在那儿，我刚才听见楼上有人。"

"这没什么关系的吧。"

"你可不知道，亲爱的，你还不了解这里的情况呢。上楼去把它取下来吧。"

大概就是在这个时候，我母亲的母亲、B外婆，从一辆公共汽车上摔了下来。她总是喜欢坐在双层巴士的上层，我想她当时已经有八十岁了。总之，她下楼梯时，公共汽车突然启动，她摔了下来，好像是摔断了一根肋骨，或许还有一条手臂。她气势汹汹地起诉了公共汽车公司，结果得到了一大笔赔偿金。她的医生严禁她再坐双层巴士的上层。可是B外婆坚持违背医生的命令，她至死都是个有军人气概的女人。大约也是在这一时期，她动了一次手术，我想应该是子宫肿瘤。手术非常成功，她再也没有复发。唯一深感失望的是她自己。她一直期盼着这个"肿瘤"——或者不管它是什么——从她体内被清除掉后她能变得美丽、苗条。那时她体形巨大，比我家所有她同辈的女性都胖。当时有个取笑卡在公共汽车车门间的胖女人的笑话，说汽车司机对她喊："试试侧身过，夫人，侧身！""天哪，年轻人，我侧身也这样！"这句完全可以用在她身上。

她刚从麻醉中醒来时，护士严令禁止她下床，但等护士们离开让她睡觉时，她马上起身下床，蹑手蹑脚地走到穿衣镜前。多么令人失望啊！她看起来还是又矮又胖。

"我永远忘不了那时的失望，克拉拉。"她对我母亲说，"永远不能。我对此可是寄予了厚望啊！支撑着我熬过了麻醉和其他的一切。可你看看我，还是老样子！"

应该就是在这时，我与姐姐玛吉有过一次讨论，而且对后来产生了影响。我们当时正在读一些侦探小说，我想——我只能说我想，因为一个人的记忆不一定永远是准确的，我们总喜欢在脑中重新组织，然后就会把一些事情的日期或地点弄错——我想那时《黄色房间的秘密》(*The Mystery of the Yellow Room*) 刚出版，作者加斯顿·勒鲁（Gaston Le Roux）刚刚崭露头角，书中的侦探鲁雷达比勒（Rouletabille）是一个年轻英俊的记者。书中的案子情节复杂、构思巧妙，有人认为作者刻意隐瞒了线索，但持这一观点的人并不多。其实是有一条隐蔽的线索丝丝入扣地贯穿始终的。

我和玛吉就此书讨论了很多次，彼此交换了看法，一致认为这是一部优秀的侦探小说。我们俩可谓侦探小说的行家。在我很小的时候，玛吉用歇洛克·福尔摩斯的故事将我引入侦探小说的王国，之后我便追随她的足迹。先是八岁时被玛吉讲述的《利文沃斯案》(The Levenworth Case)迷住了，然后是亚森·罗平（Arsene Lupin）的故事——不过我从来不认为他的故事算严格意义上的侦探小说，尽管非常刺激，也很有趣。还有保罗·贝克（Paul Beck）的故事，我非常欣赏。接着是《马克·休夷特纪事》(The Chronicles of Mark Hewitt)，然后就到《黄色房间的秘密》这本了。这些小说激发了我的兴致，我想在侦探小说领域小试身手。

"我觉得你写不了。"玛吉断言道，"侦探小说极不好写。我也考虑过。"

"我想试试看。"

"好吧，但我打赌你写不来。"玛吉说。

事情暂且搁置了下来，我们俩打这个赌也不是认真的，因为谁也没有下赌注——但话已经说出了口。从那时起，我便一直怀有写一部侦探小说的热情，不过也仅止于此。我没有动笔，也没有开始构思，但种子已经种下了。在我的大脑深处，藏着很多还未破土萌芽的故事，迟早有一天我会把它们写出来。总有一天，我要写一本侦探小说。

8

里吉和我定期通信，我告诉他本地的新闻，尽我最大的努力把信写得好一些——我向来不擅长写信。而我姐姐玛吉信写得很好，我只能将其形容为艺术品！她能把平淡无奇的事情写成最引人入胜的故事，我很羡慕这种天赋。

可爱的里吉写的信完全和他的说话方式一样，那么亲切、让人安心。他不厌其烦地劝我多出去走走。

"别老是待在家里闷闷不乐的，阿琪，不要认为我希望你这样，我不会的。你得出门见见人，应该去参加舞会和社交聚会什么的。我希望在我们定下来之前，你没有错失任何一个机会。"

现在回想起来，我不知道自己是否曾稍稍因为他的这些话而心生反感，我觉得当时我可能还没意识到这一点。可是，一个人真的喜欢被催着出去走走、见见人、"对自己好一点（多么奇怪的说法）"吗？事实上，女人应该更喜欢男人在情书中表露出嫉妒吧？

"你信里写到的某某家伙是谁？你是不是很喜欢他？"

这才是我们真正想要的两性关系吧？我们能忍受过分的无私吗？还是当你重读自己的内心时，会发现有些东西早已不在了？

附近经常有人举办舞会，但我一般都不参加，因为我们没有汽车。应朋友之邀到一两英里之外的地方去参加舞会，这是不现实的，雇用马车和汽车的费用很高，除非极特殊的情况，我们通常不这么干。而有的舞会因为女孩子不够会盛情相邀，提供专车接送或者安排你在那里过夜。

住在楚德雷（Chudleigh）的克利夫德家要举办一个大型舞会，主人邀请了埃克塞特的驻军参加，并询问周围的朋友们能否邀请到一些姑娘。我们家的老朋友特拉弗斯退役后就和妻子住在楚德雷，他邀请我同往。我还小的时候，他是我最讨厌的人，但后来他逐渐成了我们家的好朋友。特拉弗斯夫人给我打来电话，问我是否愿意到他们家住一夜，第二天参加舞会。我欣然接受了这一盛情邀请。

与此同时，我收到了老朋友亚瑟·格里菲思的来信，我是在索普拱礼堂马修斯夫妇家逗留期间认识他的。他的父亲是当地的牧师，他在军中服役——是一名炮兵。我们俩马上就成了好朋友。亚瑟在信中说他的部队此时正在埃克塞特驻防，很遗憾这次他不能赶来参加舞会，他感到很难过，因为他真心希望能再次与我共舞。"不过，"他还写道，"我们团里有一个人会去，他姓克里斯蒂，你去找他好吗？他的舞跳得很好。"

舞会开始后不久，克里斯蒂就来找我了。他是一个高个子、金发碧眼的小伙子，一头卷发，鼻子有趣地向上翘着，看上去颇为自信。他自我介绍完邀请我跳了两支舞，并告诉我他的朋友格里菲思嘱咐他一定要来找我。我们俩配合得很默契，他舞技娴熟，于是我们又跳了几支。那天晚上我过得非常愉快。第二天，我向特拉弗斯夫妇致谢后，他们开车送我到牛顿艾伯特，我要从那里坐火车回家。

我想大约是一个星期或十天以后的某天，我在我们家对面的麦勒家里喝茶。尽管谢天谢地跳着华尔兹上台阶已经过时了，麦克斯·麦勒和我却仍然在大厅里练习跳舞。我记得当时我们正在跳探戈，突然有找我的电话，是母亲打来的。

"马上回家来，阿加莎。"她说，"这儿有位小伙子在等你。我不认识他，也从未见过。我请他用茶了，不过看样子他要一直等下去，希望和你见面。"

母亲在为我接待那些不请自来的年轻人时总是一肚子不高兴，她严格地把这类接待归为"你的事情"。

我正玩得开心，只好悻悻而归。而且我大概猜到，来者一定是那个讨人嫌的年轻海军中尉，他总是让我读他写的诗。于是我十分不情愿地往家走，一脸郁闷。

我一走进客厅，就看到一位年轻人如释重负地站起身来。他的脸涨得通红，很明显非常尴尬，还不得不自我介绍。见到我他并没有表现出太多的兴奋——我想是因为担心我记不得他了。不过我记得他，尽管他的到来让我非常惊诧，我从未料到还会再次见到格里菲思的朋友克里斯蒂。他含糊其词地解释说他骑着摩托车来托基办事，心想可以顺便来看看我。他只字未提他是如何费了一番周折，才从亚瑟·格里菲思那儿弄到了我的确切地址。不过一两分钟之后，气氛就变融洽了，母亲因我的归来而轻松了许多。进行完那一通解释之后，阿尔奇·克里斯蒂也变得轻松起来，我则稍微有些受宠若惊。

谈话间天色渐晚，母亲向我发出女人间特有的神圣暗号，征询我是否要留这位不速之客在家用晚餐，要是留他用晚餐，又有什么能招待他的。当时一定是圣诞节刚过不久，因为我记得食品贮藏室里还有冷火鸡。母亲看到我给出的肯定暗号后，就问阿尔奇是否愿意留下来跟我们一起吃顿便饭。他毫不迟疑地接受了。于是我们吃了冷火鸡、沙拉和一些别的东西——我想是奶酪——度过了一个愉快的夜晚。随后阿尔奇骑上他的摩托车，在剧烈的颠簸中赶回了埃克塞特。

接下来的十多天里，他经常不期而至。有一天晚上，他问我是否愿意去埃克塞特听一场音乐会——我在那场舞会上提过喜欢音乐——之后他会带我去红崖酒店（Redcliffe Hotel）喝茶。我说我很愿意。不过之后的局面有点尴尬，因为母亲明确地说她的女儿不能单独去埃克塞特听音乐会。这令他有些沮丧，又赶忙邀请了我母亲。母亲的态度有所松动，最终决定批准，但她说我去听音乐会没问题，可是恐怕我不能跟他到"酒店"去喝茶（我必须要说一句，再看看现在，当时我们真是有好多奇怪的规矩。一个女孩可以单独跟年轻男子打高尔夫、骑马、滑旱冰，但是跟他到酒店里去喝茶就显得伤风败俗了，一个好母亲是不会同意女儿这么做的）。最终我们达成了一个妥协方案，他可以在埃克塞特火车站的点心室请我喝茶，虽然不是个很浪漫的地点。这次之后我问他愿不愿意四五天后来托基，听一场瓦格纳音乐会，他说他非常愿意。

阿尔奇对自己的一切都毫不隐瞒，他告诉我他是如何迫切地期望转到新组建的空军服役。为此我感到非常兴奋，当时人人都对飞行特别痴迷，但阿尔奇看到的是现实。他认为未来的趋势会是，一旦发生战争，首先需要的就是空军。他并不是因为酷爱飞行才要求进入空军的，而是因为那儿有更多的晋升机会。在陆军是没有多大的发展前途的，炮兵晋升得太缓慢。他试图抹掉我心中对于飞行的浪漫想象，却没成功。我那充满幻想的浪漫天性第一次与他理智的实用主义处世哲学相抵触。一九一二年，仍是一个感性世界。人人都说自己冷酷，其实根本不知冷酷为何物。年轻女子对小伙子们充满浪漫的幻想，小伙子们心目中的姑娘也被理想化了。这一习惯从我姨婆那个时代起便一直如此。

"你知道吗，我喜欢安布罗斯。"姨婆说起我姐姐的一个求婚者，"有一天，玛吉走在山坡上，我看到安布罗斯跑过来，走到她身后，弯下腰在她的脚步刚刚踏过的地方捧起一把沙砾，放进了口袋。我觉得这个举动很可爱，真是可爱。我年轻的时候肯定也有人跟在我后面。"

可怜的姨婆，我们不得不让她失望了。安布罗斯只是对地质学怀有浓厚的兴趣，那是一种特别的沙砾，吸引了他。

我跟阿尔奇对各种事情的反应有着天壤之别，我想从刚开始接触时这一点就让我们着迷，这就是自古便有的"陌生"的兴奋感。我邀请他一起去参加新年舞会，整个晚上他都表现异常，几乎没怎么跟我说话。同我们一起跳舞的有四到六个人。每次我跟他跳完一支曲子坐下休息时，他都缄默不语。我跟他搭话，他也只是语无伦次地应付。我迷惑不解，仔细地瞧了他一两次，不知道他到底怎么了，有什么心事。他似乎对我不再感兴趣了。

我真是迟钝。我应该领悟到的，当身边的男子像绵羊一样恭顺、迟钝、不能专注地听你讲话，用通俗的话来说，就是他已经受不了了。

可我怎么会知道呢？我连自己身上发生了什么变化都不清楚。记得当时我收到了一封里吉的来信，我自言自语道："我要等一下再看。"说着就把它扔进了客厅的柜子里，直到几个月后才把它找出来。于是我明白，内心深处我已做出了决定。

瓦格纳的音乐会是在新年舞会后的第三天。音乐会结束后，我们一同回到阿什菲尔德，像往常一样，到教室里弹钢琴。阿尔奇近乎绝望地告诉我，再过两天他就要离开这儿，去索尔兹伯里平原（Salisbury Plain）接受飞行训练了。接着他急切地说："你得跟我结婚，一定得跟我结婚。"他说第一次跟我跳舞的那个晚上他就想清楚了。"为了弄到你的地址、找到你，我费尽了周折，没有比那更困难的事了。我的心中只有你，永远不会再有别人，你一定得嫁给我。"

我告诉他这是不可能的事，我已经与别人订婚了。他疯狂地挥动着一只手，像是要把订婚的事驱散。"这有什么要紧的？你只要解除婚约不就行了。"

"可是我不能。我不能这么做。"

"你当然可以！我没有跟谁订婚，但要是也有婚约，我会毫不犹豫地解除。"

"可是我不能这样对待他。"

"胡说，有些事情是不得不做的。如果你们彼此相爱的话，那你们为什么不在他去国外之前结婚？"

"我们觉得……"我犹豫了一下，"最好还是等等再说。"

"我不愿意等，也不打算等。"

"即使结婚，也得等几年以后。"我说，"你才是一个中尉，到了空军里地位也不会有什么改观。"

"我不要等好几年，就想这个月或者下个月内跟你结婚。"

"你疯了。"我说，"你不知道你在说些什么。"

我想他已经失去了理智，后来他终于冷静下来，直面现实。这件事对我母亲的震动很大。我想她已经为此担忧很长一段时间了，不过仅仅是担忧而已。当她听说阿尔奇要离开这里去索尔兹伯里平原时终于如释重负，可我又把另一个事实猛然推到她面前，让她异常震惊。

我对她说："很抱歉，妈妈，我必须告诉您，阿尔奇·克里斯蒂向我求婚了，我想嫁给他，非常想。"

然而，我们也不得不面对现实——尽管阿尔奇很不情愿——母亲对他的态度很坚决。"你们用什么结婚？"她质问道，"你们俩，不论哪一个。"

我们的经济状况的确糟透了。阿尔奇仅仅是一名年轻的中尉，只比我年长一岁，没有分文积蓄，全靠自己微薄的收入和他母亲定期寄来的一点点钱。而我也只有祖父遗留给我的每年一百英镑的固定收入。至少要等好几年，阿尔奇才能有经济能力建立家庭。

他临行前痛苦地对我说："你母亲让我看到了现实，但我觉得这没有关系！无论如何我都要和你结婚，一切都会好起来的。她认为我们目前还不能够结婚，得等一等，但我们连一天都等不及了。我会付出一切努力，想尽一切办法。到了空军情况会好些的……只是在空军里也跟在陆军里一样，不鼓励年轻军人早结婚。"

我们彼此对望着，我们年轻、急切，且深陷热恋之中。

我们订婚了，一年半。这期间双方的感情波动都很大，忽冷忽热，内心充满了愁苦，因为彼此都感到我们所追求的是某种永远可望而不可即的幻影。

我拖了近一个月才给里吉写信，主要出于愧疚，也多少因为我难以确信眼前突然发生的这一切都是真的——也许我很快就会从梦中醒来，回到过去。

尽管如此歉疚、痛苦，给里吉的信终究还是要写的。而对我来说更糟糕的是，里吉所表现出的友善和鼓励。他让我不要为此难过，他说这不是我的过错，感情的事谁都控制不了，这类事情屡见不鲜。

"当然，"他说，"这对我来说是个打击，阿加莎，你要嫁的人甚至还不如我有能力供养你。如果你嫁的是某个有钱人，他能给你优渥的生活，我就不会那么耿耿于怀了，因为那是你应得的。可是现在，我忍不住希望我当时听了你的话与你完婚，直接把你带到我的身边。"

我希望他那么做吗？我想没有——那时候我不想——但我也有一种希望回到过去的感觉，想找回走在沙滩上的踏实感，而不是游到深水中。我和里吉在一起时多么开心、多么从容，我们彼此理解，喜欢并且想要追求同样的东西。

现在发生在我身上的一切完全相反，我爱上了一个陌生人，但也主要因为他是个陌生人，因为我完全想不到他接下来会说什么，所以他说的每件事都很新奇，令我着迷。阿尔奇也有同样的感觉，有一次他对我说："我觉得我不了解你，我不知道你是个什么样的人。"我们也会时不时地被绝望的波涛所淹没，然后有一个人写信提出分手，双方都同意这是唯一的解决办法。然后，大约一个星期之后，我们又发现彼此都无法忍受，于是又重归于好。

不如意的事都一一发生了。我们的情况已经够糟的了，此时家里又遭受了一次经济上的打击。我祖父握有股份的纽约H.B.查夫林公司突然破产了，而且这是一家无限责任公司，破产意味着我母亲每年唯一的收入也完全断绝了。姨婆比较幸运，她的钱也曾留在查夫林的股份中，而公司的股东之一贝里先生一直为她的资产操心，作为纳撒尼尔·米勒遗孀的代理人，他觉得应该对她负责。姨婆需要用钱时，只要给他写封信，贝里先生就会将现金汇过来——当时他们的作风就是老派到这种程度。有一天，贝里忽然向她提议，请求允许将她的资金投到别的股份公司中，姨婆当时还有些不安。

"您是说，要我把钱从查夫林公司中取出来？"

贝里先生闪烁其词地对她说："您得小心管理自己的投资，您生在英国，居住在英国，但又是美国人的遗孀，目前的状况有些欠妥。"他罗列出的几条理由其实都是些借口，但姨婆同意了他的建议。那个时候，所有女人都如此，在处理经济事务方面都会全盘接受她们所信赖的人的忠告。贝里先生恳求她把这件事交给他办理，保证能让她得到几乎和以前同等的收入。姨婆很不情愿地同意了，就这样，H.B.查夫林公司倒闭时，她的资金已平安转移，收入未受影响。那时贝里先生已经离开了人世，他为合伙人的遗孀尽到了自己的义务，同时也没有泄露公司缺乏偿还能力的秘密。公司里年轻的一辈好大喜功，让企业呈现出表面兴盛的假象，实际上却搞过了头——在全国各地开办了太多家分公司，并在促销方面斥资过甚。总之，公司以破产告终。

我小时候听到母亲和父亲谈论经济陷入困境时的情景似乎又重现了，当时我开心地冲下楼去，对楼下的用人们说我们破产了。"破产"曾被我当成美好的、令人兴奋的事情，现在可不那么令人兴奋了。查夫林公司的破产对我和阿尔奇来说是最后的灾难。属于我的那每年一百镑的固定收入将不得不与母亲共用。玛吉无疑会提供一点援助。如果卖掉阿什菲尔德宅邸，母亲的生活勉强还能有所保障。

事实上，事态的发展并不像我们想象的那么糟。约翰·查夫林先生从美国写信给我母亲，深表歉意，并说她每年可以得到三百英镑，这笔钱不由破产的原公司出，而是从他的个人资产中抽出来的。这笔款项将一直供养她到终年。但是，这仅仅解除了我们眼前的忧虑，母亲一旦去世，进款也将享尽天年，唯一可指望的就只有那一百英镑的收入和阿什菲尔德邸宅。我写信给阿尔奇说我不可能嫁给他，我们应该忘记彼此。阿尔奇不理会，他说他一定能挣到钱，我们可以结婚，他甚至有能力供养我的母亲。他给了我信心和希望，我们恢复了婚约。

此时母亲的视力更糟了，她去看医生，被告知双眼都有白内障，而且因为种种原因，不能动手术。它们不会长得很快，但总有一天会导致失明。我再次写信给阿尔奇要求取消婚约，说结婚显然已经不现实了，如果母亲失明了，我绝对不可能弃她而去。阿尔奇再次拒绝。他说我应该观望一下母亲的视力情况，也许可以治愈，也许还可能做手术，而且无论如何，她目前还没有失明，我们应该维持婚约。我们维持了婚约，然而后来我又收到一封阿尔奇的来信："这样不好，我永远没法娶你。我太穷了。我尝试做了一两笔小投资，可是一点成效都没有，都赔掉了。你必须放弃我。"我写信说我永远不会放弃他，他回信说我必须放弃。然后我们协议彼此放弃。

四天后，阿尔奇设法得到了休假，他驾着摩托车从索尔兹伯里平原过来，说："这样没有好处，我们必须订婚，我们必须怀抱着希望等待，等着会有什么事发生，哪怕要等上四五年。"我们从情感的风暴中挣扎出来，再一次保住了婚约，尽管似乎每过一个月，结婚的可能性就变得更小一点。我心中感到希望渺茫，但又不愿意承认。阿尔奇也觉得希望渺茫，可是他仍然苦苦地坚守着若分开就活不下去的信念。于是，我们就这样维持着婚约，祈祷有一天好运会降临。

这段时间我认识了阿尔奇的家人。他的父亲曾是一位印度行政参事会的法官，从马背上摔下来受了重伤——伤到了脑部——病情恶化得厉害，最终在英国去世。阿尔奇的母亲守了几年寡之后，嫁给威廉·汉姆斯里。他对我们无比亲切，给予了我们父亲般的慈爱。阿尔奇的母亲佩格来自爱尔兰南部，科克郡附近，家中有十二个兄弟姐妹。她在去印度医学会的哥哥那里小住时结识了她的第一任丈夫。她有两个儿子,阿尔奇和坎贝尔。阿尔奇曾经是克利弗顿学院(Clifton)的风云人物,并考进了伍尔维奇皇家军事学院(Woolwich)。他有头脑、有计谋、有胆略。两个年轻人都参了军。

阿尔奇向他母亲透露了我们订婚的消息,并像其他小伙子夸耀他们的女朋友那样将我大加称颂一番。佩格用怀疑的眼光打量着儿子,带着浓重的爱尔兰腔说:"她是不是现在那种穿着新潮的彼得潘小圆翻领的女孩子?"阿尔奇相当不自在地承认,我确实穿彼得潘小圆翻领,那算得上当时的时代特征。我们这些女孩子都抛弃了高立领衬衣,就是里面有小小的锯齿形鲸骨,左右各有一根、后面还有一根,会在脖子上留下令人不快的红色印迹。终于,舒适至上的新时代降临了,彼得潘小圆翻领应运而生,估计是从巴里爵士(James Matthew Barrie)的舞台剧中彼得·潘穿的翻领演变而来的。柔软衣料紧贴在脖根周围,里面没有鲸骨,穿起来无比舒适。现在看来这绝对称不上什么大胆,但那时对女孩子的名誉要求非常严格,仅仅是露出四英寸脖子,也是难以想象的。再放眼看看如今在海滩上穿着比基尼的女孩子,就能意识到这五十年内我们的进步有多大了。

不管怎么说,我就是一个在一九一二年穿着彼得潘小圆翻领的前卫女孩。

"可她穿这样的衣服很可爱。"忠诚的阿尔奇说。

"啊,那当然了,这是毫无疑问的。"佩格说。但不管在这一点上她对我有多少疑虑,她还是分外热情地款待了我,可以说是满腔热忱。她声称她非常喜欢我,对我非常满意——她理想中儿子能找到的女子就是我这样的云云。我根本不相信她的话。事实是她认为儿子还年轻,还不到结婚的时候。她没在我身上发现显著的缺点,至少比她想象的要好得多。她害怕儿子喜欢上一个烟草商的女儿(这总被看作灾难的象征),或是一个离了婚的年轻女人——周围确实有一些——或者更过分,是一个舞女。不管怎么说,她确信我们的婚约终究不会有结果,所以她待我很亲切,对此我略感尴尬。阿尔奇对他母亲怎么看我和我怎么看她并不太感兴趣。他就是这样一个人,从不关心别人如何评论他或者他的亲人，他脑子里只有自己想干什么。

我们就这样，订着婚，但并不意味着离结婚近了一步——实际上是更远了。空军的晋升机会并不比别处多，阿尔奇还很沮丧地发现他在飞行时饱受鼻窦炎之苦，他非常痛苦，但还是硬撑着。他的信中充斥着对法尔曼双翼机和爱弗罗飞机的技术解析，他对那些几乎注定会使飞行员丧生的机型的看法，以及对那些性能非常稳定、应该好好推广的机型的看法。他所在的空军中队里的人我都很熟悉了：茹贝尔·德·拉菲尔德、布鲁克·波帕姆、约翰·塞尔蒙。阿尔奇还有一个很疯狂的爱尔兰表兄，他坠毁了太多架飞机，基本上永远不准再飞行了。

很奇怪，我不记得我曾担心过阿尔奇的安危。飞行是危险的，不过狩猎也很危险，对于有人在狩猎场摔断了脖子一事，我会觉得很正常，只是生命中的冒险之一。当时人们对安全并不很重视，强调"安全至上"的口号是可笑的。对于飞行这种新式交通方式，人们只看到其无限的魅力。阿尔奇是最初的一批飞行员之一，我想他的飞行员编号就在一百出头，一〇五或一〇六。我深深以他为荣。

我想这一生中最让我失望的就是，日后飞机成了常规的交通工具。曾几何时，人们梦想中的飞机就如同飞翔的鸟儿，愉悦地从空中掠过。可是现在，我一想到要走进飞机，从伦敦飞往波斯，从伦敦飞往百慕大，从伦敦飞往日本，就觉得非常无趣。还有比这更平淡无奇的事吗？令人不适的机舱，狭窄的座位，透过舷窗看到的主要是机身，下面是棉花般的云朵，地面就像一张平面地图。哦，是的，这真是非常令人失望的事。坐船仍然很浪漫，至于火车——还有什么交通工具能比得上火车呢？尤其是出现柴油机和它所带来的气味之前。巨大的冒着烟的怪物载着你穿越山川和峡谷，走近瀑布，经过雪山，沿着乡村道路而行，路上有陌生的农民坐在货车里。火车真是了不起，如今我仍然崇拜它。坐火车旅行可以看到大自然、人们、城市、教堂、河流，实际上可以看清人生。

我并不是说我不向往人类征服天空，我还向往人类在太空的冒险，着迷于这种其他动物所没有的天赋：这种冒险意识，这种不可遏制的精神和勇气——不仅仅是所有动物都拥有的自卫的勇气，还有把握自身命运、探索未知的勇气。我很自豪并兴奋于这些事都发生在我的有生之年，而我也很希望能够看到未来的前进步伐，看看人类接下来将会如何。人们将会一步一步地快速前进，产生滚雪球效应。

结局将会怎样？更大的胜利？还是人类会被自身的野心毁灭？我想是不会的。人类会幸存下来，哪怕散布各地。也许会有一些大灾难，但是人类不会灭绝。会出现某些返璞归真的原始部落，仅仅从传说中了解到过往的事情，然后再慢慢地建立起一个全新的文明社会。

9

我不记得一九一三年时曾有战争的苗头。海军军官们偶尔会摇摇头，悄悄地说着"那一天要到了"，可是这样的话人们已经听了很多年，根本不会在意。这种事情会被当作间谍小说的素材，而不是真实的。没有国家会疯到去打仗，西北边境或那些遥远的国度除外。

尽管如此，急救和家庭护理学习班在一九一三年到一九一四年初还是风靡一时。大家纷纷加入，练习用绷带包扎腿和手臂，甚至尝试把头部包得整整齐齐——这可要难得多。通过考试后会得到一张小小的打印卡片，证明结业了。当时女性们的情绪太高涨了，以至于意外受伤的男人看到包围过来的护士们都会产生极度的恐惧。

"别让那些急救员靠近我！"常常能听到这样的喊叫声，"别碰我，姑娘们，别碰我！"

考官中有一个很讨厌的老头，一脸坏笑地给我们下套。"这是你们的病人。"他指着趴在地上的一个童子军说，"手臂骨折，脚踝撕裂，去帮助他吧。"我和另一个女孩，双双热心地向他扑过去，并拿出绷带。我们都很擅长包扎，练习的时候总能包得规整漂亮——可以小心翼翼地反转着包在腿上，紧密整齐，还能再打一些八字结。然而这一次，我们大吃一惊，不可能包得整齐漂亮了，因为伤口处已经乱七八糟地绑了一大堆。"战地临时包扎。"那老头儿说，"把你们的绷带包在外面，记住，你们不能拆除现有的绷带。"我们开始包。这种情况下要想把曲折处都包得整整齐齐，实在太难了。"继续。"老头儿说，"打上八字结，要做到底。按照教科书上说的从上到下反转着包可行不通。你们必须保留原有的敷料，姑娘们，这是重点。现在，病床在穿过这扇门的那一头。"我们把病人抬上担架，适当地加以固定——但愿是适当的——用夹板固定患处，把他往病床抬。

然后我们顿了一下，又吃了一惊——我们俩都没想到在把病人抬过去之前先掀开被褥看一看。老头儿笑得很开心。"哈哈！你们这些年轻小姐总是考虑不周，是不是？哈哈，在抬起病人之前总要来看看病床是否安顿好了啊。"我不得不说，尽管这个老头儿羞辱了我们，但他教会我们的，比六堂课上学到的还要多得多。

除了学习课本上的知识之外，我们还被安排了一些实际性工作。每周两个上午，我们被允许参加当地医院的门诊室实习。这很吓人，因为那些正规护士都忙得不可开交，根本顾不上我们。我的第一个任务是去除一根手指上的敷料：要准备温热的硼酸水，把手指放在里面浸泡一段时间。这相当容易。接下来的任务是去洗耳朵，这一次我很快被换下来了，因为护士说洗耳朵要求很高的技术水平，新人不可以尝试。

"记住，不要认为你可以做你没有学过的事，你可能对病人造成很大的伤害。"

接下来我要做的是，去除一个孩子腿上的敷料，她把一壶滚烫的水泼在了自己身上。那一刻，我差点儿放弃了护理工作。就我所知，应该用略温的水浸湿绷带，轻轻地揭去，可是不管你怎么做、怎么触碰，那孩子都痛苦难耐。可怜的小家伙，大约只有三岁。她不停地尖叫哭闹，太可怕了。我难过极了，觉得自己会当场崩溃。把我拯救出来的是旁边一名护士讽刺的一瞥，那眼神仿佛在说：你们这些自大的小傻瓜，还以为到了这里一切都学会了，可你们连最基本的事都做不好。我立刻下定决心坚持下去，必须浸湿、揭下来，这是那个孩子必须忍受的痛苦，也是我的。我继续做，仍旧很难过，我咬紧了牙关，尽可能轻轻地揭。当那个护士突然对我说话时，我不禁大吃一惊。"你做得不错嘛，一开始有点措手不及，是不是？我以前也是。"

训练的另一部分是跟着地区护士实习一天。有一个星期，又是我们俩一起。我们去了几户小村舍，一律紧闭着窗户，有些屋里充斥着肥皂的气味，还有一些气味很不一样——有时几乎让人忍不住想去开窗。那些人患的疾病看起来很单一，几乎所有人得的病都能被简单地称作"烂腿"。我不太明白烂腿是什么病，地区护士说："血液疾病很普遍，当然，有些是性病引起的，有些是溃疡，反正都是坏血所致。"总之，这就是当时人们的普遍叫法，几年后我更加了解了，日常救助中也常会听到。

"我母亲又病了。"

"哦，她怎么了？"

"哦，烂腿，她一直有烂腿。"

有一天我们外出巡察时发现一个病人死了，地区护士和我把尸体抬了出来。那是另一种体验，不像烫伤的孩子那么令人心碎，不过如果你从来没有做过，也算是一件不寻常的事。

某位大公在塞尔维亚遇刺的消息传来，人们都觉得事情发生在遥远的地方，与我们毫不相干。在巴尔干半岛，刺杀事件时有发生，此次刺杀案会波及英伦三岛，这简直不可思议——我所说的不只是当时我一个人的感觉，绝大多数人也都这么想。刺杀事件发生后不久，战争的阴云突然令人难以置信地出现在地平线上。惊人的谣言四起，谣言都是围绕那个不可能的主题——战争。但这毕竟只是报纸上的宣传，文明的国家是不会出现战争的。况且已经多年不见战火的硝烟了，很可能永远不会重现。

普通百姓，我想除了少数几位高级大臣和外交部的核心人物以外，没有人有战争将要爆发的思想准备。都是谣言，是政客们的演说，虽然听起来越来越"严重"了。然后，一天早晨，战争爆发了。

英国进入战争状态。

第五章 战争

1

战争爆发了，英国处于进入状态。

我很难描述我们当时的感受与现在有什么不同。现在我们也许害怕，也许会有一点惊讶，但不会真的惊恐于战争的来临。因为我们都明白，战争时有发生，以前有过，以后还会再有。可是在一九一四年，已经很久没有过战争了——有多久？五十年或者更久？没错，我们有过"伟大的布尔战争"和西北边境的小冲突，可这些都不曾影响全国，更像是大型军事演习，在遥远的地方维护国家权威。这一次不同，我们与德国交战了。

我接到阿尔奇的一封电报："望能见你，能否速来索尔兹伯里。"空军是最早被动员上阵的一批。

"我们一定要去。"我对母亲说，"一定要去。"

二话不说，我们立刻动身前往火车站。我们手头没有多少现金，银行已经关门了，商业基本停滞，去市里也没办法弄到钱。我们上了火车，我记得售票员不收母亲一直带在身上的五英镑钞票，没有人收五英镑的钞票。于是，行过英格兰南部，我们的姓名和地址被无数名售票员记录了下来。火车延误导致我们不得不在好几个火车站换车，不过最终，还是在晚上抵达了索尔兹伯里。我们住进了郡府饭店，抵达半小时后阿尔奇来了。相聚的时间很短，他甚至无法留下来与我们共进晚餐。仅仅半个小时，他便向我们道别离去了。

他十分确信他会牺牲——事实上所有的空军飞行员都是这么想

的——然后再也看不到我了。他就像往常一样从容、愉快，但所有先行的飞行员都认为战争就是死亡，而且会很快降临，至少对第一批上阵的他们来说是这样的。德国空军尤以强大著称。

我所知甚少，可我在与他道别时也一样确信再也见不到他了，尽管我竭力配合他那愉快且充满自信的样子。记得那天晚上我躺在床上哭了又哭，就在我觉得自己大概永远也停不下来了的时候，突然毫无征兆地睡着了，并一直睡到第二天日上三竿才醒来。

我们坐车回家，姓名和地址再次被更多的售票员记录下来。三天后，第一张战时明信片从法国寄来。明信片上已经印好了一些句子，寄件人只能划去或者保留，比如"很好"，"已入院"等。我收到后觉得虽然信息有限，但总是个好兆头。

我赶紧跑到我的志愿救护队分队看看怎么样了。我们做了很多绷带，并卷好；还为医院准备了很多箱医用棉签。我们做的东西有些很有用，但更多的毫无用处，然而这可以打发时间。不久后——快得可怕——第一批伤员开始抵达。上级下达命令，说是他们一到火车站就要招待他们吃点心。我得说，这是一个司令官能够想出来的最愚蠢的主意，那些人在从前线到南安普敦的路上早就被喂饱了，等他们最终到达托基火车站的时候，最重要的是要先把他们从火车上搬到担架上，再抬上救护车去医院。

进入医院（市政厅改建的）后，做护理工作的竞争愈发激烈了。第一批获选参与护理工作的大都是中年妇女，她们似乎对照顾男性病患颇有经验，年轻女孩则被认为是不合适的。还有一些妇女被任命为护工，做一些杂活及清洁工作，比如清洗铜器、擦地板，等等。此外还有厨房佣工，有些不想做护理工作的人就申请去厨房干活。护工其实就是等着填补空缺，算是护士候补队。大约共有八位训练有素的医院里的护士，其余都是志愿救护员。

阿克顿太太，一个女强人，担任护士长，因为她是志愿救护队的最高长官。她做事严格，把一切组织得井然有序。这所医院可以容纳两百名患者，大家列队迎接第一批伤员的到来。当时发生了一件趣事。

斯帕拉格太太，也就是时任市长斯帕拉格先生的夫人，大驾光临。她站在最前面迎接伤兵，请第一位病人坐在病床上，象征性地跪在床边，神情庄重地为他脱下靴子。而那个病人，看上去非常惊讶，我们很快便发现他只是一名癫痫病患者，根本没有上过战场，更别提受过什么伤了。他也很莫名其妙，为什么那天下午那位傲慢的夫人会来帮他脱靴子。

我也是医院里的一员，只不过仅仅是一名护工，每天一心一意地擦洗铜器。然而五天后，我就被调往病房。很多中年妇女其实没做过多少护理工作，虽然满怀同情、渴望行善，却并不能接受护理工作中的许多事物，诸如便盆、尿壶；擦洗橡胶防水布、清理呕吐物，还有伤口化脓的恶臭。我觉得她们想象中的护理工作就是在枕边抚慰，轻声细语地安抚那些勇敢的将士们。所以理想主义者们爽快地放弃了她们的任务，说自己从没想过要干这种事。于是，吃苦耐劳的年轻姑娘们被院方带到床边，顶替空缺。

起先非常混乱。可怜的医院护士们被那么多热心参与却完全未经训练的志愿者弄得几乎抓狂，甚至没有几个经过良好训练的实习护士能帮助她们。我和另一个女孩负责两排共十二张病床，听命于精力充沛的邦德护士。她虽然是一位一流的护士，却对她不幸的下属缺乏耐心。我们并不是真的很蠢，只是很无知。没有人教过我们任何在医院工作的必备知识。实际上我们只知道如何包扎，以及护理工作的基本理论。唯一能派上用场的是地区护士给我们的零星指点。

最令我们困惑的是消毒——尤其是邦德护士根本懒得解释。一桶桶用于伤口治疗的敷料被送来由我们掌管，可我们甚至还不知道肾形盘是用来放脏敷料的，圆形盘该放干净的东西。还有，所有敷料看上去都一样脏，但实际上有干净的（在楼下的灭菌器里烘烤过），这更让人迷惑。差不多一个星期后，我们终于弄明白了。可这时邦德护士已经辞职了，她说她的神经无法忍受。

新来的是安德森护士。我相信邦德护士是一个好护士，一流的外科护士。安德森护士也是一流的，而且她还是通情达理、很有耐心的

227

女人。在她看来，我们不是不聪明，而是极其缺乏训练。她手下有四个护士，负责两排外科病床，她准备把我们打造成材。安德森护士习惯在一两天之后判断她手下护士们的能力，然后分成两类，一类她会花时间训练，另一类则是——照她的话来说，"只能去看看壶里的水开了没有"。她说的是在病房尽头的四个巨大的水壶，通常从那儿打热水做热敷。当时，所有的伤口都要用拧干的热敷布处理，因此"去看看壶里的水开了没有"是最基本的测试。如果哪个可怜的女孩被派去"看看壶里的水开了没有"，跑回来说开了，结果并没有开，安德森护士就会嘲笑她，并质问道："护士小姐，你连水开没开都不知道吗？"

"有蒸汽冒出来啊。"护士小姐说。

"那不是蒸汽。"安德森护士说，"你没听见声音吗？先是那种尖细的声音，然后会安静下来，这时才会冒出蒸汽。"她示范给小护士看，然后喃喃自语地走开，"如果他们再送来这样的傻瓜，我可真不知道要怎么办！"

我很幸运，在安德森护士手下工作。她虽然很严厉，但也公正。旁边两排由斯塔布斯护士负责，她是个小个子，和姑娘们相处甚欢，经常称呼她们为"亲爱的"。但这只是假象，一旦有人做错了什么事，她就会大发脾气。就像被一只坏脾气的小猫管着，它能和你玩耍，也能抓得你遍体鳞伤。

我很喜欢护理工作，上手得很轻松，并且始终认为这是一个人所能从事的最有价值的职业之一。我想如果我没有结婚，在那次战争之后我就会受训成为一名真正的护士。这也许和遗传有关，我祖父的第一任妻子，我的美国籍祖母，她就是一名护士。

走进护理的世界，我们必须修正对自己身份的认定，明白自己在医院世界里的等级地位。医生是最受尊敬的，你生病了就会去请他们来，多少会照他们所说的做——我母亲除外，我们常说她比医生知道得多。医生通常是一个家庭的朋友，你完全没有必要对他们顶礼膜拜。

"护士，拿毛巾给医生擦手！"

我很快就养成了一听到命令就快速反应的习惯。我会恭恭敬敬地站在那里，像一个活人毛巾架一样，在医生洗手的时候恭顺地等着，然后拿毛巾给他们擦手。擦完后他们不会再费事地递还给我，而是轻蔑地把毛巾直接扔到地上。即使那些护士们私下里认为水平低劣的医生，在病房里也能赢得属于他的声誉，受到异乎寻常的尊敬。

实际上，和医生搭话，表现得你认识他，无论在何种情况下都是一件鲁莽的事。即使他是你很亲密的朋友，你也不应该表现出来。不久后我就对这种严格的礼数非常熟悉了，可是有一两次，我还是犯了忌。有一次，一位医生就像他在医院生涯中一贯所做的那样，发了脾气。我觉得不是因为医生们喜欢发脾气，而是因为护士们总盼着他们发脾气。那位医生不耐烦地喊叫着："不，不，护士，我不要这种钳子，给我……"我忘了那东西的名称了，不过当时我的盘子里恰巧有一个，我就拿给了他。接下来的整整一天，我都没再听人提起这种钳子。

"护士小姐，你真是爱出风头，竟敢直接把钳子递给医生！"

"对不起，护士。"我顺从地低声说道，"我该怎么做呢？"

"说真的，护士小姐，我觉得你早该知道这个规矩了。如果医生要什么东西，碰巧你可以给他，你也应该先递给我，由我递给医生。"

我向她保证，以后绝不会再犯了。

促使更多中年志愿护士逃离的原因是，早期从战壕里直接被送来的伤员身上都绑着战地敷料，而且头上全是虱子。托基的女士们大都没见过虱子——我也没见过——那些年长的护士看到这种可怕的生物后面不改色，年轻的和坚强一些的只能用镇静的态度面对。交班时我们通常会用愉快的语气说："我已经把我那些病人的头搞定了！"还炫耀地挥舞着一把密齿梳子。

我们的第一批病人中有一个因破伤风而去世，这第一个死亡病例使我们大受震动。三个星期后，我觉得自己仿佛一辈子都在护理伤兵。一个月左右，我已经能非常老练地看出他们的各种把戏了。

"约翰逊，你在你的板子上写了什么？"他们的板子都挂在床头，上面钉着体温记录表。

"在我的板子上写了什么，护士小姐？"他露出一脸无辜的表情，

"没有啊,我怎么会呢?"

"好像有人在上面列了一份非常奇怪的饮食单,我可不认为那是护士或者医生开的,他们可不会给你开波特葡萄酒喝。"

我还听到一个呻吟不已的病人说:"我很难受,护士小姐,我肯定……发烧了。"

我看看他健康红润的脸,再看看他拿给我的体温计,读数介于104°-105°(40℃-40.6℃)之间。

"那些电暖炉很有用是不是?"我说,"不过你要小心,如果把它放在太热的电暖炉上,水银会完全消失的。"

"啊,护士小姐。"他咧嘴笑道,"骗不了你,是不是?你们这些年轻小姐比那些年纪大的心肠硬多了,她们一看到104°就会马上去请护士来。"

"你真该为自己感到害臊。"

"啊呀,护士小姐,开个小玩笑嘛。"

他们有时必须去市区另一头的X光部,或者去做物理治疗。于是我们中的一个就要护送六个需要照顾的病人,还必须看住他们,不让他们出其不意地穿过马路。"我要买一副鞋带,护士小姐。"你往马路对面望一眼,就会看到鞋店边上就是"乔治与龙"酒吧。我总能设法悉数带回我的六个病人,不会有人冷不防地溜掉、过了一段时间又兴高采烈地出现。他们很乖,全都很乖。

有一个病人是苏格兰人,我经常帮他写信。他几乎是病房里最聪明的人,可他竟然不会读也不会写。既然如此,我就按时给他的父亲写信。他会坐着往后一靠,等着我开始。

"我们现在写信给我父亲吧,护士小姐。"他命令道。

"好的。'亲爱的父亲'。"我这样起头,"接下来写什么?"

"哦,你觉得他喜欢听什么就写什么吧。"

"啊,我想你还是明确地告诉我好些。"

"我相信你知道该写什么。"

可我坚持要更具体的指示,于是他才开了口:关于他所在的医院、他吃的食物，等等。最后他停下来，说："我想就这些了。"

"'深爱您的儿子敬上'？"我建议道。

他露出吃惊的样子。

"当然不行，护士小姐，我想你应该明白怎么写。"

"怎么不对了？"

"你应该写'尊敬您的儿子上'，我们不会对自己的父亲提及爱、感情，或者类似的字眼。"

我承认他纠正得对。

我第一次到手术室旁观手术的时候丢人了。手术室的墙壁突然围着我转起来，多亏了另一名护士紧紧地搂住我的肩，迅速把我推到了手术室门外，这才将我从灾难中解救出来。我从来没有因为看到血或者伤口而晕倒。安德森护士稍后过来时，我几乎不敢面对她，然而她出乎意料地和善。"别介意，护士小姐，"她说，"第一次手术许多人都会出现这种情况，你还不习惯那种燥热与乙醚的结合，让你有些恶心。而且那又是一个非常令人不快的腹腔手术，看起来是挺让人难受的。"

"哦，护士，你觉得我下次会没问题吗？"

"你下次还要竭力忍耐，就没问题了。如果还是不行，你只能继续忍耐，直到你能挺过去，明白吗？"

"嗯。"我说，"是这样的。"

下一次她派我去参加一个短得多的手术，我挺过去了。此后我就再也没有遇到过这样的麻烦，尽管有时候医生切下第一刀的时候我会移开视线。第一刀会让我不安，过了这一关我就可以平静而饶有兴致地看下去了。其真谛就在于，人总能适应习惯。

2

"我觉得这样不对，亲爱的阿加莎。"母亲的一位年长的朋友说，"你不该星期天还去医院工作，星期天是休息的日子，你应该休假。"

"如果没有人星期天上班,那些需要包扎伤口、擦身、帮他们倒便盆、铺床叠被、端茶送水的病人该怎么办?"我问,"毕竟整整二十四小时没人帮他们料理这些事情可不行,对不对?"

"哦,天哪,我从来没想过这些,可是总该有个妥善的安排呀。"

圣诞节前三天,阿尔奇突然得到了假期。我和母亲一起去伦敦见他。我想去之前我就盘算着我们应该结婚,当时有很多人这么做。

"我不明白,"我说,"现在大家都朝不保夕,随时有牺牲的可能,继续小心翼翼地计划未来又有什么用呢?"

母亲表示赞同。"是啊。"她说,"我和你的感觉一样,现在不是该考虑冒不冒险的时候。"

我们都没明说,但阿尔奇在战场上阵亡的可能性确实很大。伤亡数字已经很令人震惊了。我们有很多军人朋友,都立即应召上阵。似乎每天都能在报上看到某个认识的人阵亡的消息。

距我们上次见面只过了三个月,然而我觉得,这三个月正是所谓的非常时期。在这一段不长的时间里,我经历了完全不同的人生体验:朋友的阵亡,突如其来的战争气氛和不安,以及生活上的改变。阿尔奇也一样,经历了全新的体验,尽管是在不同的领域:他就生活在死亡、失利、败退和恐惧之下。我们在各自的领域里经历了深刻的体验,以至于再次见面时几乎成了陌生人。

就像是重新去认识彼此。我们之间的差异立刻显露无遗:他那种不可动摇的漫不经心和轻率——近乎愉悦——的态度令我心烦意乱。当时我太年轻了,还没有认识到对于面临那种全新生活的他来说,这样是最好的态度。至于我,变得愈发严肃,情绪化,把我少女时代的那一点快乐和轻率都抛到了脑后。尽管我们尝试着触及彼此,却沮丧地发现都已经忘记该怎么做了。

阿尔奇对一件事很坚决——他一开始就明确了,不要谈结婚。"那是错误的做法。"他说,"我的朋友全都这么想。这样急急忙忙地草率行事,之后会如何?你阻断了一个女孩子的前程,你遭了殃,留下一个年轻的寡妇,也许还有一个即将出世的孩子——这是自私且错误的。"

我并不赞同，言辞激烈地指出问题的另一面。可阿尔奇的个性之一就是固执。他对于自己应该做什么、打算做什么，总是坚定不移。倒不是说他从来不改变主意，他也会改变，有时候甚至会非常突然地改变，实际上他也可以改变得极为彻底，将黑白颠倒过来。只是一旦他打定主意就一定会坚定无比。我接受了他的决定，我们开始享受有限的几天相聚的日子。

我们计划在伦敦待几天，然后我跟他一起去克利弗顿，在他继父和母亲家里度过圣诞节，这似乎是一个非常正确且适宜的安排。在动身去克利弗顿之前，我们着实大吵了一架，一次很可笑的争吵，却吵得很凶。

我们准备前往克利弗顿的那天上午，阿尔奇来到饭店，带给我一份礼物。那是一个华丽的化妆盒，里面配置齐全，是那种任何一个百万富婆都可以心安理得地带去里茨饭店的东西。如果他买的是一枚戒指或者一个手镯，无论多贵我都不会反对，我会骄傲而愉快地接受。可是出于某种原因，我非常厌恶化妆盒，我觉得这是很可笑的奢侈品，是一件我永远不会用的东西。我要带着一只适合在太平岁月出国度假时带的化妆盒回医院继续投身护理工作吗？我说我不想要，他必须拿回去。阿尔奇非常生气，我也非常生气。我逼他拿走，一个小时后他回来了，我们和好如初。我们也不知道究竟是怎么了，为什么这么愚蠢呢？他承认那是个可笑的礼物，我承认我那么说话太没礼貌了。不知何故，经过这一次的争吵与和好，我们变得比以往更加亲密了。

母亲启程回德文郡了，阿尔奇和我前往克利弗顿。我未来的婆婆保持着十足爱尔兰式的迷人气质，她的另一个儿子坎贝尔有一次对我说："我母亲是个非常危险的女人。"那时我不懂他的意思，不过现在我觉得我明白了。她那强烈的感情可以迅速地变得完全相反。某一刻她想要爱她未来的儿媳，并且这么做了，然而下一刻，儿媳可能变成她在这世上最讨厌的人。

我们先到布里斯托尔（Bristol），这段旅程非常痛苦，火车上依旧秩序混乱，经常延误好几个小时。尽管如此，我们最终还是到达了，受到了最亲切的欢迎。我一到就去睡觉了。那天早上的情绪化表现和一整天的旅程让我精疲力竭，我还要与羞怯的天性做一番斗争，这样才能确保在未来的公婆面前做出适当的言行。

应该是半个小时以后，也许是一个小时以后，我已经躺在床上了，不过还没有睡着，这时响起敲门声。我跑去开门，是阿尔奇。他进屋后关上了门，出人意料地说："我改变主意了，我们必须结婚，马上，我们明天就结婚。"

"可是你说过——"

"哦，别管我说过什么，你是对的、我是错的。这是唯一明智的做法。再过两天我就要走了。"

我瘫坐在床上，双腿感到虚弱无力。"可是……可是你原本那么坚定。"

"那有什么关系？我改变主意了。"

"是啊，可是……"千言万语我却说不出口，每当我极其迫切地想要把什么话表达清楚的时候，总会张口结舌。

"无论哪方面都会很困难。"我怯懦地说。我总是可以看到阿尔奇看不到的事实，例如某个计划中的种种不利因素，而阿尔奇只能看到最根本的。起初他认为在战时结婚绝对是最愚蠢的行为，现在，一天之后，他同样坚定地认为那是我们唯一应该做的事情。实际的困难，我们最亲近、最亲爱的家人们会多么为难，他都毫不顾及。我们又争论起来，和二十四小时之前一样激烈，这一次双方的立场完全相反。不用说，他又赢了。

"可是我不觉得我们能够这么突然地结婚。"我怀疑地说，"太难了。"

"哦，不，我们可以办得到。"阿尔奇欢快地说，"我们可以得到一张特殊许可证之类的东西，去找坎特伯雷大主教。"

"那不是很花钱吗？"

"会吧，我相信会相当贵，可是我想办法总会有的。无论如何，我们非去不可。没时间想其他办法了，明天就是圣诞夜。那么，这么做可以吗？"

我软弱无力地说可以，于是他走了。我这一晚上的大部分时间都醒着，担忧不已。母亲会怎么说？玛吉会怎么说？阿尔奇的母亲会怎么说？为什么阿尔奇不在伦敦就同意结婚？那样一切都会变得简单容易。哦，好吧，就这样吧……最后我疲倦地睡着了。

我预见到的很多事情在第二天上午就变为现实：首先我们必须把计划告诉佩格。她立即歇斯底里地大哭起来，然后跑回床上去了。

"我亲生的儿子就这样对我。"她上楼时气喘吁吁地说。

"阿尔奇。"我说，"我们还是不要结婚好了，这伤透了你母亲的心。"

"她难不难过和我有什么关系？"阿尔奇说，"我们已经订婚两年了，她早该接受这个事实。"

"她现在似乎非常难过。"

"事到临头才告诉我！"佩格啜泣着说。她躺在一个昏暗的房间里，将一块浸过古龙水的手帕搭在额头上。阿尔奇和我面面相觑，像两只做贼心虚的小狗。阿尔奇的继父跑来解围，他把我们从佩格所在的房间带到楼下，对我们说："我觉得你们做得很对，现在不必担心佩格，她震惊的时候总会难过。她很喜欢你，阿加莎，事情过后她会为此高兴的。可是不要奢望她今天能高兴。现在，去完成你们的计划吧，我想你们的时间不多了。记住，我确信，非常确信，你们这样做是对的。"

尽管那天一开始时我也有点眼泪汪汪、忧心忡忡，可是两个小时之后我就精力充沛了。我们的结婚之路异常艰难，然而当天结婚越是看似不可能，我就越是和阿尔奇一样，更加坚定结得了婚。

阿尔奇先去请教了他以前的教会学校校长，据说去律师公会可以得到特殊许可证，需要花费二十五英镑。阿尔奇和我都没有二十五英镑，但我们暂且不管，钱无疑是可以借到的。困难在于我们要亲自去领取，而在圣诞节当天，是拿不到这种东西的，于是，当天结婚的想法看起来还是不可能实现。特殊许可证没戏了,我们接下来去了结婚登记处,在那里再次碰了钉子。必须在举行仪式前十四天通知他们。时间就这么过去了。最终是一个我们没见过的和善的登记员,用完午前茶返回登记处时帮我们解决了难题。

"我亲爱的小伙子。"他对阿尔奇说,"你住在这儿,是不是?我是说你母亲和继父就住在这儿,对吧?"

"是的。"阿尔奇说。

"那么,这里有你的箱包、衣物和财产,是不是?"

"是的。"

"那你们就不需要提前两周通知,你可以买一张普通许可证,今天下午到你的教区教堂结婚。"

许可证需要八英镑,我们还付得起,马上疯狂地冲了出去。

我们跑到马路尽头的教堂寻找教区牧师,他不在。我们在他的一个朋友的家里找到了他。他吃了一惊,最终答应主持我们的婚礼。我们赶回家去告诉佩格,顺便抓一点儿吃的。"别跟我说话。"她喊道,"别跟我说话!"然后就锁上了房门。

此时已刻不容缓,我们匆匆地赶到教堂。我记得那座教堂叫以马利教堂(Emmanuel)。接着我们发现还必须有个证婚人,正准备再冲出去抓一个陌生人来充数时,我竟然碰见了一个认识的女孩。好几年前我曾和她一起在克利弗顿小住。伊冯·布什虽然很震惊,但还是同意临时来做我的伴娘和证婚人。我们冲了回去,风琴手正在练习,他愿意为我们演奏婚礼进行曲。

就在婚礼即将开始之时,我突然悲哀地想,没有新娘像我这么不修边幅吧。没有白色礼服,没有面纱,甚至没有一件漂亮的上衣。我就穿着普通的外套和裙子,戴着一顶紫色天鹅绒小帽子,连洗手洗脸的时间都没有。我们俩因此笑了起来。

婚礼按流程办完了,我们开始应付下一个难题。既然佩格仍旧闷闷不乐,我们便决定去托基,住在托基大饭店,和我的母亲共度圣诞节。可是我得先给她打通电话,告诉她已经发生的事情。要在电话里说明白非常难，结果也并不怎么愉快，我姐姐也在那儿，她得知这件事后表现出异常的恼怒。

"就这样突然把这个消息告诉母亲！你知道她的心脏有多衰弱吗！你简直太无情了！"

我们赶上拥挤的火车，终于在午夜抵达了托基，并且设法打电话预订了房间。我仍然有一点罪恶感，我们引起了那么多的麻烦和不便。我们爱的每一个人都被弄得苦恼不堪，我有这样的感觉，可我觉得阿尔奇不会有。我不觉得他有，即使有，他也不会介意。他会说：真遗憾，每个人都为我们苦恼，可是他们为什么要这样？反正我们做得很对——他确信我们是对的。不过有一件事让他紧张了。我们爬上火车后，他突然像魔术师一样变出一个手提箱。"我希望，"他紧张地对他年轻的新娘说，"我希望你不会为此生气。"

"阿尔奇！是那个化妆盒？！"

"是的，我没有把它退回去。你不介意吧，是不是？"

"我当然不介意，能拥有这个也很不错。"

于是我们带着它开始旅行——这也是我们的蜜月之旅。安全过关了，阿尔奇如释重负，我想他以为我会因为这个化妆盒生气。

如果说我们的婚礼是一次与一连串突发事件和危机所做的斗争，那圣诞节就是平静祥和的。每个人都需要时间从震惊中恢复。玛吉很热情，没有再责难我们；母亲从心脏病中缓了过来，为我们的幸福而真心高兴。我希望佩格也恢复过来了（阿尔奇向我保证她会的）。于是，我们的圣诞节过得非常快乐。

第二天，我陪着阿尔奇一起去伦敦，并和他道别。他再次动身前往法国，我要再渡过六个月战乱的日子才能见到他。

我继续去医院工作，关于我的新闻已先于我抵达。

"护士小姐！"那个苏格兰人用他的小手杖敲了敲床脚，带着浓重的卷舌音说，"护士小姐，快来啊！"我过去了。"我听说你结婚了？"

"是的。"我说，"我结婚了。"

"你们听到了吗?"苏格兰人冲那一整排病床上的人喊道,"米勒护士结婚了。你现在姓什么,护士小姐?"

"克里斯蒂。"

"啊,一个很好的苏格兰姓氏,克里斯蒂,克里斯蒂护士。你听到了没有,护士?她现在是克里斯蒂护士了。"

"我听到了。"安德森护士说,"我希望你幸福。"她很正式地补充道,"最近病房里都在说这件事呢。"

"你嫁得很好,护士小姐。"另一个病人说,"我听说你嫁给了一名军官?"我承认我全身心都飘飘然了,"是啊,嫁得不错。不过我一点都不觉得奇怪,你是个漂亮的女孩子。"

一个月又一个月过去了,战争陷入可怕的僵局。差不多一半的病人患上了战壕足病。那年的冬天极其寒冷,我的手和脚都生了严重的冻疮,而没完没了地洗橡胶防水布对手上的冻疮毫无益处。随着时间的推移,我要承担的工作越来越多,但我喜欢我的工作。我融入到了医生和护士的日常事务中,知道哪些外科医生很受尊敬,哪些医生是护士们背地里瞧不起的。不需要再捉虱子了,也没有战地上带来的敷料了,法国建起了战地医院,不过我们这里还是人满为患。那位断了腿的小个子苏格兰人还没康复就出院了,结果又在火车站月台上摔了一跤,可他迫切地想要回到苏格兰家乡,竟只字未提此事,把腿部再次骨折一事隐瞒了起来。他忍受着极大的痛苦,不过最终设法抵达了目的地,只是不得不重新接骨。

现在关于那时的回忆已有些模糊了,但我还是能记起一些特别突出的事件。我记得有一个在手术室帮忙的年轻实习护士,被留下来做清理工作,我帮她把一条锯下来的腿抬起来,投入火炉里。这简直太难为那个孩子了。然后我们一起把那些乱糟糟的脏东西和血清理干净。我觉得她太年轻、太缺乏经验,不应该让她单独完成这项任务。

我还记得一个一脸严肃的中士,他的情书是我代笔的。他不会读书写字。他会粗略地告诉我想写什么。"这样很好啊,护士小姐。"我把信读给他听之后他总是点点头这么说,"麻烦你抄三份好吗?"

"三份？"我问。

"是啊。"他说，"一封给奈莉，一封给杰西，一封给玛格丽特。"

"要是每封信能稍微有些变化不是更好吗？"我问。他想了一想，说："我想不用了吧。必不可少的话都对她们说了。"于是每封信都有一样的开头："愿这封即将离开我的信能够找寻到你，愿你更加健康，面若桃花。"和一样的结尾："直到地狱之火被冰封，我永远是你的爱人"。

"她们会不会发现对方？"我有些好奇地问。

"哦，我想不会的。"他说，"她们住在不同的镇子里，而且互不相识。"

我问他是否想娶其中之一。

"也许会，也许不会。"他说，"奈莉，她很漂亮，一个可爱的女孩；而杰西，她严肃认真。她崇拜我，认为我就是全世界，杰西就是这么想的。"

"那么玛格丽特呢？"

"玛格丽特？哦，玛格丽特。"他说，"她能让你快乐，玛格丽特，她是个性格开朗的女孩。不过，还是等将来再看吧。"

我经常畅想他是否娶了三人中的一个，或者找到了第四个，面貌姣好、善于聆听并且性格开朗。

家里一切还是老样子。露西取代了简的位置，还总是尊称她为"罗太太"。"我真心希望能够填补罗太太的空缺，接替她的工作真是责任重大。"她一心想着能在战后为阿尔奇和我做饭。

有一天她跑到我母亲面前，看起来非常紧张。她说："我希望您不会介意，夫人，我很想去参加空军妇女辅助队（Women's Auxiliary Air Force/WAAF）。希望您不会怪我。"

"啊，露西，"我母亲说，"我想你做得很对。你是个年轻、强壮的女孩，正是他们所需要的。"

于是露西泪流满面地走了。她希望她不在的时候我们能过得很好，还说她不知道罗太太会怎么想。和她一起离开的还有客厅女佣,美丽的艾玛,她是去结婚。她们的职务由两个年长的女佣顶替,她们俩对战时的艰难表示难以置信,并怀有深深的怨恨。

"对不起,夫人。"几天后,年纪较大的玛丽气得发抖地说,"可是给我们吃这种食物是不对的。这个星期我们吃了两天鱼了,还吃了动物内脏。我历来每天至少有一餐要吃好的肉食。"母亲竭力向她解释说目前食物都是定量供应的,我们不得不每星期吃两到三次鱼肉,以及被好听地称作"可食用内脏"的东西。玛丽只是摇了摇头,说:"这样是不对的,我们不该受到这样的对待。"她还说她以前从来没吃过人造黄油。然后,母亲玩了战时很多人都会耍的手段,把人造黄油和黄油的包装纸互换。

"现在你们尝尝这两个。"她说,"我敢说你们分不出哪个是人造黄油,哪个是天然黄油。"

这两个上了岁数的女人面露不屑之色,尝了尝,辨别了一下,接着非常肯定地说:"哪个是哪个显而易见,夫人,毫无疑问。"

"你们真的觉得差别那么大?"

"是的,没错,我受不了人造黄油的味道,我们俩都受不了,让人想吐。"她们厌恶地把黄油递还给我的母亲。

"你们真的更喜欢另一种?"

"是的,夫人,很好的黄油,无可挑剔。"

"那么,我还是告诉你们为好。"母亲说,"那个是人造黄油,这个才是天然黄油。"

起初她们不相信,终于确信之后她们很不高兴。

姨婆现在和我们住在一起,她总是担心我晚上一个人去医院。

"太危险了,亲爱的,一个人走在路上,什么事都有可能发生。你必须另做安排。"

"我想不可能做什么其他的安排,姨婆。而且我不会有事的,我已经这么走了好几个月了。"

"这么做是不对的,也许会有人找你搭讪。"

我做了一切努力让她安心。我值班的时间是下午两点到晚上十点，通常要到十点半晚班交班以后才能离开医院。步行回家需要大约四十五分钟，坦白说，那段路确实相当荒凉。不过我没有遇到过任何麻烦。我遇到过一个醉醺醺的士官，可他只是非常渴望展示他的英勇。"你在做好事。"他一边摇摇晃晃地走着一边说，"在医院工作，这很好。我送你回家，护士小姐，我送你回家，因为我不想看到你出什么意外。"我对他说不需要了，谢谢他的好意。尽管如此，他还是拖着沉重的步子把我送到了家，并以最礼貌的方式在我家门口向我道别。

我不记得姨婆搬来与我们同住的确切时间了，想必是战争爆发后不久。她的眼睛因白内障而几乎失明，而她的年纪太大，已无法手术。她是个豁达的人，尽管要她放弃伊灵的房子、那边的朋友们和所有的一切，将是莫大的痛苦，但她清楚地看到独自住在那里会十分不便，而且仆人们都不乐意留下。于是大举迁移在所难免。我姐姐南下来帮助母亲，我则从德文郡北上，所有人都忙作一团。我觉得当时我丝毫没有体察到可怜的姨婆有多痛苦，可是现在，我的脑海中可以清晰地呈现出一幅画面：近乎全盲的她无助地坐在她的财产和所有她所珍视的东西中间，身边围绕着三个破坏者，把东西全都翻出来，决定哪些要扔掉。她发出微弱而悲痛的哭喊声。"哦，你们不要扔掉那条裙子，那是在庞塞茹尔夫人店里做的，我漂亮的天鹅绒！"很难向她解释天鹅绒已经被虫蛀了，丝绸已经开裂。还有整箱、整抽屉的东西都被虫蛀了，变得毫无用处。由于她的担忧，很多应该毁掉的东西都被保留了下来。一箱又一箱，装满了文件、针线书、一匹匹给仆人做衣服的印花布、一匹匹减价时买来的丝绸和天鹅绒、边角料，那么多一旦被拿来用了就会非常有用的东西却被这样束之高阁。可怜的姨婆坐在她的大扶手椅中哭泣。

衣服处理完毕之后，接下来再清理储藏室。果酱发霉了，李子发酵了，滑落下来的一包包黄油和糖都被老鼠啃过了。所有她在生活中勤俭节约下来的东西，所有买来储藏着以备将来不时之需的东西，此时、就在这里，成为浪费的大纪念碑！我想浪费是让她深感伤心的原因。还有她的那些自酿酒——至少它们的状况还好，这要归功于酒精的防腐特性。三十六坛樱桃白兰地、樱桃杜松子酒、李子杜松子酒、李子白兰地和其他一些酒，都和家具一起被搬上车运走了。到达时却只剩三十一坛。"想想看，"姨婆说，"那些人还说他们都滴酒不沾呢！"

也许那些搬运工是在报复，他们在搬东西的时候没得到姨婆多少同情。他们想把红木高脚橱里的抽屉都取出来时，姨婆不屑地说："把抽屉取出来？为什么？太重！你们是三个壮男人，是不是？从前那些男人把它们搬上楼的时候里面还装满了东西呢，人家可是什么也没拿出来。只知道偷懒的办法！现在的男人都一文不值！"搬运工辩解说他们搬不动。"羸弱的人。"姨婆最后让步了，她说，"简直是弱不禁风，如今没有一个男人名副其实。"姨婆买的那些用来解救自己于饥荒的食品都被装箱了。唯一让她起劲的事情就是，在我们到达阿什菲尔德之后，她为这些食物想到了很多藏匿的地方。两打沙丁鱼罐头被放在一个奇彭代尔式的写字台上保存下来，有一些则被完全遗忘了——忘得那么彻底，以至于战后母亲准备卖掉一件家具时，过来把它搬走的人恭谦地轻咳一声，说："我想那上面有好多沙丁鱼罐头。"

"哦，真的。"我母亲说，"有可能。"她没有解释原因，那个人也没有问。沙丁鱼罐头被拿开了。母亲说："我想我们最好看看别的家具上面还有没有。"

之后的很多年里，沙丁鱼罐头和袋装面粉之类的东西总会出现在最让人意想不到的地方。客房里的一个废弃的洗衣篮里装满了面粉，已经生了一些米虫。不过火腿还算状况良好，可以吃。一罐罐蜂蜜、一瓶瓶李子和不多的罐头食品也都被找到了——尽管姨婆很不认可罐头食品，总怀疑它们是引发食物中毒的根本原因。对她而言，只有她自己封存的瓶瓶罐罐才是安全的储藏品。

确实，在我的孩提时代，罐头食品是所有人都不认可的。所有女孩在参加舞会前都会被警告说："一定要小心，晚餐时不要吃龙虾，也许是罐头装的，你都不知道！""罐头装的"，这个词说起来都令人心惊肉跳。罐头装的蟹肉被公认为是一种可怕的东西，甚至不需要特别的警告。让任何人想象一下，在某段时间内，你的主食将全部是冷冻食品和罐头蔬菜，发愁和忧惧都是可以理解的了。

尽管深爱着姨婆，并乐于为她效劳，可我对可怜的她的苦楚又有多少感同身受呢？一个人即使努力地想要做到无私，也还是完全以自我为中心的。我现在明白了，那次搬家对可怜的姨婆来说必然是非常可怕的事，她守寡后不久就住在那里了，此时已经八十多岁，要把自己从生活了三四十年的房子连根拔起。离开那幢房子本身也许还不是最糟糕的——当然也已经足够糟糕了。即使她的私人家具都已随她搬过来：她的四柱卧床、她喜欢坐的两把大椅子。最糟糕的是，她失去了所有的朋友。她的朋友有很多都去世了，可是还有不少经常过来拜访的邻居。她习惯于和他们一起回顾过往的岁月或者讨论日报上的新闻，那些骇人听闻的弑婴、强奸、暗娼，以及所有上了年纪的人都爱听的新闻。我们的确每天都给姨婆读报，可是对于保姆女佣的可怕命运、被遗弃在童车里的婴儿、在火车上遭到侵犯的女孩子，我们并不真正感兴趣。而国际事件、政治、福利、教育，这些时事新闻话题又无法激起姨婆的丝毫兴趣。并不是因为她麻木无知，也不是因为她幸灾乐祸，而是她很需要一些与日常的平静生活不同的东西。某些戏剧性的事件，某些可怕的事，尽管她自己不会遇到，却会在不太远的地方发生。

可怜的姨婆此时的生活中，除了为她读的报纸上的那些灾难新闻之外，没有一点让她兴奋的事。不再有朋友来拜访她，告诉她某某上校是如何可怕地对待他的妻子，或是和她分享某个表亲得了一种怪病，医生们都束手无策。我现在能明白她有多悲哀、多孤独、多寂寞了。我希望当时我能多体谅她一些。

早上在床上用过早餐后，她会慢慢地起床，大约十一点钟下楼，满心希望有人能有空来为她读报纸。然而由于她下来的时间从不固定，不会总是那么巧，于是她会很耐心地坐在她的椅子上。有一两年她还能织毛衣，因为织毛衣不需要看得很清楚；可是随着视力越来越差，她只能织越来越粗糙的衣物。即便如此，她还是会漏掉一些针脚，自己却不知道。有时候你会发现她坐在扶手椅上静静地哭，因为她在好几排前漏了一针，不得不拆掉。我经常帮她，捡起来重新织，这样她就能从刚才织到的地方继续了。可是这样也并不能医好她内心的创伤，她觉得自己已经没有用了。

我们很难说服她到阳台上去散散步，或进行类似的活动。她坚信户外的空气是有害的。她整天坐在客厅里，因为以前在自己家中她也是这样的。她会过来和我们一起用下午茶，然后再跑回去。不过有时候，尤其是有年轻人来参加晚宴的日子，餐后我们去教室，姨婆就会突然出现，缓慢地、艰难地爬上楼梯。在这样的场合，通常她都不想早早就寝，她想置身其中，倾听发生了什么，分享我们的欢乐和笑声。她还没聋，但已经耳背得厉害，很多事不得不反复对她说她才听得见。我不太希望她来，因为她的陪伴会带来无形的约束。不过值得欣慰的是，至少我们从来没劝阻过她，没让她沮丧。可怜的姨婆是悲哀的，然而这又难以避免，她的烦恼和许多老人一样，是失去了独立的能力。我想，正是一种被排除在外的感觉导致那么多老人纵容自己的幻想，认为自己被下了毒，或者财产被窃。我觉得他们并不是真的心智衰竭，而是他们需要一种兴奋的感觉，一种刺激。如果有人尝试给你下毒，生活就会变得有趣一些。渐渐地，姨婆也开始放纵她的想象力，她要我母亲相信仆人们"在我的食物里放了东西"。

"她们想除掉我！"

"可是，亲爱的姨妈，她们为什么想除掉你呢？她们都非常喜欢你。"

"啊，那是你的想法，克拉拉。你靠近一点，她们总在门口偷听，这可瞒不了我。我昨天的鸡蛋——炒鸡蛋，味道非常特别，有金属的味道。骗不了我的！"她点点头道，"老怀亚特夫人，你知道的，她就是被管家夫妇毒死的。"

"是啊，亲爱的姨妈，可那是因为她给他们留下了很多钱，你没有给任何仆人留什么钱呀。"

"我才不给呢。"姨婆说，"不管怎样，克拉拉，以后我早餐只吃一只煮鸡蛋。如果我吃煮鸡蛋,她们就无法动手脚了。"于是姨婆只吃一只煮鸡蛋当早餐。

接下来就是她的珠宝不翼而飞,她派人传信召唤我。"阿加莎?是你吗?进来,把门关上,亲爱的。"

我来到床前。"怎么了,姨婆,什么事呀?"她坐在床上哭了,用手绢擦拭双眼,"不见了。"她说,"都不见了,我的翡翠,我的两个戒指,我漂亮的耳环——都不见了!哦,天哪!"

"您瞧,姨婆,我敢肯定它们没有不见,让我们来找找看,它们本来在哪儿?"

"它们本来在抽屉里——左边最上面的那个抽屉,包在一副连指手套里,我一直放在那儿。"

"那我们来找找看,好吗?"我走到梳妆台前,查看她所说的那个抽屉,有两副连指手套,团成一团,可是里面什么也没有。我把注意力转向下面的抽屉,那儿也有一副连指手套,用手一摸,硬硬的触感让我知道成功了。我把它们拿到床头,让姨婆确信它们都在呢——耳环、翡翠胸针,以及她的两个戒指。

"在正数第三个抽屉里,不是第二个。"我解释说。

"她们一定是放回去了。"

"我觉得她们不会这么做。"我说。

"你要非常小心,亲爱的阿加莎,真的要非常小心,不要把你的手提包随便乱放。现在悄悄走到门口好吗?看看她们是不是在偷听。"

我照她的意思做了,并告诉她没有人在偷听。

我想,变老是多么可怕呀!这当然也会发生在我身上,可我又觉得不可能。一个人的内心深处总有一个坚定的信念:"我不会老,我不会死"。你知道你会,可是同样的,你又确信你不会。好了,现在我老了,但还没有开始怀疑我的珠宝被窃,或者有人给我下毒,可是我必须警惕同时明白,随着时间的流逝,那些都有可能发生。这样预先警告自己一下,也许能让我在开始做傻事之前清醒过来。

有一天,姨婆认为她听到了猫的声音,躲在楼梯后面的什么地方。

即使真的有一只猫，明智的做法也应该是随它去，或者向哪个女仆或者向我或母亲提一下。可是姨婆一定要亲自去调查，结果她在楼梯上摔倒了，摔断了手臂。医生接骨时说他希望能够愈合，可是像她这样的年纪——八十高龄……然而，姨婆这次取得了成功，她很快就可以自由活动手臂了，尽管无法高举过头。毫无疑问，她是一个坚强的老太太。她总是对我说她年轻时有多么孱弱，说在十五岁到三十五岁之间，有几次医生都认定她活不了了。我非常确信这些话都不是真的，那是维多利亚时代的女子为了引人注意而故意夸大其词。

要照料姨婆、做家务、在医院值班到深夜，那时候我的生活非常充实。

阿尔奇在夏天有三天的假期，我在伦敦与他相会。这不是一个愉快的假期，他很烦乱、紧张。战争已经搞得人心惶惶，而阿尔奇更加了解战争的严峻形势。官方公布的伤亡数字一直在攀升，但在英国的我们还不明白战争远远不会在圣诞节结束，可能还会持续四年。确实，招募新兵时提出的要求是：要么按照德比伯爵的三年之期①服役，要么在整个战时服役，三年的预想似乎太可笑了。

阿尔奇从不提及战争和自己的经历。他打的主意就是要在这三天里一心一意地忘掉这一切，尽可能地享用能够获得的美食——一战时的配给制度比二战时的公平多了。一战时如果你想吃肉，无论是在家还是在餐厅里，都必须使用肉类配给券。而二战时的情形就很不人道了，只要你喜欢，而且有钱，就可以天天去餐厅吃肉，根本不需要配给券。

我们相聚的这三天就在心神不宁中一闪而过，我们都渴望着计划未来的生活，可是又觉得最好不要。唯一让我心情开朗的是，就在这次假期后不久，阿尔奇就不用再飞行了。他的鼻窦炎不允许他多作飞行，他将被派去一个物资中心。他一直是一个卓越的组织者和管理者，

---

① 以英国的三岁马赛马来比喻服三年兵役。德比赛马会以其创始人、第十二世德比伯爵的名字命名，比赛采用三岁赛马，每年六月的第一个星期三在伦敦附近的萨里郡埃普索姆镇举行。

曾在几次重要战报中被提及，最后还被授予圣迈克尔和圣乔治勋章，还有卓越服役勋章。而令他一直非常骄傲的奖赏是在最早的一份发行物上，弗伦奇将军（General French）在一次重要战报的开头就提及了他，说他真正派得上用场。他还获颁了一枚俄国圣斯坦尼斯拉夫勋章，漂亮得让我真想戴着它去参加社交聚会。

那一年年底，我得了严重的流感，又导致肺充血，因此有三个礼拜到一个月无法去医院上班。等我返回时，医院成立了一个新的部门——药房，院方建议我到那里工作，在接下来的两年中，这里是我的另一个家。

新部门由埃利斯太太负责，她是埃利斯医生的妻子，为丈夫做了很多年的药剂师。还有一位负责人是我的朋友艾琳·莫里斯。我协助她们，同时准备药剂师考试，通过之后我就能为医生或者药剂师配药了。听上去很有趣，而且上班时间很好——药房六点钟就关门了，我交替着在上午和下午当班，这样也能更好地兼顾我的家庭职责。

我不能说我像喜欢护理一样喜欢配药，我觉得我对护理有一种真正的使命感，会很高兴地做一名护士。配药在一段时间里是有趣的，却会渐渐变得单调——我从没想过要把这个当作永久的工作。另一方面，能和朋友们一起共事让我十分开心，我非常喜爱并尊敬埃利斯太太，她是我所见过的最从容镇定的女人。她声音温和慵懒，有种出人意料的幽默感，会在各种时刻显现出来。她也是个非常好的老师，因为她理解别人的难处，以及她坦率地承认自己经常列算式计算，让人觉得与她相处非常舒服。艾琳是我的化学老师，坦白地说，她太聪明了，我有点招架不住。她不是从实践开始讲，而是从理论开始。一上来就向我介绍元素周期表、原子量、煤焦油的衍生物，很容易让人如坠五里雾中。不过在掌握了基本常识之后，我就可以自己走路了。而自从我们在练习做马施克式实验时把康纳咖啡机给炸毁了以后，我的进步就非常显著。

我们是业余的，不过这反而使我们更加小心尽责。这份工作时忙时闲，每当有一批新病人入院时，我们就会非常忙乱。内服药，药膏，一罐罐药用洗液每天都要灌满、补充、取用。在医院同几位医生一起工作过以后，我发现药物和世界上的其他东西一样，大部分是在追随流行，另外还牵涉医生的个人风格。

"今天早上要做些什么事？"

"哦，有五个威狄克医生的处方，四个詹姆斯医生的处方，还有两个维纳医生的特别处方。"

无知的外行人——我想我就应该这么称呼自己——都相信医生会单独研究你的病例，考虑什么药最为适合，然后对症开方。我很快便发现，威狄克医生的补药处方、詹姆斯医生的补药处方和维纳医生的补药处方有很大不同，而且不是随病人不同，是随医生不同。仔细想想，这是合理的，尽管患者可能会觉得自己没那么重要。药剂师和配药员对医生们也有自己的高见，可能认为詹姆斯医生开的处方好，威狄克医生的处方让人不屑一顾，不过他们都一样要配。医生只有在配制药膏时才真正像是在做试验，主要是因为皮肤病对医生和对其他任何人来说都一样，是一个谜。炉甘石很好地治愈了D太太，C太太的症状完全一样，用了炉甘石却毫无反应，反而有刺激性；煤焦油制剂使D太太的病情加重，在C太太身上却获得了意外的成功。于是医生们必须不停地尝试，直到发现适当的配方。在伦敦，皮肤病人也有他们各自喜欢的医院。"试试看米德尔塞克斯医院？我试过了，他们给我的药根本没有用。我现在在UCH[①]，病差不多快好了。"然后一个朋友插话道："嗯，我发现米德尔塞克斯医院有些效果，我姐姐原来在这里治疗，可是没医好，于是她去了米德尔塞克斯，才两天就完全好了。"

我至今仍对一位皮肤科医生心怀怨恨，他是一个顽固而乐观的试验家，属于"什么都要尝试一下"学派的。有一次，他在无计可施的时候想到一个主意，用鱼肝油配制的混合物擦遍了一个只有几个月大的婴儿的全身。婴儿的母亲和家人发现，一走到那个可怜的宝宝身边，

---

①英国伦敦的大学医院简称。

就会闻到非常难以忍受的气味,而且那药水一点用都没有,用了十天就放弃了。配制这种东西也导致我的家人都躲开我,因为白天接触了大量的鱼肝油,回到家时我不可能没有臭气熏天的鱼腥味。

还有几次,我成了人人厌弃的人。一九一六年,毕普药膏(Bip's Paste)很时兴,结果所有的伤口都用它来处理。它含有铋和黄碘,与液状石蜡混合成药膏。黄碘的气味伴随着我,在药房里、电车上、家里、晚餐桌上,还有我的床上! 它有一种弥漫性,从你的指尖、手腕、手臂,直到手肘,往外冒,当然是洗不掉的,只能等到它挥发殆尽。为了照顾家里人的感受,我总是拿着餐盘到餐具室用餐。直到战争的尾声,毕普药膏才不再受宠,由更多无伤大雅的配方取代。最终的继承者是大包装次氯酸洗液,由次氯酸钙、苏打以及其他成分混合而成,会导致你的所有衣服上都有一股刺鼻的氯的气味。如今的水槽消毒剂等都有这一类成分,只要闻到这种东西我就很腻烦。我曾经很生气地骂过我们的一个男仆。"你在餐具室的水槽里放了什么? 气味难闻极了!"

他很骄傲地拿出一个瓶子。"一流的消毒剂,夫人。"他说。

"这里不是医院!"我喊道,"现在你挂起一卷苯酚纸,用热水把水槽冲洗干净,如果有必要就加一点苏打。然后把那瓶讨厌的次氯酸钙制剂丢掉!"

于是我给他讲解了清洗剂的性质,并告诉他,对微生物有害的东西对人体通常也有害,因此我们的目标是清洁,做到一尘不染,而不是消毒。"微生物很坚韧的。"我向他指出,"稀释的消毒剂对坚韧的微生物没有什么作用。微生物在一比六十的苯酚溶剂里还能保持活跃。"可他没有被说服,仍然在我确定不在家的安全情势下继续使用这种讨厌的制剂。

作为准备药剂师考试的一部分,医院安排我外出接受一些商业药剂师的指导。托基某个大药房最主要的药剂师之一亲切地说我可以每个星期天去,他会给我指导。我恭敬而战战兢兢地去了,渴望能学到些什么。

在药店，首先你会发现一些不为人知的内幕。因为我们在医院的工作是业余的，因此在称量每一种药品时都尽可能地做到分毫不差。医生的处方指定每剂二十粒碳酸铋，那么病人就会得到不多不少、刚刚好二十粒。因为是业余的，我觉得这样很好。可是我猜想，任何一个药剂师在干满五年、得到了药剂师专科学位之后，就会对自己手上的原材料了如指掌，就像一个厨子对他的菜蔬作料了如指掌一样。他们会非常自信地从各种各样的瓶子里倒出一些，根本不用费心地测量、称重。他们在配制有毒的或者危险的药品时当然会很谨慎，而在配制害处不大的药品时，就只是凭手感倒出一些，着色剂和调味剂也是如此。这样一来，往往会产生这样的结果，病人会回来抱怨他们的药和上次的颜色不同。"我的药历来都是深粉红色的，不是淡粉红色。"或者"这次的味道不对，我的药有薄荷味，很好吃的薄荷味，不是这种讨厌的、甜腻的、令人作呕的东西。"那么，显然是氯仿水取代了薄荷水。

一九四八年，我在大学学院医院工作时，大多数门诊病人对药物的颜色和味道都很挑剔。我记得有一个爱尔兰老太太把头探进药房窗口，将半克朗塞进我的手里，低声说："加倍放好吗，亲爱的？加倍放薄荷水，味道重一倍。"我把她的半克朗还给她，一本正经地说我们不接受这种要求，还告诉她应该严格地按照医嘱服药。虽说如此，我的确多给她放了一些薄荷水，因为这不可能对她有什么害处，她非常喜欢。

自然，如果你是个新手，就会紧张，怕犯错。在药物里面加上有毒的药品时总要经过另一位药剂师的检查，不过仍有惊心动魄的时候，我记得我就有这么一次。那天下午我在配制药膏，配制其中一种时，我把一点儿纯苯酚放在了一个药膏罐的盖子上，然后小心地用滴管加到正在板子上配制的药膏里。装好瓶、贴好标签、放在板子外面后，我就继续去做别的工作了。我想大约是在凌晨三点，我忽然从床上醒来，对自己说："我后来怎么处置那个药膏罐盖子了，放纯苯酚的那个？"我越想就越不记得把它拿走并且清洗过了。有没有可能我没注意到上面有东西，盖到我配的其他药膏上了？同样的，我越想就越肯定我是那么干了。我把这罐药膏和其他的药膏一起放到了病房的架子上，等待第二天上午由病房服务生收到篮子里。这样的话，某个病人的某一罐药膏上就盖着一层烈性苯酚！我担心得要死，无法再忍受下去。我起床穿好衣服，步行到医院，冲了进去。幸好不需要穿过病房，因为通往药房的楼梯在外面。我走上去，查看我准备的那些药膏，打开盖子，慎重地闻。我也不知道当时是否是我想象过度，但我在一个盖子上似乎闻到了微弱的苯酚的气味，而这种药膏是不该有这种气味的。我把药膏最上面的一层油膏全部取出来，确定没有问题了才又爬下楼，步行回家睡觉。

　　大体来说，在药房里犯错的通常不是新手。新手会很紧张，总会向人请教。最糟糕的错配毒药案例总是出现在工作多年、专业可靠的药剂师身上。他们对自己做的事情太熟悉了，不需要多想，而某一天他们可能正想着自己的麻烦事，失手的一刻就来了。这样的例子也发生在我一个朋友的外孙身上。那个孩子病了，医生过来写了一个处方，让人带到药店去配制。很快一剂配好，孩子服用了。当天下午，祖母看孩子的脸色不对，便对保姆说："是不是药有点问题？"等第二剂药服过之后，她更担心了。"我觉得有点不对。"她说。她请来了医生，医生看了看孩子，检查了药，便马上采取治疗。孩子们对麻醉剂的承受力很低，而药剂师犯了错误，放过了量。可怜的人，他难过极了，他在那家药店工作了十四年，是他们最认真、最受信赖的药剂师之一。通过这个例子你可以明白，这种事可能发生在任何人身上。

　　每个星期天下午的药物学指导我都会面临一个问题，那就是参加药剂师考试必须对英制和公制单位都应对自如。我的药剂师老师让我练习按照公制公式配制药剂。医生和药剂师都不喜欢在工作中采用公制。我们医院的一个医生从来不知道"含0.1"的真正含义，会说："让我看看这种溶剂是百分之一的还是千分之一的？"公制的最大危险就在于，如果你算错了，就是算错了十倍。

　　有一天下午，我正接受制作栓剂的指导。这种东西在医院用得不多，不过我要为了考试而了解该怎么制作。做这个是需要技巧的，主要是因为可可脂的熔点，而它是栓剂的基本原料。如果弄得太热，就无法成型；而如果不够热，脱模时形状就会不对。这一次，药剂师P先生亲自给我做示范。他为我展示了处理可可脂的严格步骤，然后按照公制计算，加进一种药品。他向我展示了应该如何在适当的时刻取出栓剂，然后告诉我要如何把它们放进盒子里，并专业地贴上"某某药品1:100"的标签。做完他就走开了，去忙别的了。可是我非常担心，因为我深信栓剂里加进的成分占百分之十，那么每一剂都是一比十，而不是一比一百。我仔细检查了他的计算，确实是错的。在运用公制计算时他把小数点标错了地方。可我这个年轻的学生能做什么呢？我只是一个新手，而他是这个市里最有名望的药剂师。我不能对他说："P先生，您犯了一个错误。"P先生，这位药剂师，是那种不会犯错误的人，尤其是在他的学生面前犯错。就在这个节骨眼儿上，他又来到我身边，说："你可以把它们放进仓库里，我们会用得着的。"越来越糟糕了，我不能把这些栓剂放进仓库。加进去的是一种相当危险的药品，虽说这种使用在直肠的栓剂人体能够承受更大的药量，可还是太危险了……我不喜欢这样，但我又能怎么做呢？即使我暗示说剂量错了，他会相信我吗？我想他一定会说："这没有什么问题啊，你以为我连这种事情都不知道该怎么做吗？"

只有一个办法了。在栓剂冷却之前，我假装没站稳，跌了一跤，掀翻了放栓剂的木板，并结结实实地一脚踩在了上面。

"P先生，"我说，"真的非常抱歉，我碰翻了木板，把栓剂踩坏了。"

"啊呀，啊呀，啊呀！"他着急地说，"不过，这个好像还好。"有一份从我沉重的大脚掌下逃脱了，他捡了起来。

"这个弄脏了。"我坚定地说，赶紧统统扔进了垃圾箱。"非常抱歉。"我一再道歉。

"没关系，小姑娘，"他说，"不要太担心了。"然后他轻轻地拍了拍我的肩膀。他的这类举动太多了——拍肩膀，用手肘推我，有时候还会摸摸我的脸颊。我不得不忍受这些，因为我在接受指导。但我尽可能地表现冷淡，通常还会想办法忙着同另一名药剂师说话，这样就不用和他独处了。

P先生这个人是个怪人。有一天，也许是想给我留下些深刻的印象，他从口袋里掏出一块黑色的东西，展示给我看。他说："知道这是什么吗？"

"不知道。"我说。

"这是美洲箭毒。"他说，"知道箭毒是什么吗？"

我说我在书上读到过一些。

"有意思的东西。"他说，"非常有意思。口服下去，一点害处也没有。但一进入血流，就会麻痹致死。当地人把它涂在箭头上。知道我为什么要放在口袋里吗？"

"不知道。"我说，"我完全想不出。"在我看来这是愚蠢至极的做法，不过我没有说出来。

"嗯，告诉你。"他若有所思地说，"它让我感到自己很强大。"

然后我望着他，他是一个长相滑稽的小个子男人，圆滚滚的，像一只知更鸟，面孔呈现出好看的粉红色，带有一点孩子气的自满。

不久以后，指导课程结束了。可我后来仍经常想起P先生，我觉得他尽管外表可爱，却可能是一个危险人物。他的样子在我记忆中维持了那么久，仿佛是在那里等待着，直到有一天我开始构思写作《灰马酒店》(*The Pale Horse*)——我想是在将近五十年以后。

3

在医院药房工作期间，我开始构思一部侦探小说。自从早先玛吉言辞相激，这种创作欲望便埋藏在我心底，目前的工作似乎又给我提供了良好的条件。药房工作有时忙碌，有时清闲，不像护理工作，总是闲不下来。有的时候，我整个下午独自一人坐在药房里无事可干。当各种药瓶都已灌满、备齐之后，就可以随心所欲，想干什么都可以，只是不能离开药房。

我开始考虑在力所能及的范围内写一部侦探小说，我的四周都是毒药，那么，用毒药害死人自然就是我应该选择的方法了。我漫不经心地构思了小说的主要情节，觉得还不错，于是就确定了下来。接着我开始构思故事中的人物。谁应该被毒死？谁该是投毒者？投毒的时间、地点、方式、动机呢？还有其他各方面的问题。谋杀最好发生在家庭内部，也就是所谓亲人间的谋杀。当然还要有一个侦探，只是我笔下的侦探一定得与福尔摩斯不同。我要自己塑造一个人物形象，还要为他物色一个朋友作为陪衬或丑角——这应该不难。我转而构思其他人物，受害者该是谁？丈夫会谋害妻子，这似乎是最司空见惯的谋杀案。我完全可以写一个为了不寻常的目的而进行的奇特的谋杀案，但这个不能从写作艺术上让我产生兴趣。一部好的侦探小说，成功的关键在于把故事中的人物写得模棱两可：既像是罪犯，又由于某种原因让人觉得不像罪犯。说不通，但又的确是其所为。对此我感到茫然，只好将此搁置一边，去配两三瓶次氯酸制剂，这样第二天就会有更多的空闲时间。

我继续展开想象，过了一段时间，细节逐渐拼凑在一起，一个谋杀者的形象日渐清晰。他看上去该是阴险的，留着黑色山羊胡——那时在我看来，山羊胡就是邪恶的象征。当时，我结识了一对刚搬到附近的夫妇，男的留着黑色山羊胡，妻子比他年长且非常富有。我觉得这对夫妇可以作为小说人物的雏形。我反复思忖着，这样处理未尝不可，但是并不十分令人满意。我敢肯定，那个男人永远也不会杀人。于是我不再去想他们，决心不再从现实生活中寻找人物原型，一定要自己塑造人物。其实在电车上、火车上或者饭馆里都能偶然间找到人物雏形，再创造出自己的人物。

真的，第二天，我就在电车上看见了一个我想塑造的人物形象。一个下巴上蓄着黑胡子的男人，他坐在一位老妇人身旁。老妇人喜鹊似的叽叽喳喳个没完，她的形象并不合我心意，可那个男人却是再合适不过的了。离他们不远的地方坐着一个肥胖活跃的女人，正在高声谈论春天的球茎植物。我对她的相貌很感兴趣，要不要把她也写进去呢？下车后，三个人的形象仍然萦绕在我的脑海。我沿着巴顿路一边走一边自言自语，就像儿时跟猫咪一家做游戏一样。

不久后几个人物的形象便脱颖而出。一个精力充沛的女人——我甚至为她取好了名字：伊芙林。她既可以当一个穷亲戚，也可以当料理园子的女人或者家务女佣——也许是女管家？不管是什么，这个人物就定下来了。但那个留着山羊胡的男人我还没有更多的想法，这样实在是不够的——还是说这样就够了？是的，也许这样就足够了，因为人们只能从外表观察他，所以只能看到他愿意表现在外的部分，而无法了解他的真实面目——这也可以作为一条线索。再把他谋害年长的妻子的动机定为金钱而不是她本人的问题，这样一来，她的性格特征也就无关紧要了。接着我开始快速地增加人物。一个儿子？一个女儿？一个侄子？必须有多名嫌疑犯，一家人就这么自然而然地完成了。

我就让它自主发展，将注意力转向那个侦探。我想要一个怎样的侦探呢？我开始回想在书中看到的、让我佩服的侦探。有歇洛克·福尔摩斯——那个独一无二的侦探，是我永远也不能超越的。亚森·罗平（Arsene Lupin）——他是罪犯还是侦探？说不清楚，不过他不是我要写的那种侦探。《黄色房间的秘密》中有一位年轻的新闻记者鲁雷达比（Rouletabille），他倒是很像我要塑造的侦探，从没有过的侦探。我该创作一个什么样的侦探呢？学生？有点难。科学家？可我对科学家了解多少呢？这时我想起了比利时难民。在我们那个教区，侨居着一大批比利时人。他们初来的时候，本地居民很同情他们，对他们非常热情，纷纷将家里的仓库布置上家具让他们住，尽可能让他们生活得舒适。可是，比利时人对这些善行似乎并不十分感激，总是抱怨这埋怨那的。这些身居异乡的可怜人感到惶恐，他们中的大部分是疑心很重的农民，不喜欢去别人家喝茶或接待陌生人来访。他们希望不受干扰地单独生活，他们想存钱，开一块菜地，按照祖传的方式浇水施肥。

为什么不能让一个比利时人来做我的侦探呢？移民中各式人物都有，一个逃难的退休警官怎么样？天哪，我犯了一个多大的错误啊！这样一来，我作品中的这位侦探肯定得一百多岁了。

但我仍旧决定塑造一个比利时侦探,并打算让他的形象逐渐丰满起来。他曾是一名警官,懂得一些犯罪知识。我在清理卧室里的杂物时想,这名侦探一定得是一个一丝不苟、干净利落的人。干净利落的小个子。我已经能看到这个干净利落的小个子了,总是在整理东西,喜欢所有东西都成双成对、方方正正的。而且他必须聪明——脑袋里有小小的灰色脑细胞(little grey cells)——不错的说法,我得记下来。对,他有小小的灰色脑细胞。他得有一个相当华丽的名字,像歇洛克·福尔摩斯一家那样的。他哥哥叫什么来着?迈克洛夫特·福尔摩斯。

叫他赫拉克勒斯(Hercules)怎么样?他是个小个子男人——赫拉克勒斯,不错的名字。他的姓氏让我费了一番脑筋。我不知道是怎么想到波洛的,也许是这个词偶然跳进了我的脑海,要么就是在某张报纸上读到了,总之就是它了。最终我把他的名字定为赫尔克里,而不是赫拉克勒斯——赫尔克里·波洛(Hercule Poirot),听起来不错。确定了,感谢上帝。

现在我得给故事中的其他几个人物取名字,不过他们的名字就不那么重要了。阿尔弗雷德·英格尔索普——这个名字与黑色山羊胡挺相称。我又加进了几个人物:一对夫妇,都很有魅力,但有些隔阂。接下来是故事主线以外的分枝——迷惑人的线索。和许多初学写作的人一样,我在故事中加进了过多的枝节,设置的虚假线索太多,要一一解开实在不轻松,读起来也不太容易。

一有空闲,我就在思忖这本侦探小说里的零星情节。我设计好了开头,安排妥了结尾,中间那一大块空白却不那么容易填满。我努力让赫尔克里·波洛的出现显得自然、合乎情理。可是别的人物呢?怎样安排他们出场?仍是一堆理不顺的乱麻。

这让我在家里时也总是心不在焉,母亲不断地追问我为什么不回答她的话,或者为什么我答非所问。我不止一次地织错了姨婆的毛线活,总是忘记该做的事情,还有好几封信写错了收信人地址。不过,自信到可以动笔的日子终于来了,我将写作计划告诉了母亲,她像以往一样深信她的女儿无所不能。

"哦?"母亲说,"侦探小说?换换口味很好,对不对?开始写吧。"

要抽出很多时间不算容易,但我还是办到了。我仍保存着玛吉用过的那部打字机,每写完一章就用打字机打出来。当时我的手写字体还比较好,打字也不错。我完全陷入创作的亢奋之中,并从中获得了乐趣。但我确实很累,而且烦躁,我发现这是写作引起的。另外,书写到一半时陷入了困境,错综复杂的情节让我难以驾驭。就在这时,母亲向我提出一个很好的建议。

"你写了多少了?"她问我。

"哦,我想大概有一半了吧。"

"那么,如果你真想写完它的话,你该在休假的时候写。"

"呃,我是准备休假时写作的。"

"对,但我想你最好离开家去休假,这样就可以安安静静地写完后半部分了。"

我想了想,两个星期不受打搅,这再好不过了。

"你想去哪儿?"母亲问道,"达特穆尔怎么样?"

"好。"我兴奋极了,"达特穆尔!正是我想去的地方。"

就这样我去了达特穆尔,在干草岩(Hay Tor)的荒野饭店(Moorland Hotel)订了一个房间。这家饭店很大、很不错,有许多房间,但客人寥寥无几。我几乎没跟任何房客有来往——以免分散我的写作精力。每天上午我都埋头疾书,直到手臂酸痛。接着吃午餐,边吃饭边看书,然后去荒野散步,消磨几个钟头。我觉得我是从那时开始爱上荒野的,我喜欢突岩和石南,还有远离公路的各种野生植物。到那里去的每一个人——当然,在战时也没多少人——都会聚集到干草岩附近,可是我不会待在那儿,而是坚持自顾自地在乡野间穿行。散步的时候我口中不住地喃喃自语,排演接下来要写的那一章的情节。时而以约翰的口吻对玛丽说话,时而又扮演玛丽跟约翰交谈;时而又扮作伊芙琳,向主人汇报。我觉得越来越有趣了。之后我回到饭店,吃完晚饭就倒在床上足足睡了十二个小时。第二天醒来再满怀激情地写一上午。

这两周的假期我写完了后面几章——或者说差不多写完了。当然这并不意味着就此定稿了，我又修改了大部分——尤其是过于复杂的中间部分。最后我终于完成了全书，自己感到比较满意，基本上达到了动笔前的设想。我知道还可以改得更好些，但不知道从何处下手。我将写得比较呆板的几章改写了一下：书中的玛丽和约翰因夫妻不和而离异，不过到了故事结尾，我决心让他们和好如初，这样做是为了给故事染上浪漫色彩。我个人不喜欢侦探小说中插入爱情故事，爱情，我觉得是属于言情小说的，在逻辑推理中加入爱情成分有些不协调。不过在当时，侦探小说中总要有些爱情插曲，我也只好照搬。我在约翰与玛丽的身上尽了力，不过他们实在是可怜的一对。当我觉得全书无处可改之后，请人用打字机打出一份清样，寄给了一家出版商——何德和斯图顿公司（Hodder and Stoughton）。不久后我就收到了退稿信，没有附加任何说明。退回的稿子整整齐齐，一点皱褶都没有，显然是没人阅读过。对此我并不感到意外——我没想过一举成名，但我还是把稿子重新包好，寄往另一家出版社。

4

阿尔奇第二次回来休假是在我上次见他两年之后。这一次我们相处得很愉快。假期为时一周，我们去了新森林（New Forest）。时值秋季，树叶的颜色变得非常可爱。阿尔奇的心情比上次好多了，对未来我们也不那么充满忐忑了。我们漫步在林中，有一种前所未有的相依相伴的感觉。他说这里有一个他一直想去的地方，就是那个"无人之境"的路标所指之处。于是我们选择了通向无人之境的小路，我们沿路而行，来到一个结满苹果的果园。那里有一个女人，我们问她是否可以买一些苹果。

"不用买,亲爱的。"她说,"我很欢迎你们享用这些苹果,我看得出来,你先生是在空军服役。我儿子也是,他阵亡了。是的,你们随便享用那些苹果吧,能吃多少就吃多少,能带走多少就带走多少。"于是我们快乐地徜徉在园中,尽情地享用苹果。然后我们再次穿越森林,坐在一棵倒伏的树上。天空下着蒙蒙细雨,我们非常快乐。我尽量避免谈到医院或者我的工作,阿尔奇也很少提及法国的战事。他暗示说,大概要不了多久,我们俩就可以生活在一起了。

我告诉他我写了一部小说。他看完之后很喜欢,认为我写得不错。他说他在空军的一个朋友曾经在梅休因出版社(Methuen's)当过董事。阿尔奇建议,如果书稿再被退回来的话,他就让那位朋友写一封介绍信,我可以将他朋友的信随同手稿一起寄给梅休因出版社。

于是,这部名为《斯泰尔斯庄园奇案》(The Mysterious Affair at Styles)的小说手稿又辗转寄到了梅休因出版社。稿子在那里存放的时间比在前两个出版商那儿长了些,大约有六个月。出于对前董事的尊重,他们给我写了一封热情洋溢的回信,说小说情节有趣,有不少引人入胜的东西,但是这种书不适合他们的出版路线。我觉得实际上他们觉得我写的书糟透了。

我不记得之后又把稿子寄到哪儿了,反正结果还是被退了回来,我已经心灰意懒了。这时,出版商博得利·黑德和约翰·莱恩(The Bodley Head, John Lane)新近出版了两部侦探小说——对他们而言是个新的领域——我觉得不妨试试,便将书稿包好寄了过去,之后就把这件事忘到九霄云外了。

接着发生了一件十分出乎意料的事:阿尔奇回来了,他被调到了设在伦敦的空军部。战争已经拖了很久——持续四年——我已习惯了医院的工作和在家里的生活,突然要改变生活方式,我真有些不知所措。

我去了伦敦,与阿尔奇先在饭店里安顿下来,然后我开始四处寻找带家具的公寓。一开始,我们无知地抱着过高的期望,不过很快就锐气大减,那可是战时呀。

最终我们找到了两套合适的房子，一套在西汉普斯特德（West Hampstead），属于顿克斯小姐——这个姓氏牢记在我的脑子里。她极度怀疑我们会不会小心行事——她说年轻人总是粗枝大叶的——她对她的物品非常在意。这是套不错的公寓，三个半几尼一星期。另一套位于圣约翰森林区北韦克巷（St. John's Wood, Northwick Terrace），靠近梅达谷（Maida Vale）（现在已经拆除了），在三楼，只有两个房间——先前那套有三间。这里的家具陈旧，但很舒适，挂有褪色的印花布窗帘，外面有一个庭院。处于一幢宽敞的旧式公寓楼里，房间都很大，而且每周租金只要两个半几尼。我们决定选择这里，然后我回家收拾行李。姨婆哭了，母亲想哭但控制住了，她说："你现在要到你丈夫那里了，亲爱的，你要开始你们的婚姻生活了。我希望你一切顺利。"

"如果你们的床是木制的话，别忘了看一下有没有臭虫。"姨婆说。

我回到伦敦，跟阿尔奇搬进了北韦克巷五号。我们的公寓里有一个小厨房和一间小浴室，于是我打算自己做饭。但起先还是交给了阿尔奇的勤务兵巴特利特，他是一个吉夫斯[①]式的完美仆人，曾经服侍过公爵。也只有战争才会让他来为阿尔奇服务，不过他对"上校"忠心耿耿，给我讲了很多故事，都是关于阿尔奇的英勇、他的不可或缺、他的才智，以及他的功勋。巴特利特做事情无可挑剔。这套房子有许多不足，最糟糕的是床，坑坑洼洼的，到处是巨大的金属凸起——我不明白一张床怎么会弄成这个样子。但我们的生活很愉快，我计划去学习速记和会计之类的课程，以打发白天的闲暇。至此，我告别了阿什菲尔德，开始了新的生活：真正的婚姻生活。

住在北韦克巷五号，乐趣之一是伍兹太太。实际上我觉得我们选择北韦克巷的公寓而不是西汉普斯特德那套，有一部分原因就是伍兹太太。她住在地下室，是一个胖胖的、乐天友善的女人。她有一个聪慧的女儿，在一家不错的商店里工作，还有一个不见影踪的丈夫。她

[①] 吉夫斯（Jeeves）是美国作家P.G.伍德霍斯（P.G.Wodehouse, 1881–1975）笔下的完美男仆。

是公寓的总管理员,如果她高兴,就会为公寓里的住户"做事"。她愿意帮我们做事,她还是个大力士。从伍兹太太那里我学到了很多购物的技巧,那是我从未涉及过的领域。"鱼贩子又骗你了,亲爱的。"她会对我说,"那条鱼不新鲜,你没有照我告诉过你的戳戳看。你一定要戳戳看,看看它的眼睛,再戳戳它的眼睛!"我疑惑地看着那条鱼,总觉得戳它的眼睛是冒昧的行为。

"还要把鱼竖起来,尾巴向下,看看它的尾巴是否能动,还是硬邦邦地垂着。再来看看这些橙子,我知道你爱吃橙子,有时候就算贵也会想解解馋,可是这些是在开水里泡过的,看起来很新鲜,可你会发现橙子里没有汁水。"我发现确实没有。

我和伍兹太太最激动的一次,是阿尔奇把他的首批配给食品领回来的时候:一块巨大的牛肉,是战争爆发以来我所见过的最大的一块。看不出是哪一部分的肉,但似乎不是大腿肉、肋排或者里脊,显然空军的某位屠夫是按照既定重量切的。无论如何,这是这段时间以来我们见过的最棒的东西了。它就躺在桌子上,伍兹太太和我围着它转,欣赏地看着。毫无疑问,这块肉最终会被放进我的小烤箱。伍兹太太友善地答应帮我料理。"有那么多呢,"我说,"你可以和我们一起分享。"

"哦,你真是大方,我确信我们能享用一顿牛肉下餐。对了,要买食品杂货很容易,我的表兄鲍勃在杂货店里做事,白糖和黄油我们想买多少就买多少,还有人造黄油。这种东西都是家人优先的。"这条一生受用的生活潜规则我也是首次了解到:最要紧的是你认识谁。从东方公开的裙带关系,到西方民主社会略微隐蔽的裙带关系和"老友俱乐部",一切都以此为中心。但要注意,这并不是成功的秘诀。弗雷迪·某某得到一份报酬优厚的工作,因为他的叔叔认识某家公司的总裁。于是弗雷迪进去了,可是如果弗雷迪表现不佳,而出于友谊或者亲情的诉求已经被满足过了,弗雷迪就会被客气地请走。也许会转给某个别的表亲或者朋友,可是最终,他会回归属于他自己的阶层。

就战时的肉类和一般奢侈品而言,有钱人会有一些优势。不过我觉得，总的来说，还是劳工阶层的优势要广泛得多，因为几乎每个人都有一个表亲、一个朋友、一个女婿或者其他什么有用的人在奶品店、杂货店之类的地方。这一点不适用于屠夫，至少在我看来，但杂货店的确是以家族成员为重的。当时我所认识的人，没有一个是单靠那些配给品过活的。他们领取配给品，还会多要一磅黄油、一罐果酱，等等，没人觉得这么做有什么不对，这是一种家族特权。鲍勃自然会优先照顾他的家人，以及他家人的家人，所以伍兹太太总能给我们这样那样额外的好东西。

那一大块肉端上来的时候真是伟大的一刻。我想它并不算特别好或者特别细嫩，但那时我还年轻，牙齿坚固，而那是我长久以来吃到的最美味的东西。阿尔奇被我的贪婪吓到了。"不算多么好的肉啊。"他说。

"不算好？"我说，"这差不多是三年来我吃到的最好的东西了。"

能被称为"大餐"的饭菜都是伍兹太太做的，便餐和晚餐由我来准备。和大多数女孩子一样，我也上过烹饪班，不过当你真正下厨时，课上学到的并不是特别有用，日常的练习才有用。我烤过一些果酱派、面拖烤香肠，以及各种各样其他的东西，可这些都不是真正的必需品。伦敦的很多地方都有国立厨房（National Kitchen），这个地方很有用，你可以去那里买包装好的熟菜，做得还算好。虽没有多少吸引人的食材，但至少能填补所缺。还有国立汤类广场（National Soup Squares），可以用他们的汤当头盘。这些汤被阿尔奇形容为"沙砾碎石汤"，让我想起斯蒂芬·里柯克（Stephen Leacock）对一篇俄国短篇小说的讽刺。"你拿起沙子和石头，碾碎了，做成蛋糕。"汤类广场就差不多是这样的。偶尔我会做一道拿手菜，比如一个精心制作的蛋奶酥。我没有意识到阿尔奇正忍受着紧张造成的严重消化不良，有好多天晚上他回到家，什么都吃不下。如果这天我准备了乳酪蛋奶酥，或者别的什么费尽心思做出来的东西，就会感到很灰心。

每个人在生病时都会有特别想吃的东西。在我的记忆中，阿尔奇的想法非常特别。他会躺在床上呻吟一段时间，然后突然说："我觉得我想吃点糖蜜或者糖浆,你能给我做点这样的东西吗?"我会尽可能地满足他的要求。

我开始上会计课和速记课打发白天的时间。感谢周日报纸上那些冗长的文章,让大家知道新婚妻子往往会感到寂寞。男人们都有工作,整日在外,而女人一旦结了婚,就要换一个全新的生活环境。不得不一切从头做起,与陌生人接触,结交新朋友,寻找新的消磨时间的方式。战争爆发前,我在伦敦也有几个朋友,不过现在已各奔东西了。楠·瓦茨(已改姓波洛克)住在伦敦,但我觉得找她不太方便。听上去很蠢,也确实很蠢,可是你不能假装说收入上的差异不会使人与人产生隔阂。这不是势利或者社会地位的问题,而是你能否负担得起追随你的朋友所需要的开销的问题。如果他们收入颇丰而你收入微薄,事情就会变得很尴尬。

我多少有些孤寂,怀念医院和那里的旧友,惦记那里的日常生活,也思念着我那可爱的家。但我也意识到这是在所难免的,相依相伴不是一个人每天必需的东西,它是一种会在你身上生长的东西,有时会像藤蔓一样缠绕你、毁灭你。学习速记和会计给我带来了乐趣。速记班上那些十四五岁的小姑娘不费吹灰之力就能取得很大的进步,让我觉得很羞愧。但在会计方面我总能胜人一筹,而且乐在其中。

一天,我正在商业学校里上课,老师忽然中断讲课,走出了教室。他回来时对我们说:"今天一切都结束了!战争结束了!"

这听起来难以置信,并没有明显的迹象表明战事即将结束——人们都以为至少还要拖上一年半载。法国战场上的形势毫无起色,对战双方处于拉锯的状态。

我恍恍惚惚地走到街上,突然出现在眼前的情景使我感到惊恐,至今难以忘怀——街上挤满了妇女,她们兴高采烈地唱着跳着。英国妇女是不习惯在大街上跳舞的,这种事发生在法国巴黎更合适。而今天,她们大喊大笑,又唱又跳,简直是一场狂欢,有些吓人。使人不禁想到,此时附近要是有德国人的话,她们肯定会走上前去把他们肢解了。有些人我猜是喝醉了，不过所有人看上去都像是喝醉了。他们跌跌撞撞地走着，还大喊大叫。我回到家里，发现阿尔奇已经从空军部回来了。

"嗯，情况就是这样了。"他以一贯镇静冷淡的态度说道。

"你想过会这么快就结束吗？"我问。

"哦，是啊，早就有这样的传闻，但我们被告知不可以说出去。"他说，"现在我们要决定接下来怎么办。"

"你的意思是？接下来？"

"我觉得我最好离开空军。"

"你真的打算离开空军？"我愣住了。

"空军没什么前途了，可以想见的，不会再有任何前途了，几年内都不会提升了。"

"那你要做什么呢？"

"我想去伦敦金融城里，我一直想去那里的公司，现在有一两个进去的机会。"

我一直非常赞赏阿尔奇颇为实际的预见性。他可以波澜不惊地接受一切事情，平静地装进他聪明的脑子里，然后着手解决下一个问题。

无论停战与否，生活一切照常。阿尔奇每天都去空军部。哎，那个了不起的巴特利特很快就要求复员了，我想那些公爵、伯爵在暗中操纵召回他们的仆人。取而代之的是一个叫作费罗的，相当糟糕的家伙。我想他已经尽了全力，可是他很无能，缺乏训练。我从没见过银器、盘子和刀叉上面有那么多的灰尘、油渍和污垢。当他也拿到了复员文件时，我真是感天谢地。

阿尔奇得到了几天假期，我们回了托基。在那里我病倒了，起先我以为是突发的胃病或普通病痛。然而，完全不是那么回事，那是我将要有一个宝宝的最初征兆。

我兴奋极了。我一直认为怀孕是自然而然的，但每次阿尔奇休假之后我都没有怀孕的迹象，这曾让我非常失望。而这一次，我完全没有期待。我找了一位医生咨询——我们家的老医生鲍威尔已经退休了，所以我必须另找一位。我不想选择那些曾与我在医院里共事过的医生，我对他们的方法过于了解了。我转而找到一位性格活泼、喜欢拿自己的姓氏开玩笑的医生，他叫斯塔布[①]。

他有一个非常漂亮的妻子，我哥哥蒙蒂九岁时就深深地爱上了她。"我给我的兔子起名了，"他当时说，"叫作格特鲁德·亨特利，因为我觉得她是我见过的最美丽的小姐。"格特鲁德·亨特利后来改姓了斯塔布，亲切地表示她非常感动，感谢他赋予她的荣耀。

斯塔布医生告诉我，我看起来很健康，不会有什么问题的，无须大惊小怪。我忍不住感到很高兴，在那个年代，没有那些每一两个月就折腾你一次的产前门诊。我个人感觉，没有经历过那些的我们，情形要好得多。斯塔布医生只是建议我在预产期前两个月去找他，或者去找伦敦的某个医生，看看是否一切正常。他说我可能会在早上感到恶心，但过三个月就好了。很遗憾，在这一点上他错了。晨吐一直没有好，而且不仅仅是早上才发作，我每天要恶心四五次，这使我在伦敦的生活变得非常难堪。一名年轻女士刚刚上了一辆公共汽车就不得不跑下来，蹲在阴沟边拼命呕吐，这对年轻女人来说太屈辱了，可还是不得不忍受。幸好那时候没人给你沙利度胺[②]之类的东西，大家都能平静面对：有些人怀孕时的反应就是要比其他人厉害。伍兹太太，照例对人从生到死各方各面无所不知的她说："哦，亲爱的，我觉得你会生一个女儿。恶心意味着女儿，儿子的反应是头晕眼花。恶心要好一点。"

我当然不觉得恶心要好一点，我觉得晕过去会更有趣。阿尔奇向来不喜欢疾病，如果有人病了，他会说："我想没有我的打扰你会好过一些。"然后赶紧躲开。而这一次完全出乎意料，他想尽办法让我高兴起来。我记得他买了一只龙虾，在当时这是非常昂贵的奢侈品，他把它放到了我的床上，想给我惊喜。我还记得我走进房间、看到那只龙虾的头和须子躺在我的枕头上，我笑得乐不可支。我们拿它美餐了一

[①]斯塔布原文为 Stabb，去掉一个 b 则为 stab，意为戳刺。
[②]一种镇静剂。

顿,虽然我很快就白吃了,可是至少我享受到了吃它的乐趣。阿尔奇还屈尊为我调制本吉尔食品①,是伍兹太太推荐的,说是比其他东西更容易"下去"。我还记得阿尔奇为我调好本吉尔,但因为我不能喝热的,只能放着等它变凉时他那受伤的表情。我喝掉了,说非常好喝。"今天晚上的没有结块,你调得非常棒。"半个小时之后,那出悲剧又重演了。

"哎,你看,"阿尔奇委屈地说,"我给你调这些东西有什么用?我是说,你不吃可能还会好些。"

出于无知,在我看来那么多次的呕吐会对我们即将出生的孩子产生不利的影响——她会饿着的。然而并非如此,尽管我一直犯恶心到分娩那一天,我还是有了一个体重八磅半、身强体健的女儿。而我自己,尽管看起来没能留下一丁点营养,体重还是不降反增。整个过程就像一次历时九个月的海上航行,而我一直没能适应。罗莎琳德降生后,一名医生和一名护士俯身靠过来,医生说:"哦,你有个健康的女儿了。"护士更激动地说:"哦,多可爱的小姑娘啊!"我的回应是一则重要的宣告:"我不会再犯恶心了,多棒啊!"

此前一个月,阿尔奇和我为了取名字一事争执不休,还有我们希望是男孩还是女孩。阿尔奇明确地说他必须要个女儿。

"我不打算要男孩子。"他说,"因为我知道我会嫉妒他,会忌妒你对他的关心。"

"可我对女儿也会一样去爱啊!"

"不,那不一样。"

我们为取名而争执。阿尔奇喜欢伊妮德,我喜欢玛莎;后来他改成伊莱恩,我试图要哈莉特。直到孩子出生后我们才达成一致,取名为罗莎琳德。

我知道所有母亲都会对自己的宝宝大加赞扬,可是我必须说,尽管我个人认为新生婴儿很难看,罗莎琳德却真的是一个很好看的婴儿。

---

①一种含有胰蛋白酶和胰淀粉酶的加工食品,常给婴儿和病人食用。

她的头发又浓又黑，看上去像一个红种印第安人。她没有一般婴儿所呈现出的那种粉红色、光秃秃的可怜样，似乎从很小的时候开始，她就是欢快而坚定的。

我请了一个非常好的护士，她能严格地抵制我们家的各种不当做法。当然，罗莎琳德是在阿什菲尔德出生的，当时的孕妇是不会去产科医院的。分娩加上看护总共花了十五英镑，回想起来，我认为这个价钱十分公道。我听从了母亲的建议，请护士多留了两个星期，这样我就能得到充分的指导，学会照顾罗莎琳德，还可以在伦敦寻找新的住处。

知道罗莎琳德即将诞生的那天晚上真不寻常，母亲和彭伯顿护士就像是要迎接基督降生，高兴而忙乱，感觉事关重大。她们拿着床单跑来跑去，忙着将各种东西准备好。我和阿尔奇走来走去，有些害怕且相当紧张，如同两个被大人遗忘的孩子。我们都吓坏了，心烦意乱。阿尔奇后来告诉我，他当时深信，假如我死了，他应该负全部责任；我也认为我可能会死，要真是那样的话我会非常伤心，因为我很享受目前的生活。未知真的非常令人恐惧，但也让人激动。第一次做一件事总是让人激动。

现在我们不得不为未来制订计划。我把罗莎琳德留在阿什菲尔德，由彭伯顿护士看管，然后去了伦敦。我有三项任务：首先，找一个住处；其次，为罗莎琳德找一个保姆；第三，不管我们将找到独栋别墅还是公寓，都需要一个做家务的女仆。最后一项不成问题，罗莎琳德出生前一个月，谁突然出现了？不是别人，正是亲爱的德文郡的露西。她刚刚离开空军妇女辅助队，就一刻不停、满腔热忱、全身心地回来了——她还和之前一样，健康强壮。"我听说这个消息了。"她说，"我听说你要生宝宝了，我已经准备好了，你需要我的时候，我就搬过去。"

在征询了母亲的意见之后，我决定必须付给露西一份前所未有的高薪。就我母亲和我的经验而言，从来没有一个厨子或者普通女佣得到过这么多——每年三十六英镑，这在当时是一个非常大的数目。可是露西完全配得上，我很高兴她能来。

当时停战已将近一年，寻找住处是一件非常困难的事情。数以百计的年轻夫妇都想在伦敦寻求一个价格合理、适宜居住的住处。而且租房子还要交保证金，总之整件事都很困难。我们决定先找一处有家具的公寓，然后再慢慢寻觅真正适合我们的地方。阿尔奇如愿以偿，他一得到复员令，就马上进入了伦敦金融城里的一家公司。我已经忘记那个老板的名字了，方便起见，就叫他戈尔茨坦先生吧。他是一个大个子，皮肤黄黄的。我向阿尔奇问及他的时候，阿尔奇说的第一句话是："哦，他的皮肤很黄，也很胖。不过皮肤真的很黄。"

那时候，金融城里的公司会优先为年轻的复员军官提供职位。阿尔奇的年薪是五百英镑。根据我祖父的遗嘱，我仍然有每年一百英镑的收入。阿尔奇的退伍金和充足的积蓄为他带来每年一百英镑。但即使在当年，这样也算不上有钱，事实上我们离有钱远着呢，因为房租涨得非常高，食物的价格也一样。鸡蛋要八便士一个，这对年轻夫妇而言可不是开玩笑的。不过我们从来没期望变得富有，才总是无忧无虑。

现在回想起来，我们当时打算雇一个保姆和一个女仆实在是一件不寻常的事。但是这两个人在当时的生活中是必需的，我们不会考虑不要她们。而比如买一辆像汽车那样的奢侈品，这样的念头就从来没有进过我们的脑子，只有有钱人家才有汽车。在我怀孕的末期，有时候我排队等公共汽车，往往会由于行动不便而被人挤到一边——那时候男人对女人可不那么殷勤。当汽车驶过我身边时，我常常想：将来有一天我要是有一辆汽车该有多好！

我记得阿尔奇有一个朋友曾闷闷不乐地说："除非有非常重要的职业，否则谁也不该拥有小汽车。"我从来没有这样的感觉。当我看到运气很好的人、有钱的人、珠光宝气的人时，总会非常激动。走在街上的孩子们不是总爱把他们的脸紧贴在高级餐厅的玻璃窗上，窥探里面的聚会，看那些戴着钻石头饰的人吗？总会有人赢得爱尔兰赛马赌金，如果奖金只有三十镑，就没那么令人兴奋了。加尔各答赛马、爱尔兰赛马，还有如今的足球赌博，这些事都带有浪漫色彩。这也就是为什么当电影明星在电影首映式上出现时，人行道上会挤那么多观看的人。对观众来说她们是女主角，穿着绝好的晚礼服，浑身上下都精心打扮，是魅力四射的人物。谁会喜欢一个没有富翁、没有显贵、没有佳人、没有才子的单调世界？以前，人们站几个小时只为一睹国王和王后的风采，如今人们见到流行歌星时惊喜万分，道理是一样的。

正如我所说的，我们准备雇一个保姆和一个女仆，这是必不可少的奢侈花费，但绝不会梦想拥有一辆小汽车。如果我们去看戏，就会坐在正厅后排。我会穿一件晚礼服，黑色的，以免在泥泞的晚上显出泥垢，出于同样的原因，我也总穿一双黑色的鞋子。我们从来不叫出租车。在消费方面也讲究风尚，这和其他领域的风尚一样。我不想评判我们当时的消费习惯是坏还是好，总之，当时我们不在衣食等方面追求奢侈，但在另一方面，那时你会有很多闲暇，可以思考、阅读、沉溺于自己的爱好和追求。我很高兴我是个生活在那个时代的年轻人。生活中有很大的自由，不那么忙碌和忧虑。

我们相当幸运，很快就找到了一处公寓，在艾迪生大厦的一楼。艾迪生大厦位于奥林匹亚（Olympia）后面，是一个占两个街区的建筑群。这套公寓很大，有四个卧室和两个起居室，带家具，我们以每周五个几尼的价格租了下来。房东是个四十五岁的女人，染着一头金发，胸部大得可怕。她非常友好，坚持拉着我聊她女儿的心理问题。那所公寓里摆满了式样丑陋的家具，还有一些我从未见过的感伤画作。我暗自决定，租下这里之后的第一件事就是把它们整齐地堆起来。屋里还有大量瓷器和玻璃器皿之类的东西，包括把我吓了一跳的薄如蛋壳的茶具。我觉得它们如此易碎，必然会被打碎。在露西的帮助下，我们一到那儿就把它们放到了一个碗橱里。

我去了布歇太太的保姆介绍所，那是一处口碑很好的保姆求职地——我相信至今仍是。但布歇太太很快就让我备受打击，她对我打算出的工资嗤之以鼻。问清了我能够为雇员提供的条件和家里的其他成员后，她把我送进一个小房间，那里是面试应聘保姆的地方。首先进来的是一个块头很大的能干女人,仅仅是看到她就让我大吃一惊,然而她看到我却毫不惊慌。"夫人,请问您有几个孩子?"我说我只有一个宝宝。

"我希望是还没满月的。我从来不带一个月大以上的宝宝,我可以尽快让宝宝养成良好的习惯。"

我说我的孩子还没满月。

"家里还有其他用人吗,夫人?"

我满怀歉意地说我只有一个女仆,她又表现出不屑的样子。"夫人,这恐怕不适合我。你知道,通常我需要幼儿室里一直有奶妈伺候,而且设施装备一应俱全。"我说我家的职位确实不是她要找的,有点欣慰地把她打发走了。我又见了三个,可她们都瞧不起我。

不过第二天我又去了。这一次我运气很好,遇到了杰西·斯万奈尔,她三十五岁,刀子嘴、豆腐心,此前大部分时间都在尼日利亚的一户人家里做保姆。我把我们不利的雇佣条件一一道来:只有一个女仆,一个奶妈,还不是日夜都在家。奶妈很尽责,但大部分时间还是要她自己来打理幼儿室,最后是那根要命的稻草——工资。

"啊,好的。"她说,"听起来不算坏,我习惯辛苦的工作了,不在乎这些。是一个小女孩,是不是?我喜欢女孩。"

于是杰西·斯万奈尔和我说定了。她在我家待了两年,我非常喜欢她,尽管她也有她的缺点。她是那种对孩子的父母怀有自然而然的反感情绪的人。她把罗莎琳德照顾得无微不至,不惜为之赴汤蹈火,我觉得是这样。至于我,则被她视为干涉者,她会很勉强地照我说的做,即便她并不总是赞同。不过,一旦发生什么意外事件,她会很了不起:友善、乐于助人并能使人愉快。是的,我尊敬杰西·斯万奈尔,我希望她生活愉快,并且心想事成。

于是一切安排妥当,罗莎琳德、我、杰西·斯万奈尔、露西一起抵达了艾迪生大厦,开始了我们的家庭生活。我的寻找还没有结束,我现在要找一处没有家具的公寓,作为我们长久的住处,这当然不那么容易,实际上困难得可怕。我一听到有任何消息就冲过去、打电话、写信,然而事实上几乎没什么效果。有时房子很脏很破,摇摇欲坠,你甚至不能想象里面能住人;还有一次又一次被人捷足先登。我们转遍了伦敦:汉普斯特德、奇斯威克、皮姆利科、肯辛顿、圣约翰森林——我的一天就像一次漫长的公共汽车之旅。我们访遍了所有的房产代理商,不久后开始焦虑起来。如今这套带家具的公寓租约只有两个月,等我们染过头发的 N 太太和她已婚的女儿及孩子一起回来,我们就不能继续住在这儿了。必须找到房子才行。

最后证明我们似乎很幸运。定下了,或者说算是定下了贝特希公园(Battersea Park)附近的一套公寓。租金很合理,房东卢埃林小姐大约一个月以后搬出去,不过实际上她愿意早点搬。她要搬到伦敦的另一处公寓。似乎一切都说定了,但是我们的如意算盘打得太早了,随后就是一个沉重的打击。就在搬迁日的两个星期前,卢埃林小姐说她没办法搬进她的新公寓了,因为住在那里的人没办法搬进他们的新公寓!这就引发了一串连锁反应。

这是一个沉重的打击。我们每隔两三天就打电话给卢埃林小姐打听消息,情况越来越糟。似乎那些人搬进他们的新公寓困难极大,所以她也一样,不知道能不能离开自己的公寓。我们可能要再等三四个月才能得到那套公寓,不过日期还不确定。我们又一次疯狂地研究广告、打电话给房产代理商,等等。时间所剩无几,我们陷入了绝望。这时一位房产代理商打来电话,说有一处别墅,不是公寓,在斯卡斯代尔别墅区(Scarsdale Villas),而且是出售不是出租。阿尔奇和我过去看了,那是一幢非常迷人的小房子。但要买下它就意味着我们不得不卖掉几乎所有的股票,这是可怕的冒险。然而我们觉得必须冒点风险,于是及时地答应了下来,在文件的虚线上签了字,然后回家,决定要卖掉哪些股票。

两天后的早上,我正一边吃早餐一边翻阅报纸。这阵子我已经养成习惯先看公寓出租这一栏了。我看到一则广告:公寓出租,不带家具,艾迪生大厦九十六号,每年九十英镑。我声嘶力竭地大喊一声,急忙放下咖啡杯,把广告读给阿尔奇听,我说:"一刻也不能耽搁!"

我从早餐桌边冲了出去,跑着穿过两个街区之间的草地,奔到对面街区的四楼,像个疯子。此时是早上八点一刻,我按响了九十六号的门铃,一个看上去一脸惊异之色的年轻女人穿着睡袍打开了房门。

"我是为了这套公寓来的。"我说,尽可能说得连贯些,因为我已经上气不接下气了。

"为了这套公寓?这就来了?我昨天刚登的广告。我没想到会有人来得那么快。"

"我可以看看吗?"

"这个……这个,有点太早了。"

"我想它很适合我们。"我说,"我想我会租的。"

"哦,好的,我想你可以看看,不太整洁。"她退到后面。

我不顾她的踌躇,冲了进去,飞快地环顾整套公寓,我不能冒任何风险失去它。

"年租九十英镑?"我问。

"是的。可是我要提醒你,租约是每季度一续的。"

这个问题让我考虑了一下,不过不算太麻烦。我想找个住处,而且要快。

"什么时候能搬进来?"

"哦,随时——一两个星期内?我丈夫突然要出国,我们还要收取油毡地毯和家具的押金。"

我不是很喜欢包在四周的油毡地毯,可这又有什么关系?四个卧室,两个起居室,窗外是一片宜人的绿色——要爬四段楼梯上下,没错,不过屋里阳光充足,空气流通。还要装修一下,我们可以自己来做。哦,这房子好极了,天赐之物。

"我租了。"我说,"我确定。"

"哦,你确定?你还没有告诉我你的尊姓大名呢。"

我告诉了她,说我就住在对面公寓,然后就这么说定了。我就在她的公寓里打电话给房产代理商,之前太多次被人抢先,这次我很果断。从楼梯走下去的时候我遇到三对夫妇往上走,我一眼就看出他们是去九十六号的,这一次我赢了。回去后我得意洋洋地把这事告诉了阿尔奇。

"太好了。"他说。恰在此时,电话铃响起,是卢埃林小姐。"我想,"她说,"再等一个月你们就能得到这套公寓了。"

"哦。"我说,"好的,我知道了。"我放下了听筒。

"我的天。"阿尔奇说,"你知道我们现在有什么吗?我们租了两套公寓,买了一幢别墅!"

这似乎是个问题。我正准备打电话给卢埃林小姐,告诉她我们不要那套公寓了,却灵机一动想到一个更好的主意。"我们试试看先不要买斯卡斯代尔别墅区的房子。"我说,"不过我们还是租下贝特希的公寓,然后再租给别人。我们可以先收一笔押金,这样就能付这儿的押金了。"

阿尔奇非常赞成这个主意,我想那一刻我显现出了超高的理财天赋,因为一百英镑的押金对我们来说确实很难承受。然后我们跑去找斯卡斯代尔别墅区的代理商。他们真的非常亲切,说这幢房子很容易出手,实际上有好几个人正为得不到它而非常失望呢。于是,我们只付了一笔很少的代理费,就把房子脱手了。

我们有了一套公寓,两周后搬了进去。杰西·斯万奈尔心肠真好,她对于不得不上上下下地爬四段楼梯、来回地搬运东西毫无怨言,我相信她比布歇太太介绍所里的其他保姆都要好。

"哦,"她说,"我搬东西搬习惯了。而且我乐于和一两个黑人一起干。这是尼日利亚最好的一点,有许多黑人。"

我们很喜欢新公寓,欢天喜地地装饰起来。阿尔奇的一大部分退伍金都用在买家具上了:给罗莎琳德的幼儿室买了希尔公司出的不错的现代家具,给我们自己买了希尔公司里相当好的床。我们还从阿什菲尔德搬来了很多东西——反正阿什菲尔德的桌椅橱柜、餐盘和桌布都快泛滥成灾了。我们还在大减价时以非常便宜的价格买了造型古怪的五斗橱和老式衣柜。

在搬进新公寓之前我就选好了壁纸,决定了油漆的颜色。一部分工作我们自己做，一部分请了一个小油漆匠兼装修工来帮忙。那两个起居室——大的做客厅，另一间小一点的做餐室——都对着庭院，不过是朝北的。我喜欢长长的走廊尽头的那两个房间——不算很大，不过阳光充足、令人愉悦，于是我们决定把起居室和罗莎琳德的幼儿室设在那两个房间，对面就是浴室，还有一个女仆的小房间。至于那两个大房间，大的那间成了我们的卧室，小的那间做备餐室和紧急备用房间。浴室的装饰由阿尔奇选择：亮丽的红白色条纹壁纸。我们请来的装修工兼裱糊工对我非常友善，他向我展示如何正确地裁切并折叠壁纸，以备裱糊。"用不着害怕。"我们贴墙纸的时候，他说，"轻轻拍一拍，看见了吗？不会弄坏的。如果破了，就在上面再贴一张。事先要全部裁好，量好尺寸，把号码写在背面。对了，轻轻拍一拍。处理气泡时用发刷最好。"最后我竟相当在行了。不过天花板还是都留给他处理，我不觉得我能够胜任糊天花板。

罗莎琳德房间的墙上用了浅黄色的水性漆，我又从中学到了一些装修知识。有一点我们的导师没有提醒我：如果你不尽快把滴在地上的水性漆擦掉，它就会变硬，只能用个凿子把它铲掉。不过吃一堑长一智嘛。幼儿室的天花板准备贴从希尔公司买来的昂贵的起绒壁纸，上面有动物图案。起居室的墙壁我决定采用浅粉红色的发亮涂料，天花板则选用黑底、上面布满山楂图案的光滑壁纸。我觉得这样能让我们觉得身处乡村，房间看起来也会更低矮一些。我喜欢低矮的房间，让小房间更像村舍。天花板的壁纸当然要请专业人士来贴，但出乎意料的，他拒绝了。

"哎呀，你看看，太太，你错了，你知道的。天花板应该是浅粉红色的，而墙壁应该用黑色壁纸。"

"不，我不想这样。"我说，"我就要黑色的天花板和粉红色涂料粉刷的墙。"

"可这不是装修房间的正确方式，明白吗？你把深色放在浅色上面，这是错误的，应该把浅色放在深色上面。"

"如果你恰恰喜欢把深色放在浅色上面，就没有必要颠倒过来。"

我争辩道。

"那么，我只能告诉你，夫人，这是错误的，没有人这么做。"

我说我就要这样做。

"这样会把天花板压低，不信你试试看。这样会把天花板朝地面压低，使房间看上去很低矮。"

"我就是要让它看起来很低矮。"

他只好放弃与我争辩，耸耸肩。完成之后，我问他喜欢不喜欢。

"嗯。"他说，"很古怪，不，我不能说我喜欢它，可是……嗯，古怪……不过如果你坐在椅子上往顶上看，就很漂亮。"

"我的用意就在于此。"我说。

"可如果我是你，就会用浅蓝色有星星的壁纸。"

"我不喜欢那种晚上还待在户外的感觉。"我说，"我喜欢假想自己在开满樱花的果园里，或者在一棵山楂树下。"

他沮丧地摇摇头。

我们定制了窗帘，但我决定自己做沙发套。我姐姐玛吉——现在被她的儿子改称为庞基——以她通常的自信态度向我保证说那很容易做。"只要反面朝上用别针别上，之后裁好，"她说，"然后缝起来，再把正面翻到外面。相当简单，任何人都会做。"

我试了一下，做得不是很专业，我都没敢尝试加任何装饰，不过它们看起来明快漂亮。我们所有的朋友都盛赞这套公寓，我们从来没像住在这里的时候那么幸福。露西认为它太不可思议了，她喜欢在这里的每一分钟。杰西·斯万奈尔虽然一直在抱怨，不过她的作用是惊人的。我还是认为她讨厌我们，或者不如说是讨厌我，她似乎没那么抵触阿尔奇。"无论如何，"有一天我对她说，"一个宝宝总是有父母的，否则你就没有宝宝可以照顾了。"

"啊，是的，你说的有点道理。"杰西勉强微笑了一下说。

阿尔奇开始了他在公司里的工作。他说他喜欢这份工作，看起来相当兴奋。他很高兴能离开空军部，一再重申那里绝对没有好前景。他下定决心要挣很多钱，眼下的窘困并没有使我们担心。阿尔奇和我偶尔会去哈默史密斯（Hammersmith）的舞厅，不过总的来说我们没有什么娱乐活动，因为花不起那么多钱。我们是一对平凡的年轻夫妇，不过很幸福，美好的未来似乎就在前方。我们没有钢琴，这是个遗憾。不过我每次回阿什菲尔德都会疯狂地弹，以此补偿。

我嫁给了一个我爱的男人，生了一个孩子，有了自己的住所。眼下我没有理由怀疑这样的幸福生活不会永远地持续下去。

一天，我收到了一封信。我随手将它拆开，心不在焉地读着。信是博得利·黑德出版公司的约翰·莱恩写来的，邀我去公司就我寄去的《斯泰尔斯庄园奇案》一稿进行磋商。

说实在的，我早把《斯泰尔斯庄园奇案》这部小说抛到脑后了，手稿已在博得利·黑德出版公司压了快两年。战争结束后我有了像样的家庭，过上了甜蜜的生活，写作兴趣和对那部手稿所抱的希望就都被我抛到九霄云外了。

我满怀希望应邀而去，他们一定是对我的手稿有些兴趣，不然不会请我去那里。我被领进约翰·莱恩的办公室，他站起身来跟我打招呼。他身材矮小，胡子已经白了，看起来像是伊丽莎白一世时代的人物。他身边都是画——堆在椅子上、斜靠在桌子上，看上去都是年代久远的大师的作品。我后来想，如果他在脖子上围一圈白色飞边出现在画中，一定很好看。他举止温文尔雅，蓝色的双眼闪烁着狡黠的光，这本应引起我的警觉，看出他是一个很会讨价还价的精明人。他向我致意，有礼貌地请我坐下，我环顾四周，无处可坐。他忽然意识到这一点，笑了笑说："哦，天哪，连个坐的地方都没有。"他将一幅肮脏的肖像画从一把椅子上搬下来，让我坐下来。

接着他就谈起稿子来。一些读了这部手稿的人认为还可以，也许能卖得出去，只是有些地方需要修改。比如最后一章中涉及法庭的部分，与实际的法庭相差太远，这样写会很可笑。他问我是否可以用其他形式作为小说的收场，不然就得找一位通晓法律的人协助我修改，但这样做不是件易事。我立刻回答说我可以想想办法，思考一下能不能用一种不同的方式结尾。无论如何，我可以试一试。除了最后一章外，他还提出了一些无关紧要的问题。

接着他谈起稿酬的问题，指出出版一个新人作家的作品公司要担多大的风险，以及出版这样一本书能赚到的钱多么可怜。最后，他从抽屉里取出一份合同要我签字。当时我完全没想到应该仔细研读一下合同条款，或者回家再想想。这几年来，我已经放弃了出书的愿望，偶尔发表一首短诗或一篇短篇小说就很满意了。此时我的脑子里只有我的书要出版了这一个念头，在任何东西上签字都心甘情愿。这份合同规定，只有售出两千本以上，之后公司才会给我一小笔稿酬，且电视剧及戏剧改编权均归出版商。这些对我来说都无所谓，唯一重要的就是，这本书要出版了。

我甚至没有注意到合同中还有一条，规定我之后的五部小说也只许寄到该出版公司，稿酬只比第一部略高一点。对我来说这已经是成功了。我大喜过望，欣然在合同上签了字，将手稿带回家，很快就改好了最后一章不合理的地方。

从此，我正式开始了漫长的写作生涯。我当时没有料到这会是漫长的。尽管还有关于接下来五部小说的条款，可对我来说，这只是一次独立的尝试。我接受了写侦探小说的挑战，真的写了一本侦探小说，它被出版商接受了，就要被印成铅字。我所关心的也就如此而已，这件事到此了结。当时我的确没有想过再写更多的书，如果当时有人问我的话，我会说我可能会偶尔再写写小说。我完全业余，没有任何当全职作家的打算，对我来说写作就是乐趣。

我欢天喜地地回到家里，把这事告诉了阿尔奇，那天晚上我们去了哈默史密斯的舞厅庆祝。

其实在此期间还有个第三者在场，尽管我看不到他。赫尔克里·波洛，我创造的比利时人，已经像海老人[①]一样挂在我的脖子上，牢牢地依附在那里。

[①]阿拉伯名著《一千零一夜》之《航海家辛巴达的故事》中，辛巴达第五次航海时遭遇的魔怪人物，习惯用双腿紧紧夹住海上过往的人的脖子，让人无法摆脱。

5

《斯泰尔斯庄园奇案》最后一章改好后,我把它送还给约翰·莱恩,在那里我又回答了几个问题,并且同意在个别地方做一些小改动。一阵激动过后,生活又恢复了以往的宁静。像成千上万对普通夫妇一样,我们相亲相爱,生活得幸福愉快,虽然不富裕,但也不必为生计而担忧。周末我们常常坐火车去乡下,或者散步到什么地方,有时再散步回来。

唯一的打击是我失去了亲爱的露西。她看上去一直闷闷不乐的,最后有一天,她有些难过地来到我面前,对我说:"非常抱歉,我辜负您了,阿加莎小姐……我是说,夫人,我不知道罗太太会做何感想,可是……呃,是的,我要结婚了。"

"结婚,露西?和谁呀?"

"我在战前认识的一个人,我一直很喜欢他。"

我从母亲那里了解到了更多的情况,我一告诉她,她就惊呼:"不会又是那个杰克吧,是不是?"似乎我的母亲不大认可"那个杰克",他是露西的追求者中不太令人满意的一个,当他们吵架分手的时候,她家里的人都认为这是一件好事。然而他们现在又破镜重圆了。露西对不得人心的杰克忠贞不渝,就这样,她要结婚了,我们得再找一个女仆。

在当时,这样的事情简直太难了。什么地方都找不到女仆。不过最后,我不记得是通过介绍所还是朋友了,总之,我们找到了一个叫罗丝的女人。罗丝非常令人满意,她带着出色的推荐信,粉红的圆脸,可爱的微笑,而且看起来她也非常喜欢我们。唯一的麻烦在于她非常不愿意去一个有孩子和保姆的地方,我必须说服她。她曾经在一名空军军官的家里服务,当她听说我的丈夫也在空军任过职时,心就软了。她说她希望我的丈夫认识她的老主顾 G 少校。我冲回家问阿尔奇:"你认不认识一个 G 少校?"

"不记得了。"阿尔奇说。

"哦，你必须记得。"我说，"你必须说你们见过，或者你们是好兄弟之类的——我们必须让罗丝来，她非常好，真的。如果你知道我见过的那些讨厌的家伙都是什么样子，你就明白了。"

于是很快罗丝就来拜访我们了，她被引荐给阿尔奇，阿尔奇说了一些称赞 G 少校的话，最后终于劝她同意接受我们提供的工作。

"可是我不喜欢和保姆相处。"她预先声明说，"对孩子们倒不是很介意，可是保姆，她们总是找麻烦。"

"哦，我相信，"我说，"斯万奈尔保姆不会找麻烦的。"其实我并不肯定，不过大体上我觉得会比较顺利。杰西·斯万奈尔唯一会找麻烦的只有我，而我现在已经可以忍受了。就这样，罗丝和杰西相处得很融洽。杰西向罗丝讲述在尼日利亚的生活，手下有无数黑人听命于她的乐趣；而罗丝倾诉了自己在不同的岗位上所受的苦难。"有时候我还要挨饿。"罗丝有一天对我说，"挨饿。你知道他们给我吃什么早餐吗？"

我说我不知道。

"腌鱼。"罗丝沮丧地说，"只有茶水和一块腌鱼，以及吐司、黄油和果酱。哦，结果我日渐消瘦。"

罗丝此刻毫无日渐消瘦的迹象——她胖嘟嘟的。然而，我们早餐吃腌鱼的时候，我总是确保给罗丝两块，甚至三块。至于鸡蛋和培根，更是充分供应了。我觉得她和我们在一起时非常高兴，而且她喜欢罗莎琳德。

姨婆在罗莎琳德出生后不久就去世了。她身体一直很好，后来突然患上支气管炎，衰弱的心脏无力让她康复。她去世时九十二岁，仍然能享受生活，虽然近乎失明，但耳朵不聋。和母亲一样，自纽约的查夫林公司倒闭，她的收入也减少了，不过贝里先生的忠告使她不至于破产。她死后那笔收入转到了母亲名下，并不算多，因为在战争期间一些股票跌价了。姨婆每年有三四百英镑进款，加上由查夫林先生提供的津贴，让我们得以过活。尽管战后物价暴涨，她还是能维持阿什菲尔德的开销。我为自己不能像姐姐那样，从自己的微薄收入中抽出一小笔款子帮助母亲而感到惭愧。我们实在做不到这一点，手头上的每一便士都恨不得掰成两半花。

一天，我忧心忡忡地谈到保住阿什菲尔德的家有多困难，阿尔奇（振振有词地）说："你母亲该把它卖掉，搬到别的地方住。"

"卖掉阿什菲尔德？"我震惊地说。

"我看不出它对你来说还有什么用，你又不能常到那里去。"

"我可不忍心卖掉它，我爱那座宅子……它是……我们的一切！"

"那你为什么不为它尽点力，做点什么呢？"阿尔奇说道。

"你这话是什么意思？"

"你可以再写一部小说嘛。"

我颇为惊奇地望着他。"我确实打算最近再写一部小说，可这对阿什菲尔德有什么帮助呢？"

"说不定可以挣一大笔钱。"阿尔奇说。

我看那是不大可能的。《斯泰尔斯庄园奇案》卖出去近两千本，一个默默无名的作家写的侦探小说能卖出去这么多本，在当时已经算不错了。它只为我挣了二十五镑——这二十五镑不是出版社付给我的稿酬，而是非常意外的，《泰晤士报》（*Times*）花五十镑买下了这部小说的连载权，我从中得到一半版税。照约翰·莱恩的话，对一个年轻的作家来说，作品能在《泰晤士报》上连载，是我的荣幸。这话可能有道理吧，不过写一本书总共才赚了二十五镑，这可没有激起我靠写作大赚一笔的信心。

"如果书写得不错，出版商又挣到了钱——我敢肯定他们挣到钱了，就肯定还会要你写的书。你应该要求提高稿酬。"我赞同阿尔奇的看法，对他的经济头脑佩服得五体投地。我开始构思另一部小说——这一次该以什么为题材呢？

一天，我在一家ABC茶室里喝茶时，这个问题解决了。我听到附近一张桌旁的两个人在谈论一个叫简·菲什（Jane Fish）的人。这个有趣的名字一下子吸引了我。走出去时简·菲什这个名字仍然萦绕在我的脑海中。我认为这是一个很好的故事开端——在一家茶室里听到了一个奇特的名字,一个不寻常的名字,谁听了都会记住的。比如简·菲什——或者改成简·芬(Jane Finn),也许更好一些。我最后决定用简·芬,并立刻动笔写起来。一开始我给这部小说取名叫《愉快的冒险》,后来改为《年轻的冒险家》,最后才定为《暗藏杀机》(The Secret Adversary)。

阿尔奇先找到一份工作,然后才从空军部辞职的做法太对了。当时的年轻人都很绝望。他们纷纷从军队退役,然而找不到工作。总有年轻人来按我们的门铃,推销长筒袜和一些家用器具。他们的样子真让人痛心。人们同情这些年轻人,为了让他们开心,常常会买下一双质量低劣的长筒袜。他们原本是海军或陆军里的中尉,如今却沦落到这个地步。有时候他们甚至写诗卖钱。

我所构思的小说里就有这样一对——姑娘曾在陆军运输处或者志愿辅助勤务队工作,小伙子也曾在军队服役。他们都非常绝望,四处找工作,后来两人相遇了,也许他们以前就见过?然后呢?然后,我觉得他们会卷入间谍行动。没错,这将是一本间谍小说,惊悚类的,不是侦探故事。我想换换口味——在创作了《斯泰尔斯庄园奇案》这部侦探小说之后。于是我开始动笔,以一种白描的风格来写。总的来说,写惊悚小说要比写侦探小说容易得多,也很有趣。

我没用多长时间就完成了全书,把它交给了约翰·莱恩先生。他对这部小说兴趣不大,和我的第一部小说不是同一题材,销路不会像前一部那么好。事实上,是否出版他们还犹豫不决。不过后来他们终于决定出版,而且我不必大幅修改。

我记得这本小说的销售情况极好,我得到了一小笔稿酬,还算不错。这次我又售出了连载权,给了《时代周刊》(The Weekly Times),从约翰·莱恩那里分到了五十镑。我受到了鼓舞,但仍然不敢奢望成为职业作家。

我的第三本书是《高尔夫球场命案》(Murder on the Links)。印象中写于法国那起轰动一时的诉讼案发生之后不久,现在我记不起任何涉案人员的名字了。情节大概是一伙蒙面人突然闯进一户人家,杀死了主人,将他的妻子五花大绑并堵住了嘴——她的母亲也死了,不过显然是因假牙卡住喉咙窒息而死。女主人的叙述受到怀疑,有人暗示是她杀死了丈夫,而她是被同谋假意捆绑起来的。我觉得这个情节不错,从这位妻子被宣告无罪之后的生活开篇,搭建我的故事。多年前的一宗谋杀案的女主角忽然在某处出现。这一次,我要以法国为背景。

赫尔克里·波洛这个人物在《斯泰尔斯庄园奇案》中获得了很大的成功,因此有人建议我继续让他出场。喜欢波洛的人中有一位是《随笔》(*The Sketch*)杂志的编辑,布鲁斯·英格兰姆,他跟我取得联系,约我为《随笔》写一系列波洛的故事。我高兴万分,我终于获得了成功。能在《随笔》上发表作品,实在太棒了!他还为波洛画了一幅肖像画,不过和我心目中的不太一样,比我想象中的更精明、更有贵族气质。布鲁斯·英格兰姆要我写十二个故事,我很快就写出了八个,原以为八个就足够了,但后来还是决定写足十二个,后四个故事我写得有些仓促。

我当时还不曾意识到,我不但已与侦探小说结下了不解之缘,还与两个人拴在了一起:赫尔克里·波洛和他的华生——黑斯廷斯上尉。我很喜欢黑斯廷斯上尉,他是个老派人物,但他和波洛就是我理想中的侦探搭档。我仍然遵循福尔摩斯式的创作模式——性格古怪的侦探,笑料百出的助手,加上苏格兰场的警探雷斯垂德和警官贾普。只不过这次我又多加了一个"活人警犬",一位法国警员,探员吉罗。吉罗瞧不起波洛,认为他年老且过时了。

这时我才发现自己犯了一个严重的错误,一开始就把赫尔克里·波洛写得太老了——我应该在写完三四部小说之后放弃这个人物,起用一个年轻的角色。

《高尔夫球场命案》少了福尔摩斯式的传统,但我觉得它受到了《黄色房间的秘密》的影响,风格较为夸张猎奇。一个人初试写作时,多少都会受他最近拜读或欣赏的作家影响。

我认为《高尔夫球场命案》算是这类小说中较好的范本——尽管

有点猎奇。这次我给黑斯廷斯安排了一次艳遇。如果我想在书里增加一些爱情成分，就会让黑斯廷斯结婚！说老实话，我已经有点厌倦他了。我也许会留着波洛，但是没有必要再用黑斯廷斯了。

《高尔夫球场命案》正合博得利·黑德的口味。但在封面设计上，我与他们发生了小小的口角。封面不仅颜色丑陋，图也很糟糕，在我看来就是一个穿睡衣的男人因癫痫发作倒在高尔夫球场上，奄奄一息。书中明明是受害者衣冠整洁，被人用匕首刺死。我提出反对。书的封面可以与书的内容无关，但若要反映，就不该反映错误的内容。在这件事上我们有点不愉快，但我实在生气，于是他们同意，以后的封面设计方案会先拿给我征得同意。我之前还和博得利·黑德有过一次小小的争端，是关于《斯泰尔斯庄园奇案》里"可可"这个单词的拼法。不知为何，他们出版社把可可（cocoa）——一杯可可——写成了椰树（coco）。对此欧几里得会说："而这是荒谬的。"可我的意见遭到了豪斯小姐的严厉驳斥，她是把控整个博得利·黑德出版社书籍拼写的神龙君主。她说，在他们的出版物里，"cocoa"总是拼写成"coco"，这么写没什么错，而且是公司里的规矩。我拿来可可罐子甚至字典，但是她都不理会。她说"coco"也没错。直到多年以后，我在与约翰·莱恩的侄子、企鹅出版社的创办人艾伦·莱恩（Allen Lane）聊天时说："你知道，我为了可可的拼法与豪斯小姐做了多么可怕的斗争。"

他咧嘴笑道："我知道，她年纪大了以后我们可头痛了。她非常固执，和作家们争吵，从不让步。"

不知多少人写信给我说："我不明白，阿加莎，为什么你在书里把可可写成coco？当然了，你的拼写一直不好。"这真不公平。我以前拼写是不好，现在也不好，可是无论如何我可以把可可拼对。我的问题在于个性太软弱，那是我的第一本书，我总觉得他们应该比我懂得多。

《斯泰尔斯庄园奇案》得到了不少好评，其中让我最开心的是刊登在《药学杂志》（*The Pharmaceutical Fournal*）上的一篇评论，文中赞扬道："与常见的说不清是什么物质的荒谬文章不同，这部侦探小说中关于毒药的部分十分合理。阿加莎·克里斯蒂小姐知道她在写什么。"

我本想用笔名发表小说的——马丁·韦斯特或者默斯林·格雷。但约翰·莱恩执意要我使用真名，阿加莎·克里斯蒂，尤其是我的教名。他说："阿加莎这个名字不常见，能让人们记住。"我不得不放弃马丁·韦斯特，一直沿用阿加莎·克里斯蒂这个名字。我认为署上女人的名字会让一本书失去一些读者，尤其是侦探小说。马丁·韦斯特更男性化，更豪迈。虽说如此，正如我前面说过的，发表第一部作品时你甘愿对各种要求做出让步，不过在这件事上，我认为约翰·莱恩是对的。

这时我已经写了三本书，婚姻幸福，一心一意希望住到乡下。艾迪生大厦离公园有点远，推着童车过去再回来，对于杰西·斯万奈尔和我都不是开玩笑的。还有一个无法改变的事实：大厦将要被拆除，物业主里昂斯公司有意在此建新屋。这就是为什么租约是每季度一续，因为随时可能收到拆除整个街区的通知。实际上，三十年后，我们住的那栋楼仍然屹立，不过现在已经不在了，取而代之的是凯拜大楼。

周末，阿尔奇和我有时会坐火车到东克里登（East Croydon）打高尔夫。我向来不是很热衷于高尔夫，阿尔奇也很少打，但他马上就喜欢上这项运动了。不久后，我们几乎每个周末都去东克里登。我并不特别介意，但我怀念探索不同的地方和长距离的散步。最终，我们在消遣上的不同选择造成了生活上的隔阂。

阿尔奇和帕特里克·斯宾塞——我们的一个朋友，也在戈尔茨坦先生的公司工作——都对他们的工作前景感到悲观：上司允诺或暗示的未来似乎都不会成真。他们都被派去做一些管理工作，但管理的都是有风险的公司——有时甚至是濒临破产的公司。斯宾塞有一次说："我想这些人都是大骗子，却都是合法的，你知道。但我真的不喜欢，你呢？"

阿尔奇说，他觉得有些事做得见不得光。"我很希望，"他若有所思地说，"能够改变一下。"他喜欢伦敦城里的生活，也有相应的才能，可是随着时间的推移,他却越来越不喜欢他的雇主。

然后,一件完全出乎意料的事情发生了。

阿尔奇有一个曾经在克利弗顿任校长的朋友,贝尔彻少校。贝尔彻少校是个大人物,具有可怕的虚张声势的能力。据他自己所说,战时他凭借一张嘴,拿到了操纵土豆市场的职位。贝尔彻的故事有多少是编造的、有多少是真实的,我们不得而知。不过无论如何,这次他讲得头头是道。战争爆发时他大约四五十岁,尽管他得到了一份不用上前线的陆军部工作,他却并不喜欢。不管怎样,在与某位重要人士共进晚餐时,话题落到了土豆上。一九一四到一九一八年的战争期间,土豆确实是一个大问题。我记得当时土豆很快就都没有了。我在医院工作期间从来没吃到过土豆。我不知道这种短缺是不是完全出于贝尔彻的管控,反正他说是,对此我也并不感到奇怪。

"那个自大的老傻瓜对我说,"贝尔彻说,"他说土豆将会很重要,非常重要。我告诉他我们必须做点什么,搅局的人太多了。必须有人来总揽全局,一个人来掌控。他赞同我的意见。'可是要注意,'我说,'一定要付给他高薪,想用微薄的薪水雇来一个有点本事的人,这是不可能的——而你必须找一个一流的人。你至少要给他……'"他提了一个数目。"那非常高啊。"那位重要人士说。"你必须找个有本事的人。"贝尔彻说,"听着,如果你请我,这个价格我还嫌少呢。"

这句话效果显著。几天后贝尔彻就被恳求接受他自己的估价和土豆掌控者的职位。

"你对土豆了解多少?"我问。

"一点不懂。"贝尔彻说,"不过我可不会表现出来。我是说,办法多得是,只要找到一个懂一点的副手,再自己研究一下,不就行了!"他是一个非常善于给人留下深刻印象的人。他非常信任自己的组织能力,有时候人们要过很长时间才会发现他造成的巨大破坏,而事实上没有人比他更缺乏组织能力了。他的办法和很多政客一样,先彻底破坏整个行业或者整个什么体系,让它陷入混乱,再重新整合。正如欧玛尔·海亚姆所说的:"依着你的安排。"①但问题在于,当要重新整合的时候,贝尔彻就不行了。但人们发现的时候往往为时已晚。

他事业生涯中有一个阶段去了新西兰。在那里,他的改革计划给当地一所学校的领导留下了深刻的印象,火速决定聘他为校长。大约一年后,校方给了他一大笔钱,让他放弃这个职位——不是因为什么不名誉的行为,仅仅是因为他制造的混乱、激起的仇恨,以及他洋洋自得的所谓"远见卓识、与时俱进、锐意改革"的校政。要我说呢,他是个人物。有时候你恨他,有时候你会非常喜欢他。

一天晚上,他来我们家吃晚饭。这时他已不再负责土豆了,他向我们讲述了他下一步的计划。"你们知道再过十八个月将要举办帝国博览会吧?这可要好好组织筹划一番。大英帝国的每个角落都应该打起精神,全力配合。我得到了一项任务——受命于大英帝国——要去世界各地,一月份出发。"他又详细说明了此项计划,然后说,"现在,我需要一个财政顾问与我同行。你怎么样,阿尔奇?你的头脑向来很好,在克利弗顿时曾是出类拔萃的高才生,又在伦敦商业界干过,正是合意人选。"

"我有工作,离不开呀。"阿尔奇说。

"怎么离不开?好好地跟你的老板说明,指出这将有助于扩展经验,等等,我想他会为你保留职位的。"

阿尔奇说他说不好戈尔茨坦先生会不会这么开通。

"反正考虑一下吧,小伙子。希望你能跟我去。当然,阿加莎也可以一起去。她喜欢旅游,对不对?"

"对。"我只轻描淡写地回了一个字。

"我可以告诉你整个行程。我们先去南非,有你和我,还有一个秘书。海姆一家也与我们同行,我不知道你是否听说过海姆这个人,他是东安格利亚的土豆大王,一个靠得住的家伙,我的老朋友。他会带着妻子和女儿,不过他们只到南非,不能走得太远,因为海姆在英

---

①此句引自其诗集《鲁拜集》最后一句,英译为"nearer to the heart's desire",此处为胡适译法。

国还有许多公务。然后我们去澳大利亚，再去新西兰，我要在新西兰休一段时间假——我在那儿有许多朋友，我喜欢那个国家。我们大概会有一个月的假期，如果你们愿意的话，可以去夏威夷玩玩，火奴鲁鲁。"

"火奴鲁鲁。"我深深地吸了口气，这种事听起来像在做梦。

"最后一站是加拿大，然后回国，全程需要九到十个月的时间。你们看怎么样？"

我们终于意识到他是认真的。我和阿尔奇仔细地权衡了一下：阿尔奇的全部费用自然不必操心，除此之外他还可以得到一千镑的津贴。如果我陪同前往的话，旅费也不成问题，作为阿尔奇的太太，随行时乘坐国家轮船和火车都免费。

我们仔细地考量了经济问题，总体来说，基本上能够付得起。阿尔奇的那一千镑津贴可以用于我住旅店的费用和我们俩去火奴鲁鲁度假的开销。只能说勉强应付，但我们认为可行。

在此之前，我和阿尔奇有过两次短期海外度假的经历：一次是去法国南部的比利牛斯山区；另一次是去瑞士。我们都喜欢旅行——早在七岁那年我就体会到了旅行的乐趣。我渴望周游世界，但看起来似乎永远不会实现。现在我们决意过生意人的生活，而作为一个生意人，就我看来，每年不会有超过两个礼拜的假期。两个星期根本走不远。我向往中国、日本、印度、夏威夷，以及其他许多美妙的地方。但这仍是我的梦想，也许会永远是个梦，是痴心妄想。

"问题在于，老黄脸会不会对我们开恩。"阿尔奇说道。

我满怀希望地说老板非常器重他，但阿尔奇认为他会被同样精明的人顶替，毕竟成千上万的人都想要份工作。最终老黄脸还是没有开恩，他只说等阿尔奇回来，可能会再次雇用他，要看情况而定。但他绝不会给阿尔奇保留职位，阿尔奇的要求过高了。这样一来，阿尔奇就不得不冒职位被人顶替的风险。于是我们争辩起来。

"这是冒险。"我说道，"可怕的冒险。"

"确实，是冒险。我们很有可能回来时身无分文，只有每年一百来镑的收入，别的什么也没有了。工作肯定很难找——也许比现在还难。不过话又说回来，那个……不入虎穴焉得虎子，是不是？"

阿尔奇又说："这主要看你了。怎么安排泰迪？"我们当时管罗莎琳德叫泰迪，大概是因为有一次我们曾开玩笑地叫她小蝌蚪（Tadpole）的缘故。

"庞基。"我们都这样称呼呼玛吉，她可以照看泰迪。或者妈妈，她们都会很乐意的，而且有保姆帮忙。是的，没错，这件事问题不大。"这是我们仅有的一次机会。"我满怀希望地说道。

我们想了又想，想了又想。

"当然，也可以你去。"我准备发扬无私精神，"我留在家里。"

我望着他。他望着我。

"我是不会把你留下的。"他说，"这样我玩得也不会尽兴。要么甘冒风险带你一起去，要么就不去了。这都取决于你，因为你冒的风险比我更大。"

于是我们又坐下来思考，最终我接受了阿尔奇的观点。

"我想你是对的。"我说，"这是我们的机会，如果我们不去就会抱憾终身。是的，就像你所说的，如果在机会来临时你不敢冒险去做你想做的事，生命就没有价值了。"

我们向来不是小心生活的人。不顾所有人的反对坚持结了婚，现在我们又要不管回来时将要面临的风险，下定决心去周游世界。

家里的事情安排起来很容易。艾迪生大厦的房子出租了，租金用来支付杰西的工资。母亲和姐姐高兴地把罗莎琳德和保姆接到了她们那里。唯一的不满来自即将出发之际，我们得知哥哥蒙蒂要从非洲回来休假。姐姐对我不打算留在家里等哥哥回来感到非常生气。

"你唯一的哥哥，在战争中负了伤，离家这么多年，现在要回家了，你却偏偏在这个时候出门去周游世界，我认为这么做很可耻。你应该把你的哥哥摆在首位。"

"哦，我不这样认为。"我说，"我应该把我丈夫摆在首位。他要去公干，我要陪他一起去，妻子应该待在丈夫身边。"

"蒙蒂是你唯一的兄弟,这是你多年来唯一见他的机会,也许以后又要等好多年才能再见。"

她搞得我十分沮丧,不过母亲坚定地站在我这一边。她说:"妻子的职责就是守候在丈夫身旁。丈夫是第一位的,甚至要放在孩子前面,兄弟就差得更远了。记住,如果你不待在丈夫身边,与他分开太久,你就会失去他。像阿尔奇这样的男人尤其如此。"

"我相信不是这样的。"我愤怒地说,"阿尔奇是这世上最忠诚可靠的人。"

"男人,你永远看不透。"母亲以维多利亚式的口吻说,"一个妻子应该守候她的丈夫——如果她没有这么做,他就会觉得自己有权利忘掉她。"

第六章　周游世界

1

周游世界是我一生中最激动人心的事情之一，我激动得简直难以相信这是真的。我不停地告诉自己："我要去周游世界了。"当然，最令人翘首以盼的是到火奴鲁鲁度假，我做梦也想不到会去南海岛。如今的人很难体会当时人们的感受。坐游轮出国旅行是一件大事，价格公道合理，似乎人人都能去逛一圈。

我和阿尔奇去比利牛斯山度假时，在二等车厢里坐了整整一夜（国外铁路的三等车厢与轮船的统舱相差无几。就算是在英国，体面的女士独自旅行时也绝不会坐三等车厢。姨婆说，在那里，跳蚤、臭虫和醉鬼都是能忍受的。即便体面女士的女仆，也都坐二等车厢）。我们在比利牛斯山间散步，住在廉价旅店里。回来以后我们还在担心来年会不会饿死。

而现在展现在我们面前的，是一次堪称奢侈的旅行。贝尔彻自然一切都要求最高等级的，只有最高等级才配得上大英帝国展览会巡视团。我们每个人都成了所谓的重要人物。

贝尔彻的秘书贝茨先生，是一个严肃而毫无主见的年轻人。他是个很不错的秘书，可惜长了一张通俗戏剧中恶棍的脸：黑头发，眼神闪烁，一脸凶恶。

"他看起来像个不折不扣的恶棍，是不是？"贝尔彻说，"你觉得他随时都会割断你的喉咙。但实际上，他的品行极其端正。"

前往开普敦（Cape Town）的路上，我们一直在纳闷贝茨是怎么忍受贝尔彻的。他一直被欺负,贝尔彻不分昼夜、不分钟点地吩咐他干这干那。冲洗照片,记录口授文件,写信,再根据贝尔彻的修改一而再再而三地重写。我猜他薪水优渥,否则不值得他这么做,何况他对旅行毫无兴趣。事实上他对身处海外十分不安——主要是因为他怕蛇。他坚信我们会在所到的国家遇到非常多条毒蛇,而它们就等着要咬他呢。

尽管我们出发时神气十足,但至少我的兴致很快就被打消了。天气很恶劣,刚登上基尔多南城堡号时似乎一切完美,不久后大海就任性起来了。比斯开湾(The Bay of Biscay)的情况糟透了。我躺在船舱里,因晕船而呻吟着。四天我都躺在床上,吃不进一丁点东西。阿尔奇把船上的医生找来为我看病。我想医生大概一向不认为晕船是什么严重的事,他给了我点药,说是能"使人镇静",但它在我身上没起什么作用。我仍在呻吟,感觉要死了,看起来也确实一脸死相。住在临近船舱的一位夫人从门外瞥到了我几眼,满心好奇地问女服务员:"对面舱室的那位夫人咽气了没?"一天晚上,我认真地对阿尔奇说:"如果能活着抵达马德拉群岛(Madeira),我就要离开这条船。"

"哦,我想你很快就会好起来的。"

"不会的,我好不起来了。我必须离开这条船,回到陆地上。"

"可你总得回英国呀。"他提醒我,"即便你在马德拉群岛下船。"

"我不需要回去。"我说道,"我可以留下来,在那儿找点事干。"

"什么事?"阿尔奇不相信地问。

的确,在那个时代,女人找事干谈何容易。女人要么是靠父母养活的小姐,要么是丈夫宠爱的娇妻,要么是靠亡夫的遗产或亲戚们的救济过活的寡妇。女人可以去做老夫人们的女伴,或是充当照看孩子的保姆。然而,对他提出的异议,我也有话要说。"我可以去做客厅女佣。我挺喜欢当客厅女佣的。"

客厅女佣总是有人需要的,尤其是个子高的。一个高个子的客厅女佣总是不难找到工作——看看玛杰里·夏普(Margery Sharp)那些精彩的书,例如《克朗内·勃朗》(*Cluny Brown*)——我很自信我符合要求。我知道餐桌上酒杯摆放的位置,能为客人开门关门;我会清洗银器——在家时我们总是清洗银制相框和小摆设——我还能相当出色地侍候人用餐。"是的。"我有气无力地说,"我能当个客厅女佣。"

"哦,到时再说吧。"阿尔奇说,"到马德拉群岛再说。"

可是,船到马德拉群岛时,我虚弱得连床都起不来。事实上,此时我觉得唯一的出路就是留在船上,等一两天后死去。船在马德拉群岛停靠了五六个小时后,我忽然觉得好多了。翌日清晨,轮船驶离马德拉群岛,阳光普照,海上风平浪静。我真不明白,只是晕船,怎么就弄得人死去活来的。又不是什么关系到身家性命的大事,不过是晕船而已。

世上没有什么鸿沟比晕船的人和不晕船的人之间的更为彻底了,他们各自无法理解对方的情况。我永远在晕船,每个人都向我保证说只要过了最初的几天,我就会没事。这话完全不可信,只要一颠簸我就会十分难受,尤其是船身倾斜的时候——不过我们的旅程中天气基本都很晴朗,我度过了一段幸福的时光。

开普敦给我留下的记忆比其他地方都更生动,我想是因为这是我们到达的第一个真正的港口,一切都新奇而陌生。卡菲尔人,呈奇怪的扁平状的桌山(Table Mountain),阳光,味道甘美的桃子,海水浴——一切都美妙极了。之后我没再来过,我也不知道为什么。我很爱这个地方。我们住在最好的饭店里,贝尔彻开始挑剔起来了,为随早餐送来的又硬又生的水果而发怒。"你们管这个叫什么?"他咆哮道,"桃子?你可以往地上扔一扔,它肯定毫发无损。"他说到做到,大约五只没熟的桃子像皮球一样弹了起来。"看到了吗?"他说,"摔都摔不烂,熟了的应该烂。"

此时我才有点察觉,与贝尔彻一起旅行应该不会像一个月前在我们的公寓里共进晚餐时那么愉快。

这不是一本游记,只是回溯一下我心中那些难忘的记忆——重要的时光、我迷恋过的地方和事物。南非是我心目中重要的地方,从开普敦起，我们兵分两路。阿尔奇、海姆太太、西尔维亚取道伊丽莎白港（Port Elizabeth），在罗得西亚（Rhodesia）和我们碰头。我和贝尔彻、海姆先生去金伯利（Kimberley）的钻石矿，径直穿过马托博山（Matopos），在索尔兹伯里（Salisbury）与他们汇合。我时常回忆起乘火车北行穿过卡鲁高原（Karroo）时尘土飞扬的炎热天气，总是渴得冒烟，不停地喝冰柠檬水。我记得贝专纳[①]境内的一条笔直的铁路干线，还模糊地记得贝尔彻支使贝茨干这干那，以及如何与海姆争执的情景。我发现马托博山景色迷人，巨石堆垒，像是巨人随手扔在那里的。

在索尔兹伯里，我们与当地愉快的英国人度过了一段快乐时光。我和阿尔奇还从那里到维多利亚瀑布进行了一次闪电旅行。我很高兴此后再也没重游那个地方，因此第一印象永远能常忆常新：高大的树木，蒙蒙细雨，七色的彩虹。我和阿尔奇徜徉在林海之中，彩虹的云雾散开，在那迷人的一刹那，瀑布披着霞光飞流直下的壮观景色就呈现在你眼前。啊，这是我心目中的世界七大奇景之一。

我们去了利文斯敦（Livingstone），看到鳄鱼在水里游来游去，还有河马。火车靠站时，总有土著孩子在窗外挥着木刻的动物叫卖，每个要价三到六便士，非常漂亮，我买了一些，至今仍保留着几个。是用软木刻的，再用热火钳烙上线条。大羚羊、长颈鹿、河马、斑马——简单，天然，具有独特、迷人的美。

我们去了约翰内斯堡（Johannesburg），这儿没给我留下什么印象；还去了比勒陀利亚（Pretoria），我记得联合大厦那金碧辉煌的石柱；然后去了德班（Durban），一个令人沮丧的地方，因为游泳竟得到一个用网围起来的圈内。我觉得在开普省（Cape Province），最开心的就是海水浴了。一旦能抽出时间——或者一旦阿尔奇有时间——我们就乘火车去梅赞斯堡（Muizenberg），取出冲浪板，一同在海上冲浪。南非的冲浪板选用又轻又薄的木板制作，很好拿，也很容易驾

[①] 贝专纳（Bechuanaland）是博兹瓦纳（Botswana）的旧称，一九六六年独立，全名为博兹瓦纳共和国，是位于非洲南部的内陆国。

驭，不用多久你就能穿梭于浪峰之间。偶尔一头栽到沙子里确实挺疼的，但总体来说，这是一项简单且有趣的运动。我们在沙丘上野餐，我还记得那五彩缤纷的花丛，特别是我们参加了一场派对，我想是在主教家里或是官邸。那里有一个红色的花园，还有一个长满高大蓝色花木的蓝色花园，蓝色花园因为种满了蓝雪花而显得特别可爱。

在南非，我们的经济状况很好，这使我们兴致很高。差不多在每家饭店我们都是作为政府的贵客而受到优待，乘火车也免费——唯独去维多利亚大瀑布的私人旅行破费了一大笔。

从南非启程，我们扬帆前往澳大利亚，那是一段相当漫长、乏味的旅程。船长向我解释说去澳大利亚的最短路径是先南下取道南极，然后再北上，我完全不能理解。他给我画图解释才终于让我明白，可要记住地球是圆的、两极又是平的，还是不太容易。这是地理学上的基本事实，但在现实生活中你很难理解它的含义。其间阳光不再那么充沛，不过是一段风平浪静、令人愉快的航程。

总让我觉得奇怪的是，任何国家被描绘成的样子都和你到那里时的印象大相径庭。我对澳大利亚的大致印象是数量惊人的袋鼠和很多不毛沙漠，到达墨尔本时，最使我感到诧异的是树木的奇特风姿，以及蔚为壮观的澳大利亚桉树。每到一地，树木总是最先引起我的注意，还有山的形状。在英国，人们习惯于树木长着暗色的躯干和挂满树叶的细枝丫；澳大利亚的迥异情形令人惊异。到处是银白色的树干和深色的树叶，看起来像是照片的底片。另一件令人兴奋的东西是金刚鹦鹉：蓝色、红色和绿色，成群地翱翔在空中。它们的颜色非常好看，像是飞翔的宝石。

我们在墨尔本待的时间很短，又从那里出发进行了几次短途旅行。我记得有一次见到了巨型桫椤树，这种热带丛林植物是我在澳大利亚见到的最不可思议的东西。它很可爱，非常令人激动。不过食物就不那么称心如意了，我们好像一直在吃硬得难以想象的牛排或火鸡，只有墨尔本饭店里的还不错。卫浴设施也一样，对于一个受维多利亚时代教育的人来说，有点尴尬。女人们会被客气地领到一个房间，两个尿壶孤零零地放在地板中央，等待着被使用。毫无隐私可言，真是让人为难……

在澳大利亚我在社交场合失态了一次，之后在新西兰又重演了，都发生在就餐入座时。宴会通常是市长或当地商会会长举办的，第一次，我不假思索地坐到了市长之类的显赫人物旁边。一位相貌不善的老妇人对我说："克里斯蒂太太，我想您一定更愿意坐在您丈夫身边。"我连忙一脸羞愧地坐到阿尔奇身边。在这种正式午宴上，妻子都被安排在自己的丈夫身边。在新西兰我又忘记了，不过此后我就知道该去哪儿坐了。

我们曾在新南威尔士（New South Wales）的一个站停留，我记得叫杨加（Yanga），那儿有个大湖，黑天鹅游来游去，美丽如画。在那儿，贝尔彻和阿尔奇忙于交代大英帝国的要求，讨论帝国移民问题和帝国贸易的重要性等诸如此类的事情，我则悠闲地坐在桔园里度过了愉快的一天。我躺在一张舒服的帆布躺椅上，阳光宜人，不知不觉间就吃了二十三个橙子，都是从身旁的树上选出来的最好的。直接从树上摘下的成熟橙子，是我能想到的最好吃的东西。对水果我还有了很多新发现，比如菠萝，我一直以为它们应该是优雅地挂在树上的。得知我以为种满了卷心菜的广阔田地里其实种的是菠萝时，我惊讶万分，也有些失望。如此甘美的水果竟是这么结出来的，似乎有些平淡乏味。

我们的旅程一部分是坐火车，更多时候乘坐汽车。在广袤无垠的平原牧场上奔驰，除了定期出现的风车，再没有东西划破地平线，我发现了一个可怕的事实：迷失方向是多么容易——正如人们常用的词，"掉到灌木丛里了"。太阳高悬在头顶，无法辨别东西南北，也没有指引方向的路标。我从没想过世上还存在绿草茵茵的荒漠，一直以为只有布满沙砾的沙漠。沙漠中至少有路标和起伏，供人找寻方位，可在这一望无际的澳大利亚草原上，什么都没有。

我们在悉尼度过了一段欢乐时光。听人说悉尼和里约热内卢是世界上最美丽的两个海港城市，但悉尼却令我失望，大概是我对它的期望过高了。幸运的是，我从没去过里约热内卢，因此我仍能在脑海里想象出一幅关于那里的迷人画面。

在悉尼，我们第一次与贝尔一家接触。无论何时，只要一想到澳大利亚，我就会想起贝尔一家。一天晚上，在悉尼的饭店里，一个年纪比我略长的年轻女子向我走来，自我介绍说她叫尤娜·贝尔，说我们下周末会去他们在昆士兰州（Queensland）的驻地。因为阿尔奇和贝尔彻要先去做一次乏味的镇区巡回，于是我便和她一起回库钦库钦（Couchin Couchin）的贝尔驻地，在那里等待他们。

我们坐了很久的火车，记得有好几个小时，我快累死了。之后又坐车，才终于抵达位于昆士兰的布纳（Boona）附近的库钦库钦。我还处于半昏睡状态，突然间来到一个洋溢着欢乐气氛的生活场景中：数个房间灯火辉煌，坐满了漂亮的女孩子，纷纷把饮料推到你面前——可可、咖啡，任何你能想到的——她们都在说话、聊天、大笑。其实是头晕眼花的我看所有东西都重影，哦，不是重影，是四重影！在我眼中，贝尔一家总共有二十六个人。第二天我才把人数削减为四个女儿和四个儿子。除了黑黑的尤娜，女孩子们都多少有些相似。都白皙、高挑，脸长长的；她们都动作优雅，都是很好的骑手，看起来都像是年轻活泼的小女孩。

那是很愉快的一个星期。贝尔家的女孩们精力充沛，我很难跟上她们的节奏。不过我挨个儿爱上了那几个兄弟：维克托是个生性愉快的调情高手；伯特骑术高超，但比较严肃；弗里克很安静，喜欢音乐。我想他是真正让我倾心的一个。多年以后，他的儿子吉尔福德加入了马克斯与我在叙利亚和伊拉克的考古队，我至今仍把吉尔福德当儿子看待。

在贝尔家处于支配地位的人是母亲，贝尔太太。她守寡多年，有一些维多利亚女王的特质——身材矮小、灰发，安静但举止威严，完全独裁地掌控着全家的一切，大家对待她就像对待女王一样。

他们家有各种各样的仆人、牧场工人、普通帮工，等等，多数是混血儿，也有一两个纯种土著人。大概是我到达的第一天早上，贝尔姐妹中最小的艾琳·贝尔对我说:"你一定要见见苏珊。"我问谁是苏珊。她说:"哦,一个黑人。"土著人被称为"黑人"(the Blacks)。"一个黑人,不过她是货真价实的,绝对纯种,她模仿别人的举动惟妙惟肖。"不久,一个驼背、上了年纪的土著人来了。以她本身的资质而言,她也是个女王,就像贝尔太太一样。她为我模仿了所有贝尔家的女孩子和男孩子,还有小孩子和马。她是个天生的模仿家,并且非常乐于表演。她也唱歌,唱些奇怪、走音的调子。

"那么现在,苏珊。"艾琳说,"学学母亲到外面去看母鸡的样子吧。"可是苏珊却摇摇头。艾琳说:"她从不模仿母亲,她尊敬她,所以不能做那样的事。"

艾琳有几只宠物袋鼠和小袋鼠,还有好多狗,自然,也有马。贝尔一家力劝我骑马,可是我觉得我在德文郡的业余狩猎经历根本不足以让我有资格做一名女骑手。况且,骑别人的马总让我很紧张,唯恐弄伤了人家的马。于是他们放弃了,我们开车到处飞驰。观看把家畜赶到一起的场面,以及牧场生活的各种景象,都是令人兴奋的体验。看起来贝尔一家好像拥有昆士兰州的很大一片土地,艾琳说如果我们有时间的话,她还可以带我去看北部的分牧场,那里更野性、更有原始风味。贝尔家的女孩子们都爱说个不停,她们崇拜自己的兄弟,毫不掩饰地把他们当作英雄崇拜,这种方式让我感到非常新奇。她们总是跑来跑去,去其他农场玩、去见朋友、去悉尼、去参加赛马,与各种各样的年轻男子调情,她们提及那些青年时总称其为"配给券"——我想这是战后遗留的名词。

不久后,阿尔奇和贝尔彻赶到了,看起来被工作弄得十分疲倦。我们度过了一个充满欢笑、无忧无虑的周末,玩得很有新意。其中一项是坐着窄轨火车游览,他们还允许我驾驶着它跑了几英里呢。车上还有几个澳大利亚工党的议员,刚在午餐会上喝得有点多,他们几个轮流驱动引擎时火车飞速奔驰,我们都怕出事身亡。

离别时我们忧伤地与朋友们道别——或者说是向大部分朋友道别,因为有几个要陪我们去悉尼。我们又看了一眼蓝山(Blue

Mountains），并再一次为它着迷，我以前从未见过由色彩凝结成的风景。远看那些山脉确实是蓝色的，钴蓝色，而不是我想象中的山所呈现出的灰蓝色。它们看起来就像是从颜料盒里蘸上颜料，马上在画纸上画出的一幅画。

英国巡视团在澳大利亚备尝艰辛，每天的行程都排得满满的：讲演、晚宴、午宴、招待会，以及两地之间的长途跋涉。那段时间，贝尔彻的演讲词我都能背得出了。他非常善于演讲，每句话都像是发自内心、充满激情的，尽管那些词不过是他的即兴创作。阿尔奇则以其审慎的气质和善于理财的特点与他形成鲜明对比。较早的时候——我想大概是在南非——阿尔奇曾被报纸称为英格兰银行总裁，对此谬误他并未订正，于是，对新闻界而言，他就是英格兰银行的总裁。

离开澳大利亚，我们去了塔斯马尼亚（Tasmania），驱车从朗塞斯顿（Launceston）来到美丽得令人难以置信的霍巴特（Hobart）[①]。湛蓝的大海和港湾，鲜花、树木和灌木，我打算日后回到这里定居。

告别霍巴特，我们前往新西兰。那段旅程我记忆犹新，因为我们的命运落在了一个被众人戏称为"脱水机"的家伙手中。当时脱水食品概念风靡一时，这家伙总是设法把各种各样的食品脱水。每次用餐，他都会送来一盘盘菜肴请我们品尝。我们吃了脱水胡萝卜、脱水梅子，等等——所有东西统统味同嚼蜡，无一例外。

"再让我装模作样地吃一口他的脱水食品，我就会发疯。"贝尔彻说。但是由于"脱水机"有钱有势，能给大英帝国展览会带来很多好处，贝尔彻不得不控制情绪，继续与脱水胡萝卜和脱水土豆周旋。

这时，共同旅行初期的愉悦已荡然无存。那个曾经和我们愉快地共进晚餐的贝尔彻不再像一个朋友了。他粗鲁、傲慢、恃强凌弱、不体谅人，还爱在稀奇古怪的琐事上斤斤计较。比方说，他经常叫我去帮他买白棉袜子或其他必需的内衣，却从来不给我为他垫付的钱。

如果有事情让他情绪不佳，他就会更加令人难以忍受，甚至招人

[①] 这里的表述并不确切，塔斯马尼亚是所属澳大利亚的岛州。朗塞斯顿是塔斯马尼亚岛上的第二大城市，位于北部，霍巴特是该岛的首府，位于东南岸。

厌恶。他的举止就像一个被宠坏了的孩子。而调节好情绪的他又会表现得十分温和迷人，让你消除戒心，不知为何就忘记了那切齿的憎恶，又能和他愉快相处。他情绪不佳的时候你总能看出来，因为他会慢慢地变得气鼓鼓的，脸像一只公火鸡一样憋得通红，然后迟早会爆发出来，指责每一个人。他在心情好的时候会讲狮子的故事，这样的故事他肚子里有的是。

我始终认为新西兰是我见过的最美丽的国家，那儿的景致无与伦比。我们是在一个晴朗的日子到达惠灵顿（Wellington）的，据那儿的居民说这种好天气很罕见。我们去了尼尔逊（Nelson），从那里深入南岛，穿越了布尔勒峡谷（Buller Gorge）和卡韦劳峡谷（Kawarau Gorge），乡村景色之美令人叹为观止。我当时发誓要在春天再来——我是说当地的春天——看卡拉塔树（rata tree）的满树繁花：一片金黄与大红。可没能实现，我一生中的大部分时间都待在距离新西兰十分遥远的地方。现在，随着航空旅行时代的来临，其实只需两三天的旅程，但我的旅行岁月已经结束了。

来到新西兰贝尔彻很高兴，他在这里有不少朋友，快乐得像个孩子一样。我和阿尔奇去火奴鲁鲁前他祝我们一切顺利、玩得愉快。对阿尔奇来说，不再有公务缠身，不必对付那个反复无常、脾气暴躁的同伴，犹如身处天堂。我们逍遥前往，在斐济和几个小岛上停留，最后终于到了火奴鲁鲁。这儿远比我们想象中的要繁华得多，旅馆林立、路广车多。我们是在清晨到达的，一走进饭店卧室就凭窗远眺，看到有人在海边冲浪，便又立刻冲下楼去租了冲浪板，扎进海里。但我们太没经验了，那天不是冲浪的好天气，只有冲浪高手才会进去。可我们在南非冲过浪，自以为驾轻就熟。火奴鲁鲁的情况完全不同，冲浪板是一块厚木板，重得几乎拿不动。你躺在上面，双手做桨慢慢地滑向礁石，在我看来只有一英里之遥。终于到达那里之后，你选好位置等待合适的海浪，把你推向岸边。看起来容易，做起来难。首先你要能认出打来的浪是否合适，其次，更重要的是，你要能认出不合适的海浪。因为这样的浪一旦抓住你，就会把你卷入海底，届时就只有老天才能帮你了!

我的游泳技术和力量都比不上阿尔奇,因此花了更久的时间才滑到礁石旁。我到达时没看见他,我推测他一定是和其他人一样,随随便便地冲向了岸边。于是我调整好冲浪板,等待海浪。浪来了。可是这个浪并不适合,一下子我就被冲得人板分离了。起先那浪把我向下猛推,中途又把我冲得摇摆不定,当我再次浮上水面喘气时,已经吞了好几大口海水,看着我的冲浪板在半英里之外漂浮,漂向岸边。我费力地游着,追赶它,一个年轻的美国人帮我拿了回来,以这句话和我打招呼:"听着,小姐,如果我是你,绝不会在今天冲浪。这么做真不明智。现在拿好你的冲浪板,到岸上去吧。"我听从了他的劝告。

没多久阿尔奇便与我会和,他也被冲得人板分离。但他奋力狂游,这才把板子追了回来。他又试了一两次,有一次成功了。但此时我们都伤痕累累,筋疲力尽。我们归还了冲浪板,爬上海滩,回到房间,疲惫不堪地躺在床上。我们睡了大约四个小时,可醒来时依然疲惫不堪。我疑惑地对阿尔奇说:"冲浪应该是挺好玩的事吧?"然后叹口气道,"真希望我是在梅赞斯堡。"

我第二次下水时发生了灾难,那件从肩膀包到脚踝的漂亮的丝制泳衣,被海浪撕裂了。几乎全裸的我抓过沙滩浴巾把自己包了起来,然后立即跑到酒店的商店,买了一件十分漂亮、用料很少、翠绿色的羊毛泳衣。我这一生都非常喜欢它,并且觉得我穿上很好看。阿尔奇也这么认为。

我们在饭店里奢侈了四天,然后不得不找个便宜点的住处。最后,我们在饭店对面找到一间小屋,价钱大约便宜了一半。白天基本都在沙滩上和冲浪中度过,渐渐地,也成了高手,或者说至少就欧洲人来说是高手。我们在珊瑚礁上磨破了脚,直到买来软皮靴,脚踝才得到保护。

最初的四五天,我不敢说冲浪有多好玩——甚至可以说非常痛苦,不过偶尔也有喜悦的时刻。我们很快地学会了更简便的方法——至少我知道了,阿尔奇通常还是靠他自己的力量滑向礁石。然而大多数人会雇一个夏威夷男孩,他会用大脚趾夹住你的冲浪板,用力地游过去,你只要躺在板子上就行了。到了礁石那儿你就等着,等那个男孩给你指示,就把板子推出去。"不,不是这样,不是这样,太太。不,不,等一下……现在!"一听到"现在"你就出发。哦,美如天堂!什么都比不上。没有什么比得上在水中飞驰——你会觉得时速有两百英里。一路上你没有任何安全保护,直到抵达岸边,慢慢减速,冲上海滩,融入柔和平缓的海浪中。这是我所知道的最完美的运动乐趣之一。

十天后我大胆起来。我试着一开始就小心地从跪着的板子上站起来,直到站直身子。最初的六次都失败了,不过没有受伤——仅仅是失去了平衡,从板子上掉了下来。当然你会丢失冲浪板,必须累人地游过去追。不过很幸运我有夏威夷男孩跟着,他会替我拿回来。然后他再把我拖过去,让我再试一次。哦,那一刻!我站在冲浪板上,保持住了平衡,完全直立着冲到了沙滩上,彻底的胜利!

在另一方面,我们的表现再次证明了自己是新手,并且带来了令人不快的后果。我们完全低估了太阳的威力。因为在水里时湿润凉快,我们便没有意识到太阳的影响。正常情况下当然应该在清晨或者傍晚冲浪,可我们却像傻瓜一样,洋洋自得、高高兴兴地在正午时分去冲浪。恶果很快显现。一整晚,背部和肩膀都如火烧般疼痛不已,最终皮肤上起了一大片水泡,仿如文饰。这让我羞于穿着晚礼服去吃晚餐,不得不用薄纱披肩把肩膀遮起来。去海滩时,阿尔奇勇敢却不雅地穿着睡衣,我则穿一件白衬衫遮盖手臂和肩膀。我们就这样坐在阳光下,避免被晒伤,去游泳时才脱去外套。可是晒伤已成定局,我的肩膀过了很久才复原。抬手去撕掉一大块死皮真是让人难为情。

我们简陋的小屋四周种满了香蕉树,可这些香蕉和菠萝一样令人失望。我曾经想象着随手从树上摘下个香蕉尝尝,可火奴鲁鲁的香蕉不是这种吃法。在这里,香蕉是一笔重要的经济收入,还泛青的时候就要被砍下来。不过,虽然不能直接从树上摘下来就吃,但在这里你可以尝到许多闻所未闻的品种。我记得当我三四岁的时候,姆妈就给我描述过印度,以及香蕉和芭蕉的区别:芭蕉更大却不能吃,香蕉是小小的、美味的——还是正相反？火奴鲁鲁的香蕉有十来个品种的蕉类：红香蕉，大香蕉，被称为冰淇淋香蕉的小香蕉，它是白色的，口感松软，还有芭蕉，等等。我觉得苹果蕉味道独特。在这里吃东西，口味会变得挑剔起来。

夏威夷人也有些令人失望，我以前想象中的夏威夷人很秀气。然而，一开始，姑娘们身上涂的可可油的刺鼻气味就令我有些不快，而且许多姑娘长得并不漂亮。用餐时，一大盘热气腾腾的炖肉更是出乎意料，我一直以为波利尼西亚人多以各种美味浆果为生，他们对炖牛肉的狂热使我大吃一惊。

假期要结束了，一想到又要为工作所累，我们都长吁短叹。旅途开销也有些让我们担心，火奴鲁鲁是个消费很高的地方，吃喝都比想象中的贵三倍。租赁冲浪板，给夏威夷男孩的小费——样样都得花钱。到目前为止我们还过得去，可也该是为将来考虑考虑的时候了。我们还要去加拿大，阿尔奇的一千镑花得很快。船费已付清，对此不必多虑。我能去加拿大，也能回英国，但我在加拿大的生活开销还没着落，这该如何是好？虽然如此，我们还是把这些担忧置之脑后，继续不顾一切地冲浪，简直忘乎所以了。

我已察觉到颈部和肩膀很痛，这情形持续一段时间了。每天早晨五点左右，我会被右边肩膀和手臂疼醒。其实是患了神经炎，但当时我还不知道这个名词。如果我稍微懂一点这一方面的知识的话，就不该再用那条手臂，并放弃冲浪，但我没有想这么多。还有三天我们就要走了，浪费每一刻我都受不了。我不停冲浪，站在冲浪板上展示英姿。此时我已痛得彻夜难眠，然而我还是乐观地认为一旦离开了火奴鲁鲁，停止冲浪，疼痛就会消失了。真是大错特错。我患上了神经炎，那难以忍受的痛苦差不多持续了三星期至一个月之久。

再次见到我们时贝尔彻毫不友善，他似乎有些嫉妒我们的假期。"该工作了。"他说，"整天到处溜达，无所事事。天哪！事情可不是这样的，不能花钱雇人却不干事啊！"而他只字不提自己在新西兰玩得多么不亦乐乎,与朋友难舍难分。

由于疼痛还在持续,我便去看了医生。他没有给予任何帮助,只给了我一些烈性药膏,让我在痛得厉害的时候涂在臂弯处。我觉得这药膏里一定有辣椒成分,它简直在我的皮肤上烧了一个洞,却对缓解疼痛毫无作用。此时的我十分悲惨,持续的疼痛让人情绪低落。每天一大早就开始疼,我会从床上下来走一走,这样似乎能好受一些。一两个小时后不痛了,然后又会变本加厉地袭来。

至少疼痛让我暂时忘掉了日益严峻的财务危机,此时这个问题已经火烧眉毛了。阿尔奇的一千英镑几乎用光了,而我们还有三个多星期要过。我们只决定了一件事,我放弃去新斯科舍(Nova Scotia)和拉布拉多半岛(Labrador)旅行,而是等到钱用完的时候去纽约。我到卡西姨妈或梅家里去住,阿尔奇和贝尔彻去视察银狐业。

即便如此,生活仍然不易。我住得起饭店,但吃饭太贵了。不过我冷不丁想到一个好办法:我可以把早餐当成正餐。早餐一加元——在当时差不多相当于英国的四先令。于是我早晨到楼下的餐厅吃早餐,菜单上的东西我全要,我得说,那非常多。我的早餐有葡萄柚,有时还有木瓜;还点了荞麦饼、华夫饼干和枫糖浆、鸡蛋和培根。吃完早餐离开时,我觉得自己像一条塞得太饱的蟒蛇。但这一顿可以让我撑到晚上。

我们在英属自治领地逗留时收到了好几份礼物:一块送给罗莎琳德的可爱的蓝色地毯,上面有动物图案,我准备放在她的幼儿室里。还有各种各样的东西——丝巾、地毯,等等。礼物中还包括在新西兰收到的一大坛肉羹,我们一直带着,此时我为此而庆幸,因为我可以预见到我要靠它维生了。我真心希望当初能好好地奉承"脱水机",他就会塞给我一大堆脱水胡萝卜、脱水牛肉、脱水西红柿和其他美味佳肴了。

当贝尔彻和阿尔奇离开旅馆去赴商会举办的宴会,或者到不管什么地方去应酬时,我就躺到床上,按铃叫旅馆服务生来,说我不舒服,需要一大壶开水来缓解消化不良。水送来后我就放一点肉羹进去,靠它熬到第二天早上。一大坛肉羹,我大约吃了十天。当然有时候我也会收到邀请,去赴午餐或者晚餐的邀约。那些都是值得纪念的好日子。在温尼伯(Winnipeg)我非常幸运,一位市政府高官的女儿到饭店来看我,带我去一家非常高档的饭店吃午餐。极为丰盛的一餐,我照单全收,吃得很多,她却只吃了一点,不知道她对我的胃口做何感想。

我想也是在温尼伯,阿尔奇随贝尔彻去视察有升降机的谷仓。我们当然知道有鼻窦炎的人是不能靠近谷仓的,但我想我们谁也没想到这一点。那天他回来时两眼淌泪,一脸病容,弄得我惊慌不已。第二天他苦撑着到了多伦多,但一到那儿就彻底倒下了,要他继续出去巡视肯定是办不到的了。

当然,贝尔彻大发雷霆,他没有表现出一丝同情,还说阿尔奇让他失望。阿尔奇年轻力壮,就这样倒下实在是荒谬。不错,他当然知道阿尔奇在发高烧,但如果他身子这么弱,就不应该出门。如今贝尔彻要独自去应付苦差事了。贝茨没有任何用处,这谁都知道。贝茨只会帮人打包衣服,即便打包也老出错。他不会折裤子,愚蠢的笨蛋。

我请来了一位酒店推荐的医生。医生说阿尔奇肺部瘀血,不可以走动,至少一星期不能参加任何活动。贝尔彻怒气冲冲地走了,几乎身无分文的我被撇在一个偌大的、不近人情的饭店里,陪着一个不省人事的病人。阿尔奇的体温超过了103°(39.4℃)。雪上加霜的是,他又出了荨麻疹,从头到脚一身都是,刺痒和高烧让他痛苦万分。

那是一段可怕的日子,我很高兴如今我已忘了当时的绝望和无助。饭店里的饮食都不适合病人,我只好出去买:大麦汤,还有他很喜欢喝的稀粥。可怜的阿尔奇,我从没见过一个男人如此愤怒,就因为自己身上长满了骇人的荨麻疹。我用碳酸氢盐稀释的小苏打水帮他擦身体,每天七八次,稍微缓解了他的难受。第三天,医生建议听听其他意见。两个猫头鹰般的男人站在阿尔奇的床边,非常严肃,他们摇着头,说他没救了。哦,好在他渡过了这一难关。一天早上,阿尔奇的体温下降了,荨麻疹也略微退了,很显然,他在康复。而此时我虚弱得像只小猫,我想主要是因为太担心了。

又过了四五天,阿尔奇恢复了健康,虽然还有点虚弱,我们便与可恶的贝尔彻会合。现在我已经不记得接下来我们去了哪里,大概是我喜欢的渥太华(Ottawa)吧。正值秋天,枫树林很美。我们借住在一位中年海军上将的别墅里,一个富有魅力的男人,养了一条特别可爱的阿尔萨斯犬。他曾带我坐在狗拉的车上穿越枫树林。

离开渥太华,我们去了落基山脉(Rockies)、露易丝湖(Lake Louise)和班夫(Banff)。很长一段时间里,每当被问及哪里是我所见过的最美的地方时,我都回答说是露易丝湖。宽阔、狭长的蓝色湖面,两岸是低矮的山丘,山势线条优美,与远处的雪山相接。在班夫,我交到了好运。神经炎依然作痛,我决心去试试许多人都说对此有好处的温泉水。我每天早晨泡一会儿。那地方像个游泳池,走到池子一端就能看到泉水从温泉眼汩汩涌出,闻起来有很大的硫黄味。我用泉水冲洗后背、脖颈和肩膀。令人欣喜的是,到第四天,神经炎的症状彻底消失了,真不错。不再受疼痛折磨真是一件让人难以置信的乐事。

接着我和阿尔奇到了蒙特利尔(Montreal),从这里我们又得分道扬镳。阿尔奇随贝尔彻去视察几家银狐农场,我乘火车南下纽约。这时我已身无分文了。

我在纽约见到了亲爱的卡西姨妈。她待我亲切又热情。我和她一起住在她在河滨大道的公寓里,她那时年事已高——我估计快八十岁了。她带我去看望她的弟媳皮尔庞特·摩根以及摩根家年轻的一代,还带我去一些高级餐馆享受美食。她时常说起我父亲,和他早年在纽约的日子。我过得很开心。临走前,卡西姨妈问我最后一天想做些什么,我告诉她我非常想去自助餐厅吃顿饭。英国人对自助餐厅一无所知,我是在纽约看报时才了解到的,想去试试。卡西姨妈觉得这是个非常特别的愿望。她想象不出会有人想去自助餐厅,但由于她一心想让我高兴,就带我去了,她说她自己也是第一次去自助餐厅。我拿着餐盘自己从柜台上选菜,这经历既新鲜又有趣。

与阿尔奇和贝尔彻在纽约见面的这天终于到来了。我盼着他们的到来,因为尽管卡西姨妈待我和蔼可亲,我仍然感到像一只被困在金笼子里的小鸟。卡西姨妈从不允许我独自一人出去走走，这对在伦敦四处闲逛惯了的我实在非同一般，我感到焦躁不安。

"可是为什么呢，卡西姨妈？"

"哦，你不知道像你这样年轻漂亮、对纽约一无所知的女子会遇到什么样的事情。"

我向她保证我不会有事，可她坚持叫一个司机开车送我或者亲自陪我。我有时真想偷偷溜出去三四个小时，但是我知道这会让她担心，所以管住了自己。于是我开始盼望着能够尽快回伦敦，我就可以随心所欲地出门了。

阿尔奇和贝尔彻在纽约过了一夜，第二天我们登上贝伦加里亚号启程回英国。我不敢说我已喜欢上了海上航行，但这次我只是稍稍有点晕船。正巧不太高兴的时候天气突变，那时我们加入了桥牌比赛，贝尔彻坚持要和我搭档。我可并不情愿，因为尽管他牌打得不错，可输不起，一输就脸色难看。不过鉴于回到英国我就能很快地摆脱这个讨厌的家伙了，我还是同意和他搭档玩起来，谁料想我们进入了决赛。此刻海风强劲，轮船前后颠簸。我没敢想赢，唯一的希望就是在牌桌前不要出丑。可能是最后一局，发牌之后贝尔彻突然大骂一声，把牌扔在了桌上。

"我的牌完全没用。"他说，"全是废牌。"他怒骂着。我估计再稍有不爽他就会摊牌认输，让对方轻取这局。可我有满手的好牌，似乎所有 A 和 K 都在我这儿。我的牌技糟透了，但牌争气，我不能输掉这局。由于晕船我一阵阵犯恶心，总是打错牌，忘了王牌是什么，干尽了蠢事——但是我手气好极了，最终我们大获全胜。随后我便回到客舱，凄凉地呻吟着，直到抵达英国。

我要为这历时一年的冒险补充一点后记，我们并没有恪守再也不跟贝尔彻说话的誓言。我确信每个读到这里的人都能够理解，和别人禁锢于一个狭小空间时产生的愤怒，会随着紧张氛围的逝去而烟消云散。我们极为惊讶地发现实际上还是喜欢贝尔彻，喜欢和他在一起。

他经常来我们家吃饭,我们也经常到他那儿吃饭。我们一起非常友善地回忆起环游世界期间发生的各种事情,有时我会对他说:"你知道,你当时的举止实在让人讨厌。"

"我想是的,我想是的。"贝尔彻说,"我就是那样的,你们都知道。"他挥了挥手,"有很多让我伤神的事,哦,不包括你们俩,你们没有让我烦心,除了阿尔奇像白痴一样病倒了。那两个星期我只得一个人做事,真是手足无措。你就不能治治你的鼻子和鼻窦炎吗?一辈子就这样带着鼻窦炎的病根在外面跑来跑去?我可不干。"

这次旅行回来后,贝尔彻非常出人意料地订了婚。未婚妻是一个漂亮的女孩,澳大利亚一位官员的女儿,曾给他做过秘书。贝尔彻至少有五十岁了,而那个姑娘,我想也就十八九。不管怎样,他非常突然地向我们宣布:"我有个消息要告诉你们,我要和格拉迪丝结婚了!"他果然和格拉迪丝结婚了,我们回来后不久,她就坐船来了。真是奇怪,那是一段幸福的婚姻,至少持续了几年。格拉迪丝性情温和,喜欢在英国生活,对付贝尔彻的坏脾气颇有一套。我想应该是在八到十年之后,我们才听说他们正在办离婚手续。

"她找到了一个长相讨她喜欢的家伙。"贝尔彻宣布道,"我不怎么怪她,真的。她很年轻,当然了,在她眼里我的年纪太大、脾气太坏。我们还是好朋友,我打算给她一小笔钱。她是个好女孩!"

我们回来后不久,有一次吃饭时,我对贝尔彻说:"你知道吗?你还欠我两英镑十八先令五便士买白袜子的钱呢。"

"啊呀,啊呀。"他说,"真的吗?你觉得我会还你吗?"

"不会。"我说。

"太对了。"贝尔彻说,"不会的。"于是我们都大笑起来。

2

人生真像一艘船——我是说像一艘船的内部,有一个个密封的舱室。你从一个舱室走出，关闭密封门，发现又来到了另一个舱室。从离开南安普敦到我们返回英国，这段日子就像是一个封闭的舱室。从那时开始，我就对旅游抱有这样的感觉：从一种生活步入另一种生活。你还是你，却是另一个自己。这个新的自己不会被家庭生活中那千丝万缕的蛛网束缚，不会被包裹在一个日常琐事的茧里——要写信、付账单、做家务、探望朋友、冲洗照片、缝补衣服、安抚保姆和用人、斥责商铺和洗衣店。你的旅游生活实际上像一个梦，逃离正常生活，置身一个陌生的世界。其中充斥着你从未见过的各种类型的人，而且很有可能以后你也再见不到他们了。偶尔也会想家，也会孤独，会极其渴望见到那些最深爱着的人——罗莎琳德，我的母亲以及玛吉。可是你就像是北欧海盗或者伊丽莎白一世时代的船长，已经进入了冒险的世界。家，要到你回去以后才成为家。

离开是兴奋的，回来是美妙的。罗莎琳德对待我们就像对待素不相识的陌生人，毫无疑问，我们活该受到这种待遇。她冷冷地看着我们，问道："我的庞基阿姨在哪里？"我姐姐手把手地教我罗莎琳德该吃什么、该穿什么、该怎样教育她，等等，以这种方式让我得到报应。

最初的团聚的喜悦过后，问题显现出来：杰西·斯万奈尔无法与母亲相处，中途败退。她被一个年纪较大的保姆取代，我们私下里总是叫她"布谷"。我想她得到这个名字是由于一件事。在杰西·斯万奈尔痛哭离去之后，这个新保姆一心想要讨好她的新主人，把幼儿室的门开了又关、关了又开，不停地进进出出，响亮地喊着"布谷，布谷"。罗莎琳德很不领情，每次都号啕大哭。但她渐渐喜欢上了这个新随从。布谷天生是个大惊小怪的人，而且无法处理自己制造的混乱。她满怀着爱和善心，可是总弄丢东西，打碎东西，还时不时说出一些令人难以置信的蠢话。罗莎琳德却以此为乐，她好心地指挥着布谷，帮她做事。

"啊呀，啊呀。"我会听到幼儿室里传来这样的声音，"我把小宝贝的刷子放哪儿了？会在哪儿呢？在放脏衣服的篮子里吗？"

"我帮你找吧，奶妈。"罗莎琳德的声音响起，"在这儿呢，在你床上。"

"啊呀,啊呀,我怎么放那儿了?真奇怪。"

罗莎琳德为布谷找东西,帮布谷整理东西,甚至在她们外出的时候坐在婴儿车里指点布谷该怎么走。"别穿马路,奶妈,现在不是穿马路的时候,有一辆公共汽车过来了……你转错了,奶妈……我想你是要去毛线商店,奶妈,这不是去毛线商店的路。"罗莎琳德的指点声中夹杂着布谷的自怨自艾。"啊呀,啊呀,怎么总是这样……我怎么会这么走呢?"

唯一觉得布谷难以忍受的是阿尔奇和我。她说起话来滔滔不绝,最好的办法是对她置之不理,可偶尔她还是会逼得你心烦意乱地打断她。有一次,我们坐出租车去帕丁顿火车站,布谷一边观察一边喋喋不休。"看啊,小宝贝,快看窗外,看见那个大房子了吗?那是塞尔福里奇百货(Selfridges),一个很漂亮的地方,塞尔福里奇,你可以在那里买到任何东西。"

"那是哈罗德百货公司(Harrod),保姆小姐。"我冷冷地说。

"啊呀,啊呀,就是。那其实是哈罗德,对不对?多好笑,因为我们很熟悉哈罗德,是不是,小宝贝?"

"我早知道那是哈罗德了。"罗莎琳德说。

现在想起来,可能正是布谷的笨拙和全方位的无能使罗莎琳德成为一个能干的孩子。她必须如此,必须有人将婴儿室保持得大致上看来井井有条的样子。

3

回到家本应是愉快的团聚生活的开始,然而丑恶的现实搅碎了这个好梦。我们一贫如洗了。阿尔奇为戈尔茨坦先生工作的事已成往事,他的职位被一个年轻人取代了。当然,我手头还有从祖父的遗产中得到的进款,我们可以靠这一百镑年金过活。可是阿尔奇不愿动用本金。

他得找个工作，而且越快越好，赶在房租、保姆佣金，以及每周的食品账单不断涌入之前。找工作并非易事——事实上现在找工作甚至比战争刚结束时还难。幸运的是，如今我对那段艰难的日子已经记不太清楚了。我能记得那段日子过得不舒心，是因为阿尔奇整日愁眉苦脸。他不是那种能够忍辱负重的人，他自己也深知这一点。我记得他在我们刚结婚时曾事先警告我说："记住，一旦境遇不佳，我就会手足无措。生病了我就会气急败坏，我也不喜欢生病的人，容不得人们郁郁寡欢、萎靡不振。"

我们两人都很明白我们是在冒险，也心甘情愿地试试运气。如今我们所能做的就是承认现实：享乐的日子已经结束，现在是怀着焦虑和沮丧的心情付出代价的时候了。我觉得自己力不从心，因为我给不了阿尔奇任何帮助。我告诫自己，一定要与他患难与共，我必须打从一开始就接受他可能每天都会生气，或是一言不发、愁眉苦脸。我尝试活跃气氛，他却说我对严峻的现状无动于衷；而我要是脸色不好，他又会对我说："拉长脸也没用，你当初就知道可能会有这样的后果！"事实上，我怎么做似乎都不对。

最后，阿尔奇坚决地说："听着，我只想让你走，你唯一能帮到我的就是赶快离开这里。"

"赶快离开这里？去哪里？"

"不知道。去庞基家，她会欢迎你和罗莎琳德去，或者回家找你母亲去。"

"可是，阿尔奇，我想和你待在一起。我想和你同甘共苦，难道不行吗？我们不能一起共患难吗？我不能干点什么吗？"

现在也许我会说："我去找个工作吧。"可是在一九二三年，我们根本想不到说出这样的话。一战时有空军妇女辅助队（WAAFs）、皇家空军女子服务队（WRAFs）、陆军妇女辅助队（WAACs），或者可以去军工厂和医院找份工作，但这些都是暂时性的。政府部门现在不招募女性工作人员了，商店里的职务也满员了。但我仍坚持己见，不同意离开。我至少能洗衣做饭。我们已经辞掉了用人。我很少说话，不去打搅阿尔奇,这似乎是唯一能对他有所帮助的态度。

他往来于伦敦城里的各个办事处,去见每一个有可能知道哪里需要雇员的人。最后,他终于找到了一份工作。那不是一份他喜欢的工作——实际上他有点为这家聘用了他的公司担心。他听人说这家公司是骗子,虽然基本上还保持在合法范围内,可是谁能保证呢。"关键是,"阿尔奇说,"我必须非常小心,不能给他们背黑锅。"无论如何,这份工作带来了收入,阿尔奇的情绪也改善了。他甚至能够从日常工作中发现一些乐趣。

我尽力想安定下来写些东西,因为我觉得这是我唯一能做的稍微能赚点钱的事。我仍然不曾想到拿写作当职业。在《随笔》上发表的短篇小说鼓舞了我,那份钱来得实实在在。那些短篇小说又被别人买去了版权,付了稿费,钱已花掉了。我坐下来,着手写另一本书。

我们周游世界之前,去多利(Dorney)的贝尔彻家吃饭时他曾鼓励我写一部以他在多利的家、米尔庄园为背景的侦探小说。"《米尔庄园的秘密》(The Mystery of the Mill House),这个题目相当不错。你觉得如何?"

我表示同意,并说《米尔庄园的秘密》或《米尔庄园谋杀案》做题目都不错,我会考虑这件事情的。周游世界时他时常谈起这件事。

"但是你要注意,"他说,"你如果写《米尔庄园的秘密》,就得把我也写进去。"

"我觉得我没法把你写进去。"我说道,"我对真人真事无能为力,书中的人物只能在想象中产生。"

"胡扯。"贝尔彻说道,"我才不在乎是不是像我,我只想要成为一本侦探小说里的人物。"

他不时地问:"你动手写那本书了吗?是不是有我?"

有一次,我们正因为什么事不高兴,我说:"有你,你是那个受害者。"

"什么?你说我是被谋杀的家伙?"

"对。"我相当得意地说。

"我可不想做受害者。"贝尔彻说,"我不会是受害者,我要当凶手。"

"你为什么要当凶手?"

"因为凶手总是书中最有意思的人物。你得把我写成凶手,阿加莎,明白了吗?"

"我明白了,你想当一个凶手。"我小心地选择着措辞。不过最后,我一时心软,答应把他写成凶手。

在南非的时候我就构思好了情节。我打定主意再写一本惊悚小说,而不是侦探小说,并且书中包括大量有关南非景色的描写。我们到达南非时,那里正在闹革命,我记下了一些有用的细节。我把我的女主人公描绘成一个欢快、富于冒险精神的年轻姑娘,她是个勇闯天涯的孤儿。我试着写了一两章后,发现如果围绕贝尔彻展开故事,想要讲得动人真是难上加难。写到他我总会带有主观看法,把他写成一个十足的笨蛋。忽然,我灵机一动,这本书用第一人称写吧,分别由女主角安妮和反面人物贝尔彻轮流讲故事。

"我不相信他会愿意当一个反面人物。"我犹豫不决地对阿尔奇说。

"给他加上一个什么头衔。"阿尔奇建议道,"我想他会喜欢的。"

于是他被命名为尤斯塔斯·佩德勒爵士,而一旦让尤斯塔斯·佩德勒爵士讲述他自己的故事,人物就变得栩栩如生了。他当然不是贝尔彻,只是言谈中夹杂着贝尔彻的口头禅,讲述着贝尔彻常常讲的笑话。他也极其擅长吹牛皮,牛皮背后是一个寡廉鲜耻、狂妄有趣的人物。很快我就忘掉了贝尔彻,像是尤斯塔斯·佩德勒爵士自己在写小说。我想,这大概是我唯一一次把我熟悉的人写进书中,我觉得并不成功。在我笔下,贝尔彻没有变得栩栩如生起来,可是被称为尤斯塔斯·佩德勒爵士的人却被赋予了生命。我突然发现写这本书充满了乐趣,希望博得利·黑德出版社能认可。

写这本书的主要障碍来自罗莎琳德的保姆布谷。布谷和当时其他奶妈的习惯一样,不干家务、不管做饭、不洗衣服。她是专门照顾孩子的保姆,清扫幼儿室、洗小家伙的衣服,仅此而已。当然我也不指望她做别的事,我能妥善地安排日常生活。阿尔奇晚上才回家,罗莎琳德和布谷的午饭简单好做,这使我上、下午都可以安排出两三个小时的写作时间,趁布谷和罗莎琳德去公园或外出采购的时候。而遇上阴雨天,她们会待在家里。尽管已经告诉布谷"妈妈在工作",她仍然很不配合。她经常站在我写作的房间门口,不停地自言自语,假装是在对罗莎琳德说话。

"现在,小宝贝,我们不可以出声,对不对?妈妈在工作。我们不能在妈妈工作的时候打扰她,对不对?虽然我想问问她是不是要把你的那件衣服送去洗衣店,你知道,那不是一件我可以洗的衣服。那么我们得记住在下午茶的时候问她,对不对,小宝贝?我是说我们现在不能去问她,对不对?哦,不,她会不乐意的,对不对?然后我还要问她关于婴儿车的事,你知道,昨天又掉了一个螺丝。那么,小宝贝,我们也许可以轻轻地敲一下门,你觉得呢,小宝贝?"

通常罗莎琳德会短短地回答一句与她所讨论的事毫不相干的话,使我更坚信她从来不听布谷在说些什么。

"蓝泰迪现在要吃晚饭了。"她会宣布。

罗莎琳德有一些娃娃、一个娃娃屋和各种各样的玩具,可是她真正喜欢的只有动物玩偶。她有一个丝制的玩偶叫蓝泰迪,还有一只叫红泰迪,后来又加入了一只大得多的、样子特别可怕的紫色泰迪熊,叫作小熊爱德华[①]。在它们三个之中,罗莎琳德一心一意爱着的是蓝泰迪。它是一个用蓝色弹力丝做的、十分柔软的小动物玩偶,扁平的脸上嵌着扁平的黑色眼睛。它和罗莎琳德形影不离,我每天晚上还要给她讲关于它的故事。那些故事涉及蓝泰迪和红泰迪,每天晚上它们都有一次全新的冒险。蓝泰迪很乖,而红泰迪非常非常淘气。红泰迪做了一些无法无天的淘气事,比如在老师的椅子上涂胶水,这样她坐下后就起不来了。有一天,它在老师的口袋里放了一只青蛙,老师歇斯

[①] 小熊爱德华(Edward Bear)首次出现在英国作家艾伦·亚历山大·米尔恩于一九二四年为幼子创作的儿童诗歌中。一九二五年,在米尔恩创作的童话故事里被更名为小熊维尼。

底里地尖叫着。这些故事得到了认可,我经常得反复地讲。蓝泰迪拥有令人厌倦的、一本正经的美德,它在学校里总是第一名,从来不调皮捣蛋。每天红泰迪都会向母亲保证今天会好好的。它们回来时母亲会问:"今天你做好孩子了吗,蓝泰迪?"

"是的,妈咪,非常乖。"

"这才是我的乖孩子。你今天做好孩子了吗,红泰迪?"

"没有,妈咪,我很淘气。"

有一次,红泰迪和一些坏孩子打架,回到家的时候眼睛都被打青了。它被送上了床,一块新鲜的牛排敷在它的眼睛上。没一会儿,红泰迪再次增加了自己的劣迹,吃掉了敷在眼睛上的牛排。

再也没有比罗莎琳德更理想的听故事的人了。她咯咯地笑,哈哈地笑,会对每个小细节大加赞赏。

"是的,小宝贝。"布谷没有任何要帮助罗莎琳德喂蓝泰迪吃晚饭的迹象,继续喋喋不休地说着,"我们出门之前,如果不打扰你妈妈的话,也许应该问问她,因为你知道,我想让她知道婴儿车的事。"

这次我终于发狂了,我从椅子上一跃而起,把正在写的安妮在罗德西亚森林中致命的冒险抛到九霄云外,猛地把房门拉开。

"怎么了,保姆小姐,你想要干什么?"

"哦,对不起,夫人,我真的很抱歉,我没想打扰您。"

"可是你已经打扰到我了。出什么事了?"

"哦,天哪,可是我没有敲门去打扰您或者怎么样呀。"

"你在外面说话。"我说,"你说的话,我每个字都能听到,是不是婴儿车的事?"

"是啊,夫人,我真的觉得我们应该买一辆新的。您知道,我到公园去,看到别的孩子们的那些漂亮的婴儿车,觉得很难为情。哦,真的,我真的觉得罗莎琳德小姐应该拥有跟别人一样好的婴儿车。"

我和布谷在罗莎琳德的婴儿车问题上永远存在争议。我们买的是二手货,但很不错,坚固结实,坐上很舒服,只是难以称之为"漂亮的婴儿车"。我发现婴儿车也有潮流,每隔一两年,厂家就会推出一种

"新式样",外观不同,就像如今的小汽车。杰西·斯万奈尔从没抱怨过,不过当然了,她是从尼日利亚来的,在那里不太会有邻居在婴儿车上互相攀比。

我发现布谷是保姆会的会员。她们经常带着她们照顾的孩子在肯辛顿公园聚会。她们坐下来交换意见,聊聊各自的情况,以及她们照顾的孩子多么聪明、漂亮。婴儿们都要打扮得很好,合乎时下流行,否则保姆会觉得很丢脸。这没关系,罗莎琳德的衣服是合格的。我在加拿大替她做的罩衫和衣服都是最时髦的童装款式。黑底,上面印着公鸡、母鸡和一盆盆鲜花的图案,人人见了都称赞,并且艳羡不已。但是,就漂亮的婴儿车来说,可怜的布谷……她的婴儿车是不合水准的。每逢有人推着一辆崭新的婴儿车从我们旁边经过,她一定会对我说:"任何一个保姆要是有像那样的婴儿车,都会觉得很骄傲!"尽管如此,我仍然心如磐石。我们的经济状况不好,我绝不会为了纵容她的虚荣心,花大价钱买一辆豪华婴儿车。

"我甚至觉得那辆车坐着不安全。"布谷做了最后的努力,"总是往下掉螺丝。"

"它总是在人行道上来来往往。"我说,"你外出前又没拧紧。不管怎么说,我是不会买一辆新婴儿车的。"说完我走进屋,砰地把门关上。

"亲爱的,亲爱的,妈咪好像不高兴了,对吗?那么好吧,可怜的小宝贝,看起来我们不会有一辆新车了,是不是?"布谷说。

"蓝泰迪要吃晚饭了。"罗莎琳德说,"来呀,奶妈。"

4

尽管有布谷在门外咋咋呼呼地干扰,《米尔庄园的秘密》终于还是完稿了。可怜的布谷!不久后,她去看病,结果住进了医院,接受乳腺癌切除手术。她比她自己所说的要老很多,术后根本不可能再回来做保姆,我想之后她就搬去和她的姐姐同住了。

我拿定主意不再从布歇太太的保姆介绍所或任何类似机构聘请保姆,我需要的是能够包揽一切的"家庭保姆",于是我在报上登了一则广告。

自打赛特进我家门的那一刻起,我们的运气似乎就开始有所好转了。我是在德文郡面试的赛特,她是个高大健壮的姑娘,有着高耸的胸脯、丰满的臀部、乌黑的头发和一张泛着红晕的脸。她有一副女低音的嗓子,说话时带着特殊的优雅的淑女口音,甚至让人觉得她是剧中的演员,正在念台词。她曾在两三个家庭里当过几年家庭保姆,说起照看小孩子,她的脸上洋溢着不在话下的神气。她看上去性情温和,充满热情。她对工资要求很低,似乎随便去哪儿、随便干什么都行——就像那种求职广告上所说的。于是赛特跟我回了伦敦,成了我生活中的好帮手。

她当然不叫赛特,而叫怀特小姐。但在与我们待了几个月之后,怀特小姐就在罗莎琳德急促的发音中变成了"斯外特"。斯外特被叫了一阵子,然后罗莎琳德又进一步缩略了一下,从此以后她就被称作赛特了。罗莎琳德非常喜欢她,赛特也喜欢罗莎琳德。她喜欢所有小孩子,但始终保持着她的尊严,是一个方法独特的严格的训导者,不容许一丝违抗和无礼。

罗莎琳德失去了作为布谷的掌控者的地位,我觉得她开始把这些积极性都转移到我的身上,把我带进了她那客客气气的掌控之中——帮我找丢失的东西,指出我忘了在信封上贴邮票,等等。的确,她五岁的时候我就意识到她比我能干许多。而在另一方面,她比较缺乏想象力。如果我们一起玩一个游戏,需要扮演两个角色——比如一个人带一只小狗出去散步(我扮那只小狗,她是那个人)。游戏中有一个情节是要给小狗拴上狗链。

"我们没有狗链呀。"罗莎琳德会说,"我们得把这部分改掉。"

"你可以假装有一条狗链。"我建议道。

"我手里什么也没有,怎么能假装有一条狗链呢?"

"那么拿我衣服上的腰带,假装成狗链吧。"

"这不是小狗的狗链,是衣服的腰带。"在罗莎琳德眼里,任何东西都必须是实实在在的,这和我不同。她从不像别的小姑娘一样喜欢读仙女的故事。"可这些不是真的。"她会抗议道,"这些人物都不存在,这些故事里讲述的都是不存在的人物。还是给我讲红泰迪野餐的故事吧。"

奇怪的是,她在十四岁的时候喜欢上了仙女的故事,把那类书读了一遍又一遍。

赛特太适合我们家了。尽管她看起来威严能干,但对烹饪,并不比我知道得更多,只能当个助手。不过,在此刻的生活状态中,我们必须互为助手。尽管我们都有拿手好菜——我会做乳酪蛋奶酥、贝亚恩沙司和老式英格兰奶油葡萄酒,赛特会做果酱小馅饼,还会腌鲱鱼。可是我们俩都不会调配所谓的"一顿均衡膳食"。如果要准备一块羊膝肉、一种蔬菜,比如胡萝卜或球芽甘蓝或土豆,以及一份布丁,我们就会苦于不知道每一样菜需要煮多长时间。球芽甘蓝可能已经缩成了水淋淋的一团,胡萝卜却还是硬的。不过我们边做边学。

我们分了工:上午我来照看罗莎琳德,推着那辆耐用但不时髦的婴儿车去公园——不过此时我们更常使用儿童车了;与此同时,赛特准备午餐、整理床铺。第二天早上我会待在家里做家务,赛特带罗莎琳德去公园。总体而言,我发现去公园要比做家务累得多。去公园要走很长一段路,到了那儿,你不可能一动也不动、什么都不想地坐下来休息。你要么跟罗莎琳德说话、与她玩耍,要么看看她的玩伴是否合适,确保没有人会拿走她的小船,把她撞倒。做家务时,我可以让自己的心情完全放松。罗伯特·格雷夫斯(Robert Graves)有一次对我说,洗餐具对创造性思考是最有帮助的,我觉得他说得很对。家务都很单调,但当身体充分运动时,精神反而能因此得以放松,让你可以放飞思绪,任意思考和创作。这当然不适用于烹饪,烹饪需要你全神贯注、发挥创造力。

在布谷之后,赛特让人大松一口气。她和罗莎琳德相处甚欢,而且不会搅扰我。她们要么在幼儿室里，要么在楼下的草坪上，或者外出买东西。

赛特到我们这儿六个月左右的时候，我得知了她的年龄，不觉大吃一惊。我没有问过她，她看起来显然在二十四岁到二十八岁之间，正是我理想中的年龄，因此我从没想过要知道她的确切年龄。当我知道我的管家刚来时只有十七岁、现在也只有十八岁的时候，我震惊了。这似乎不可能，她有着那么成熟的气质。不过她从十三岁起就开始在别人家做家庭保姆了，她对她的工作有一种天生的热爱，能熟练胜任。她那老练的气质来自丰富的经验，就像在大家庭里，最大的孩子总是对照顾弟弟妹妹有丰富的经验。

尽管赛特如此年轻，我还是会毫不犹豫地外出一段时间，把罗莎琳德留给她照看。她拥有超乎寻常的判断力，知道如何请来合适的医生，或带孩子去医院，如果小孩子焦虑她总能找出原因，她能处理任何紧急事件。她的心思总是专注于工作，用老话说就是，她生来就是干这个的。

写完《米尔庄园的秘密》后我深深地舒了一口气。这不是一本好写的书，放下笔我才觉得它前后不太连贯。然而终究写完了，汤姆·库伯里叔叔和老尤斯塔斯·佩德勒等人物一起结束了旅程。博得利·黑德出版社稍稍犹豫了一段日子，他们指出它与《高尔夫球场命案》不一样，不像一本正经的侦探小说。但最终仍宽容地接受了。

直到这时我才注意到他们的态度稍稍有些改变。尽管第一本书交付出版时我很无知、愚蠢，但后来也学到了不少，我并不像许多人认为的那么笨。我了解到了许多关于写作和出版的奥秘，我知道了作家协会，并且阅读他们的刊物。我知道了和出版商——特别是某些出版商——签合同时要极为谨慎。我听说出版商会想出种种办法占作者的便宜。如今我懂得了这些事理，就制订了自己的计划。

出版《米尔庄园的秘密》前不久，博得利·黑德出版社提出了一些提议。他们建议废止旧合同，另和我签一份还是五本书的出版合同。新合同的条件比之前要优厚得多。我礼貌地向他们表示感谢，并说我得考虑考虑，随后未说明理由便拒绝了。在我看来，他们对待年轻作家不公平，利用我涉世未深和急于出书的迫切心情。在这个问题上我没有主动和他们争吵——过去的我是个傻瓜。不过不了解行业酬劳的内情，谁都会办蠢事。再说，就算当初我足够机智，会拒绝出版《斯泰尔斯庄园奇案》的机会吗？我想不会，我依旧会按照他们提出的条件出版，只是不会同意再签一份多本书的长期合同。假如你相信了某人，后来失望了，你就不会再信任他，这是常识。我愿意履行合约，但此后我肯定会另找一家出版商，同时我觉得要有一个著作权代理人。

大概就是在这时，我接到了所得税征收函，他们想了解我稿费收入的详细情况。我吃了一惊，我从没将稿费所得当作收入。我以为我所有的固定收入不过就是那两千英镑战时公债而得到的每年一百英镑。他们说这些他们都了解，但还是要了解出版书籍的收入所得。我解释说这不是每年都有的固定收入，我只是偶然写了三本书，和我以前偶然写成的那些短篇小说和诗歌一样。我不是个职业作家，也不打算一辈子写书。我说我觉得这就像那种所谓的"偶然收益"。他们说我现在已经被视为一个作家了，即便我并没有太多的稿费收入。他们要详情，糟糕的是我无法提供详情——我手头没有版税报告（如果他们寄给我了的话，我记不得了）。我只是偶尔收到一张支票，一般当时就兑现花掉了。但我还是尽量地解释清楚。税务局官员似乎觉得很好笑，不过他们建议我今后要认真记账。这时我决定，一定要有一个著作权代理人。

由于对著作权代理人一事我几乎一无所知，我想我最好再去找伊登·菲尔波茨最早推荐给我的休斯·梅西。于是我去了老地方，主人却不是休斯·梅西了。显然，他去世了。接待我的是一个说话略有口吃，名叫埃德蒙·科克的年轻人。他完全不像休斯·梅西那样令人望之生畏，事实上，和他交谈毫不费力。他对我的无知表示了恰如其分的震惊，并说愿意在今后指点我如何处理。他清楚地给我讲了他要收的佣金，我的小说的连载权、在美国出版、剧本改编权等诸多不可能的事（至少我觉得不可能）。他的一番话给我留下了极深的印象，我毫无保留地委托他全权代办一切事宜。离开他的办公室后我松了一口气，如释重负。

从那天开始，我们的友谊持续了四十多年。

随后，一件惊人的事发生了。《新闻晚报》(The Evening News)为连载《米尔庄园的秘密》付了我五百英镑。连载改动较大，已经不是那本《米尔庄园的秘密》了，于是我另取名为《褐衣男子》(The Man in the Brown Suit)，《新闻晚报》却觉得这个名字和《高尔夫球场命案》(Murder on the Links)太相似了，建议改为《女冒险家安娜》(Anna The Adventuress)——我想这简直是我听说过的最傻气的书名了。尽管如此，我什么也没说，因为他们毕竟要付给我五百英镑，而且，我可能对一本书的名字有些看法，但大家是不会理睬报纸上连载的小说的题目的。简直是好运从天而降，我都不敢相信这是真的，阿尔奇也觉得难以置信，庞基亦如此。只有母亲不以为然——她的女儿都能轻而易举地在《新闻晚报》上连载小说了，得到五百英镑，这没什么可大惊小怪的。

好事成双与祸不单行似乎是一条生活模式。《新闻晚报》刚刚给我带来了好运气，阿尔奇又时来运转。他接到一封名叫克利夫·贝利叶的澳大利亚朋友的来信，贝利叶建议阿尔奇去他的公司。阿尔奇去见了他，这个朋友给阿尔奇提供了一份他多年来渴望已久的工作。阿尔奇辞掉了现职，去了克利夫·贝利叶的公司。他立即感到那里极为称心。终于进了一家发展稳定、光明磊落的公司了，再也没有不正当手段，可以堂堂正正地进入金融界。我们俩就像进了天堂一样快乐无比。

我又立刻着手落实我一直喜欢做的事，尽管阿尔奇漠不关心。我们要在乡下找所住处，阿尔奇可以每天进城上班，罗莎琳德可以在花园的草坪上玩耍，而不用推着她去公园，或是局限于公寓之间的绿地。我渴望到乡下住，决定一旦找到一处便宜的房子，就搬过去。

我觉得阿尔奇之所以同意我的计划，主要是因为高尔夫球越来越吸引他了。前不久他刚入选森尼代尔高尔夫俱乐部,周末两人一起乘火车出游或远足旅行已成过去,他一心只想着高尔夫球。他在森尼代尔与各式各样的朋友打球,对场面小的赛局不屑一顾,对与像我这样球艺不精的运动员打球更是毫无兴趣。于是,虽然并没意识到,我却已渐渐成为那种人人皆知的、丈夫被高尔夫球夺去了的"寡妇"。

"我并不在乎住在乡下。"阿尔奇说,"其实我很喜欢乡下,当然对罗莎琳德也有好处,赛特也喜欢乡下,我知道你也一样。那么,我们只有唯一的选择了,那就是森尼代尔(Sunningdale)。"

"森尼代尔?"我稍有些沮丧地说,因为森尼代尔并不是我心目中的乡下,"可是那儿的花费太大,是不是?那里是富人区。"

"哦,我希望我们能想想办法。"阿尔奇乐观地说。

一两天后,他问我打算怎样花《新闻晚报》的那笔钱。"那是一大笔钱。"我说,"我考虑……"我承认说话时有些勉强,毫无信心,"我觉得我们应该存起来,未雨绸缪。"

"哦,我想现在不用那么担心未来。现在我和贝利叶一起干,有很好的前景,你呢,看起来写作事业也进展得不错。"

"是的,"我说,"可能我会花掉这笔钱——或花一部分。"做一件新的晚礼服,买一双金黄色或银白色的鞋替换那双黑色的,然后再给罗莎琳德买一辆小巧的自行车之类的奢侈品……

阿尔奇开口打断了我的思绪。"为什么不买一辆小汽车?"他提议道。

"买一辆小汽车?"我诧异地望着他,我从没奢望过买一辆小汽车。我所认识的朋友都没有汽车,在我的观念中,汽车仍是为富人们准备的。它们以每小时二十、三十、四十、五十英里的速度飞驰而过,车里坐着戴有面纱或礼帽的人,去往不可能步行到达的地方。"小汽车?"我又重复了一遍,样子更像个傻瓜了。

"有何不可呢?"

真的,有何不可呢?这是可能的事情。我,阿加莎,会有一辆小汽车,一辆属于自己的小汽车。坦白地说,一生中最让我兴奋的事有两件，第一件就是拥有自己的小汽车，那辆灰色的、有大鼻子的莫里斯考利汽车（Morris Cowley）。

第二件是大约四十年后，在白金汉宫与女王共进午餐。

你知道，这两次经历都有点像童话故事，是两件我认为绝对不会发生在我身上的事：拥有自家的小汽车，以及与英国女王共进午餐。

猫咪，猫咪，你去了哪儿？
我去了伦敦看女王。

那感觉就像我是贵族出身的阿加莎女士一样棒！

猫咪，猫咪，你去干了啥？
我吓坏了女王座下的耗子呀！

我没有机会吓坏伊丽莎白二世女王座下的耗子，不过那晚很尽兴。女王娇小苗条，穿着朴素的深红色天鹅绒礼服，上面有一颗美丽的宝石。她说起话来温和亲切。我记得她说了一个故事，说有天晚上他们待在一个小客厅里，突然烟囱里落下了煤灰，他们不得不冲出房间。得知这样的家庭小灾难也会在最高阶层的圈子里发生，真是让人兴奋。

第七章 失去意义的领地

1

我们在乡下找寻小屋时,从非洲传来了哥哥蒙蒂的坏消息。自从战前他打算在维多利亚湖上经营货船运输业之后,他就鲜少与家人联系了。在当地,有很多人对这个买卖非常热心,蒙蒂把他们的信都寄给了玛吉,说只要她肯注入一些投资……我姐姐相信蒙蒂能获得些成绩,因为他对船很在行。于是她将回英国的路费汇给了他,他们计划在埃塞克斯造一条小船。确实,那时这门行当方兴未艾,维多利亚湖上还没有小货船。然而,这个计划的缺点是蒙蒂要当船长。这么一来,谁都不知道这艘船会不会准点运营,或者服务会不会可靠。

"这是个很好的主意,可以挣大把的钱。可是想想看老米勒,如果他哪天就是不想起床了呢?如果他就是不喜欢看到哪个人的脸了呢?我是说,他是个为所欲为的人。"

可是我姐姐永远生性乐观,她同意投入大部分资金,建造这艘船。

"詹姆斯每月给我不少钱,我可以贴补阿什菲尔德家里的开销,所以我不会缺钱用。"

事实上我姐夫气得面无人色。他与蒙蒂互相厌恶,他认定玛吉会赔钱。

船已经着手在建造了,玛吉去了埃塞克斯几次,似乎一切顺利。

唯一让她担心的是蒙蒂总是往伦敦跑,住在杰明街的高档饭店里,买了不少豪华的丝绸睡衣和一些款式特别的船长制服,还送给她一个蓝宝石手镯、一个精致的刺绣晚宴手袋,以及其他美丽的昂贵礼物。

"可是蒙蒂,那些钱是用来造船的,不是让你买礼物送给我的。"

"可是我想送你一件好礼物,你自己从来不买。"

"窗台上那是什么?"

"那个啊,是日本盆景。"

"那一定很贵,对不对?"

"七十五英镑吧,我早就想买一个了。看看它的样子,很美,不是吗?"

"哦,蒙蒂,但愿你不要再买这么贵的东西了。"

"你的问题在于老是跟着老詹姆斯一起生活,都忘了该怎么让自己高兴。"

玛吉下一次来看他时,那个盆景不见了。

"你把它还给店里了?"她满怀希望地问。

"还给店里?"蒙蒂惊讶地说,"当然没有,我把它送给服务员了。她是一个非常好的女孩子,特别喜欢它,而她一直在为她的母亲担心。"

玛吉不知该说什么才好。

"出去吃午饭吧。"蒙蒂说。

"好的,不过得去里昂餐厅。"

"好吧。"

他们走到街上,蒙蒂示意门童叫一辆出租车。车子叫来了,他们坐了进去,蒙蒂塞给门童半克朗,然后对司机说去伯克利饭店。玛吉忽然泪如雨下。

"实情是这样的。"后来蒙蒂对我说,"詹姆斯是个非常吝啬的家伙,而可怜的老玛吉的精神完全崩溃了,搞得只知道省钱。"

"你就不能节约一点?假如船还没造好钱就花光了呢?"

蒙蒂咧嘴笑笑。

"没关系,那样老詹姆斯就只好付钱了呀。"

蒙蒂在他们家住了五天,喝掉了大量的威士忌。玛吉还偷偷地跑出去多买了几瓶,放在他的房间里,让蒙蒂觉得非常好笑。

蒙蒂迷上了楠·瓦茨。他带她去戏院看戏、去昂贵的饭店吃饭。

"那艘船永远开不到乌干达。"玛吉有时会失望地说。

这本来可以实现的,结果没有实现,都要怪蒙蒂。他对他命名的"巴坦加号"很有感情,希望它不仅仅是一艘货船。他订购了黑檀木和象牙家具,给自己的船长室里镶上柚木,还特意定做了印有巴坦加字样的褐色耐火瓷器。这一切都耽搁了开船的日期。

后来,战争爆发了,巴坦加号不可能运货去非洲了,结果以很低的价格卖给了政府。蒙蒂再次从军,被编入国王非洲步枪兵团。

巴坦加号的传奇就此结束。

我至今还保留着两个印有巴坦加字样的咖啡杯。

此刻,一位医生写来信说蒙蒂在战斗中手臂负了重伤,住院治疗期间伤口又感染了——粗心大意的战地包扎所致。感染久治不愈,甚至他退役后还一再复发。战后他以打猎维生,终究还是在生命垂危时被人送进了一家修女开办的法国医院,病情严重。

起初他不打算告诉任何亲戚,但现在他快死了——最多还能活六个月——他深切地希望能够死在家乡。另外,英国的气候有可能稍稍延续他的生命。

他从蒙巴萨岛(Mombassa)经海路回国的旅程很快被安排妥当,母亲在阿什菲尔德着手准备。她欢天喜地,想着要全心全意地照顾她最亲爱的儿子。她幻想着那种亲密的母子关系,而我则确信这根本不现实。母亲和蒙蒂一直处不好,他们在很多方面太相像了。两个人都固执己见,而蒙蒂又是这世上最难相处的人。

"但现在情形不同了。"母亲说,"别忘了这个可怜的孩子病得多重。"

我觉得蒙蒂病得再重也还是蒙蒂,还是一样难以相处,人的性情是不会变的。当然,我仍然往好处想。

母亲在说服两位老女佣,让蒙蒂的那个非洲仆人住在家里遭遇了一些困难。

"夫人，我实在难以想象和一个黑人住在一起，我和我妹妹是不会习惯的。"

母亲立刻采取行动，她不是一个轻易服输的女人。她劝她们留下来，最后使出一招，说她们有可能让这个非洲人放弃伊斯兰教，皈依基督教——两位老女佣都是虔诚的教徒。

"我们给他读《圣经》。"她们说，眼睛里闪耀着光辉。

同时，母亲腾出了三个设施齐全的房间和一间新浴室。

阿尔奇亲切地表示，船到蒂尔伯里港（Tilbury）时他会去接蒙蒂。他还在贝斯渥特（Bayswater）为他租了套小房子，以便蒙蒂和用人有个落脚之地。

阿尔奇去蒂尔伯里港时，我叮嘱他说："别带蒙蒂去里茨饭店。"

"你说什么？"

"我说，如果他要求去里茨饭店别理他。我负责安顿好房子，让女房东做好准备，把要用的东西备齐。"

"哦，不会有问题的。"

"但愿如此，但他很可能想去里茨饭店。"

"别担心，我会在午饭前把他安顿下来。"

一晃过了一天，六点半时，阿尔奇才回到家，看起来疲惫不堪。

"很顺利，把他安顿好了。下船时费了些劲儿，他还没动手收拾行李，嘴里叨唠着时间充裕得很，着什么急？其他旅客都下船了，他还不慌不忙，好像无所谓的样子。那个叫舍巴尼的还挺机灵，帮了大忙，最后还是他把东西搬了下来。"

他停了停，清清喉咙。

"实际上我没带他去鲍威尔广场，看起来他打定主意要住杰明街的饭店，他说这样可以为别人减少些麻烦。"

"所以他住那里了？"

"啊，是的。"

我望着阿尔奇。

"不知为何，"阿尔奇说，"他似乎说得蛮有道理的。"

"这就是蒙蒂的本事。"我告诉他。

蒙蒂经人推荐,去见了一位治疗热带病的专家,这位专家详细地嘱咐我母亲该怎么做。还是有可能局部康复的:新鲜的空气,长时间的热水浴和静谧的生活。可能存在的困难是,由于过去为他诊治的人认为他活不了几天,让他服用了大量的镇痛药,以至于他这时已经成瘾。

过了一两天,我们把蒙蒂和舍巴尼安顿到鲍威尔广场的公寓,他们相当愉快地住了下来。尽管舍巴尼在去隔壁香烟店时引起了不小的骚动:他一把抓起一包五十支的香烟,说了一句"给我主人买的",然后就扬长而去。肯尼亚的信用体系在贝斯渥特并不受赏识。

在伦敦的治疗结束以后,蒙蒂和舍巴尼搬到了阿什菲尔德——母亲想方设法要让儿子"在宁静中度过他的余生",但这简直要了她的命。蒙蒂过惯了非洲生活,他对吃饭的概念就是饿了就吃,即使是凌晨四点——这是他最中意的饭点之一。他会按铃叫来仆人,说他要吃排骨和牛排。

"母亲,我不明白你说'要体谅仆人'是什么意思,你花钱请她们来就是做饭的,对不对?"

"对……但不是在半夜里。"

"现在离日出只有一个小时,我总是这个时候起床,这是我的正常作息。"

多亏了舍巴尼,才没出乱子,两个老女佣很喜欢他。她们给他读《圣经》,他听得津津有味。他给她们讲故事,关于他们在乌干达的生活,以及他的主人射杀大象的壮举。

他温和地批评蒙蒂,说他不该那样对待他的母亲。

"她是您的母亲,主人,您对她说话时应该很尊敬。"

一年后,舍巴尼不得不返回非洲,与他的妻子、家人团聚。形势每况愈下,请来的男仆都很不称心,蒙蒂和母亲都不满意。玛吉和我只能试着轮流安抚他们。

蒙蒂的身体有所好转,结果就是他更不服管了。他烦躁不安,常拿着一支左轮枪朝窗外射击来解闷。小商贩和来探望母亲的人都抱怨不已,蒙蒂则一点不知悔改。"有些无聊的老处女扭着屁股在路上晃来晃去,叫人难以容忍。朝她们左右各打一两枪,哎呀,她们就跑了!"

有一天,他甚至朝走在车道上的玛吉开枪,她着实吓坏了。

"我真是搞不懂!"蒙蒂说,"我又不会伤到她,难道她以为我瞄不准?"

有人告了状,警察来了。蒙蒂给他们看了他的持枪执照,说他曾在肯尼亚当猎手,现在仍想保持精准的枪法。有的笨女人以为他在朝她射击,实际情况只是他瞧见了一只兔子。不愧是蒙蒂,他就是这么能说会道。他没受到追究,警察认为,对于过惯了像是"米勒船长的生活"的人来说,这样的解释合乎情理。

"说实话,孩子,我受不了被关在这里,像被驯化的动物一样待着。如果我能在达特穆尔有栋小房子,我就会很高兴。空间与空气,是呼吸的基础。"

"你是认真的吗?"

"当然喽,可怜的老母亲快要把我逼疯了。那么麻烦,一日三餐,定好时间,事事都要按部就班,我可没过过这种日子。"

我在达特穆尔给蒙蒂买了一栋花岗岩造的小屋,还奇迹般地找到了一个女管家照顾他。她六十五岁了,刚见面时我们觉得她并不合适。她染了一头金发,烫了卷,脂粉太重,身上穿着黑色的丝裙。她是一个医生的寡妇,丈夫生前有吗啡瘾。她在法国度过了大半生,生了十三个孩子。

而她就是那个应祷告而来的人,没有人能像她那样对蒙蒂应付自如。只要他开口,她就在半夜里给他煮排骨吃。然而过了一段时间,蒙蒂说:"我已经不那么干了,这实在有点难为泰勒太太。她很热心肠,可是她并不年轻了。"

没有人要求她,也没人叫她这样做,她是完全自觉自愿地在小小的庭院里翻土,种了豌豆、土豆和四季豆。蒙蒂说话的时候她会认真倾听,蒙蒂沉默的时候她一语不发。真是太棒了。

母亲恢复了健康，玛吉不再忧心忡忡。蒙蒂乐于家里人来看望他，而且每次都表现得规规矩矩的，还炫耀泰勒太太做的饭菜。

我和玛吉认为买下这栋达特穆尔的小屋花的那八百英镑非常值得。

2

我和阿尔奇在乡下看中了一套房子，不过不是一整栋的。正如我所担心的，住在森尼代尔的费用实在太高。那里全是现代化的豪华住宅，环绕着高尔夫球场，根本没有乡村别墅。但我们还是找到了一幢很大的维多利亚式别墅，名叫斯科茨伍德，带一个不小的花园，分成四套。楼下的两套都住了人，楼上的两套正在装修，我们去看了看。两套都是下层有三间、上层有两间，当然，都有一间厨房和一间浴室。其中一套更具吸引力，房型结构和外观要更好。但另一套多出一个小房间，而且租金更便宜，于是我们订下了便宜的那套。房客可以使用花园，还有热水持续供应。年租金比艾迪生大厦的公寓要贵，但也没有贵很多，我想大概是一百二十英镑。我们签订了租约，准备搬进去。

我们不断地过去看装修工和油漆工的进展——往往要比他们保证的慢得多，每次都发现有地方装得不对。壁纸是最容易的，只要不搞错图样，就问题不大。但是油漆的深浅就可能调错，而我们又没有守在现场盯着。不管怎样，终于还是按时弄好了。我们有一间很大的起居室，挂着我自己做的淡紫色的棉布窗帘。小餐室里用了贵得多的窗帘，因为我们太喜欢那个图案了：白色底上散落着郁金香。小餐室后面是罗莎琳德和赛特的大房间，挂着绘有金凤花和雏菊图案的窗帘。楼上，阿尔奇有一间更衣室和一个只在急需时启用的备用房间，窗帘的颜色极不协调——是深红色的罂粟花与蓝色的矢车菊。我们的卧室我选择了蓝铃花图案的窗帘，这实在是一个不错的选择，因为这个房间是朝北的，阳光很少能照射进来。唯一漂亮的时候就是在上午，把窗帘从两侧拉起，躺在床上看着阳光照在身上。如果在晚上看，那种蓝色就黯淡了。实际上这就像真的蓝铃花，这种花，只要你把它们搬进屋内，它们就会"花容失色"，萎靡得抬不起头来。蓝铃花是一种绝对不可以囚禁在室内的花朵，只有在树林中它们才会快乐。我写了一首关于蓝铃花的歌谣，聊以自慰：

五月歌谣

五月宜人的清晨，国王外出散步
传说他俯身小憩，酣然睡熟
当他醒来，已是薄暮
（那时辰被施了魔法）
蓝铃花，狂野的蓝铃花，就在林间飞舞

国王大宴百花，独缺一户
他急切的目光，搜索着缺席的眷慕
玫瑰花锦衣夺目
百合花绿衣装束
蓝铃花，狂野的蓝铃花，只在林间飞舞

国王手按利剑，蹙眉大怒
派人将她抓获，绑她来见君主
丝制的绳索将她束缚
在国王面前她停下脚步
蓝铃花，狂野的蓝铃花，该在林间飞舞

国王起身恭迎，誓要结为夫妇
他把金色王冠戴上她的头颅
然后他面无血色，颤抖不住
朝臣骇然，为之侧目
蓝铃花，灰暗的蓝铃花，容颜苍白可怖

> 国王啊，王冠沉重，压低我的头颅
> 宫墙深深，岂能任我自由飞舞
> 我是风的情奴
> 也是太阳的情妇
> 蓝铃花，狂野的蓝铃花，永不许配君主
>
> 国王终年郁郁，无法平抑痛苦
> 外出散步，去那爱人的小路
> 他舍弃金色的王冠，走向林荫深处
> 在那里，蓝铃花，狂野的蓝铃花，永远恣情飞舞

《褐衣男子》的销路实在好。博得利·黑德出版社敦促我和他们签一份新合同，我拒绝了。我又给他们送去了一本根据多年以前写的一部中篇小说改写的书，我自己颇喜欢这一本，书里涉及许多超自然现象。我加了一些细节，增添了几个人物，送到了出版社。但他们不准备出版，我料到会如此。合同中没有规定我必须写侦探小说或探险小说，仅仅提到"下一部小说"。这部书完全称得上小说了，出版与否全在他们。他们拒绝出版，我还得再给他们写一本。此后，我就自由了。从此以后我不但有了自由，还有休斯·梅西[①]一流的建议：他告诉我该做什么，还有更重要的——不该做什么。

接下来我写的那本书完全是一本轻松读物，风格类似于《暗藏杀机》。写这本书充满了乐趣，进度很快，书中体现了我当时万事顺意的轻松心情。随着罗莎琳德逐渐长大，森尼代尔的生活充满了喜悦和乐趣。我不明白为什么有些人希望他们的孩子永远是婴儿，永远不希望他们长大，孩子一天天长大，反而感到遗憾。我正相反，有时都觉得急不可待，我渴望看到一年后的罗莎琳德会是什么样子，再过一年又会是什么样子。世界上没有比看着自己的亲骨肉不断变化更令人激动

[①] 按前后文看，此时休斯·梅西已经去世，此处应为他的继承人埃德蒙·科克。

的了。你把她带到这个世界上,照顾她一段时间,随后她会离你而去,独自绽放出自由生命的绚丽花朵——在你的注视下,自由自在地生活。就像把一株奇异的植物带回来种在家里,你会迫不及待地想看看它会长成什么样子。

罗莎琳德在森尼代尔生活得很幸福,她兴高采烈地骑着那辆小巧的自行车满院子兜风,时而摔倒却从不在乎。赛特和我都曾告诉她不要骑出大门,但好像我们说这话时都没有绝对禁止的意味。一天清晨,我们都在房间里忙碌着,罗莎琳德终究还是出了大门。她急速地滑下坡冲向公路,很幸运,她还没到那儿就摔倒了。那一跤把她的两颗门牙撞凹进去了,还可能影响到了别的牙齿。我带她去看牙科医生,罗莎琳德对此虽无怨言,可她坐在治疗椅上,双唇紧闭、不肯露出牙齿给任何人看,谁劝也不肯张口。我、赛特和牙科医生费尽了口舌,她仍一言不发地绷紧双唇。我只好气急败坏地带她回去了,罗莎琳德默默地任我责骂。两天后,经我和赛特的一再劝说,她才同意去看牙科医生。

"这次你想好了吧,罗莎琳德?我们到了那里,你会不会又像上次一样?"

"不会了,这一次我会张开嘴的。"

"我想你大概是害怕了吧?"

"嗯,因为你不能确定,"罗莎琳德说,"谁知道人家要对你做什么。"

我承认这一点,不过我让她确信,在英国,她认识的所有人,还有我认识的所有人,都去看牙医。大家都会乖乖地张开嘴,让人摆弄他们的牙齿,结果都是对自己有好处。罗莎琳德去了,这次她表现得很勇敢。医生拔掉了松动的牙齿,说她以后可能要戴牙托,但也许用不着。

牙医,我不由得觉得他们已经不像我小时候那么冷冰冰的了。我们以前的牙医叫赫恩先生,是个充满活力的小个子,对病人有着天然的威慑力。我姐姐玛吉才三岁时就被带到他那里,刚被安置在诊所的椅子上她就马上哭了起来。

"现在听着。"赫恩先生说,"不许哭,我从来不允许我的病人哭。"

"你不允许?"玛吉马上停了下来,惊讶地说。

"是的。"赫恩先生说,"这是不好的,我不允许。"他再没遇到一点麻烦。

我们都为了搬到斯科茨伍德居住而欣喜若狂,重返乡村令人激动不已。阿尔奇满心欢喜,因为森尼代尔近在咫尺;赛特由于不必再走长路去公园而高兴;而罗莎琳德则为能在院子里骑自行车而开心。这样皆大欢喜,虽然我们和运家具的货车一同抵达的时候什么都没准备好。电工们还在过道里四处打洞,每搬一件家具进去都异常艰难。浴室、水龙头、电灯,问题一个接一个,效率低得令人发指。

《新闻晚报》开始连载《女冒险家安娜》,我们买了一辆莫里斯考利小汽车。这是一辆质量很好的车,比现如今的小汽车更耐用,做工更精致。接下来我就要学习驾驶了。

但几乎紧接着而来的就是大罢工。我跟阿尔奇学了大约三次,他就通知我说我必须开车送他去伦敦上班。

"但是我不行,我还不会开呢!"

"哦,当然可以,你会的。你已经学得相当不错了。"

阿尔奇是个好老师,而且在当时,驾车上路无须通过任何考试。那时候还没有"实习司机"的说法,从你开始控制方向盘那一刻起,一切就全由你自己负责了。

"我觉得我还不会倒车。"我毫无把握地说,"车子的移动向来和我想象中的不一样。"

"你不需要倒车。"阿尔奇言之凿凿地说,"你会操纵方向盘,这就足够了。只要保持速度适宜,就不会有事的。你知道怎么刹车吧?"

"你一开始就教过我了。"我说。

"是啊,当然,我觉得你不会有什么问题的。"

"可是路上的行人和车辆很多呀。"我结结巴巴地说。

"哦,没事,一开始不会让你面对太多的车辆和行人的。"

他听说豪恩斯洛站（Hounslow Station）有电气火车，因此我的任务就是开车把阿尔奇带到豪恩斯洛站。他会在那里把车掉个头，朝着回去的方向，然后就撇下我独自面对这部机器，自己进城去了。

第一次尝试是我至今经受过的最严酷的考验。我害怕得浑身发抖，但尽管如此，我还是努力好好开。有一两次我刹车踩得太猛，熄火了，另外驾车经过任何东西时我都很小心翼翼，有时可能不太需要。不过当然，那时候路面上的车辆和行人与如今不可同日而语，因此不需要那么纯熟的技巧。只要你能够合理地把住方向，不要经常停车、转向、倒车，也就行了。最糟糕的时刻在我要开进斯科茨伍德狭窄的车库时到来了——我得停在邻居家的车旁。他们住在我家楼下，是一对姓罗恩克利夫的年轻夫妇。那个妻子后来向她的丈夫汇报说："今天早上我看到二楼的人开车回来，我想她以前大概从来没开过车。她颤抖着把车开进车库，面色如土。我以为她要撞墙了，幸好没有！"

我觉得在这种情况下，除了阿尔奇以外，没人能让我坚定信心。那些连我自己都很怀疑做不了的事情，他总认为我可以做到。"你当然可以做到。"他会说，"怎么会做不到呢？如果你老是觉得自己做不到，你就永远做不到。"

三四天后，我积累了一点自信，觉得可以再进一步开进伦敦城，也有胆量面对路上的危险了。哦，汽车带给了我多大的喜悦啊！我想现在已经没人相信汽车能给人生带来变化了：你可以去任何想去的地方，去你的双腿难以企及的地方——它可以拓宽你的视野。我从汽车上得到的最大的乐趣就是开到阿什菲尔德，带着母亲出去兜风。和我一样，她高兴极了。我们去了很多地方——去达特穆尔，去那些因为交通不便而没能去拜访的朋友家。单单是驾车出门本身就够我们高兴的了。我觉得我亲爱的大鼻子莫里斯考利汽车给我带来的满足感和成就感是不可能被超越的。

虽然在实际生活中阿尔奇帮助很大，但对于我的写作事业，他毫无用处。有时我会渴望给他讲讲某个新故事的想法，或者新书里的情节。可我结结巴巴地讲述时,自己听起来都觉得陈腐平庸、枯燥乏味——我还可以罗列出一堆这样的形容词,就不一一列举了。阿尔奇会态度和蔼地倾听着,露出他决定给予某人关注时的一贯神情。讲完后我胆怯地问:"怎么样?你觉得可以吗?"

"嗯,我觉得还行。"阿尔奇说,态度完全是敷衍的,"但听起来故事性不强,是不是?也不太激动人心,是不是?"

"那么你觉得不行吗?"

"我觉得还可以更好。"

于是这个情节便被弃置不用了,我觉得永远不会再启用。不过事实上,五六年后,我又会想起它,或是它自动在笔尖复活。这一次,它没有在没成形时就遭到批评反对,而是绽放出令人满意的花朵,成为我的一本得意之作。问题在于,选择合适的词语把你想表达的意思说出来,这非常难。你可以诉诸纸笔,或者坐在打字机前——字词会以组织好的形式自然而然地出来。但你很难口头描述想写的内容,至少我做不到。最终我学会了在一本书写完之前只字不提。成书之后得到的批评很有帮助。你可以辩解,也可以服输,但你至少知道这本书吸引了一个读者。而自己讲述自己打算写什么听起来就很乏味,如果这时有人说这个构思不怎么样,你立刻就会同意。

我收到过上千封请求我阅读某某人的手稿的信,我从不接受。因为首先,你一旦同意一次,接下来就要不停读某某某某的手稿,而没有精力干自己的事了!不过真正的原因是,我不认为一个作家适合做评论。你的评论无非是基于你会如何如何写,但这并不一定适用于其他人。大家都有自己独特的表达方式。

还有一个很可怕的可能,你可能会打击一个不该被打击的人。一位热心的朋友曾把我早期的一篇小说拿去给一位著名女作家看,她遗憾地说出消极的看法,并说这个人永远成不了作家。她的真实意思——尽管说出那番话时她自己都没有意识到这一点——其实是写这篇小说的人技法尚不成熟,还写不出可以出版的作品来。问题就在于她是一个作家,不是评论家。评论家或编辑会更敏锐,因为他们的职业就是发现未经雕琢的璞玉。因此我不喜欢评论别人，并且觉得这样很容易伤人。

我唯一想批评有些未来的作家的是，他们从不考虑作品的销路问题。写一本三万字的小说毫无益处，这种篇幅的书目前很难出版。"哦。"作者会说，"可这本书这么长正合适啊。"假如你是个天才，这么做或许没错，但你更应该当个推销员。你找到了自以为能够驾驭且感兴趣的事，就该希望创作出的作品能卖个好价钱。这么一来，你就必须让它的外观和形式也符合读者的需要。如果你是一个木匠，那做一把五英尺高①的椅子可毫无用处，谁也不会坐这种椅子，无论你说它多么多么好看都无济于事。你要写一本书，就得研究写书的规矩，然后按着规矩去写。如果你想为某杂志写一篇短篇小说，它的长短、形式都得合乎该杂志刊载的要求。倘若你没打算发表，那就是另外一回事了——篇幅可以随你而定，形式也可以随心所欲，可是你也就只能满足于练笔的乐趣而已。一开始就认定某某是天才并没什么好处——确实有这样的人，但屈指可数。是的，你只是个推销员而已，一个童叟无欺的推销员。你得学会各种技巧，然后你才能在这个行当里发挥你创造性的想象力。但你必须遵照一定的体裁。

直到这时我才慢慢发觉，我也许可以做个专业作家，可是我还没打定主意，我仍然认为写作不过是绣沙发椅垫之后，自然产生的消遣方式。

从伦敦来乡村之前，我曾学过雕塑，我是这门艺术的狂热崇拜者——远超过绘画，我向往成为一名雕塑家。但这个希望很快就破灭了：我发现我没这个能力，因为我缺乏对视觉形态的洞察力。我不会画画，所以也不会雕塑。我曾经以为雕塑会有所不同，小时候玩泥巴的感觉和手法也许会对塑造什么东西有所帮助。但我意识到自己真的没有观察物品外观的能力，就好比学音乐听不出音阶。

为了满足虚荣心，我曾把我写的几首诗谱上曲，改为歌曲。回过

---

①约一米五。

头再看看我改编的华尔兹舞曲，我觉得没有比那更平庸的东西了。有几首歌还不错，为《狂欢节的最后一天》(Pierrot and Harlequin)系列谱的一首曲让我很得意。我真希望学过声学，对作曲有所了解，可是看起来写作才是最适合我的职业和表达自我的方式。

我写了一个乱伦主题的、风格忧郁的剧本。收到的出版商都言辞激烈地拒绝了，说这是"一个令人厌恶的主题"。奇怪的是，当今这类剧本对出版商倒是颇富吸引力。

我还写了一部关于埃赫那吞①的历史剧，并且特别偏爱它。约翰·吉尔古德②诚挚地给我写了一封信，他说剧本不乏有趣之处，但是制作这样一出戏成本太高了，而且它缺少一点幽默感。我没有把幽默感与埃赫那吞联系起来，现在看来我错了。和其他地方一样，古埃及也不缺乏幽默感——生活同样，无关乎时间地点。即使是悲剧，也该有其幽默成分。

3

周游世界回来以后，我们尝尽了艰辛，终于迎来一段平静的日子，实在美妙。也许这时我本应感觉到一丝不安，因为一切太顺利了：阿尔奇有称心的工作，老板是他的朋友，与同事关系融洽。他一直渴望加入一流的高尔夫球俱乐部，如今也实现了，每逢周末他都要去玩个痛快。我的写作也进展顺利，并且已经开始考虑专门从事写作来赚取稿费了。

我是否意识到平静的生活中有什么不正常之处？我想没有吧。但是的确少了点什么。虽然我没有仔细地琢磨，但我怀念以前和阿尔奇

---

①埃赫那吞 (Akhenaten, 前1379–前1362)，古埃及十八王朝法老，以其宗教改革著称。
②约翰·吉尔古德 (John Gielgud, 1904–2000)，英国演员，以擅长扮演莎士比亚戏剧闻名于世。

相依相伴的日子，我怀念那些我们一起坐汽车、火车去各地游历、探险的周末。

这段时间的周末让我感到非常沉闷无聊。我总想邀请伦敦的朋友来家里玩，和老朋友们叙叙旧。但阿尔奇很不喜欢，他说这样会破坏了他的周末；家里来了客人，他就不得不在家多待些时间，这有可能会使他误了第二场球赛。我说他也可以打打网球，不要总是打高尔夫球，我们在伦敦的公共球场打网球时也结识了一些朋友。他吓了一跳，说打网球会影响打高尔夫球的眼力，他对打高尔夫球怀着宗教般的热忱。

"听着，你可以随便邀请你的哪个朋友来，但是别请夫妇俩一起来，因为那样我就得花时间应酬。"

这事不大好办，因为我们的大部分朋友都结了婚，只邀请妻子而不请丈夫总不大合适。在森尼代尔我也交了些朋友，可森尼代尔的社交圈子主要由两种人组成：一种是中年人，热衷于园艺，除此之外根本不谈别的事；另一种是性情豪爽、爱好运动的富裕人家，他们喜欢推杯换盏，举办各式鸡尾酒会。我不是那种类型的人，不过阿尔奇喜欢。

有一对夫妇可以来，并且确实来与我们共度周末了，那就是楠·瓦茨和她的第二任丈夫。她在战时嫁给了一个叫雨果·波洛克的人，生了一个女儿叫朱蒂。可是这段婚姻并不幸福，最终他们离婚了。她又与一个叫乔治·昆的男人结婚，昆也是一名狂热的高尔夫爱好者，于是，周末的问题就迎刃而解了。乔治和阿尔奇去打高尔夫球，楠和我闲聊，同时也在女子球场随便打打高尔夫。然后我们会走到俱乐部与他们会合，喝点饮料。至少楠和我会喝半品脱用牛奶稀释的生奶油，就像从前在艾本尼时那样。

赛特的辞别让我们很难受，她在我家服务时一直尽心尽力，却总想着在国外找个工作。她指出，罗莎琳德明年就要上学了，需要她的时候会比较少。她听说英国驻布鲁塞尔大使馆有个好职位，非常想去。她说她不想离开我们，可是她很想以家庭教师的身份周游世界，见见世面。我赞同她的观点，只得恋恋不舍地同意她去比利时。

那时我想起小时候和玛丽在一起时是多么快乐，还能毫不费力地学习法语，或许我也可以给罗莎林德找个法国保姆兼家庭教师。庞基很热心，来信说她认识一个，虽说不是法国人，是瑞士人。她见过这个女孩，并且她的一个朋友认识女孩在瑞士的家人，算是知根知底。"她叫玛塞尔，是个很可爱的女孩子，很温柔。"她认为照顾罗莎琳德的人非玛塞尔莫属，她会非常怜惜她，因为罗莎琳德如此羞怯、怕生。我没有想到，庞基和我在对罗莎琳德性格的评价上意见完全相同！

玛塞尔·威格诺如约而至。一开始时我有点担心，庞基说她是个温柔可爱的女孩子，但她给我的印象有所不同。她虽然脾气很好，却似乎温吞慵懒，了无生趣。不是那种有能力管好孩子的人。罗莎琳德原本举止得体、很有礼貌，总的来说，在日常生活中非常令人满意，却几乎在一夜之间变得——我只能形容为"被魔鬼附身了"。

我简直不敢相信。这时我才知道了保姆们都知道的事实：孩子就像一只小狗或任何其他小动物，懂得什么是威严。玛塞尔毫无威严可言。她偶尔会轻轻地摇摇头，说："罗莎琳德！不，不，罗莎琳德！"可是毫无效果。

她们一起外出散步时的场景看起来真是值得同情。我很快就发现玛塞尔的脚上尽是鸡眼和囊肿，只能跛着脚以送葬队列的速度走路。我一发现，就马上送她去看手足科医生，可是即便如此，她那走路的步态还是没有多大改观。罗莎琳德是个精力充沛的孩子，昂首阔步地冲在前面，英国派头十足。玛塞尔被可怜地甩在后面，有气无力地嘟囔着："等等我，等等我！"

"我们是出来散步的，对不对？"罗莎琳德会回过头来说。

然后玛塞尔会以最愚蠢的方式，到森尼代尔去买块巧克力来收买罗莎琳德——这是最糟糕的做法。罗莎琳德会接受那些巧克力，相当客气地小声说一句："谢谢你。"然后继续胡作非为。在家里她是个小魔王，会脱下鞋子扔向玛塞尔，冲她做鬼脸，拒绝吃晚餐。

"我该怎么办？"我问阿尔奇，"她真是可怕，我惩罚了她，可是她似乎不知悔改，她真的开始以折磨那个可怜的女孩为乐了。"

"我觉得那个女孩并不在意。"阿尔奇说，"我从没见过那么无动于衷的人。"

"也许情形会好转的。"我说。

可是情形并未好转，反而更糟了。我真的很担心，因为我可不想看到自己的孩子变成性情暴躁的魔鬼。毕竟，如果罗莎琳德曾经礼貌地对待过两个保姆和一个家庭女仆，这次却如此恶劣地对待这个女孩，那就必然是这个女孩自己有点问题。

"你难道不觉得这样很对不起玛塞尔吗？她从遥远的国家来到这里，周围连说她的母语的人都没有。"我问。

"是她自己要来的。"罗莎琳德说，"她要是不想来就不会来了。她的英语说得很好，但她实在是非常蠢。"当然，她说得再正确不过了。

罗莎琳德学了一点法语，不过不多。下雨天我会建议她们一起做游戏，可是罗莎琳德告诉我，她甚至无法教玛塞尔玩"我的乞丐邻居"。"她就是记不住 A 要赔四张，K 要赔三张。"她嘲讽道。

我告诉庞基事情不妙。

"哦，亲爱的，我以为她会喜欢玛塞尔的。"

"她不喜欢。"我说，"何止不喜欢，她几乎是在想尽办法折磨那个可怜的女孩，还朝她扔东西。"

"罗莎琳德朝她扔东西？"

"是的。"我说，"而且越来越恶劣了。"

最后我决定不能再忍耐，我们的生活为什么要这样被糟蹋了呢？我找玛塞尔谈了，低声地说我觉得事情不太理想，也许她去别处工作会高兴得多。我可以为她做推荐，试试看帮她找个职位，除非她更想回瑞士。玛塞尔泰然自若地说她很高兴来英格兰见识了一下，不过她觉得她还是回伯尔尼比较好。她向我们道别，我硬是多塞给她一个月的工资，下定决心再找一个人。

这回我打算雇一个能兼任秘书和保姆的人。罗莎琳德五岁以后每天早上都要去附近的小学上学，这时我就需要一个秘书兼速记员，在几个小时内任我差遣。也许我应该口述作品，这似乎是个好主意。我在报上登了广告，征召一个能够照看马上要上学的五岁小孩，还能做秘书速记员的人——我补充了一句"苏格兰籍优先"。这时我已经见过不少孩子和他们的保育员,我发现苏格兰人特别会照顾孩子。法国人绝对不行,他们往往会被管教对象欺压;德国人不错且很有办法,不过我没想过让罗莎琳德学德语;爱尔兰人生性愉快,不过常在家里惹麻烦;英格兰人则各式各样的都有。我渴望能找到一个苏格兰人。

我把各式各样的应聘信整理出来,依序见面,最终在伦敦兰开斯特门附近的一家小小的私人旅馆见到了夏洛蒂·费舍小姐。我一见到费舍小姐就喜欢上她了。她高高的个子,棕色的头发,二十三岁左右,在照顾小孩方面很有经验。她看上去精明能干,举止得体,一双秀目闪着光彩。她的父亲是爱丁堡的宫廷牧师之一,也是圣科伦巴的教区牧师。她会速记和打字,不过没有太多速记的经验。她喜欢在照顾小孩之余干点秘书的工作。

"另外还有一件事。"我颇为迟疑地说,"你是否……呃,你觉得自己能不能……我是说,你有办法同老妇人和睦相处吗?"

费舍小姐非常古怪地看了我一眼,我突然注意到我们所在的房间里有二十多位老妇人,有织毛衣的、钩东西的、读报的,在我问出这个问题后,她们纷纷把目光缓缓地投到我的身上。费舍小姐咬住嘴唇忍住了笑。我刚才光想着怎么组织问话,完全忽略了所处的环境。我母亲此时的确有些难以相处,人老了多半都这样。可是母亲一直十分独立,很容易对人产生厌倦和反感,因此比大多数老人更难相处。以前杰西·斯万奈尔就特别难以忍受这一点。

"我觉得可以吧。"夏洛蒂·费舍用实实在在的口气答道,"我从没觉得这有什么难的。"

我解释说我母亲年纪大了,性情有点古怪,总觉得她知道的最多,不容易相处。而既然夏洛蒂似乎毫不惊慌地接受了这一点,我们就说定了,她一离开现在工作的家庭就马上来我家,我想她那时正在公园巷的一户百万富翁的家里照看孩子。她有一个比她大很多的姐姐,住在伦敦,她说如果她姐姐能偶尔过来看看她,她会很高兴。我说这当然没问题。

就这样,夏洛蒂·费舍来给我当秘书了,她姐姐玛丽·费舍在需要时也会来帮帮忙。她们和我做了多年的朋友，给我当秘书、保姆和用人等。夏洛蒂至今和我仍是好朋友。

夏洛蒂的来临可以说像个奇迹。一个月后，罗莎琳德开始叫她卡洛。她一踏进斯科茨伍德的大门，罗莎琳德就不可思议地又变成赛特在时的乖孩子，简直像洒了圣水！鞋子穿在脚上，再也不用来扔人了，回答问题时彬彬有礼，她和卡洛在一起似乎非常开心，那个狂怒的魔鬼不见了。"说真的，"夏洛蒂后来对我说，"我刚来的时候她像一只疯狂的野兽，而且很久没人给她剪过刘海了，头发全都挡在眼睛前面，她要向外窥视着看东西。"

生活又恢复了平静。罗莎琳德一上学，我就着手准备口授一篇小说。对于这件事，我忐忑不安地一再推迟。终于，我们俩开始工作了。我和夏洛蒂面对面坐下，她手拿铅笔和速记本，我闷闷不乐地望着壁炉，犹豫着说出几句。听起来糟糕透顶。我时断时续地说着，每句话都很不自然，就这样持续了一个小时。后来卡洛告诉我，一开始她也很犯愁，虽然她学过速记课程，但没有实际用过，她曾尝试记录布道词来练习速记。她很怕我会说得太快，可实际上我说的话谁都能毫无困难地记下来，甚至不用速记法写都行。

经历了灾难性的开端后，口述创作渐渐有了进步，但我还是觉得手写或打字更得心应手。很奇怪，听到自己的声音会让人有些难为情，因此很难表达自己的想法。直到距今五六年前，我右手腕骨折，不能写字，才开始使用录音机，然后渐渐习惯了自己的声音。然而，使用录音机的不利之处是，会促使你把文章写得过于冗长。

毫无疑问，打字或书写的费力感会帮助我紧扣主题。用词简洁在侦探小说中至关重要，谁也不想听同一个细节颠来倒去地重复三四遍。可是面对录音机，稍稍变换词语，重复同一情节也会变得很诱人。当然，事后可以删改，但那很烦人，而且会破坏原本连贯的思路。最理想的就是利用人天生的惰性——除非必要，否则绝不多写一个字。

不可否认，做任何事都有一个合适的度。我个人认为，一篇侦探小说的合适长度为五万字左右。我知道出版商会认为太短了，读者花钱买本仅仅五万字的小说也许会觉得受骗了——因此六七万字会好得多。而如果你的书超过这个字数,你就会发现字数少一些会更精彩。探险小说的合适篇幅在两万字左右,不幸的是,这种篇幅的小说越来越没市场,作者的稿酬也不那么优厚。作者会觉得不如将其扩充一下,于是就写成一本长篇小说了。我认为,短篇小说的创作技巧完全不适用于侦探小说。探险小说或许可以,但侦探小说不行。H.C.贝利(H.C.Hailey)的弗钦先生系列小说(The Mr. Fortune stories)就很合适,因为它们比一般杂志上的小说要长。

这时,埃德蒙·科克已经为我找到了新的出版商,威廉·柯林斯,我写这本书时仍在和他们合作。

我给他们写的第一本书,《罗杰疑案》(The Murder of Roger Ackroyd),无疑是我当时最成功的一部作品。事实上,这本书的情节读者至今仍然记得很清楚,并且时常被提起。这个绝妙的点子部分要归功于我的姐夫詹姆斯,很多年前,他曾在看完一本侦探小说后有些不耐烦地对我说:"现在的侦探小说,到最后几乎人人都成了罪犯,甚至侦探。而我想看的是,像华生那样的人最终竟是罪犯。"这个想法很新颖,我思考了很久。随后,事有凑巧,路易斯·蒙巴顿伯爵[①]也对我说了几乎同样的想法。他在给我的信中建议:让主人公以第一人称讲述故事,到头来,这个叙述人竟然是凶手。

我想这是个好主意,为此思考了很长一段时间。这当然很难,我有点踌躇,如何采用一种不算骗人的写作手法让黑斯廷斯谋杀什么人,无论如何这都很难。当然,很多人说《罗杰疑案》就是骗人的,可是如果他们仔细阅读,就会发现他们错了。时间上的微小间隔被巧妙地隐藏在暧昧的语句中,谢泼德医生写的时候非常得意于他写的都是实情,尽管不是全部。

这段时间,除了《罗杰疑案》之外,日子过得有条不紊。罗莎琳

[①]路易斯·蒙巴顿伯爵(L. Louis Mountbatten, 1900-1979),英国海军元帅,维多利亚女王的曾外孙,东南亚盟军总司令。一九四七年任印度总督,提出"蒙巴顿方案",使印度和巴基斯坦分治。英国近代最褒贬不一的人物。

德上学了，结识了很多朋友，成天兴高采烈的。我们有了漂亮的房子和庭院，还有那辆大鼻子莫里斯小汽车。费舍是个好帮手，日子过得很和睦。阿尔奇心里想的、口里说的、夜里梦见的都是高尔夫球。他为高尔夫球而睡，为高尔夫球而活。他的胃口不错，神经性消化不良也好多了。真可谓万事如意，事遂人愿，正如幸福的邦葛罗斯博士[①]所说的。

我们的生活中还缺一样东西：一只小狗。亲爱的乔伊在我们出国时死了。因此我们又买了一只硬毛小狗，取名为彼得。彼得当然成为家里的灵魂人物，它爬到卡洛的床上睡觉，咬坏了各种各样的拖鞋和专为小狗准备的那种所谓的不破球。

度过一段经济拮据的日子后，不再为钱发愁真是再惬意不过了——可能我们有点高兴过头了吧。我们开始想买以前想都不敢想的东西。一天，阿尔奇突然告诉我，他想买一辆真正的跑车。我想是斯特罗恩家的宾利车让他如此兴奋。

"但我们已经有一辆汽车了。"我吃惊地说。

"哦，可我指的是一辆不同寻常的车子。"

"我们可以再生个孩子。"我提醒他，我已经兴奋地琢磨这件事很久了。

阿尔奇断然反对。"除了罗莎琳德我谁也不要。有罗莎琳德就足够了，完全够了。"

阿尔奇非常疼爱罗莎琳德，他喜欢和她一起玩，而罗莎琳德甚至帮他擦洗高尔夫球杆。我想他们彼此理解，应该更甚于我和罗莎琳德之间。他们有同样的幽默感，可以看出彼此的想法。阿尔奇喜欢她的坚韧和怀疑态度：她从来不认为什么事是理所应当的。在罗莎琳德降生之前他曾经担心以后不会有人关心他了。"所以我希望要个女儿。"他说，"如果是男孩就更糟了。我可以忍受一个女儿，但要是儿子就很难忍受。"

[①]邦葛罗斯博士（Dr. Pangloss）是法国作家伏尔泰的小说《老实人》（*Candide*）中的人物，被公认为盲目乐观的典型。

现在他说:"要是有个儿子,生活就会变得一团糟。"并补充道,"况且我们还有的是时间。"

我同意将来有的是时间这个观点,也勉强同意买那辆他早已看好并商量好价钱的二手迪拉契(Delage)。这辆车让我们俩都很开心,我很喜欢开,阿尔奇当然也喜欢,尽管他一心扑在高尔夫上,没有多少时间去开。

"森尼代尔是个宜居的好地方。"阿尔奇说,"我们想要的这里都有,离伦敦的距离也很适宜。最近温特沃斯还开辟了新的高尔夫球场,听说还要在那里开发新的地产,我想我们不妨买幢自己的房子。"

这是一个令人兴奋的想法。虽然在斯科茨伍德住得还算舒服,可毕竟也有种种不便。物业管理不可靠;电线常出毛病;广告上说的随时供应热水,结果既没有随时,也不够热;日常检修更是难得有一次。拥有一套属于自己的住所,这主意很对我们的心思。

我们起先想买温特沃斯的一所新房子,那里刚由一家建筑商接手,要营建两个高尔夫球场——也许之后还要建一个,剩下大约六十英亩的地皮要建满大小不一、各种类型的房子。阿尔奇和我在多个愉快的夏夜走遍了温特沃斯,最后从三个地点中选了一个最喜欢的。我们与负责这块地皮的建筑商取得了联系,决定预约一英亩半的土地,首选有天然松树和树林的区域,这样就不需要太多的庭院护理费用。建筑商看起来非常和善,乐于助人。我们解释说我们只需要一幢相当小的房子——现在我忘了当时的预算了,大概是两千英镑吧。他提供了几个非常难看的小房子的设计图,全都是令人不快的现代化装潢,而报价是在我们看来高得离谱的五千三百英镑。我们非常沮丧,看起来不可能再有更便宜的了——这就是最低价。我们非常难过地退出了,不过决定买下一百英镑温特沃斯地产公司的债券,作为寄予未来的投资,这也使我们拥有周六和周日去那里的高尔夫球场免费打球的权利。不管怎样,既然那里将要有两个高尔夫球场,能在其中之一打球,也就不至于显得太寒酸。

恰好在那个时候,我的高尔夫野心突然勃发,我竟然赢得了一场比赛，这样的成绩对我来说是空前绝后的。女子高尔夫联盟给我的让分是三十五分（最高限度），可即使这样，我似乎也永远不会赢。然而，我在决赛中遇到了伯贝里太太——一个比我大几岁的和善女子，她的让分也是三十五分，也和我一样紧张、一样靠不住。

我们的相遇非常愉快，都很为自己能得到这样的让分而高兴。我们在第一洞平分秋色，此后伯贝里太太开始为自己带来惊喜，给我带来沮丧。她成功地赢了一洞，又一洞，再一洞，就这样直到第九洞，她已经领先了八杆。我完全没有一点能打好的奢望了，而输到这个程度反倒让我高兴起来。我不用再心烦意乱了，反正也快结束了，伯贝里太太会赢。可是伯贝里太太此时开始崩溃，焦虑占了上风，她输了一洞又一洞。我仍旧毫不在意，赢了一洞又一洞。奇迹发生了，我赢了接下来的九洞，在最后一个果岭上赢了一杆。我想那个奖杯现在还放在家里的什么地方。

一两年后，我们在看过许多处房子后——我总是把看房子当作消遣——终于初步选定了两处。一处要走一段路，房子不太大，有个很好的庭院。另一处在火车站附近，像是某个百万富翁把宅邸搬到了乡下，不惜花费地装饰了一番。屋内有镶木墙壁，好几个浴室，卧室里有全套的盥洗设备。这幢房子近年内几经易手，据说是处凶宅，在这里住过的人到头来都会遭遇悲惨的事情：头一个房主倾家荡产，第二个死了老婆，第三个的结局不知如何，只知道夫妇俩分居了，大概就是分道扬镳了。但不管怎样，这处房子一直低价待售。它的庭院景色宜人——呈窄条形，草坪前蜿蜒着一条长满水草的小溪，再往前走是一大片长满各种杜鹃花的园子，还有一块菜地，再往前是一片茂密的灌木丛。但问题是我们买不买得起。虽然我们俩的收入还算丰厚——我的或许不大稳定，阿尔奇的没问题——但还是不够。最终我们以抵押的方式买下了这幢房子，挑了个日子就搬了进去。

我们又为新家添置了窗帘和地毯，尽管账面上仍然保持平衡，但无疑已经开始了一种我们的经济能力所无法承受的生活。家里有两辆汽车，迪拉契和大鼻子莫里斯，又雇了几个用人，一对夫妇和一个女佣。夫妇中的妻子可能曾是某位公爵家的厨房女佣，她自己从没明说。她的丈夫曾是那里的男管家，可他根本不知道怎么做个男管家，尽管他的妻子是个非常好的厨子。最后我们发现他以前是个行李搬运工。他是个懒得出奇的人，一天里的大部分时候都躺在床上，在餐桌旁拙劣地侍应几乎是他唯一能做的事情。除了躺在床上之外，他还会去酒吧喝酒。我们权衡了一下是否要赶走他们，但总的来说食物似乎更加重要，因此最终还是留用了。

我们继续过着豪华的生活，所能预料到的事情全都发生了。还不到一年，我们就开始担心了，因为银行存款似乎减少得特别快。尽管如此我们还是彼此安慰，说钱少了也没关系。

按照阿尔奇的建议，我们把新居取名为"斯泰尔斯"，因为我人生中的第一桶金来自《斯泰尔斯庄园奇案》。我们在墙上挂了幅这本书的封面海报，是博得利·黑德出版社赠送给我的。

然而，斯泰尔斯再次印证了过往的传说——这是块不祥之地。我第一次进入这里时就有所感觉。我把想象力抛开，认定是因为这里的装饰物过于浮华，与乡村很不协调。当我们把它完全改造成乡村样式，去除了所有的镶木、涂料和镀金后，我敢说感觉很不一样了。

4

第二年的生活不堪回首。一件事不顺利，样样事都不顺利，这是人生常有的。我去科西嘉[①]度了几天假，回到家一个月左右，母亲就得了严重的支气管炎。当时她在阿什菲尔德，我去看望她，随后庞基接替了我。不久后庞基发电报告诉我，说已经把母亲接到艾本尼去了，在那里她可以更好地照料母亲。母亲的病情似乎有所好转，但身体已不如从前，她被困在了床榻上。我估计她的肺部感染了，那时她七十二岁。但

[①]科西嘉岛（Corsica）位于法国本土的东南部。

我认为病情没有看起来的那么严重，庞基大概也觉得没那么严重。然而过了一两个星期，她发来电报催我过去，当时阿尔奇正在西班牙谈生意。

在去曼彻斯特的火车上，我突然有种感觉，母亲去世了。我感到浑身发冷，从头到脚都冰冷彻骨，我心里想着：母亲去世了。

果然如此。我俯身端详着床上的母亲，心里想起了那句老话：人走了之后，留下的只是具躯壳罢了。真的，母亲那急切、热情、冲动的个性全部不复存在了。最后几年她多次对我说："有时候，我多想冲出躯体的束缚，它是那么衰老、陈腐、毫无用处。我渴望从这牢狱里解脱出来。"此时，我想她如愿以偿了。她终于挣脱了人生的桎梏，而留给我们的只有哀痛。

阿尔奇没能参加葬礼，他当时还在西班牙。一星期之后他回来了，我已经回到了斯泰尔斯。我了解他，他极端厌恶病痛、死亡这类麻烦事。人们都知道生老病死，但往往不了解，或并不真正放在心上，直到事情突然发生。我记得他走进房间，显得十分尴尬，只好刻意强颜欢笑，仿佛在说"嘿，好了，我们得振作起来呀"。失去了世界上三个最亲的人中的一个后，看到他这种态度真令人难以容忍。

他说："我有个好主意。下星期我还得去西班牙，带你一起去怎么样？会很快乐的，我觉得能让你分分心。"

可我并不想分心。我想沉浸在悲痛之中并学会适应它。我感谢他的好意，告诉他我情愿待在家里。如今我认识到这样做错了，我和阿尔奇未来的生活更重要。我们在一起的时候很快乐，一直相互信任，谁也不曾有过离异之念。但是他讨厌家中忧郁的气氛，这让他很容易被外界影响。

接下来的问题就是要清理阿什菲尔德。在过去的四五年里，各种废物堆积成山：姨婆的东西，还有我母亲无法处理而被锁起来的东西。没有钱修缮，房顶漏了，有些房间总是漏雨，母亲最后只能待在两个房间里。得有人去收拾这些，那个人就是我。姐姐被家事牵绊着，要到八月才能过来两三个礼拜。阿尔奇认为我们可以在夏天把斯泰尔斯租出去，这样可以挣一大笔租金，填补账面上的赤字。他可以待在伦敦的俱乐部里，我去托基清理阿什菲尔德。八月份时他过来，等庞基来了，我们就把罗莎琳德托付给她，然后出国。我们决定去意大利一个从未去过的地方，叫作阿拉西奥（Alassio）。

于是我把阿尔奇留在伦敦，到阿什菲尔德去了。

当时我以为是因为自己身心俱疲，并且有点生病了。但事实上是那幢房子，那些回忆，辛苦地干活，难眠的夜晚，使得我精神紧张，不知道自己在干什么。我每天有十到十一个小时都在干活，打开每一个房间，把东西搬来搬去。那情景真是可怕：被虫蛀坏的衣服，姨婆整箱的老式衣服，所有以前舍不得扔的东西现在都得扔掉。每周清洁工来时我都要付额外的酬劳，让他们把所有东西都拉走。有些物件很难处理，比如巨大的蜡制花冠，那是我祖父的纪念花圈，放在同样巨大的玻璃罩内。我可不想一辈子都带着如此巨大的纪念品过日子，可是这种东西又该如何处置呢？你又不能丢掉。最后我想到了一个解决办法。母亲的厨子波特太太一直很喜欢它，于是我把它送给了她，她非常高兴。

阿什菲尔德是父亲和母亲婚后共同生活的第一幢房子，他们在玛吉六个月大的时候就搬到了这里，从此定居于此，不断地添置储物柜，慢慢地，屋子里的每个房间都成了储藏室。充满了我小时候美好回忆的教室现在变成一个巨大的箱子储藏室，所有姨婆没办法放在卧室里的箱子、纸盒全都堆在这里。

命运给我的另一个打击是亲爱的卡洛走了。她的父亲和继母在非洲旅行时，她突然收到来自肯尼亚的消息，说她父亲病重，医生说是患了癌症。他自己还蒙在鼓里，但卡洛的继母心里有数，他的寿命不会超过六个月。父亲一回国卡洛就得去爱丁堡，陪他度过最后的日子。我与她洒泪挥别。她不愿在我家一切都杂乱无章、气氛无比忧郁的时候离开我，可实在身不由己。不管怎样，再过六个星期，我就可以整理完这一切，到时就能开始正常的生活了。

我像个疯子一样拼命，急于处理完一切。所有箱子柜子都得仔细查看，因为你不能随便扔东西。在姨婆的遗物中总有意想不到的发现。

她离开伊灵的时候坚持自己打包,觉得我们一定会丢掉她心爱的宝贝。我刚准备扔掉一捆旧书信,就在一个皱巴巴的旧信封里发现了一沓五英镑钞票!姨婆就像一只松鼠,把它的小坚果这儿藏一些、那儿藏一些,以求平安度过战争年代。我还发现了一枚钻石胸针,被包在破旧的长筒袜里。

我开始有点浑浑噩噩,并且从不觉得饿,胃口越来越小。有时候我会坐在那里,两手抱着头,努力回忆刚才我在做什么。如果卡洛在这儿,我就可以腾出某个周末去伦敦见阿尔奇,可现在我不能把罗莎琳德一个人留在屋里,因此我哪儿也不能去。

我建议阿尔奇周末偶尔来这儿一趟,情况或许会有所改善。他回信说这么干太蠢了。首先往返一趟要花不少钱,而且他星期六才走得开,星期天晚上就得赶回去,这样做不值得。我猜想他可能是舍不得星期日的高尔夫球赛,于是说这是不足取的想法并抛到了脑后。他还愉快地在信中加了一句:反正不久后就可以团聚了。

一种可怕的寂寞感向我袭来,我当时并没意识到这是我一生中第一次真的生病了。过去我一直身强体健,不知道苦恼、担忧和过度劳累会损害健康。有一天,我在签支票时记不起该签什么名字了,这让我无比沮丧,当时的心情就和《爱丽丝漫游仙境》里爱丽丝的手触到树梢那一刻一样①。

"不过当然了。"我说,"我肯定知道自己的名字。可是……可是我到底叫什么呢?"我手中拿着笔坐在那里,感到非常沮丧。我名字的起始字母是什么呢?也许我叫布兰奇·艾默?这个名字似乎很耳熟。后来我想起这是我好几年前读过的一本书,《潘登尼斯》(Pendennis)中一个不太重要的人物。

一两天后,身体又出现了新的警告信号。我想发动汽车——那时人们通常借助一个摇杆来发动,我并不知道用摇杆发动时,失败是常有的事。我一次次地转动摇杆,却没有动静。最后我哭了起来,冲回

---

① 在《爱丽丝漫游仙境》中,爱丽丝误吃了一种蘑菇,脖子变得很长,惊诧中伸手触碰到树梢,被鸽子误以为是偷蛋的蛇。

房间，躺在沙发上啜泣。这事使我很担心，仅仅是因为汽车发动不起来就哭，我必定是疯了。

许多年后，一个正身处不幸的人对我说："你看，我都不知道自己什么地方不对劲，就是会无缘无故地落泪。那天送洗的衣服没送来我哭了，第二天汽车发动不起来，我……"这时，往事触动了我，我说："你最好非常小心，这可能是精神崩溃的前兆，你得去看看医生。"

那时我还没有这方面的知识。我知道我劳累过度，母亲去世的悲痛仍埋在心底，尽管我尝试——也许操之过急了——摆脱它。要是阿尔奇，或者庞基，或者别的什么人此时在我身边，该有多好。

我有罗莎琳德，可我自然不能对她说任何让她心烦意乱的话，或者告诉她我不高兴、我很担忧或是我不舒服。她非常自得其乐，非常喜欢阿什菲尔德，她一直喜欢那里。她在家务事上帮了我很大的忙。她喜欢帮我把东西搬下楼，扔进垃圾桶里，偶尔还会给自己留下一两样。"我想这东西没人会要吧，应该挺好玩的。"

时光流逝，事情料理得差不多了，这件苦差事可算要结束了。八月来了——罗莎琳德的生日是八月五号，庞基提前两三天就来了，阿尔奇是三号到的。得知我和阿尔奇在意大利的那两周庞基阿姨将与她为伴，罗莎琳德非常高兴。

5

我何以能从眼前

驱走往事的记忆？

——济慈（Keats）

应该忘掉往事吗？假如人们愿意回首一生的经历，有权忽视那些不堪回首的经历吗？这样是否是一种懦弱的行为？

我觉得，人们可以简单地回顾一下，说："是的，这是我生活的一部分，但已成往事。这是我生活图画中的一笔，正因如此，我才必须正视，但没有必要反复琢磨。"

庞基到阿什菲尔德后，我非常高兴。随后阿尔奇也来了。

描述当时的心情并非易事，最接近的是我记忆中一个曾经的噩梦——我和最亲密的朋友面对面地坐在茶桌前，突然发现坐在对面的完全是个陌生人，我感到不寒而栗。这个噩梦也许极为恰当地反映了阿尔奇到来时的情形。

他照例寒暄了一番，可他显然已不是那个我所熟知的阿尔奇了，我想不出他出了什么事。庞基也注意到了这个变化，她说："阿尔奇看上去似乎很奇怪，是病了还是怎么了？"我说有可能是病了。阿尔奇却说他身体很好。可他很少讲话，总是一个人独来独往。我问起去阿拉西奥的车票的事，他说："嗯，这个……这个……都办妥了，我以后再告诉你。"

他变成了一个陌生人，我绞尽脑汁，想知道究竟发生了什么事？一时很担心会不会是他的公司出了什么事，阿尔奇不可能贪污公款吧？不会，我相信不会。也许他滥用权力做了一笔交易？他是在经济上周转不灵吗？有什么对我难于启齿的事吗？我终于不得不问他。

"阿尔奇，出了什么事？"

"哦，没什么特别的事。"

"肯定发生了什么事。"

"嗯，我想告诉你一件事。我们……我……没买去阿拉西奥的车票。我不想去国外了。"

"我们不去国外玩了吗？"

"对，我说了，不想出国了。"

"哦，你想留在这里，对不对？和罗莎琳德一起玩，是不是？我想这样也不错。"

"你不了解。"他烦躁地说。

大约又过了一整天，他才直截了当地告诉了我。

"我对不起你。"他说，"发生了这样一件事。你认识给贝尔彻当秘书的那个肤色黝黑的姑娘吧？一年前，我们曾请她和贝尔彻到家里过周末。我们在伦敦的时候又和她见过一两次面。"

我不记得她的姓名，可我知道他指的是谁。"知道呀。"我说。

"嗯，我一个人住在伦敦时又经常见到她，我们一起出去了几次。"

"嗯，"我说，"这有什么不可以的呢？"

"哎，你还是没听懂。"他不耐烦地说，"我爱上了她，我希望你同意跟我离婚，并且尽快办理手续。"

听到这番话，我意识到我生活中的一部分——幸福、成功和充满自信的部分——就此完结了。但这个完结拖拉了一阵，因为我还无法相信，我认为过一段时间这件事就过去了。我们的生活中从未有过猜疑，婚后生活幸福、和谐，对别的女人他从不会多看一眼。也许是因为这几个月他太想念他那个天性愉快的伴侣了。

他说："很久以前我就告诉过你，我讨厌人生病或者闷闷不乐，我的情绪会被完全破坏。"

我想，是的，我早该了解这一点。假如我更聪明一些，假如我更了解我的丈夫，不厌其烦地深入了解他，而不是满足于把他理想化、或多或少地把他想象得十全十美，也许就能避免这一意外。假如再给我一次机会，发生的事能够避免吗？假如我不撇下他独自一人去阿什菲尔德呢？他或许不会爱上这个姑娘，可还会有别的什么女人。因为我肯定在某方面满足不了阿尔奇的要求，他已经到了变心的阶段，这一点连他自己可能都不清楚。或者仅仅是因为那个姑娘？他那么快就爱上了她，难道这是命中注定？之前几次见面时，阿尔奇肯定没有爱上她。他甚至反对我邀请她来家里小住的建议，说那会妨碍他打高尔夫球。他对那个姑娘突如其来的爱情就像当年对我一样，看来这或许就是命中注定。

到了这种时候，亲朋好友也爱莫能助。他们的看法是：这真是荒谬极了，你们一直生活得很幸福啊。他会回心转意的，重归于好的事例屡见不鲜。

我也这样以为，我想他会回头的。可最终并没有，他离开了森尼代尔。卡洛这时又回来了，英国专家诊断说她父亲患的不是癌症，有她在身边我感到莫大的安慰。她比我看得清楚，她说阿尔奇不会回头的。当他终于收拾行李离去后，我心中竟有种解脱的感觉——他已决意如此了。

虽说如此，两个星期后他又回来了，说他大概做了件错事，这么做不合适。我说对罗莎琳德来说，他这样做绝对不明智。他很爱她，不是吗？他承认，他非常爱罗莎琳德。

"她也很爱你，爱你胜过爱我。嗯，她生病时会想我，可你是她爱戴并依赖的父亲，你和她有同样的幽默感，是她很好的玩伴，比我强。你必须设法克服目前的困难，我知道这种事时有发生。"

但他回来是个错误，因为这更使他深切地感受到他的感情有多么强烈。他一再对我说："我忍受不了不能心如所愿，我忍受不了这种不幸福的生活。不可能让所有的人开心，总得有人伤心。"

我尽量忍住，没有说出口"为什么那个人是我而不是你"？说这些已无济于事。

让我百思不得其解的是，这段时间里他一直对我态度恶劣，几乎不主动跟我说话，我跟他说话他也难得回应。如今，观察过其他夫妻，阅历也加深之后我才明白。他闷闷不乐是因为他在内心深处还爱着我，不愿意伤害我，因此他只能自欺欺人地想：这不是伤害我，这样最终是对我好，我应该生活得幸福，应该去游山玩水，不管怎样，我还可以靠写作来安慰自己。由于他的良心不安，才故意待我无情无义。母亲总说他是一个无情的人，而我却一直能清楚地看到他友好的举动和善良的性格。蒙蒂自肯尼亚回来时他是那么乐于提供帮助，平时他也总是为别人分忧解难。可是此时的阿尔奇太绝情了，因为他在为自己的幸福而奋斗。我过去曾佩服他遇事冷静的态度，而现在我领教了它的厉害。

就这样，疾病、忧愁、失望和令人断肠的事件接踵而至。没必要再多说了。我苦熬了一年，盼望他能回心转意，可是他没有。

于是，我的第一段婚姻生活就这样结束了。

6

次年二月,卡洛、罗莎琳德和我一起去了加那利群岛(Canary Islands)。我很难走出那件事的阴影,但我知道重振精神的唯一希望就是离开摧毁我幸福生活的一切事物。此时,在经历了这一切痛苦之后,继续待在英国让我难以平静。罗莎琳德是我生活中的希望,有她和好朋友卡洛陪伴,我受伤的心会慢慢康复,我将能重新面对未来。可是英国的生活还是令我难以忍受。

我对于报界的厌恶、对于新闻记者和群众的厌恶,我想就是从那个时候开始的。毫无疑问,这样对人家并不公平,但在那种情况下我有那样的反应也很自然。我发觉自己就像一只被追捕的狐狸,巢穴被掘,吠叫的猎犬四处追赶着我。我一直不喜欢出名,但是现在却成了一个知名人物,以至于有时我觉得几乎受不了,活不下去了。

"其实你可以安安静静地住在阿什菲尔德。"我姐姐建议道。

"不。"我说,"我不能。假如我一个人安安静静地待在那里,除了回忆,我什么也做不了。我会回忆我在这里度过的快乐时光,以及我做过的每一件开心的事。"

如果受到了伤害,最重要的就是别去回忆那些快乐的时光。你可以回忆伤心的时光,这不要紧,可是如果有什么事情让你联想到某个快乐的日子、某件快乐的事情,你就会肝肠寸断。

阿尔奇在斯泰尔斯又住了些日子,但他正设法卖掉它——当然,征得了我的同意,因为我拥有房子的一半产权。这时我手头拮据,特别需要钱。

自母亲去世后,我就没再写过一个字。那年应该有一本书要交稿,但买斯泰尔斯用掉了太多的钱,我两手空空,手头仅有的一点现款也都贴在了买房上。我没有任何收入,除非去挣钱或动用积蓄。至关重要的是,应该尽快再写一本书,得到一笔预付款。

我的小叔子,阿尔奇的兄弟坎贝尔·克里斯蒂,一直是我的好朋友。他和蔼可亲,此时给了我很大的帮助。他建议把在《随笔》上发表的十二篇短篇小说编辑成书出版,这不失为一种应急之策。他助了我一臂之力,这种事情我应付不来。最后这本叫《四魔头》(*The Big Four*)的书终于出版了,而且十分受读者的欢迎。这时我打定主意,只要换个环境,静下心来,我或许就可以在卡洛的帮助下再写一本书。

还有一个人完全站在我这一边,并鼓励我所做的一切,这就是我的姐夫詹姆斯。

"阿加莎,你做得很对。"他语气镇定地说,"你很明智,如果我处在你的位置,也会这样做的。你一定要从这件事中解脱出来。阿尔奇也许会回心转意,但愿如此,可我并不这么看,他不是那种人。他一旦打定主意就不会更改了,所以,我是不会指望他回心转意的。"

我说我也不抱这种奢望,但我想,替罗莎琳德着想,至少该等待他一年,让他想清楚自己的所作所为。

当然,我也像同时代的所有人一样,害怕离婚。甚至直到今天,我仍然有种罪恶感,因为我答应了他执着的要求,同意跟他离婚。每当我望着女儿,都觉得当时应该坚持住,拒绝他的要求。如果一个人不是为了自己,做事时往往就会畏畏缩缩。我不想和阿尔奇离婚,实在不想。解除一桩婚姻是错误的,我笃信这一点。我看到过许多破裂的婚姻,也听说过太多的内情,明白如果没有孩子关系倒不大,可是如果有孩子,那就很要紧。

重返英国时我已是一个铁石心肠的人,一个对世界抱着怀疑态度,但是更善于泰然处之的人。我带着罗莎琳德和卡洛在切尔西租了一套公寓。我的朋友艾琳·莫里斯陪着我看了不少女子小学,她哥哥当时是霍利斯·希尔小学的校长。我觉得罗莎琳德已经被从原来的家庭环境和朋友圈子里连根拔起,而在托基,没有几个与她同龄的孩子,所以最好让她进一所寄宿学校,她也愿意去。艾琳和我看了差不多十所学校,看完后我的脑子里一片混乱,尽管有几所让我们看了发笑。当然,没有人比我对小学更加陌生的了,之前我从来没有接触过任何一所。我对小学应该是什么样,毫无概念。我从来不觉得自己错过了什么,但我还是对自己说,你确实错过了什么,只是你不知道罢了,也许给你的女儿一个机会会比较好。

　　罗莎琳德非常有主见,我与她就这个问题商议了一下。她对此事非常热心,说她喜欢在伦敦就读过的日间学校,但是如果接下来这个秋天就去上小学,那也不错。她说,在此之后她要进一所规模非常大的学校,那边规模最大的学校。我们答应先给她找一所不错的小学,并暂时说定了以后去切尔滕纳姆(Cheltenham),那是我能想到的规模最大的学校。

　　我一开始看上的小学在贝克斯希尔(Bexhill),叫加勒多尼亚(Caledonia),是韦恩小姐与她的合伙人芭克小姐开办的。这所学校很传统,显然办得很好。我也很喜欢韦恩小姐,她是个有威严、有个性的人。学校的规章制度看起来很刻板,但是非常合理,艾琳还听朋友说这里的伙食特别好。我也喜欢这所学校里孩子们的面貌。

　　我喜欢的另一所学校则是完全相反的典型。女孩们只要愿意,就可以把自己的小马带去,或者饲养宠物,还多或少可以选修喜欢的课程。在这里要学习的课程很多,但如果她们不想做什么事也不会被强迫,因为按女校长的话说,这样她们以后就能做自己喜欢的事了。这里还有一些艺术训练。同样的,我也喜欢这位女校长,她是个很有创意的人,同时亲切热心,而且办法很多。

　　我回到家,经过一番考虑,最后决定带着罗莎琳德再去分别拜访这两所学校。去过之后我让罗莎琳德考虑了几天,再问她:"现在告诉我,你想去哪一所?"

　　谢天谢地,罗莎琳德总是有她的想法。"哦,加勒多尼亚。"她说,"毫无疑问我不喜欢另一所,那儿看上去更像一个聚会。上学总不能像参加社交聚会一样,对不对?"

　　因此,我们决定让罗莎琳德进加勒多尼亚寄宿学校,结果非常成功。那里的教学极为出色,孩子们对所学的东西很有兴趣。学校办得极有条理,罗莎琳德正是一个喜欢被严格要求的孩子。放假时,她兴致勃勃地说:"我们在学校里,谁都不会有片刻的空闲时间。"要是我,可一点儿也不会喜欢这样。

有时候，我问她一些话，她的回答往往令我感到莫名其妙。

"罗莎琳德，你们早晨几点起床？"

"我不知道，每天听到钟声就起床。"

"你难道不想知道敲钟的时间吗？"

"有什么必要知道呢？"罗莎琳德说，"起床就是了。大约半小时后吃早饭。"

韦恩小姐一心让家长们置身事外。有一次我问她："如果罗莎琳德星期天跟我们出去，能不能不穿她的星期天丝制校服，改穿她的日常便服？因为我们要出去野餐，得爬山。"

韦恩小姐答道："我所有的学生星期天出去都要穿星期天校服。"就这么干脆，毫无通融的余地。然而，卡洛和我还是把罗莎琳德的粗布乡村服饰装在一个小箱子里，在附近隐蔽的树丛或者灌木丛里让她换下丝制校服、草帽和干净的鞋子，穿上适合野餐时穿的、摔跤也不会磨破的粗布衣服，结果，并无人发现。

韦恩小姐是一个具有非凡人格魅力的女人。我曾经问她，如果运动会日碰到下雨她会怎么办。"下雨？"韦恩小姐吃惊地说，"我不记得运动会日下过雨。"她对任何细节都了如指掌，也许正如罗莎琳德的一位朋友所说的那样——"我觉得，你知道的，上帝站在韦恩小姐那一边。"

我们住在加那利群岛（Canary Islands）的时候，我写出了《蓝色列车之谜》（*The Mystery of The Blue Train*）一书的核心部分。这可不是件易事。加上罗莎琳德的打搅，就更为不易。罗莎琳德和我完全不同，她是个缺乏想象力、不会自得其乐的孩子，她眼中的世界总是实实在在的。给她一辆自行车，她会骑上半小时；下雨天给她一个难解的字谜，她会反复地琢磨。而在特内里费岛（Tenerife）上的奥拉塔瓦（Oratava）的花园里，罗莎琳德没什么好玩的，只好在花圃前走来走去，偶尔滚滚铁环。铁环对罗莎琳德毫无意义，不像当年对她母亲我那么有吸引力，在她看来，铁环不过是个铁环罢了。

"听我说，罗莎琳德，"我说，"别打搅我们。我有工作要做，得再写一本书。在接下来的一个小时里，卡洛和我要忙着写这本书。你可不能捣乱。"

"嗯，好吧。"罗莎琳德闷闷不乐地转身走了。我望着卡洛，她手执铅笔端坐着。我想了又想，绞尽脑汁地构思。终于，犹豫不决地开始口述。过了几分钟，我注意到罗莎琳德刚好走过小径，站在那儿望着我们。

"怎么了，罗莎琳德？"我问，"你要干什么？"

"半小时到了吗？"她说。

"还没有，才刚刚过了九分钟，去玩吧。"

"嗯，好吧。"她离开了。

我又重新开始犹犹豫豫地口述。

不一会儿，罗莎琳德又回到了那儿。

"时间到了我叫你，现在还没到。"

"嗯，我留在这里好吗？我就站在这儿，不打搅你们。"

"你就站在那儿吧。"我不情愿地说，又开始口述。

但是，罗莎琳德的眼睛盯着我，像是美杜莎（Medusa）的目光。我比以往愈加强烈地感到口述的一切都荒唐无比（通常也确实荒唐），我时而结巴，时而支吾，时而犹豫，时而重复。说实在的，那本糟透了的书是怎么写成的，连我自己都不清楚。我真的不知道！

首先，我是在硬着头皮写作，一点热情也没有。我构思了情节——司空见惯的情节，部分是从我的其他小说里的情节改编的。我知道结局如何，但又难以使想法栩栩如生地展现出来，人物也活不起来，此时写书完全是受挣钱的愿望——更确切地说是需要——所驱使。

从这时起，我从一个业余作家变成了一个职业作家。我背上了职业作家的重负，不想写也得写，常常对自己写的东西很不满意，写作效果很不理想。我讨厌这本《蓝色列车之谜》，但还是写完了，交给了出版商。这本书和上本一样卖了个好价钱，对此我也心满意足了。不过我并不因此感到得意。

奥拉塔瓦是个很可爱的地方。高山直抵云霄，饭店的草坪上开满了艳丽的花朵。不过有两件事不太好：宜人的上午过后，雾气会在中午从山上降下来，白天余下的时间都是灰蒙蒙的。有时候甚至会下雨。至于游泳，对游泳爱好者来说甚至是可怕的。你要脸朝下趴在火山岩沙滩的斜坡上，把手指插进沙子里，让海浪扑上来浸没你。但你必须小心，不能浸得太深，很多人都这么溺死了。到海里游泳是不可能的，只有极少数游泳能力极强的好手才能做到，即使是那样的人，去年也有溺水的。因此一周后我们换了个地方，搬到了大加那利岛（Gran Canaria）的拉斯帕尔马斯（Las Palmas）。

拉斯帕尔马斯至今仍是我冬季度假的理想去处。我想现在那里已经是度假胜地了，可能失去了早年的迷人之处。当时那里静谧安宁，很少有人光顾，只有极少数人去住一两个月，觉得那里比马德拉岛更好。那儿有两处美丽的海滩，气温也很宜人，平均温度华氏70°（21.1℃）。在我的印象中，只有夏天才会那么暖和。白天的大部分时间吹着和煦的微风，入夜后天气仍暖融融的，晚饭后还可以坐到外面乘凉。

我和卡洛就是在那些夜晚结交了两位亲密的朋友：卢卡斯医生和他的姐姐米克夫人——她比弟弟大很多，有三个儿子。卢卡斯医生是个肺结核病专家，在澳大利亚娶了一个澳洲太太，并在东海岸拥有一所疗养院。他年轻时就残疾了，是因为肺结核还是小儿麻痹症，我不太清楚。他有点驼背，体质虚弱，尽管如此，他仍是个天生的行医者，并在临床领域取得了巨大的成功。有一次他说："你知道，我的搭档是一个比我更好的医生，资历更深，知道的东西也比我多，可是他医治病人时并不如我。我一走，病人就都萎靡不振了，我就是能让他们好起来。"

卢卡斯在家里被称作"父亲"，我和卡洛不久后也称他为父亲了。刚到那儿时我嗓子发炎，他来看了看，说："你一定有什么不如意的事，怎么回事？丈夫出了什么事？"

我承认是的，对他讲述了事情的来龙去脉。他很会想办法使人快乐,并且很会鼓舞人。"你需要他,他就会回来。"他说,"要留给他充分的时间。他回来后,不要责怪他。"

我说我不认为他会回来,还说他不是那种人。"是啊。"他表示赞同,"有些人确实不会。"然后又微笑着说,"不过我可以告诉你,大多数人是会回来的,我就曾经离开过我的妻子,后来回来了。无论怎样,要面对现实,继续生活。你有足够的力量和勇气,你会创造一种美好的新生活。"

可敬的父亲,我太感激他了。他对所有人的伤痛、挫折都抱以同情。过了五六年,他去世了,我失去了一位要好的朋友。

有一件让罗莎琳德感到害怕的事,那就是西班牙女服务员对她说话!

"可是她为什么不能和你说话?"我说,"你也可以跟她说话嘛。"

"我不可以,她是西班牙人。她用西班牙语叫我'小姐',还说了很多我听不懂的话。"

"你不可以这么傻,罗莎琳德。"

"哦,没事啦,你们去吃晚饭吧,我不介意一个人待在床上。等女服务员走进来的时候,我就闭上眼睛假装睡着了。"

孩子们喜欢或不喜欢的事情真是古怪。我们坐船返回时,风大浪急,一个可怕、丑陋的大个子西班牙水手抱着罗莎琳德从船上跳到踏板上,我以为她会大嚷大叫不让他抱,可是完全没有,她冲他报以最甜美的微笑。

"他也是个外国人,你却不在乎。"我说。

"哦,他又没说话。而且不管怎样,我喜欢他的脸,一张亲切的丑脸。"

我们从拉斯帕尔马斯返回英国的时候有一件事值得一提。我们到达克鲁斯港(de la Cruz),准备坐联合城堡公司的船,此时发现蓝泰迪被落下了,罗莎琳德的脸唰的一下变得惨白。"没有泰迪我不走。"她说。我们去找送我们来的公共汽车司机,提出给他丰厚的酬劳,可他似乎并不想要。"我当然会去帮小姐拿回蓝猴子,回来时我还会把车开得像风一样快。"他如此坚持。同时他确信水手不会把船开走，不找到一个孩子的宝贝玩具船是不会走的。我并不相信，我觉得船会开走，这是一艘英国船，从南非开来的。如果这是一艘西班牙船，有必要的话倒是会停几个小时。然而一切顺利，汽笛声响起、每个送行者都被告知要回岸上的时候，那辆公共汽车穿过一片飞扬的尘土疾驰而来。司机跳下来，蓝泰迪被交到踏板上的罗莎琳德手里，她把它紧紧地抱在胸口。那段日子以一个幸福的结局告终。

7

我对未来生活已经多少有了打算，但我必须决定最后一件事。

按照约定，我和阿尔奇见了面。他萎靡不振，一脸病容。我们谈着一些普通的事情和熟人的情况，接着我问他近况如何，是否打定主意不再回到我和罗莎琳德的身边。我又谈到他清楚罗莎琳德是多么爱他，他不在身边时她是多么惶惶不安。

有一次，她以那种孩子气的令人伤心的直率口气对我说："我知道爸爸喜欢我，愿意和我在一起，他只是不喜欢你。"

"你明白，"我说，"她需要你。你难道无动于衷吗？"

他说："不行，不行，恐怕我办不到。我只渴望一件事，我疯狂地想要幸福，而只有和南希结婚，我才能幸福。她刚花了十个月做了一次环球旅行，她家里的人希望这样能使她了断和我的关系，但是没成功。和她结婚是我唯一希望并且想做的事。"

这件事终于有了结局，我写信通知我的律师，并与他们见面。一切步入正轨，再没什么可顾虑的了，接下来就是我自己的打算了。罗莎琳德在上学，有卡洛和庞基常去看她。离圣诞节还有一段时间，我决定寻找一个阳光充足的地方，去西印度群岛和牙买加。我到库克旅行社订了票，一切都安排妥当。

命运女神又一次做出了安排。出发前两天，我随朋友到伦敦城里吃饭。他们并不是我很熟悉的朋友。饭桌上有一对年轻夫妇,被称作豪中校的海军军官和他的妻子。吃饭时我挨着中校坐,他和我谈起了巴格达(Baghdad)。他一直在波斯湾(Persian Gulf)驻防,前不久才从那儿回国。饭后,他妻子走过来,坐在我身边一起闲聊。她说,人们总说巴格达是个可怕的城市,但她和她丈夫却对那座城市着了迷。他们俩讲述了它的概况,使我对它愈发感兴趣。

我说:"去那儿得坐船吧?"

"可以坐火车。坐东方快车。"

"东方快车?"

活到现在我一直想坐坐东方快车。去法国、西班牙、意大利旅行时,经常看到东方快车停在加来(Calais)车站。我多想登上它,坐着辛普伦东方快车到米兰,到贝尔格莱德(Belgrade),到伊斯坦布尔(Istanbul)……

我动心了。豪中校给我写下了在巴格达该去的游览点。"不要过于流连于阿尔韦亚(Alwiyah)和那些欧洲贵妇之间,去摩苏尔(Mosul)看看,去巴士拉那个地方转转,还一定要去乌尔[①]参观。"

"乌尔?"我说。我才在《伦敦新闻画报》(*The Illustrated London News*)上看到伦纳德·伍利[②]在乌尔有了奇迹般的发现。我虽然对考古一无所知,但考古学对我却有些许吸引力。

第二天一早,我赶到库克旅行社,退掉去西印度群岛的票,预订了辛普伦东方快车的座位,直达伊斯坦布尔。然后去大马士革(Damascus),从大马士革穿越沙漠到巴格达。我激动异常,办理签证和打点行装需要四五天时间,随后就可以出发了。

"你一个人去吗?"卡洛有些不安地说,"就你一个人去中东?关

[①] 乌尔(Ur),已知世界上最早的城市遗址,距今有约七千年历史。苏美尔时代乌尔第三王朝的首都,当时两河流域南部宗教和商业的中心。据《圣经·旧约·创世纪》第十一章记载,乌尔是犹太人始祖亚伯拉罕的诞生地。

[②] 伦纳德·伍利(Leonard Woolley, 1880–1960),英国考古学家,于一九二二年到一九三四年间领导不列颠博物馆与美国宾夕法尼亚大学联合考古队,对乌尔遗址进行了大规模的系统发掘。

于那个地方,你什么都不知道呀。"

"哦,那没关系。"我说,"毕竟有时候必须一个人做点事,是不是?"我从来没这么做过,现在也不是那么想做,可是我想:要么现在做,要么就永远别做。要么墨守一切安全可靠的和已知的,要么就发挥一下自主能力,凭自己的力量做点什么。

于是五天后,我启程前往巴格达。

事实上,是这个地方的名字让我着迷。关于巴格达是什么样的,我想我心中并没有任何清晰的画面。我倒没期望它还是那个赫鲁纳·拉德[1]之城,它只是一个我从没想过会去的地方,所以对我而言,那里充满了未知的乐趣。

我曾和阿尔奇周游世界,曾与卡洛和罗莎琳德一起去加那利群岛,现在就我一个人。我应该弄清楚我是哪一种人——是否已成为我所担心的要完全依赖他人的人。我可以尽情地游览,游览我想游览的任何地方;我可以随时改变主意,就像我选择巴格达而放弃了西印度群岛。除了自己,我不需要考虑任何人,我会弄清楚我是否喜欢如此。我知道我染有许多狗的习性——除非尾随在什么人身后,否则狗不会出去散步。也许我会一直这样,但我希望不会。

---

[1] 赫鲁纳·拉德(Harun al-Rashid,生卒年有争议),第五代阿巴斯哈里发(abbasid caliph)。

第八章 第二春

1

火车一直是我最喜欢的事物之一。可悲的是,如今已不再有人把它当成好朋友了。

我在加来上了预订的卧铺车,这样免得再到多佛,也避免了乘船的疲惫。当我终于在梦想已久的火车上舒舒服服地安顿下来时,才见识到了旅行中可能遇到的一种风险。和我同车厢的是一个中年夫人,她是个穿戴华丽、富有经验的旅行者,随身带了许多手提箱和帽盒。是的,当时我们出门远行时还要带上帽盒。她和我搭上了话,这很自然,因为我们俩合住一个包厢,这种二等包厢都有两个铺位。在某些方面,二等车比一等车还舒服得多,因为车厢空间更大,有活动余地。

这位同伴问我去哪儿,是去意大利吗?我告诉她不是,比那里更远。那去哪儿?我说我去巴格达,她立刻兴奋起来,她碰巧就住在巴格达,多巧啊。她断定我去那儿会住在朋友家,还说她多半也认识他们。我说我不住朋友家。

"那你住在哪儿呢?你在巴格达是不能住旅馆的。"

我问她为什么不行。不然要旅馆干什么用呢?后半句我在心里嘀咕着,可嘴上没说。

"哦!饭店可住不得,你可别那么干。我告诉你应该怎么办,你得到我们家住!"

我有点吃惊。

"是的,就这样吧,你要是拒绝,我可不答应。你准备待多久?"

"哦，可能时间很短。"我说。

"那么，无论如何，你必须先到我们那儿住，然后我再把你转送到其他人家里。"

这实在是非常亲切、无比好客的邀请，可我马上产生了逆反心理。我开始明白豪中校告诫我不要被英国殖民地的社交生活俘虏的含义，我可以想见我被缠得手脚不能动弹的样子。我尝试着结结巴巴地告诉她我准备随便走走看看，可是这位 C 夫人——她告诉了我她的姓名，并说她丈夫就在巴格达，而她本人属于当地最早的那批居民——根本没有理会我的计划。

"哦，到了那个地方，你就会发现一切是如此不同。人们过得很美好。经常打网球，经常有社交活动。我想你一定会喜欢的。人们总说巴格达很糟糕，我可不同意。要知道，家家都有很可爱的花园呢。"

我很亲切地一一附和着，她说："我想你要先去的里雅斯特(Trieste)，再从那儿坐船去贝鲁特（Beirut）？"

我说不是的，我要坐东方快车走完全程。她听了我的话，轻轻地摇了摇头。"我觉得这不值得推荐，我认为你不会喜欢这段旅程的。哦，但我想现在也没办法了，无论如何我们会再见面的。我要给你我的名片，到了巴格达就联系我。如果你可以提前在贝鲁特发电报来，你离开的同时我丈夫就会出门，你一到巴格达他就会迎接你，把你直接带到我家里。"

我能说什么呢？只好一再感谢并补充说我的计划还没定下来。幸运的是，C 夫人不和我一起坐完全程——这得感谢上帝，因为她的嘴老是说个不停。她准备在的里雅斯特下车，坐船去贝鲁特。我很谨慎地没有提我要在大马士革和伊斯坦布尔逗留的计划，这样她也许会认为我可能改变了去巴格达的主意。第二天在的里雅斯特，我们很友善地分手之后，我这才得以安静下来，享受独处。

旅行和我期待中的一样。过了的里雅斯特，列车穿行于南斯拉夫和巴尔干半岛。凭窗远眺，眼前是一个景色迥异的美丽世界。穿行于峡谷，望着牛车和别致的载货车，或者审视站台上的人群。在尼什（Nish）和贝尔格莱德（Belgrade），我偶尔会下车转转，看着原本的车头被一个涂着看不懂的字母和符号的新的庞然大物所取代。旅途中我又结识了几个人，令人高兴的是他们都不像第一位那样要替我包办一切。我先后遇到了一位美国女传教士、一位荷兰工程师和几个土耳其女人，一天的时光就这样愉快地度过了。我和最后几位几乎无法交谈，我们只是断断续续地用法语聊了几句。我发现由于我只有一个孩子，而且是个女孩，明显脸上无光。一位说起话来眉飞色舞的土耳其夫人夸耀自己十三次怀胎，五个夭折了，三四个流产了。尽管这个数字已经很让她骄傲了，但我觉得她还没有放弃继续更新辉煌的多产纪录。她不由分说地向我传授各种能让我多子多孙的办法，我被力劝采取的方法有：某种树叶煎熬的汤药、混合药草，还有似乎是某种特别的大蒜，最后她给了我一个在巴黎的医生的地址，说他"简直好极了"。

只有独自旅行才能认识到外面的人是多么关照和善待你——不过也未必都合你的意。那位女传教士极力劝我服用清理肠胃的药。她带了大量的泻盐。荷兰工程师就我在伊斯坦布尔的住处严厉地责备我，他警告我必须当心那个城市，很不安全。"你必须非常小心，你住在英国，是个有教养的女人，总有丈夫或亲属保护。出门在外不要相信陌生人说的话，除非你知道要去哪儿，否则千万不要去娱乐场所。"事实上，他把我当成一个十七岁的无知少女看待了。我向他表示感谢，并告诉他我会充分警觉的。

为了避免我遇到更大的危险，他在到站的当天晚上邀我去吃饭。"去托卡特里安饭店。"他说，"那家饭店不错，住在那里相当安全。我九点去接你，带你去一家非常不错的餐馆，很正派。是几个俄国女人开的，她们都是出身高贵的白俄人，烹调技术高超，在餐馆里你要非常注重礼仪。"我说他能这么安排真是太好了，结果他很守信用。

第二天，他办完自己的事后又来找我，带我去看了几处伊斯坦布尔的名胜，还给我找了个导游。"别从库克旅行社雇导游，他们要价太高。而且我向你保证，这个导游品行端正。"

俄国夫人们穿梭往来，她们露出温文尔雅的微笑，对我那位工程师朋友照顾有加，我又度过了一个愉快的夜晚。之后他又带我看了几处风景，最后把我送回托卡特里安饭店。我们在门口停住了脚步。"我想是不是……"他以探询的目光盯着我，"我想现在是不是……"他估计到我可能做出的反应后，那种探询意味就更显而易见了。然后，他叹了口气说："不问了，我想还是不问的好。"

"我想你这样做是明智的。"我说，"而且非常友好。"

他又叹了口气。"如果是另外一种情况，也许会更愉快，可是我看得出来……是的，这是适当的办法。"他动情地握住我的手，送到嘴边吻了吻，便从我的生活中永远地消失了。他是个好人，非常亲切，在他热心的安排下，我欣赏了伊斯坦布尔的风光，我应该感谢他。

第二天，库克旅行社的代理人以最传统的方式来接我，带我过了博斯普鲁斯海峡（Bosphorus），在哈伊达帕查码头（Haidar Pasha）靠岸后，我再次登上了东方快车。我很高兴身边有个导游，因为哈伊达帕查车站会让人一下子联想到疯人院——人人都在呼喊、尖叫，砰砰地敲打着，要求海关官员办手续。我领教了库克旅行社导游的本事。"请给我一英镑。"他说。我给了他一英镑，他随即跳上海关的长凳，边喊边高高地挥动着钞票。"这里来，这里来。"他的喊声见效了，一位披着金色缎带的海关官员朝我们奔来，用粉笔在我的行李上涂上记号，对我说："祝您旅途愉快。"随后去驱赶那些没有依此办理的人们。"好了，我把你带上车了。"库克旅行社的导游说。"然后呢？"我不大清楚要付多少小费，可当我掏出土耳其货币（其实都是零钱，是在火车上找给我的）时，他不容置疑地说："你最好留着这些钱，会有用的。现在你再给我一英镑钞票好了。"虽然我有些迟疑，但想到之前的经历，就递给了他一英镑，他敬礼表示感谢，转身走了。

从欧洲进入亚洲后，存在着一种难以言说的差别。时间变得不怎么重要了。列车沿马尔马拉海（the Sea of Marmara）从容不迫地向前行驶，穿山越岭，沿途景色迷人。车厢里的旅客也变得形形色色，不过难以描述他们各自的特征。我感觉与过去的一切都切断了，对我的所作所为和我将要去的地方愈发感兴趣。列车每停靠一站，我都会环顾站台，观看人们各式各样的服装。乡下人在站台上挤来挤去，把我不曾见过的熟食卖给车上的乘客。烤肉串，叶子包着的食物，涂得五颜六色的鸡蛋，以及各式各样的东西。列车越往东行，食物变得越难以入口，顿顿都油腻、无味、滚烫。

第二天晚上，列车停下，人们纷纷下车去观看西里西亚山口^①。这是个难以描绘的时刻，我终生难忘。后来，我曾多次来往于近东地区，不止一次路经此地，由于车次不同，曾在不同时刻下车停留。有时在凌晨，这时的景色的确壮观；有时，就像第一次这样，在傍晚六点；有时令人遗憾地在午夜。第一次我运气不错。我随其他人下了车，站在那里。夕阳渐渐西沉，那景致难以形容。我很高兴自己选择了东方快车，心里充满了喜悦和感激之情。我返回车厢后，汽笛长鸣，列车沿山谷盘旋而下，穿行于山涧，又从山下的河谷钻出。就这样，列车缓缓穿过土耳其，从阿勒颇（Aleppo）进入叙利亚。

到阿勒颇之前，有一段短短的时间里我的运气很坏。我以为被蚊子咬了，手臂上、脖子上，还有脚踝和膝盖上。我当时还没有游历各国的经验，根本没意识到咬我的并不是蚊子，而是臭虫。我的体质特别容易遭这种虫子咬，这辈子糟了不少罪。它们藏在老式的木制车厢里，贪婪地吮吸着车上旅客的鲜血。我的体温上升到华氏102°（38.9℃），手臂也肿了。最后，在一位出差途中的法国商人的好心帮助下，我撕开了上衣和外套的袖子——别无选择，我的手臂肿得厉害。我发着高烧、头痛欲裂，苦不堪言。我暗自对自己说："这次出来旅行真是一大错误！"然而，那位法国朋友给了我很大的帮助。他下车买了些葡萄，那种当地产的又小又甜的葡萄。"你肯定什么都不想吃。"他说，"我看得出来你发烧了。吃点葡萄吧，会有好处的。"

尽管母亲和姨婆教育我，在国外吃东西时一定要先洗洗，此时我却把这些都抛到脑后。每过一刻钟，我就吃点葡萄，结果这减轻了不

---

①西里西亚山口（Cilician Gates），土耳其南部陶鲁斯山脉（Taurus）的山口。

少发烧时的痛苦，而我确实对其他任何东西都没胃口。那位法国朋友在阿勒颇与我道别，第二天，肿痛有所减轻，我的感觉也好多了。

接下来的一天冗长而疲惫，列车行驶的速度不超过每小时五英里，还总停在不知名的小车站上，仅凭周围的环境你很难分辨出每个车站有什么不同。列车终于到达大马士革时，我走出车厢，陷入喧嚣之中。搬运工一把夺过我的行李，四周有人在大喊大叫，那些行李又接着被别的更强壮的搬运工抢了过去。出了车站，我看到一辆写着"东方宫殿饭店"字样、外观漂亮的汽车，一个身穿制服、模样神气的人把我和我的行李从人群中救了出来。我和其他几个手足无措的旅客一起上了车，汽车驶向饭店，我已经预订了那里的房间。这家饭店富丽堂皇，客厅宽敞，大理石地板光彩照人，只是电灯昏暗得无法看清周围。我被领着走上大理石台阶，引入一个巨大的房间。出于对洗澡的疑问，我打铃叫来了一个面相很亲切的女子，她好像懂一点法语。

"有人安排的。"她说，进一步阐述道，"一个男人……一个专门的……会安排好的。"她很肯定地点着头，便离开了。

我有点疑惑"一个专门的"是什么意思，到最后我才明白，是指一名浴室服务员。他的地位低到不能再低，裹着一堆条纹棉布，终于把穿着晨衣的我领到一个类似地下室的房间里。他在这里拧开了各种各样的水龙头和转轮，滚烫的热水落到石板地面上，蒸汽弥漫整个房间，什么都看不见了。他点点头，微笑着，做手势想让我明白一切正常，然后就走了。走之前他把所有东西都关上了，地面上的水都流进了水槽。我没有把握接下来该怎么做，我真的不敢尝试开启那滚烫的热水。墙上有八到十个转轮和旋钮，我觉得动任何一个都可能产生不同的效果——例如滚烫的热水猛地淋到我的头上。最后我脱下了拖鞋和其他衣物，在蒸汽中走来走去以求洗净自己——这总比冒险用水要好。在一刹那间，我很想家，还要过多久我才能走进一个熟悉的、贴着闪亮壁纸的房间，里面有一个结实的白瓷浴盆，有两个标明冷热水的水龙头，任你随心所欲地开关？

就我的记忆所及，我在大马士革待了三天。这期间我按计划，由库克旅行社的导游领着四处游览。我和一位上了年纪的牧师,以及一位美国工程师(当时的中东地区似乎遍地都是工程师)结伴去看了一处十字军的城堡,我们八点三十分在汽车上首次相遇。那位慈眉善目的老牧师把我和那个美国工程师当成了夫妻,他这样称呼我们并跟我们说话。"希望你不会介意。"那位美国工程师说。"一点也不。"我答道,"我很遗憾,他认为你是我的丈夫。"这样的措辞听上去真是暧昧,我们都哈哈大笑。

老牧师滔滔不绝地谈论起婚姻生活的好处,索取与给予的必要性,并祝我们幸福。我们俩放弃了解释,甚至不再尝试——因为美国工程师对着老牧师的耳朵大声告诉他我们没有结婚,请他不必操心时,老牧师看上去很沮丧,于是我们只得放任他这么想。"你们应该结婚的。"他坚持自己的看法,摇了摇头说,"非法同居,你知道,这是不可以的,这绝对是不可以的。"

我去了可爱的巴勒贝克(Baalbek),逛了逛集市和一条叫斯特雷特的大街,在那里买了许多当地制造的令人爱不释手的铜餐盘。每一个都是手工制作的,每一家都有特殊的风格。有一种有鱼的图案,布满了银线和黄铜雕饰。光是想一想,每一家的风格都是代代相传的,别人不会去复制或批量生产,就很令人着迷。我估计现在在大马士革,这种老手艺人和代代相传的人家已经不多了,他们肯定已经被工厂取代了。其实当时镶花木箱和桌子的样式就千篇一律了,虽然也是手工制作的,但是图案和工艺都是老一套。

我还买了一个五斗橱——一件巨大的、镶嵌着珍珠母和银饰、会让人联想到仙境的家具。我的导游却把它贬得一文不值。

"那个东西做工很不好。"他说,"太老旧了,有五六十年了,或许更老。太老式了,明白吗?非常陈旧,不是新的。"

我说我看得出来它不是新的,这样的东西不多了,也许再也不会有人制作了。

"是啊,没人做这种东西了。你来看看这只箱子,看到没?非常不错。还有这儿,这只五斗橱,看到了吗?用了很多很多种木料,看得出来用了多少种不同的木料吗？有八十五种。"最后的结果是一件令人憎恶的东西。我就要我自己选的那件镶嵌着珍珠母和银饰的五斗橱。

我唯一担心的是怎么把它运回英格兰的家里，不过显然这没什么困难的。那个柜子经由库克旅行社转交给某人，再转到某饭店，再转由某家船运商，计划周密，安排妥当。九到十个月后，一个几乎被遗忘了的镶嵌着珍珠母和银饰的五斗橱出现在了南德文郡。

这件事还没讲完。尽管那个柜子外表光鲜，内部宽敞，却会在半夜里发出一种奇怪的响声，就像巨大的牙齿在咬噬什么东西。有什么生物在偷吃我漂亮的五斗橱？我把抽屉抽出来检查，似乎没有任何牙印或蛀洞。然而夜复一夜，每当到了三更半夜的时候，我就会听到"喀哧、喀哧、喀哧"的声音。

最后，我把一个抽屉抽出来，带到伦敦一家据说是专门灭热带木蛀虫专家的商号。他们马上表示说一定有什么害虫在木头深处作祟，唯一的办法就是把里面的木头全部换新。这需要很大一笔费用——是五斗橱本身价钱的三倍，是运回英国的费用的两倍。尽管如此，我还是不愿继续忍受那种可怕的咀嚼和虫噬声。

大约三个星期后，有人打电话来，兴奋地说："夫人，能不能劳驾您来店里看看，我真想让您看看我们发现了什么。"我当时在伦敦，于是匆忙赶了过去。他们骄傲地向我展示了一种介于蠕虫和鼻涕虫之间的令人厌恶的东西，它又大又白、令人生厌，显然已享用了不少木头美餐，把自己养得肥肥的。它几乎把两个抽屉周围的木头都吃光了。又过了几个星期，我的五斗橱送回来了，从此以后，晚上只有一片沉寂了。

行程紧张的游览让我下定决心将来要重游大马士革，好好地探究一番。随后，我踏上了穿越沙漠去巴格达的旅途。这次，旅行事务由奈恩运输公司承办，该公司拥有由六轮汽车组成的车队，负责人是格里·奈恩和诺尔曼·奈恩兄弟俩。他们原籍澳大利亚，非常友善，我是临行前一天晚上结识他们的，当时他们正笨手笨脚地准备纸盒装的午餐，请我帮助。

汽车黎明时分出发，两个身材魁梧的年轻司机正忙碌着。我跟在行李后面跑出来时，他们正忙着把几支来复枪塞进汽车，同时随便将几个毯子扔上去盖着。

"千万不要声张我们带了这个，穿越沙漠不带着它不行。"其中一个说。

"听说这次车上还有一个阿尔韦亚的公爵夫人。"另一个说。

"万能的上帝啊。"第一个说，"我想我们要有麻烦了，你觉得她这次想要怎么样。"

"会弄得天翻地覆呢。"另一个说。

这时，一队人来到饭店的台阶下。出乎我的意料，而且使我并不高兴的是，领头的不是别人，正是在的里雅斯特与我道别的那位 C 夫人。我还以为我在此逗留游览期间她已经到巴格达了呢。

"我就猜你会走这条路线。"她满面春风地向我打招呼，"一切都安排好了，我带你去阿尔韦亚。巴格达的旅馆你肯定是住不惯的。"

我还能说什么呢？我被套牢了。我从未到过巴格达，更没见过那儿的饭店，就我所知，会充斥着臭虫、跳蚤、虱子、蛇和那种我特别厌恶的灰蟑螂。于是我不得不结结巴巴地表示感谢。我们上了车，我这才意识到"阿尔韦亚的公爵夫人"不是别人，正是我的这位朋友，C 夫人。她立刻拒绝坐在替她安排的座位上，那个座位靠近车尾，她说她坐在那儿会晕车。她要求坐在司机后面的位置上，而那个座位一星期前已被一位阿拉伯妇女预订了。"阿尔韦亚的公爵夫人"满不在乎地挥了挥手，毫不理会，显然任何人和她比起来都微不足道。她给人的印象就是涉足巴格达的第一位欧洲贵妇人，所有的人都应当俯首称臣。那位阿拉伯妇女上了车，坚决不让出座位，她的丈夫也在一旁帮腔。随后便是七嘴八舌的吵吵嚷嚷，一位法国妇女也要坐那儿，一个德国将军也找麻烦。我弄不清楚他们都有什么理由，反正按照全世界的惯例，四个弱者失去了好座位，被赶到车尾。德国将军、法国太太、戴着面纱的阿拉伯妇女和 C 夫人则以胜利者的姿态留了下来。我从不擅长吵嘴,也不可能有获胜的机会,况且我的座位本来就很理想。

不久后,我们的车子发动了。起先,在一片黄色的荒漠上奔驰,起伏的沙丘和岩石都让我着迷,但时间久了,一成不变的景色就让人昏昏欲睡。我随手翻开了一本书。我此生从未晕过车,但这种六轮汽车,若坐在靠近车尾的位置,颠簸程度就如同海上的轮船一样。就这样在颠簸中看书,我不知不觉地晕车了,而且晕得很厉害。我感到非常丢脸,可C夫人体贴地对我说,晕车常常是出人意料的,下次她会关照他们,给我找个靠前的位置。

这段历时四十八个小时穿越沙漠的旅行既令人着迷又十分凶险。人会有一种奇怪的感觉,不是被空旷包围,而是与世隔绝了。首先我意识到,正午时分你会辨不清东南西北,我听说这段时间里,巨大的六轮汽车常常迷失方向。后来有一次,我坐车穿越沙漠途中真的迷路了,那个司机,最富经验的司机,在驾驶了两三个小时之后,发现他正朝着大马士革的方向行驶,完全背离了巴格达。事情发生在车辙印分叉的地方,地面上遍布着迷宫般的车辙印。远处突然出现了一辆小车,并传来一声来复枪的枪声,我们的司机不得不绕了一个比平时更大的弯。之后他以为回到了正确的路线,可实际上他开到了相反的方向。

大马士革和巴格达之间,除了无垠的沙漠之外别无他物——没有路标,漫漫旅途中只有一处停靠点:鲁特巴(Rutbah)。大约是午夜时分,冥冥夜色中蓦地出现了闪烁的光亮,我们到了。城门打开,门边黑洞洞的枪口警惕地对着我们,那是骆驼兵团的士兵,提防伪装成旅客的土匪,他们深色的粗犷面庞令人胆战心惊。经过仔细的检查,才放我们进入城堡,大门在身后重重地关上。我们被带到摆放着床铺的屋子,五六个妇女挤在一间屋子里休息了三个小时后就又起程了。

清晨五六点钟,天刚刚亮,我们在沙漠里吃了早饭。在凌晨时分的沙漠里,用轻便油气炉煮罐装香肠,这顿早餐称得上美味。浓浓的红茶满足了我们所有的需要,使我们的体力恢复过来。沙漠四处点缀着各种色彩——浅粉色、杏黄色和蓝色,伴随着呼啸的风声,感觉奇妙无比。我醉心于此，这正是我想要的，能让人忘掉一切——清爽的晨间空气，一片宁静，甚至连鸟儿都没有，细沙从指缝中流下，远方旭日冉冉升起，还有香肠和茶。夫复何求？

汽车继续前行，终于来到了幼发拉底河畔的费卢杰（Felujah），车子从船只搭成的浮桥上过了河，经过哈巴尼亚（Habbaniyah）的飞机场，继续前行，直到能看见棕榈树丛和一条上坡的公路。左边远处，我们能望见卡济迈因清真寺（Kadhimain）那金色的圆顶。往前走又过了一座浮桥，渡过了底格里斯河，进入巴格达市。首先映入眼帘的，是一条两边全是摇摇欲坠的建筑物的街道，青绿色圆顶的漂亮的清真寺似乎就矗立在马路中间。

我甚至没机会去看看饭店的情况，C夫人和她丈夫埃里克就带我上了一辆舒适的小汽车，沿着巴格达的主要街道前行，经过莫德将军（General Maude）塑像，出了城。路两旁是巨大的棕榈树，一群群漂亮的黑色水牛在水塘中饮水。这样的景象我从未见过。

然后我们来到住宅区和繁花似锦的庭院中——还不像后来那么常见。我到了，一个我觉得堪称欧洲贵妇之境的地方。

2

在巴格达，他们夫妇俩待我很热情。每个人都很友好、令人愉悦，我为把自己关在笼子里独自受罪而感到惭愧。阿尔韦亚现在已成为市区的一部分，汽车和其他交通工具川流不息，可在当时，它离城市中心还有几英里远，要去那儿得有人开车送你，那段路的景致非常迷人。

一天，他们带我去水牛镇游览，这个镇子如今乘火车从北面进入巴格达时仍能看到。在陌生人眼中，它看上去似恐怖之地——破屋陋舍，巨大的围栏里满是水牛及粪便，奇臭难闻，汽油桶搭成的棚舍更让人相信这是贫困和落后的例证。但事实远非如此，水牛的主人们非常富有，尽管他们住得邋里邋遢，但是一头水牛价值一百英镑，或者更值钱。水牛的主人会自认为很幸运,女人们在烂泥中踽踽而行时,能看到她们脚踝上戴着的漂亮的银制脚镯和绿松石。

不久后我发现,在近东,你看到的可能和事实并不一致。那里的生活准则和行为方式、看到的和做的事都得颠倒过来看。看到一个男人粗鲁地冲你打手势叫你走开,你便很快走开了——但实际上他是在邀你过去。反过来,假如他向你招手,那就是让你走开。远远地面对面站着的两个人冲着对方大喊大叫,颇有立刻置对方于死地的架势。其实不然,这是兄弟俩正无聊地聊天,提高嗓门是因为谁都懒得向前迈那两步。后来我的丈夫马克斯告诉我,他初来乍到时,发现每个人都冲着阿拉伯人大喊大叫,他非常震惊,打定主意绝不冲他们大喊大叫。然而他在这里工作没多久后就发现,用正常的音量说什么话他们都听不到。倒不是他们耳聋,而是他们认为这么说话的人肯定是在自言自语。如果你真的要跟他们说话,就得喊得大声一点,让他们听到。

阿尔韦亚的人都待我极为友好。在这里我打网球、开车去看赛马,被带去观光、逛街,就像在英国一样。从地理上看,我在巴格达,而精神上我仍在英国。可我出游的目的就是离开英国去看看异国风光,于是我决定做一件事。

我打算去乌尔。我提出来了,高兴地发现他们并没打算阻挠我,而是鼓励我去。他们为我安排好了旅程,之后我发现他们还为我做了很多不必要的安排。"当然,你必须带上一个搬运工。"C夫人说,"我们会帮你预订火车座位,还会发一封电报到乌尔站,告诉伍利夫妇你要到访,想参观一下。你可以在那里的招待所住几晚,然后等你回来时,埃里克会去接你。"

我说他们这么费心帮我安排,真是太体贴了。同时我很有罪恶感,因为我没告诉他们我已经为自己安排好了回来的一切。

我如期出发,略怀戒心地盯着帮我背东西的家伙。他身材细高,带着一副陪伴夫人们走遍了近东,比她们本人还了解应该如何是好的神气。他穿着鲜艳的衣服,把我安顿在那空荡荡的、不太舒适的车厢中,对我行了个额手礼,就走了。临走时他向我解释说,到了指定的车站,他会来带我去设在站台上的餐厅用餐。

可以自作主张之后,我做的第一件事就非常不明智。我打开了紧闭的窗户,因为车厢里闷得我无法忍受,我渴望新鲜的空气。可是吹进来的并没有多少新鲜空气,而是更闷热、挟带着灰尘的空气,还有一群大黄蜂光临。我不禁吓坏了。那些大黄蜂颇具威胁性,嗡嗡地飞来飞去,我拿不定主意应该就让窗户这么开着,期待它们能飞出去,还是该关上窗户,把陪伴我的大黄蜂的数量限制在已经进来的二十六只。这实在是太不幸了,我局促地坐在一个角落里,直到大约一个半小时后,搬运工来解救我,带我去了站台上的餐厅。

那一餐很油腻,不是很好吃,也没有太多的时间享用。打铃了,我忠诚的仆人带我返回我的车厢。窗户已经关上,大黄蜂被赶走了。经过这次事件以后,我更加小心了,不敢再瞎弄。只有我一个人,如今对独自一人我已习以为常。时间过得很慢,而因为车子摇晃得厉害,我不可能读书看报。窗外也没什么可看的,只有光秃秃的灌木丛和满是沙砾的沙漠。那是一段漫长而乏味的旅程,除了吃就是睡。

这么多年,我坐车抵达乌尔站的时间每次都不同,但无一例外总是不合适。这一次大概是早晨五点。我突然醒来,然后走进了火车站的客房,在一个干净的、看起来很肃穆的卧室里打发时间。直到八点钟,我想吃早餐了。很快来了一辆小汽车,说要带我去大约一英里半之外的发掘现场。尽管我对考古一无所知,但我深感荣幸。在发掘现场有过多年的体验以后,现在我知道那些来访者有多么可恨了,他们总是在最不恰当的时候到来,想要有人带他们参观、同他们说话。他们会浪费你宝贵的时间,通常扰乱了一切。当然,那时候这些我都不知道。在乌尔这种考古发掘颇为成功的地方,考古学家们每一分钟都不得空,每个人都使出浑身解数工作着,要是有不少兴致勃勃的妇女四处闲逛,那是最可气的事情了。伍利夫妇把接待工作安排得很巧妙。游客们结伴观光,由导游陪着去值得一看的地方,随后匆匆返回。我却被视为贵客,受到热情的款待,我当时对此所表达出的感激显然是不够的。

这种优待完全出于伦纳德·伍利的妻子凯瑟琳·伍利刚刚读过我写的《罗杰疑案》的缘故，她对此书津津乐道。她还询问同行的其他游客是否看过这本书，如果有谁还没看过，就会遭到她很严厉的谴责。

伦纳德·伍利以他惯有的亲切方式陪我参观。还有伯罗斯神父，一位耶稣会神父和碑铭研究专家，他也带我四处游玩。他是个见解独到，描述事物的方式与伍利先生形成有趣的对照。伦纳德·伍利用充满想象力的眼光看待一切。这地方在他看来就是公元前一千五百多年或更早几千年时的模样。我们每到一处，他都能把一切说得活灵活现。他讲解时，我会毫不怀疑地确信某个角落的某间房子就是亚伯拉罕的故居——他会重述历史，并且深信不疑，谁听到他的解说都会相信。伯罗斯神父的讲解方式则截然不同。他总是以一种带着歉意的口吻来描述院落、教堂或商业区，而在你刚开始感兴趣的时候他又会说："当然，我们都不知道那是不是真的，没有人能肯定。是啊，也许不是真的。"然后以同样的口吻说："是的，是的，这些是商店。可是我想并非像我们想的那样建造而成。它们也许不是这样的。"他喜欢贬损任何东西。他是个有趣的人——聪明、友善，但又超凡脱俗，有一点不食人间烟火的味道。

一次午餐时，他没来由得对我谈起他觉得我可以写一篇很好的侦探故事，并极力主张我动笔。那时我对他爱看侦探小说还全然不知。他勾勒出的故事虽说还只有个轮廓，核心矛盾却很吸引人，我拿定主意有一天会动笔的。过了许多年，大概在二十五年后，突然有一天，这个情节完整的故事又重现在我的脑海里，于是我心血来潮，把它加以组合安排，写了出来。不是一本书，而是一篇篇幅很长的短篇小说。伯罗斯神父那时早已去世，希望他地下有知，我是怀着深深的谢意采用他的构思的。像任何作家那样，我把它融合在我的构思之中，他的痕迹很难看得出来，可他的灵感是这篇小说的源泉。

凯瑟琳·伍利后来成为我的挚友。她是个颇有争议的人，人们对她的态度总是存在分歧，有人对她恨之入骨，剩下的则为之倾倒——这或许是因为她的情绪飘忽不定，让人难以应付。有时候人们会抱怨说她完全无法相处，说再也不想和她打交道，说她待人的方式毫无逻辑。可是突然间，这些人又被她的魅力所倾倒。有一点我可以肯定，那就是如果你需要一位女士结伴去沙漠或者其他无人之地，那么她会比任何人都更能使你的行程情趣盎然。她谈论事情时绝不会用陈词滥调，她会督促你去构筑从来不曾有过的想法。她可以很不客气——实际上她不客气的时候真是过分，那是一种傲慢无礼的态度——但只要她想讨你的欢心，就一定办得到。

我爱上了乌尔这个地方。黄昏时分美丽的景色，宝塔式的建筑耸入云霄，夕阳半遮半映，浩瀚的沙海每时每刻都在变幻着颜色：杏黄、玫红、湛蓝、紫红。我喜爱那里的工人、工头、挎篮子的孩子和挖掘工，喜欢他们的技能和他们的生活。历史的魅力紧紧地抓住我的心，目睹从沙中慢慢发掘出一柄熠熠闪光的匕首，真是浪漫极了。望着人家从沙中小心翼翼地捧出陶罐和其他器皿，使我也心血来潮得想做个考古工作者。我想，我一直所过的那种毫无意义的生活是多么不幸啊。这时，我羞愧地回想起，在开罗，我还是个少女时，母亲曾极力劝我到卢克索和阿斯旺一览埃及的辉煌历史，我却沉迷于和小伙子们约会，跳舞跳到凌晨。我想人生的每个阶段会发生什么这几乎是上天注定的。

凯瑟琳·伍利和她丈夫力劝我再多待一天，看看更多的发掘地，我当然欣然从命。C夫人强加给我的那个仆人完全是多余的。凯瑟琳·伍利让他先返回巴格达，说我归期尚未确定。这样，我也可以躲过那位热情的女主人，悄无声息地返回巴格达，毫无顾忌地住进底格里斯王宫饭店（不记得当时是不是叫这个名字，因为那个地方的招牌换了又换，我不记得最初的名字了）。

但这个计划并没成功，因为C夫人可怜的丈夫每天都被派去车站等候从乌尔开来的火车。不过我还是毫不费力地摆脱了他，我向他再三道谢，说他的妻子真是太无微不至了，可是我真的觉得去饭店住会更好，而且我已经安排妥当了。于是他开车把我送到那里，我入住前再次向C先生表示感谢，并接受了三四天后一起打网球的邀请。我就这样逃脱了英国式社交的束缚。我不再是什么欧洲贵妇了，而是一个旅行者。

那家饭店并不差。首先你要走过一片昏暗地，那里是休息厅和餐厅，总是挂着窗帘。二楼的每间客房都有阳台，就我所知，当你躺在床上的时候，任何一个过路人都能望见你，可能还会进来和你一起打发时光。这家饭店的一侧毗邻底格里斯河，河上漂浮着各式各样的船，呈现出令人愉快、梦幻般的景色。就餐时间，你要下楼走进一个非常黑的地下室，只有很微弱的亮光。这里的一顿饭能顶好几顿，菜一道又一道，不断地端上来，奇怪的是都大同小异，有大块的煎肉饼和米饭，硬硬的小土豆，番茄炒蛋，非常坚韧、淡而无味的花椰菜等。

促成我这趟旅行的那对有趣的豪夫妇给我推荐过一两个人，我估摸他们都不是纯社交类的俗人。豪夫妇推荐的都是他们认为值得结交的人，这些人曾陪他们去看了城市里最有魅力的地方。虽然在阿尔韦亚的日子过得英国味十足，但巴格达毕竟是我所见过的第一座东方城市——它确实非常东方。从拉希德大街（Rashid Street）转进窄小的街巷，就会来到格调迥异的伊斯兰集市：铜器摊前铜匠们敲敲打打，香料摊前堆放着各种香料。

豪夫妇的一位朋友，英印混血的莫里斯·维克斯，据我了解他过着独居生活，也成了我的好朋友。他带我攀上高台，观看卡济迈因清真寺那金色的圆顶，领我去游人们不太去的集市，他还开车带我去陶器城区和其他地方。我们俩穿过棕榈树林和枣园到河边散步，也许我对他口中描述的比对亲眼看到的更感兴趣。从他那儿我第一次学会思考时间这一概念，这是我以前从未想过——从未客观地思考过的。但是对他来说，时间以及时间的关联性，都具有特殊的意义。

"一旦你考虑到时间及其无限性，个人的事情就不会再以前的方式影响你了。烦恼、苦难，所有生命中有限的东西，都会以截然不同的面目出现。"

他问我是否读过 J.W. 邓恩[①] 的《时间试验》（*An Experiment*

[①] 约翰·威廉·邓恩（John William Dunne, 1875–1949），英国军人、航天航空工程师、哲学家。

with Time)。我没看过。他借了一本给我,从那时起,我发现自己有了某种变化,不是心情上的变化,也不是外表的变化,而是我看待事物更深入了。在一个充满内在联系的广袤世界里,我,不过是沧海一粟。人们可以不时地感受到自己的存在,从另一个角度上观察到自己的存在。开始时,这种认识是不成熟的、很浅薄的,但是从那一刻起,我的确感受到一种强烈的平和和一种从未体验过的宁静。我感谢莫里斯·维克斯,引导我心胸开阔地面对生活。他藏书颇丰,涉及哲学及其他各个方面,实在是个了不起的年轻人。有时我会怀疑我们还能否再次见面,但我觉得不见面也知足了。我们俩就像黑夜里撩舷而过的两艘航船,他送给我一件礼物,我接受了。这礼物前所未有,因为它是智慧的化身——它来自头脑,而不仅仅来自心灵。

我没有太多时间在巴格达消磨,因为我急于赶回家准备圣诞节。我被告知应该去巴士拉(Basra),更要去摩苏尔——莫里斯·维克斯力荐后者,说如果他能抽出时间,会亲自带我去。在巴格达,或者说在伊拉克,最大的惊喜就是总会有人陪你去各种地方观光。除非是著名的旅行家,否则女人在这里很少单独行动。你一想要旅行,就马上会有人引荐一个朋友、一个表兄弟、丈夫或者叔父给你,抽时间陪你去。

在饭店里,我结识了国王非洲步枪兵团(King's African Rifles)的德怀尔上校。他到过世界上的许多地方。他有些年纪了,对于中东,几乎没有一处他不熟悉的。我们俩的话题是偶然落到肯尼亚和乌干达的,我向他提起我的哥哥曾在那儿住了许多年,他问及名字,我告诉他我哥哥叫米勒。他目不转睛地望着我,随之脸上浮现出一种我已见过的表情,一种不敢相信、充满疑问的表情。

"你说你是米勒的妹妹?你哥哥是烟鬼比利(Puffing Billy)米勒?"

我从没听说过"烟鬼比利"这个绰号。

"疯疯癫癫的?"他探询地补充说。

"是这样的。"我很同意他的看法,"他总是疯疯癫癫的。"
"你是他的妹妹!我的天哪,他一定时常让你受不了!"
我说这样的评价很公平。
"他是我见过的最有个性的人之一,你知道,你没法逼迫他,你没法让他改变主意,他倔得像头猪,可是你就是忍不住要尊敬他,他是我见过的最勇敢的家伙之一。"
我考虑了一下,然后说没错,我想他就是这么一个人。
"可是在战争中管理他真是活见鬼。"他说,"告诉你,我后来去指挥那个编队,一开始就把他给揪出来了。我经常碰到他那种人,我行我素地在这世界上四处游历。他们都很怪,又倔强,几乎是天才,却又不完全是,因此他们通常是失败者。他们是世上最健谈的人,不过只有在他们想说话的时候。而在他们不想搭理你的时候,就一语不发。"
他说的句句属实。
"你比他年纪小得多,是不是?"
"比他小十岁。"
"他到国外时你还是个孩子吧?"
"对,我根本不了解他,可他放假时会回家来。"
"他后来怎么样了?我听说他生病住进了医院,后来就没消息了。"
我介绍了我哥哥的情况,他如何被送回家等死,虽然医生说他活不了多久了,可他竟然又活了几年。
"自然。"他说,"要等到比利想死的时候他才会死。我记得有一次把他送上一辆专门去医院的火车,他的手臂吊在吊带里,伤得很重……但他一心想着不要去医院,每次他们从火车一侧把他送上车,他就从另一侧跑掉。他们为他伤透了脑筋,最后还是把他送到了医院,然而在第三天,他就趁人不备溜了出去。他觉得战斗在召唤他,这事儿你知道吗?"
我说我模模糊糊地知道一点。
"他曾经和他的指挥官闹得很僵,不过对他来说这再正常不过了。

指挥官是个很传统的家伙,有点自命不凡,和比利根本不是一路人。比利当时掌管骡子,他对骡子真是有一手。不知怎的,他突然说这里就是迎战德国人的地方,他的骡子们就待在这儿了——这是最好的办法。指挥官说要以叛乱罪制裁他,除非他服从命令!比利只是坐下来,说他不会走的,他的骡子们也不会。那些骡子还真是如此——它们不走,除非米勒要它们走。无论如何,他就快被送上军事法庭了,然而就在那个节骨眼儿上,一大批德军来了。"

"他们就真的迎战了?"我问。

"确实如此,而且还赢了。这是那场战役中最具决定性的一场战斗。然后当然了,那个老上校,叫什么来着,拉什之类的,气得发疯到极点。他赢得了一场战斗,却完全要归功于一个他准备送去军事法庭的不服从命令的军官。现在倒好,打了胜仗,他就不能把米勒送去军事法庭了。可无论如何,就算能保住脸面,那场战斗也永远会被以'米勒战役'记住。"

"你喜欢他吗?"他突然问道。

这是个难以回答的问题。

"有一段时间我很喜欢他。"我说,"我和他相处的时间不长,不足以使我对他产生那种你可以称之为亲情的感情。有时候我对他无比失望,有时候我会被他逼疯,有时候……嗯,我会为他着迷……他很迷人。"

"女人很容易对他着迷。"德怀尔上校说,"她们会跑过来,对他千依百顺,通常都想要嫁给他。你明白的,嫁给他、改造他、培养他,为他找一份稳定的好工作。我想他还活着吧?"

"没有,他几年前去世了。"

"真可惜,是不是?"

"我不知道怎么说才好。"我说。

成功与失败究竟是如何界定的?从对外的一切表现来看,我哥哥蒙蒂的一生看似是一场灾难,他一事无成。可一切是否只应以财富来衡量呢?他在一生中的大部分时间都活得自得其乐,尽管在经济方面有些拮据，不是吗？

"我觉得，"有一次，他兴高采烈地对我说，"我活得很不道德，我满世界欠了很多钱，违反了很多条国家的法律，在非洲非法藏匿了一点上等象牙。他们也知道我藏了，可就是找不到！我让可怜的老母亲和玛吉忧心忡忡，更不用指望教区牧师赞同我了。可是，孩子，我得说，我自得其乐。我度过了异乎寻常的欢乐人生，世上的一切，永远只有最好的东西才能让我满意。"

自从老泰勒太太到来，蒙蒂就始终保持着好运气。总会有一个女人在他需要人照顾的时候挺身而出。泰勒太太和他平静地生活在达特穆尔，后来她患了严重的支气管炎，恢复得很慢，医生都摇头以对，认为她无法再在达特穆尔挨过一个冬天。她应该去暖和一点的地方——也许去法国南部。

蒙蒂高兴极了，他索取了一切可以拿到的旅游宣传册。玛吉和我都认为让泰勒太太继续留在达特穆尔太过分了，尽管她向我们保证说她不介意，她说她很愿意留下来。

"我现在不能离开米勒上尉。"

为了以最妥当的办法来处理这件事，我们拒绝采纳蒙蒂的疯狂念头，转而在法国南部的一个小型膳宿公寓里为泰勒太太和他各自安排了房间。我卖掉了那幢石头小别墅，把他们送上了蓝色特快列车。他们满面笑容，可是，哎，泰勒太太在路上着了凉，病情恶化为肺炎，几天后便病逝在医院里。

他们把蒙蒂也送进了马赛的医院。他由于泰勒太太的去世，身心都崩溃了。玛吉赶去了，她知道应该做出些安排，可是想不出该怎么办。照顾蒙蒂的那位护士富有同情心，乐于帮忙，她说会想想看有什么办法。

一个星期后，我们收到为蒙蒂处理财务问题的银行经理的电报，说已经找到了解决办法。玛吉去不了，于是我跑去见他。那位经理与我见面，并邀我共进午餐。他的友善和怜悯之心无人能比，然而却很奇怪地闪烁其词，我猜不出缘由。很快，他为难的原因就水落石出，因为他不知道蒙蒂的姐妹会如何看待这个提议。原来那位护士，夏洛特，提议带蒙蒂去她的公寓，并为他负责。银行经理一定怕我和玛吉爆发出假正经的强烈反对——他真是不了解啊！玛吉和我会感激地搂住夏洛特的脖子。玛吉后来和夏洛特关系很亲密，甚至很倚重她。夏洛特照顾着蒙蒂，蒙蒂非常喜欢她。钱完全由她来管，对于蒙蒂那番想到大游艇上生活之类的豪言壮语，她只是态度巧妙地倾听而已。

有一天，他突发脑溢血，死在了海滨的咖啡馆里。夏洛特和玛吉在葬礼上双双泣不成声。他被葬在马赛的军人公墓。

我觉得，蒙蒂就是这么一个人，他一直到死都自得其乐。

那次谈话以后，我和德怀尔上校结为好友。有时我去他那里吃饭，有时他来我的饭店一同进餐。我们的话题总是扯到肯尼亚、乞力马扎罗山、乌干达和维多利亚湖，以及蒙蒂的一些轶事上。

德怀尔上校以一种专横和军事化的方式给我安排了下次出国旅行的游玩日程。"我给你安排了三次旅行。"他说，"一旦你有空，我又脱得开身，我们就定下时间。我想就在埃及的什么地方碰头，我会在骆驼运输队搞到一辆牛拉车，穿越北非。大概历时两个月，你会玩得很痛快，令你永生难忘。我会带你去那些可笑的冒牌导游们没法带你去的地方，那个国家的每寸土地我都熟悉。然后我们再去非洲内陆。"接着他把更详细的旅行计划讲给我听，几乎全在牛拉车上。

我暗自怀疑，这样的日程安排我的身体吃得消吗？也许我们俩都知道，这些不过是想象而已。我想他是个孤僻的人，德怀尔上校军人出身，过着严格的军旅生活，而且渐渐地与不愿离开英国故土的妻子产生了隔阂。据他说，她所关心的就是在幽静的路边有一幢清静的小房子，过过日子。而他的孩子们也对他毫不关心，他们认为他去荒野地带旅行的想法荒唐且不现实。

"最后，我把她想要的钱和子女们的教育费全给她寄到了家里。可我的生活远在这里，围绕着这些地方，非洲、埃及、北非、伊拉克、沙特阿拉伯，全是这些地方。这才是适合我的生活。"

我想，尽管他很孤独，但还是很满足的。他有种冷冷的幽默感，给我讲了一些与当时发生的阴谋有关的有趣的故事。同时，在很多方面他又非常传统，是一个虔诚、正直、严守纪律的军人，并且对是非有严格的观念。一个"老誓约派"①，这是对他恰如其分的形容。

这时已到了十一月，天气渐渐地变了。不再有阳光耀眼的日子，偶尔还会下一场雨。我订了回国的票，要怀着一丝遗憾之情告别巴格达——不过也不算太遗憾，因为我已经制订了重返计划。伍利夫妇暗示我可以来年再来拜访他们，回国时或许也可以和他们一起。我还接到了别的一些邀请。

那一天最终还是到来了，我又一次坐上六轮汽车，这次小心地订了一个靠近车头的座位，以免再出丑。我们出发了，很快就见识到沙漠中的一些古怪现象。在这个国家，每天早晨八点半照例会下雨，几个小时之内地面就变得一片泥泞，你每走一步，鞋子都会带起一块巨大的饼状泥巴，简直有二十磅重。至于六轮汽车，它不停地打滑、转向，终于陷得动弹不得。司机们马上行动起来，挥起铲子、放下木板，塞到轮子下面，想尽办法把汽车挖出来。持续了四十分钟到一个小时后，第一次尝试启动，汽车颤抖着向上爬升，但又陷了回去。雨下得越来越大，我们不得不返回巴格达。第二天就好多了，虽然有一两次我们还是不得不把汽车挖出来，不过总算过了拉马迪（Ramadi）。到达鲁特拜城时，就再次进入了晴朗的沙漠，脚下再也没有什么困难了。

3

旅行最愉快的部分之一就是又回到家里。罗莎琳德、卡洛、庞基和她的家人——我对他们的爱有增无减。

我们去柴郡与庞基共度圣诞节，然后回到了伦敦，因为罗莎琳德

---

① 誓约派（Covenanter）是基督教新教派别，指十六十七世纪间，苏格兰长老会内为保卫加尔文宗原则、反对主教制而结成誓约者。

的一个朋友帕姆·德鲁斯要来我们家住——我们在加那利群岛的时候结识了她的父母。我们计划先去看哑剧，然后带着帕姆一起回德文郡度过假期的最后几天。

帕姆到来那天，我们度过了一个愉快的晚上。然而午夜过后不久，我被一个声音唤醒了。"您介意我睡到您的床上来吗，克里斯蒂太太？我觉得我做了一个很奇怪的梦。"

"啊，当然不介意，帕姆。"我说。我打开了灯，她爬上床，躺下来，叹了一口气。我有点吃惊，因为在我的印象里，帕姆向来不是个疑神疑鬼的孩子。对她来说，这无疑是最令她安心的做法，我们都一觉睡到天亮才醒来。

窗帘拉开，早茶送来之后，我打开了灯，望着帕姆。我从来没见过一张像这样密密麻麻遍布斑点的脸。她注意到我的表情有点奇怪，便说："您在盯着我看！"

"哦。"我说，"是啊，没错，我在盯着你看。"

"嗯，我也觉得很奇怪。"帕姆说，"我怎么会跑到您的床上来的？"

"你半夜里跑过来的，说你做了噩梦。"

"是吗？我一点都不记得了，完全不知道我是怎么跑到您床上来的。"她停顿了一下，然后说，"还有别的事不对劲吗？"

"哦，是的。"我说，"我想恐怕是的，你知道，帕姆，我想你出麻疹了。"我拿给她一面小镜子，让她审视自己的脸。

"哦。"她说，"我看起来样子很怪，是不是？"我表示同意。

"那现在怎么办呢？"帕姆问，"我今晚还能去戏院看戏吗？"

"恐怕不能去了。"我说，"首先，我们最好给你母亲打个电话。"

我给贝达·德鲁斯打了电话，她立刻赶来了。她马上取消了出远门的计划，把帕姆带走了。我让罗莎琳德坐进车里，驾车返回德文郡，我们要在那里观望十天，看她是不是也会出麻疹。那一趟驾车之旅很不轻松，因为我在一周之前刚刚在腿上接种了牛痘，开车是有点痛苦的。

那十天接近尾声的时候，首先发生的是我突然头痛欲裂，伴随明显的发烧症状。

"也许要出麻疹的是你，而不是我。"罗莎琳德暗示道。

"胡说。"我说，"我十五岁时就出过严重的麻疹了。"不过我确实有些不安，有些人会出两次麻疹，要不然，我怎么会这么难受？

我打电话给我的姐姐。庞基总是时刻准备着过来援救，她发来电报说马上就来，不管是我病了还是罗莎琳德病了，还是我们俩都病了，或者任何别的事情，她都会来料理一切的。第二天，我感到更加难受了，罗莎琳德则抱怨说她感冒了——她眼泪汪汪的，还打喷嚏。

庞基如约而至，照例满腔热忱地应对灾难。很快，卡弗医生被请到了，他明确地宣告，罗莎琳德是即将出麻疹。

"你是怎么啦？"他说，"你看上去脸色也不好。"我说我感觉非常难受，应该是发烧了。他继续问诊。"种了牛痘，对吗？"他说，"而且你是开车回来的，牛痘是种在腿上的？为什么不种在手臂上？"

"因为手臂上要是有牛痘疤，穿晚礼服时会很难看。"

"哦，在腿上种牛痘并没有什么大碍，但种过之后再开两百英里的车，实在是愚蠢的事。让我们来看看。"他看了一眼。"你的腿肿得非常厉害。"他说，"这你知道吗？"

"哦，是的，可是我觉得只有接种的地方痛。"

"疼？可比那严重得多。让我量一下你的体温。"他量了，然后惊呼道，"天哪！你量过吗？"

"嗯，我昨天量过一次，是华氏102°（38.9℃），可是我觉得也许会降下来。只是浑身都不自在。"

"不自在！我知道你会觉得不自在。现在已经超过华氏103°（39.4℃）了。你就躺在床上等着，我去准备准备。"

他回来后说要马上送我去医院，并且会叫一辆救护车。我说叫救护车实在毫无道理，为什么不能坐小汽车或者出租车去？

"我叫你怎么做，你就怎么做。"卡弗医生说，虽说不像平时那么坚定，"我要先同瓦茨太太谈谈。"

388

庞基进来了,她说:"罗莎琳德出麻疹期间我会照顾她的,卡弗医生好像觉得你的状况很糟。他们对你做什么了?牛痘中毒了?"

庞基把我的一些必需物品装到了箱子里,我就躺在床上等待救护车,希望能够集中精神。我有一种可怕的感觉,仿佛自己置身于鱼贩店里的菜板上,身边全是鱼肉片和在冰上颤抖的鱼。可与此同时,我又觉得仿佛被包在一根圆木里,放在火上烤,冒着烟。这两种感觉结合在一起真是莫大的不幸。时不时地,我会做出巨大的努力,想要挣脱这讨厌的噩梦。我对自己说:"我就是躺在床上的阿加莎,没有什么鱼,没有鱼贩子的商店,我也不是在燃烧的圆木里。"然而不久后我又到了一张光滑的羊皮纸上,滑来滑去,身边全是鱼头。我记得有一个鱼头非常讨厌,好像是一条大比目鱼,鼓鼓的双眼、大大的嘴,非常凶恶地看着我。

然后房门打开了,一个穿着护士制服的女人走了进来,又好像是救护车的服务员,他们带来一个轻便轮椅。我再三地抗议,我不愿意坐轮椅去任何地方。我可以毫不费力地走下楼梯,走进救护车,绝对没问题。可我被那个护士制伏了,她不耐烦地说:"听医生的,现在亲爱的,就坐在这儿,让我们把你绑好。"

在我的记忆中,没有比要被人从很陡的楼梯上抬下大厅更吓人的事了。我体重不轻,超过了一百五十磅①,而那个救护车服务员是个格外瘦弱的年轻人。他与护士一人一边把我抬进轮椅,然后开始抬我下楼。那轮椅咯吱作响,全然一副要散架的样子。那个救护车服务员不住地脚底打滑,不得不手抓扶栏。走到楼梯中间的那一刻,轮椅真的开始散架了。"天哪,天哪,护士小姐。"服务员气喘如牛地说,"我觉得它真的要散架了。"

"把我放下来。"我喊道,"我自己走下去。"

他们不得不让步,解开了拉扣。我抓住栏杆,勇敢地以标准的步伐走下楼梯,我感到安全多了,也畅快多了。我觉得他们实在是彻头

---

①约六十八公斤。

彻尾的大笨蛋，不过我忍住了，没有说出口。

救护车开动了，把我送到了医院，一个漂亮的红头发的实习护士把我送上床。被单是冷的，但是还不够冷，鱼和冰的幻影又开始重现，还有燃烧的大锅炉。

"哦！"实习护士颇感兴趣地看着我的腿，"上次我们有一位病人的腿就像这样，第三天就烂掉了。"

很幸运，当时我已神志不清，她说的话我充耳不闻——当时就算砍掉我的双腿、双臂，甚至脑袋，我也不会在乎。可是就在那个实习护士帮我整理床铺，把我严严实实地盖好的时候，我忽然感到她没能准确地完成她的使命，她的护理在医院里一定很不受欢迎。

幸运的是，三天后我的腿并没有烂掉。在连续四五天的高烧和严重血液中毒造成的神志不清之后，我开始全面好转。我深信，而且至今仍相信，有些批次的牛痘疫苗会发挥双倍的效力。医生们则倾向于认为这完全是因为我小时候没有接种过牛痘，而且我从伦敦开车过来，腿部因过分用力而受到了损伤。

大约一个星期以后，我开始复原了，开始通过电话关切地询问罗莎琳德出麻疹的状况。她的疹子和帕姆的一样，出得很好。她很乐意有庞基阿姨照顾，几乎每天晚上都要用她清脆的声音喊道："庞基阿姨！你像昨天晚上一样用海绵帮我擦擦好吗？我觉得好舒服啊。"

很快我就回家了，左大腿上仍然缠着厚厚的敷料，我们俩开开心心地一起康复。罗莎琳德直到开学后两个星期才重返学校。那时候她已完全康复，身体健壮，精神愉快。又过了一个星期，我的腿也痊愈了，踏上了旅程：先进入意大利境内，然后去罗马，我无法按原定计划在那儿待那么久，因为我必须赶上去贝鲁特的船。

4

这次我搭乘里雅斯蒂诺号去贝鲁特，在那儿住几天，再随奈恩运输公司的车队穿越沙漠。船离开亚历山大勒塔（Alexandretta）后沿海岸航行，海面波浪起伏，我感到有些不适。在船上，我注意到了另一名女子。后来，这位名叫西比尔·伯内特的女子告诉我，她在遇到风浪的时候也不舒服。她当时看着我，心想：这是我见过的最讨厌的女人。与此同时，我也是这么看她的，我对自己说：我不喜欢那个女人，不喜欢她戴的帽子，不喜欢她的米色长筒袜。

我们怀着对彼此的憎恶之情继续一起穿越沙漠，结果却很快地成了好朋友，友谊维系了许多年。西比尔，人们通常叫她鲍夫·伯内特，是当时的空军少将查尔斯·伯内特爵士的妻子，她此行的目的就是去和丈夫团聚。她是个很有见地的女人，想到什么就说什么，爱好旅行和观赏异国风光，她在阿尔及尔（Algiers）有一套漂亮的住宅。她有四个女儿，还有和前夫所生的两个儿子，她的生活中有取之不尽用之不竭的乐趣。同行的人中还有一些英国圣公会高教的教徒，她们要去伊拉克瞻仰《圣经》中提到过的地方。领头的那位面目凶恶，叫威尔布里厄姆小姐，她有一双大脚，穿着休闲布鞋，戴着巨大的遮阳帽。西比尔·伯内特说她活像个大甲虫，我也有同感。她是个人人都想与之唱反调的女人，西比尔·伯内特有一次就顶撞了她。

"我带着四十个女人。"威尔布里厄姆小姐说，"真该为自己鼓掌，她们当中除了一个人之外，每一个都是欧洲贵妇。多么显要啊，你们觉得呢？"

"我不觉得。"西比尔·伯内特说，"全都是欧洲贵妇太单调了，应该多收点别的类型的女人。"

威尔布里厄姆小姐并没有理会——这正是她最大的特质，从来注意不到别人说的话。"是的。"她说，"我实在为自己庆幸。"

然后鲍夫和我聚在一起，看看能否找出那个没有通过考验的"害群之马"，在这个旅行团里唯一被贴上"非欧洲贵妇"标签的人。

同威尔布里厄姆小姐一起的，还有她的副领队兼好朋友艾米·弗格森小姐。艾米·弗格森小姐非常专注于英国圣公会高教的事业，甚至比她心目中的女超人威尔布里厄姆小姐有过之而无不及。唯一让她不安的是,她没有体力跟上威尔布里厄姆小姐的行动。"问题在于,"她倾诉道,"莫德极其健壮。当然我的身体也不错,可是我必须承认我有时候会感到累。然而我只有六十五岁,莫德已经快七十了。"

"她是个很好的人。"威尔布里厄姆小姐提到艾米时说,"很有能力,忠心耿耿,不幸的是她经常感到疲惫,这很让人气恼。我觉得她也很无奈,可怜的人,可是情形就是如此。"威尔布里厄姆小姐说,"而我从不感到疲惫。"我们对此深信不疑。

我们到了巴格达,我拜会了几位老朋友,在那里愉快地玩了四五天,随后就接到伍利夫妇的电报,去了乌尔。

那年六月,我曾在伦敦见过他们,当时他们回家探亲,我还把刚刚买下的克雷斯威尔(Cresswell Place)的一栋小马车房①借给他们住。那是一栋令人愉快的房子——或者说我这么认为——由马厩改建而成,像个老式乡村别墅,里面有四五间屋子。我买下它的时候底层仍有饲养棚,墙上还有饲厩和马槽,以及一个很大的马具室,一间小卧室就挤在饲养棚和马具室之间。一段像梯子一样的台阶通往楼上的两个房间:一间简易浴室和一个小房间。一位言听计从的建筑师帮我们改造了这里:楼下的饲养棚墙上的饲厩和木质结构全被夷平了。然后我选择了一种当时正流行的绒面壁纸,图案是绿色的植物,这样一来,走进这个房间就像走进了村舍里的小花园。马具室被改为车库,挤在中间的小房间改成女仆的房间。楼上的浴室也装饰得非常漂亮,墙上围了一圈欢快跃起的绿色海豚,瓷浴缸也是绿色的。大卧室被改为餐室,里面的长沙发拉开就是一张床。那个很小的房间变成厨房,另一个房间是次卧。

伍利夫妇住在这幢房子里时为我安排了一个可爱的计划:我要在发掘季结束前一星期左右到乌尔,待他们收拾好行李,就跟他们一起回来,穿过叙利亚,直奔希腊。我很高兴能与他们同行去希腊古城德尔斐(Delphi)。

---

①马车房指由旧时马厩改建成的住宅。

我顶着沙尘暴到了乌尔,上次来时也遇到过沙尘暴,但这一次更猛烈,持续了四五天。我从没领教过四周到处弥漫着沙粒的情景,尽管窗户紧闭,还挂着防蚊帘,可到了晚上床上仍是一层沙子。虽然睡前会把沙子抖到地上,但次日早晨,脸上、脖子里,以及其他地方还是会有不少沙子。整整受了五天的罪,但我们聊得很投机,每个人都很友善,在那里的这段时间我过得很快乐。

伯罗斯神父又来了,还有建筑师威特伯恩,这次还有伦纳德·伍利的助手马克斯·马洛温,他当伍利的助手五年了,但前一年我来的时候没有看到他。他是个身材瘦削、皮肤黝黑的年轻人,沉默寡言,极少开口,但对自己的分内之事极为熟悉。

这次我注意到一些以前没有注意到的事,在餐桌旁,所有人都奇怪地沉默不语,仿佛人人都害怕说话。一两天后,我开始察觉出原因。凯瑟琳·伍利是一个喜怒无常的人,她可以随心所欲地让人感到自在或者让人很不安。我发现她被照顾得无微不至——总有人在她喝咖啡的时候递给她牛奶,在她吃吐司的时候递给她黄油或果酱等。我不明白,为什么大家都那么怕她呢?

有一天早上,她心情不好,我又有了一点新的发现。

"我想是没人打算把盐递给我了。"她说。顷刻之间,四只行动迅速的手穿越桌子,推挤着盐瓶,差点儿把瓶子推倒。然后是一阵沉寂。这时威特伯恩先生不安地倾身向前,递给她一片吐司。

"你没看见我嘴里已经塞满了吗,威特伯恩先生?"这是他得到的唯一回应。威特伯恩先生靠回到椅背上,满脸通红,非常不自在。接着每个人都焦躁不安地吃着吐司,最后威特伯恩先生又递给她一片,她又拒绝了。"我真的觉得,"她说,"我们应该留一片吐司给马克斯。"

我看着马克斯。最后一片吐司被递给了他,他很快地接了过去,没有拒绝,但实际上他已经吃过两片了。我很奇怪他为什么不说,不过同样的,事后我就明白了一切。

威特伯恩先生向我透露了其中的一些秘密。"你瞧,"他说,"她总有偏爱的人。"

"伍利太太?"

"是的,但不会一直是同一个人,明白吗?有时候她偏爱这个,有时候偏爱那个,我的意思是,你要么样样都是错的,要么样样都是对的。目前失宠的是我。"

同样显而易见的是,现在马克斯·马洛温是那个做什么都对的人。这也许是因为上一个发掘季他不在,现在他比其他人都更具新鲜感。不过我个人觉得,这是因为他在这五年中学会了如何应付伍利夫妇——他知道什么时候该三缄其口,什么时候该说话。

我很快就意识到他是多么善于与人相处,他和工匠们关系融洽,更难得的是,他很善于应对凯瑟琳·伍利。"当然,"凯瑟琳对我说,"马克斯当然是个十全十美的助手。我不知道要是这些年没有他会怎么样,我想你会喜欢他的。我派他陪你去纳杰夫(Nejef)和卡尔巴拉(Kerbala),纳杰夫是穆斯林死者的圣城,卡尔巴拉那儿有座造型精美的清真寺。等我们收拾好了就去巴格达,他会一直陪你到那儿,沿途你可以看看尼普尔(Nippur)。"

"哦。"我说,"但是,他难道不想直接去巴格达吗?我是说,他也许在那里有朋友,要在回家前去那儿看看他们呢。"一想到要让这个年轻人陪着,我就很不安。他在乌尔操劳了三个月,或许想一个人去巴格达自由自在地玩一玩呢。

"哦,不会的。"凯瑟琳肯定地说,"马克斯会很高兴陪你去的。"

我认为马克斯不会喜欢的,尽管我相信他一定会掩饰他的不乐意。我感到非常不安。我将威特伯恩视为朋友,因为我去年见过他,于是我对他谈及此事。

"你觉不觉得这样太专横了?我不喜欢这样安排,你觉得我该不该对她说,我不想去纳杰夫和卡尔巴拉?"

"哦,我觉得你应该去参观那些地方。"威特伯恩说,"这没有什么关系,马克斯不会介意的。而且无论如何,我的意思是,如果凯瑟琳拿定主意了,那就定下来了,你明白的。"

我明白。羡慕之情在我的心中急剧膨胀:做这样的女人多了不起！她一旦决定一件事，视线里的每个人就会唯命是从，毫无怨言，都认为那是一件自然而然的事。

我记得好几个月之后，我对凯瑟琳说起我很羡慕她有那样一个丈夫。"真是了不起。"我说，"他那么无私，在船上的时候，他晚上会起来去为你调本吉尔食品或者准备热汤，像他那样的丈夫可不多。"

"真的吗？"凯瑟琳说，露出吃惊的样子，"哦，可伦恩①认为那是他的荣耀。"他确实认为那是一种荣耀。事实上，任何人替凯瑟琳做了一件事后都会感到那是自己的荣耀，至少在一段时间内你会有这种感觉。你会把从图书馆借来的两本自己很想读的书心甘情愿地借给她，只因为她唉声叹气地说没有东西可读。等回到家时你才意识到这件事，同时发现她是一个多么与众不同的女人。

只有真正杰出的人才不会任她摆布，我记得有一个是弗瑞雅·斯塔克。有一天凯瑟琳病了，不停地指使人给她拿东西、帮她做事。弗瑞雅当时也在那儿，她意志坚定、天性愉快，而且很友善。"我看得出你不大舒服，亲爱的，不过我对照顾病人完全不在行，所以我能为你做的就是出去一整天，这是最好的选择。"然后她真的出去了一整天。真够奇怪的，凯瑟琳并没有为此感到不快，她只觉得这件事证明弗瑞雅是个很有魄力的人。事实也的确如此。

现在继续谈谈马克斯。像他这样一个在艰苦的考古发掘地勤奋工作的年轻人，终于可以去休息、可以去散散心时，却要牺牲自己的时间，开车陪一位比自己年长、对考古一窍不通的陌生女人去游览名胜。而大家竟然都觉得这是天经地义的事，看来马克斯也把这事看成理所应当的了。他是个神情严肃的年轻人，我在他面前会有些紧张，会暗自惴惴不安，担心是否应该向他表示歉意。我也确实结结巴巴地向他表达过这趟旅行不是我的主意，可马克斯很镇定，他说反正也没什么特别的事要做。这趟回家之旅他预计一程一程地走，先和伍利夫妇一道去德尔斐，由于他去过那里了，便在那里和他们分手，自己去看看

---

① 伦恩是伦纳德的简称。

巴塞神庙（Temple of Bassae）和其他希腊名胜。他也很愿意去尼普尔看看，那是个值得玩味的地方，去那儿他总是兴致勃勃。当然还有纳杰夫和卡尔巴拉，全都值得一看。

我们俩如期起程，在尼普尔玩得很痛快，尽管累得精疲力竭。我们在崎岖的路上开了好几个小时的车，走遍了方圆近乎几英亩的发掘现场。我得说要是没有人为我讲解的话，我是不会觉得那些地方有趣的，而此时我对发掘地的迷恋超过了以往任何时候。

最后，晚上七点左右，我们到了迪瓦尼耶（Diwaniya），住在迪希伯恩斯家过夜。我走起路来摇摇晃晃，一心想要睡觉，可还是设法梳理掉头发里的沙子，洗洗脸，扑上一点粉，让面色恢复原状，然后费劲儿地穿上了一件晚礼服。

迪希伯恩斯太太喜欢招待客人，她很健谈，真的是说个不停，声音清脆，令人愉悦。我被引荐给她的丈夫，并被安排坐在他身边。他似乎是个安静的人，这也是我意料之中的。他坐在那里，长时间愁眉苦脸地沉默着，久久不语。我对我的旅行作了一些空洞的评论，他毫无反应。我的另一边坐着一个美国传教士，他也沉默不语。在旁边看着他时，我注意到他的手在桌子底下不住地扭动着，慢慢地把一块手绢撕成碎片。我发现后非常惊恐，很奇怪他这是在干什么。他的妻子坐在桌子对面，看起来也处于高度紧张的状态。

这是很奇怪的一晚。迪希伯恩斯太太四处忙活，不但要和身旁的人交谈，还要照应我和马克斯。马克斯应对得彬彬有礼。传教士夫妇沉默不语，妻子死死地盯着丈夫，而他却把手绢撕扯成越来越小的碎片。

我打着瞌睡，迷迷糊糊中脑子里冒出一个地道的侦探故事里的情节：一位传教士因精神过度紧张而渐渐失去了理智。他为什么精神紧张？肯定是出了什么事。每到一地，他都会撕扯手绢，将其撕成碎片，这成为一条线索。线索、手绢、碎片——于是，我感到房子中的一切都在旋转，我则几乎在睡梦中从椅子上跌下来。

就在这个时候，我的左耳边响起一个刺耳的声音。"所有的考古学家,"迪希伯恩斯先生不怀好意地说,"都是骗子。"

我睡意全无,琢磨着他这个人和他说的话。他这话是冲我来的,颇具挑衅性。我觉得我没有一点能力为考古学家的诚实行为辩护,就口气温和地说:"你为什么认为他们是骗子呢?他们说假话了吗?"

"句句谎言。"迪希伯恩斯先生说,"全都是假的。说什么他们知道文物的年代、挖掘出了什么东西啦,什么这东西有七千年的历史、那一件有三千年啦,什么这个国王当政、另外一个皇帝又取而代之啦。撒谎,他们每一个都在撒谎,无一例外。"

"你确定那些都是假的吗?"我说。

"不是吗?"迪希伯恩斯先生冷笑一声,不再说话了。

我和传教士说了几句话,可他没什么反应。此时迪希伯恩斯先生再次打破了沉默,将他愤愤不平的缘由透露了出来。"和往常一样,我还是只能把更衣室让出来,给那个搞考古的家伙住。"

"哦。"我不安地说,"对不起,我没有想到……"

"每次都是这样。"迪希伯恩斯先生说,"她总是这么做,我是说我的妻子,总是要叫来这些人或者那些人,让我们来忍受。不,我不是说你,你住的是一间常规客房,那样的屋子我们有三间。可是对埃尔希来说,那根本不够招待客人的。是啊,她总是要把房间都填满,连我的更衣室也是,我都不知道我是怎么忍到现在的。"

我再次说我很抱歉,我从没感到如此不安,但这时我只能再次强打精神,尽量保持清醒。

餐后我恳求能否允许我去睡觉,迪希伯恩斯太太非常失望,因为她本来准备好好打一场盘式桥牌的。可是此刻我的眼睛都几乎睁不开了,只能跌跌撞撞地爬上楼梯,脱下衣服扔到一边,倒头便睡。

第二天清晨五点,我们上路了。在伊拉克境内的旅行让我体验到一种需要全力以赴的生活方式。我们造访了纳杰夫,那的确是个迷人的地方:真正的墓地,亡魂之都。我们常常可以看见戴着黑色面罩的穆斯林妇女来来往往,哭泣着。这是极端分子的温床,不是随便可以来参观的,需要事先通知警察,他们会戒备着,确保极端分子不会引发暴动。

之后我们离开纳杰夫,前住卡尔巴拉。那儿有漂亮的清真寺,拱顶金碧辉煌,这是我第一次走到近处观赏它。我们要在警局里过夜,我把凯瑟琳借给我的折叠床展开铺在一个小拘留室里,这就是我的床。马克斯在另一间拘留室里,他强调说半夜里若有事可以叫他。在我受的维多利亚式的教育里,大半夜去叫醒一个素昧平生的年轻人、请他陪我去厕所,那可是无法想象的。然而很快,我就当此事理所当然的了。我叫醒了马克斯,他又叫来一位警察,警察提来一盏灯,我们三人走过长长的走廊,到了一个奇臭难闻的地方,地上有一个洞。马克斯和警察很有礼貌地等在门外,之后又提着灯陪我一起回到住处。

我们在警局外的一张桌子边共进晚餐,头上是一轮明月,耳畔是声声不绝的蛙鸣,单调却悦耳。现在,每当我听到蛙鸣,都会想起卡尔巴拉的那个夜晚。那个警察和我们坐在一起,时而谨慎地讲几句英语,不过主要还是用阿拉伯语同马克斯讲话,马克斯偶尔会把他对我说的一些话翻译给我听。与东方人交流的一种形式就是相对无言,以求内心感受的和谐。在又一次这样的安静之后,我们的同伴突然打破了沉默。"你好啊,欢乐的精灵!"他说,"你似乎不是飞禽。"我吃惊地望着他。他继续背完了这首诗。"我学过这首诗。"他点着头说,"非常不错,英语诗。"我说确实非常不错,对话似乎就这样结束了。我从未想到自己会在千里之外的伊拉克,于午夜时分在一个东方花园里,听一位伊拉克警察为我背诵雪莱(Shelley)的《致云雀》(*Ode to a Skylark*)。

第二天早晨我们很早就吃了早饭,一位正在采摘玫瑰花的花匠拿着一束花走过来,我站在那儿等着,准备以和蔼的微笑接受。我丝毫也没料到,他竟看都不看我一眼就径直走到马克斯面前,深深地鞠了一躬,把花递给他,这使我颇为尴尬。马克斯微微一笑,向我说明在东方,馈赠都要给男人而不是女士。

我们带上所有的物品、铺盖、一大堆新鲜面包,还有玫瑰花,上车出发。我们将在返回巴格达的途中绕道看看阿拉伯城市乌海迪尔

(Arab city of Ukhaidir)。那地方在沙漠深处，沿途景色非常单调。为了打发时间，我们一起唱歌，把我们俩知道的曲目都用上了。从《约翰兄弟》[①]开始，唱了很多首各式各样的民谣和小曲。终于，我们看到了乌海迪尔，它令人称奇地孤立在那里。离开那里约一两个小时后，我们突然看到一汪清澈的沙漠湖，蓝色的湖水波光粼粼。当时正热得难以忍受，我渴望去湖里游泳。"你真的想去？"马克斯说，"倒是没什么不可以的。"

"可以吗？"我若有所思地看着我的铺盖卷和小手提箱，"可是我没有游泳衣……"

"你没有任何……呃，用得上的东西吗？"马克斯措辞微妙地说。我想了想，最后穿上了一件粉红色丝制背心，套了两条内裤，整装待发。我们的司机是个彬彬有礼、一本正经的人——事实上阿拉伯人都这样——他走开了。马克斯穿上短裤和汗衫与我会合，我们一起在碧蓝的湖水中畅游。

那里简直是人间天堂，世界显得如此完美，至少在我们去发动汽车之前是这样的。车子停久了，陷入了沙地，动弹不得。我这才意识到在沙漠中开车的危险所在。马克斯和司机从车里取出钢板、铲子和各种各样的东西，拼尽全力想把车子拖出来，不过没有成功。一个小时又一个小时过去了，天气仍然酷热无比，我躺在车子边避暑，也就是车子一侧的阴影里，终于睡着了。

也不知是真是假，马克斯后来告诉我，就是在那一刻，他认定我将是他无与伦比的妻子。"一点也没大惊小怪！"他说，"你完全不抱怨，也没有说什么都是我不好，或者我们不该停在这儿之类的话。你似乎并不在乎我们是否能继续往前走。真的，就在那一刻，我开始觉得你很了不起。"

自从他对我说过这些话之后，我就很努力地不辜负自己的好名声。幸运的是，我善于对发生的事情处之泰然，不会大惊小怪，我还有随

[①] 欧洲儿歌，最早为法语，后被译为多种文字在欧洲流传，民国时期传入我国后被改编为《两只老虎》。

时随地睡着的本事。

我们走的不是商队往来的路线，可能好多天都不会有卡车或者别的什么车经过，也许长达一个星期都没有。和我们同行的还有一个警卫，他是骆驼兵团的成员，最后他说他会去寻求帮助，大概需要二十四个小时，但无论如何不会超过四十八小时。他把他的水都留给了我们。"我们沙漠骆驼兵团的人，"他骄傲地说，"在紧急情况下是不需要喝水的。"他迈着大步走了，我望着他的背影，心中充满了不祥的预感。这是一次历险，不过我希望会扭转为一次愉快的历险。水看起来没有多少，想到没水喝的情景，我就更加口干舌燥。然而，我们是幸运的。奇迹发生了。一个小时后，一辆坐了十四名乘客的福特T型小汽车从地平线上出现，坐在司机旁边的就是我们骆驼兵团的朋友，挥舞着一支漂亮的来复枪。

在回巴格达的路上，我们时不时地停下来，去墟丘上看看，去四周转转，捡拾陶瓷碎片。我对那些有釉的碎片尤其着迷，它们的色彩很鲜艳：有碧绿的、青绿的、湛蓝的，还有一片有金色图案的碎片——都是马克斯感兴趣的时代以后很久的东西，但他对我的爱好抱以宽容的态度，我们收集了一大口袋。

到巴格达后，我回到旅馆，打开橡胶防水布袋，把所有陶瓷碎片都浸在水中，再将闪闪发光、五彩缤纷的它们摆成图案。马克斯友好地顺从了我的好兴致，从他的橡胶防水布袋里拿出四块，补充到我的陈列中。我看着他望着我的样子，觉得那神情就像一名宽容的学者善意地看着一个傻乎乎的，但是还算讨人喜欢的孩子。我相信那就是他当时对我的态度。我一直热爱贝壳或彩色小石子之类的东西，全都是小孩子才会去捡拾的古怪的珍宝：一根色彩鲜艳的羽毛，一片色彩斑斓的树叶——有时候我觉得这些才是人生中真正的珍宝，喜欢它们胜过喜欢黄玉、翡翠，或者法贝热[①]制作的那些昂贵的小盒子。

凯瑟琳和伦恩·伍利早已到达巴格达，对我们迟到了整整一天颇

[①]彼得·卡尔·法贝热（Karl Gustavovich Faberge, 1846–1920），俄国金匠和珠宝匠，曾为欧洲各国皇室制作精美的礼品，尤其以复活节彩蛋著名。

为不快,这是绕道乌海迪尔的结果。我的责任被开脱了,因为我就像马克斯随身携带的行李包,跟着走就是了,不晓得到什么地方去。

"马克斯应该知道我们会担心的。"凯瑟琳说,"我们可能会派出搜索队,或者做出别的什么傻事。"马克斯耐心、反复地说他很抱歉,他没有料到他们会这么担心。

过了几天,我们坐火车离开巴格达去基尔库克(Kirkuk)和摩苏尔,然后踏上回国的旅程。我的朋友德怀尔上校到巴格达北站为我们送行。"你要知道,你自己要有主意。"他推心置腹地对我说。

"要有主意?什么意思?"

"因为你和那位大小姐在一起啊。"他冲着凯瑟琳·伍利的方向点点头,她正在和一个朋友说话。

"但是她对我很好啊。"

"哦,是的,我看得出你被她迷惑了,所有人都会时不时地有这样的感觉。说实话,我到现在还有这种感觉,那个女人想让我去哪里,就可以叫我到哪里。可是正如我所说的,你要有主意。她会迷得鸟儿从树上掉下来,还让它们觉得那是理所应当的。"火车发出类似于爱尔兰传说中报丧的女妖发出的那种哀鸣,我很快就发现这是伊拉克火车的特征——一种刺耳的、怪诞的噪音,说这是一个女人在为她的魔鬼情人哀号再合适不过了。事实上并没有什么浪漫的故事,这不过是火车头急于向前开动的表示。我们爬上了车,凯瑟琳和我同住一个卧铺隔间,马克斯和伦恩住在另一间。我们启程了。

第二天早上,我们到达了基尔库克,在山庄里用过早餐,然后开车去摩苏尔。车开了六到八个小时,主要都是在车辙密布的道路上行驶。途中还要乘渡船越过扎卜河(the river Zab),渡船如此原始,让人觉得像是在《圣经》里出现过的。

在摩苏尔我们也住在山庄,里面有一个可爱的花园。摩苏尔在后来的很多年里是我生活的中心,不过当时并没有给我留下很深的印象,主要是因为我们没怎么浏览。

我在这里遇到了麦克劳德夫妇,他们经营一家医院,后来我们成为很好的朋友。他们俩都是医生，彼得·麦克劳德主管医院，他的妻子佩吉偶尔在一些特别的手术中协助他。由于不允许他看到或触摸病人，手术变得非常奇特，因为让一个男人为穆斯林女人动手术是不可能的，即使他是个医生。我猜想需要架起一面屏风，麦克劳德医生会站在屏风外面，他的妻子站在里面，他会指导她如何操作，而她会描述她探及的器官的状况，以及各种各样的细节。

在摩苏尔待了两三天后，我们开始了真正的旅行。我们在泰勒阿费尔（Tell Afar）的一家山庄住了一晚，那里距摩苏尔两小时车程。次日早上五点，我们坐上一辆牛车出发，在乡野间穿行，游览了幼发拉底河的几处遗址，然后向北行进，寻找伦恩的老朋友巴斯拉维，他是当地某部落的酋长。在穿越了很多干河床，忽而迷路忽而又找到了方向之后，我们终于在黄昏时分到达了。我们受到了热烈的欢迎，享用了丰盛的一餐，最后去休息了。在土砖建成的房子里有两个摇摇欲坠的房间指定给我们，每个房间有两张小铁床，各自靠在角落。这时就有点麻烦了。一个房间里的一张床上面的天花板状况良好，就是说不会有水滴到床上——因为当时已经开始下雨了，所以很容易发现。另一张床通风更好，只是有很多水滴到床上。我们看了一下另一个房间，这个房间的屋顶一样不可靠，而且房间更小、床要窄一些，通风和光线都不好。

"我想，凯瑟琳，"伦恩说，"你和阿加莎最好睡在床铺干燥的小房间，我们睡另一间。"

"我觉得，"凯瑟琳说，"我必须睡大房间里那个比较好的床，如果有水滴在我的脸上，我会睡不着。"她毅然决然地径直走向那个令人愉快的角落，把她的东西放在床上。

"我希望能把床拉出来一些，以免淋得厉害。"我说。

"我实在不明白，"凯瑟琳说，"阿加莎为什么非得睡这张漏水的坏床，马克斯或伦恩睡这张床，另一个可以去阿加莎那个房间。"这个建议被采纳了，凯瑟琳审视了一下马克斯和伦恩，想看看哪个对她更有用。最后她决定把特权授予伦恩，让马克斯去和我住小房间。看起来只有我们愉快的主人被这样的安排逗乐了,他用阿拉伯语对伦恩说了几句粗俗的玩笑话。"随意随意,"他说,"随意好了!随你们怎么住,反正男人是高兴的。"

虽说如此,可到了第二天早上,没有人是高兴的。我大约六点钟醒来,雨水如注地浇在我的脸上。在另一个角落的马克斯也完全暴露在大雨中,他把我的床从最大的裂缝下拖开,又把自己的床从角落里推了出来。凯瑟琳并不比任何人好些,她头上的天花板也有一条裂缝。我们吃完饭后在巴斯拉维的陪同下出去转了一圈,参观了他的领地。随后我们再次上路,这时的天气非常糟糕,部分地方的干河床已开始塌陷,很难穿越。

终于到达阿勒颇时我们又湿又累,住进了可以说是相当豪华的巴伦饭店。房主的儿子科克·巴伦向我们致意,他的脑袋又大又圆,面色泛黄,有着忧郁的深色双眸。

我唯一想做的就是洗一个热水澡。这里的浴室是东西合璧的,我设法打开热水,照例喷出的是蒸汽云雾,把我吓得半死。我尝试关上它,可是关不住,只能大声叫马克斯过来帮忙。他从过道走下来,把水关小了,然后他让我回房间,等他帮我准备好洗澡水了会过来叫我去享用。我回到房间里等待着,等了很久,一点儿动静也没有。最后,我穿着睡袍、把海绵夹在胳膊底下起身前去。浴室门是锁着的,这时马克斯现身了。

"我的洗澡水呢?"我问道。

"哦,现在凯瑟琳·伍利在里面。"马克斯说。

"凯瑟琳?"我说,"你让她用了你为我准备的洗澡水?"

"哦,是的。"马克斯说,然后加以解释,"她想用。"

他目光坚定地直视着我,我明白了我所面对的是米堤亚人和波斯人不容更改的法律。我说:"好吧,我觉得这样非常不公平,那些洗澡水是替我准备的,是我的洗澡水。"

"是的。"马克斯说,"我知道,可是凯瑟琳要用。"

我回到房间里,回想起德怀尔上校的话。

次日,我再一次回想起这番话。凯瑟琳的床头灯不亮了,她正感到不舒服,躺在床上,忍受着头痛之苦。这次我主动配合,把我的床头灯拿来和她交换。我把灯拿到她的房间里装好,就离开了。似乎正赶上饭店电灯短缺,所以那天晚上我只能依靠天花板上微弱的灯光读书。翌日,我感到有点愤慨。凯瑟琳决定换房间,以求少一点车来车往的噪音,她的新房间里有一个好用的床头灯,而她却懒得把我给她的那个拿来还给我,无疑,这使那盏灯成了第三者的所有物。然而,凯瑟琳就是凯瑟琳,要不要这个朋友,全凭你。我下定决心,以后要略加注意,保护自己的利益。

第二天,凯瑟琳本来没发烧,却说自己更不舒服了。她心情不好,任谁走近她身边她都受不了。

"只要你们全走开就行了。"她哀号着,"统统走开,不要管我。我不能忍受整天有人进进出出我的卧室,问我是不是想要什么,不停地打扰我。只要我能安安静静的,没人来烦我,到晚上我就会觉得舒服了。"我完全明白她的感受,因为这和我生病时的感受很像。我想要人们都走开,不要管我。这也是一只狗爬到一个安静角落时的感受,它希望能安静地待在那里,不要人管,直到奇迹出现,它又会恢复常态。

"我不知道该怎么办才好。"伦恩手足无措地说,"我实在不知道该怎么帮助她。"

"哦。"我安慰他,因为我很喜欢他,"我想她自己最明白怎么办最好,大概她现在不想要别人打搅。我晚上再来看看,那会儿她会好一些。"

于是行程就这样定了,马克斯和我去卡拉特锡曼(Kalaat Siman)探访一处十字军的城堡(Crusader's castle)。伦恩说他留在饭店,以防凯瑟琳需要什么,他好随时能在她身边照料。

马克斯和我兴高采烈地走了。天气晴朗多了,车开得挺顺当,我们开车越过灌木丛及红牡丹,看到成群的绵羊。后来随山路缓缓而上,绵羊变成黑山羊和小孩。我们俩终于到达卡拉特锡曼,随即开始野餐。席地而坐,欣赏周围景色,马克斯讲述了一点他的身世和他的生活。

他在即将离开大学时交上了好运,在伦纳德·伍利手下找到了这份工作。我们俩又四处捡了些陶片,待夕阳西下时才起身回去。

我们一回到饭店就迎来了麻烦,凯瑟琳因为我们离她而去而怒不可遏。

"可是你自己说要单独待着的呀。"我说。

"一个人不舒服时才会这么说,想想你和马克斯就这么残忍地走了。哦,是啊,也许你还不那么坏,因为你没有那么了解我。可是马克斯,他非常了解我,他知道我可能会需要什么东西,他却就这样走掉了。"她闭上眼睛说,"你们最好现在就离开我。"

"需要我们帮你拿点什么吗,或者陪陪你?"

"不,不需要你们拿任何东西给我。真的,这一切让我感到很难过。至于伦恩,他的行为是绝对可耻的。"

"他做了什么?"我有点好奇地问。

"他把我撇下,不给我留一滴喝的,一滴水都没有,一滴柠檬汁都没有,什么都没有。我就这样无助地躺着,喉咙冒烟。"

"可是,你不能按铃叫人送点水来吗?"我问。这话说坏了,凯瑟琳用毁灭性的眼神瞥了我一眼。

"我看得出,你对这种事一点也不了解,想想看,伦恩竟可以这样无情。当然,如果有一个女人在场,就会有所不同了,她会想到的。"

第二天早上我们也几乎不敢接近凯瑟琳,不过她表现出最常见的凯瑟琳风格。她显得很迷人,微笑着,看到我们时很愉悦,我们为她做任何事她都感激不尽。她仍然是那么和蔼可亲,表明她原谅我们了。于是,一切平安无事。

她真是个不寻常的女人。年复一年,我渐渐地了解了她,不过还是无法预知她的心情。我觉得她应该是某种类型的伟大艺术家,一位歌手或者一个演员,这样她的情绪就会被认为是理所应当的气质。事实上,她几乎就是一个艺术家,她雕刻过一尊苏巴德王后(Queen Shubad)的头像,还曾被配上著名的金项链和头巾展览过。

她做过一个哈穆迪(Hamoudi)头像、一个伦纳德·伍利的头像,还有一个漂亮的少年的头像。不过她对自己的能力缺乏自信,总是倾向于找人来帮忙,或者接受他人的意见。伦纳德无微不至地照顾着她,可是永远都不够好。我觉得她为此有一点轻视他,也许任何女人都这样,没有女人喜欢一个让人蔑视、乖乖受老婆虐待的男人。伦恩在发掘古迹时可能是派头十足的,可在她面前只是个光会奉承的人。

我们离开阿勒颇前的一个周日清晨,马克斯带我访问了各种宗教团体,这令人相当紧张。

我们参观了马龙派教堂(Maronites)、叙利亚天主教堂(Syrian Catholics)、希腊东正教堂(Greek Orthodox)、聂斯托里教堂(Nestorians)、雅各派教堂(Jacobite),以及许许多多我记不得名字的教派。其中一些人我叫他们"洋葱教士"(Onion Priests)——他们戴着像洋葱一样的圆圆的头巾。希腊东正教堂最令人不安,因为在那儿我和马克斯被不由分说地分开了,我和其他女人一起被挤到教堂一边,推进一个类似马厩的地方,套上一种装在墙上的绞首圈里,站在墙边。这是一个充满神秘气息的仪式,大部分在祭坛的帷幔后进行。从帷幔后传来圆润响亮的声音,随着缭绕的香火散布厅堂,大家遵照一定的时间间隔捣蒜式地鞠躬。没待多久马克斯就把我带了出去。

现在回顾我这一生的经历,对我来说最生动、在我的记忆中保留得最清晰的,似乎就是我去过的那些地方。我的心中会突然升起一阵充满喜悦的兴奋之情——一棵树、一座山、一幢隐匿在运河边的白色房子、远方一座小山的形状。有时候我得回想片刻,回忆那是在何时何地,然后那幅画面就清晰地呈现出来了,我就想起来了。

但对于人,我一向记不清楚。我的朋友们当然和我很亲密,可是那些仅有一面之缘、曾经让我喜欢的人,我几乎立刻就会忘记。我实在不能说"我从没忘记过谁的脸",这样说可能更正确些:"我从没记清过谁的脸。"可是对于地方,我总是牢记在心里。有时时隔五六年后重返某地,我仍对路该怎么走记得一清二楚,即便之前只去过一次。

我也不知道为什么,我对地方的记忆力会那么好,对人却如此模糊。也许是因为我有远视的缘故。我始终是远视眼,以至于看人只有一个粗略的影像,因为他们近在眼前。而我眼中的地方则是清晰的,因为它们都在远处。

我会因为对我来说那些小山的形状不对而不喜欢一个地方——小山的形状要对,这是非常非常重要的。德文郡几乎所有的小山的形状都是对的;西西里(Sicily)的大多数小山形状都不对,所以我不喜欢西西里;科西嘉(Corsica)的小山绝对讨人喜欢;威尔士的小山也是;在瑞士,那些小山和山脉都离你太近了,雪山单调得乏味,除了阳光在山上产生的变化莫测的效果,没什么激动人心的。"风景"也可能是乏味的,你沿着小路爬上一座小山——就在那儿!一幅全景展现在你面前,然而这就是全部,再没有什么别的了,一切已尽收眼底。"很美。"你说。如此而已!全都在你脚下。可以说你已经把它征服了。

5

我们从阿勒颇乘船前往希腊,沿途船只时常靠岸。记得最清楚的是和马克斯一起在默辛(Mersin)上岸,在海滩上度过了快乐的一天,在非常温暖的海水里游泳。那一天他为我采了很多很多金盏花,我把它们串成一个花环,他帮我挂在了脖子上。中午我们在一大片金盏花的海洋里享用了一顿野餐。

我盼望着与伍利夫妇游览德尔斐,他们提到那儿的时候欣喜若狂,坚持要在那里好好款待我,让我觉得亲切无比。到雅典时我满怀期待,非常高兴。

但是,天有不测风云。我清楚地记得我站在饭店的接待台前接过一沓邮件,最上面是几封电报。我一看到电报,心头就笼罩上了不祥的阴影,因为七封电报就意味着有什么坏消息。最近至少两星期,我们和外界断了联系,坏消息现在才追上了我。我打开一封电报,但其实最上面的是最后收到的,我又把剩下的排好了次序。最早的电报上说罗莎琳德患了严重的肺炎,我姐姐一手将责任承担起来,开车把她从学校接到了柴郡。接下来几封说她的病情很严重,最后一封,就是我最先拆开的那封,说她的情况有所好转。

现在,当然啦,你可以在十二个小时之内回到家里,比雷埃夫斯(Piraeus)每天都有航班去英国。而在那个时候,在一九三〇年,还没有这么便捷。最快的办法是如果我能订到一个座位,就可以坐下一班东方快车在四天内抵达伦敦。

三位朋友因为这则坏消息对我非常关切:伦恩放下了手上的工作,跑到旅行社去订最近一班车的座位;凯瑟琳怀着深深的同情安慰我;马克斯没怎么说话,不过他也和伦恩一起去了旅行社。

遭到这突如其来的打击,我头昏眼花,艰难地挪动着脚步,结果踩进了雅典街道旁永远填不完的树坑里,脚踝严重扭伤,无法走路了。我坐在饭店里听着伦恩和凯瑟琳的宽心话,心里奇怪马克斯去哪儿了。过了一会儿,他回来了,手里拿着两卷绉纱绷带和一条弹性绷带,他轻声地解释说他可以陪我回去,一路上照顾我和我的脚伤。

"可是你本来是要去巴塞神庙的啊。"我说,"你不是和人约好在那里见面的吗?"

"哦,我改变计划了。"他说,"我觉得该是回家的时候了,这样可以和你一道走。我可以扶你去餐车或给你弄点吃的,给你做个帮手。"

这真是求之不得,简直难以置信,我觉得,而且至今仍觉得,马克斯真是个好人。他沉默寡言,不喜欢用言语来安慰人,但他会干实事,能急人所需,使你得到莫大的慰藉。他没有为罗莎琳德的事安慰我,没有说什么她会好起来的、不用担心之类的话。他只是承认了我时运不济的事实。当时还没有磺胺类药物,肺炎实在是一大威胁。

我和马克斯次日晚上就启程了,一路上他给我讲了许多有关他家庭的事情,他的弟兄、他的母亲——一个爱好艺术、喜好绘画的法国女人,还有他的父亲,听上去有点像我哥哥蒙蒂,幸而他有更稳定的经济基础。

在米兰我们经历了惊险的一幕。火车晚点了,我们走下车——脚踝有弹性绷带支撑，我已经可以跛着脚走路了。我们问列车长会停车多久。"二十分钟。"他说。马克斯建议去买点橙子，于是我们走去一家水果店。我想这大约只用了五分钟，可回来后月台上已经没有火车了，我们被告知火车离站了。

"开走了？我以为要在这里停二十分钟呢。"我说。

"啊，是啊，夫人，可火车误点太多了，所以只停了很短的时间。"

我们惊慌地面面相觑。一位资深铁路员跑来帮我们想办法。他建议我们雇一辆跑得快的小汽车，与火车竞速。他认为我们最有可能在多莫多索拉（Domodosola）赶上火车。

于是，一段颇像电影里演的旅程开始了。起先，我们跑到了火车前面，然后火车又领先了，让我们颇为失望，不过过了一会儿我们又因占了优势而感到宽慰。我们在山路中盘桓，火车在隧道中钻进钻出，时而领先，时而落后。最终我们比火车晚了三分钟到达多莫多索拉，似乎所有的乘客都在倚窗向外张望——尤其是我们那节车厢的人——看我们到了没有。

"啊，夫人。"一个年长的法国人帮助我爬上了火车，"你们的神经肯定饱受折磨！"法国人总有一种很奇妙的表达方式。

雇了一辆昂贵的小汽车的结果是，我们几乎用光了身上所有的钱，因为当时没工夫讨价还价。马克斯的母亲会在巴黎接他，他满怀希望地建议我向她借钱。我后来经常回想，未来的婆婆在看到与她儿子在一起的女人从火车上跳下来，简短地寒暄了两句之后就把她身上的每一文钱都借走了，究竟做何感想。当时没有太多时间解释，因为我还要赶火车回英国，于是语焉不详地道歉了几句之后，我就带着从她那里要来的钱离开了。我觉得她不可能对我有良好的印象。

我对那次与马克斯同行的旅程记得不多了，只记得他的亲切、机智和同情心。他搜肠刮肚地说了很多他的所思所想，来转移我的注意力。他帮我在脚踝上缠绷带，搀扶我走到餐车，我觉得仅凭我自己是肯定做不到的，尤其是在东方快车那结合了速度与力量的震动之下。我还清楚地记得马克斯对我的评价：当时火车正沿着意大利里维埃拉海滩行进，我昏昏欲睡地坐在角落，靠在椅背上。马克斯也在我的隔间里，就坐在我对面，我发现他若有所思地端详着我。"我觉得，"他说，"你真的长了一张高贵的面孔。"这让我非常吃惊，并且清醒了一些。这是我从来没想过会听到的描述，的确也没有人这么说过。一张高贵的面孔，我有吗？似乎不大可能，然后我苦思冥想，说："我想是因为我有一个罗马人的鼻子。"是的，我觉得我有一个罗马人的鼻子，让我的侧脸有一点点高贵的感觉。我不大确定我是否喜欢这种说法，好像谈不上喜欢。我有不少特质，脾气好、精力充沛、意志薄弱、健忘、怕羞、感情丰富、极度缺乏自信、适度的无私——可是高贵吗？不，我想不出自己哪儿高贵。接着我又昏昏欲睡了，这次把我的罗马式鼻子调整到了最好看的方向——正对着他，而不是侧面。

6

一到伦敦，我就提心吊胆地往家里打了通电话，我已经五天没听到家里的消息了。姐姐告诉我罗莎琳德好多了，已经脱离了危险，恢复得很快，我这才松了一口气。六个小时之内我就抵达了柴郡。

尽管罗莎琳德显然在迅速地康复，我见到她时仍吃了一惊。我当时对孩子在患病时变化之快毫无经验，我的护理经验中绝大多数对象是成年男子，孩子们可能在某一刻看上去病得半死，却又在下一刻健康如常人。这种惊人的变化对我来说可谓完全陌生的。罗莎琳德表面上看上去瘦了、高了，她无精打采地靠在扶手椅上，一点儿也不像我的孩子。

罗莎琳德的个性中最为突出的就是她的活力，她是那种从没有片刻安静的孩子。一次长途跋涉的野餐后回到家，她会兴致勃勃地说："晚餐以前至少还有半个小时，我们做什么呀？"如果这时你走到屋子里的某个角落，发现她正倒立着，也很正常。

"你干吗要这样，罗莎琳德？"

"哦，我也不知道，打发时间呗，总得干点什么呀。"

可是此时罗莎琳德就靠在那里，看上去非常虚弱，完全失去了活力。我姐姐只是说："你该看看她上个星期的样子，简直像个死人。"

罗莎琳德恢复得十分迅猛，我回来不到一个星期，她就回到了德文郡的阿什菲尔德，似乎恢复了本来的样子，尽管我尽力约束她又想动个不停的愿望。

显然，罗莎琳德回学校时身体和精神的状况都已经很好了，直到流感在学校里蔓延，学生中有一半都被感染了。我想流感正是在她刚刚出过麻疹、处于抵抗力最弱的时候袭来的，从而引发了肺炎。每个人都为她担忧不已，而且有点怀疑我姐姐是否应该开车带她北上。但是庞基坚持这么做，她确信这是最好的办法，事实证明确实如此。

没有人比罗莎琳德恢复得更好了，医生宣告她已经恢复如初，甚至比原来更强壮。"她似乎又生龙活虎了。"医生补充道。我告诉他坚韧一直是罗莎琳德的好品质之一，她从不承认自己病了。在加那利群岛时她患了扁桃体炎，但除了说"我觉得很不高兴"以外，没再多说过一句话。

经验告诉我，当罗莎琳德说她觉得很不高兴的时候，有两种可能性：要不她就是病了，要不就是字面意思——她很不高兴。因此，她认为事先把事实告诉我们会比较公平。

当然啦，做母亲的自然都宠爱自己的孩子，为什么不可以呢？可是我情不自禁地认为我的女儿比大多数孩子更惹人喜爱。她有一种本事，回答问题时经常出人意料：一般情况下，大人往往都能猜得到孩子的回答，而罗莎琳德的回答却常常使我大吃一惊，也许是因为她身上有爱尔兰血统。阿尔奇的母亲是爱尔兰人，大概是从她的爱尔兰祖母那儿继承了这种出其不意的本事。

"当然。"卡洛有一次以她喜欢的那种客观公正的口吻说道，"罗莎琳德有时候很暴躁，我被她气得要死，可是跟她相熟之后，我总觉得别的孩子都很无聊。她可能很暴躁，可是她绝不会让人觉得无聊。"我觉得这就是她的个性，一生都不会变。

人们在三岁、六岁、十岁或二十岁时，其实个性相差无几。在六七岁时表现得尤为明显，因为还没到会做作的年龄。而到了二十岁，人们就会装腔作势或赶时髦了。如果时尚推崇的是理性，你就会变得文质彬彬；如果当时姑娘们流行浮夸，那么你就变得愚昧而轻浮。然而，随着生活不停地继续，你会腻烦扮演这种角色，于是又恢复了个性，日渐回到自我的本来面目。有时这样会使周围的人大惑不解，却能使本人得到解脱。

我不知道写作的情形是否也是如此。刚开始写作时，你通常会极端崇拜某位作家，不自觉地模仿其风格。但一般情况下这种风格并不适合你，因此你会写得不伦不类。但随着时间的推移，这种崇拜的影响力减弱了。你仍然佩服某些作家，甚至还希望写得像他们那样，但你也意识到自己不可能这么做，这时你大概就懂得了文学创作的谦卑感。如果我的作品能像伊丽莎白·鲍恩（Elizabeth Bowen）、穆里尔·斯帕克（Muriel Spark）或格雷厄姆·格林（Graham Greene）的著作一样，我会快乐得飘到天上去，但是我知道我无法写成那样，也从未想过尝试模仿他们。我深知我就是我，只能尽力而为，却不能干那些奢望之事。正如《圣经》所说："你们哪一个能用思虑使寿数多加一刻呢？"①

我的脑海里时常会浮现出一面悬挂在育儿室里的奖状，肯定是在赛舟会上的掷椰子比赛中获得的，上面有这样的字样："当不上火车司机，就当个加油工。"用在生活中，没有比这句更好的座右铭了。我觉得自己遵循了这个座右铭：尽管我也做过一番努力，但我从不一味干那些不能胜任、永远做不好的事。鲁默·戈登（Rumer Godden）在她的一本著作中曾列举出她的好恶，我当时觉得这很有趣，就立刻写下了自己的好恶。我觉得现在还可以扩展一下，同时列出我不能做的事和能做的事。自然，前一个清单要长得多。

我不擅长运动；不是也不可能是个健谈的人；我极易受到外界影

---

①引自《圣经·新约·马太福音》第六章。原文为"Who by taking thought can add one cubit to his stature?"

响,因此在想清楚该做什么之前我会选择独处;我不会素描,也不会画画,不会做模型,也完全不理解雕塑;事情不到火烧眉毛我绝不会着急;我不善于口头表达自己的思想——书面表达会更得心应手;我在原则问题上比较坚定不移,但对待其他事都会随风倒——尽管我知道明天是星期二,可如果有人告诉我明天是星期三,并且说过四次以上,我也会信以为真,然后就照他所说的做。

我擅长什么呢?嗯,擅长写作,可以当个过得去的音乐家,但做不了专业的,只能为歌手当很好的伴奏;遇到困难时我会先想个办法凑合。这个本事很有用,家里遇到麻烦事的时候,我巧妙地运用发卡或别针来解决问题的能力会让你大吃一惊。有一次我把面包搓成面团,粘在一个发卡上,再用火漆把发卡固定在一根窗帘杆的末端,然后设法把母亲掉在温室顶上的假牙捡了回来!我还成功地麻醉过一只缠在网球球网上的刺猬,将它解救了下来。我擅长应付房子里的各种问题,不胜枚举。下面再说说我喜欢什么和不喜欢什么吧。

我不喜欢人多,不喜欢熙熙攘攘、大声喧哗、冗长的谈话。我不喜欢聚会,特别是鸡尾酒会。我不喜欢纸烟冒出来的烟,一般来说抽烟我都不喜欢。我不喜欢任何酒,除非用于烹饪。我不喜欢果酱、牡蛎、半生不熟的食物、灰蒙蒙的天空、鸟爪,实际上我压根儿不喜欢鸟。最后,也是我最讨厌的,就是热牛奶的气味和味道。

我喜欢阳光、苹果、几乎任何音乐、火车、数字游戏、任何与数学有关的东西。我喜欢航海、海水浴和游泳。我喜欢沉默、睡眠、做梦、吃东西,喜欢咖啡的味道、山谷中的百合花、狗,我也喜欢去看戏。

我可以把这个清单写得更好,听起来更郑重其事、更有意义,但那样就不是我了,我想还是顺从自己的秉性吧。

既然开始了新的生活,就得对朋友进行清点。我所经历的一切使我的评估有点苛刻。卡洛和我把他们分成两个授勋体系,一类是叛鼠勋章,一类是忠犬勋章。我们有时候会谈及某人,说:"哦,是的,我们要给他一枚忠犬勋章，第一等的。"或者"我们要给他一枚叛鼠勋章，第三等的。"叛鼠并不多，但有些是你开始没有看透的，误以为是知心朋友，一旦你的名声变得不大好听，他们就会立刻冷落你。这个发现当然让我更加敏感，更倾向于避开人群。另一方面，我发现许多朋友能够始终如一地待人，对我的爱护和关怀比以前更深。

在所有的品行中我最推崇忠诚，远胜于其他任何美德。忠诚和勇敢是人类两大最优秀的品德。任何形式的勇敢，无论是肉体上的还是精神上的，都使我满怀敬意。这是生活中最重要的品德，如果你要生活，就不能没有勇敢，这是必不可少的。

我发现在我的异性朋友中有许多值得授予忠犬勋章的忠诚伙伴。大多数女人的生活中都不乏这样的人，我也被这样的一个人打动了。他给我送来了许多鲜花，给我写信，最后请求我嫁给他。他是个鳏夫，比我年长，他告诉我说，初次见到我时他觉得我太年轻，可现在他可以给我幸福和一个温暖的家。我被他的话打动了，但并不想嫁给他，对他也从没产生过那种感情。他是个很好、很体贴的朋友，仅此而已。有人钟情于你，这总会让你激动。但是仅仅为了得到安慰或伏在男人的肩膀上哭泣就结婚，那也太愚蠢了。

不管怎样，我并不需要谁来安慰我。我害怕结婚，并且认识到大多数女人迟早都会意识到这一点：在生活中，唯一能让你伤心的人只有你的丈夫。因为再没有人比他更亲近了。与他每日相伴、依赖他、被他影响，而这就是婚姻。我决定，从此不再让自己受任何人摆布。

我在巴格达的一位空军朋友说过一些令人不安的话，他讲述了自己婚姻的坎坷，最后说："你可能觉得生活已经安定下来，可以按照自己的意愿生活下去了，但是最终不可避免的是，你要面临两种选择：找一个情人或者找几个情人，要在这二者之间做一个选择。"有时，我会心神不定地认为他的话是对的。但是无论选择哪一种，都比结婚强。有好几个情人不会伤你的心，而只有一个情人可能会令你伤心，但也不会像丈夫那样叫人心碎。对我来说，丈夫已成为过去，当时我的脑子里不考虑任何异性。但是，我的那位空军朋友坚定地说，这种状态不会长久。

令我惊讶不已的是，尽管我并没有明确地宣布已和丈夫分居或离婚，人们却会不厌其烦地做出一些无聊的暗示。一个小伙子认为我不可理喻，他对我说："你已经和丈夫分居了，或许还将和他离婚，那么你还有什么放不下的？"

开始时，我也弄不清自己对这种关注是高兴还是生气，我想基本上还是高兴的。人无论多大岁数都会在意他人的眼光。另一方面，我的暧昧身份有时也会把事情弄到复杂得令人生厌的地步——有一个意大利人就是这样，也怪我不懂得意大利人的习惯，自作自受。他问我船上夜里装煤的声音是否搅得我睡不着觉，我告诉他没这回事，因为我的卧舱在船的右舷，不临码头。"哦。"他说，"我想您是在三十三号卧舱吧。""不是的。"我说，"我的是个偶数：六十八号。"在我看来，这话无可挑剔吧？可是我没想到，意大利人问你卧舱号的意思是征询能否去你的卧舱。随后他没说什么，可午夜过后，这位意大利人来了，滑稽场面也随之出现。我不懂意大利语，他不通英语，于是我们俩压低音量、用法语叽叽喳喳地争吵起来。我很生气，他也很愤怒。我们的谈话大致是这样的：

"您怎么敢到我的卧舱来？"

"是您邀请我来的呀。"

"没有的事。"

"您邀请了，您告诉我您的卧舱号是六十八号。"

"没错，可那是因为您问我的。"

"当然是我问的，我问您是因为想到您的卧舱来，而您告诉我可以来。"

"我没有那样说呀。"

我们俩吵了一会儿，声音时高时低，最后我让他别说了。我相信隔壁卧舱的大使馆医生和夫人会对我妄加猜测的。我气愤地撵他走，他坚持要留下来。最后他恼羞成怒的程度甚至超过了我，于是我向他道歉，说我的确不知道他当时的问话实际隐含着其他意思。最后我终于摆脱他了,尽管他仍愤愤不平,但弄清楚了我不是他想象中的那种精于世故的女人。我还向他解释说,我是个生性冷淡的英国女人,这又让他平静了不少。他向我表示惋惜,就算是面子——他的面子——被挽回了。第二天早晨,那位大使馆医生的太太就对我露出一副冰冷的面孔。

很久以后我才发现,罗莎琳德从一开始就以很现实的态度品评我的每一个求婚者。"嗯,我想你肯定会再结婚的,我自然要关心那个人是谁。"她向我解释道。

马克斯此时从法国他母亲那儿回来了,他说他会在大英博物馆工作,并想知道我是否会来伦敦。这在当时似乎不太可能,因为我已经在阿什菲尔德安顿下来。不过后来,刚好我的出版商柯林斯准备在萨伏依饭店举行一次大型宴会,特别邀我去见见出版我作品的美国出版商及其他一些人。那天的会面排得满满的,我乘夜车去了伦敦,邀请马克斯到马厩改的那栋房子里共进早餐。

一想到要与他重逢我就感到兴奋,但奇怪的是,他的到来竟使我有些难为情。在那次结伴旅行中,我们已经建立了友谊,我难以想象此次相会为什么让我有种无所适从的感觉,他看起来也有些拘谨。可待我们俩吃完我亲手做的早餐,就又恢复到了老样子。我问他是否愿意来德文郡做客,然后我们商定了一个他可以来的周末。我没有和他失去联系,这真令人高兴。

继《罗杰疑案》之后,我开始写《七面钟之谜》(*The Seven Dials Mystery*)。这是我以前那本《烟囱别墅之谜》(*The Secret of Chimneys*)的续集,属于被我称为"轻松探险小说"那类。这种书容易一挥而就,无须太费劲地构思与规划。

现在我对写作又恢复了信心,我觉得每年写一本书不成问题,还能写几篇短篇小说。那时我写作的直接动力就是能赚到钱:写一篇小说,就可以带来六十镑的收入,扣除所得税——当时每英镑扣四至五先令——这样,有足足四十五英镑完全归自己所有,这极大地刺激了我的创作欲望。我对自己说:"我想拆掉那个温室,建一个凉棚,可以坐在下面。那得要多少钱?"我有了一个估算,然后跑到打字机前坐下来,思索、谋划。一个星期内,故事在脑中成形,我很快就写了出来,然后我就拥有了自己的凉棚。

这和我近一二十年的生活多么不同,此时的我从不知道欠谁多少钱,从不知道我有多少钱,甚至不知道来年我会得到多少钱。帮我打理所得税事务的那些人总是在为几年前发生的问题争执不休,因为那些作品尚未与出版社"商定"。在这种情况下,你又能怎么办呢?

当时是个讲求实际的年代,我成了一个手头阔绰的人,我的作品在美国连载出版,其收入远比在英国的连载可观,而且还免征所得税。版税被认为是资金偿付,我不会即刻得到这笔稿费,但我能够感到财源不断。在我看来,要做的事就是不辞辛劳地赚钱。

我觉得关于这一点还是不要多写了,因为一动笔就有可能招致一堆麻烦。

马克斯到德文郡来了,我们俩在帕丁顿见了面,一起乘晚班车回家。事情总在我出门的时候发生:罗莎琳德以她惯常的生机勃勃的样子向我们问好,然后马上宣布了一个灾难。"彼得,"她说,"咬了弗雷迪·波特的脸。"

受重用的厨子兼女管家的宝贝儿子被你心爱的狗咬了脸,这是一个人回到家时最不愿意听到的消息。

罗莎琳德解释说那实在不是彼得的错。她告诉过弗雷迪·波特,不要把脸凑得离彼得那么近,嘴里还发出呜呜的声音。

"他凑得离彼得越来越近,发出呜呜的声音,所以彼得当然要咬他。"

"没错。"我说,"可是我觉得波特太太不会明白的。"

"嗯,她并不太难受,不过她不高兴也是自然的。"

"是啊,她不会高兴的。"

"不管怎样,"罗莎琳德说,"弗雷迪非常勇敢,他一直都很勇敢。"

她补充道,忠心耿耿地为她喜欢的玩伴辩护。弗雷迪·波特是厨子的小儿子,大约比罗莎琳德小三岁。罗莎琳德非常喜欢颐指气使地差遣他做这做那。但她也很照顾他,并扮演慷慨的保护者的角色,只是在主持游戏时活脱脱一副暴君模样。"挺走运的是不是?"她说,"彼得没有把他的鼻子咬下来。如果咬下来了,我应该去照顾他。找到鼻子,想办法安上去——我不太知道怎么弄——我是说,我想应该要先消毒之类的,是不是?我不大知道鼻子该怎么消毒。你又不能放在水里煮它。"

那天的天气阴晴不定,看上去像是个晴天,但对德文郡的天气经验丰富的人知道肯定会下雨。罗莎琳德提议我们去荒地上野餐,我也很想去,马克斯也同意了,显得很高兴。

现在回想起来,我可以感受到我的朋友们总是要出于感情而必须忍受我的事情之一,就是我对天气的盲目乐观。我错误地相信荒野上会比托基晴朗,可实际上恰恰相反。我驾着我那辆忠诚的莫里斯考利,它是辆敞篷车,很旧了,车篷上已经有了好几条裂缝,以至于下雨时,坐在后排的人会有水从脖子后面淌下来。总的来说,跟克里斯蒂一家出去野餐是一项很特别的耐力考验。

我们驾车启程,很快就下雨了。而我仍百折不挠地开下去,我告诉马克斯那片荒野有多么美丽。可是,坐在雨雾中的他根本看不清。这对我这位从中东归来的新朋友是非常好的考验,他是确实喜欢我才会忍受这一切,还保持着很感兴趣的神情。

最后我们终于回到家,先把自己擦干,然后在洗热水澡时再次让自己浑身湿透。我们和罗莎琳德玩了很多游戏。第二天,尽管仍在下雨,我们还是穿上雨衣,欢快地在雨中漫步。我们带上了毫无悔意的彼得,不过它与弗雷迪·波特又是好朋友了。

我又和马克斯在一起了,为此我感到非常高兴。我意识到我们之间是多么亲密,几乎不用开口就能明白对方的意思。第二天晚上,我和马克斯互道晚安后我就上床看书了。这时有人敲门,接着马克斯走了进来,这出乎我的意料。他手里拿着一本我借给他的书。

"谢谢你借给我这本书。"他说,"我很喜欢。"他把书放在床边,随后坐在床头,深情地望着我,然后说他想和我结婚。即使是维多利亚式的小姐的惊呼"哦,辛普金先生,这太突然了"也不能完全表达我当时的惊愕之情。大多数女性当然会很清楚将要发生什么——实际上她们往往能预见到将要来临的求婚。有两种应对方法,可以任选其一:要么她们会表现得非常令人不快、惹人讨厌,以至于让求婚者对他们的选择厌倦;要么她们会让感情逐渐升温、沸腾,然后超越沸点,完成他的心愿。可是现在我知道了,一个女人也会很实在地说:"哦,辛普金先生,这太突然了!"

我从未料到马克斯和我会有这样的发展,也从未想过将来会怎样。我们是朋友,我们迅速地成为亲密的朋友,在我看来他比我以往的任何朋友都要亲密。

我们进行了一段荒诞的对话,写在这里毫无意义。我马上说我不能和他结婚,他问我为什么不能?我说因为种种理由:首先我比他大太多,他承认了,说他一直想娶一个比他大的。我说这简直是胡说八道,是很糟糕的想法。我指出他是个罗马天主教徒,而他说这个他也想过,他说实际上他已经想到了一切。我想我唯一没有说的,就是我不想嫁给他,如果有这样的感觉我自然会马上说出来。可是突然之间,我发觉这世上没有比嫁给他更让我高兴的事了——如果他年长几岁或者我再小几岁。

我想我们争论了大约两个小时,他渐渐地占了上风——与其说他单刀直入,不如说是步步为营。

第二天早上他乘车离开,我去送他时,他说:"你肯定会嫁给我的——当你有充分时间考虑的时候,你会答应的。"

这时天刚蒙蒙亮,我不能继续和他争辩了。望着他远去的身影,我感到茫然不知所措,闷闷不乐地回了家。

我问罗莎琳德是否喜欢马克斯。"当然喜欢。"她回答说,"我非常喜欢他,比R上校和B先生还要喜欢。"我相信罗莎琳德对什么都一清二楚,只不过出于礼貌而不挂在嘴边罢了。

之后的几个星期是多么难熬啊，我很痛苦，很犹豫，心也很乱。我曾决计不再结婚，我得保护自己不再受到任何伤害，没有比嫁给一个比自己年龄小得多的男人更蠢的事了。马克斯还年轻，他不了解自己在想些什么，这对他不公平，他应该娶一个年轻漂亮的姑娘。而我则刚刚尝到了独立生活的甜头。后来，我的想法几乎是在不知不觉中改变了。不错，他是比我年轻，但我们俩的共同点太多了：他不喜欢社交聚会，性格开朗，热爱跳舞，要跟这样一个年轻的男人在一起对我来说非常困难。但我可以陪他逛博物馆，也许比任何一个年轻姑娘都更有兴趣、更有悟性。我们可以遍访阿勒颇的所有教堂并乐在其中，我可以倾听马克斯的引经据典，我可以学希腊字母，看《埃涅伊德》(Aeneid) 的译本——实际上，我对马克斯的工作和他的理念要比对阿尔奇在伦敦城里的生意感兴趣得多。

"可是你不能再婚。"我对自己说，"你千万不可以这么蠢。"

这件事完全是在毫无准备的情况下发生的，假如初次见面时我就想到马克斯可能会成为我的丈夫的话，我就会倍加小心，绝不会轻而易举地与他建立这种良好的关系。我没料到竟会发生这种事，于是我们就走到了这一步，发现很容易聊到一起，而且聊得很投缘，就像一对已婚夫妇一样。

绝望的我向我的住家真神请教。"罗莎琳德，我要是再婚，你会介意吗？"

"嗯，我料到你迟早会的。"罗莎琳德明察秋毫地说道，"我的意思是，这是一件很自然的事，对不对？"

"唔，也许对吧。"

"我不喜欢你跟 R 上校结婚。"罗莎琳德若有所思地说。这倒挺有趣，因为 R 上校过分地宠着罗莎琳德，为讨她欢心而和她玩游戏，而且玩得似乎很开心。

我提到了马克斯的名字。

"我觉得他是最合适的了。"罗莎琳德说，"事实上，我认为你和他结婚是非常好的事。"随后她又补充说，"我们可以自己弄条船，对不对?他还能在很多方面派上用场。他网球打得不错,对不对?我可以和他打网球。"她毫无顾忌地设想着,完全从个人实用主义的观点出发。"而且,彼得也喜欢他。"罗莎琳德最后深表赞同地说。

尽管如此,那个夏天仍是我一生中最难熬的日子。身边的人纷纷反对我和他结婚,但或许这反倒给我增添了勇气。我姐姐坚决反对,完全因为年龄的差距。甚至我姐夫詹姆斯也委婉地提出希望我谨慎行事。

"你有没有想过,"他说,"你也许有点……嗯……受你喜欢的那种生活的影响了?那种考古生活?你是喜欢和伍利夫妇待在乌尔吧,也许你是把想象中那些不怎么强烈的感觉给弄混了。"

可我知道,事实不是这样的。

"当然啦,这完全是你自己的事。"他温和地补充道。亲爱的庞基可不觉得这是我自己的事,她觉得把我从愚蠢的错误中解救出来是她的责任。卡洛,我多么亲爱的卡洛,还有她的姐姐,是我的靠山。她们支持我,尽管我觉得完全是出于忠诚,我相信她们也认为这是一件愚蠢的事,可是她们从未这么说过,因为她们对左右别人的计划并无兴趣。我确信她们认为我不想嫁给一位四十二岁的迷人上校是非常可惜的,我另作了决定,那么她们也会支持我。

我终于把消息透露给伍利夫妇,看上去他们都很高兴。伦恩当然不必说了,可凯瑟琳的感情比较微妙。

"不过,"她坚定地说,"你至少在两年内不可以和他结婚。"

"两年之内?"我沮丧地反问。

"对,这很重要。"

"哦,我觉得,"我说,"这样做很愚蠢,我已经比他大很多了,还要等到我更老的时候,这究竟有什么意义呢?倒不如趁我还年轻的时候与他结婚。"

"我认为这对他很不好。"凯瑟琳说,"对他这个年龄的人来说,如果让他觉得一切都能很轻易地心想事成,很不好。我认为最好让他等两年,让他经历一段长长的见习期。"

这个主意我不敢苟同，这似乎是个苛刻的、清教徒式的观点。

我对马克斯说，他要娶我是完全错误的想法，他必须非常审慎地考虑一下。

"你以为最近三个月我都在干什么？"他说，"我在法国的时候就一直在想这件事。然后我想：好吧，见到她时我就会明白了，别再胡思乱想了。我没有想错，你就和我记忆中的完全一样，你正是我所希望的那个样子。"

"这是可怕的冒险。"

"对我来说这不是冒险，你觉得对你是冒险，可是冒险有什么要紧？一个人如果不冒险，会有所成就吗？"

对于这点，我表示赞同，我从来不曾为了安全而畏首畏尾。经过这次谈话之后，我高兴多了。"好吧，这是一次冒险，但我相信，为了找到一个能与你幸福相伴的人而冒险是值得的。如果他将来后悔了，我会感到很遗憾，可那毕竟也是他的冒险，他会非常理智地对待。"我建议我们等上六个月，马克斯说他不觉得这么做有什么好处。"况且，"他补充道，"我还得再次出国，到乌尔去。我想我们应该在九月结婚。"我把这件事告诉了卡洛，然后开始制订我们的计划。

我的事曾弄得满城风雨，让我难堪，于是这次我想尽量不要声张。我们商定，卡洛、玛丽·费舍、罗莎琳德和我将一起去天空岛（Skye），在那里住三个星期。我们可以在那里办理结婚手续，然后去爱丁堡的圣哥伦巴教堂举行婚礼。

随后，我带马克斯去拜访庞基和詹姆斯。詹姆斯虽然没有说什么，但神色颇为郁郁，庞基仍竭力阻止我们的婚事。

在去他们家的路上，我几乎反悔了。马克斯聚精会神地听我讲述家里的情况，问道："你说的是詹姆斯·瓦茨吗？我上大学时有个同学叫杰克·瓦茨，那是你姐姐的孩子吧？他可是个绝妙的喜剧演员，模仿秀表演得棒极了。"听到马克斯和我的外甥是同届同学，我简直要坚持不住了，我们俩的婚事似乎更加不可能了。"你年龄太小了。"我绝望地说，"太小了。"这次马克斯真的感到惊慌了。"一点也不小，我很早就上大学了，我的同学都很老成，我和瓦茨那帮人不同。"但我仍然心有余悸。

庞基竭尽全力说服马克斯，我真怕会引起马克斯的反感。但事实恰恰相反，他说她那么真诚、那么急切地渴望我过上幸福的生活。"而且她那么有趣。"他补充道。人们对我姐姐的评价总是如此。"亲爱的庞基，"我的外甥杰克曾对他的母亲说，"我真是爱你，你如此有趣，如此可爱。"这样形容她是很恰当的。

这次拜访结束之后，庞基泪如泉涌，一语不发。詹姆斯温和地和我告别。好在我的外甥杰克没在家，不然会把事情弄得更糟。

"当然，我一眼就看出你已经决心要嫁给他。"我姐夫说，"我知道你是不会轻易改变主意的。"

"哦，吉米，你不知道，我好像每天都在变来变去。"

"不会的，我希望你一切随心。这不是我希望你做出的选择，但你总是很有眼力，我觉得他是一个很有前途的年轻人。"

我多么喜欢亲爱的詹姆斯啊，他总是那么有耐心。"别理会庞基。"他说，"你知道她的为人，等生米煮成熟饭，她就会改变看法的。"

当时我们决定对婚事保密。

我问庞基能不能去爱丁堡参加我们的婚礼，她认为最好还是不去了。"我到时候只会哭，"她说，"会扫大家的兴的。"我为此由衷地感谢她。我有两个沉着冷静的苏格兰好朋友做坚强的后盾，我和她们，还有罗莎琳德一起去了天空岛。

我发现天空岛很可爱，有时我真希望不要每天都下雨，尽管只是几乎可以忽略的蒙蒙细雨。我们在荒野和灌木丛中走上几英里，那里有可爱的、淡淡的泥土气息，夹杂着浓烈的泥炭味。

在我们到达一两天以后，罗莎琳德的一句话引起了饭店餐厅里众人的瞩目。彼得也和我们一起去了，当然没到公共场合来用餐。可罗莎琳德在午餐时很大声地冲卡洛喊道："当然了，卡洛，彼得真的应该是你的丈夫，对不对？我是说，他在你的床上睡觉，对吗？"饭店里的客人们——主要是老妇人——齐刷刷地将目光投到卡洛身上。

罗莎琳德还给了我一些关于婚姻的忠告。她说:"你知道等你嫁给了马克斯,就必须和他睡在一张床上吗?"

"我知道。"我说。

"啊,对,我想你一定知道的,因为毕竟你嫁给过爸爸,可是我以为你没有想过这件事。"我向她保证我想过了与之相关的一切。

就这样过了几个星期,我在荒野上散步时偶尔会觉得一阵痛苦,觉得我做错了,会毁掉马克斯的人生。

与此同时,马克斯正投身于大英博物馆和别处大量额外的工作,完成了陶罐的绘图工作和考古研究。结婚前一周他还每晚绘图,熬到五点。我怀疑凯瑟琳·伍利让伦恩额外增加了他的工作量,她对我没有照她的意思推迟婚期非常生气。

在我们离开伦敦之前,伦恩来看过我,神情尴尬,我不明白是怎么回事。

"你知道,"他说,"这可能让我们有点尴尬。我是说在乌尔和在巴格达,我是说不可能……你了解吗?从各方面来说都不可能让你加入考古队,我是说,那里只有给考古人员的房间,不能容纳其他人。"

"哦,是啊。"我说,"我很理解……我们探讨过这件事。我不具备任何这方面的有用的知识。马克斯和我都认为这样最好,他不希望在发掘季之初把你置于孤立无援的境地,因为你可能不太有时间找个人替代他。"

"我想……我知道……"伦恩停顿了一下,"我想也许……呃,我是说如果你不来乌尔,人们又会觉得很奇怪。"

"哦,我不知道为什么有人会这么想,"我说,"毕竟我会在发掘季结束的时候去巴格达。"

"哦,是的,我希望你能来,到乌尔来住一段日子。"

"所以没有什么问题,对不对?"我充满信心地说。

"我觉得……我们觉得……我是说,凯瑟琳……我是说我们俩都觉得……"

"什么?"我催促道。

"也许你现在最好也不要去巴格达——我是说现在。我的意思是，如果你和他一起到了巴格达，然后他去了乌尔，而你回了家，你不觉得这看起来很奇怪吗？我是说，董事会不会认为这是个好主意的。"

这番话突然激起了我的愤怒。我同意不去乌尔，也不会主动提议去，因为那样的确不大合适，可是我看不出有什么理由不让我去巴格达。

实际上我们已经决定不去巴格达了，因为那是一段毫无意义的旅程。我们要去希腊度蜜月，然后马克斯会从雅典去伊拉克，而我计划返回英国。我们已经安排好了，可是此刻我不打算说出来。

我颇有些严厉地答道："我觉得，伦恩，如果我要去中东旅游的话，轮不到你来告诉我应该去哪里、不应该去哪里。如果我想去巴格达，我就会与我的丈夫一起去，这和发掘古物或者和你，都没有关系。"

"哦，哦！我希望你不要在意，这只是凯瑟琳的想法……"

我可以断定这是凯瑟琳的想法，而不是伦恩的。尽管我喜欢她，可是我不愿意让她来支配我的生活。因此，当我见到马克斯时，我说尽管我不打算去巴格达，但是我很小心地没有告诉伦恩。马克斯听了火冒三丈，我不得不想办法让他镇定下来。

"我现在简直想坚持让你去。"他说。

"这么做是愚蠢的，意味着很大的开销，而且在那里和你分别太痛苦了。"

就在这时，他告诉我，坎贝尔·汤普森博士和他接触过了，来年他可能会去伊拉克北部的尼尼微[①]，我很可能陪他一起去。"一切都还没有说定。"他说，"都还有待安排，可我在这六个月的发掘季之后，就不打算再和你分开了，伦恩有充分的时间找个人接替我的工作。"

在天空岛，日子一天天过去。我的结婚预告书准时在教堂里宣读，老妇人们围坐在那里，冲我报以微笑，表示出所有老妇人对诸如结婚

[①] 尼尼微（Nineveh），美索布达米亚古城，亚述人的政治首都，被认为是传说中的"巴比伦空中花园"的所在地。

这种浪漫事所怀有的善意的喜悦。

马克斯到爱丁堡了，罗莎琳德和我、卡洛、玛丽、彼得从天空岛赶过去，我们在圣哥伦巴教堂的小礼拜堂完婚。我们的婚礼非常成功，没有记者，消息一点也没有泄露。在圣哥伦巴教堂里举行过婚礼后我们又分别了，像古老的歌谣里唱的那样：我们在教堂前的草坪上分手了。马克斯先行回到伦敦，以便在三天内完成与乌尔相关的研究，而我则在第二天和罗莎琳德一起回到了克雷斯威尔巷，忠诚的贝西在那里迎接我，她已经悄悄地在那里做好了准备。马克斯两天后乘坐一辆出租汽车来到克雷斯威尔巷口，我们乘车去多佛，从那里渡过海峡，去我们蜜月的第一站：威尼斯。

马克斯自己一个人安排好了我们的整个蜜月旅行，那真是一个惊喜之旅。我相信谁也不会像我们那么沉浸在蜜月的幸福之中。唯一与蜜月不搭调的就是东方快车上的臭虫，甚至在到威尼斯之前，它们还不断从木板下钻出来，频频骚扰我们。

第九章　与马克斯共同生活

1

蜜月期间，我们游览了杜布罗夫尼克（Dubrovnik），从那儿又到了斯普利特（Split）。我永远忘不了斯普利特这个地方。黄昏时分，我们从饭店出来散步，走到一个广场的转弯处，看到圣格雷戈里主教（St. Gregory of Nin）的巨影赫然耸入云霄，这是雕塑家梅斯特罗维奇（Mestrovic）的杰作之一，它俯瞰着万物，像是一座永恒的纪念碑，永远留在人们的记忆中。

那里的菜单给我们带来了极大的乐趣。都是用南斯拉夫文写的，我们自然看不懂上面写的是什么。我们总是指指一道菜名，然后焦虑地等待着，看端来的是什么。有一次是一大盘鸡，另一次是荷包蛋，佐以味道很浓的白色酱汁，还有一次是绝好的蔬菜炖牛肉。每一份的量都非常足，而且没有一家餐馆要你付账，侍者会用结结巴巴的法语或英语或意大利语低声说："今晚不用付，今晚不用付，你们可以明天再来付。"我不知道如果有人在这里吃了一个礼拜而没有付钱就上船走了怎么办。的确，最后一天上午去付钱时，我们费了好大的劲才让我们最喜欢的餐馆接受了。"啊，你们可以以后来付。"他们说。"可是，"我们解释道，或者说尝试着解释，"我们不能以后来付，因为十二点我们就要坐船走了。"那个小侍者悲哀地叹了口气，想到要做计算就头疼。他退到一个小房间里，挠着头，换了好几支铅笔，呻吟着。然后过了大约五分钟，拿给我们一张账单，相比我们吃掉的总量惊人的食物而言，价格确实公道。然后他祝我们好运，我们就离开了。

旅行的下一程是顺达尔马提亚海岸（Dalmatian Coast）而下，沿希腊海岸去帕特雷（Patras）。马克斯说我们将搭乘一艘小货轮，我们站在码头等待它的到来，翘首以盼。突然看见了一艘非常小的船，小得像一个扇贝，很难相信我们等的就是它。它有一个不同寻常的名字，全都是辅音字母构成的：Srbn，至今我们仍不知道该怎么读，不过确实就是这条船。船上总共才四名乘客，我们俩住一间客舱，另外两人住另一间。他们到下一站就下船了，于是只剩下我们两个。

我从没在船上吃过这么好的饭菜：切成薄片的美味羊肉，非常鲜嫩；新鲜蔬菜、米饭，烤肉串上满是香喷喷的调料。我们和船长用生硬的意大利语交谈着，他问："喜欢这饭菜吗？我很高兴为你们安排英式饭菜，这是地道的英式饭菜。"我很诚恳地希望他别到英国来，以免他看到真正的英国饭菜是什么样子。他说他要被升职去一艘更大的客船，可是他宁愿留在这里，因为这里有一个好厨子，而且他喜欢这儿的平静生活，在这里他不用担心有太多乘客打扰。"在有很多乘客的船上总会有麻烦。"他解释说，"所以我宁愿不要升职。"

我们在这条塞尔维亚小船上愉快地度过了几天，船不时在沿途港口停靠——圣安娜（Santa Anna）、圣莫拉（Santa Maura）、圣地夸兰塔（Santi Quaranta）。我们俩也不时上岸观光，船长说他会在开船前半小时鸣汽笛提醒我们。当我们俩倘佯在橄榄树下或坐在百花丛中时，会突然听到笛声，便急忙转身跑回船上。坐在橄榄丛中，四周一片静谧，沉浸在幸福中的感受多么美妙啊。这里简直是伊甸园，是人间天堂。

我们终于到了帕特雷，愉快地告别船长后，坐上滑稽的小火车去奥林匹亚（Olympia）。小火车不仅运载我们这些乘客，还携有大量的臭虫，这次它们扑到了我的长裤上。第二天我不得不把长裤剪开一个口子，因为我的腿已经肿胀不堪。

希腊就不必形容了，奥林匹亚正如想象中的一样美丽。第二天我们俩骑着骡子去安德里策纳（Andritsena），坦白说，那一段旅程差点儿使我们的婚姻出现危机。

我以前从未骑过骡子，十四小时的路程带来难以置信的痛苦，我竟到了分不清骑骡子与步行两者之间哪一个更痛苦的地步。到目的地后，我从骡子上滑了下来，因为全身僵硬，以至于寸步难行。我责怪马克斯说："如果你都不知道这一路有多痛苦，那你确实不适合结婚。"

实际上马克斯也浑身僵硬，苦不堪言。他向我解释，根据他的计算，这段旅程不应该超过八个小时。但这种解释并不能让我息怒。七八年之后我才意识到，他对于旅程时间的估算总是大大低于实际，要在他的预计上至少加三分之一。

我们在安德里策纳休息了两天来恢复体力，我承认嫁给他我并不后悔，但他也可以学一学如何照顾妻子——至少等仔细地估计好路程之后再请妻子骑骡子旅行。去巴塞神庙我们又骑了近五小时的骡子，可这一次我一点也不觉得累了。

我们去了迈锡尼（Mycenae）和埃皮达鲁斯（Epidaurus）。在纳夫普利亚（Nauplia），我们住的似乎是皇家套房。房间里有红色天鹅绒的幔帐和巨大的四柱床，以及金色锦缎窗帘。我们在一个有点不安全但是装潢非常华丽的阳台上享用早餐，可以望见远处的一个海岛。后来我们跑了过去，非常忐忑地在水母间游泳。

埃皮达鲁斯美丽极了，但是在那儿我第一次领教了考古学家的性格。那天天气很好，我攀到剧场高处坐下，把马克斯一人撇在博物馆里看碑铭。过了很久，他还没来找我，我终于沉不住气了，下来走进了博物馆。马克斯仍直挺挺地俯卧在地上，饶有兴致地研究铭文。

"你还在看那个东西吗？"我问他。

"嗯，这个铭文很罕见。"他说，"你看这儿。我给你讲讲好吗？"

"我想不必了。"我语气坚定地说，"外面美极了，真是赏心悦目。"

"是的，我相信一定很美。"马克斯心不在焉地说。

"我想再出去一趟，"我问，"你不会介意吧？"

"不会。"马克斯略显惊讶地说，"没关系。我还以为你对这个铭文感兴趣呢。"

"我想这不会比外面更有趣。"我说，又回到剧场高处坐着，眺望远方。一个小时后,马克斯来和我会合,脸上带着微笑。他解读出了一个极为难解的希腊短语,这对他来说足以让这一天十分快活。

德尔斐(Delphi)真令人难忘,给我印象最深的是那迷人的景色。我们甚至四处寻觅,想在那儿找一块地,将来有一天造一所房子。我记得我们选定了三处,那是个好梦。我们俩当时也没有把这个计划当真。一两年前,我故地重游,看到大巴车来来往往,咖啡店、纪念品店和游客们到处可见,心里真庆幸没在那儿造房子。

我们总在选址造房子,主要是我的缘故。房子一直是我所热衷的东西。我这一生中有一段时间——二战爆发前不久——非常骄傲地拥有八幢房子。我沉溺于在伦敦寻找破旧不堪、摇摇欲坠的房子,然后将其改造、装修、布置,我会在改造完成的房子里住上一年左右,再租出去。当二战来临,我不得不为所有这些房子买战争损害保险时,这就不那么好玩了,不过最后在卖掉它们的时候都赢利不少。这是一项令人愉悦的爱好,我喜欢从某一幢"我的"房子前经过,看看它们保养得如何,猜想现在里面住的是什么人。

最后一天,我们从德尔斐步行到下面的伊蒂亚(Itea)海边。有一个希腊人和我们一起去,给我们带路,马克斯同他聊了起来。马克斯生性好奇,总喜欢问身边的当地人很多问题,这次他询问我们的导游各种花的名字。我们这位迷人的希腊人非常乐于帮忙,马克斯指出一种花,他就说出它的名字,然后马克斯认真地写到他的笔记本上。大约写了二十五种花的名称后,马克斯注意到一些重复——导游现在报出的希腊语名称指的是一种蓝色带刺的花,而经过确认,它的名字和早先的一种花相同,那是一种黄色的大金盏花。这下明朗了,他太渴望迎合我们,尽管他并不知道那么多种花的名字。于是遇到不认识的,他就把知道的名字再说一遍。马克斯相当不开心,因为他发现他认认真真写下的野花名字对应表毫无用处。

这段旅程的终点是雅典,在还有四五天就要分手的时候,灾难突然降临到我们这两个伊甸园幸福居民的头上。我病倒了,最初以为是患了那种在中东常见的腹泻——有埃及腹泻,巴格达腹泻,德黑兰腹泻等。我把这一次称作雅典腹泻，但实际情况要糟糕得多。

过了几天我才爬起来，但在驾车出游时我又十分难受，不得不把车子开回来。我开始发烧，且所有的药物都丝毫不见效。这下，尽管我再三反对，我们还是请来了一位医生。当时能请到的只有希腊医生，他讲法语，我很快就认识到，尽管我的法语在社交场合够用，可我对医学术语一无所知。

这位医生把我的病归因于吃了红鲻鱼头的缘故，据他说，这种鱼对于不大会收拾鱼的初来乍到的人很危险。他给我讲了一个可怕的故事，说曾有一位内阁大臣也得了这种病，差一点送命，在最后关头才缓了过来。我确信自己危在旦夕！我仍发着华氏105°（40.6℃）的高烧，吃不进去东西。然而，这位医生到底救了我一命，突然间我又有了知觉。但一想到吃东西仍旧非常难受，我觉得我再也不想动弹了，可又深知我在好转。我告诉马克斯让他放心，第二天他就可以走了。

"我确实不放心，亲爱的，我怎么能撇下你呢？"他说。

我们的困难在于马克斯受人之托，要按时赶到乌尔，为考察队的砖房准备各种辅助设施，以便在伍利夫妇和考察队其他成员两星期后到达时所用。他要砌一间新餐室，并为凯瑟琳修一间新浴室。

"我相信他们会谅解我的。"马克斯说，但他的语气中流露出迟疑，我知道他们是不会谅解的。我气愤地对他说他们会把他的不负责任归罪于我，这事关乎我们俩的名誉，马克斯必须按时赶过去。我让他放心，我在这里一切都不会有问题的，静卧休息一星期后，我就会坐东方快车直接回家。

可怜的马克斯狼狈不堪，同时他又被那种该受诅咒的英国式责任感紧紧裹挟着，这是伦纳德·伍利长期对他施加的影响的结果——"我信任你，马克斯。你们会玩得很高兴。但是你答应过会在指定的时间到达那里，主持大局，这是件很严肃的事情。"

"你知道伦恩会怎么说。"我指出。

"可是你真的病得很重。"

"我知道，可是他们不会相信。他们会认为是我在挽留你，我可不希望他们这样想。如果你继续争辩，我的体温就又会升高，会真的病得很重了。"

最后，我们俩几乎是怀着生离死别的悲壮心情告别的，马克斯终于离我而去，去履行他的职责了。

有一个不同意我们这样做的人，就是那位希腊医生，他向着天空高举双手，爆发出一串愤怒的法语。"啊，是啊，他们都是这个样子，英国人，我认识很多，哦，那么多……全都一个样。他们都专注于工作、职责，与一个人相比，工作算什么，职责算什么？妻子是人，是一个人，不是吗？妻子病了，而且她是孤身一人，这才是重要的，是唯一重要的。一个危难中的人。"

"你不了解。"我说，"那真的很重要，他已经承诺会赶到那里，他责任重大。"

"啊，什么责任？工作算什么？职责算什么？职责？与情感相比，职责一文不值。可是英国男人就是那样，啊，多么冷酷，多么呆板。嫁给一个英国男人真是荣耀啊！我不希望任何女人嫁给他们，真的不希望！"

我虚弱得无法再争辩，不过我向他保证我会没事的。

"你必须非常小心。"他警告我说，"我说再多其实也没用。我说过的那个内阁大臣，你知道他用了多久才康复？整整一个月。"

我无动于衷，我告诉他英国胃不会那样，让他确信英国胃会很快复原。医生又高举双手，喊出更多的法语，然后走了，多少有点再也不管我的意思。他说，如果我愿意，可以吃一盘不加调料的煮通心粉。但我什么也不想吃，尤其是没有味道的煮通心粉。我像根木头似的躺在糊着绿色墙纸的房间里，像一只病猫：腰疼、胃疼，非常虚弱，连手臂都不愿抬起。我叫人端来淡而无味的煮通心粉，吃了两口就推开了，看情形我似乎再也不会吃东西了。

我惦念着马克斯，此时他应该到贝鲁特了，第二天他将随奈恩车队穿过沙漠。可怜的马克斯，他会挂念我的病情的。

幸运的是，我不必再为自己担心了。事实上，我已经感受到自己想做点事、挪挪地方了。我又吃了些无味的煮通心粉，这次放了点碎乳酪，每天早晨在室内来回走三趟以恢复脚力，医生来看我时我说我觉得好多了。

"不错，嗯，看得出来你在恢复。"

"其实，"我说，"我后天就可以动身回家了。"

"哦，别讲这种傻话。告诉你，那位内阁大臣……"

那位内阁大臣怎样怎样的话我渐渐听厌了。我把饭店职员叫来，让他帮我在三天后的东方快车上订了一个座位。我直到离开的前夜才把此事告知医生，他再次高举双手，指责我的忘恩负义、不自量力，并且警告我可能会在途中被抬下火车，也许会死在月台上。我很清楚自己没有糟成那样，我又说了一遍，英国胃恢复得很快。

我按计划离开了那儿，饭店的搬运工搀着我步履蹒跚地爬上火车。我躺倒在我的铺位上，一路都没怎么动弹，偶尔叫人从餐车给我端碗热汤来。但是汤总是油腻腻的，搞得我毫无胃口。假如是若干年后，这种不喜油腻倒是对保持体形有好处，可当时我还算苗条。因此，等到旅程结束回到家时，我已瘦得皮包骨头了。回到家里，躺在自己的床上真是再舒适不过了。过了将近一个月，我才完全恢复了健康和精神。

马克斯平安抵达乌尔，他一直为我心烦意乱，一路发了数封电报，盼着我的回音，可总是杳无音讯。他用工作来冲淡内心的焦虑，所干的活儿比伍利夫妇要求的还要多得多。

"我要表现给他们看看。"他说。他按自己的想法造好了凯瑟琳的浴室，尽可能小而狭窄，并在浴室和餐室里加了些他认为相衬的装饰。

"可我们并没叫你做这么多啊。"抵达之后，凯瑟琳这样说道。

"既然我在这儿了，就要做。"马克斯冷冷地说，告诉他们他把濒死的我撇在了雅典。

"你应该留在那里陪着她的。"凯瑟琳说。

"我觉得我应该陪她，"马克斯说，"可是你们俩跟我强调说这项工作有多重要。"

凯瑟琳向伦恩抱怨,说她一点也不喜欢那个浴室,必须拆掉重建,结果只好如此,相当麻烦。后来她又为餐室的高明设计向马克斯道贺,说她的感觉大为改观了。

到了我现在的年纪,已经非常清楚该如何对付性格冲动的人——演员、制片人、建筑师、音乐家,还有像凯瑟琳·伍利这种天生喜怒无常的人。马克斯的母亲也属于我所说的天生就神经质的人,我自己的母亲也很接近这一类,她可以突然情绪极其激动,可是第二天就忘得一干二净了。"你昨天看起来像是什么都不顾了!"我会这么对她说。"什么都不顾了?"我的母亲则会非常惊讶地说,"我说那话时听起来是那个样子的吗?"

我们的几位演员朋友就爱发脾气,在《不在犯罪现场》(*Alibi*)[①]中扮演赫尔克里·波洛的查尔斯·劳顿(Charles Laughton),一次在排演休息时,一边吸着冰淇淋苏打一边向我说起他的办法。"装作喜怒无常很有好处,即使你不是这样的人。人们会说,当心别惹恼了他,要知道,他动不动就发脾气。这种做法有时也很累人。"他补充道,"尤其是你并没有发怒的欲望的时候。但这样做毕竟划得来,每次都不会吃亏。"

2

这个时期的文学创作活动在我的记忆里十分模糊,很不可思议。其实在当时,我仍然没把自己看作是一名真正的作家。我写过一些东西——写过书和小说,并能够付印出版,我开始习惯于把这作为一项固定收入。可每当填写表格中的职业这一栏时,除了由来已久的"已婚妇女"之外,我不知道还有什么可写的。我是一个已婚妇女,这是我的身份,也是我的职业。我写书,把它当作副业,我从没把写作冠

[①] 该电影改编自《罗杰疑案》,于一九三一年上映。

以"事业"这样堂皇的名字,我觉得这么做太荒唐了。

我的婆婆对此很不理解。"你写得精彩极了,亲爱的阿加莎。既然你善于写作,你就应该写点……嗯,比较严肃的东西,对吧?"她指的是写一些"值得写的东西"。我觉得很难向她解释,事实上我也没想要解释,我的作品是供人消遣而写的。

我想做一个优秀的侦探小说作家,当时我确实是这么想的,也洋洋自得地认为自己是一名优秀的侦探小说作家,我的一些作品使我感到得意和满足。但我从未得意忘形过,因为我觉得完全让他人满意不是一个人可以达到的境界。最终写成的故事和我为第一章拟写线索发展时所构想的,或边踱步边喃喃自语时展现在眼前的,往往完全不同。

我想,可爱的婆婆大概是想让我写某位世界著名人物的传记,我想象不出还有什么比这更不可能的了。然而,我总是不假思索、十分谦虚地回答说:"是的,不过我并不是一个真正的作家。"这样的说法通常都会遭到罗莎琳德的纠正。她会说:"可你就是个作家,妈妈,这一点毫无疑问。"

可怜的马克斯婚后被狠狠地治了一下。据我所知,他从不看小说。凯瑟琳·伍利曾硬逼着他看《罗杰疑案》,但他一个字都没看。还有人在他面前聊起过故事的结局,他说:"都知道小说的结局了,这书还有什么看头?"而就在此时,他成了我的丈夫,于是他毅然地捧起了书。

那时,我已写了至少十本书,他慢腾腾地从第一本看起,希望能赶得上我的进度。马克斯对于轻松读物的概念是那些深奥的考古学著作或经典名著,因此,看到他一脸严肃地看这种通俗小说时十分好笑。可我应该得意地说,他坚持下来了,后来他似乎已经能享受这项艰难的任务了。

有一件很有趣的事,就是我对婚后撰写的书都印象淡薄,大概是我过于沉湎在日常生活的欢乐之中,而把写作当成时断时续的任务了。我没有一间固定的专用写作室,在以后的许多年里,这给我带来了一些麻烦,因为每当我不得不接受采访的时候,他们的第一个要求就是拍摄一张我正在写作的照片。

"带我们看看你的写作室吧。"

"哦,什么地方都可以写。"

"可总有个专用房间吧?"

但真的没有,我的全部用品不过是一张结实的桌子和一台打字机。这时我已经开始用打字机直接写作了,尽管我仍习惯开始的几章用手写,后面的章节也会偶尔用手写,再用打字机打出来。卧室里一张放脸盆用的大理石桌成了写作的好地方。不开饭的时候,餐厅里的餐桌也挺合适。

家里人常常能注意到我又要开始创作了。他们会说:"看,太太又在琢磨呢。"卡洛和玛丽总是假装用小狗彼得的口吻叫我太太,罗莎琳德也一样,她叫我太太比叫我妈咪或妈妈更多。不管怎样,她们都看得出我陷入沉思默想时的表情,这时候她们就会满怀期待地望着我,催我躲进屋子里专心写作。

许多朋友对我说:"真不知道你都在什么时候写作,因为我们从来看不到你写作时的情景,甚至没见你去写过。"我的行踪大概和狗叼着骨头走开的情况差不多——偷偷摸摸地走开,半小时内见不到踪影,随后它会鼻子上沾满泥土、扭扭捏捏地出现在众人面前。我大概也是如此,要去写作时我总是有些不自然。可每逢我得以抽身,关上房门不让别人打搅,就可以振笔疾书,浑然忘我地工作下去。

在一九二九至一九三二年间,我的作品数量相当可观。除了一些完整的长篇小说之外,还出版了两本短篇小说集。有一本以奎因先生(Mr. Quin)为主角的小说集,是我的得意之作。我写得很慢,隔三四个月才写一篇,有时间隔的时间还会更长些。期刊似乎喜欢这类作品,我自己也很喜欢,但是我回绝了给期刊写系列小说的要求。我不想写一部关于奎因先生的系列小说,只在有创作冲动时才动笔。他是从我早年创作的哈利奎因和柯伦巴因系列诗作中移植来的人物。

奎因先生只是故事中的一个人物,一种催化剂,仅此而已。只要有他出现,就会对人有影响。有一些细节,一些看似毫不相关的描写,表明了他是个什么样的人。一束五彩斑斓的光线透过一扇玻璃窗落到他的身上；他总是突然出现又突然消失。他在故事里扮演着相似的身份：情侣们的朋友，同时与死亡相关。小个子的萨特思韦特先生(Mr. Satterthwaite)，你可以说他是奎因先生的使者，他也是我最喜欢的人物。

我还出版了一本名为《犯罪团伙》(Partners in Crime)的短篇小说集，每篇都是模仿当时某一特定的侦探模式写成的，现在有些已经记不清了。我记得有那个瞎子侦探索恩利·科尔顿(Thornley Colton)，当然还有奥斯汀·弗里曼(Austin Freeman)，弗里曼·威尔斯·克罗夫特(Freeman Wills Croft)和他那奇妙的时间表，也有绝对不可忽略的歇洛克·福尔摩斯。我挑选了十二位侦探小说作家，看看他们中哪一个至今仍为读者所熟悉，这从某一方面来说也是很有趣的事。有些人的名字变得家喻户晓，有些则默默地消失了。当时在我看来，他们写得都很出色，以不同的风格给人以享受。《犯罪团伙》是我的两位年轻侦探汤米(Tommy)和塔彭丝(Tuppence)的故事，他们俩是我的第二本书《暗藏杀机》中的主角。为了换换口味，再次以他们为主角创作倒颇为有趣。

《寓所谜案》(Murder at the Vicarage)是在一九三〇年出版的，但我对写作的时间、地点，以及写作过程、起因，甚至连怎么会想到起用一个新角色——马普尔小姐(Miss Marple)——作为小说中的侦探都记不清了。当时我肯定没打算在以后的写作生涯中继续以她为主人公，我没想到她会成为赫尔克里·波洛的劲敌。

人们不断地写信给我，建议马普尔小姐和赫尔克里·波洛邂逅。可为什么要让他们见面呢？我敢肯定他们俩绝对不会对此感到高兴。赫尔克里·波洛是个自命不凡的人，他不会要一个老处女来指点他如何办案的。他是一名职业侦探，他在马普尔小姐的生活圈子里是不会自在的。他们俩都是明星，是自己那个圈子里的明星。我不会安排他们相遇，除非哪天心血来潮，觉得有必要这样做。

我想，大概是在《罗杰疑案》中刻画谢泼德医生的姐姐时所产生的乐趣，促使我创造出了马普尔小姐这个人物。我喜欢书中的这个角色，尖刻的老处女，好奇心十足，什么都知道，什么都听得到，是个地地道道的家庭侦探。当这本书被改编成剧本时，使我最难过的就是卡罗琳不见了，倒是让那个医生又多了一个妹妹——一个年轻得多的少女，美得能让波洛春心萌动。

我不知道首次听到要更改人物的糟糕意见时有多痛苦。我以前写过一个侦探剧剧本，记不得是什么时候了。休斯·梅西公司对此颇有异议，实际上，他们要我最好别对这个剧本抱什么希望，因此我也就没有硬要他们接受。这个剧本名叫《黑咖啡》（*Black Coffee*），是一部传统风格的惊险剧。虽然情节有些老套，但我觉得整体并不算坏。后来时来运转，我在森尼代尔时的一位朋友，伯曼先生，与皇家剧院有关系，他向我提出这个剧本或许能上演。

我对饰演波洛的演员总是一个肥胖的家伙这件事感到奇怪。查尔斯·劳顿就胖得不得了；弗朗西斯·沙利文（Francis Sullivan）更是体态臃肿，身高六英尺二英寸[①]，他在《黑咖啡》中饰演波洛。我记得首场演出是在汉普斯特德的大众剧场，露西娅的角色是由乔伊斯·布兰德（Joyce Bland）扮演的，我一直认为她是个出色的演员。

《黑咖啡》公演了四五个月后，终于挪到西区上演。二十多年后，这出剧经过了稍许修改，重新出现在舞台上，作为保留剧目，观众们反响很好。

惊险戏剧在情节上通常大同小异，唯一变化的是敌对方。有一个国际性的莫里亚蒂帮派，首先推出的是德国人，他们是一战时的"野蛮人"；然后是共产主义者，接着又被法西斯分子接替。如今我们有俄国人和中国人，又回到了国际帮派。觊觎世界霸权的大恶人总与我们同在。

《不在犯罪现场》是第一部根据我的作品改编的剧作——由迈克尔·莫顿改编自《罗杰疑案》。他是个剧本改编行家，但我不喜欢他最初的想法，他想让波洛年轻二十岁，改名为博·波洛，身边有许多姑

[①] 约一米八八。

娘献媚。这时我已与波洛结下了不解之缘，我意识到在我的有生之年，他将永远是我笔下的人物，我极力反对完全改变他的性格特征。后来，在监制人杰拉尔德·杜·莫里哀的支持下，我们决定去掉医生的姐姐卡罗琳这个人物，用一个年轻美貌的姑娘来代替。我前面说过，我很不情愿去掉卡罗琳这个人物，我偏爱以乡村为背景的关于她的故事。我喜欢通过医生和他那个主宰一切的姐姐的生活所表现出来的乡村生活。

我想就在那时，虽然我还没有意识到，但事实上圣玛丽米德村的马普尔小姐已经诞生了，还有哈特内尔小姐、韦瑟比小姐，以及班特里上校夫妇。他们都排好队，在潜意识的边界线下面等待着，随时准备好活过来，登上舞台。

如今重温《寓所谜案》，我并不像当时那样满意。我觉得人物过多，枝节也太多，但是无论如何，主要情节还是经得起推敲的。我觉得那个村子非常真实，即使在今天，也仍有村庄与之相似。孤儿出身的侍女、训练有素且很会钻营的用人不见了，但取代她们的日间女佣又何其相似，尽管必须承认她们不如前辈们那么训练有素。

马普尔小姐在不知不觉间走进了我的生活，我竟然几乎不曾注意到她的大驾光临。我给一家期刊写了六篇系列短篇小说，选择了六个人物，每星期在一个小村庄里相聚，讲述疑难案例。我从简·马普尔小姐写起，这位老处女很像我姨婆在伊灵的某些至交，我小时候待在那儿时遇到过很多这种老妇人。马普尔小姐并不是我姨婆的写照。她比姨婆更会小题大做、更有老处女的味道。但是两人确有相似之处：虽然性格爽朗，却总喜欢把人和事往坏里想，而可怕的是，事实证明十有八九她们是对的。

"如果发生了怎样怎样的事，我是不会奇怪的。"姨婆总是这么说，并阴郁地点点头。尽管她并没有事实依据，怎样怎样的事却准确地发生了。"一个狡猾的家伙，我不信任他。"姨婆还会这么说，结果那个年轻的银行小职员被发现盗用了公款，她一点也不奇怪，只是点点头。

"是的。"她说，"像他这样的人，我以前认识一两个。"

没有人能骗得走我姨婆的积蓄，或者提出能让她全盘接受的建议。她总是以锐利的眼神盯着对方，事后会评价道："我知道他这种人是什么样子，我知道他的目的是什么，我想我要请一些朋友来喝茶，告诉他们有这样一个年轻人在附近晃悠。"

姨婆的预见性相当可怕。我的哥哥姐姐曾在家里养了一只温顺的小松鼠，一年之后的某一天，姨婆在花园里捧起这只伤了一只爪子的小生灵，煞有介事地说："注意我所说的话！这只松鼠过不了几天就会顺着烟囱跑掉。"五天后，它果然由烟囱逃走了。

还有一件事，是关于一个放在客厅房门上面架子上的罐子的。"如果我是你，我就不把罐子放在那儿，克拉拉。"姨婆说，"哪一天有人砰地把门关上，或者风把门重重地碰上，罐子就会掉下来。"

"可是亲爱的姨妈，它放在那儿都十个月了。"

"也许吧。"姨婆不以为然。

几天以后暴风雨来袭，门猛地关上，罐子掉了下来。也许那是一种神奇的预见力，总之，我把姨婆的这种预言能力赋予了马普尔小姐。马普尔小姐对人并无恶意，只是不轻信任何人。尽管她持人性本恶的观点，但不管怎么样，她还是善待每一个人。

马普尔小姐在我的小说中诞生时就有六十五岁到七十岁了，和波洛一样，这并不是件好事，因为她要在我的创作生涯中长久地陪伴着我。假如我有预知未来的能力，我会让一个早熟的学生做我的第一个侦探，然后他会和我一起变老。

为了这六篇系列小说，我给马普尔小姐安排了五个搭档。第一个是她的外甥。他是一位当代小说家，他的作品讨论深奥的理论——乱伦、性，以及关于卧室和厕所设备的污秽描述——雷蒙德·韦斯特（Raymond West）看到的都是人生的黑暗面。他对自己那个亲爱的、可爱的、年迈的、迂腐的简姨妈一味迁就，就像对待一个涉世未深的人。第二个人是个身为现代派画家的年轻姑娘，她刚刚和雷蒙德·韦斯特有了点暧昧关系。接下来是佩蒂格鲁先生（Mr. Pettigrew），他是位地方律师，没有人情味，非常精明，上了年纪。还有一位本地的医生,他了解许多案例,晚间讨论问题时是个有用之人。最后一位是牧师。

我给马普尔小姐讲述的疑案起了一个有些可笑的名字——《圣彼得的拇指印》(The Thumb Mark of St. Peter),暗指黑线鳕鱼[①]。后来,我又续写了六篇以马普尔小姐为主人公的小说,这十二篇与另外一个短篇被合为一册,以《死亡草》(The Thirteen Problems)为名在英国出版了,在美国的书名则叫《星期二俱乐部谋杀案》(The Tuesday Club Murders)。

《悬崖山庄奇案》(Peril at End House)是另一本我几乎没有印象,甚至不记得自己曾写过的书。我可能以前就想好了故事的情节,这是我的习惯,因此常常弄不清一本书是何时写成、何时出版的。故事情节常常不期而至地涌入我的脑海。沿着大街散步时,或满怀兴趣浏览某家帽店的帽子时,就突然有了绝妙的构想。我想:这回可天衣无缝了,没有谁能看得出破绽来。当然,所有的情节都有待于进一步推敲,里面的人物也只能慢慢地活起来,但我会当即在笔记本上记下这个绝妙的构想。

到目前为止,这样做一直很顺利,但我常常把笔记本弄丢。我手里总有半打笔记本,供我随时把想到的情节或某种毒药药品,或是在报纸上读到的狡诈的诈骗案记下来。当然,如果我把所有内容都清楚地分类归档,并做好标记,会省掉许多麻烦。不过有时从一摞旧笔记本中漫无目的地寻找,看到随手写下的几行字,诸如"可用的情节、自己动手、女孩不是亲妹妹、八月",还有情节梗概什么的,倒也别有一番乐趣。具体的我早已不记得了,但通常这些笔记能刺激我,即便不是原样照搬,也至少能引发我写些东西。

有些情节会时常在我的脑海中萦绕,我乐于深入地思考,反复设计,因为我知道总有一天会写出来。《罗杰疑案》在我的脑海中排演了好久,才终于将所有细节都安排好。另一次,鲁斯·德雷珀(Ruth

---

[①] 黑线鳕鱼(haddock)的特征之一是胸鳍附近有一块深色印记,常被描述为"拇指印"或"恶魔的拇指印"或"圣彼得的拇指印"。

Draper)的表演触发了我的创作灵感,我觉得她太聪明了,模仿得太逼真了,能完美地从一个爱唠叨的妻子变成跪在教堂里的农家姑娘。她给我以启迪,使我写出了《人性记录》(Lord Edgware Dies)。

初写侦探小说时,我不愿意品评这类作品,也不会认真地考虑犯罪问题。侦探小说是追捕凶手的小说,也体现了某种道德观念,实际上它类似那种古老的道德寓言:恶的毁灭和善的胜利。一战时期,无恶不作的人决非英雄。在当时,英雄是善良的,敌人是邪恶的,道理是如此简单明了。当时我还没有开始研究心理学,我像其他写书和看书的人一样,憎恶罪犯,同情无辜的受害者。

那位受欢迎的英雄拉菲兹①则是个例外,他是个惯偷,爱打板球,总是和兔子模样的伙计邦尼(Bunny)在一起。我一直有点讨厌拉菲兹,现在回想起来更觉得不舒服,这当然是传统教育的作用——拉菲兹是个罗宾汉式的人物,可他会让人感到轻松。当时的人们做梦也不会想到,日后会发展成看犯罪小说是由于喜好暴力,为了从残忍的行为中获得虐待的快感。当时的人们肯定会认为应该举全社会之力反对这样的事情,而当今,残酷的行为几乎像每日的黄油面包一样普遍。我很奇怪怎么会变成这样,因为我觉得我们认识的绝大多数人,那些男孩女孩,都和上了年纪的人一样,十分亲切且乐于助人。他们会帮助年长的人们,乐于并渴望为他们效劳。被我称为"仇视者"的只是极少数,但就像所有的少数派一样,这种人的影响力远远超过大多数。

由于写作犯罪小说的缘故,我对犯罪学研究产生了兴趣。我尤其喜欢看那些接触过罪犯的人写的书,特别是那些试图教育罪犯或是想办法对罪犯进行所谓"改造"的人写的书,我想现在人们会用更冠冕堂皇的字眼来形容他们。现实中无疑有这样的人,就像莎士比亚笔下的理查三世那样,真的会说:"恶啊,成为我的善吧。"他们选择了罪恶,就像弥尔顿笔下的撒旦的所作所为:他渴望更伟大,渴望权势,

---

① 拉菲兹(Raffles)是英国作家E.W. 赫尔南(Ernest William Hornung, 1866–1921)笔下的绅士大盗,详见小说《业余神偷拉菲兹》。E.W. 赫尔南是福尔摩斯的创造者柯南·道尔的妹夫。

渴望像上帝那样高贵；他的心中没有爱，也就不知谦卑。我通过观察生活而得出了结论，我常对自己说：没有谦卑之心的地方，那里的人民会灭亡。

写侦探小说的乐趣之一就在于有诸多体裁可供选择：轻松型的探险小说，这种写起来特别愉快；情节复杂的侦探小说，诡计设计需要颇费心思，但结果往往是值得的；还有一种我也只能说它饱含激情，一种帮助、拯救无辜者的激情。因为重要的是无辜的人，而不是罪犯。

我想暂时不要批判那些杀人犯，我认为他们是社会的蠹虫。他们只会疯狂掠夺，带来仇恨。我情愿相信他们生来如此，生来就是个病人，因为这样想或许就能对他们产生一些同情。但即便如此也不该宽恕他们，因为宽恕他们，无异于宽恕那些从中世纪瘟疫流行的村庄中逃出来，混进邻村无辜村民和活泼孩子中的人。无辜者必须受到保护，他们应该在平静和博爱中过完一生。

使我震惊的是，似乎没有人关心无辜者。当我们在报上读到一起谋杀案时，人们似乎都对悲惨情节无动于衷。譬如说经营一家小烟铺的虚弱老妇人，正转身为一个年轻匪徒拿烟时被打死了。似乎没人关心她所经历的恐惧、痛苦，以及悲惨的死亡。没人对杀人犯感到愤怒——人们只会对年轻的杀人犯心存同情，就因为他还年轻。

我们为何不处决他？在这个国家，我们捕杀豺狼，而不是试图让豺狼和羊群和睦相处——我很怀疑这么做是否能成功。我们进山捕杀野猪，以防它下山在溪边咬死孩子。它们是我们的敌人，就应该被捕杀。

对那些被残忍的仇恨霉菌所侵蚀、视他人生命为草芥的人又该怎么办呢？这些人常常有良好的家境、良好的境遇、受过良好的教育，可他们最终成了——说得直白点，就是恶魔。有什么药能治疗邪恶吗？怎么处置杀人犯？不能判终身监禁，这比古希腊递给死刑犯一杯致命的毒芹汁更为残酷。我们所能找到的最好的办法就是流放。找一个广阔的、空无一物的地方，居住者唯有原始人，让他们在那里回归本性。

让我们看一看这些人性的弱点，过去都曾是好的品质。如果不是心狠手辣，如果不是嗜杀成性，如果不是全无怜悯之心，也许人类早已不复存在，早就灭绝了。当今的恶人也许是昔日的强者。那时他们值得存在，但是今天，他们是危险之源。

在我看来，唯一的希望是强制这种人为整个社会的利益服务。例如，可以让这种人做出选择：是接受一杯毒芹汁，还是献身于试验性研究。在很多研究领域，尤其是药物和医疗领域，人体试验是极其重要的，是动物试验所不能替代的。如今，献身于研究的科学家会拿自己的生命冒险，但依我看，可以让某个愿意接受特定试验的人去做小白鼠，以此代替死刑。如果他们幸存下来，就可以获得救赎，还他自由身，从额头上去掉该隐的印记。

这也许不会改变他们的生活方式，他们可能会说："好啊，我运气不错，无论如何，我逃脱了惩罚。"不过全社会欠他们一份谢意也许会让他们变得有所不同。一个人绝不该有太多期望，但总可以保留一点希望：他们至少有机会做一件有价值的事情，以逃脱应得的惩罚——是否重新做人，取决于自己。也许他们会有所改变，重新做人？也许他们会为自己的作为感到一点自豪？

如果不会，那就只能说：上帝可怜他们。此生不行，也许他们在来世可以"向高处行"[①]。而最重要的仍然是无辜者，那些勤勤恳恳、毫无畏惧地活在这个时代，应该得到保护、免受伤害的人们，他们才是至关重要的人。

也许可以找到生理上的治疗方法——可以缝起我们的心脏，低温冷藏起来，等待有朝一日重新排列我们的遗传因子，修改我们的细胞。想想以前克汀病的发病人数吧，直到突然有一天，人们发现病因是甲状腺功能亢进或减退。

似乎从侦探小说扯远了，可这也许解释了我为什么对受害者比对罪犯更有兴趣。受害者越是活生生地呈现在面前，读者由此而产生的愤慨就愈加强烈，那么，当我把他从死亡的幽谷中拯救出来时，心里

[①] 引自美国人约翰逊·奥特曼（Johnson Oatman, Jr. 1856–1922）于一八九八年创作的赞美诗《向高处行》（*On the up Way*）。

也就充满了愉快的胜利感。

从死亡的幽谷中归来——我决定不过多地整理这本书。因为我上了年纪，仔细回顾过往，尝试调整已经写下的内容，这非常累人。我总是自言自语，作家都有这样的倾向。走在街上，经过要去的商店而不入，或者错过应该要造访的事务所，一个劲儿地自言自语——我希望声音不是太大——意味深长地转着眼珠，然后突然发现街上的人都在看自己，还稍微避开，显然认为这个人疯了。

哦，没错，我想我四岁的时候就总是对着猫咪一家说个不停。事实上我现在仍旧和猫咪一家说话。

3

第二年三月，我照事先的安排去了乌尔，马克斯到车站接我。我曾想自己会不会害羞——毕竟我们俩刚结婚就分开了。出乎我意料的是，我们就好像昨天才分别一样。马克斯给我写了很多封长信，我觉得自己对当时考古发掘进展情况的了解程度简直和一个新手在现场没有什么区别。回家之前，我在考古队营地里住了几天，伦恩和凯瑟琳很热情地欢迎了我，马克斯还坚持地带我去发掘现场看了看。

在天气方面我们的运气不太好，突然刮起了沙尘暴。这时我才注意到马克斯的眼睛已经习惯了风沙。我跟跟跄跄地跟在他身后，风沙眯得眼睛看不见路，而马克斯双眼圆睁，给我指这儿说那儿的。我唯一的念头就是躲到房子里去，但我还是勇敢地坚持下来了，因为尽管很难受，我还是很感兴趣的，想看看马克斯在信中描述过的一切。

随着挖掘季的结束，我们俩决定经波斯（Persia）①回国。有一家小型航空公司——德国人办的——刚刚开辟了巴格达至波斯的航线，

---

①现称伊朗。

我们选择这家。那是一架单引擎飞机,只有一个驾驶员,我们俩都觉得实在太危险了。事实上也确实相当危险,我们似乎总要撞到山顶上。

第一站停在哈马丹(Hamadan),第二站停在德黑兰(Teheran)。

飞机从德黑兰飞抵设拉子(Shiraz),我还记得那个地方的风景绝美,就像嵌在灰褐色旷野上的一颗鲜绿色宝石。飞机越飞越近,绿宝石愈加光彩夺目,飞机降落后,我们终于发现这是一座由绿洲、棕榈树和花园组成的绿色城市。我不知道波斯境内究竟有多大面积的沙漠,但我明白了波斯人为什么那么珍视花园,因为拥有一座花园是非常奢侈的。

我记得我们去过一幢美丽的房子,多年以后第二次到访设拉子时,我努力尝试再次造访,却没能找到它。但第三次我们成功了,我认出了它,因为有一个房间里的天花板上和墙上画着各种各样的圆形图饰,其中之一是霍尔本高架桥。显然在维多利亚时代,一位伊朗国王在访问了伦敦以后,派了一个画家重返那里,让画家根据指示画出了他想要描绘的各种景物的圆形图饰。许多年后,这幅霍尔本高架桥仍在,只有一点擦伤和刮伤。那幢房子已经荒废了,尽管没有人住在里面,却依旧很美丽,可是在里面走动非常危险,我把它作为一篇短篇小说《设拉子的隐居者》(*The House at Shiraz*)的素材。

我们从设拉子乘车去伊斯法罕(Isfahan),那是一段在崎岖路上的漫长车程,始终在沙漠中穿行,偶尔会经过一座荒凉的村庄。我们不得不在一个无比简陋的招待所过夜,从车里拿出一条地毯和几块板子,睡在上面。一个长相可疑、貌似强盗的人掌管这里,还有几个恶徒般的农民帮忙。

我们度过了异常痛苦的一晚,睡在硬木板上的苦处难以形容,你根本想不到睡几个小时就会让臀部、肘部和肩部瘀伤累累。记得有一次,我在巴格达的饭店里睡得很不舒服,我追寻原因,发现床垫下面放了一块沉重的木板,目的是为了防止老旧的弹簧陷下去。男服务员解释说,最近使用这个房间的一位伊拉克女士因为床垫太软而无法入睡,所以放进这块板子,为了让她晚上能够安寝。

我们再次乘车前行，相当疲惫地抵达了伊斯法罕。而伊斯法罕登上了我的"世界上最美丽的城市"列表：我从未见过如此瑰丽的色彩，玫瑰红、蓝、金……鲜花、小鸟、藤蔓花纹、可爱的神话中的建筑，以及处处可见的彩色瓦片——是的，这是一座仙境中的城市。但自我第一次到访那里后，有将近二十年没有再去。我害怕再去，因为我害怕看到它面目全非。幸运的是那里改变非常少。自然有了更多现代化的街道，多了几家时髦的商店，但高贵的伊斯兰建筑、庭院、瓦片和喷泉，全都维持原状。如今的人们不再那么死板了，我们可以到很多清真寺的内部参观，那些地方以前是不能进去的。

马克斯和我打算，如果护照、签证、旅费等不成问题的话，就取道苏联回家。为此我们去了伊朗银行询问。这座建筑如此宏伟，让人觉得它是一座宫殿，而不是金融机构——我们也的确好不容易才找到银行业务在哪里办理。穿过几条有喷水池点缀的走廊之后，我们终于来到了一个巨大的接待室，远远地有一个衣着光鲜的年轻人坐在柜台后面，穿着西服，正在记账。不过据我所见，在中东，银行从来不会让你在柜台前办理业务，你总会被转给一位经理、一位副经理，或者至少是一个看起来像经理的人。

一位银行职员会招手唤来一个银行信使，他就站在附近，姿态和服饰都很奇特，他会示意你在几个巨大的皮沙发里任选一个坐下，然后就不见了。不久之后他回来了，召唤你过去，领着你走上富丽堂皇的大理石台阶，把你带到一个看起来很神圣的房间前。你的向导轻轻地敲门，走进去，把你撇在外面站着，然后很快又出来，满面春风地望着你，为你成功地通过了考验而喜气洋洋。你走进那个房间，觉得自己的身份不亚于一个埃塞俄比亚王子。

一个迷人的、通常是胖胖的人会站起来，用熟练的英语或法语向你致意，挥手请你坐下，问你要茶还是咖啡，问你是什么时候到的，喜不喜欢德黑兰，你从何处来。最后，就仿佛是无意中问到，你来此有何贵干？你提及旅行支票之类的东西，他会按响桌子上的一个小铃，另一个信使走进来，告知："请易卜拉辛先生。"咖啡端来了，谈话继续进行,关于旅程、政治局势、农作物的收成好坏一类的事。

很快易卜拉辛先生来了,他穿一件深褐色的西服,三十岁左右。银行经理会向他说明你的需求,然后你就可以谈及你想要他们给你哪种货币。这时易卜拉辛先生会给你六种或者更多种不同的表格,让你签字,然后就消失了,接着又是一大堆闲聊填补等待时间。

就在这个时候,马克斯开始谈到我们去苏联的可能性。银行经理叹了口气,举起了双手。

"你会面临不少困难。"他说。

"是的。"马克斯预料到会有困难,但肯定不至于难以成行吧?穿越边境不会有什么实际的障碍,是不是?

"我相信目前你们国家在那里没有外交使臣,没有领事馆。"

马克斯说是的,他知道我们在那里没有领事馆,不过他相信如果英国人想去苏联,是没有什么禁令的。

"是啊,完全没有禁令,当然,你们必须带些钱去。"

马克斯说他自然希望带些钱去。

"而你们在我们这里进行任何货币兑换都是不合法的。"银行经理沮丧地说。

这话使我有点震惊,马克斯对东方人的处事方式并不陌生,可是我很陌生。我觉得很奇怪,在一家银行兑换货币竟然是不合法的。

"你看,"银行经理解释说,"法律变来变去,一直在变。各条法律条款之间还常互相冲突。某条法律说不能把某种外币带出境,而另一条则说这是唯一允许出境的外币,那么,我们该怎么办呢?得看当天的具体情况而定。我告诉你们这些,"他补充道,"是为了让你们事先知道,尽管我可以帮你们安排兑换,可以派人去集市,帮你们弄到最合适的现金,可这些全都是不合法的。"

马克斯对此表示理解,银行经理马上高兴起来,他说我们会喜欢这段旅程的。"现在让我想想……你们想坐汽车去里海,对吗?那一段路很美。先到拉什特(Resht),从那儿乘船去巴库(Baku)。船是苏联人的,我对它一无所知,可人们都坐船去,没错。"

他的语气暗示坐那艘船去的人都不见了,没人知道发生了什么事。"你们不仅要带上现金。"他警告我们,"还必须带上食物,我不知道在苏联要怎么搞到食物。至少从巴库到巴统(Batum)的火车上你买不到食物的,样样东西你们都得带着。"

我们又探讨了酒店和其他的问题,似乎全都有难度。

很快,另一个穿着深褐色西装的人来了,他比易卜拉辛先生年轻,叫穆罕默德先生。穆罕默德先生带来了更多的表格,马克斯在上面签了字,并索要一些小额现金,用来买必不可少的邮票。一个信使被叫来,派去集市换钱。

然后易卜拉辛先生再次出现,他把我们需要的现金摆在桌上,全是一些大额钞票,而不是我们所要求的小额钞票。

"啊!但这十分困难。"他很难过地说,"真的非常困难。你知道,我们有时有很多这种面额的钞票,有时又有很多那种面额的。你能得到哪种完全取决于运气的好坏。"在这样的情况下,我们摆明了只好接受坏运气了。

那位银行经理又叫人送咖啡来,想让我们高兴一些。他转过身来继续对我们说:"你们最好把要带到苏联的现金全部换成波斯金币。"他补充道,"波斯金币在波斯是不合法的,可那是我们这儿唯一能用的钱,因为在集市他们只接受波斯金币。"

他又派了一名信使去集市,把我们刚拿到的钱换成波斯金币,波斯金币原来就是玛丽亚·特蕾西亚银币[①],纯银的,非常重。

"你们的护照没问题吧?"他问。

"没问题。"

"在苏联有效吗?"我们说有效,在欧洲各国都有效,包括苏联在内。

"那就行了。签证很简单,对吧?你们必须弄一辆车,饭店可以帮

[①] 玛丽亚·特蕾西亚银币,以神圣罗马帝国女皇、奥地利大公、匈牙利女王、波希米亚女王玛丽亚·特蕾西亚(Maria Theresia,1717–1780)命名,奥地利于一七八〇年发行的银币,此后成为欧亚大陆的硬通货币,屡次重铸,重铸数量超过八亿枚。

你们安排。你们还必须带够三四天的食物,从巴库到巴统的行程要好几天。"

马克斯说途中他还想在第比利斯(Tiflis)下车停留。

"啊,那你们必须在办理签证时问问看,我觉得那是不可能的。"

这件事让马克斯很难过,可他还是接受了。我们向这位经理道别并致谢,这时候时间已经过去了两个半钟头。

我们回到了饭店。那里的饮食有点单调。不管我们点什么菜,或者不管我们要求提供什么,侍者总是说:"今天有非常好的鱼子酱,非常好,非常新鲜。"我们曾经兴冲冲地点了鱼子酱,那东西便宜得令人惊讶,尽管我们吃掉的量非常惊人,价钱却似乎始终是五先令。虽然如此,有时我们会在用早餐时拒绝它——不知为何,人们就是不想在早餐时吃鱼子酱。

"早餐有什么东西?"我问。

"鱼子酱,非常新鲜。"

"不,我不想要鱼子酱,我想吃些别的。有鸡蛋吗?培根呢?"

"没有别的,只有面包。"

"别的什么也没有?鸡蛋呢?"

"鱼子酱,非常新鲜。"侍者坚定地说。

于是我们吃了一点鱼子酱和大量的面包。午餐时,除了鱼子酱,唯一能提供给我们的是一种果酱馅饼(La Tourte),很大、过于甜腻,不过很香。

我们咨询侍者,应该带些什么食物去苏联,基本上侍者还是推荐鱼子酱,我们同意带上两大罐,侍者还建议我们带上六只熟鸭子。此外我们还带了面包、一罐饼干、几罐果酱和一磅茶叶。"给火车头的。"侍者解释说。我们不是很明白火车头跟这个有什么关系,也许照惯例要给司机一点茶叶做礼物?不管怎样,我们带上了茶和速溶咖啡。

那天晚餐后,我们和一对法国年轻夫妇聊了起来。那位先生听说了我们的行程计划后情绪高涨,惊恐地摇头道:"这不行!对夫人来说是绝对不行的,这条船,这条从拉什特到巴库的船,这条苏联人的船,非常可憎!臭烘烘的,夫人!"法语真是奇妙的语言,他说的那句"臭烘烘的"听上去是多么污秽不堪,让人光是想想要坐那种船都受不了。

"你不可以带夫人到那里去。"法国人坚决地强调,可他不知道,夫人不会退缩。

"我觉得不会像他说的那么臭。"后来我对马克斯说,"无论如何,我们有很多驱虫粉之类的东西。"

就这样,我们如期踏上了旅程,带上了大量的波斯金币,怀揣着苏联领事开的签证。不过他们坚决不让我们在第比利斯下车。我们雇了一辆不错的小汽车,动身启程。

驾车去里海,一路景色绝美。我们爬上岩山裸露的山岗,越过山顶,下山时发现到了另一个世界——和风煦煦,飘着雨丝,拉什特(Resht)到了。

我们被带上了那艘"臭烘烘"的苏联船,神经相当紧张。一切都与波斯和伊拉克截然不同,首先,船出奇地干净,简直像医院一样干净——实际上看起来就像医院。窄小的客舱里摆着高高的铁床,铺着硬硬的草褥子、干净的粗布床单,还有一把马口铁水壶和一个脸盆。船上的工作人员都像机器人一样,看上去都有六英尺高,金黄色的头发配上毫无表情的面孔。他们待我们彬彬有礼,但是表现得好像我们根本不存在一样。马克斯和我觉得我们俩就像《驶向外海》(*Outward Bound*)中那对自杀的夫妇——两个人在船上像幽灵一样四处游荡,谁也不和我们讲话,也不看我们一眼,完全无视。

不久后,我们看到大厅里有食物供应,便满怀希望地跑到门口张望。没有人对我们有任何表示,好像根本没有看到我们。最后,马克斯鼓起勇气,双手并用地问,我们是否可以得到一些吃的,但显然这个要求没人懂。马克斯尝试了法语、阿拉伯语、他所知的那几句波斯语,可都毫无效果。最后,他使出那个古老的、屡试不爽的手势,坚定地手指向下、指了指喉咙,结果那个人立刻拉开了桌边的两把椅子。我们坐了下来,食物被端了上来。相当不错的食物,尽管材料非常普通，而且价格高得离谱。

我们到了巴库，一位国际旅行社的代表来迎接。他人不错，通晓古今，讲一口流利的法语。他问我们是否想去歌剧院看《浮士德》，我并不想去，我觉得到苏联来不是看《浮士德》演出的。于是他说会给我们安排其他娱乐项目，我们被带着参观各种建筑工地和未竣工的公寓。

下船流程很简单。六个机器人一样的搬运工按照长幼顺序走来。旅行社的人说费用是每件一卢布，他们走到我们身边，一人拿起一件。有一个很不幸地拿到了马克斯那个沉重的手提箱，里面装满了书。最幸运的一个只拿了一把伞——付给他们的钱都是一样的。

我们去的那家饭店也很古怪，我想它是奢华年代的遗留物之一：家具很豪华却式样老旧，统统漆成白色，雕刻着玫瑰花和小天使的图样。不知道什么缘故，家具全都放在房间中央，仿佛搬运工搬进衣橱、桌子、五斗橱后就把它们丢在这里走开了。连床都不靠墙，床的式样富丽堂皇，极其舒服，可铺的是粗布床单，而且太小了，都盖不住床垫。

第二天早上，马克斯要求送点热水来让他刮胡子，可是运气不佳。除了"请"和"谢谢"之外，他也就知道"热水"这一个俄语单词了，但那个女人拼命地摇摇头，拿给我们一大壶冷水。马克斯几次重复"热"这个单词，满怀希望地把剃刀放在下巴上解释他需要水的目的。可她仍摇摇头，显得震惊且很不赞同。

"我觉得，"我说，"在这里要热水刮脸就像个奢侈的贵族似的，还是算了吧。"

巴库处处都像是星期天的苏格兰：街上毫无乐趣，商店十之八九关着，有一两家开着的都排着长队，人们耐心地等着，去买一些毫不起眼的商品。

我们的旅行社朋友送我们上了火车，排队买车票的人非常多。"我要去查询一下预订的座位。"他说完就走开了，我们在队伍后面缓缓前进。

突然有人拍了拍我们的手臂，是队伍前面的一个女人，她满面笑容地望着我们。事实上，这里的人似乎随时准备好在任何一点值得微笑的事面前露出微笑。他们非常亲切。然后，在打了很多手势之后，那个女人力劝我们走到队伍的最前端。我们不喜欢这样，所以仍留在后面，可是整个队伍里的人都坚持如此：他们拍着我们的手臂和肩膀、点头、招手，最后，一个男人抓着我们的手臂，强行拉着我们往前走，前面的那个女人让到一边，向我们躬身微笑。就这样，我们在售票窗口买了票。

旅行社的人回来了。"啊，你们办好了。"他说。

"这些好心人把位置让给了我们。"马克斯相当疑惑地说，"我希望你能对他们说明，我们并不想这样。"

"啊，可他们总是这样。"他说，"实际上他们喜欢排在队伍后面，你知道，站在队伍里是一种很好的消遣。他们喜欢把队伍排得尽可能地长，他们对陌生人总是非常有礼貌。"

的确如此，我们离开这里去坐火车时，人们向我们点头挥手。月台上挤满了人，不过我们后来发现，除了我们俩，挤在那儿的人都不是坐火车的，他们只是过来看看热闹，打发下午的时光。我们终于进了车厢，旅行社的人向我们道别，向我们保证三天后到达巴统时会有人去接，一切都会很顺利。

"我看你们没有带茶壶，"他说，"不过毫无疑问，会有女人借你们一个的。"

火车在大约两小时之后第一次停车，这时我才明白话里的意思。当时，我们这个隔间里的一位老妇人猛拍我的肩膀，把她的茶壶拿给我看，并在一个会说德语、坐在角落里的男孩的帮助下向我解释，旅客通常放一撮茶叶到茶壶里，然后带着它去火车头，在那里，火车司机会给你热水。我们有茶杯，老妇人向我们保证说其余的事由她来办。很快，她拿着两杯热气腾腾的茶回来了，我们动用了食物储备，给了我们的新朋友们一些。这段旅程非常顺利。

食物保存得还算好，也就是说，我们幸运地在鸭子变坏之前就把它吃掉了，还吃掉了一些越来越不新鲜的面包。我们本希望能在路上买到面包，可是看来这并不可能。我们当然尽可能快地吃掉了鱼子酱。

最后一天，肚子一直处于半饥饿状态，因为除了一只鸭翅膀和两罐菠萝果酱之外，其他什么也不剩了。直接吃一整罐菠萝果酱肯定相当难受，不过至少能缓解饥肠辘辘之苦。

我们在午夜抵达巴统，下着倾盆大雨。我们当然没有预订饭店房间，拿着行李走到火车站外的夜色中。没有旅行社的人来接，只有一辆敞篷四轮马车候着，那是一辆破旧的老式马车，有点像维多利亚时代的。车夫殷勤地扶着我们上了车，把行李堆叠在我们身上。我们说想找一家饭店，他鼓舞人心地点点头，抽了一记响鞭，车子便摇摇晃晃地穿过泥泞的街道。

不久后我们来到一家饭店，车夫打了个手势叫我们先进去。我们很快就明白为什么叫我们先进去了。我们刚一进去就被告知没有房间了，我们问还能去哪儿，可那个接待员只是茫然地摇摇头。我们跑出来，车夫又一次驾起马车带我们去找。大约找了七家饭店，家家客满。

在第八家饭店，马克斯对我说要采取强硬措施，因为我们必须找一个能睡觉的地方。我们一来到大厅，就扑通倒在了丝绒沙发上，在被告知没有房间时我们就装出傻傻的、听不懂的样子。最后，接待员和办事员绝望地高举双手，望着我们。我们继续显得茫然不解，时而用我们认为他们可能会明白的语言表示我们需要一个房间过夜，最后，他们不理我们了。车夫跑进来，把我们的行李放在我们身边，然后就愉快地挥手道别，走掉了。

"你不觉得我们自断了退路吗？"我悲哀地问。

"这是我们唯一的希望。"马克斯说，"看到没有任何交通工具可以把我们带走，而且我们的行李在这儿，我觉得他们会想想办法的。"

二十分钟过去了，突然，援救天使以六尺大汉的形象出现了。他有一撇绝妙的黑色小胡子，穿着马靴，看上去就像一出苏联芭蕾舞剧中的人物。我仰慕地盯着他。他面带笑容地望着我们，友好地拍了拍我们的肩膀，招手让我们跟着他走。他走上两层楼梯，来到顶层，然后向上推开屋顶上的一个活动板，把一个梯子架了上去。情况看起来有些反常，但也别无他法，马克斯上去后把我也拉了上去，我们到了屋顶之上。我们的主人仍然招手、微笑着，领着我们在屋顶上穿行，来到了另一幢房子的屋顶上，最后从另一扇活动盖板处爬了下去。我们被带进一个很大的阁楼房间，里面布置得非常美观，还有两张床。他拍了拍床，指了指我们，然后就消失了，此后不久我们的行李也送来了。很幸运，这次我们的行李不多，在巴库的时候都被拿走了，那个旅行社的人说它们会在巴统等着我们，我们希望第二天就能看到它们，而目前我们唯一需要的就是床铺和睡眠。

第二天上午，我们想知道去哪儿搭船，因为已经预订了当天出发的一艘去伊斯坦布尔的法国船运公司的船票。尽管我们努力向主人解释，可他却听不明白，这儿似乎没人能明白。我们跑到街上自己去找，我以前从未意识到，如果不是站在山上眺望，想找到大海竟是如此困难。我们朝一个方向走，然后换了一个方向，后来朝着第三个方向走，时不时地用我们所知道的各种语言询问"船""港口""码头"在哪里，这里没有人懂法语、德语或者英语。最后，我们设法找到了回饭店的路。

这次，马克斯在纸上画了一艘船。我们的主人立刻表示理解，他把我们带进了二楼的一个起居室，让我们坐在沙发上，比画着表示让我们在这里等。半小时后他再次出现，带来一位戴着蓝色鸭舌帽的非常老的男人，老人说起了法语。老人过去在饭店里做过行李搬运工，现在仍然为来宾服务。他表示马上就可以带我们去船上，也能把我们的行李带着。

首先我们要去领行李，应该已经从巴库送到这里了。这位老人直接把我们带到了一个分明是监狱的地方。我们被引入一个严密封锁的隔间，我们的行李就端正地摆在屋子中间。老人把行李取出来，带我们去港口。一路上他都在发牢骚，这让我们非常不安。我们最不希望做的，就是在一个没有我国领事馆的国家批评这个国家的政府，要是惹上什么麻烦，没人能替我们解围。

我们尝试着让老人安静下来，不过没什么作用。"啊，这年头一切都不像往年了。"他说，"为什么，你们猜猜看？看见我穿的这件外套了吗？是一件不错的外套，是的，可是它属于我吗？不属于，它属于政府！以前我有不止一件外套，我有四件。也许都没有这件这么好，可至少是我自己的外套。四件外套，一件冬天穿，一件夏天穿，一件雨天穿，还有一件很漂亮的。我有四件外套。"

最后，他稍稍压低嗓门，说："这里严格禁止收取服务小费，如果你们想给我什么东西的话，最好就在我们走在这条小路上的时候给。"如此直接的暗示是无法忽视的，既然他提供了如此宝贵的服务，我们便赶紧拿出一大笔现金给他。他表示了赞许，又发了几句对政府的牢骚，最后骄傲地指向船坞，那里有一艘漂亮的法国远洋航运公司的船等候在码头上。

黑海上一路风平浪静。我记得很清楚，在伊内博卢港（Inebolu）停泊时，有人把八只还是十只可爱的棕色小熊带上了船，据说是运往马赛动物园的。我为它们感到难过，都是那么可爱的小熊。不过它们也可能面对更悲惨的命运——也许会面临被枪杀、做成标本之类的惨剧。现在，它们至少能在黑海上享受一段愉快的旅程。现在回想起一个五大三粗的法国水手用喂小孩的奶瓶一本正经地挨个儿给小熊喂奶，我还会哈哈大笑。

4

在我们的生活中，接下来发生的一个重要事件是：我在周末被带去拜访坎贝尔·汤普森博士夫妇，我将在那里接受审查，看是否能与马克斯同往尼尼微。马克斯几乎已经定下，将在下一个秋季和冬季随他们进行发掘。伍利夫妇对他要离开乌尔感到很不快，但是他下定决心要换换环境。

人们通常以"C.T."称呼坎贝尔·汤普森博士，他有一套特定的测试办法检验新人。其中之一就是带着那个人穿越荒野。每当有像我这样的人来小住，他都会尽可能在雨最大的日子把他们带到荒野，注意他们穿的是哪一种鞋,是否会疲惫不堪,是否乐于钻篱笆,并强迫他们穿越丛林。我很成功地通过了这项测试,我在达特穆尔进行过无数次漫步和探险,荒野对我来说没什么可怕的。我反倒很高兴不是在犁过的田地里走,那对我来说才实在累人。

接下来的一个考验是看我是否挑食。"C.T."很快就发现我什么都吃,这再次使他高兴。他也很喜欢读我写的侦探小说,并开始对我另眼相待。他大概已经确信我很适合去尼尼微,事情就这样定了下来:马克斯会在九月底前往,而我将在十月底过去与他会合。

我的计划是在罗得岛(Rhodes)待几个星期,一面写作,一面放松一下身心。然后坐船到亚历山大勒塔,我认识那里的英国领事。然后我会雇一辆小汽车前往阿勒颇,从阿勒颇坐火车去土耳其和伊拉克边境的尼西宾(Nisibin),再从那里坐八小时的汽车去摩苏尔。

这是个不错的计划,马克斯也很赞赏,约好在摩苏尔接我。可是在中东,计划很少能变成现实,地中海很可能会波涛汹涌。我们抵达默辛时,海浪掀得很高,我躺在铺位上不住地呻吟。那位意大利乘务员非常同情我,我什么东西都不想吃,这使他非常不安。他时不时会探头张望一下,并拿来当天菜单上的东西引诱我。"我拿来了很好吃的意大利细面条,非常不错,有非常浓的番茄汁,你会喜欢的。""哦。"我呻吟道,只要一想到又烫又油的意大利细面条和番茄汁,我就恶心死了。没过多久他又回来了。"这次我带来了一点你喜欢的东西,橄榄油炸葡萄叶,里面包的是米饭。很好吃的。"我呻吟得更厉害了。有一次,他带来一碗汤,可是上面漂着一英寸厚的油脂,使我又一次脸色发绿。

快到亚历山大勒塔时,我勉强起身,穿好衣服,打点行装,然后跟跟跄跄地走到甲板上,呼吸呼吸新鲜空气,提提神。我站在寒风中,感觉舒服多了,这时船上的人对我说船长叫我去他的船舱。船长告诉了我一个突如其来的坏消息:船无法在亚历山大勒塔进港。"风浪太大。"他说,"你要知道,很不容易靠岸。"情况真是非常严重,看来我甚至无法与那位领事取得联系。

"那我该怎么办呢?"我问他。

船长耸了耸肩,说:"你只能去贝鲁特,除此之外没有别的办法。"

我很惊慌,贝鲁特在完全不同的方向,然而我也只能接受。

"我们不会多收你船费的。"船长鼓舞人心地说,"既然我们无法让你在这里登陆,就会把你带到下一个港口。"

当我们到达贝鲁特时,风浪似乎小了一些,不过仍然很汹涌。他们把我送到一列慢得出奇的火车上,前往阿勒颇。就我的记忆所及,路上花费了整整一个白天还多——至少有十六个小时。车上没有厕所,停站的时候你也不知道这一站有没有厕所。我忍耐了整整十六个小时,不过幸好我在这方面很有天赋。

第二天,我搭上东方快车去泰勒科契克(Tel Kochek),这里在当时是柏林至巴格达铁路的终点。在泰勒科契克我的运气还是不好,天气非常糟糕,去摩苏尔的铁路被冲断成两截,河里都涨满了水。我不得不在招待所度过了两天——那是一个很原始的地方,什么事都不能做。我绕着一面铁丝网转了一圈,在沙漠里走了一小段路,又原路返回。食物每顿都一样:煎鸡蛋和坚硬的鸡肉。我把我带来的唯一一本书读完后,剩下的时间就只能沉思了。

最后我到达了摩苏尔,看来消息已经不可思议地传到了这里,因为马克斯站在台阶上迎接我。

"三天前我还没到的时候,你一定担心极了吧?"我问。

"啊,没有。"马克斯说,"这样的情形常常发生。"

我们开车去坎贝尔·汤普森夫妇租住的房子,靠近尼尼微的大土丘,离摩苏尔一英里半。那幢房子真是迷人,我总会满怀深情与热爱地想起它:它有着平平的屋顶,一侧有一间四四方方的瞭望室,还有一条漂亮的大理石门廊。马克斯和我占用了楼上的房间,房间里家具寥寥无几,主要都是橙木箱子,还有两张行军床。小房子的四周布满玫瑰花丛,我们抵达时它们已吐露出许多粉红色的花苞。我想,明天早上这些花苞就会绽放了吧,将会多么好看啊。可是并非如此,第二天早上它们还是花苞,我想自然界的现象我真是太不了解了,玫瑰当然不是夜间一现的昙花。不过，实际情况是，这些玫瑰是用来炼制玫瑰精油的，每天早上四点都会有人来把开放的玫瑰摘走，因此拂晓时分就只剩下新一批花苞了。

马克斯的新工作需要他经常骑马，我怀疑在此之前他是否经常骑马。不过他坚持说来之前他就会骑，还曾在伦敦参加过骑马训练。马克斯如果知道"C.T."对于节约有多么热衷——尽管他在很多方面是个大方的人——可能会更紧张一些。他付给工人的工资都是尽可能低，他还有一种节约的方式就是从来不花大价钱买马，因此他买来的那些四足动物都很可能有某些令人不快的特点，这些特点在成交之前都被马主掩饰了，通常的问题有：用后腿站立、突然跃起、受惊猛退或者做些别的特技动作。马克斯的这匹也不例外，而它必须每天早上顺着一条湿滑泥泞的小路爬到土丘顶上，这实在是相当大的考验，尤其是马克斯骑马的时候还非常漫不经心。幸好一切顺利，他从来没摔下马来。如果掉下来了，那可真是莫大的耻辱。

"记住。""C.T."在离开英格兰之前对马克斯说，"如果从马上掉下来，那么就不再会有一个工人对你表现出哪怕一点点的尊敬。"

每日的工作从凌晨五点开始。"C.T."会爬上屋顶，马克斯与他在那里会合。他们会进行磋商，然后用灯光向尼尼微土丘顶上的守夜人发出信号，传达的信息是关于当天的天气是否适于发掘。因为当时已经是秋天，时值雨季，这是一件令人担忧的事情。很多工人要从两三英里外赶来，他们会遥望土丘顶上的信号灯，从而知道那天是否需要从家里动身来工作。很快，马克斯和"C.T."就会骑着马爬到土丘顶上了。

芭芭拉·坎贝尔·汤普森和我大约在上午八点步行爬上土丘，在那里共进早餐，享用煮得过老的鸡蛋、茶和本地的面包。十月间，那里的气候非常宜人，再过一个月就冷了，我们将不得不把自己裹严实了。周围的乡野非常可爱：远处山峦起伏，马克布尔山（Jebel Maqlub）和库尔德山脉（Kurdish Mountains）有时候会有白雪覆盖。从另一个方向可以看见底格里斯河、摩苏尔城，以及城内的尖塔。早餐之后，我们回到房子里，晚些时候我们会再次爬上土丘，在野外吃午餐。

我与"C.T."有过一场争执，他出于礼貌对我让步了，不过我觉得我在他心目中的地位因此有所下降。我只不过是想在集市上买一张桌子，然后我可以把衣服放在橙木箱子里，拿橙木箱子当凳子坐。我可以在床边放一个橙木箱子，但如果要写作，我就必须有一张结实的桌子，能让我打字，能让我把膝盖放在桌子下面。我从没想过让"C.T."为这张桌子付钱——我打算自己买。而他为此轻视我，认为我把钱花在了一些完全不必要的东西上，不过我坚持自己的主张，我认为这是完全有必要的。

我指出写作是我的工作，为了工作，我必须有特定的工具：一部打字机，一支铅笔，一张桌子。于是"C.T."让步了，可他为此感到悲哀。因为我坚持要一张结实的桌子，而不是一个有四条腿、桌面轻轻一碰就摇摇晃晃的东西。这张桌子花了我十英镑，一个闻所未闻的价格，我觉得他在整整两个星期后才宽恕了我奢侈浪费的行为。但我有了一张桌子，高兴无比。"C.T."常常友善地询问我工作的进展情况，他问及的这本书就是《人性记录》，然后，从土丘上某个墓穴中重见天日的一具骨架就被命名为埃奇韦尔男爵了。

对马克斯来说，到尼尼微的意义就在于将那儿的土丘向下挖出一个深坑。"C.T."对此并不十分热心，但他们事先已同意马克斯试一试。当时在考古方面，史前文化突然成了热门，当时几乎所有出土文物都属于有史时期，可是如今每个人都对史前文明充满热忱、兴趣浓厚，但又仍然所知无几。

他们到野外不为人所注意的小土丘上寻觅，每到一地都要捡些彩绘陶片，贴上标签，分门别类地装进袋子，之后再审视图案——这一切真是其乐无穷。尽管它们那么古老，但仍有新鲜感。

由于这些陶器制造的时候尚未发明文字，所以很难确定它们的年代，也很难说清楚某种类型的陶片的制造年代是在另一种之前还是之后。伍利在乌尔挖到了洪水层以下，令人兴奋的欧贝德遗址（Tell

'Ubaid）的彩绘陶器引起了轰动。马克斯和所有人一样，都着迷于发掘，而我们在尼尼微挖出一个深坑的结果确实激动人心。因为不久后就证实了，那座九十英尺高的大土丘有四分之三属于史前时期，这以前从未引起过人们的注意，仅仅知道地面部分属于亚述时代（Assyrian）。

过了一段时间，那个深坑变得令人生畏了，因为他们不得不向下挖到九十英尺深的处女地层，直到挖掘季末才刚好完成。"C.T."是个勇敢的人，他每天必须亲自和工人一起到下面去一趟。高度的变化差异令他十分头晕，这让他极为痛苦。高度对马克斯来说没有问题，他很乐于上上下下，不会头晕眼花，应对自如。那些工人和所有阿拉伯人一样，都不知眩晕为何物。上午时坑道内非常湿滑，他们在狭窄的螺旋形坑道里上下疾行，把篮子丢给彼此，将泥土运上来，在离边缘只有一英寸的地方互相嬉闹推搡。

"哦，我的天哪！""C.T."总是双手紧紧地抱头，苦哼一声，无法向下看他们，"不久就会有人摔死的。"

可是没有人被摔死，他们的脚步像骡子一样稳当。

在剩余的日子里，有一天我们决定租一辆小汽车去寻找尼姆鲁德（Nimrud）的大土丘，一百年前，那里曾由莱亚德（Layard）挖掘过。马克斯在路上遭遇了一些困难，因为路况非常糟糕，一路上大部分是在乡野间穿行，干涸的河床及灌溉沟渠难以越过。不过最终我们还是抵达了目的地，并在那里野餐。哦，当时那是一个多么美丽的地方，底格里斯河就在一英里之外，在卫城（Acropolis）的大山丘上，亚述人石像的巨大头部从土壤中探出头来，不远处有一个巨大的神怪翅膀。那是一片很壮观的乡野景象——宁静、浪漫、古趣盎然。

我记得马克斯说："这就是我想要挖掘的地方，不过一定规模很大。必须筹措一大笔钱，如果我能筹到钱，这个山丘就是这个世界上最好的选择。"他叹了口气，"哦，我想这个梦想是不会实现的。"

马克斯的著作现在就摆在我的眼前：《尼姆鲁德及其遗迹》

(Nimrud and its Remains），我多么为他能得偿夙愿而高兴啊。尼姆鲁德从百年沉睡中醒来了，莱亚德开始了这项挖掘工作，我的丈夫将它完成了。

他还发现了更深的秘密：城邦边界上的沙尔曼奈塞尔大城堡（Fort Shalmaneser）和位于土丘上的其他宫殿——有关亚述国军事首都卡拉（Calah）的传说由此而展开。如今，尼姆鲁德的历史已被还原，除此之外，那些由匠人——也可以说艺术家，我更喜欢这样称呼他们——手工制作的、也许是这世界上最精美的物品，被收藏在全世界的许多家博物馆中，雅致考究的象牙制品更是令人叹为观止。

我也清理了不少这样的物品，像所有专业人士那样，我也有最偏爱的工具：一根橙木签。本来可能是一根很好的毛衣针，这是某个发掘季一位牙医的工具，他借给了我，或者不如说是送给了我。还有一罐化妆用的面霜，我发现可以用它轻轻地把裂缝中的污垢粘出来，而丝毫不会损伤易碎的象牙，比任何工具都好用。实际上，在这方面我用掉了太多面霜，才过了几个星期就一点都没剩下给我那张可怜的老脸了。

多么令人兴奋。在工作中，耐心和谨慎都是必需的，触碰要极为轻柔。最兴奋的那一天——也是我一生中最兴奋的日子之一——工人们从他们正在清理的一口亚述古井中跑出来，冲进房子里喊道："我们在井里发现了一个女人！有一个女人在井里！"他们把她放在一块麻布上带进来了，带着不少土块。

我很荣幸地在一个大洗脸盆里轻轻地把泥土清理掉，渐渐地，头部从大约两千五百年的淤泥中显现了出来。这是目前发现的最大的象牙头像：通体呈柔和的浅褐色，黑色头发，色彩暗淡的双唇带着谜一样的微笑，就像雅典卫城的少女。这尊井中贵妇——被伊拉克古物部部长坚持称为蒙娜丽莎——在巴格达新建的博物馆里占据了一席之地，是至今最令人兴奋的发现物之一。

还有很多别的象牙制品，有些比那个头像更美，只是没有那么壮观：瓷片上，母牛转过头看着正在吃奶的牛犊；象牙雕刻的妇女在窗口张望,就像邪恶的耶洗别①;两块令人惊叹的象牙饰板上描绘着一个黑人死于一头雄狮的攻击:他躺在那里,别着金色腰带,头发间点缀着金饰。他的头微微扬起,那头雄狮仿佛正准备发起致命一击。他们身后是草木繁茂的花园:用天青石、玛瑙和黄金描绘出花朵和草木。能发现这两块饰板是多么幸运啊。如今一块在大英博物馆,另一块在伊拉克。

看到人类用自己的双手制作出的妙不可言的精品,便会为自己也是人类的一员而引以为荣。人类是富于创造力的,他们肯定获得了造物主的某些灵感。造物主创造了世界及大自然,并因此满足。但他还留下了创造的余地,让人类的双手能够发挥创造力。他让人类自己去发挥,追随他的脚步,因为人类已被造就为他的化身。他又让人类看着自己创造出来的东西,并因此获得满足。

因创造而产生的自豪感是非凡的,即使是那个为考古队的某个房间打造了一个十分难看的木制毛巾架的木匠,他也有创造精神。当被问及为什么要不顾需求、给架子装一个那么巨大的脚时,他带着责备的口气对我们说:"我不得不做成那个样子,因为这样多美啊!"嗯,对我们来说那是极其丑陋的,但对他而言这就是美的,他是怀着创造的精神制作它的,它是美的。

人类也有邪恶的一面——其邪恶程度比起野兽有过之而无不及——但他们也可以在创造的亢奋感中飘飘然。英格兰的大教堂像丰碑一样屹立,纪念着人类对于上天的崇拜。我很喜欢那个都铎玫瑰(Tudor rose)标志——它好像是在剑桥大学国王学院教堂的一根柱子上——某个石匠违抗了命令,在玫瑰中间刻了一张圣母玛利亚的像,因为他认为都铎王朝的国王们被崇拜得过分了。而造物主,这个崇拜的殿堂为之而建的上帝,并没有得到足够的敬意。

这是坎贝尔·汤普森博士的最后一个发掘季,当然,他主要是一

---

①耶洗别(Jezebel)是《圣经》中以色列国王亚哈的王后,邪恶淫荡的化身,见《圣经·旧约·列王记上》《圣经·旧约·列王记下》。

个碑铭研究家。对他来说，书写的文字和历史记录比考古发掘本身要有趣得多。就像所有碑铭研究家一样，他一直希望发现一座碑铭宝库。

在尼尼微进行了那么多发掘工作，已经很难搞清所有的建筑到底是什么。对马克斯来说，宫殿不是最有趣的，真正让他感兴趣的是那些史前时期的深坑，因为世人对它们还所知甚少。

他已制订好了计划，我觉得那是非常令人兴奋的计划，就像在世上的某个地方由他主持大局，挖掘一个小土丘。那个土丘必须很小，因为筹集资金是很困难的，不过他觉得可以解决，而且必须解决，这极其重要。随着时间的推移，他越来越关注那个逐渐接近处女地层的深坑的挖掘进展。当时已经挖到了底，挖出一块很小的平面，只有几码宽。有一些碎片，不多——因为空间很小——与上层的发现物属于不同的时期。自此，尼尼微从下至上被重新命名：最接近处女地层的是尼尼微一号地层，然后是尼尼微二号、尼尼微三号、尼尼微四号以及尼尼微五号。在尼尼微五号这个时期，陶器是在转轮上制成的，陶罐样式精美，上面既有彩色图案，也有雕刻纹饰。像圣餐杯一样的陶器是那个时期的显著特征，上面的装饰和彩绘生动有力，非常可爱。然而陶器本身——它的质地——却比不上也许比它们早几千年的陶器。那些精致漂亮的杏黄色器皿摸上去就像希腊瓷器，上釉了的表面很光滑，图案主要是几何纹饰，圆点纹饰最常见。马克斯说它们很像叙利亚哈拉夫遗址（Tell Halaf）发现的陶器，不过那里的时代要晚得多，而且无论如何，我们这里的器皿质地更好。

他让住在半径一至八英里范围内的工人们从各自的村里捡来各种各样的陶器给他，在某些土丘上发现的陶器主要是尼尼微五号晚期的。除了各种不同的彩绘制品外，还有一种非常美丽的雕刻罐子，精工细作。还有较早时期的红色陶器和灰色陶器，两者都是单色无彩绘。

那里的乡野遍布小圆丘，直至山间，其中的一两个显然在开始使用旋盘制作陶器的时代以前就被荒废了，结果在这里发现了早期纯手工制作的精美陶器。尤其是其中一个非常小的、叫作阿尔帕契亚（Arpachiyah）的土丘——在尼尼微大土丘以东大约只有四英里的地方。在这个小圆丘上,几乎找不到比尼尼微二号时期的精美彩绘陶器碎片更晚的东西了,显然那就是它最后被人占领的时代。

马克斯十分着迷,我鼓励他,因为我觉得那些陶器太精美了,能找到与之有关的东西会非常令人兴奋。马克斯说这是一场赌博游戏。那一定是个非常小的村庄,基本上不是一个重要的村庄,是否能够发掘出什么东西非常值得怀疑。但是,制作这些陶器的人一定生活在这里,他们的生活也许很原始,但这些陶器并不原始,它们的品质是最好的。他们不可能是为了不远处的大城市尼尼微制作的,就像英国本地的斯旺尼(Swansea)或韦奇伍德(Wedgwood),他们开始用黏土制模的时候,尼尼微这座城市还不存在,要大约几千年后才出现。那他们又是为谁而做的呢?难道单单是因为喜欢做一些漂亮的器物吗?

自然,"C.T."认为马克斯对史前时期如此重视,以及对于陶器表现出的"现代人的大惊小怪态度"是错误的。他说史籍才是唯一重要的,那是人类讲述自己的故事,不是口头记述,而是记入了史册。从某种意义上来说,他们俩都是对的。"C.T."是对的,因为史籍的确是一种独特的表达方式;马克斯也是对的,因为要寻求人类历史中的新发现,确实必须利用那些本身能够向你倾诉的器物,在这个例子中,就是利用那些他们亲手制作的东西;而我也是对的,因为我已经注意到那些小村落里的陶器很精美。我觉得我是对的,因为我一直在不断地问自己"为什么",对我这样的人而言,发问才能使生活过得有趣。

我十分留恋第一次在考古现场度过的日子,我很喜欢摩苏尔,对"C.T."和芭芭拉夫妇也有深切的爱慕之情。我在这里写完了《人性记录》,成功地揭示了凶手之谜。拜访坎贝尔·汤普森夫妇时我给他们朗读了全部手稿,他们非常欣赏。我想,除了我的家人之外,他们俩大概是唯一听我读过手稿的人。

让我几乎不敢相信的是,第二年二月,马克斯和我又一次来到了摩苏尔,这次住在了招待所。关于挖掘阿尔帕契亚小圆丘的计划已进入议事日程，小小的阿尔帕契亚当时没人知道、无人关注，但它将会成为考古界一个众所周知的名字。约翰·罗斯以前在乌尔做过建筑师，是我们俩共同的朋友。马克斯说服了他来和我们一起工作。他是一个非常出色的绘图员，说起话来不慌不忙的，带有一种温和的幽默感，十分有趣。约翰起初非常犹豫是否要加入我们。他当然不想回乌尔，不过不太确定是应该继续做考古工作，还是该回到建筑行业。马克斯向他指出，这次考古不会耗时太久，最多两个月，而且工作不会太繁重。

"实际上，"他循循善诱地说，"你就把它当成一次度假吧，一年中的快乐时光，可爱的鲜花，天气也舒适，没有乌尔那样的沙尘暴，周围就是起伏的山峦。你会非常喜欢的，权当休息了。"约翰被说服了。

"这当然是一场赌博。"马克斯说。那段时间他很不安，因为他自己的事业刚刚起步，一切都取决于他的选择，这件事的结果将决定成败。

开始的时候一切都不顺利。首先是恶劣的天气，大雨如注，汽车几乎寸步难行。接着是找不到我们要挖掘的那块地的地主，没想到竟然如此困难。土地归属问题在中东历来复杂，如果是远离城市的土地，那就由酋长管辖，该找他进行财务和其他方面的磋商，同时还要得到政府的支持，让他们同意把权限借给你。另一种被界定为"丘墟"的——就是进行古物发掘的地方——都归政府所有，不属于地主私有。不过我很怀疑阿尔帕契亚那么小的一个圆丘会不会被冠以这种标签，所以我们必须先和地主取得联系。

这件事看起来很简单。一个满面春风的大块头跑来，让我们确信他是地主。可是第二天我们又听说他不是，他妻子的远房表亲才是真正的地主。第三天，我们听说那块地实际上也不是他妻子的远房表亲的财产，而是和好几个人都有牵连。在阴雨连绵的第三天，每个人的状况都极其糟糕，马克斯一头栽倒在床上，哼哼起来。"你觉得怎么样？"他说，"有十九个地主。"

"那么一小块地有十九个地主？"我满腹怀疑地说。

"似乎是这样的。"

最后,我们终于把这件麻烦事彻底解决了,找到了真正的地主。她是某人的姑夫的表亲的姨妈的远房表亲,但她处理事务的能力糟糕透顶,不得不由她的丈夫和其他几个亲戚代办。在摩苏尔省政府、巴格达古物部、英国领事和一些人的协助下,事情才算解决了。我们起草了一份极其严格的合约,如有一方不履行合约的规定,将承担巨额罚金。让地主的丈夫最得意的是,合约里加进了一项条款,规定说如果我们的挖掘工作受到任何形式的干扰或者合约未被履行,他就必须赔偿一千英镑。他立刻跑去向他的所有朋友炫耀。

"我真是至关重要。"他很自豪地说,"除非我全力协助,履行我替我妻子许下的承诺,否则我们将失去一千英镑。"

每个人听了都为之动容。

"一千英镑。"他们说,"他可能会失去一千英镑?你听到了吗?倘若有什么差池,他们会从他这里榨取一千英镑!"

其实,即便让这位好人做出经济方面的赔偿,他最多也只拿得出十个第纳尔。

我们租了一幢小房子,非常像之前与"C.T."合租的那一幢。这幢房子离摩苏尔稍远些,离尼尼微稍近,但是同样有平平的屋顶和大理石走廊,略带宗教色彩的摩苏尔式窗户,还有大理石窗台,我们可以把陶器放在上面。我们清了一个厨子和一个男仆,还有一条很大很凶的狗,附近的狗或任何人走近时它都会对着他们狂吠,它还很快生了六只小狗崽。我们有一辆小货车和一个叫加拉格尔的爱尔兰司机,他自一九一四年第一次世界大战时就留在了这里,再也没有回国。

加拉格尔,他是一个与众不同的人,有时会给我们讲一些很精彩的故事。他有一个传奇故事,是关于他在里海的海滨发现了一条鲟鱼,他和他的朋友怎样设法把它带回去,拿冰块堆在它身上,穿越层峦叠嶂来到伊朗,卖了一个好价钱。听上去就像是《奥德赛》(*Odyssey*)或《埃涅伊德》(*Aeneid*),一路上历尽艰险。

他给了我们一些很实用的信息,例如关于一条人命的具体价格。

"伊拉克比伊朗要好些。"他说,"在伊朗弄死一个人要赔七英镑,在伊拉克只要三英镑。"

加拉格尔仍然会回忆他在战时服役的情形,总是以非常军事化的方式来训练那些狗。六只狗崽一听到喊它们的名字,就会依次来到厨房。"瑞士小姐"是马克斯最喜欢的,它总是第一个被叫到。所有的狗崽都非常难看,不过它们拥有全世界的狗崽都有的魅力。它们总在我们用过下午茶后来到走廊上,我们会非常细心地给它们捉虱子。第二天它们总是又全身长满了虱子,不过我们还是尽力帮它们捉。

加拉格尔是一个什么都读的人,我每星期都会收到姐姐寄来的一包书,看过后就很快转交给他。他读得很快,似乎没有什么特别的偏好,也不在乎读的是什么:传记,小说,爱情故事,探险故事,科技作品,几乎来者不拒。就像一个饥饿的人觉得任何食物都一样——你不会在乎那是什么,只要是食物就好。他需要精神食粮。

有一次他谈到他的弗雷德叔叔。"在缅甸,他被一条鳄鱼吃掉了。"他悲伤地说,"我当时实在不知该如何是好。我们觉得最好把那条鳄鱼做成标本,于是就这么做了,把它寄给了他在老家的妻子。"

他的语气镇定而平淡,起先我觉得他是在编故事,不过最后我得出结论,认定他告诉我们的句句属实。他就是那种会遇到不平凡事件的人。

那是一段很焦虑的时期,因为到此为止还没有什么迹象表明马克斯下的赌注能有所回报。我们发现了一些破破烂烂的建筑,甚至不是泥砖砌成的,而是填泥墙,很难寻根溯源。到处都是令人着迷的陶器碎片,还有一些可爱的黑曜石小刀,有非常精细的锯齿刀刃,不过没有什么不同寻常的发现物。

约翰和马克斯互相鼓励,喃喃地说现在断言还为时过早,在巴格达古物研究部的德国籍部长乔丹博士到来之前,我们至少能够把所有的地层精确地测量好,并且分门别类贴上标签,这样就能显现出挖掘工作是以完全科学合理的方法进行的。

然后,突然间,那个伟大的日子来临了。马克斯冲回屋里,把我拉了出去,当时我正忙于修补一些陶器。

"惊人的发现。"他说,"我们发现了一处烧陶作坊,你一定要跟我来看看,这是你从没见过的奇妙景象。"

确实如此,真是无比幸运。那个陶器作坊完整地埋在土里,着火后就被废弃了,但那场火也使它得以保存了原貌。那里有美丽的碟子、瓶子、杯子和盘子,都是彩色的陶器,在阳光下熠熠生辉——鲜红色、黑色、橙色——绚烂夺目。

从那时起,我们便忙成一团,不知如何应付。陶器器皿接二连三地出土,虽然都被坍塌的房顶压碎了,但几乎都可以修复。有一些略微烧焦了,但是墙壁压了下来,反倒使它们得以保存。它们就这样被埋藏了约六千年,无人知晓。有一个巨大的非常亮的碟子,深红色,很可爱,中心有玫瑰花瓣的图饰,周围是美丽的几何图案,碎成了七十六片。每一片都还在,它被重新修复了,现在你能在博物馆里看到它,这真是一大奇迹。还有一只我深爱的碗,整体图案像是一面英国国旗,呈柔和的橙红色。

我满怀欣喜,马克斯也一样。约翰也很高兴,不过他依然很镇定。然而从那以后,直到发掘季结束,哦,我们的工作是多么繁重啊!

那年秋天我做了一些家庭作业,试着学习如何按比例绘图。我去了本地的一所中学,由一个可爱的小个子男人指导,他不相信我竟然知道得那么少。

"你似乎都不知道什么是直角。"他不满意地对我说。我承认确实如此,我没听说过。

"这样的话,向你说明一些东西就很困难了。"他说。

尽管如此,我还是学会了测量和计算。我能够以实物尺寸的三分之二比例绘图或绘制其他必需的图样。现在是我活学活用的时候了,除非我们各尽其职、通力合作,否则那么多事情,根本做不完。当然,我要用相当于别人两三倍的时间才能画成一张图。但是约翰现在急需帮助,我正好能帮助他。

在约翰绘图的时候,马克斯整天都要待在外面的挖掘现场,他会在晚上摇摇晃晃地回来吃晚餐,说:"我想我的眼睛要瞎了,很不舒服,我晕头转向的,几乎没法走路。我从早上八点起就在马不停蹄地工作,晚饭后还不得不继续工作。"

"是你对我说,是你说可以把这次挖掘作业当作度假的!"约翰兴师问罪道。

后来,为了庆祝这个发掘季结束,我们决定为工人们组织一场赛跑,这种竞赛从来没有举行过。我们准备了几件很好的奖品,所有的工人都可以参加。

大家对于这个活动议论纷纷。起先是一些严肃的、年纪较大的人怀疑他们参加这样的竞赛会不会有失尊严。尊严始终是最重要的。一起比赛的还有很多年轻人,都是些嘴上没毛的男孩子,一个有尊严、有家业的人是不应该这样做的,不过他们最后还是回心转意了。我们确定了细节,全程大约三英里,他们要越过尼尼微土丘另一侧的柯沙河(Khosr River)。规则制定得非常慎重,主要的规则就是:不许把人推倒、不许撞人、不许干扰阻碍别人或做出类似的行为。尽管我们并不指望他们遵守规则,但我们希望至少能避免最坏的结果。

奖品有:一等奖是一头母牛和一只牛犊;二等奖是一只绵羊;三等奖是一只山羊。还有一些小奖品:母鸡,袋装面粉,十只到一百只不等的鸡蛋,每一个完成全程的人都可以得到一把红枣,以及用双手能捧多少就捧多少的芝麻蜜饼。我得说,这些奖品只花了我们十英镑,毫无疑问,这次比赛很成功。

我们把它称为AAAA——阿尔帕契亚业余运动协会(Arpachiyah Amateur Athletic Association)。当时河水泛滥,没有人能跨过桥来观看,不过我们邀请了英国皇家空军在空中观看比赛。

比赛那一天来临了,场面值得纪念。首先就是发令枪一响,所有人都争先恐后地往前冲,大多数人面朝柯沙河摔得趴倒在地,另一些人则从密集的人群中挣脱出来,绝尘而去。犯规的情况不算太严重,实际上并没有人把别人推倒。大家为比赛打了不少赌,不过似乎赛前被看好的人没有一个得到了名次。获胜的是三个大家意料之外的人,鼓掌庆祝的场面相当热烈:第一名是一个强壮的运动家;第二名——他是大家最希望获胜的人——是一个非常穷困、永远看上去像是饿得半死的人;第三名是一个年轻的男孩。那天晚上办了一场盛大的庆祝晚会,工头和工人们翩翩起舞。获得二等奖的人马上把羊宰了,宴请他所有的亲朋好友。那是阿尔帕契亚业余运动协会最热闹的日子。

我们在一片祝福声中离开了。"真主保佑你们""你们要再来啊""真主是仁慈的",等等。我们去了巴格达,所有发现物此时都已抵达了博物馆。马克斯和约翰·罗斯把包装拆开,开始分类。当时已是五月,在巴格达的背阴处都有华氏108°(42.2℃)了,这样炎热的天气约翰很不适应,每天都一脸病容。我很幸运,不用参与装箱,可以待在屋子里。

当时巴格达的政治局势正在逐渐恶化,尽管如此,我们还是希望来年能够再来,或者另选一个土丘,或者继续在阿尔帕契亚进行更深入的发掘。虽说希望如此,但我们已经开始怀疑还有没有这样的可能性。我们离开时,这些古物的运送出了些麻烦,要把箱子运出伊拉克非常困难,但最终还是圆满解决了,不过历时好几个月。出于这个原因,当局宣告,不欢迎我们来年继续到这里来挖掘。实际上,之后好几年都没人到伊拉克去挖掘,所有人都去了叙利亚。于是我们决定,来年我们也去叙利亚选一个合适的地方。

我还记得一件事,似乎是山雨欲来的征兆。我们曾经去乔丹博士在巴格达的家里喝下午茶。他钢琴弹得很好,那天他正坐在那里为我们演奏贝多芬的作品。我觉得他很有头脑,一面看着他,一面想他是一个如此优秀的人,似乎总是那么温文尔雅,对人非常体贴。这时,有人很随便地谈及了犹太人,他的脸色马上变了,我从没在别人的脸上见过那样的表情。

他说:"你们不明白,我们德国的犹太人也许和英国的犹太人不同。他们是危险分子,应该被消灭。除此之外,别无他法。"

我难以置信地盯着他,他是认真的。对于后来发生在德国的事情,那是我第一次得到的一点暗示。我猜想当时去过德国的人已经意识到了,可是对于普通人来说,在一九三二年和一九三三年,大家还完全无法预知。

就是在那天,我们坐在乔丹博士的客厅里,他为我们弹奏钢琴,我生平第一次看到一个纳粹分子。后来我发现他的妻子是一个比他更狂热的纳粹分子。他们肩负着任务:他不仅仅是古物部部长,为他们的国家工作,还要暗中监视德国大使。一生之中有一些事情,我们必须让自己相信那的确是真实的,这种时候实在令人伤心。

5

我们怀着胜利的喜悦回到了英国,马克斯花了整整一个夏天忙于写这次考古情况的总结。我们在大英博物馆举办了一次文物展览。马克斯写的关于阿尔帕契亚的书在当年或者第二年出版了,他说不可耽搁,要尽快出版。他说考古工作者们的著作往往出版得太迟,而成果本应尽快公之于众。

第二次世界大战期间,我在伦敦,写了一本讲述我们在叙利亚生活的书,定名为《情牵叙利亚》(*Tell Me How You Live*)。每次重读这本书我都会觉得很快乐,它让我回忆起在叙利亚的日子。每一个发掘季都大同小异,无须赘述。那些年是幸福的时光,我们对生活非常满意,在发掘中也取得了很大的成功。

一九三〇年到一九三八年那几年特别令人满足,因为我们没有受到阴云密布的外界的影响。工作堆积如山,尤其在取得了一些成绩之后更是如此,空闲时间越来越少。但那仍是一个无忧无虑的年代,总有好多工作要做,没错,不过还不至于忙得一刻不得闲。我写侦探小说,马克斯写考古学著作、报告和论文,我们都很忙,但并不觉得特别有压力。

由于马克斯很难随心所欲地回德文郡,我们便选择在罗莎琳德放假时回去，大部分时间还是待在伦敦，从一处房子搬到另一处，看看哪栋我们最喜欢。有一年我们在叙利亚，卡洛和玛丽便帮我们寻找合适的房子，列了一张单子给我。她们说我必须去看看谢菲尔德巷四十八号。我一看到它，就非常迫切地想要住进去，就像我以前迫切地想要住别的房子一样。它无可挑剔，也许地下室除外。房间不多，但都很大、很合适，正是我们所需要的。走进去，右边是一个大餐室，左边是客厅，浴室和厕所在楼梯平台上。二楼右边，也就是餐室的正上方，是一个与餐室同样大小的房间，作为马克斯的书房——有足够的地方容纳几张大桌子，来放文件和少量陶器。二楼左边，客厅的正上方，是一间很大的双人卧房。三楼有两个更大的房间，之间还有个小房间，这个小房间将是罗莎琳德的。马克斯书房楼上的那个大房间在需要时可以作为双人客房，而左边的那个房间，我宣布要作为我的工作室和起居室。每个人都为此感到惊讶，因为我以前从来没有产生过这样的念头，不过他们都表示同意，可怜的老夫人是应该有一间属于她自己的房间了。

　　我需要一个不会被打扰的地方。这个房间里不会装电话，我打算买一架大钢琴、一张结实的大书桌、一张舒服的沙发或长沙发椅、一把打字时坐的直背椅，以及一把可以躺一躺的扶手椅，别的一概不要。我为自己买了一架豪华的斯坦威钢琴，我真的太喜欢"我的房间"了。我在家的时候，不允许任何人在这一层楼使用吸尘器。而除非房子着火了，否则谁也不许来打扰我。我活到这么大，终于拥有了一个属于自己的地方。我享受了五六年，直到这幢房子在第二次世界大战中被炸毁。不知道为什么，此后我再也没有拥有过这样一个房间，我重新习惯了在餐室或是在盥洗台的角落写作。

　　谢菲尔德巷四十八号是一所令人愉快的房子，我走进它的那一刻就感觉到了。我觉得，如果一个人是在宽敞的房子里长大的——比如我，是在阿什菲尔德长大的——就会很怀念宽敞的感觉。我曾经住过好几处可爱的小房子，例如坎普登街的那两栋楼，还有那个小马车房，可总觉得不太满意。华丽与否并不重要，你可以租一间非常漂亮的小公寓，也可以租一间很大的，但破烂不堪、看起来就像要塌了似的乡村牧师住宅，不过房租要少得多。关键是周围的空间给你的感觉如何，能不能随意布置。如果你要亲自打扫房间的话，清扫一个大房间肯定比清扫一个堆满家具的小房间的犄角旮旯要容易得多，在小房间里，你的臀部总会非常碍事。

马克斯提出要亲自监工，在他的书房里建一个新烟囱。他在中东经手了那么多用烧砖砌的壁炉和烟囱，且相当喜欢这项工作。施工人员则非常怀疑地看着他的设计图，说："对于烟囱或烟道，你永远说不准。从原则上看应该没有问题，可往往事实不然。但我可以告诉你，你设计的这个肯定有问题。"

"就照我说的建。"马克斯说，"你会知道我是对的。"

结果威瑟斯先生非常难过地看到了结果。马克斯的烟囱从来没有冒过烟。他在壁炉架上面插入了一大块刻着楔形文字的亚述土砖，由此清楚地表明这是一个考古学家的私人房间。

搬进谢菲尔德巷的房子后，只有一件事令我不安，那就是我们的卧室里总弥漫着一种气味。马克斯闻不到，贝西则认为我是在胡思乱想，可我很坚定，我闻到了煤气味。可房子里都没有煤气，马克斯指出。确实没接煤气。

"没办法。"我说，"我就是闻了到煤气味。"

我请来了建筑工人和煤气工人，他们都趴在床底下闻，然后对我说那只是我的胡思乱想。

"当然，如果说有什么东西的话——尽管我没有闻出来，夫人，有可能会是……"煤气工人说，"一只死掉的小老鼠，或者可能是一只死掉的大老鼠。不过我觉得不是老鼠，是的话我肯定会闻到——但也有可能是一只非常小的老鼠。"

"我想可能吧。"我说，"如果是这样，无论如何，就一定是一只死了很久的小老鼠。"

"我们得把地板掀开。"

于是他们掀开了地板，根本没有什么死老鼠，不管大小。然而，不管是煤气还是死老鼠，那种气味依然如故。

我继续请来建筑工人、煤气工人、水管工人，以及每一个我能想到的人。他们最后都憎恶地望着我。每个人都烦透了我——马克斯、罗莎琳德、卡洛——他们都说那是"妈妈的胡思乱想"。可是妈妈知道那是煤气，因为她闻到了，她还要继续这么说。最后，当我把每个人都逼得快要发疯的时候，事实证明我说得没错：在我卧室的地板下面有一根废弃的煤气管，煤气持续地从那里泄漏。这算在了谁家的表上，谁也不知道，我们的房子里没有装煤气表，却有一根废弃的煤气管道静静地泄漏。在谁都受不了我了的时候事实证明我是对的，我非常得意——我对自己鼻子的威力比任何时候都更有自信了。

在买下谢菲尔德巷的房子之前，马克斯和我在乡下买了一幢房子。我们想要一栋小房子或者别墅，因为每到周末就往返于阿什菲尔德的做法很不经济。如果我们能够在离伦敦不远的地方买下一栋乡村别墅，那就很不一样了。

在英格兰，马克斯最喜欢的地方有两处，一是他孩提时代所居住的斯托克桥（Stockbridge）附近，还有一处是牛津。在牛津的时光是他一生中最快乐的时光之一，他对那儿周围的乡村了如指掌，而且他喜欢泰晤士河。于是我们就在泰晤士河边来来回回地寻找，在戈林（Goring）、沃灵福德（Wallingford）、潘伯恩（Pangbourne）寻觅。泰晤士河边的房子都不怎么样，要么是可怕的维多利亚晚期建筑，要么就破破烂烂的，冬天时整个都湿漉漉的。

最后，我在《泰晤士报》上看到了一则广告。那是在某年秋天，我们要出国去叙利亚之前一个星期。

"你看，马克斯，"我说，"沃灵福德有一栋房子，我们都很喜欢沃灵福德，对不对？还不知道是不是沿岸那些房子中的一栋，我们去看的时候连出租的都没有。"我们打电话给房地产经纪人，然后便赶去了。

那是一栋惹人喜爱的安妮女王时代的小房子，离马路很近，不过后面有个庭院和有围墙隔起的厨房部分——比我们所需要的大——再下面是马克斯一直喜欢的延伸到河边的草地。房子就建在河边,那是泰晤士河边一块漂亮的地方,离沃灵福德大约一英里。房子里有五个卧室、三个起居室和一个极其漂亮可爱的厨房。有一天,外面大雨倾盆,从客厅的窗户望出去,能看到一棵长得很漂亮的雪松,是一棵黎巴嫩雪松。它实际上是长在田地里的,不过那片田地一直延伸到离我们的房子很近的一道隐蔽的矮墙边。我暗自思忖,如果把草坪推移到矮墙外面,把田地推到更远处,那棵雪松就将位于草坪中央,我们就可以在炎热的夏天坐在树下喝茶了。

我们没有太多时间考虑,房子的价格非常便宜,包含买卖权。我们当场就作了决定,打电话给经纪人,签了合同,与律师和测量员谈了话,照例在"测量员认可"的条件下正式成交。

不幸的是,要过九个月才能再见到那幢房子。之后我们动身前往叙利亚,在那里度过了整整九个月,总在想我们是不是太蠢了。我们想买一栋小房子,现在却买下了一幢有着雅致的窗户、房型比例匀称的安妮女王时代的房子。不过沃灵福德是个好地方,那里的铁路运输情形很糟,因此不会有太多人去,无论从伦敦还是从牛津。"我觉得,"马克斯说,"我们住在那里会非常快乐的。"

事实的确如此,我们住在那里非常快乐,我想至今已有将近三十五年了。马克斯的藏书室扩大了一倍,他的目标是把书架一直延伸到泰晤士河边。沃灵福德的温特布鲁克宅邸是马克斯的房子,一直都是。阿什菲尔德则是我的,我觉得也是罗莎琳德的。

我们就这样悠然度日,马克斯以极大的热情从事考古工作,我忙着写作。这时写作已成为我的职业了,因此激情少了很多。

起初,写作是件激动人心的事,部分原因是我并不觉得自己是个作家,写的书得以出版每每都使我吃惊。现在,写作成了理所当然的事,成了我的专职工作。出版社不仅会出版我的书,还催促我继续写下去。但我渴望做一件不是正式工作的事,这种渴望让我非常不安;若不这样,生活就太单调了。

现在我想做的是，写点侦探小说以外的东西。因此我怀着忐忑不安的心情，沉浸在一本名为《巨人的面包》(Giant's Bread)的普通小说的写作之中。这是一本以音乐为主题的小说，书中随处可见我对这一题材的无知。读者对这本书的评价尚好，按照"第一本书"的标准，它的销路也不错。我用了玛丽·韦斯特马考特(Mary Westmacott)这个笔名，谁也不知道这本书的作者是我。我居然将这件事保密了十五年之久。

一两年后，我又用这个笔名写了另一本书，《未完成的肖像》(Unfinished Portrait)，只有一个人猜到是我：楠·瓦茨，现在她叫楠·昆。楠的记忆力很强，我用来形容孩子们的某个措辞，以及前一本书里的一首诗引起了她的注意，她立刻自言自语道："阿加莎写的，我可以断定。"

一天，她用手肘轻戳我的腰，用一种故弄玄虚的语气说："前两天，我看了一本爱不释手的书，让我想想看书名是什么来着？《矮人的血》(Dwarf's Blood)——对，就是《矮人的血》。"然后她又淘气地冲我眨了眨眼。

等我到她家里后，我说："好吧，你是怎么猜到《巨人的面包》的？"

"我当然知道是你写的啦，我熟悉你说话的风格。"楠说。

我有时还会写歌，多半是歌谣。但我并不认为可以凭运气闯入一个完全不同的创作领域，也不想在这个年纪去尝试有些艰难的冒险。

我觉得，促使我行动的是其他人总是用我不喜欢的方式把我的小说改编成剧本，为此我倍感懊恼。虽然我写了《黑咖啡》这个剧本，可从没认真地想去创作剧本。写《埃赫那吞》(Akhnaton)时我很高兴，但是绝不相信它会上演。我突然想到，既然我不喜欢别人改编我的作品，那么何不尝试一下自己改编。在我看来，由我的作品改编的剧本常常失败主要因为他们太拘泥于原作了。侦探小说尤其与剧本不同，因此改编它也要比改编一部普通小说困难得多。它的情节是如此错综复杂，人物繁多，线索千头万绪，扑朔迷离，需要的是去繁就简。

我有一本书叫《无人生还》(And Then There Were None)，它太难写了，反而对我非常有吸引力。十个人要合情合理又不露痕迹地被干掉。我在经过漫长的构思之后动笔了，写完之后很满意。这本书清晰、简明，又令人迷惑，最终解释合情合理，事实上还需要一个尾声部分。这本书的评论和销路都不错，但最满意的还是我自己，因为我比任何评论家都更清楚，写这本书是多么不易。

现在我又进了一步。我在心中暗想，如果能把它改编成一个剧本，一定会更令人激动。乍看起来，这似乎不可能，因为如果改为剧本，就没有人来讲故事的结局了，于是我只好进行一定限度的改动。我认为只要在小说的基础上做一处改动，就能成为一个非常不错的剧本了。我必须让其中的两个人物变成无辜的受害者，让他们免于被杀，并在事后重逢。这样也不会与原来的童谣内涵相悖，因为《无人生还》还有一个版本是这样结尾的："他成了家，一个都不留。"

我写完了剧本，但没有得到赞许。普通意见是"无法上演"。尽管查尔斯·科克伦很感兴趣，也为上演尽了全力，但不幸的是，他无法说服赞助人同意他的观点。那些人说的都是空泛之词，什么没法演啊，观众会笑，然后就会失去紧张感，等等。科克伦坚定地说他不同意他们的观点，但还是没办法。

"希望将来运气会好一点，"他说，"因为我很想看到这部剧上演。"

后来机会来了。对它感兴趣的是伯蒂·迈耶，他曾和查尔斯·劳顿一起把《不在犯罪现场》搬上舞台。艾琳·亨舍尔是该剧的制作人，我认为她非常成功。我对她的制作方法颇感兴趣，与杰拉尔德·杜·莫里哀的手法截然不同。一开始，在我这个对舞台艺术一窍不通的人眼中她似乎很笨拙，仿佛心中没底，但当我看到技巧的发挥时，才意识到她运用这种手法有多纯熟。她先是在舞台上感受，用眼睛观察，而不是用耳朵——观察动作和灯光，以及总体效果如何。随后，她像是事后才想到要集中演员对台词。这种做法卓有成效，给人印象极深。她还很会营造紧张感，有一幕是演员们围着燃烧的蜡烛正襟危坐，三盏聚光灯渐渐转暗，效果极佳。

看着演员的杰出表演，你可以感受到紧张的气氛越来越强烈，恐惧和不信任在人物间蔓延。每次人物死亡都很自然，我看的时候没有丝毫哗众取宠之处。我不是说这是我最喜欢的一部改编，不过这本书确实是我的最爱，在某些地方它别具匠心。此外，使我在写小说的同时又踏上了戏剧创作之路的，也是《无人生还》。从那时开始，我拿定主意以后除我自己之外，不让任何人改编我的作品。我自己决定哪些小说可以改编——那些真正适合改编的。

我着手改编的第二部作品是《空幻之屋》(The Hollow)，不过那是在好几年之后了。一天，我突然冒出个想法，《空幻之屋》一定会成为一出好戏。我把这个想法告诉了罗莎琳德，在生活中她总是扮演试图劝阻我又屡屡受挫的角色。

"把《空幻之屋》改为一出戏，妈妈？"罗莎琳德吓了一跳，这样说道，"这是部好小说，我也很爱看，可你无法把它改编成剧本啊。"

"可以，我可以做到。"我说，因为有了反对者而激动不已。

"哦，但愿你不会那样做。"罗莎琳德叹了口气说。

不管怎样，我兴致勃勃地记下了《空幻之屋》剧本的构思，这本书在某些方面更像是通俗小说而不是侦探故事。我一直认为《空幻之屋》这部作品由于增加了波洛这个人物而被我毁了。我已经习惯于作品中出现波洛，因此他也很自然地出现在了这部作品中。可是他一出现，就全都乱套了。他的确大显身手，可我总在想，如果没有他，这部作品会更好。于是，在着手写下这部剧本的草稿时，我割舍了波洛这个人物。

《空幻之屋》完成了，尽管除罗莎琳德外还有一些人持相反意见，但彼得·桑德斯很喜欢这个剧本。他曾把我的许多剧本搬上舞台，相信这出剧也会成功。

《空幻之屋》获得成功后，我开始自讨苦吃了。当然，我知道小说创作是我稳定的、有保障的职业，我可以继续这样编织情节、进行创作，一直到老。我从未怀疑自己能否再构思创作出一部新的作品。

当然，在一本书动笔之前，我总会经历极为难熬的三到四个星期，那种痛苦无法形容。我会独处一室，咬着铅笔，眼睛盯着打字机，或在屋里踱来踱去，或颓然地倒在沙发里，禁不住想大喊大叫。然后我走出房间，去打扰某个正在忙碌的人——通常我会打扰马克斯，因为他的脾气特别好——我会这样对他说："真糟糕，马克斯，我不知道该怎么写了，我没法再写下去，再也写不出一本书了。"

"哦，怎么会呢？你肯定能行。"马克斯常这样安慰我，刚开始表现得很担心，之后目光又转回他的工作。

"可我知道不行了，我想不出什么故事了。我的脑子里曾有个故事的轮廓，可现在看来那根本不行。"

"你只需闯过这个阶段，类似的情况以前也发生过。你去年就这么说过，前年也说过。"

"这次情形不同。"我斩钉截铁地说。

这次当然也没什么不同，尽管我如此凄惨绝望，好像完全丧失了创造力。然而这种特殊的阶段是必需的，这就像把雪貂放在兔穴里，在洞口守着猎物一样。在洞穴内发生混战之前，你要在无聊中度过一段漫长的时间，度过这一切之后才会恢复正常。脑子里会一片空白，对想写的东西毫无头绪。你随手翻开一本书，不久后发现根本没看进去；换去解字谜游戏，心思也没放在解法上，而是被一种傻傻的绝望情绪所占据。

之后，由于某个未知的原因，一种内在的"动力"让你回到正轨。大脑开始运转，你知道迷雾在消散，"灵感"来了。你会突然有绝对的把握，知道 A 想对 B 说些什么。你会走出家门，沿路走着，不停地自言自语，不断重复某段对话，比如莫德和艾尔温谈了些什么。而且你确切地知道他们要去什么地方，知道会有一个人在树后的什么地方盯着他们俩，以及地上的一只死野鸭如何勾起了莫德的记忆，诸如此类的。于是你回到家时满心欢喜，虽然还只字未写，但你终于准备好了。

那时我迷上了写剧本，仅仅因为它不是我的本职工作，我不是被逼迫构思一个剧本——而是想好了才写。写剧本要比写小说容易，因为你可以用心灵的眼睛"看到"，而不必纠结于细节描写是否合适，从而影响了故事的连续性。舞台限制了故事的复杂程度，你不必随女主人公上楼下楼或来往于网球场，不用描写心理活动。只用写能看到的、能听到的和能做的事，观察、倾听和感受，做到这些足矣。

我计划一年完成一本书，并且坚持下来。剧本创作不过是一次探险，而且应该一直是探险，是偶得之物。你可以获得一次又一次的成功，但随后肯定是毫无道理的一连串失败。为什么？谁都无法解释。我发现许多剧作家都这样。我曾看过一个剧本，我认为和作者其他成功的剧本一样好，甚至更好。但演出失败了，因为它没有迎合观众的口味，要么是因为时间点不对，要么是因为演员阵容对演出有些影响。总之，剧本创作不是我能把握的事，每次都是一次有趣的赌博，我喜欢这种冒险。

写完《空幻之屋》后不久，我又想写一个剧本了。我暗想，如果可能，我要创作一个新剧本，而不是改编小说。我要写一个纯粹的剧本。

罗莎林德在加勒多尼亚学校的学习非常成功。我觉得在我所知的学校中，这是最出色的一所，那里所有的老师都是各自领域里最好的。他们的确让罗莎琳德把优点发挥得淋漓尽致。她成为全校第一，尽管她向我指出实情并非如此，因为有一个中国女孩比她聪明得多。"我知道他们是怎么想的，他们觉得全校第一就应该是一个英国女孩。"我估计她是对的。

从加勒多尼亚毕业后，罗莎琳德去了本尼登女校。打从一开始她就有点厌倦那里，我不知道为什么，明明大家都说那是一所非常好的学校。她对为了学习而学习毫无兴趣，她绝不是做学者的料。我感兴趣的学科她都毫无兴趣，比如历史。但她的数学很好。我在叙利亚的时候经常收到她的来信，催促我允许她离开本尼登。"我真的没办法再在这所学校忍受一年了。"她写道。然而，我觉得既然她已经在一所学校开始了学习生涯，就至少要以正当的方式终止。所以我写信给她说，如果她能通过考试，拿到毕业证书，她就可以离开本尼登女校，去别处接受教育。

校长谢尔登小姐写信给我,说尽管罗莎琳德非常迫切地想在下个学期拿到证书,但她觉得她不太可能通过考试,不过也没有理由不让她试试。然而,最终证明谢尔登小姐错了,因为罗莎琳德轻松地通过了考试,拿到了毕业证书。我不得不为我只有十五岁的女儿考虑下一步的打算。

我和马克斯都同意把她送出国。接着便开始着手调查各种各样的教育机构,我们发现这项任务非常麻烦:有一所在巴黎的家庭寄宿学校;埃维昂(Evian)有一些受过良好教育的女孩;洛桑(Lausanne)有至少三位被强烈推荐的教育家;还有格斯塔德(Gstaad)的一所学校,女孩子们可以在那里滑雪或者参加其他冬季运动。我很不善于与人约谈,一坐下来就会张口结舌。我想问的是:我要不要把女儿送到你们那里?我如何能知道你们的学校是什么样的?我要怎样才能知道她是否会喜欢到你们那里学习?总而言之,一切都是什么样的?可是最终,我只会结结巴巴地说:"呃……呃……"然后问出一些我自己听来都很傻的问题。

经过几次家庭协商后,我们决定选择去瑞士的格斯塔德,屈米小姐开办的膳宿学校。后来证明这是一次彻底的失败。每星期我都会收到至少两封罗莎琳德写来的信。"这个地方真糟糕,妈妈,太糟糕了!这里的女孩子们……你根本想象不到她们是什么样子的!她们戴束发带,这么说你就明白了吧!"

我并不明白。我不明白女孩子为什么不可以戴束发带,我甚至不知道束发带是什么东西。

"我们总是两人一排,两人一排……想想看!我们都多大了!我们甚至不能去村里,到商店去买点东西都不行,多可怕!这绝对是监禁!他们也没教我们什么东西。还有你说过的浴室,水像鸡尾酒一样浑!我们从来不用,没人用过!连热水都没有!至于滑雪,当然更是没谱的事情,二月份时也许还可以滑几次,但我相信到时候她们也不会带我们去的。"

我们把罗莎琳德从监禁里解救出来，先送她到奥斯堡（Chateau-d'Oex）的一所寄宿学校，后来又送到巴黎的一户很和善的旧式家庭寄宿。我们从叙利亚返回的途中到巴黎接她，我说我希望她现在能说法语了。"多少能说一点。"罗莎琳德回答。她很谨慎地不让我们听到她说法语。我们坐出租车从里昂火车站去劳伦太太家的时候，司机绕路了。罗莎琳德拉下窗户，探出头去，用生动而精准的法语对司机说话，问他究竟为什么要走这么奇怪的路线，并告诉他该走什么路。那位司机马上认错。我则高兴地发现了可能很难确认的事实：罗莎琳德会说法语了。

劳伦太太同我进行了亲切友好的交谈，她向我保证罗莎琳德的举止非常得体，行为合乎礼仪。不过她说："夫人，她对人很冷淡……过于冷淡！这也许是英国人的特质。"

我连忙说我确信这就是英国人的特质。劳伦太太再次向我保证，她会像一个母亲一样对待罗莎琳德。"可是这种冷淡，英国人的冷淡！"

一想起她的满腔热情遭到了冷遇，劳伦太太就不禁叹了一口气。

罗莎琳德又在这里接受了六个月或者一年的教育，然后去了慕尼黑附近的一所家庭学校学习德语。接下来回到伦敦度过了一个社交季。

在这个社交季里，她无疑成功了。她被誉为当年初入社交界的年轻人里最漂亮的女孩子之一，获得了莫大的乐趣。我个人认为这对她很有好处，让她学到了自信和礼仪，也打消了她原先的疯狂愿望：要无限制地永久继续社交狂欢的生活。她说她很尽兴于这样的体验，不过并不打算再做这类愚蠢的事情了。

有一天，我向罗莎琳德和她的好友苏珊·诺斯提起了日后选择工作的问题。

"你一定要选择某件事情来做。"我很独断地对罗莎琳德说，"我不在乎是什么事，受训做一个按摩师怎么样？以后的生活中会有用的，或者我想，你可以去搞插花。"

"哦，人人都在搞插花。"苏珊说。

最后，两个女孩子跑来对我说，她们想从事摄影。我听了万分高兴，我自己就一直想学习摄影。我在挖掘现场就主要负责拍照片，我觉得如果能去摄影室上课学习一下，会很有帮助，因为我并不太懂。但我们大多是在室外拍摄，而不是在摄影室的条件下。而且有一些照片要保留在叙利亚，我们想尽可能照得好一点，这很重要。我热情洋溢地详述着这个话题，两个女孩子笑得快晕过去了。

"我们说的和你说的不一样。"她们说，"我们不是说去上摄影课，完全不同。"

"那你们说的是什么？"我莫名其妙地问。

"哦，穿着游泳衣或者别的什么衣服拍照，用在广告上。"

我把惊骇写在了脸上。

"你们绝对不可以穿着泳装去拍广告照片。"我说，"我不准你们做这种事情。"

"妈妈真是太落伍了。"罗莎琳德叹息道，"很多女孩都在拍广告照片，还为此互相嫉妒。"

"我们认识几个摄影师，"苏珊说，"我觉得我们可以说服某一个来帮我们拍肥皂广告的照片。"

我继续否决这个计划，最后罗莎琳德说她会考虑上摄影课。不过她也可以去上模特摄影课，不需要穿泳装。"穿着名副其实的衣服，如果你喜欢，我还可以把纽扣扣到脖子上！"

于是有一天，我去了莱茵哈德摄影学校，我对那里极感兴趣，回到家后我不得不承认我为自己，而不是她们，报名了摄影课。她们都哈哈大笑起来。

"妈妈被诱惑了，不是我们！"罗莎琳德说。

"哦，真可怜，你会很辛苦的。"苏珊说。我真的很辛苦。第一天我就在石阶上跑上跑下，反复地冲洗、重拍指定的拍摄物，累坏了。

莱茵哈德摄影学校有很多不同的学部，包括商业摄影部，我有一门课就是在那里学的。当时的风尚热衷于把东西尽可能地拍得不像它本身：把六个大汤匙放在桌子上，爬上一架梯子，把汤匙挂在梯子顶，以求达到透视或者虚化的效果。还有一种流行趋势，就是拍摄一个盘子时不是从正面拍，而要从左边的角落拍，或者远离它拍，或者拍一张脸时只拍其一部分，这些都是最时兴的。我把一个山毛榉木雕刻的头像带到学校，试拍了很多张，用了各种各样的滤镜——红色的，绿色的，黄色的——看看用不同的相机和不同的滤镜拍摄会有怎样不同的效果。

可怜的马克斯无法分享我的这份热忱。他想要的照片和我现在在做的正好相反：他希望拍出来的东西完全是它们本来的样子，细节越真实越好，要精确的透视法，等等。

"你不觉得这么拍那个项链很单调吗？"我常常这样说。

"不，我想不会。"马克斯说，"用你的方法拍，它就完全扭曲模糊了。"

"可是看上去多动人啊！"

"我不需要看上去动人。"马克斯说，"我要让它看起来很真实，你都没放刻度杆。"

"如果你一定要放一根刻度杆，就会破坏照片的艺术形态，就不像样了。"

"可你必须显示出它的尺寸，"马克斯说，"这是最重要的。"

"你可以在下面加以说明，可以吗？"

"这不一样，我们要精确地看到刻度杆。"

我叹了一口气，我明白，是艺术雅兴出卖了我，让我背离了自己承诺过的写实。所以我要求老师给我额外指导，教我如何遵循严格的透视法。他相当厌烦这么做，对于结果也很不以为然，然而这对我很有用。

至少我学会了一件事：其他事并不像摄影这样，先拍了一张觉得不好，然后还可以再去重拍一张。在莱茵哈德学校，拍一件物品用掉十张底片都是少的，往往需要二十张，这真是累人。我经常疲惫地回到家里，觉得要是没去学就好了，不过第二天倦意又消失了。

有一年罗莎琳德来到叙利亚,我认为她在我们的发掘现场过得很愉快。马克斯让她帮忙做了一些绘图工作,实际上她非常擅长画画,这次绘图也画得很好,可是问题在于罗莎琳德是一个完美主义者,而不像她糊里糊涂的妈妈。除非她做到了她所希望的尽善尽美,完全符合她的心意,否则她就会立即撕掉。她绘制了一系列图样,然后对马克斯说:"真的画得不好……我要撕掉。"

"你不能撕掉。"马克斯说。

"我要撕掉。"罗莎琳德说。

于是他们大吵一架,罗莎琳德气得发抖,马克斯也怒不可遏。但那些彩绘陶罐的图样被抢了下来,出现在马克斯关于"布拉克墟丘"的书中。可是罗莎琳德从未对这些图样满意。

我们从酋长那里借来了马,于是罗莎琳德骑马出行,陪同她的是吉尔福德·贝尔,他是我的澳大利亚朋友艾琳·贝尔的侄子,是一名年轻的建筑师。他是个很可爱的男孩,曾经为我们在布拉克出土的护身符绘制过很可爱的铅笔图样,那些护身符都是可爱的小东西,有青蛙、狮子、公羊和公牛。他用铅笔勾勒出明暗效果,使图样惟妙惟肖。

那年夏天吉尔福德来到托基,在我们家小住。有一天,我们看到一幢房子正在出售,这幢房子我从小就知道:格林威(Greenway)。它就在达特河岸,我母亲一直说它是达特河两岸各种各样的房屋中最完美的一栋,我也这么想。

"我们去看看吧。"我说,"能再次见到它是一件很愉快的事,自从小时候母亲带我去过以后,我就再也没见过它。"

于是我们掉头去了格林威。那是一栋非常美丽的带庭院的白色房子,乔治王时代的,建于一七八〇年至一七九〇年之间,树林一直延绵到下面的达特河边,有很多漂亮的灌木丛和树木。这是一幢理想中的房子,一幢梦幻中的房子。既然我们已经要求看房,我就问了价钱,尽管并不是真的感兴趣。至于答复,我想我是听错了。

"你是说,一万六千英镑?"

"六千英镑。"

"六千英镑？"我几乎不敢相信。开车回家的路上我们都在谈论这件事。

"便宜得让人不敢相信。"我说，"那块地方有三十三英亩，看上去状况也不差，装修一下就行了。"

"你为什么不把它买下来呢？"马克斯问。

我感到震惊，这可是马克斯说的，我吓得几乎喘不过气来。

"你一直在为阿什菲尔德担忧。"

我知道他指的是什么，我的家，阿什菲尔德，已经变了。四周曾经围绕着邻居的房子，都是同样类型的小别墅。可是现在，庭院被一所很大的中学遮挡住，它就矗立在我们的房子和大海之间，每天都传来孩子们的喊叫声。另一侧是一家精神病疗养院，有时候会传来可疑的声音，病人们还会突然出现在庭院里。确切地说他们并不是"病人"，我认为他们可以有行动的自由，可是我们遇到了几桩不愉快的事情。一位强壮的上校穿着睡衣、挥舞着一根高尔夫球杆，决心要把庭院里所有的鼹鼠赶尽杀绝；又有一天，他跑来攻击一只叫了几声的狗。护士来道歉，把他带了回去，说他没什么问题，只是有一点"神经失调"。然而这很令人担忧，有几次，他把住在我们家的小孩子吓坏了。

托基城外曾是乡野，山上有三栋别墅，道路逐渐在乡野间消失。以前我总会在春天到郁郁葱葱的田野里去看小羊羔，而现在，那里成了一大片小房子。我们认识的人已经没有一个住在这条路上了。阿什菲尔德的存在仿佛是对自己的嘲讽。

我一直知道马克斯其实并不喜欢阿什菲尔德，虽然他从来没对我说过，可是我知道。从某种意义上来说，他嫉妒这幢房子，因为它是我生命中的一部分，但我从没与他分享，它只属于我。而对于格林威，他是完全由衷地说："你为什么不买下它来呢？"

于是我们过去仔细察看那栋房子的情形。吉尔福德也来帮忙，他很专业地看遍了整个房子，这样说道："嗯，我把我的建议告诉你们吧，拆掉一半。"

"拆掉一半！"

"是的,你们知道的,后侧的裙房都是维多利亚时代的,你可以保留一七九〇年的部分,把补建的全都拆掉——台球室、书房、大厅、卧室和楼上的那些新式浴室。这样房子会变得好看很多,也会更精巧。它原本是一栋很好的房子,确实如此。"

"如果把维多利亚的部分拆掉,我们就没有浴室了。"我指出这一点。

"哦,你可以在顶楼建一个,很容易。还有,这样能使税率大大降低。"

于是我们买下了格林威,把改建的事交给吉尔福德负责,他按照这幢房子最初的轮廓重新进行了设计。我们在楼上增加了浴室,在楼下增建了一个小盥洗室,不过其余部分就没有改动。我现在很希望我当时能有先见之明,再拆掉一大部分——那间巨大的食品贮藏室、腌猪肉用的大窖穴、木柴棚和餐具室。我会建一个可爱的小厨房,可以轻松地走到近在咫尺的餐室,用不着仆人帮忙。可是我当时从没想过会有一天不再有仆人帮忙,于是我们保留了厨房那部分。改造全部完成,室内装潢也全部换成白色后,我们搬进去住了。

欢欣鼓舞地迁入之后,第二次世界大战来临了。这一次不像一九一四年那次那么突然,我们收到了警告——慕尼黑协定(Munich)——也听到了张伯伦(Chamberlain)的宽心话,听他说"我们这个时代的和平"(peace in our time)时,我们觉得这也许是真的。

然而,不会有我们这个时代的和平了。

第十章　第二次世界大战

1

再次进入战争。这次不同于上一次，人们本以为还会像上一次一样。我觉得人们总以过去的经验为基础。第一次世界大战出人意料地突然爆发了，好像它是一件闻所未闻、毫无可能的事，在记忆中从未发生过这种事，大家就都认定为不可能发生。而这一次大战完全不同。

起初没有发生什么，人们对一切如常感到惊奇和不可思议。以为会在第一天晚上听到轰炸伦敦的声音，然而伦敦没有遭到轰炸。

我想当时每个人都尝试给别人打电话。佩吉·麦克劳德，我在摩苏尔时结识的医生朋友从东海岸打来电话，她和她的丈夫都在那里工作，她问我能不能收留她的孩子们。她说："我们在这里被吓得不得了，他们说这里将是战争开始的地方。如果你能收留我的孩子们，我这就开车把他们送过去。"我说绝对没有问题，如果她乐意，还可以把保姆一块儿带来，我们就这样说定了。

第二天佩吉·麦克劳德到了。她开了一天一夜的车穿越英格兰，带来了我三岁的教女克莉丝朵，还有五岁的大卫。佩吉疲惫不堪。"要是没有安非他命，我都不知道该怎么办。"她说，"我还有很多，给你吧，累坏了的时候也许用得着。"我到现在还保留着那个装安非他命的扁盒子，原封未动，也许是准备把它当作极度疲惫时的精神支柱。

差不多安排妥当之后，大家便等待着看会发生什么事。可是什么也没有发生，渐渐地，人们又投身去做自己的事情了，偶尔参加一些战时活动。

马克斯参加了英国地方军,当时那个组织简直像个戏剧社团。他们总共也没几支枪——我想大概是八个人共用一支。马克斯每天晚上都出去和他们聚会,有些男人非常享受,妻子们则怀疑她们的丈夫打着保家卫国的幌子做了些别的什么。月复一月,还是什么都没发生,聚会变成了喧闹欢快的派对。最后马克斯决定去伦敦,和其他人一样,他吵着要去国外,要承担一些工作。可是似乎每个人听到的都是这样的答复:"目前没什么事可做""不需要任何人"。

我到托基的医院询问能否让我到药房工作,这样可以更新一下我的医药知识,以备日后所用。由于随时都有可能需要急救人员,那里的药剂师主任很欢迎我去。她们更新了我对如今的各种药品和处方的了解。总体而言,比我年轻时要简单多了,只不过有那么多种药丸、药片、药粉和其他装在瓶子里的药品。

战争开始了,不是在伦敦或者东海岸,而恰恰是在我们所在的这块地方。大卫·麦克劳德是个聪明的孩子,他疯狂地迷恋飞机,做了很多努力教我识别各种飞机机型。他给我看了梅塞施米特型战斗机(Messerschmitts)的图片,还有其他的,然后指着天上的飓风式战斗机(Hurricanes)和喷火式战斗机(Spitfires),急切地问:"现在,这一次,你能认清了吧?你看得出天上飞的是什么机型吗?"

飞机离地面太远了,只能看见一个小黑点,不过我满怀希望地说是飓风式。

"不对。"大卫厌烦地说,"你每次都弄错,这是喷火式。"

第二天,他抬头看着天空评论道:"那是一架梅塞施米特型的飞机,正飞过来。"

"不不,亲爱的,"我说,"那不是梅塞施米特型的,那是我们的飞机——是一架飓风式。"

"这不是飓风式。"

"呃,那么……就是喷火式。"

"这不是喷火式,这就是梅塞施米特型的,你怎么能把梅塞施米特型的说成飓风式或者喷火式呢?"

"可是那不可能是梅塞施米特型的。"我说。这时,两枚炸弹被扔到了山坡上。

大卫看上去快要哭了。"我早说了,这是梅塞施米特型的。"他说,语气中流露出痛惜的意味。

当天下午,孩子们跟保姆一起坐船的时候,一架飞机猛扑下来,对着河面用机关枪扫射,子弹就从保姆和孩子们身边飞过。回到家时保姆惊慌不已。"我觉得您最好打电话给麦克劳德太太。"她说。于是我给佩吉打了电话,我们实在不知所措。

"我们这儿什么事也没有发生。"佩吉说,"我想战争随时都有可能开始,我认为他们不应该回来,你说呢?"

"也许他们不会再来轰炸这儿了。"我说。

大卫因为炸弹而兴奋,坚持要去看看它们掉下来的地方。有两枚落在了迪蒂斯汉姆河边,另一些在后面的山上。我们爬过长满荨麻的山坡和一两个树篱,最后找到了一个。三个农夫正围着田地里的炸弹坑看,还有一颗似乎掉下来时没有爆炸。

"该死的。"一个农夫说,狠狠地踢了一脚那颗没有爆炸的炸弹,"真是下流,要我说,丢下这种东西就是下流透顶!"

他又踢了一脚,我觉得他最好不要踢那东西,可他显然是想好好地表示一下对希特勒的轻蔑。

"还丢下不会爆炸的东西。"他轻蔑地说。

两枚都是非常小的炸弹,比起我们后来在战争中遭遇的要小得多。但这也意味着战事已经开始。第二天,从达特河上游的康恩沃斯(Cornworthy)传来消息,一架飞机俯冲下来对着一所学校的操场扫射,当时孩子们正在玩耍,一名女教师被击中了肩膀。

佩吉又给我打了电话,说她已经安排好孩子们去科尔温湾(Colwyn Bay),他们的祖母住在那里。无论如何,那里似乎太平些。

孩子们走了,他们走后我很落寞。过了不久,一位叫阿巴斯诺特的太太写信给我,希望我把房子借给她。大规模轰炸已经开始,孩子们纷纷疏散到英格兰的各个地方,她希望能租下格林威,作为育儿所来安置从圣潘克勒斯(St. Pancras)疏散过来的孩子们。

战场好像从我们这里转移到了别处,附近不再有轰炸了。不久后,阿巴斯诺特夫妇来了。他们留用了我的男管家和妻子,找来了两名医院的护士,还收留了十个不到五岁的孩子。我决定去伦敦与马克斯会合,他正在土耳其难民署工作。

我在新的一轮袭击之后到了伦敦,马克斯来帕丁顿车站接我,把我带到位于半月街的公寓。他很歉疚地说:"恐怕……这是个相当糟的地方,我们得继续找别的住处。"

我刚到那里就觉得有些厌恶,那栋公寓就像一颗牙齿一样孤零零地立在那里,两边的房子都没有了,显然都在十天前被炸掉了。这也是为什么能租到这套公寓,因为主人们早就匆匆撤离了。我在那栋房子里住得很不舒服,泥垢、油污和廉价香水的气味闻起来相当可怕。

马克斯和我在一个星期后搬到圣詹姆斯街的公园广场(Park Place),那是一处相当昂贵的服务式公寓。我们住的时间不长,爆炸的声音不绝于耳。我尤其心疼那些服务生,他们要服侍客人用完晚餐,然后在空袭声中回家。

很快,谢菲尔德巷的房客问我们可否退租,于是我们搬了回去。

罗莎琳德申请了空军妇女辅助队,但她并不太热衷,她更想做地面服务。

她参加了空军妇女辅助队的面试,表现得不够机智。当被问到为什么想要加入时,她只是说:"因为我们必须做点事情,做这件事和做别的事一样。"尽管直率,但我觉得很不讨人喜欢。没过多久,在短暂地为学校递送食物之后,她又换到军事办公室之类的地方工作了。她觉得自己可以去陆军运输处,因为那里不像空军妇女辅助队那么专断,为此她填写了一系列表格。

这时,马克斯在我们的朋友斯蒂芬·格兰维尔的帮助下加入了空军,他很得意。这位朋友是一位埃及古物学教授,和马克斯一起在空军部共事,合住一个房间。两个人都是烟鬼,马克斯抽烟斗,抽个不停,屋里的空气总是浑浊不堪,他们的朋友都把他的房间叫"小炭窑"。

后来发生了一些乱七八糟的事情。我记得谢菲尔德巷在一个周末被轰炸,当时我们不在伦敦。炸弹从天而降,正好落在街对面,把三幢房子夷为平地。对于谢菲尔德巷四十八号的影响在地下室,那里还被认为是最安全的地方呢。屋顶和顶楼也不同程度地受损,一楼和二楼则几乎毫发未损,只是我的斯坦威钢琴从此大不如前。

我和马克斯从来不去地下室,所以即使我们当时在屋里,也不会受到任何伤害。战争中我没去过任何避难所,我害怕被困在地下。无论在哪儿我都要睡在自己的床上。最后,对于伦敦的空袭我已经习以为常了,因为空袭多得都很难把我吵醒了,我会在半梦半醒中觉得自己听到了警报声,或者不远处有爆炸声。

"哦,天哪,他们又来了。"我会嘀咕一声,然后转个身,又睡着了。

谢菲尔德巷被炸造成的困难之一是,当时在伦敦很难找到一个存放家具的地方。而进出那栋房子已经不能走前门了,只能爬一段梯子。最后,我说服了一家搬家公司帮我搬,还灵机一动想出一个主意:把家具存放到沃灵福德,放在我们一两年前造的壁球场里。我让建筑工人准备好,如果有必要的话就拆下壁球场的房门和门框。他们最终不得不这么做,因为沙发和椅子无法通过狭窄的房门。

马克斯和我搬到了汉普斯特德公寓区的草坪路公寓,我开始在大学医院里做药剂师。

马克斯突然告诉我那个消息的时候,我想他已经知道一段时间了:他要去中东,可能是北非或埃及。我为他高兴,我知道他有多想去,也知道他这么做是对的,他对阿拉伯地区的了解会派上用场。这是我们结婚十年来第一次分离。

马克斯的离开让草坪路公寓显得更适合居住了。这里的人很友善,还有一家能让人放松、气氛欢快的小餐馆。透过三楼我卧室的窗户,可以看到种满树木和灌木的平地后面有一道堤坝,一棵又大又白的重瓣樱树正对着我的窗户,树梢呈金字塔状。那道堤坝的样子就像巴里(Barrie)的《亲爱的布鲁图斯》(*Dear Brutus*)第二幕中,剧中人转向窗口,发现罗伯的树恰好伸到了窗格外。那棵樱树特别惹人喜爱,春天早上醒来时,它总是令我愉快的事物之一。

公寓的一头有个小院子,夏夜里可以在那里用餐,或者就那么坐在那儿。去汉普斯特德绿地步行也就十分钟,我经常带着卡洛的詹姆斯去散步。这只西里汉梗犬现在由我来管,因为卡洛在军工厂工作,没法把它带去。大学医院的人对我非常好,他们同意我把它带去药房。詹姆斯表现得乖极了,它把那白色的香肠似的身体置于放瓶子的架子下面,就待在那儿,偶尔接受女佣清扫时对它友善的关注。

空军妇女辅助队和其他一些战时服务单位都没有吸收罗莎琳德,就我所知,她也没想干点什么。她又打算进入陆军运输处,于是又填了一大沓表格,填写了日期、地址、姓名和许多政府要求的不必要信息。有一天,她突然对我说:"今天早晨,我把那些表格都撕了,我不想进陆军运输处了。"

"真是的,罗莎琳德!"我严肃地说,"你应该拿定主意,我不在乎你干什么,你可以干任何你想干的事,但不要总是三心二意的。"

"嗯,我想干点更有意义的事。"罗莎琳德说,然后露出她这一代的年轻人极不愿向父母吐露心事时的神气,扭扭捏捏地补充道,"我打算下星期二和休伯特·普里查德结婚。"

这并没什么奇怪的,只是下星期二这个日期有点奇怪。

休伯特·普里查德是一名正规军少校,威尔士人。罗莎琳德在我姐姐家结识了他,休伯特是我外甥杰克的朋友,常去他家。他也曾来过我们的格林威一次,很招人喜欢。他这人文静、皮肤黝黑,养了一大群狗。罗莎琳德已经和他好了一段时间了,但我没想到会谈婚论嫁。

"我想,"罗莎琳德说,"你会来参加我们的婚礼吧,妈妈?"

"我当然会参加。"我说。

"我也是这样想的……可我又觉得那纯粹是没必要的折腾,我是说,你不觉得你不参加婚礼会更简单、更省事吗?我们得在登比(Denbigh)结婚,因为他无法请假。"

"没关系。"我竭力使她安心,"我会去登比的。"

"你肯定你真的想去?"罗莎琳德抱着最后一线希望说。

"是的。"我坚定地说,然后继续道,"相当奇怪,你竟然告诉我你打算结婚,而不是事后才宣布。"

罗莎琳德脸红了,我知道我一语道中了实情。

"我猜,"我说,"是休伯特让你告诉我的。"

"这个……这个……是的。"罗莎琳德说,"算是吧,他还说,我没有满二十一岁。"

"好了,你最好还是让我在场。"我说。

罗莎琳德的守口如瓶总能让人开怀大笑,我这次实在忍不住,笑了起来。

我和罗莎琳德一起坐火车去了登比,第二天早上,休伯特到饭店来接她。他和他的一个军官弟弟一起,我们去了登记处,仪式就在那里举行,一切都尽可能地简化了!整个过程中唯一的障碍在于,那个上了年纪的登记员拒绝相信罗莎琳德父亲的名字和头衔:阿奇博尔德·克里斯蒂上校、圣迈克尔和圣乔治勋章(CMG)、卓越服役勋章(DSO)获得者,前皇家陆军航空队(RFC)队员。

"如果他是空军,就不可能是上校。"登记员说。

"可他就是上校呀。"罗莎琳德说,"这就是他正确的军阶和头衔。"

"他一定是个空军中校。"登记员说。

"不,不是空军中校。"罗莎琳德使尽浑身解数,解释说二十年前还没有现在的皇家空军(RAF)编制。那个登记员继续说他没听说过,于是我去为罗莎琳德作证,最后他才勉强写了下来。

2

　　光阴荏苒，如今一切习以为常并且一直如此，已不再像噩梦一样了。事实上，想到你可能被杀死、你最爱的人可能被杀死，或者你的朋友被杀死，都是十分自然的事情了。破损的窗户，炸弹，地雷，时不时的空袭和火箭炮，这些都在持续发生，不算什么特别的事情，而是非常自然的。在整整三年的战争之后，这些事都变成日常生活了，你甚至无法想象没有战争的日子是什么样子的。

　　我有许多事要做。每周在医院工作两个整天和三个半天，隔周星期六上午还要去一次，其余时间我都用来写作。

　　我决定两本书同时动笔，因为同一题材会使人丧失新鲜感，这对写作很不利。遇到这种情况就要把它放到一边，干点别的事，可是我没其他事可干，我不想坐在椅子上冥思苦想。我相信，如果同时写两本书，不断变换口味，会让工作有新鲜感。这两本书一本是《藏书室女尸之谜》(*The Body in the Library*)，这本书我已经酝酿好长时间了；另一本是《桑苏西来客》(*N or M?*)，是本间谍小说，从某种意义上说是我的第二本小说《暗藏杀机》的续篇，讲的是汤米和塔彭丝的故事。汤米和塔彭丝的儿女此时已长大成人，但因为战时无人聘用他们而无所事事。于是，这对已到中年的搭档满怀旧日的激情去追捕间谍了。

　　我觉得在战时写作毫无困难，有些人则不行。我认为这是由于我能让思维进入另一个境地。我可以进入书中人物的世界，可以喃喃自语地说着他们的对话，看着他们在我笔下的房间里踱步。

　　有一两次，我到演员弗朗西斯·沙利文夫妇家里小住。他们在黑索米尔（Haslemere）有一幢房子，四周都是西班牙栗树。

　　在战时与演员们待在一起我总觉得非常安闲自在，因为在他们心目中，表演和戏剧界是真实的世界，其余的事都被置身其外。战争对于他们来说是一个漫长的噩梦，使他们被拒于正常生活之外，他们的话题始终围绕着戏剧界的人和事、戏剧界的动态，例如谁要去娱乐报国团啦什么的——这些事令人耳目一新。

然后我又回到草坪路，用枕头蒙住脸睡觉，以防可能飞溅的碎玻璃。床边的椅子上放着我最宝贵的财物：我的毛皮外套和热水袋——那是一个橡胶热水袋，在当时这东西很难找到替代品。我准备好随时应对紧急情况。

这时，发生了一件意想不到的事情。我收到了一封信，是来自海军部的通知，他们准备征用格林威，几乎是最后一刻才通知我。

我赶到海军总部去交涉，一个很有礼貌的海军上尉接待了我。他说他们几乎给不了我多少时间，对于阿巴斯诺特太太的困境，他们无动于衷。阿巴斯诺特太太起先想要违抗这道命令，后来改为恳求宽限一点时间，让她与卫生部协商将育儿所迁往别处。卫生部与海军部对抗根本没有优势。他们都搬出去了，撇下了我，有一屋子的家具要搬走！麻烦在于搬到哪里去呢？所有的搬家公司和仓储公司都没有地方了，每个仓库里的东西都堆到了天花板。最后我去和海军部交涉，他们同意我使用客厅，所有家具都可以存放在那里，还有顶层的一个小房间。

在家具搬运的过程中，园丁汉纳福德，一个忠实的老顽童，长久以来一直一心一意地对待他的服务对象，把我带到一边，说：“现在你来看看我都为你存下了些什么，我都没有给她。”我不知道"她"指的是谁，不过还是跟他一起来到了马厩上的钟塔边。在这里，我被引入一扇暗门，他洋洋自得地向我展示了地板上大量的洋葱，上面盖着稻草，另外还有一大堆苹果。

"她走之前来问过，她问有没有洋葱和苹果，她想带走，可是我才不会给她呢。别怕，我不会给的。我说收成很不好，只给了她一些，已经对她不错了。苹果都是本地产的，洋葱也是，不能让她带走，带到中部或者东海岸，或者不管她去的是哪儿。"

汉纳福德的领地意识使我极为感动，尽管这实在是无比尴尬。我巴不得阿巴斯诺特太太把这些苹果和洋葱带走，可它们现在交到了我的手里，汉纳福德就像一只小狗，从河里帮我捡回了我不需要的东西，还在我身边摇尾邀功。

我们装了很多箱苹果,我把它们送给有孩子的亲友或者喜欢苹果的人家。我无法带着两百头洋葱回草坪路公寓,我尝试送给各家医院,可这数量远远超过任何一家医院的需要。

虽然与我们协商的是英国海军部,但真正接管格林威的却是美国海军。建在我们家上面那座山上的大房子梅普尔里,被海军新兵占领了,而某个小舰队的军官们接管了我们的房子。

美国人的友善和对房子的照顾我无论怎么称赞都不为过,当然不可避免的是厨房变得有些乱糟糟的。要为四十个人准备食物,于是他们搬进来一些冒着可怕烟雾的炉子。不过他们对待我们的红木房门非常小心,实际上指挥官还下令,给所有的房门都夹上了夹板。他们也非常欣赏这个地方的美丽。这支小舰队的很多军官来自路易斯安那州,那些大玉兰树,尤其是那棵荷花玉兰,让他们有了回家的感觉。

战后至今,在格林威待过的军官或军人们的亲戚,还有人跑来看他们的儿子、表亲或其他什么人曾经驻扎过的地方。他们告诉我军人们是如何在信中描述这个地方的。我有时会陪他们到庭院里四处走走,把军官们在信中提到的特别钟爱的地方指给他们看。尽管后来这样做颇有难度,因为后来格林威又多了不少东西。

战争的第三年,我所有的房子里竟没有一处可供我居住了。格林威被海军部征用,沃灵福德挤满了疏散者,他们刚回伦敦,我们的一个朋友,一个上了年纪的残疾人和他的妻子又问我能不能租,因为他们的女儿带着孩子过来了。坎普登街四十八号卖了一个好价钱,是卡洛带人去看的房。"不能少于三千五百英镑。"我对她说。在当时,这个数目似乎很多了,不过卡洛跑回来的时候有点沾沾自喜的样子。"我让他们多付了五百英镑。"她说,"我觉得他们该这样。"

"该?你什么意思?"

"他们很无礼。"卡洛总是对她所谓无礼行为怀有一种苏格兰式的厌恶。

"他们在我面前说了许多关于那房子的坏话,那种话他们是不应该说的。他们说：'多可怕的装修！这些鲜花壁纸，我们要尽快换掉''有些人多奇怪啊，异想天开地把隔墙打掉了'。所以我认为，"卡洛说，"最好给他们一个教训，就多加了五百英镑。"显然，他们毫不犹豫地付了钱。

在格林威里，我保留了战时的纪念品：藏书室曾经是军官们的餐室，一位画家在墙壁上方画了一圈壁画，描绘了那支舰队到过的所有地方。从基韦斯特（Key West）开始，到百慕大、拿骚（Nassau）、摩洛哥等，最后是有点美化了的格林威的树木和树丛中浮现的白色屋子。还画了一个美丽的少女，没有画完，是一幅裸体少女的张贴画，我总觉得这代表了战争结束时，会在旅程的终点邂逅美丽女郎的希望。后来指挥官来信问我要不要抹去这幅壁画、恢复墙壁的原貌。我连忙回信说这是历史的纪念，我很高兴能保留它。在壁炉架上方有寥寥数笔勾勒出的温斯顿·丘吉尔、斯大林和罗斯福总统的素描头像。但愿我能知道那位画家的名字。

离开格林威时我觉得它肯定会被炸毁，再也见不到了。但很幸运，我的预感完全错了，格林威完好如初。只不过我的食品储藏室被十四间厕所取代了，我不得不与海军部交涉，让他们拆除。

3

一九四三年九月二十一日，我的外孙马修在柴郡我姐姐家附近的一家私人医院里出生。庞基像以前一样喜爱罗莎琳德，她很高兴能在小孩出世之前赶回来。我姐姐是我所知道的最不知疲倦的女人：一个活人发电机。自从她的公公去世，她和詹姆斯就住到了艾本尼。正如我提到过的，那是一幢很大的房子，有十四间卧室和很多间起居室，我小时候第一次住在那里时，身边有十六个室内仆人。但此时除了我姐姐和一个以前的厨房女佣外，已别无他人。厨房女佣结了婚，只是每天过来做饭。

我住在那里的时候,每天早上五点半就会听到姐姐四处走动的声音。她要清理整幢房子:掸灰、扫地、生火、清洗铜器、擦亮家具,然后召集大家喝茶。早餐过后她要清洗浴室,然后整理卧室。到十点半,没什么家务可做时,她就冲下楼,跑到菜园里。那里种满了土豆、一排排小豌豆、四季豆、蚕豆、芦笋、小胡萝卜和其他蔬菜。在庞基的菜园子里,没有一根杂草敢于露头,房子周围的玫瑰花坛也都不曾有过杂草。

她收养了一只中国松狮,因为它的军官主人无法照看它。那只狗总是睡在台球室里。一天早上,她下楼往台球室里张望时,看到那只狗安静地坐在它的篮子里,可是地板中央有一颗巨大的炸弹,也舒舒服服地躺在那儿。前一天夜里,很多燃烧弹落在屋顶上,所有人都上去灭火了。那时这枚炸弹飞进了台球室,而在一片嘈杂声中谁也没有听到,炸弹也没有爆炸。

我姐姐打电话给负责拆弹的人,他们急忙赶来。检查过后,他们宣布所有人必须在二十分钟之内离开。

"只要带上最重要的东西就好了。"

"拿了些什么?"我姐姐问我,"在那种慌乱的时刻,我真是蠢得厉害。"

"那么你拿了些什么?"我问。

"嗯,首先我拿了奈杰尔和罗尼的私人物品。"——他们是当时被分派住在她家里的两名军官——"因为我觉得如果他们的东西有什么损失就太糟糕了。然后,我当然拿了自己的牙刷和洗漱用品,可是再然后我就不知道要拿什么了。我在屋子里看了个遍,但脑子里空空的。于是,我也不知道为什么,竟然拿了客厅里那一大束蜡制花。"

"我都不知道你喜欢那些花。"

"我不喜欢。"庞基说,"奇怪的就在这个地方。"

"你没想到拿走珠宝和毛皮大衣?"

"根本没想到。"她说。

那枚炸弹被运走了,也被适时地引爆了,幸运的是再也没有发生类似的意外。

不久后，我接到了庞基的电报，便马上赶过去。我看到罗莎琳德在看护室里，一脸得意之色，为她的宝宝的力气和个子骄傲。

"他是个大怪物。"她面露喜色地说，"大得可怕的宝宝，一个真正的大怪物。"

我看了看那个大怪物，他看起来健康又快乐，皱皱的脸，可能是为了呼吸而咧着嘴，看起来很可爱。

"看见了吗？"罗莎琳德说，"他们告诉过我他有多长，但我忘了。反正他就是个大怪物！"

就这样，大怪物降生了，人人都很高兴。休伯特和他忠实的勤务兵哈里一起来看这个宝宝，他欣喜不已，心满意足，与庞基和罗莎琳德一样。

他们已经安排好了，准备让罗莎琳德生完宝宝之后住到威尔士。休伯特的父亲在一九四二年十二月去世了，他的母亲搬到附近的一栋小一点的房子里居住。现在计划暂定为罗莎琳德产后在柴郡待三个星期，然后会由一位护士——照她说就是"围着宝宝转的人"——陪同她前往威尔士。护士会照顾他们母子，我也会过去帮忙。

当然，在战时，什么事都不容易。罗莎琳德和护士来到伦敦后，我把她们安顿在坎普登街四十七号。罗莎琳德还有点虚弱，我便经常从汉普斯特德赶去帮她们做晚饭。起先还要做早餐，因为那名护士斩钉截铁地说她是医院的护士，是绝对不会做家务的。看到没有人侵犯她的尊严后，她又声明愿意做早餐。尽管如此，轰炸还是很不幸地越来越猛烈了。夜复一夜，我们提心吊胆地坐在那儿，警报声一响，就把马修的童车推到坚固的混凝纸桌子下面，桌子上盖着一块厚玻璃。那里是我们能够找到的便于藏匿他的最稳妥的地方。这一切让年轻的母亲担心极了，我极其希望可以待在温特布鲁克或者格林威。

马克斯那时候在北非。一开始他在埃及，然后转阵的黎波里（Tripoli），后来又去了费赞沙漠（Fezzan Desert）。信件传递得很慢，有时要隔一个多月才能收到他的信。我外甥杰克也去了伊朗。

斯蒂芬·格兰维尔仍在伦敦,有他在,我感到很庆幸。有时他会到医院找我,带我去高门(Highgate)他家吃饭。我们俩只要有人收到了食物包裹,通常都会庆祝一下。

"我收到一块从美国寄来的黄油,你可以带一罐汤来吗?"

"我收到两罐头龙虾,还有一打褐色鸡蛋。"

有一天,他宣布收到了从东海岸寄来的新鲜鲱鱼。我们来到厨房,斯蒂芬打开了包裹。哎呀,哎呀!本来是多么可爱的鲱鱼,眼下只能去一个地方了——沸腾的锅子里,多么悲惨的晚上啊。

在这段战争时期,总会有朋友和熟人消失不见。你无法再与认识的人随时保持联络,你甚至很少写信给朋友们。

我还能继续见到的两个亲密伙伴是西德尼·史密斯和玛丽·史密斯。西德尼是大英博物馆埃及与亚述文物部的负责人,一个容易激动的人,总有奇思妙想。他的观点总是与别人不同。如果我花半个小时和他聊天,离开时我总会因为他给我灌输的想法而激动,以至于感到飘飘然。他总会激起我强烈的反抗情绪,让我不得不在每个观点上与他争论。他不可能、也不想赞同他人,而一旦他不赞同某个人或者不喜欢某个人,就绝不会留情。然而从另一方面来说,你一旦成为他真正的朋友,你就是他永久的朋友,再也不会更改了。他的妻子玛丽是一个非常聪明的画家,一个美丽的女人,有可爱的灰色头发和修长纤细的脖子。她也有着极好的判断力,她就像晚餐时一道绝妙的开胃菜。

史密斯夫妇待我极好,而且他们住得不远,总是欢迎我从医院下班后去他们那儿,和西德尼聊上一小时。他会借一些他认为我会感兴趣的书给我看,他总是坐在那里,像古时候的希腊哲学家。而我就坐在他的脚边,仿佛一个谦卑的门徒。

他喜欢看我写的侦探小说,尽管他的批评方式与众不同。对于我认为不好的地方,他总是说:"这是你这本书里最精彩的部分。"而对于任何我很得意的地方,他往往会说:"不,你没有发挥出最好的状态,在这里,你有失水准了。"

一天，斯蒂芬·格兰维尔突然对我说："我给你想了个好主意。"

"哦，什么好主意？"

"我想让你写一本关于古埃及的侦探小说。"

"古埃及的？"

"对。"

"可是我办不到呀。"

"啊，可以，你可以的，根本没什么困难。一部侦探小说以古埃及为背景和以一九四三年的英国为背景，二者的难易程度是一样的。"

我明白了他的意思。人无论生活在哪个世纪、世界的哪个角落，其实都是一样的。

"而且这样会很有趣。"他说，"你应该写一本这样的侦探小说，同时能满足喜欢看侦探小说和对那个时代有兴趣的读者。"

我仍说这样的事我办不到，我的知识储备不够。但是斯蒂芬是个十分善于说服别人的人，到傍晚时，他基本已经说服了我。

"你看过大量的埃及学著作。"他说，"你的兴趣不会仅仅局限在美索不达米亚的。"

没错，我过去最爱看的相关书籍是J.H.布雷斯特德（J.H.Breasted）的《道德的曙光》（The Dawn of Conscience）。而且在写作《埃赫那吞》的剧本时，我曾阅读了大量有关埃及历史的书籍。

"你要做的不过是选定一个时代，或者说一个事件，一个特定的背景。"斯蒂芬说。

我诚惶诚恐地感到，这事就这样定下来了。

"但是你得给我提些意见。"我信心不足地说，"比方说时代和地点方面的。"

"唔。"斯蒂芬说，"这儿有一两起事件或许用得着。"他从书架上抽出一本书，给我指出该读的章节。随后又给了我六本以上的书，并驾车送我回草坪路我的家，然后说："明天是星期六。你可以逍遥地在家把这些书看上两天，看有没有能激发你想象力的东西。"

我终于挑出了三处可能用得上的有趣段落，都不是特别著名的事件或著名的人物，我认为过于出名常常给历史小说留下过多人工雕琢的痕迹。人们毕竟没见过珀披国王（King Pepi）或哈特舍普萨特皇后（Queen Hatshepsut）长什么样，而谎称知道是一件很傲慢的事。我完全可以想象一个人物，置于那个时代背景之上，只要对当时的风土人情和时代精神有足够的了解，就会获得成功。我选中的故事之一发生在埃及第四王朝（fourth dynasty），另一个则相当晚了，大概是在拉美西斯王朝晚期（the later Rameses）。最后决定采用的第三个情节是从最新出版的第十一王朝（11th Dynasty）的一个嘎教祭司（Ka priest）的信中选取的。

那些信件几乎把一个现存的家族面貌勾画了出来：父亲是个吹毛求疵、固执己见的人，他因为儿子们的不听话而生气；儿子们中，一个唯唯诺诺缺心眼，另一个脾气暴躁、浮华奢侈。父亲在写给两个儿子的信上表明他有义务抚养那个中年妇女，她明显是一个多年来寄人篱下的穷亲戚，家里的长辈们都待她很好，而孩子们成人以后就厌恶她，因为她常常搬弄是非。

老人家定下规矩，应该怎样处置油，怎样处置大麦，他们不能让某个家伙或者另一个人在粮食质量上做手脚。在我的脑海里，这一家人的情况越来越清晰——我又加入了一个女儿，并且从其他段落中摘取了一些细节。后来家里的老父亲娶回了一个新媳妇，他被她迷得神魂颠倒。另外我又增加了一个娇惯的男孩子和一个贪婪又精明的祖母。

我激动地开始动笔，那时手头没有其他作品在写。《无人生还》在圣詹姆斯剧场演出，场场成功，直到这个剧场被炸毁，而后该剧又到剑桥演了几个月。我刚开始构思一本新书，此时正好是适合着手创作古埃及侦探小说的时候。

毫无疑问，完全是斯蒂芬逼着我写这部小说的。另外一件事也是毫无疑问的，那就是如果斯蒂芬下定了决心，要让我写一部以古埃及为背景的侦探小说，我就非写不可，他就是这种人。

就像我在之后的几个星期乃至几个月里向他指出的，他肯定会后悔劝我写这种小说的。我接连不断地给他打电话，索要资料。他对我说，提出问题只需要三分钟，但是答案得花上好长时间、翻上八本大书才找得到。"斯蒂芬，他们都吃些什么？他们吃肉怎么吃？他们在特殊的宴会上有没有特别的食品？男人和女人是不是一起吃饭？他们的卧室是什么样的？"

"啊，哎呀。"斯蒂芬往往会发出痛苦的哼声，随后只好去查找。他对我说，要学会从很少的描述中想象出许许多多的事情来。书中有吃烤芦雀串的场面，有吃面包、采摘葡萄的场面，等等。最后，我获得了足够的信息来描绘那个时代的日常生活。而这时，我又提出了几个新问题。

"他们是在餐桌前吃饭，还是席地而坐？女人是否有单独的房间？他们把亚麻衣服放在箱子里还是搁在橱柜里？他们住什么样的房子？"

古埃及的住房比神殿和宫殿难考查得多。这是因为石头建的神殿和宫殿仍然存在，可是造房子的材料都是很容易腐烂的。

斯蒂芬为了结尾与我争执不休，我必须很遗憾地说最后我向他让步了。我一直恼怒于这次让步，但他有一种类似于催眠术的感染力，他如此坚定于自己的正确性，结果就是让你不禁怀疑自己。在此之前，尽管我在现实生活中总是让步于人，但基本上从未在写作上向任何人妥协。

假如我认为自己在书中的某些描写是对的——就是说某些描写应该如此——就绝不会轻易改动。但在这本书上，我没有坚持自己的正确判断，而是让步了。虽然问题并不严重，但今天重读这本书时，我仍然很想改写结尾部分。这说明人必须坚持自己最初的主见，否则就会不满意。但是我没有去改写，因为我一直对自己给斯蒂芬带来的那些麻烦，以及他促使我产生写这本书的想法而由衷地感谢他。无论如何，这本名为《死亡终局》(*Death Comes as the End*)的书如期写完了。

完成这本书之后不久，我又写了一本让我非常满意的书。那是一本全新的、用笔名玛丽·韦斯特马科特发表的作品。这本书一直在我的脑海里，我早就想把它写出来，现在终于线索清晰了。这本书刻画了一位有个性的女人，她认为很了解自己，其实不然。通过她的所作所为和对她思想感情的描写，读者会发现这一切。她好像不断地与自己重逢，但又没有意识到那是另一个自我，为此她变得越来越局促不安。有生以来，她第一次无人陪伴，在真正的孤单中度过了四五天之后，她才发现了这个事实。

现在，我有了这个故事发生的背景，之前它尚未在我的脑海里成形。那是在横穿美索不达米亚平原的途中，你困在他乡的旅店里，无法继续前行，周围没有一个会讲英语的人，当地人给你送饭时，无论你说什么他们都只会点点头。你无处可去，也见不到什么人，一直滞留到再次上路。随身带的两本书已经翻烂了，你只好坐在那儿自省。故事的开始——这个开场我早就想好了——女主人公从维多利亚火车站启程，要去探望嫁到海外的女儿。当列车徐徐驶出车站时，她回头望着站台上渐渐远去的丈夫，她看到丈夫就像一个终于摆脱了桎梏、可以去欢度假期的人一样昂首阔步地离去，感到一阵突如其来的痛苦。这太出乎意料了，她简直不能相信自己的眼睛。当然，这是她的错觉，她的丈夫罗德尼会很挂念她。然而这颗怀疑的种子留在了她的脑海中，使她非常担忧。随后，当她独自一人开始默想时，过去的生活便一幕幕地展现在眼前。以我所想要写的方式来写，技术上是很困难的。我需要的是轻松的、口语化的表达，但又要带有一种逐渐紧张起来、令人心神不宁的情绪，一种能引起共鸣的感觉。我想每个人在人生的某个阶段都会经历这种感觉——我是个怎么样的人？我究竟做了些什么？我所热爱的人如何看待我？他们会像我待他们那样待我吗？

于是，全世界都变了样，你开始用一种截然不同的方式来看待这个世界。你不停地安慰自己，可是猜疑和焦虑总是反复泛起。

我用了整整三天写完了这部小说，第三天是星期一，我向医院请了假，因为我不敢中途停笔，必须一气呵成。这部小说并不长，不过五万字，但它已在我的脑海里构思很久了。

构思一部小说的过程真是一种奇怪的感受，在六七年之久的时间里，你心里始终明白，自己终有一天会把它写出来，并且感觉到它在不断地丰富起来,直到变为文字。是的,它早就完成了,只是必须拨开云雾,才能清晰地呈现在他人眼前。所有人物都在那里了,等候在舞台两侧,准备好看到提示后就上台表演,然后突然间,有人一声令下:就是现在!

"现在"就是你准备好的时候,"现在"你已经知道全部的故事。哦,一个人可以一气呵成地做好一件事,那真是一件幸事,那个苦苦等待的"现在",终于到了。

我害怕思路的连贯性被打断,一旦我在亢奋中写出第一章,就要一直写完最后一章。因为我清楚自己的思路,有种必须付诸文字的感觉,这时就无须注意细枝末节。我总能一蹴而就。

我从未如此筋疲力尽过。放下笔后,看到写完的章节一个字都无须改动时,我倒头便睡。我记得那次我睡了二十四个小时才起来,饱饱地吃上一顿,第二天就回医院了。

我的样子一定很奇怪,人人都为我不安。"你一定是生病了。"他们说,"眼圈黑得可怕。"其实完全是疲劳过度的缘故。然而,只要写作顺利,疲劳过度也是值得的。确实非常顺利,除了体力上的消耗,没有任何阻碍。无论如何,这是一次非常值得的体验。

这本书被定名为《幸福假面》(*Absent in the Spring*),取自莎士比亚的《十四行诗》里的诗句:"春天,我离开了你。"(*From you have I been absent in the spring.*) 我自己无法评估这本书质量如何,也许题材很乏味,可能写得很糟糕,毫无可取之处。但我是怀着真诚和真挚写这本书的,它忠实于我的初衷,这是一个作者最引以为傲的。

几年之后,我又以玛丽·韦斯特马科特为笔名发表了一部作品,书名是《玫瑰与紫杉》(*The Rose and the Yew Tree*)。这本书我再读时总觉得很愉快,尽管它不像《幸福假面》那样令人爱不释手。同样的,关于这本书,我思考了很长时间,应该说从一九二九年就开始了,当时只不过是个轮廓,但我知道总有一天我会把它写出来。

人们总想知道那些想法来自何处——我是说那些必然会写出来的

想法。有时候我觉得,人类会察觉到那就是自己与上帝最接近的一刻,因为你被允许感受到一点点纯粹的来自创造的乐趣。你能够创造出一些完全有别于你自己的东西,你感到这就像万能的上帝,你可以在第七天看看你所创造的东西有多好。

我还进行了一项不同于以往的文学创作。出于对亲人的思念,我写了一本书。因为那时我和马克斯分隔两地,并且很少得到他的消息。我时常强烈地回忆起我们在阿尔帕契亚和叙利亚度过的日子。我渴望回到那时的生活,渴望重温回忆中的乐趣,于是我写下了《情牵叙利亚》(Come, Tell Me How You Live)。这是一本轻松的、描写日常琐事的书,然而它确实是我们生活的写照,有一些已被遗忘的小事情。人们对这本书推崇备至,但印数很少,因为当时纸张短缺。

当然啦,西德尼·史密斯对我说:"你不能出版那本书,阿加莎。"

"我打算出版。"我说。

"不行。"他说,"最好不要出版。"

"可我就是想出版。"

西德尼·史密斯不满地看着我,他不会喜欢自己这个样子的。我的固执己见与他加尔文式的样子正面冲突。

"马克斯也许不会喜欢的。"

我怀疑地想了想。

"我觉得他不会介意,他很有可能也喜欢回忆我们所做的事情。我绝不会写一本关于考古的严肃的书,我知道我会犯很多可笑的错误。可是这本不一样,它写的是个人生活,我打算出版。"我继续道,"我希望能拥有一些实实在在的东西在手上,去回忆,因为你不能过于信任你的记忆,记忆会消失的,这就是我要出版它的原因。"

"哦!算了。"西德尼说。他的声音里仍有怀疑的意味。虽然如此,西德尼能说出"哦!算了",也算是让步。

"无稽之谈。"他的妻子玛丽说,"当然可以出版,为什么不行?这是一本非常有趣的书,我明白你说要回忆往事、重温过去是什么意思。"

我的出版商也不喜欢这本书。他们对它持怀疑和不赞成的态度，唯恐我的作品会越来越不符合他们的需要。他们之前不喜欢我用玛丽·韦斯特马科特这个笔名创作，现在又打算扼杀《情牵叙利亚》，事实上他们只是不满意我创作其他类型的小说。然而，这本书成功了，他们又回过头来对纸张短缺抱怨不停。我是用阿加莎·克里斯蒂·马洛温（Agatha Christie Mallowan）这个笔名出版这本书的，这是为了与那些侦探小说有所区别。

4

有一些事情，你会不愿再回想起来。那是一些既然已经发生，就只好面对的事，但谁都不想再触及隐痛。

有一天，罗莎琳德打电话告诉我说，已经在法国待了一段日子的休伯特不知下落，据说牺牲了。

我觉得在战时，这是对年轻妻子最残酷的打击——丈夫下落不明。得知丈夫牺牲了也很凄惨，但妻子只能面对现实，因为你知道没有别的办法。最不幸的是抱着一线希望，残忍……没人能帮上忙。

我跑去陪她，在普里拉其（Pwllywrach）住了一段时间。我们怀着希望——当然人总会心怀希望——可我觉得罗莎琳德已经不抱什么希望了，她总是把事情往最坏的地方想。而我觉得休伯特身上一直有某种特质，不能称为忧郁，而是气质和样貌让你觉得他命中注定不会长寿。他是一个可爱的人，对我很好，我觉得他生来就具有一种类似诗意，但又不完全是的气息。但愿我能有更多的机会对他了解得更深入一些，而不仅仅是几次短暂的来访和相遇。

又过了好几个月，我们得到了更确切的消息。罗莎琳德告诉我前一天她就知道了，但她的一举一动还是像往常一样，她始终是个性格坚韧的孩子。她虽不愿意告诉我，可是又知道不得不这样做，于是她突然对我说了句："您最好看看这个。"说完递给我一封电报，上面说休已确认阵亡。

人的一生之中,最伤心、最难熬的事莫过于明知你最疼爱的人在受苦受难,而你却无能为力。身体的残疾还能帮上忙,而心灵的创伤却让人束手无策。我认为,帮助罗莎琳德最好的办法就是尽量少说这事,就好像从没发生过一样。也许这样做是错的,可这是我唯一能想到的办法。如果是我,就会有这样的感受,会不希望有人来跟我说那些话,或将事情放大。我希望这是对她最好的做法,可你永远无从确定他人的感受。也许她更想要一个刚强的母亲,让她大哭一场,尽情哭诉一番。直觉并不可靠,但人们都希望不要伤害自己所爱的人,不要做对不住他们的事。你觉得自己知道该怎么做,但不可能确定那是对的。

她和马修继续住在普里拉其空空的大房子里。马修很迷人,在我的记忆里,他总是一个快乐的小男孩,他对发现快乐很有诀窍,至今未变。我很欣慰休伯特看到了自己的儿子,知道自己有个儿子,尽管有时候想想他不能回来生活在他所热爱的家里,把他那么渴望拥有的儿子抚养成人,实在是件残酷的事。

有时候,我们一想起战争,心里便会掀起一阵怒涛。我们的国家在短时间内经历了太多场战争。第一场战争让人难以置信、无比惊讶,好像根本没有必要。可是战后人们便希望且相信这种事情已经结束了,对战争的渴望不会再从德国人的心中升起。结果不然,我们现在能从历史记录中知悉,德国在第二次世界大战前几年就开始计划发动战争了。

但是现在,战争给人们留下了可怕的感觉,而且解决不了任何问题,赢得一场战争和输掉一场战争同样是灾难!我觉得战争有它存在的时间和空间,为了让种族延续而不得不开战,否则就会灭绝。温顺、软弱、轻易让步,这样会招致灾难。在这种时候,战争就是不可避免的,因为总有一方要灭亡。就像鸟兽一样,你必须为自己的领地而战。战争带来了奴隶、土地、食物和女人——这些延续生命所必需的东西。可是现在,我们要学会避免战争,这不是因为我们本性善良或者不想伤害他人,而是因为战争毫无益处:我们和我们的敌人一样,不会从战争中幸存,而会同时被战争毁灭。需要势如猛虎的时代已经结束了,现在我们所处的,无疑是流氓、骗子、小偷、强盗、扒手横行的时代,但这是向上发展的一个阶段。

我相信这至少是善意初现的曙光。听到地震的消息、听到人类将大难临头的消息时我们会关心,会想去帮忙。我觉得这是一种真正的成就,会把我们引领到一个境界。不会很快——没有什么事会很快地发生——但是无论如何,我们可以怀抱希望了。在信心、希望、爱心这三项美德①中,我们不太重视第二项,并且很少提及。信心,我们已经有了,甚至可以说太多了——太多的信心会让你心怀怨恨、态度强硬、不愿宽恕他人。你可以把信心放低一点,但是爱心不可以放低。爱是内心的精华。可我们是否总是忘记了希望,或者很少想起希望?我们总是过早地绝望,总是说:"做这些事情又有什么用处呢?"在如今的岁月里,希望是最应该培养的。

我们已经把我们的国家变成一个幸福安康的国家,让我们免于恐惧,得享安全,让我们拥有每日必需的食物,还略有盈余。然而,在我看来,在这个幸福安康的国家里,人们却对未来的前景日益悲观,似乎没有什么值得去做的事情了。为什么?是否因为我们不再需要为生存而战?是否甚至连活着都已经了无生趣?我们无法认识到生存的意义,也许我们需要试着体验在太空里的艰辛,去开辟新的世界、体会不同的困境与烦恼,感受疾病与痛苦,激发更疯狂的生存的渴望?

哦,就是这样,我是一个怀有希望的人,我想我永远不会放弃的美德之一就是希望。这也是我总能从马修身上发现的可贵之处,他总是有着无法扭转的乐观情绪。我记得他读小学时,有一次马克斯问他,觉得自己有没有机会进入板球队的十一人主力阵容。"哦。"马修笑容满面地说,"总有希望的吧!"

我觉得一个人应该把这样的态度作为自己人生的支柱。当我听说一对住在法国的中年夫妇在战争爆发时的作为后,我气得发疯。当

---

① "信心、希望、爱心"是《圣经》中多次被提及的人类的三项美德。《圣经·新约·格林多前书》第十三章:"现今存在的,有信心、希望、爱心这三样,但其中最大的是爱心。"

他们觉得德军可能要行军穿越法国来到他们所在的地方时,他们认定唯一的对策就是自杀,于是就真的自杀了。多么无谓的牺牲!多么可惜!他们的自杀于任何人无益。他们本可以在艰难的境遇中坚持下来,生存下来,为什么在还没到死的时候就放弃了希望?

这让我想起我的美国教母多年以前给我讲的关于两只青蛙掉进一桶牛奶的故事。一只青蛙说:"哦,我要淹死了,我要淹死了!"另一只青蛙说:"我不会淹死。""你怎么会不被淹死呢?"前一只青蛙问。"告诉你,我要转圈,转圈,发疯似的转圈。"那只青蛙说。第二天早上,前一只青蛙因为放弃了希望,淹死了,另一只青蛙挣扎了一整夜,坐在牛奶表面的一层奶油上。

战争临近结束前,我想每个人都有点焦虑。从 D 日开始,人们就觉得离战争结束为期不远了,很多说战争不会结束的人也不得不收回说过的话。

我也开始感到焦虑。大多数病人被转移出伦敦,不过还有门诊病人。但即使在这个地方,感受也和上一次战争时不同。上一次我们要为直接从战壕里送来的伤兵包扎,而现在,平日里的多数时间只是把大量药丸分发给癫痫病患者——这也是很重要的工作,只是缺乏人们所需要的对战争的参与感。母亲们都把孩子带到福利机构,我总觉得其实把孩子留在家里会更好。在这一点上,首席药剂师完全同意我的看法。

在这段时间里,我考虑过一两个工作计划。我的一个年轻的朋友在空军妇女辅助队,她安排我见了她的一个朋友,他们觉得我可以为情报部门做一些摄影工作。我获得了一张了不起的通行证,让我能够在一条几英里长的地下通道里畅行,最终来到陆军部。一名严肃的年轻中尉接待了我,他把我吓死了。尽管我有不少摄影经验,可我从未做过,而且完全不懂空中摄影。我发现自己基本上认不出给我看的那些照片拍的是哪儿,只有一张我相当肯定,是奥斯陆(Oslo)。可我之前已经说错了几个重要的地方,所以这次没敢说出来。那个年轻人叹了一口气,就像看着一个低能儿一样看着我,温和地说:"我觉得你还是回医院去服务比较好。"我只好灰心丧气地离开了那个地方。

战争爆发前夕,格雷厄姆·格林写信给我,问我要不要参加宣传工作。我觉得我是那种不善于做什么宣传工作的作家,因为我缺乏只看事情一面的专注品质,一个缺乏激情的宣传者是不会起到任何作用的。要我说"X像夜一样黑暗",并且真心感觉如此,我觉得我永远也做不到。

可是每过一天,我就愈发坐立不安,我希望找一份至少与战争有点联系的工作。在温多弗(Wendover),我找到了一份替一位医生配药的工作。那里离我的一些朋友住的地方不远,这对我来说挺不错,而且我喜欢待在乡下。只是,如果马克斯从北非回来——已经过去三年了,他可能会回来——到时我会觉得太对不起我的医生。

还有一份来自戏剧界的邀请,我可以以特别舞台监督或其他什么身份随娱乐报国团去一趟北非,做巡回演出。这项计划太令人激动了,但是幸亏我没去。我计划离开英国的两周前收到了马克斯的来信,他说可能两三个星期后从北非回空军部。如果我随娱乐报国团到达北非的时候他恰好回到家,那将是多么不幸。

接下来的几周我痛苦极了。我非常紧张地等待着,还要再过两星期或者三星期,不,也许要更长的时间,他才能回来——我对自己说,这种事往往比预料的要久。

周末,我去威尔士探望罗莎琳德,星期天夜里乘晚班车赶回来。战时火车车厢里都很冷,而且到了帕丁顿火车站,往往也没有办法去任何地方。我乘坐了一列行程极为复杂的火车,终于抵达汉普斯特德的火车站,这儿离我住的草坪路公寓不远。我手拎箱子和几条腌鲑鱼,到家后又冷又乏,便点燃煤气,把手提箱和大衣放下,开始煎鱼。这时,我听到屋外传来一阵极其特别的金属撞击声,不知道那是什么动静。我走到阳台朝下看,只见顺着楼梯走上来一个背着一堆东西的人,身上的东西叮当作响,就像第一次世界大战时漫画里的警察形象,也许用白衣骑士来形容他更为恰当。一个人居然能背那么多东西,简直不可思议。可是毫无疑问,那是我的丈夫!两分钟之后我才意识到我的所有担心——担心他会变样——全都毫无道理。他还是那个马克斯!似乎昨天才走,今天又回到了我身边。我们俩重逢了。这时,我闻到一股难闻的煎鱼味,我们俩慌忙跑进屋。

"你到底在做什么东西啊?"马克斯问道。

"腌鲑鱼。"我说,"你最好也吃一条。"随后我们彼此打量了一番。"马克斯,"我说,"你重了两磅吧?"

"大概吧,你也没瘦啊。"他说。

"完全是吃土豆的关系。"我说,"没肉吃的时候,土豆和面包就会吃得多。"

我们俩加在一起一共重了四磅。这似乎是不该有的现象,应该与此情形恰恰相反才对。

"住在费赞沙漠应该使人消瘦才对。"我说。马克斯说不是那么回事,因为在那里无所事事,只得坐着吃油腻的饭菜、喝啤酒。

多么醉人的夜晚!我们吃着煎煳的鲑鱼,沉浸在幸福之中。

第十一章　垂暮之年

1

我写这一章的时候是一九六五年，而本章所记述的事发生在一九四五年。已经二十年了，可并不像过了二十年。战争年代不像真实的岁月，是一场让社会中止前进的噩梦。又过了几年之后，我总会说："哦，五年前发生过什么什么事。"可是每次我都会少说五年。当我说几年前，指的是许多年以前。时光改变了我，正如改变了其他上了年纪的人一样。

我的生活随着对德战争的结束又开始了新的一页。尽管严格来说，对日战争还在继续，可这里的战事已经结束了。人们开始医治战争的创伤，重建家园。

休了一段时间假后，马克斯回到了空军部。海军部决定解除对格林威的征用——和之前一样，又是最后一刻才通知。他们选择的离开日是圣诞节，要接收一栋被弃用的房子，没有比这更糟糕的时间了。我们还错过了一小件好事。屋里用于发电的发电机在海军部接管期间已经快报废了，那个美国指挥官曾对我说过好几次它恐怕很快就要失灵了。"无论如何，"他说，"我们会给您换一台又新又好用的，您也可以有点指望。"很不幸，在预计换发电机三星期前，房子解除了征用。

我们在冬日的阳光下再次来到格林威，它还是那么美。广阔，广阔得像一片漂亮的密林。小路不见了，以前种胡萝卜和莴苣的菜园长满了乱糟糟的野草，果树都没有修剪。景象处处令人伤心，不过仍然很美。屋里不像我们所担心的那么糟糕，但油毡一点也没留下，真是烦人，而且我们不能去要，因为海军部在迁入时已为此付过钱了。厨房真是难以形容，墙上到处是黑色的油渍，还有我前面说过的，沿着石子路走，那里有十四间厕所。

有一个厉害的人替我同海军部做斗争，不得不说，我需要有人同海军部斗争。亚当斯先生是我坚定的伙伴，有人告诉我，他能做出他人所不能做的事——是唯一能从海军部榨出钱来的人。

他们拒绝给我们补贴足够的钱来装修房间，理由非常荒谬，说他们接管的时候房子才刚粉刷过一两年，因此他们只能补贴粉刷一间房子的钱。可谁只装修四分之三啊？我们还发现船屋也被破坏了不少，石料被搬走了，台阶损坏了，有很多类似这样的损伤。这种涉及房子结构性方面的损坏修理起来是很费钱的，他们不得不付钱。这笔钱让我得以重新装修厨房。

我们又为了厕所的问题与他们拼命争辩。因为他们说他们这么做是一种改善，我应该付钱给他们。我说在厨房通道上建十四个毫无用处的厕所绝不是什么改善，我们需要的是原先的食品贮藏室、木棚和餐具室。他们说如果把那栋房子改成女校的话，这些厕所就是巨大的改善。我指出我们不打算把房子改成什么女校。我很有礼貌地说他们可以留下一间厕所，然而他们不肯。要么拆除所有的厕所，要么我就要付改善工程的钱给他们，以此抵销赔偿给我的补贴。于是，我就像红心王后①一样说："统统拆掉好了！"

对海军部来说，这意味着许多麻烦和高昂的费用，可他们不得不拆除。亚当斯先生还一次又一次地把海军部的人叫来，让他们妥善地拆除干净，因为他们总是留下一些管道和固定设施。让他们重建餐具室和食品贮藏室真是一场漫长而可怕的战争。

很快，搬运工来了，重新把家具布置到屋内各处。居然几乎没有东西被破坏或损伤，只有地毯被虫蛀了，这简直不可思议。我告诉过他们要防虫，可他们都乐观地没当回事——"圣诞节前战争就会结束"。

---

①红心王后（Red Queen）是童话《爱丽丝漫游仙境》中的人物，愚蠢而残暴。

一些书受潮了，不过数量少得惊人。客厅的屋顶没有漏雨，所有家具都保存得非常好。

格林威带有一种乱蓬蓬的华丽感，非常美。可是我很怀疑我们能否把小路清理出来，甚至不敢保证能否找出原来的路径。每过一天，那个地方就会变得更像荒地，邻居们也都视之为荒地。我们要把随便走进来的人赶走，他们总在春天来此散步，折断了很多杜鹃花枝，还不经意地毁掉了灌木丛。当然，海军部搬走以后，那里空了一段时间，没有人看守，任何人都可以进来为所欲为——不仅是采花，他们还总是折树枝。

终于可以安顿下来了。尽管生活和以前大不相同，但总算是个新的开始。和平的到来使人们都松了一口气，但和平是否会持续尚不得而知，任何事都无法确定。我们为团聚而欣慰，试着开始新生活，看看我们究竟能让生活变成什么样子。财务上的事情也很烦人，填写表格、签订合同，还有复杂的税务——乱糟糟的，完全弄不懂。

此时再回过头来看，我才发现战时我竟写下了数量多得难以置信的作品。我想这是因为没有社交活动来分散精力——那时晚上人们基本不出门。

除了之前提到的作品之外，我在战争初期还写了两本书。那时我时刻做好了在空袭中被炸死的思想准备，在伦敦这种可能性很大。其中一本是为罗莎琳德写的，这本书先完成，是赫尔克里·波洛系列的；另一本是为马克斯创作的，书中有马普尔小姐。这两本书写成之后，我把稿件存放在一家银行的保险库里，之后作为礼物正式送给了罗莎琳德和马克斯。我记得我还为它们买过高额保险，以防被毁。

"这能让你们高兴起来。"我对他们俩解释道，"哪怕是从葬礼上或悼念仪式上回来，想想看你们有这两本书，每人一本，属于你们！"

他们说他们宁可要我，我说："我也希望如此，真的！"然后我们大笑不已。

我不明白为什么人们谈到死亡时总是那么尴尬。亲爱的埃德蒙·科克，我的出版代理人，在我提出"假如我死了"的问题时总会非常不安。可是如今死亡问题真的很重要，我们不得不谈论它。律师和税务人员告诉了我关于遗产税的问题,至少让我明白——只明白了一点——我的死亡对于我所有的亲人来说都将是无与伦比的灾难,他们唯一的希望就是尽量让我活久一点。

由于提高了税率,我竟有些幸灾乐祸地想,这样就不用那么拼命地写了,一年一本足矣。一年创作两本书比一本书多不了多少钱,不过是增加工作量而已,以前鼓励我努力写作的动机不存在了。但如果有我自己想写的事,那又另当别论。

大约就在这时,英国广播公司(BBC)打电话问我愿不愿意给他们为玛丽王后(Queen Mary)安排的专题节目写一个广播短剧。玛丽王太后曾表示喜欢我的作品,希望我为她写点什么。他们问我能否很快完成。对此我很感兴趣。我踱着步思考,然后打电话告诉他们我可以。我构思了一个自己很满意的故事,写了一部名为《三只瞎老鼠》(Three Blind Mice)的广播剧。就我所知,玛丽王后很喜欢。

这件事似乎就这么过去了,但是不久之后,有人建议我把它扩写成一篇短篇小说。此时《空幻之屋》一书已被我改编成剧本,并由彼得·桑德斯搬上舞台,一举成功。我很喜欢那出剧,以至于想再写些剧本。为什么不把《三只瞎老鼠》写成剧本呢?这要比写书有趣得多。一年写一本书所得的稿费够用了,于是我又沉浸在一种完全不同的艺术形式中。

我越思考,就越觉得可以把《三只瞎老鼠》从二十分钟的广播剧改编成一出三幕惊险剧。需要加上几个人物,背景和情节都要丰富些,高潮之前要有一段渐进的情节发展。我想,《捕鼠器》(The Mousetrap)——《三只瞎老鼠》改成剧本时的名字——之所以比其他剧成功,就在于它是从故事梗概扩展而成的,因而显得有血有肉。一开始它的结构就很合理,适合构建故事。

至于剧名,得感谢我的女婿安东尼·希克斯。我一直没提安东尼,是因为他并不是一个存在于记忆中的人物,他至今仍和我们住在一起。生活中若没有他,我不知道会如何。他不仅是我所知道的最和蔼可亲的人,还是一个智力非凡、诙谐有趣的人。他主意很多,在餐桌上他能使举座皆欢。他会突然提出个问题，让大家一下子活跃起来，争先恐后地各抒己见。

他学过梵文和藏文，还能颇有见地地谈论蝴蝶、稀有灌木、法律、集邮、鸟类、南特格拉斯瓷器、古玩，以及环境与气象，等等。如果非要挑毛病的话，那就是他总是不厌其烦地谈论葡萄酒，不过关于这一点我有些偏见，因为我不喜欢那东西。

得知《三只瞎老鼠》这个名字不能用——因为已经有一出戏叫这个名字了时，我便动员大家一起绞尽脑汁地思索剧名。安东尼想到了《捕鼠器》这个名字，最终被采用了。我想他也该享有版权的，可当时我们做梦也没想到这个剧会久演不衰。

人们总问我《捕鼠器》成功的秘诀何在。显然，首先要说的是"运气"，我得说至少有百分之九十靠的是运气。除此之外，我能说出的理由就是这个剧符合所有人的口味：无关乎年龄和品位，人人都喜欢。年轻人喜欢，老年人喜欢，马修和他在伊顿公学的朋友们去看过后很喜欢，后来他和大学里的朋友们去看也很喜欢；牛津大学的教授们也都喜欢。我仔细地思索了一下，既不骄傲也不过谦地说，与和它同类的剧相比较——我指兼具幽默和惊险元素的轻松剧——这个剧本构思得很巧妙。故事层层推进，观众们会急于想知道下一步会发生什么，却又猜不到。另外，尽管所有经久不衰的剧都有一个共性，剧中人或多或少都有些夸张，但《捕鼠器》中的角色却都是现实中的人物。

曾经有这样一个案例，三个孩子被地方议会安置到一座农场，无人照管且受到了虐待。其中一个孩子死了，人们普遍认为另一个有轻微违法行为的男孩子长大后会怀有强烈的报复情绪。我记得还有一起谋杀案，案犯多年来一直把儿时的怨恨深藏在心底，后来特意回来实施复仇。这些情节都是有可能发生的。

接下来再谈剧中人：有一位年轻妇人，她怨恨生活，决心只为将来而活；一个小伙子，他不愿面对生活，渴望得到母爱；还有一个小男孩，他幼稚地打算报复那个伤害了吉米的残忍女人，以及年轻教师——这一切，在我的眼里，在观众眼里，都是那么真实、自然。

首演由理查德·阿滕伯勒和他妩媚的妻子希拉·西姆担纲主演，他们的表演多么精彩啊！他们很喜欢这个剧本，并且对它很有信心。理查德·阿滕伯勒为了表演好角色用尽了心思，预演我就很满意，全部都喜欢。

接着终于开始公演了。我一定要说，我完全没料到这部剧会取得如此大的成功，一丝类似的预感都没有。我觉得公演一切顺利，不过我记得——不记得是不是第一轮演出了，我想是在牛津郡巡回公演之初——我和我的朋友们一起去看，我很悲哀地发现我有些弄巧成拙了。掺入了太多幽默成分，笑声太多了，这样容易把惊悚成分抹杀。是的，我记得我曾有一点难过。

另一方面，彼得·桑德斯轻轻地点头对我说道："别担心！我敢说这出戏能连演一年多，我准备给它十四个月的时间。"

"不会连续演出那么久的。"我说，"也许八个月。是的，我想会有八个月。"

现在，当我写到这一章的时候，这部剧已经上演十三年了，演员阵容几经更改。外交官剧场（The Ambassadors Theatre）不得不把座椅和帐幕更换一新，听说舞台布景也要换了，原有的已破烂不堪，但依旧场场座无虚席。

我得承认，我一直觉得这事令人难以相信。为什么一部轻松的娱乐剧能连续上演十三年之久？毫无疑问，人世间总有奇迹发生。

那么，收入都落到谁手里了呢？当然，主要部分毫无例外地缴了税金。除此之外呢？我把好几本书和短篇小说的版权赠送出去了。短篇小说《避难所》（Sanctuary）的连载权赠给了威斯敏斯特教堂基金会，还有一些小说的版权分赠给了其他人。你只管坐在那里写，然后把版权转赠给他人，这可比信手给人开张支票或类似的什么更让人激动，而且更自然。可能有人会说，归根结底都是一回事啊，但事实远非如此。我把一本书的版权给了我丈夫的外甥，尽管那本书是很多年前就出版了的，但直到现在它仍能给他们带来收入。我把电影《原告证人》（Witness for the Prosecution）的版权中属于我的那一份给了罗莎琳德。

那出戏,《捕鼠器》,我给了我的外孙马修。马修始终是家里最幸运的一员,我送给马修的这个礼物后来成为"盈利冠军"。

另一件让我特别高兴的事情是,我写了一部小说——我想人们把它称为中篇小说,介于长篇与短篇之间的东西——我把它的收益捐给了我家当地的彻斯顿·费勒斯教区(Churston Ferrers)教堂,用来修整彩色玻璃。那是一座很美的小教堂,然而,教堂东面平淡无奇的玻璃窗总让我觉得像是美人打哈欠时露出的牙齿豁口。我每个礼拜天都看着它,心想如果换成浅浅的彩色玻璃该会多么可爱。但我对彩色玻璃一窍不通,之后我犹豫不决了一阵子,拜访了很多画室,拿了很多彩色玻璃艺术家们绘制的各式草图。最后我选中了一位叫作帕特森的玻璃艺术家,他住在比德福德(Bideford),他寄给我了一份窗户设计图,我很满意,尤其是他所用的色彩,不是普通的红色和蓝色,而是主要采用了紫红色和浅绿色,都是我最喜欢的颜色。我希望中间的人物是好牧人①,关于这一点,我和埃克塞特教区主教发生了一点小小的争执。不得不说,他和帕特森都坚持东面窗户中间的图案必须是耶稣受难像。然而教区主教在对此事作了一番研究之后,同意我把耶稣画为好牧人,因为那是一个牧人教区。我希望这是一面欢快的窗户,孩子们看见它能开心愉悦。于是中间的图案是好牧人和他的羊,其他玻璃上的图案有:马槽、圣母和圣婴,天使出现在野地里的牧羊人面前,打鱼的人在船上下网,在海边行走的身影②,都是福音故事里的简单场景。我非常喜欢那些窗户,以在每个礼拜天看到它们为乐。帕特森先生制作出了非常精美的窗户,我想它们经得起时代的考验,因为它们朴实无华。而我能将作品的收益贡献于此,感到既自豪又谦卑。

---

① 《圣经》中,耶稣多次把自己与人们的关系比作牧人与羊,《圣经·新约·约翰福音》第十章:"我是好牧人、好牧人为羊舍命。"
② 《圣经·新约·路加福音》第二章记述,耶稣诞生后被放在马槽里。《圣经·新约·路加福音》第二章记述,耶稣诞生之夜天使在伯利恒的野地里向牧羊的人报信。《圣经·新约·路加福音》第五章记述,耶稣在布道后指点彼得打满了鱼。《圣经·新约·马太福音》第四章记述,耶稣在加利利海边行走遇到众门徒。

2

在戏院的某一晚常在我的记忆中浮现,那就是《原告证人》的首演。可以说,这是我唯一感到乐在其中的首演之夜。

首演之夜往往使人痛苦和尴尬。作者应该出席观看首演的原因有两个,一个卑鄙的理由是,可怜的演员们在全力以赴,一旦演出失败,剧作者不在现场分担这种尴尬是很不公平的。我听人讲过,《不在犯罪现场》的首演就曾出现过意外事故。根据剧本要求,那个男管家和医生必须敲打书房紧锁的门,随后觉得问题严重了,再把它撞开。可那天晚上,书房门没等人敲、更没等人撞,就自动打开了——扮尸体的演员正在最后调整姿势。从此以后,我就对紧锁的门、按照剧情应该熄灭而没有熄灭的灯光、剧情要求必须亮而没有亮的灯之类的事紧张不已。在现场时你会感到真正的痛苦煎熬。

去观看首场演出的另一个理由就是好奇心。明知道会不喜欢、会痛苦难耐、会看到演出中一片混乱,比如念错台词、忘记台词啦,插科打诨啦。可是因为"象宝宝"难以满足的好奇心,你还是会去,要亲自去体验剧场内的效果。因为别人怎么说都不顶用。好奇心将你带进剧场,你颤抖着,浑身忽冷忽热,暗中祈祷千万别被人发现躲在剧场后排的这位剧作者。

《原告证人》的首演之夜完全不同,这是我最喜欢的剧本之一。我对这出戏的满意程度差不多达到了我对剧本的最高要求。我原来并没想创作这样一出戏,心里曾有些踌躇,是彼得·桑德斯敦促我动笔的。他一直具有惊人的说服力,会软磨硬泡。"你当然做得到。"

"我对法律程序一窍不通,我会搞得自己像白痴一样。"

"这很容易。你可以阅读一下相关的资料,我们会找一个律师来帮忙纠正错误。"

"我写不出法庭场面。"

"哦,你可以的,你看过法庭戏,也可以研读一下审判案例。"

"哦,我不知道……我想我是没办法写好的。"

彼得·桑德斯继续说我当然能行,而且我必须马上动手,因为他希望剧本很快写好。于是我照例又被施了催眠术,屈从于权威意见。我阅读了多卷本的《著名审判案例》丛书,并就一些问题请教了很多初级律师和高级律师。后来我对此产生了兴趣,并且突然发现自己乐在其中——写作中出现这种兴奋时刻持续的时间往往不长,却会让人十分振奋,仿如被大浪冲向岸边。"真是有趣……这个……可以用……好了,接下来怎么写呢?"这是发现事物的宝贵时刻,不是在舞台上探寻,而是在心里探寻。一切都浮现在眼前,真实的一切,真实的法庭——不是老贝利①,我还没去过那里——而是一个已在我的脑海中初具雏形的真实的法庭。我仿佛看到了那个站在被告席上、神经质的、绝望的小伙子,还有那个不为恋人,而是为了法律的正义毅然出庭作证的不可思议的女人。这是我完成速度最快的作品,除去研读材料做准备的时间,我想我仅用了两三个星期,就完成了这部《原告证人》。

自然,排演的时候做了些改动,我极力抗争,要保留精心设计的结尾。没人喜欢那个结尾,大家都说这样结尾会毁了整部戏。每个人都说:"这么收场肯定不行。"都想改个不一样的,我几年前写的同名短篇小说原作的结尾都比这更好。可是短篇小说毕竟不同于剧本,小说中没有法庭,没有命案审判的情节。那只是一个与被告及一个不可思议的证人有关的故事,我坚持到底。我并不是一个固执己见的人,因为大多数时候我总是信心不足,然而这一次我充满了信心。我就要这样的结尾,如果不同意我的意见,我宁可不让这出剧公演。

我的目的达到了,演出也获得了成功。有的观众说这是一个骗局,是故意引人入彀,可我认为并非如此。它是合乎逻辑的。这种事能够发生、也可能发生,而且在我看来,现实中很可能发生过。只不过可能没那么多暴力因素,但这种心理是存在的,而且隐藏的事实贯穿于全剧之中。

一位出庭律师和他的首席秘书在排演时针对戏中的两个场景适时

---

①指中央刑事法院(Central Criminal Court),因其所在的街道而也被称为老贝利(Old Bailey)。

地提出了建议。首席秘书严厉地批评说:"嗯,在我看来全都不对。你瞧,因为像这样的庭审,一般至少要花三到四天。你不可能压缩到一个半小时或者两个小时之内。"当然,他说的话再正确不过了。不过我们解释说,戏中所有法庭内的场景都不得不按照戏剧化的方式安排,三天必须浓缩成几个小时而不是几天。不时地将幕布升起、降下也许会有帮助,可我觉得,在《原告证人》中保持连续的庭审场面是很重要的。

不管怎样,该剧首演当晚我心情很好。去剧院的时候我像往常一样战战兢兢,可大幕一拉开,我的精神就立刻为之一振。在我所有搬上舞台的剧目之中,这出戏的演员阵容最合我意:德里克·布卢姆菲尔德饰演年轻的被告。由于不熟悉法律,我没有确切地想象过被告在法庭上的举止,可被告被演绎得如此活灵活现!帕特里夏·杰塞尔饰演难度最大的角色,这出戏成功与否几乎都取决于她,再也找不出更好的女演员了!这个角色的确很难演,特别是在第一幕里,台词不大起作用,因为台词都是断断续续、踌躇含蓄的,完全靠眼神的力量。她把这一切表演得完美无缺,一个紧绷着的、高深莫测的形象,我至今仍觉得她扮演的罗曼·海尔德是我见过的最出色的舞台表演。

我很高兴,听到观众们鼓掌更是喜形于色。谢幕之后,我像往常一样悄悄地走出剧院来到朗埃克大街上。在寻找自己的小汽车的那几分钟里,我被一群热情的人围住了,他们都是普通观众,在认出我后拍着我的肩膀,鼓励我说:"亲爱的,这是你的最佳作品!""一流的,太棒了!""这出戏要用胜利手势来庆贺!""每一分钟都很有意思!"大家掏出本子要我签名,我欣然从命。第一次,那种忸怩感和紧张都不见了。是的,这是个值得纪念的夜晚,我至今还为之骄傲和兴奋。即使现在,我还能从记忆的箱子里把它发掘出来,看一眼说:"那一晚啊,真是值得纪念!"

我还记得一个令我非常自豪的场合,不过我得承认,我也饱受煎熬。那是《捕鼠器》上演十周年纪念日,为此举办了一个聚会——必须举办一个聚会,而且我非去不可。我并不介意参加为演职人员举办的小型戏剧界聚会或者之类的活动，都是老朋友们，尽管会紧张，我还是能够克服的。然而这次是在萨伏依饭店举行的重要的大型聚会，社交场合所有令人头痛的事物都会出现——成群的人、电视、灯光、摄影师、记者、演讲，等等。还有更糟的，这世上再没有人比我更不适合做女主角的了。尽管如此，我心里清楚，我必须克服。我不打算做演讲，只是说几句话，但这也是我以前从未做过的。我做不了演讲，从来没做过，以后也不会做。我不做演讲是明智的，因为我会表现得很糟糕。

我知道那天晚上做任何演讲我都会表现得很糟糕。我试着想想看要说什么，后来还是放弃了，因为想得太多可能更会弄巧成拙。最好什么都不要想，当那可怕的一刻到来时我就随便说几句，说什么无关紧要，总比我事先想好了词，结果说得结结巴巴要好。

宴会一开始我就有不好的预感。彼得·桑德斯要我提前半小时到萨伏依饭店（等我到了才发现这是为了应付摄影记者令人痛苦的纠缠。要是能应付过去倒也是件好事，只是我没有想到规模会这么大）。我如约而至，勇敢地独自来到饭店。可当我想要走进为聚会专设的私人包间时，被挡住了。"现在还不能进，夫人，要再过二十分钟才能进去。"我只好退回来。为什么我不直截了当地告诉他"我是克里斯蒂太太，他们要我进去"？我也不知道。可能是因为我那可怜、可怕、无法避免的羞怯性格吧。

这实在可笑，因为普通的社交场合我根本不会怯场。我不喜欢大型社交聚会，但也可以去，不管感受如何，反正不是怯场。我觉得实际上那种感觉就像——我不知道是不是每个作家都有这种感觉，我想大多数有——我在扮演别的什么人，因为至今我仍不觉得自己是个作家，还是感觉自己在假扮一个作家。我也许有点像我的小外孙马修。他两岁的时候从楼梯上走下来，为增加信心，他说道："这是马修在下楼梯。"我也是这样到了萨伏依饭店，对自己说："这是阿加莎在扮演一个成功的作家，参加为她举办的大型社交聚会，她得表现得像个大人物，还得发表一个她做不了的演讲，必须得做一些她不擅长的事情。"

反正，我像个胆小鬼一样接受了被拒之门外的事实，转过身去，悲惨地在萨伏依饭店的走廊里踱来踱去。我想尝试鼓起勇气跑回去，像玛戈特·阿斯奎思①那样说："是我！"不过我很幸运，彼得·桑德斯的总经理、亲爱的维里蒂·赫德森解救了我。她笑了——忍不住地哈哈大笑——彼得·桑德斯也大笑不止。反正他们把我带进去了，然后我顺从他们的意思剪彩，亲吻女演员，咧开大嘴傻笑，还不得不忍受自己的虚荣心受到蹂躏——与那些年轻漂亮的女演员行贴面礼时我心里很清楚，我们会同时出现在第二天的新闻里。她们看上去美丽动人、充满自信，而我却糟糕至极。哎，好吧，我想这也是好事，可以治一下我的虚荣心！

一切进展顺利，不过当然了，那些天才女演员不会像在女王的晚宴上那样卖力。我总算"演讲"了，也没有闯祸。我一共只说了几句话，但大家很捧场，每个人都说我讲得不错。我还不至于会相信他们的话，不过算是应付过去了。人人都看出我不擅此道，也都意识到我尽了力，于是就宽容地对待我的努力。不过我的女儿并不满意，她说："你应该多费点儿心思，妈妈，应该事先准备一篇合适的稿子。"然而她是她，我是我，预先准备好合适的稿子对我来说会造成更大的灾难，还不如临场发挥，反正不行了我就提对妇女的敬重。

"今晚你改写了戏剧史。"彼得·桑德斯拼命地鼓励我，从某种意义上说，我觉得这是事实。

3

几年前我们在驻维也纳的英国大使馆做客，詹姆斯·鲍克爵士和夫人艾尔莎都在，当有记者要采访我时，艾尔莎·鲍克就严肃地批评

---

① 玛戈特·阿斯奎思（Margot Asquith, 1864-1945），英国女作家、社交名流，因敢于直言而著称。

526

了我。

"可是，阿加莎！"她用她那悦耳的外国口音喊道，"我真不了解你。如果我是你，我应该会很骄傲，我会说：'好啊！好的，来吧，坐下来！我知道我的成就很了不起，我知道，我是世界上最好的侦探小说作家。是的，我为此骄傲。是啊，是啊，我当然会告诉你。我很乐意这么做。啊，是啊，我确实很聪明。'如果我是你，我肯定觉得自己很聪明，聪明到我可以不停地谈论它。"

我乐不可支地说："艾尔莎，但愿接下来的半个小时你我能互换角色，你会很完美地接受采访，他们会为此爱慕你。可我，实在是没有能力当众做任何事。"

大体上说，我基本不会在公开场合做任何事，除非绝对必要，或者如果我不做就会严重伤害到其他人的感情。如果你做不好某件事，那就不要尝试去做，这样会聪明很多。我也确实不觉得一个作家有什么必要一定要抛头露面，这并不是他们的分内事啊。对很多职业而言，个性和公众关系非常重要，比如演员和公众人物。而一个作家就只是写作而已。作家是极其缺乏自信的一群人，他们需要得到鼓励。

我的第三部在伦敦久演不衰（各戏院同时上演）的剧作是《蛛网》(*Spider's Web*)，这是特意为玛格丽特·洛克伍德创作的。彼得·桑德斯约我去见她，商谈这件事。她说她很感激我专门为她创作一部戏，我问她喜欢怎样风格的戏剧，她不假思索地说不想再扮演邪恶、过度夸张的角色了。最近她在许多部电影里扮演了"坏女人"，她想演喜剧。我觉得她的想法无可非议，因为她拥有强大的喜剧天赋，能演得很动人。她是一位杰出的女演员，很会把握节奏，能表达出台词的内涵。

塑造《蛛网》中的克拉丽莎这个角色使我乐在其中。最初，关于剧名我还有些犹豫不定，是用《克拉丽莎发现尸体》还是用《蛛网》？最后决定用《蛛网》。这部戏演了两年多，我很满意，玛格丽特·洛克伍德领着警官走上通往花园的小径时的样子真是妩媚动人。

之后我写了《意外来客》(The Unexpected Guest)，以及一个虽不受观众喜爱却被我视为杰作的本子。剧名叫《判决》(Verdict)——名字很糟糕。我本来把它命名为《无处栖身的不凋花》(No Fields of Amaranth)，取自瓦尔特·兰德(Walter Landor)的诗句："在墓的那一边，不凋花无处栖身。"(There are no flowers of amaranth on this side of the grave.)至今我仍认为它是除《原告证人》之外的最佳作品。但这一部失败了，我认为大概是因为它既非侦探故事又非惊悚类。这是一部涉及谋杀案的剧作，但其真正的背景和主旨是说理想主义者是危险的，他很可能毁灭那些爱他的人。并由此引出了这样一个问题：为了信仰，一个人可以牺牲多少？不是自我牺牲，而是牺牲自己所爱的人，虽然他们并不相信这种信仰。

在我创作的侦探小说中，有两篇是我自认的得意之作：《怪屋》(Crooked House)和《奉命谋杀》(Ordeal by Innocence)。某天我重读自己写的小说时，惊奇地发现《魔手》(The Moving Finger)也颇令人满意。重读那些十七八年前写的小说，对它们是极大的考验。人的观点是会变的，有些小说经不起时间的考验，有些则是永恒之作。

有一次，一位印度姑娘采访我（不得不说，她问了我很多无聊的问题），她问道："有没有哪本书是你认为很糟糕的？"我生气地回答说没有。我说，书写出来，都会和最初的构想有些不同，总会有不满意之处，但如果某本书我刚写完就认为很糟糕的话，我是绝对不会让它出版的。

不过我觉得《蓝色列车之谜》有点接近于此。每次重读此书，我都会觉得它内容平庸、描写陈腐、情节淡而无味。可遗憾的是，许多人喜欢它，作者对自己的作品是最没有发言权的了。

我并不贪得无厌，可如果有一天写不出书了，我会非常伤心。我能在七十五岁这个年纪继续从事写作事业毕竟是幸运的，到这个岁数，人都该满足并且急流勇退了。事实上，我反复考虑过今年封笔的想法，但是刚完成的作品比以前的任何一部销路都好，这使我欲罢不能。我想此时封笔是在犯糊涂,或许我最好把封笔的时间定在八十岁?

我非常享受这第二春,结束了被情感和人际关系所包围的人生,突然发现——比方说,在五十岁时——生活以崭新的面貌展现在面前,到处都是你可以思考、学习、读取的东西。你发现自己乐于去看画展、听音乐会、观赏戏剧,怀着和二十岁或二十五岁时一样的狂热之情。有一段时期,个人生活耗费了你所有的精力,而现在你自由了,可以环顾四周,享受闲暇,享受一切。你还足够年轻,可以享受出国的乐趣,尽管你也许不能再忍受艰辛了。这就像是有一股新鲜的观念和思想的激流在你的体内升腾,当然,伴随着日渐衰老的惩罚。身体上总会有个地方在做怪,不是后腰痛,就是颈部的风湿痛折磨了你一整个冬天,以至于一转头都会痛苦难耐,要么就是膝关节炎使你不能久站或步行下山。这些事都会发生在你身上,你必须忍受。但是,我觉得一个人对生命的感恩之情在这个年纪会比以往更强烈、更举足轻重,带有梦想的真实感和强烈感——我至今仍然非常享受梦想的乐趣。

4

一九四八年,考古界重新活跃起来,人人都在谈论远征中东的可能性。到伊拉克发掘古物又成为可能。

战前,叙利亚为考古所提供的条件更具吸引力,不过此时,伊拉克政府和文物部决定提供相同的优惠政策。尽管所有出土的"孤品"都要送到巴格达博物馆,但任何被他们称为"非孤品"的文物,发掘者都可以享有一份。于是,经过一年的小范围尝试性发掘之后,人们开始涌向那个国家。战后成立了西亚考古学会,马克斯参加了,并在伦敦大学考古研究所担任教授。每年他都会花几个月时间在发掘现场工作。

时隔十年之久,我们怀着极大的兴趣再次出发,继续在中东的发掘工作。这次没有东方快车了,哎!那不再是最划算的方式了——人们现在不会从头坐到尾了。这次我们坐飞机,从此开始了单调的、例行公事般的空中旅行,但你也不得不承认,这样很节约时间。更悲哀的是,也不再有奈恩兄弟的穿越沙漠之旅了。你就是从伦敦飞抵巴格达,仅此而已。早些年,你必须在途中停在某个地方住一晚,而那只是一个开端,显然,旅程会逐渐变得非常无聊、昂贵且毫无乐趣。

不管怎样,我们到了巴格达,同行的有马克斯、我,还有罗伯特·汉密尔顿,他曾经随坎贝尔·汤普森夫妇一起发掘,后来成为耶路撒冷博物馆馆长。很快,我们便一起探访伊拉克北部的遗址,在大小扎布河(Zab)之间穿行,直到最终抵达伊尔比尔(Erbil)那与众不同的市镇和土丘。从这里我们继续向摩苏尔行进,途中第二次来到尼姆鲁德。

尼姆鲁德和我记忆中很久以前第一次来访时一样可爱。马克斯这次特别热心地勘察此地。之前说这里不能进行挖掘,但此刻他虽没明说,却已能看出一些可能性。我们又一次在这里野餐,寻访了几个土丘,最后抵达摩苏尔。

这次行程的结果是,马克斯终于发话了,他坚定地说此时他唯一渴望做的就是挖掘尼姆鲁德遗址。"这里规模很大,有历史价值——应该被发掘。自莱亚德①以来,这里近一百年没人动过。而莱亚德也只动过边缘地带,他发现了一些漂亮的象牙碎片,一定还有更多。它是亚述三个最重要的城市之一。阿舒尔(Assur)是宗教首都,尼尼微是政治首都,而尼姆鲁德,或者叫它当时的名字卡拉,是军事首都。应该发掘它,这意味着需要很多人、很多钱,还需要好几年的时间。但如果我们足够幸运,这里有可能成为最重要的遗址之一,为世界百科增加一处著名发掘地。"

我问他对史前陶器的发掘是否已告一段落,他说是的,那么多问题都已迎刃而解,现在他全部的兴趣都在尼姆鲁德,这是一处颇有历

---

① 奥斯丁·亨利·莱亚德(Austen Henry Layard, 1817–1894),英国考古学家,以发掘文中所说的尼姆鲁德(Nimrud)而闻名于世。他对揭示巴比伦和亚述的古代文明有重要贡献,被称为"英国西亚考古学之父"。

史价值的遗址。

"它将与以下几个地方齐名。"他说,"图坦卡门法老王墓（Tut-ankh-amun's Tomb）,克里特的克诺索斯王宫（Knossos in Crete）,还有乌尔。"他继续道,"而且你可以申请经费。"

经费很快就到位了,起初不是很多,不过随着发掘有所进展,渐渐越来越多。纽约大都会博物馆（The Metropolitan Museum）是我们最大的赞助人之一,伊拉克的格特鲁德·贝尔考古学校也捐了钱,还有很多赞助者：英国的阿什莫尔博物馆、菲茨威廉博物馆、伯明翰博物馆,等等。于是我们开始了历时十年的工作。

今年,也就是这个月,我丈夫的著作《尼姆鲁德及其遗址》即将出版。他写了十年,一直担心活不到完成它。人的寿命是不一定的,像血栓、高血压等现代疾病总是虎视眈眈地注视着你,尤其是男人。然而一切顺利,这部著作是他毕生的心血：从一九二一年起,他一直扎扎实实地为此而努力。我为他的成就感到光荣,也为他高兴。他和我都在自己喜爱的工作中获得了成功,这似乎是一种奇迹。

我们俩工作性质之悬殊可以说天差地别。我很浅薄,他却是阳春白雪,但我们能相互补充对方之不足,相互帮助。他时常问我对某些问题的看法,而我则是一个对他的考古事业颇为了解的业余爱好者。的确,许多年前我曾很悲哀地对马克斯说,可惜年轻时我没能学习考古,那样我就可以更了解考古问题。他说："你没发现,现在你比任何一个英国妇女都更了解史前陶器吗？"

在那一刻或许是这样的,但无法持久。我永远不具备专业的态度,无法确切地记得历代亚述国王的在位日期,可是我对考古学所揭露的个人生活有着强烈的兴趣。我喜欢某一只埋葬在门槛下的小狗,门槛上记述的文字是："别迟疑,咬他！"这是一只看门狗的绝妙箴言,你可以想象出某人在黏土上写下这句话时哈哈大笑的样子。那些契约刻板也非常有趣,轻描淡写地叙述了一个人如何、在哪里把自己卖身为奴,又以同样的方式描述如何收养了一个儿子。你可以看到撒缦以色国王（Shalmaneser）怎样建造起他的动物园——把他在战争中赢得的外国动物都运送回来,以及他是如何尝试种植新的植物和树种的。我总是很贪心。我们发现了一块石碑,上面记录着国王举行宴会时的饮食菜单,这让我非常着迷。在我看来最奇怪的是,在一百只羊、六百头牛和大量这类东西之后,只有二十条大面包。为什么面包的数量这么少?事实上,为什么要有面包?

我从来都不是一个怀有科学态度的专业发掘者,对于地层、设计图等这些东西都不感兴趣,如今在现代化的学校里它们常被拿来热烈讨论。我很不害臊地专注于从土中发掘出来的工艺品,我想这些远远不如前面所说的那些重要,可是对我来说,没有比手工制作的东西更令我着迷的了。小小的象牙盒子,四周雕刻着乐手和他们的乐器;长着翅膀的男孩;令人称奇的女人头像,丑陋但充满了活力与个性。

我们住在土丘和底格里斯河之间,算是村里酋长房子的一部分。一楼有一个吃饭和堆放出土物的房间,隔壁是厨房;楼上有两个房间,一间是马克斯和我的,另一间在厨房的正上面,是罗伯特的。我晚上要在餐厅里冲洗照片,此时马克斯和罗伯特就会跑上楼。但是每次他们在房间里走来走去,都会有尘土从天花板上掉下来,落在冲印盘里。在冲印下一批之前,我会跑上楼去,愤怒地说:"记住,我在楼下洗照片呢,你们每次走动都会掉土,谈话时就非走动不可吗?"

但他们总会聊着聊着就很兴奋,然后急忙冲到一个箱子前,拿出一本书来查阅,于是又会掉下一块干土。

我们的院子里有一个鹳巢,鹳在交配的时候会发出可怕的声音。它们扇动着翅膀,发出骨头咯咯作响般的动静。在中东的大部分地区鹳都极受尊重,这里的每个人都对它们非常尊敬。

第一个发掘季结束后,我们在动身返回前已经准备好了一切,要在土丘上造一座土砖房子。土砖都做好了,放在那里等待晾干,屋顶也安排好了。

第二年再来时,新房子让我们非常得意:有一间厨房,厨房隔壁是餐室兼起居室,接下来是一间绘图室和一间古物存放室。我们睡在帐篷里。一两年后我们扩建了房子,增加了一间小办公室,有一张办公桌对着一扇窗户,发薪日时可以通过这扇窗户给工人们发工资。另一侧还有一张供碑铭专家使用的书桌。隔壁就是绘图室和工作室,里面有一盘盘的古物等待修补。再过去就是我这个可怜的摄影师通常冲洗照片、装胶卷的狗窝。时而会有可怕的沙尘暴和大风席卷而来,我们会马上冲过去,拼尽全力死死地抓住帐篷,垃圾箱盖都会被吹得不见踪影。最后帐篷往往会砰的一声倒塌下来,把某人压在底下。

又过了一两年,我请求为我增添一个小房间,我可以自己出钱。于是我出了五十英镑,建起一间小小的、四四方方的土砖房间,我就在这里开始写这本书。屋里有一扇窗户,一张桌子,一把直背椅和一把几乎散架的老明蒂椅子,很陈旧了,几乎很难坐下去,不过很舒服。墙上挂着两幅年轻伊拉克艺术家的画作:一幅画着一棵树和一头看似很可怜的母牛;另一幅像万花筒一样,堆砌了所有你能想象出的颜色,起先看起来像是大杂烩,可突然间,你会看到两头被人牵着的驴子正穿越集市。这幅画令人心醉神迷。最后我把它留在了那里,因为每个人都迷上了它,它被转移到了起居室。不过我总觉得有一天我会把它要回来的。

我们的碑铭专家之一、唐纳德·怀斯曼,帮我在房门外钉了一块楔形文字的门牌,宣告这是 BEIT AGATHA——即阿加莎之屋。在阿加莎之屋里,我每天都干一点自己的活儿,不过大部分时间还是在冲洗照片、修补并清洗象牙物品中度过。

我们雇的厨子每一个都很出色。其中一个疯了,他是一个葡萄牙和印度混血。他厨艺很好,可是在发掘期间,随着时间的流逝,他变得越来越不爱说话。终于,厨房男仆跑来说他们非常担心约瑟夫,他变得非常古怪。有一天他不见了,我们去寻找他,并报了警,最后酋长的人把他带了回来。他解释说他得到了主的命令,必须遵从,但他必须回来确认主的意愿。似乎在他的脑子里,有点儿把万能的上帝和马克斯给混淆了。他在房子周围大步流星地走着,在马克斯面前跪倒。此时马克斯正在向工人们解释什么事情,厨子突然亲吻他的裤脚,让马克斯困窘不已。

"起来吧,约瑟夫。"马克斯说。

"我必须照你的盼咐做,主啊,告诉我该去哪里我就去哪里,派我去巴士拉我就去巴士拉,让我去巴格达我就去巴格达,叫我去北方雪域我就去北方雪域。"

"我告诉你,"马克斯接受了万能的上帝这个角色,说,"我要你立刻去厨房,按我们的需要给我们做饭。"

"我这就去,主。"约瑟夫说,然后再次亲吻马克斯卷起的裤脚,起身前往厨房。很不幸,他的脑子好像有点错乱了。之后马克斯继续指挥着约瑟夫,可他还是经常走失。最后我们不得不把他送回巴格达,把钱缝在他的口袋里,并给他的亲戚发去了电报。

接着是第二个男仆丹尼尔。他说他了解一些烹饪知识,可以在这一个发掘季的最后三个星期担任此职。结果我们陷入了无休止的消化不良。他喂给我们吃的全都是他所谓苏格兰鸡蛋,非常不好消化,是用一种非常奇怪的油脂做的。丹尼尔还在离开之前使自己蒙羞,他和我们的司机吵了一架,结果司机来告发了他,告诉我们他在自己的行李里藏匿了二十四罐沙丁鱼罐头和各种各样的美味佳肴。我们对他进行了严厉的斥责,警告丹尼尔,说他玷污了基督徒和仆人的双重身份,让阿拉伯人看轻了基督徒。我们不能再留用他了,他是我们最差的仆人。

丹尼尔跑去对我们的碑铭专家之一哈里·赛格斯说:"你是这个发掘地里唯一的好人,我看到你在读《圣经》。你是个好人,肯定会把最好的裤子给我吧。"

"真是的。"哈里·赛格斯说,"我才不会做这种事呢。"

"你要把你最好的裤子给我,你是个基督徒。"

"不给你我最好的裤子,也不给你我最坏的裤子。"哈里·赛格斯说,"我两条都要。"于是,丹尼尔走了,尝试到别的地方乞讨。他实在是懒到极点,总是想方设法拖到天黑后擦鞋,这样就没人看到他其实不是真正在擦鞋,而是坐在那里抽烟,哼哼小曲。

我们最好的男仆是迈克尔,他曾经在英国驻摩苏尔领事馆服务过,看上去就像埃尔·葛雷柯(El Greco)画中的人物,有一张忧郁的长脸和巨大的双眼。他的妻子总是给他添麻烦,偶尔还会尝试用刀刺杀他。最后一名医生说服了他,把他的妻子带去了巴格达。

"那位医生给我写过信。"迈克尔有一天说,"他说只是钱的问题,如果我给他两百英镑,他就可以想办法把她医好。"

马克斯力劝他带她去一家大医院,并预先和医院打了招呼,防止他再被江湖郎中骗。

"不是的,"迈克尔说,"他是个很高贵的人,他住在高贵的街道上、高贵的房子里,他一定是最高明的。"

在尼姆鲁德,最初三四年的生活相当简朴,恶劣的天气经常把我们与所谓的公路隔绝,以至于参观的人都到不了我们这里。接着,随着这里变得越来越重要,政府修了一条车道把我们与主干道相连,通往摩苏尔的正规公路也有很大一段铺上了柏油。

但这也非常不幸,在最后那三年里,我们只好专门雇一个人,什么也不干,就带人到处参观。礼待来宾,供应茶水和咖啡饮料等。常常有大型游览车载着在校学生前来,这是最让人头痛的事。因为附近到处是大型挖掘现场,顶层的土块并不安全,除非你对走过的地方了如指掌,否则很容易出事故。我们请求学校的老师们让孩子们远离挖掘现场,可是他们摆出常见的态度,说:"听凭天意,一切都会没事的。"还有很多父母带来了他们的宝宝。

"这个地方啊……"罗伯特·汉密尔顿环顾绘图室,这里已经被三辆婴儿车挤满了,里面的婴儿哇哇大哭着。他很不高兴地说:"这个地方现在成了育婴室了!"他叹息道,"我要出去测量那些地层。"

我们都尖叫着向罗伯特抗议。"啊,罗伯特,你是五个孩子的父亲,你是负责育儿室的最佳人选,不能撇下我们,让这些年轻的单身汉来照顾婴儿!"

罗伯特冷冷地望望我们,走了。

那是一段好日子,我们生活得很幸福,虽然从某种意义上来说,日子变得越来越纷繁复杂,越来越都市化,但是毕竟一年有一年的乐趣。

至于土丘本身,由于四处堆放着渣土,早已失去了原本的景色。那种天真无邪的朴素感不见了,茵茵绿草中点缀着许多红色的毛茛草,石像从草丛中昂然地探出头来。成群的蜂虎——一种长着黄绿相间的羽毛的可爱小鸟——仍然在每年春天到来,在土丘边上下翻飞、鸣啭。再晚一些,翻飞鸽,一种橙绿相间的大鸟,会以一种奇怪的方式笨拙地突然从空中降落,它们也正是因此而得名的。相传它们曾以某种方式羞辱了伊师塔女神①,结果遭到惩罚,被咬了翅膀。

如今尼姆鲁德沉睡了。

我们用推土机留下了满目疮痍,又用土填上地上裂开的大洞。有一天,它的伤口会痊愈,会再一次开出早春的花朵。

这里曾经是卡拉,一个伟大的城市,然后卡拉沉睡了……

莱亚德曾经来到这里,打破了这里的宁静,然后卡拉、尼姆鲁德又沉睡了……

这里来过马克斯·马洛温和他的妻子,接着又沉睡了……

下一个将会是谁来打扰?

我们不知道。

我还没提到过我们在巴格达的住所。它位于底格里斯河西岸,是一栋古老的土耳其式建筑。我们那么喜欢它,宁可舍弃现代化的住宅,人们都认为我们情趣独特。其实我们的土耳其式房间凉爽宜人,阳台的栏杆前便是空旷的院子和高大的棕榈树,房后是修有灌溉渠的棕榈园和一间被新开垦者占据、用汽油桶筑起来的小房子。孩子们在附近无忧无虑地嬉戏玩耍,妇女们来来往往地去河边洗罐子和锅。在巴格达,穷人与富人毗邻而居。

自我初次看到这个地方以来,它发生了多大的变化呀!大多数现

---

① 巴比伦和亚述神话中司爱情、生育及战争的女神。

代化建筑物都设计得丑陋不堪，而且不适合这里的气候，完全是从当代的杂志上依样抄来的——法国式的、德国式和意大利式的。炎热的时候你不能到下面的地下室里乘凉，窗户也不是那种能隔热的、高高的小窗户。有了卫生洁具或许是一个优点——以前这方面是没法更糟了——不过这禁不起深究。现代化的卫生洁具看上去很好，有合乎要求的丁香紫或淡紫色的洗脸盆和配套设施，看似不错，然而污水却无处排出，还要像以前那样倾倒在底格里斯河里，而且永远没有足够的水来冲洗这些卫浴设施。美观的现代化浴室和厕所设施由于没有下水管道也没有足够的上水而无法使用，这真是特别恼人。

我必须提一下，时隔十五年之后我们重返阿尔帕契亚的情景：人们立刻认出了我们，全村的人都出来了，四处都是喊声、叫声、寒暄声和欢迎声。"还记得我吗，太太？"一个人说，"你们离开时我还是个挎篮子的小孩子，现在我都二十四岁了，成了家，孩子都大了。你们看啊。"

他们因为马克斯没办法——记起每一个人的面孔和姓名而惊讶。他们回忆起已成为历史的那次著名的赛跑，到处都能遇见十五年前的朋友。

一天，我坐着卡车穿过摩苏尔，值勤的交通警察突然一挥指挥棒，叫所有车辆都停下来，然后喊着"妈妈，妈妈"跑到车前，抓着我的手乱摇。

"见到你我多高兴啊，妈妈！我是阿里，我是餐厅的童工阿里，还记得我吧？想起来了？我现在当上警察了。"

就这样，我们每次开车路过摩苏尔都能看到阿里。他一认出我，就命令所有的车辆全都停下，我们会打个招呼，然后他请我的车优先通过。有这些朋友多好啊，热心肠、淳朴，生活充满乐趣因而能乐观地面对一切。阿拉伯是快乐的民族，也是友好的民族。每当我们路过有某个曾经的雇员住的村庄，那个人便一定会冲出来，坚持要我们和他一起去喝点酸奶。虽然村庄里身着紫袍的乡绅们不理睬我们，但那些农民是我们真正的朋友。

我多么爱世界上的那个角落。

我现在仍然爱它,将来也会永远如此。

后记

写自传的想法是在尼姆鲁德的"阿加莎之屋"中时突然袭上我的心头的。

今天重新审视当时所记述下的一切,我感到很满意,我想做的事都做过了。这就像一次旅行,不是一次回顾式的跋涉,而是一次前瞻式的长征——循着生活的路径,回到那个踏上生活征程的自我。我不为时空所限,任凭心绪尽情地徜徉,笔触时而驻足不前,时而前后跳跃。

我想我的记忆中留下的都是经过筛选的事物,其中包含许许多多毫无意义的荒唐事,但它们不知为何又变得极富意义。人类恰恰生来如此。

我现在七十五岁,是该封笔的时候了,因为就生活本身而言,我想说的都已经说了。

我已日薄西山,静候那终究会到来的召唤。之后我将去往另一个未知的世界,用不着去考虑那以后的事。

我随时等候死神的光临,我觉得我已经非常幸运了。我的丈夫、女儿、外孙和善良的女婿都陪伴着我,他们组成了我的世界,对他们来说,我还尚未到惹人厌的年纪。

我一向最佩服爱斯基摩人。他们会在一个晴朗的日子里为年迈的母亲准备一餐丰盛的饭菜,之后她便独自踩着冰雪离去,一去不回……

对于这种充满尊严、毅然决然地告别人生的方式,人们应该感到骄傲。

当然，写下这些冠冕堂皇的话太容易了，真实情况可能是我活到了九十三岁，把所有人都逼到发疯。因为我无法听清他们说了些什么，只能苦闷地抱怨最新的助听器不顶用。我会不住地提问，转眼又忘记了答案，于是再问一遍相同的问题；我会和某个耐心的护士吵得不可开交，指控她给我下毒；或者擅自走出最新的上流社会妇女老人院，为我那可怜的家人带来无休止的麻烦。当我最终命丧于支气管炎时，这样的窃窃私语会此起彼伏："我们有时候免不了会有这样的感觉，真的忍不住觉得这对她是一种仁慈的解脱……"

这确实是一种仁慈的解脱（对他们而言），更是一件莫大的幸事。

我会待在死神接待室里，坚持享受生活的乐趣。当然，随着岁月的流逝，有些生活的乐趣再也享受不到了。

再不会有长途跋涉了，同样，也不会有令人向往的海水浴、嫩牛排、苹果和黑草莓（这是由于牙齿的缘故），以及阅读小字号的印刷品。但是仍有许许多多美好的事物：歌剧和音乐会、阅读书籍，以及躺在床上进入梦乡的巨大乐趣，梦中时常会有年轻人来探望你并热情地与你恳谈。而最惬意的，莫过于懒洋洋地坐在阳光下，打着瞌睡，陷入对往事的回忆。"我记得，我记得，我降生的那所房子……"

我回到了永存于心间的阿什菲尔德。

哦！我亲爱的家园，我的安乐窝……

我的故居……哦！我亲爱的家园……

那个地方对我来说非常重要。我做的梦，几乎不曾有过格林威或者温特布鲁克，永远都是阿什菲尔德。背景还是我降生时的样子，尽管梦中的人都是今日的人们。我对那里的每一个细节都还记忆犹新：破旧的红色门帘后面是厨房，大厅壁炉内的向日葵形黄铜挡板，楼梯上的土耳其地毯，那间破旧的大教室和墙上深蓝色底色、点缀金色浮饰的壁纸。

就在一两年前，我又重返故地——不是重返阿什菲尔德，而是重返阿什菲尔德曾经屹立的地方。我知道我迟早要去，虽然去那个地方会令我痛苦，但我还是要去。

三年前，有人写信来问我是否知道那幢房子要被拆除了，要在那块地上开发新的产业。他们想知道我是否能做些什么来保全它，这么一幢可爱的房子，他们听说我曾经住在那里。

我去见了我的律师，问他有没有可能买下那幢房子，把它当作一份礼物，也许捐赠给某个老人之家？但是行不通。四五栋别墅和庭院被打包卖掉了，它们都要被拆毁，然后营建那个新的"产业"。所以亲爱的阿什菲尔德无法避免地要被拆除了。

大约在一年半前，我痛下决心，驶上了巴顿路……

这里已没有什么东西能够激起回忆了，只有我所见过的最简陋、最劣质的一片小房子。高大的树木都荡然无存，小树林里的白杨树杳无踪影，只剩下山毛榉、惠灵顿树、松树，以及紧邻厨房的榆树和黑色的冬青树。我甚至无法确定房子曾经矗立的位置。此时我看到了唯一的线索，那棵智利南美杉在它曾经屹立的地方桀骜地留下了残骸，在一片杂乱无章的屋后空地间奋力地生长着。周围没有一小块绿地，全都铺上了沥青，寸草不生，青绿色不再。

我对它说："勇敢的智利南美杉！"便转身走了。

看到了发生的一切之后我并没有感到十分介意：阿什菲尔德曾经存在过，可是它的时代已经过去了。存在过的会永远存在下去，阿什菲尔德还是阿什菲尔德，它永远在我的回忆里，而我不会再感到痛苦。

也许有一天，某个咬着塑料玩具、敲打着垃圾箱盖的幼童，会凝视着一个一头浅黄色发卷的严肃的小女孩。那个面孔严肃的小女孩站在草绿色的蘑菇丛中，手执铁环呆立在一棵智利南美杉旁。她会注视着幼童吮吸的塑料太空飞船，而幼童则会注视那个铁环。她不知道铁环是什么，也不知道自己看到的是一个鬼魂……

再见了，亲爱的阿什菲尔德。

有那么多事情可供回忆：爬上一条鲜花铺成的地毯，来到沙克阿迪（Sheikh Adi）的叶兹迪神殿（Yezidis Shrine）……坐落着宏大、带瓦顶的清真寺的美丽的伊斯法罕（Isfahan），神话般的城市……在尼姆鲁德屋外的红色日落……在西里西亚山口前走下火车，来到傍晚的寂静中……秋日的新森林里的树木……在托贝湾与罗莎琳德一起在海中畅游……马修在伊顿公学对哈罗公学的板球赛中上场……马克斯从战争中归来，回到家和我一起吃腌鲑鱼……那么多事情——有些很无聊，有些很有趣，有些很美好。有两个野心得到了满足：与英国女王共进晚餐（姆妈如果知道会多么高兴啊，"猫咪，猫咪，你去了哪儿？"）；拥有了大鼻子莫里斯，我自己的小汽车！最深刻的体验：在一整天无望的搜索之后，金丝雀戈尔迪从窗帘杆上一跃而下。

  一个孩子说过："感谢上帝赐予我丰盛的晚餐。"

  如今，在七十五岁的时候，我能说些什么呢？"感谢上帝赐予我幸福的一生，给了我深厚的爱。"

一九六五年十月十一日
于沃灵福德

AGATHA CHRISTIE: AN AUTOBIOGRAPHY
Copyright © 1977 Agatha Christie Limited.
Introduction © 2010 Mathew Prichard. All rights reserved.
AGATHA CHRISTIE and *Agatha Christie* are registered trademarks of Agatha Christie Limited in the UK and elsewhere. All Rights Reserved.
Published by agreement with ACL.
Simplified Chinese edition copyright © 2024 New Star Press Co., Ltd.

图书在版编目（CIP）数据

阿加莎·克里斯蒂自传 /（英）阿加莎·克里斯蒂著；王霖译 . —— 2 版 . —— 北京：新星出版社 , 2024.5
ISBN 978-7-5133-5401-1

Ⅰ . ①阿⋯ Ⅱ . ①阿⋯ ②王⋯ Ⅲ . ①克里斯蒂 (Christie, Dame Agatha 1890–1976) – 自传 Ⅳ . ① K835.655.6

中国国家版本馆 CIP 数据核字 (2024) 第 095963 号

午夜文库
谢刚 主持

阿加莎·克里斯蒂自传

[英] 阿加莎·克里斯蒂 著；王霖 译

责任编辑	赵笑笑	统筹编辑	王 欢
责任校对	刘 义	责任印制	李珊珊
封面供图	Agatha Christie Limited	装帧设计	周伟伟

出 版 人　马汝军
出版发行　新星出版社
　　　　　（北京市西城区车公庄大街丙 3 号楼 8001　100044）
网　　址　www.newstarpress.com
法律顾问　北京市岳成律师事务所
印　　刷　北京天恒嘉业印刷有限公司
开　　本　910mm×1230mm　1/32
印　　张　17.75
字　　数　410 千字
版　　次　2024 年 5 月第 2 版　2024 年 5 月第 1 次印刷
书　　号　ISBN 978-7-5133-5401-1
定　　价　88.00 元

版权专有，侵权必究。如有印装错误，请与出版社联系。
总机：010-88310888　传真：010-65270449　销售中心：010-88310611